国家社科基金重大项目"我国资本市场制度型开放的法律体系构建研究"（22&ZD204）
浙江省社科规划重点项目"促进数字金融平台健康发展法治保障研究"(21WZQH02Z)
国家社科基金重点项目"地方金融监管立法理论与实践研究"(19AFX020)部分研究成果

李有星 姜丛华 沈宇锋 等著

金融证券市场发展与监管研究 I

ZHEJIANG UNIVERSITY PRESS
浙江大学出版社
·杭州·

图书在版编目（CIP）数据

金融证券市场发展与监管研究 / 李有星等著. -- 杭州：浙江大学出版社，2023.7
ISBN 978-7-308-24017-8

Ⅰ.①金… Ⅱ.①李… Ⅲ.①金融市场—研究 ②金融监管—研究 Ⅳ.①F830

中国国家版本馆CIP数据核字（2023）第127430号

金融证券市场发展与监管研究

李有星　姜丛华　沈宇锋　等著

责任编辑	陈佩钰
文字编辑	梅　雪
责任校对	许艺涛
封面设计	周　灵
出版发行	浙江大学出版社
	（杭州天目山路148号　邮政编码：310007）
	（网址：http://www.zjupress.com）
排　　版	浙江大千时代文化传媒有限公司
印　　刷	广东虎彩云印刷有限公司绍兴分公司
开　　本	710mm×1000mm　1/16
印　　张	51
字　　数	723千
版 印 次	2023年7月第1版　2023年7月第1次印刷
书　　号	ISBN 978-7-308-24017-8
定　　价	198.00元

浙江大学出版社市场运营中心联系方式：（0571）88925591；http://zjdxcbs.tmall.com

编写说明

在数字经济时代，人们的生活数字化、行踪数字化、财富数字化。金融数字化和数字金融法治化成为金融法的前沿和热点课题。数字金融是数字货币、数字支付、数字证券、数字借贷等金融数字化运行的总称。数字金融的健康规范发展有赖于数字金融平台、数字金融产品、服务和模式流程的科学设计和监管。数字金融的安全，市场公平竞争和消费者、投资者合法权益保护等方面有大量的问题可研究。本书以新时代证券法治、地方金融立法与金融科技监管、金融司法与营商环境安全三部分编排，内容涉及数字证券监管、证券数据主权、证券信息自愿披露、内幕交易等，涉及区块链智能合约、智能投顾、监管沙盒、监管科技、数字货币、地方金融监管等，涉及大数据下的电信网络诈骗、网络金融犯罪治理、非法金融活动与非法经营治理、民间金融司法、网络借贷合规、互联网金融司法等。本书为浙江省社科规划重点项目（21WZQH02Z）成果。

本书大部分内容成文于 2020 年及之前，编写过程中经历了《中华人民共和国民法典》的颁布与施行以及国务院机构改革，部分作者的职务及工作单位也发生了变化，但内容及观点论述仍具参考性。考虑到行文的逻辑性，本书在收录时予以原样保留，特此说明。

目　录
CONTENTS

 新时代证券法治

1

CONTENTS

地方金融立法与金融科技监管

CONTENTS

金融司法与营商环境安全

CONTENTS

附　录

新时代证券法治

内幕信息"真实性"研究

北京万商天勤（杭州）律师事务所　李明亮 *

摘　要

《证券法》规定的重大事件属于内幕信息，内幕信息为未公开的重大事件，重大事件不应虚假，内幕信息应为真实的信息。内幕交易案件中的内幕信息应与《证券法》一致。从《刑法》的体系性解释来看，内幕信息也不应虚假。从内幕交易罪的条文分析，其所规定的"信息"范围，应大于内幕信息，包括内幕信息和能对证券价格产生影响的不真实信息。对于利用虚假的或不真实的未公开信息进行交易的，可作为利用不真实信息进行的内幕交易。

关键词：内幕信息；真实性；重大事件；虚假信息

＊　李明亮，北京万商天勤（杭州）律师事务所律师，研究方向：证券法。

内幕交易犯罪在证券犯罪中属常见犯罪。学界及实务界关于内幕信息是否应具真实性存在不少争议。《中华人民共和国证券法》（以下简称《证券法》）规定的重大事件属于内幕信息，内幕信息实质为未公开的重大事件，由此来看，内幕信息应当为真实的信息。但现实中，信息披露义务人往往存在欺诈发行、虚假陈述、违规披露等问题，并将虚假的信息予以公布；内幕信息知情人明知拟披露的信息虚假，或虽然不知信息是否真实，但所获知的信息与最终披露的信息之间存在一定的区别，而在此类信息披露之前进行交易，并以此获利。由此引发实务界及学界关于内幕信息是否应具真实性的探讨。

一、内幕信息是否应具真实性的争议

（一）理论争议

否定的观点认为，内幕信息不以真实性为必要条件[1]。内幕信息具有未公开性、重大性和相关性，并未对真实性或确定性提出要求。即使内幕信息存在"虚假"或"未能实现"的情况，只要符合内幕信息的"三性"要求，就可以认定为内幕信息（金泽刚）[2]。肯定的观点认为，内幕信息必须是真实、准确的信息，这样就将内幕交易与利用谣传的证券、期货操纵行为或虚假陈述的欺诈行为区分开来。[3]并且内幕信息的真实是客观真实[4]。有学者虽然不认可真实性属于判断内幕信息的独立标准，但认为真实性或客观性内含于重

---

[1] 裴显鼎、黄炜、苗有水：《证券期货违法犯罪案件办理指南》，北京大学出版社 2014 年版，第 115–116 页。

[2] 顾海鸿、刘宪权、金泽刚等：《内幕交易、泄露内幕信息具体行为如何判断》，载《人民检察》2017 年第 8 期。

[3] 孙昌军、易建华：《关于内幕交易罪几个问题的研究》，载赵秉志：《新千年刑法热点问题研究与适用》，中国检察出版社 2001 年版，第 842–844 页；转引至刘宪权：《内幕交易、泄露内幕信息罪若干疑难问题探析》，载《犯罪研究》2003 年第 2 期。

[4] 张小宁：《证券内幕交易罪研究》，中国人民公安大学出版社 2011 年版，第 162 页；岳平：《内幕交易、泄露内幕信息罪之认定与处罚》，载《上海大学学报（社会科学版）》2004 年第 3 期。

要性之中，因而也认可内幕信息必须是客观真实的。[①]

（二）实务争议

实务界中关于内幕信息真实性的问题争论颇大。肯定观点认为，内幕信息必须是真实的。对真实性的理解，最关键的是要排除谣传，表现在行为人所获取的信息与最终公布在指定报刊、媒体上的信息在内容上基本一致。至于在指定报刊、媒体上发布的信息内容是否准确，在所不问。反对观点认为，内幕信息不以真实性为构成要件。实践中，指定报刊、媒体所披露的信息未必真实。如"银广夏""蓝田股份"等股票，一度被视为市场绩优股，然而其利润都是虚构的。折中观点认为，上述两种观点在于判断真实性的标准不同，两种观点之间没有原则性分歧。实践中，很容易将内幕信息与表现内幕信息的信息相互混淆，两者应当严格区分。作为内幕信息本身而言，应当要求是相对真实的。[②]《最高人民法院司法观点集成（刑事卷②）》中的《肖时庆受贿、内幕交易案》（《刑事审判参考》指导案例第 756 号）载明最高人民法院的观点为：内幕信息必须是真实的，但对真实性的认定应当坚持二元标准。①对于最终公开的内幕信息，应当以相对真实为认定标准。②对于因谈判失败或者公司高管人员故意违规不予披露等因素而最终未在指定报刊、媒体公开的内幕信息，应当以客观真实为认定标准。[③]

（三）对二元标准的批判

目前来看，司法实践中多认同内幕信息"相对真实"的观点。但最高人民法院的观点，要求严格区分内幕信息与表现内幕信息的信息，并以此认为内幕信息本身是相对真实的；又对"真实性"的认定坚持所谓的二元标准。

---

① 肖中华：《内幕交易、泄露内幕信息罪之规范解释》，载《法治研究》2016 年第 4 期。

② 裴显鼎、逄锦温、刘晓虎：《证券犯罪若干疑难问题之研讨（上）》，载《人民法院报》2012 年 3 月 21 日。

③ 《最高人民法院司法观点集成（刑事卷②）》，人民法院出版社 2017 年版，第 754 页。

对上述司法观点，笔者有如下疑义。

其一，区分内幕信息与表现内幕信息的信息可能导致内幕信息是虚假的、表现内幕信息的信息是真实的，从而否定内幕信息的真实性，认可载体的真实性。如公司披露的财务会计报告中所载公司的利润，其中公司的利润属于内幕信息，财务会计报告属于表现内幕信息的信息，即内幕信息的载体。公司虚构利润、并将虚构的利润写入财务会计报告，得出的结论是内幕信息（利润）虚假、表现内幕信息的信息（财务会计报告）真实。这与最高人民法院所称的"内幕信息必须是真实的"观点相矛盾。

其二，"银广夏""蓝田股份"等案件中，是否构成内幕交易犯罪，应以是否符合犯罪构成要件进行判断，亦即应先判断内幕信息是否必须具备真实性，再判断案件性质；以司法实践中存在虚构利润等案例佐证内幕信息不以真实性为构成要件，为本末倒置。换言之，不是先有案件，后解读法律，而是先确定法律，才能据此判案。

其三，对真实性的认定坚持二元标准，意味着内幕信息的"真实性"，在同一罪名中表现不同的判断标准：内幕交易案件中，由于信息最后公开，而以相对真实为标准；但对于违规不披露的内幕信息，则必须是客观真实的。同时意味着，在不同的罪名中表现不同的判断标准：在故意违规不披露的场合，同时会涉及违规披露、不披露重要信息罪；而对违规披露、不披露重要信息，应按客观真实标准。但该种二元标准，与刑法的体系、对相关各罪的判断是否会造成混乱，从而引发国民对行为的不可预测性，从而影响对刑法规定确定性的判断？

其四，当信息披露义务人所披露的信息为虚假的"信息"，并利用该虚假的信息进行内幕交易时，应当同时追究违规披露重大信息罪和内幕交易罪的刑事责任。由于两个行为之间不构成牵连关系，应当对两个行为分别定罪、数罪并罚。但此时，在判断同一"信息"时，如对违规披露重大信息罪采用客观真实标准，对内幕交易采用相对真实标准，该种二元标准理论，有违判断的一致性。

其五，在真实的信息最终未予披露的情况下，由于市场上的投资者并不知晓该信息，不会对投资者的投资决策产生影响，也不可能对证券市场价格造成影响，不具有信息不对称情况下利用内幕信息牟利的现实危险，也就不可能侵害证券交易公平原则。信息虚假的情况下，依法更不应被披露，投资者不知晓，也就更难建立与投资者决策和证券价格波动之间的因果关系。因此，未公开的信息，不论真假，都无法像内幕信息公开后会对投资者决策和证券市场价格产生影响，利用该种信息进行交易的，不构成内幕交易罪。此时，按照二元标准的逻辑，坚持客观真实标准的意义何在？

综上，以二元标准判断内幕信息真实性问题并不妥当。审查内幕信息是否应具真实性，应分别从《证券法》的规定、《中华人民共和国刑法》（以下简称《刑法》）关于涉内幕信息犯罪的体系以及内幕信息本身进行解读。

二、从《证券法》的角度审查内幕信息的真实性

内幕信息的规定来源于《证券法》。《刑法》第一百八十条第三款规定，内幕信息的范围，依照法律、行政法规的规定确定。因此，判断内幕信息的真实性问题，首先要从《证券法》着手。

根据修订后的《证券法》第五十二条第一款的规定，"证券交易活动中，涉及发行人的经营、财务或者对该发行人证券的市场价格有重大影响的尚未公开的信息，为内幕信息。"由此可知，内幕信息是指未公开的能够对证券的市场价格产生重大影响的事件。该条第二款通过援引法条的方式，规定《证券法》第八十条第二款、第八十一条第二款所列重大事件属于内幕信息，可见《证券法》规定的重大事件能够对债券价格产生重大影响。因此，重大事件与内幕信息具有同质性，未披露的重大事件即为内幕信息，重大事件不应虚假，内幕信息是应当披露的重大事件，应具客观真实性。

（一）真实披露义务及原则

根据《证券法》第十九条、第七十八条第二款之规定，信息披露义务人披露的信息，应当真实、准确、完整。由此可见，重大事件作为应披露的事项，应当具有真实性。而内幕信息属于未披露的重大事件，其本质上也应具有真实性。基于内幕信息真实性的特征，违反真实性披露义务或原则的信息披露义务人，才会构成违法披露，并要承担相应的法律责任。

（二）虚假披露之禁止

《证券法》还从反向角度，规定信息披露义务人披露的信息"不得有虚假记载、误导性陈述或者重大遗漏"。虚假记载的信息为披露所禁止，换言之，虚假的信息不应被披露。结合《证券法》第二十四条等条文来看，不真实的披露包括隐瞒真相和编造事实两种。因此，从《证券法》的角度来看，重大事件应为真实的事项。根据信息披露的要求，重大事件同时还应符合准确、完整的标准。因内幕信息是未公开的重大事件，因此，从虚假披露之禁止来看，内幕信息不得虚假。

（三）客观真实性为欺诈发行、违规披露等违法行为的判断基础

从逻辑上看，不真实的信息不是重大事件，自然也无须披露。基于重大事件、内幕信息真实、准确、完整性的要求，在根据《证券法》处理欺诈发行、违规披露等违法行为时，才将发行人隐瞒事实、编造虚假内容、披露义务人虚假记载作为违法事项。因此，从判断其他证券违法行为的角度来看，其所涉及的违法行为以信息披露不真实为条件；相反，如果内幕信息不以真实性为要件，如财务会计报告真实，不论其所载利润是否真实，那披露不真实的信息也就不构成欺诈发行、违规披露等违法行为。导致利用内幕信息交易违法行为与欺诈发行、违规披露等证券违法行为不相协调。

综上，从《证券法》的规定来看，其所规定的内幕信息应具真实性，且

为客观真实，而非相对真实。在判断真实性的标准时，应以客观真实为标准，而非二元标准。

三、以《刑法》的体系解释判断内幕信息的真实性

对《刑法》条文只有进行体系解释，才能妥当处理各种犯罪之间的关系，使此罪与彼罪之间保持协调[①]。因此，判断内幕信息是否具有真实性，应当放在与之相关的犯罪体系中理解。《刑法》规定的内幕信息相关的罪名包括内幕交易罪、泄露内幕信息罪以及违规披露、不披露重要信息罪，还包括欺诈发行股票、债券罪。这些罪名均以《证券法》规定的重大事件为基础：在重大事件尚未披露时为内幕信息，利用未公开的重大事件进行交易或故意泄露未公开的重大事件，可构成内幕交易、泄露内幕信息罪；违规披露或应当披露而不披露重大事件的，可构成违规披露、不披露重要信息罪；在发行材料中故意隐瞒或虚构重大事件骗取发行的，可构成欺诈发行股票、债券罪。因此，在解释内幕信息时，不仅离不开《证券法》的规定，也要结合《刑法》规定的相关罪名，进行体系性理解和解释。

（一）违规披露、不披露重要信息罪中的内幕信息

违规披露、不披露重要信息罪处罚的对象为提供虚假的或者隐瞒重要事实的财务会计报告，或者对依法应当披露但未按照规定披露的其他重要信息。其中提供虚假的或者隐瞒重要事实的财务会计报告，属于财务会计报告内容不真实的问题。因财务会计报告是会计师事务所出具的，形式真实性并无问题。根据《证券法》第五十二条的规定，涉及财务的信息属于内幕信息，财务会计报告所记载的内容为公司的财务相关内容，其所承载的内容即为内幕信息，财务会计报告是内幕信息的载体。在《刑法》体系内，虚假的或隐瞒重要事实的财务会计报告为违规披露重要信息罪的规制对象，是因其内容的

---

① 张明楷：《刑法学》，法律出版社 2016 年版，第 36 页。

虚假性；因财务会计报告所记载的财务信息为内幕信息，规制的便是该虚假记载行为。

"对依法应当披露的其他重要信息不按照规定披露"包含两种意思：一是应当披露而未披露，对于应当披露的信息，根据《证券法》的规定及从法律逻辑判断，要求是真实的信息；二是未按照规定披露，其中未按照真实性的要求披露其他重要信息的，属于未按照规定披露；但如果不要求内幕信息具有真实性，因披露虚假的信息也是披露行为，未按照规定披露内幕信息便不构成违规披露、不披露重要信息罪。以二元标准判断，要求该罪的内幕信息为客观真实、内幕信息罪中的内幕信息为相对真实，对于判断内幕信息而言就出现双重标准。

在违规披露、不披露重要信息罪的语境中，未披露的重要信息即是内幕信息，因此，该罪所规定的内幕信息，应为客观真实的信息。

（二）欺诈发行股票、债券罪中的内幕信息

同理，就欺诈发行股票、债券罪而言，在隐瞒重要事实或者编造重大虚假内容的情况下发行股票、债券的，才可能构成该罪。其所谓的重要事实、重大内容，主要是指《证券法》规定的重大事件，与内幕信息具有同质性，在公开之前属于内幕信息。但倘若不存在隐瞒重要事实或者编造重大虚假内容的情况，亦即披露的重大事件均为真实，则不会构成该罪。因此，欺诈发行股票、债券罪对内幕信息的要求也是客观真实的信息。

（三）内幕交易罪语境中的内幕信息

内幕交易罪与上述与内幕信息有关的犯罪同属于刑法体系，均属证券类犯罪，在相同的规范体系下，用语的解释与理解也应有相同的范围。从单独审查内幕信息来看，很多人主张"真实性"并非其特征，不少司法判决也认为内幕信息不需要具备真实性。但内幕信息是否应具真实性，应与《刑法》相关条文相结合解释，即进行体系性解释；因《刑法》并非仅规定内幕交易罪，

不能孤立地解释该罪，而应对其进行体系性解释。因此，从《刑法》体系性解释来看，内幕交易罪中的内幕信息，与欺诈发行股票、债券罪，违规披露、不披露重要信息罪中的内幕信息性质相同，应坚持相同的真实性标准评价。因欺诈发行股票、债券罪、违规披露、不披露重要信息罪中的内幕信息均应是真实的，因此，内幕交易罪中的内幕信息也应为真实的。抛开《证券法》关于内幕信息的规定、要求以及《刑法》与内幕信息相关的各罪对于内幕信息的要求，而孤立地认为内幕信息只需要具备重大性、未公开性和相关性，不需要具备真实性的观点，并不妥当。

实践中，将内幕交易罪与违规披露、不披露重要信息罪，欺诈发行股票、债券罪采用二元判断标准，有违《刑法》之规定，超出内幕信息的涵盖范围，不符合相关证券犯罪的体系性解释。

四、由内幕信息本身审查内幕信息的真实性

（一）重大性及相关性不能推出真实性

《证券法》将内幕信息定义为："证券交易活动中，涉及发行人的经营、财务或者对该发行人证券的市场价格有重大影响的尚未公开的信息。"因此，不少人将内幕信息的特征归纳为重大性、相关性、未公开性。其中相关性涉及与公司的相关性和与证券的相关性，重大性涉及价格影响性和投资决定影响性。[①] 由于虚假披露的信息与公司或证券也存在相关，并且可能影响证券价格和投资者决策，如财务会计报告中虚增利润，并将含有虚增利润的财务会计报告予以披露，因此，从相关性及重大性的角度，不能得出内幕信息应具真实性的结论。因此，有学者主张真实性或客观性内含于重要性，而不应当成为判断内幕信息的独立标准，并认为作为内幕信息特征之一的重要性，其确定有赖于对涉案信息在交易当时是否客观存在、相对确定进行判断，

---

① 肖伟：《内幕信息的法律界定模式》，载《证券法苑》2014年第4期。

这种"客观、相对确定性"的判断，是对重要性特征的实质解释、合理延伸①，这种观点笔者并不赞同。该观点忽视虚假的信息也会对证券市场价格产生影响的"重要性"判断标准，并将客观存在与真实性的概念混用，以"客观存在"的概念取代"真实性"的要求，并不妥当。

（二）秘密性包含真实性成分

未公开性亦即"秘密性"，在公开之前，不为内幕信息知情人以外的人所知悉。从《证券法》真实性披露、禁止虚假披露的规定及《刑法》关于违规披露的规定来看，禁止披露虚假的信息，披露虚假的信息为《证券法》及《刑法》所不容许。虚假的信息，从性质上看属于人为伪造，在被伪造之前，并不存在，不存在也就无秘密可言；被伪造之后虽然存在，但法律禁止披露，对于禁止披露的虚假信息，亦无秘密性可言；而对于禁止披露的虚假事件，一旦披露，反而会受到法律的惩处。因此，不难发现，从未公开性的角度解读，内幕信息的秘密性本身即有真实性的成分。实践中存在的虚假披露，并不能否定秘密性对信息真实性的要求。

对于行为人已经实施的欺诈发行股票、债券事件或违规披露、不披露重要信息事件，从其特征来看，也属于内幕信息范畴：该事件与发行人或上市公司具有相关性；且一旦披露，会对证券市场价格、投资者决策产生影响，具有重大性；因该事件未被披露，具有秘密性。但应予披露时，所披露的是针对此前存在"欺诈发行股票、债券"或"违规披露、不披露重要信息"的事实，如存在虚构利润的事实而不是披露虚构的利润，否则就是继续虚构事实。虚构的事实（如虚增的利润）不具有秘密性，虚构事实的事件（如财务会计报告中虚增利润的事实）未披露时，才具秘密性。

因此，从内幕信息的秘密性来看，秘密性本身包含真实性的成分。

---

① 肖中华：《内幕交易、泄露内幕信息罪之规范解释》，载《法治研究》2016年第4期。

五、内幕交易罪中尚未公开前的信息的解释

由前述分析可知，内幕信息应当是客观真实的信息。但问题是，实践中存在利用虚假的或不准确的信息进行交易并从中牟利的事件，并具有严重的社会危害性，侵害证券市场公平性，如明知公司即将披露的财务会计报告中的利润为虚构，而在披露之前进行交易的，对此类行为，应如何评价？是否适用内幕交易罪？笔者认为，对此类行为如何评价，或者如何审查内幕信息，应当回归到"内幕交易罪"本身。

（一）信息的二分法：内幕信息和其他影响证券价格的信息

《刑法》第一百八十条第一款关于内幕交易罪的罪状描述如下："证券、期货交易内幕信息的知情人员或者非法获取证券、期货交易内幕信息的人员，在涉及证券的发行，证券、期货交易或者其他对证券、期货交易价格有重大影响的信息尚未公开前，买入或者卖出该证券，或者从事与该内幕信息有关的期货交易，或者泄露该信息，或者明示、暗示他人从事上述交易活动。"

从中抽取出关于"信息"的限定内容为"涉及证券的发行，证券、期货交易或者其他对证券、期货交易价格有重大影响的信息"，由此可知，内幕交易罪中的信息，是指对证券的发行、证券、期货的交易或者对证券、期货交易价格有重大影响的信息，其之后的"尚未公开前"的表述，是对交易时间的描述，为内幕交易敏感期的问题，并未用来限定信息。这与《证券法》所规定的"内幕信息"稍有差别。从文字表述的内容来看，"内幕交易罪"中的信息，缺少内幕信息"秘密性"的特征："未公开"并未包含进"信息"之中，不属于对信息的限定，而是关于交易时间的描述，不属于内幕信息范畴。因此，该罪的规制范围不限于内幕信息，除内幕信息外的对证券、期货交易价格有重大影响的信息，也是本罪的规制范围。因《证券法》规定的内幕信息必须是客观真实的信息，其他对证券、期货交易价格有重大影响但并不真实的信息，并非内幕信息；但由于可以对证券、期货交易价格产生重大

影响，在该种信息未公开前，利用该种信息交易的，仍然可以构成内幕交易罪。如在敏感期内，明知财务会计报告中存在虚构利润的事实而进行交易，由于该信息并非真实的信息，不属于内幕信息，属于内幕信息外的其他信息，但其公布后会对证券价格产生影响，利用该信息交易同样会侵害证券市场的公平性，即构成内幕交易。

该种解释可有效协调《刑法》规定的涉内幕信息各罪之间的关系。如信息披露义务人为了掩饰公司亏损的情况、避免退市风险，而虚构公司利润、制作财务会计报告；内幕信息知情人知晓该内容虚假的财务会计报告，并知晓该财务会计报告一旦披露，将对公司的股票价格产生利好影响，而在该信息披露之前买入公司股票的，该行为属于利用除内幕信息外的对公司股票价格有重大影响的信息进行交易，构成内幕交易。同时，信息披露义务人由于违反真实披露义务，其所披露的财务会计报告存在虚假记载情形，构成违规披露重大信息罪。如此解释，可以有效避免二元标准的弊端，也容易区分内幕交易罪与相关犯罪。

（二）《证券法》及相关法与《刑法》的演变的佐证

另从《证券法》和相关法律的演变以及《刑法》的规定来看，也可佐证上述信息二分法。1993 年国务院《股票发行与交易管理暂行条例》第七十二条第一款规定"泄露内幕信息、根据内幕信息买卖股票或者向他人提出买卖股票的建议的"，其中采用的是"根据内幕信息买卖股票"的表述。1997 年《刑法》第一百八十条第一款规定"在涉及证券的发行、交易或者其他对证券的价格有重大影响的信息尚未公开前"，并未采用"根据内幕信息"的表述。之后，1999 年《刑法修正案一》在该条文中增加期货的内容，关于信息的表述变更为"在涉及证券的发行，证券、期货交易或者其他对证券、期货交易价格有重大影响的信息尚未公开前"，并沿用至今。此后，1998 年颁布的《证券法》第一百八十三条关于禁止内幕交易的规定为，"在涉及证券的发行、交易或者其他对证券的价格有重大影响的信息尚未公开前"，该表述可谓直接采用 1997 年《刑法》的表述。之后该条文数度修改，仍然沿用。

从上述法律的演变来看，1997 年《刑法》规定内幕交易罪时，我国尚无《证券法》，《刑法》并未采用《股票发行与交易管理暂行条例》"根据内幕信息买卖股票"的规定，而是采用"在涉及证券的发行、交易或者其他对证券的价格有重大影响的信息尚未公开前"的规定，可见《刑法》的规定可涵盖内幕信息；但除内幕信息之外，还存在其他影响证券价格的信息。因此，影响证券价格的信息，包括以真实性为特征的内幕信息，和不真实的其他能够影响证券价格的信息。

综上，内幕交易犯罪案件中信息的二分法，要优于判断内幕信息的二元标准，在内幕信息的真实性方面，能够与《证券法》的规定相一致，同时也与《刑法》规定的证券犯罪体系相协调，并不会因此而放纵内幕交易犯罪分子，同时也符合内幕交易罪的文字表述。

中美证券做空机制、法律后果与规范约束评述

摘 要

做空是在金融市场上进行的相对于做多的一种获利操作模式，做空中概股公司是指专门针对未来证券预期下跌的情况下卖出借入的证券，到期低价买入归还获利。近年来，中概股公司被做空的现象层出不穷，中概股公司正面临严重的信用危机。本文以瑞幸咖啡被做空案件为视角，系统地梳理做空的概念、类型，做空机构的基本情况和其做空流程，并以中国香港香橼案和美国希尔威矿业案为例，展开对中美两国对合法做空行为与非法信息操纵边界的研究。在此基础上，提出完善我国证券市场做空机制的建议。

关键词：做空；浑水公司；融资融券；法律责任

★ 应越，浙江大学光华法学院硕士研究生，研究方向：金融法。感谢浙江大学光华法学院博士生钱颢瑜、华东政法大学教授郑彧、中央财经大学教授杜晶、复旦大学法学院教授许凌艳对本文做出的贡献。

一、引言

瑞幸咖啡财务造假案引发国内外资本市场的关注并仍在持续发酵中。瑞幸咖啡于 2017 年 6 月注册成立，总部位于厦门，其自成立注册以来就保持迅速扩张的态势，2019 年末，瑞幸咖啡的门店数量已经超过 4500 家。2019 年 5 月 17 日，瑞幸咖啡于纳斯达克上市，融资 6.95 亿美元。在瑞幸咖啡上市前，其可统计的融资共计四轮，合计融资额约 6 亿元，投资者中不乏黑石、中金等知名机构。但事实上，由于高额的补贴和营销支出，瑞幸咖啡至今仍处于巨额亏损之中，其自身造血能力不足迫使其必须获得不间断的融资来维持经营。[①]2020 年 2 月 1 日，浑水公司（Muddy Waters）针对瑞幸咖啡发布了长达 89 页的做空报告，报告内容包括质疑瑞幸咖啡财务造假，并指出其商业模式存在严重缺陷，该报告成为引爆瑞幸咖啡事件的导火索。本文以瑞幸咖啡被浑水公司做空为契机，对做空机制进行追本溯源，探讨其背后的潜藏逻辑，在中美证券法律领域探讨做空机制的法律后果和规范约束，以期为中国资本市场的成熟和完善提供一个可能的视角。

二、做空机制的介绍

（一）做空的界定

"做空"又可以称作"卖空"，其本意是指出售了尚未拥有的东西。[②]不同的国家或地区对"卖空"有不同的定义，如表 1 所示。

---

① 韩洪灵、刘思义、鲁威朝等：《基于瑞幸的做空产业链分析——以信息披露为视角》，载《财会月刊》2020 年第 8 期。

② [英]爱德华·钱塞勒：《金融投机史》，姜文波译，机械工业出版社 2015 年版，第 9 页。

表 1　部分国家或地区对"卖空"行为的界定

主体	对"卖空"的界定
国际证监会组织（IOSCO）	卖空是这样一种交易，即在交易中有人出售了他们并不拥有、在出售时也未达成购买协议的证券
美国《1934 年证券交易法》	卖空（short selling）是指投资者出售自己并不拥有的证券的行为，或者投资者用自己的账户以借来的证券完成交收的任何出售行为
中国香港《证券及期货条例》	淡仓（short position）是指在进行构成该项持仓的每项售卖时，该人没有一项即时可行使而不附带条件的权利，以将该等指明股份转归于其购买人名下

不同的国家或地区对"卖空"的界定都有比较相似的构成要件。学界一般将做空界定为"市场参与者出售其自身并不拥有的证券，并通过相关证券价格下行而获取收益的行为，本质上是证券信用交易的一种形式"。[①]

做空机制是与做多紧密相连的一种运作机制，是指投资者因对整体股票市场或者某些个股的未来走向看跌所采取的保护自身利益和借机获利的操作方法以及与此有关的制度总和。做空机制要求买卖过程只能是以"卖出"为始、以"买入平仓"为终，在这种交易机制下，投资者若想获利，只能是先在相对高位区卖出，随后等价格下跌后再在相对低位区买入平仓，如果随后股价持平或走势上涨，投资者将面临亏损。

虽然从严格意义上讲，我国的"融券"区别于美国《证券卖空规则》（SHO规则）语境下的"卖空"，但目前我国市场做空主要的工具就是股指期货和融资融券。股指期货是指以股票价格指数为标的物的标准化的期货合约，双方约定在未来某个时点按照事先确定的股价指数的大小，进行标的指数的买卖。融资融券是指投资者向有融资融券业务资格的证券公司交付一定比例的现金或有价证券等现金等价物作为担保物，借入资金买入证券或借入证券并卖出以套取利益的行为。

[①]　陈晗、王霖牧：《全球股票市场卖空交易机制的演进与发展分析》，载《证券市场导报》2012年第 9 期。

（二）做空的类型

依据不同的划分标准，可以将卖空划分为不同的类型，如表 2 所示。

表 2　卖空的类型划分

类型	定义与标准
有交收保障的卖空	卖方有权行使期权、权证，可转换证券或其他的合同权利但尚未行使
	卖方借入证券协议
	卖方有借入证券协议
裸卖空	卖方在出售证券时（或交收日前），没有安排借入该证券，其最核心的危险来自最终可能无法真正履约（fail deliver）

注：表格中所列分类方式整理自华东政法大学教授郑彧于 2020 年 7 月 5 日在"中国法学会证券法学研究会系列讲座瑞幸咖啡案例研究（第十二期）"所作讲座。

三、做空机构的介绍

做空机构一般通过实地分析调研、实时追踪、尽职调查等方式出具翔实的研究报告，为市场提供做空信息，从而打压股价股指，并利用股票价值波动套取利益。浑水这类做空公司通常的做法是寻找"问题公司"，卖出该公司股票，建立仓位，然后发布做空报告，在公司的股价下跌中获得盈利。而在整个过程中同样存在着一条脉络清晰的利益链，包括律师事务所、审计机构、会计师事务所、研究机构和对冲基金等机构。

（一）浑水公司简介

浑水公司创始人卡尔森·布洛克（Carson Block），毕业于南加州大学，主攻金融，辅修中文，后攻读了芝加哥肯特法学院的法学博士学位。1997年毕业后，他想来中国开办一家金融服务公司，但没有成功，待了一年多就回美国了。当时的布洛克认准中国有很好的发展机会，离开后的他并不甘心。2005 年，在他获得芝加哥肯特法学院法学博士学位后，又回到上海。他

2005 年来到上海，就职于一家外资律所；2008 年创办了一家私人仓储物流公司——Love Box Self Storage。但个人私密存储空间对中国人来说过于超前，加上布洛克不太懂得中国市场和商场规则，这项生意最终以失败告终。此后，他父亲的一次委托，改变了他的人生方向，也让他在中国声名鹊起，在资本市场做空界有了一席之地。

布洛克的父亲比尔·布洛克是美国华尔街一家投资公司负责人，2009 年前后，比尔准备对一家中概股公司——东方纸业进行投资。在决定投资前，比尔查阅了东方纸业向美国证券交易委员会（SEC）提交的财务报表，发现东方纸业的财务报表过于完美，有些不合实际。于是比尔委托布洛克到河北保定实地考察调研东方纸业。2010 年，布洛克邀请了一位具有丰富工厂管理经验的南加大校友一同前往拜访在美国上市的中国公司东方纸业，经过一个半小时的参观，他看到的是公司废弃的大门、陈旧的仓库宿舍以及无所事事的工人。显而易见的是，这家公司的运营存在巨大的问题，并不像其在 SEC 登记的文件中那样有价值。他建议父亲放弃投资东方纸业的计划，转而改为卖空东方纸业。这次实地考察使布洛克发现了商机，布洛克又对东方纸业进行了实地的调研和细致的考察，在确信东方纸业存在"欺骗市场"的行为后，他召集了一批了解中国商业的人，于 2010 年 6 月 28 日在香港成立了浑水公司（Muddy Waters Research）。并在当日以浑水公司的名义发布了第一份做空报告，做空对象即为东方纸业。在做空报告发表后一周内，东方纸业股价暴跌 50%。在此之后，尝到甜头后的浑水公司开始像狙击手一般对着中概股疯狂狙击扫射，自 2020 年正式建立企业进行做空交易以来，浑水公司的做空领域涵盖了制造业、能源业、教育、媒体、环保、通信、工业、食品、金融、医疗、贸易等多个领域（见表 3）。

表3 截至 2019 年 7 月，浑水公司企图做空的企业

序号	时间	被做空公司	后续进展
1	2010 年 6 月	东方纸业	股价低位
2	2010 年 11 月	绿诺国际	承认造假，退市
3	2011 年 2 月	中国高速频道	退市
4	2011 年 4 月	多元环球水务	摘牌，退市
5	2011 年 6 月	展讯通信	浑水认错，被收购退市
6	2011 年 6 月	嘉汉林业	破产，重组
7	2011 年 11 月	分众传媒	私有化，退市，A 股借壳
8	2012 年 4 月	傅氏科普威	私有化，退市
9	2012 年 7 月	新东方	短暂波动，重回升势
10	2012 年 10 月	网秦	自证清白，股价低位，退市
11	2014 年 11 月	奇峰国际	长期停牌
12	2016 年 12 月	辉山乳业	债务危机，长期停牌
13	2017 年 6 月	敏华控股	做空证据不充分，影响较小
14	2018 年 6 月	好未来	公司无碍，股价重回升势
15	2019 年 7 月	安踏体育	公司澄清，股价重回升势

目前中国有 20 家公司遭到浑水公司的做空，有些公司是直接导致摘牌的。最近，继瑞幸咖啡事件以后，4 月 7 日晚间，爱奇艺遭 Wolfpack Research 做空。根据浑水公司与 Wolfpack Research 联合发布的报道显示，爱奇艺早在首次公开募股（IPO）之前便存在欺诈行为，且涉嫌财务造假。浑水公司称，它帮助 Wolfpack Research 调查爱奇艺。受此消息影响，爱奇艺盘中股价短线跳水，股价曾下跌近 10% 后又回升。[1] 当然，浑水公司并不是每一次的狙击都能成功，2019 年 7 月，其对港股安踏体育发布了卖空报告，但是安踏体育股价在短期下跌后，公司立即发布相关澄清报告。最终，安踏体

---

[1] 整理自新浪财经：《浑水公司"鬼手"指向爱奇艺，称其虚增收入超 80 亿元》，http://finance.sina.com.cn/stock/relnews/us/2020-04-08/doc-iimxyqwa5711064.shtml，最后访问日期：2020 年 7 月 8 日。

育股价摆脱做空阴影一路回升。

（二）"浑水"式做空模式

浑水公司常用的调查方法包括搜集资料、实地考察、调查利益相关方、关注相关服务机构、关注客户数据。查阅资料和实地调研结合是了解一个公司真实面貌必做的功课。在选定攻击对象后，做空公司对上市公司的各种公开资料做详细研读。这些资料包括招股说明书、披露的各类公告、上市公司官网资料、各大媒体报道等，且查询的资料时间跨度非常大，在研究分析的过程中，浑水公司会聘用专业的律师团队、会计师团队对相关法律、财务信息进行系统的分析和解读。[①] 比如在调查分众传媒时，浑水公司查阅了2005—2011 年这六年时间的并购重组事件，企图发现疑点从而顺藤摸瓜发现纰漏。从理论上讲，"信息元"都不会孤立存在，任何信息都必然和别的节点有关联。对于造假的企业来说，要编造一个天衣无缝的谎言，需要将与之有关联的所有"信息元"全部疏通，对好"口供"，但这么做的成本非常高，所以造假的企业只会掩盖最明显的漏洞，心怀侥幸心理，无暇顾及其他漏洞。而扩大信息的搜索范围，就可以找到逻辑上可能存在矛盾的地方，为下一阶段的调研打下基础。比如浑水公司根据公开信息，层层挖掘出了分众传媒收购案中涉及的众多高层的关系图，为揭开分众传媒收购案内幕提供了重要线索。对公司实地调研是取证的重要环节。浑水公司的调研工作非常细致，调研周期往往持续很久，比如对分众传媒的调研时间长达半年。为了避免"纸上谈兵"，实地调研的形式包括但不限于电话访谈、当面交流和实地观察，实地调研的第一手材料能够进一步有针对性地搜集证据。

瑞幸案此次的做空方为了获得公司真正信息，动用了 92 名全职人员和1418 名兼职人员，在中国 45 个城市 2213 家瑞幸咖啡门店，进行了 10000 个

---

① 朱春悦：《基于做空视角的信息披露问题研究——以浑水做空达利食品为例》，河南大学 2018届硕士学位论文。

小时的门店录像，从 10119 名顾客手中拿到 25843 张收据，并且收集了大量内部店长群的微信聊天记录，最终做出了一份长达 89 页的做空报告，通过翔实的数据材料和对比分析指出："当瑞幸咖啡于 2019 年 5 月上市的时候，便采用了一种极为糟糕的商业模式——通过大幅折扣和免费赠品咖啡来培育中国消费者消费咖啡的习惯。在其完成 6.45 亿美元 IPO 后，该公司从 2019年第三季度开始捏造财务及运营数据，已然演变成一场骗局。"

浑水公司并不是美国证券法语境下的投资顾问，即不具备投资咨询的牌照。根据美国 1940 年《投资顾问法案》第二百零二条规定，"投资顾问指一个公司或顾问个人，从事以下的业务：提供推荐、建议、发布报告或者是提供证券分析，无论是直接或者是间接地通过发表文章"。这里有一个前提是"这种业务是以获得报酬为目的"。授信义务或信义义务基本上是美国规制联邦证券法中各种义务的母义务。浑水公司对发行人不负有义务，所以可以声称自己进行投资研究不以获得报酬为目的，事实上可能带有投资咨询业务的特点，也不受《投资顾问法案》的约束。

（三）对做空机构的评价

做空机构是凭借真凭实据找出上市公司的问题，是资本市场的监督者，也属于成熟资本市场自我净化功能的一部分。做空机构承担了市场的一种风险分配机制、价格发现机制、资源配置机制的一部分职责。

浑水公司的行为并非完全无可指责，事实上很多人认为浑水公司的背后有对冲基金在支持，浑水公司能够非常熟练地利用一些混淆视听的手法通过卖空盈利。而且在浑水公司指责一家上市企业前，该企业股票往往出现异常波动，这也能够说明对冲基金的参与。同时，如果市场是个下滑的市场，此时做空机构不断发布做空报告，这可能会导致市场的进一步恐慌，引发更大的羊群效应，使金融系统全面崩盘。但是同时必须承认的是，浑水公司所扮演的角色，就是提前让股市中的问题公司现形，让那些造假的上市公司心生敬畏和恐惧，这也在一定程度上保护了投资者。掌握国家强制力的监管部门精力是有限的，像浑水公司这样为了获利而去自发调研做空的公司可以成为多层次监管体系的一环。当然，这个目标实现的前提是做空机制在资本市场得以不断完善。

（四）浑水式做空在中国《证券法》语境下的可能法律障碍

在 2019 年新修订的《证券法》语境下，浑水式做空至少面临三大法律障碍，这三大法律障碍分别来自第五十条内幕交易，第五十五条操纵市场以及第五十六条编造、传播虚假信息和误导性信息的相关规定，如表 4 所示。

表 4　浑水式做空所面临的《证券法》规定障碍

法律障碍种类	法律条文编号	法律条文内容
内幕交易	《证券法》第五十条	禁止证券交易内幕信息的知情人和非法获取内幕信息的人利用内幕信息从事证券交易活动
操纵市场	《证券法》第五十五条	禁止任何人以下列手段操纵证券市场，影响或者意图影响证券交易价格或者证券交易量：（一）单独或者通过合谋，集中资金优势、持股优势或者利用信息优势联合或者连续买卖；（二）与他人串通，以事先约定的时间、价格和方式相互进行证券交易；（三）在自己实际控制的账户之间进行证券交易；（四）不以成交为目的，频繁或者大量申报并撤销申报；（五）利用虚假或者不确定的重大信息，诱导投资者进行证券交易；（六）对证券、发行人公开作出评价、预测或者投资建议，并进行反向证券交易；（七）利用在其他相关市场的活动操纵证券市场；（八）操纵证券市场的其他手段。操纵证券市场行为给投资者造成损失的，应当依法承担赔偿责任

续　表

法律障碍种类	法律条文编号	法律条文内容
编造、传播虚假信息和误导性信息	《证券法》第五十六条	禁止任何单位和个人编造、传播虚假信息或者误导性信息，扰乱证券市场。禁止证券交易场所、证券公司、证券登记结算机构、证券服务机构及其从业人员，证券业协会、证券监督管理机构及其工作人员，在证券交易活动中作出虚假陈述或者信息误导。各种传播媒介传播证券市场信息必须真实、客观，禁止误导。传播媒介及其从事证券市场信息报道的工作人员不得从事与其工作职责发生利益冲突的证券买卖。编造、传播虚假信息或者误导性信息，扰乱证券市场，给投资者造成损失的，应当依法承担赔偿责任
融券	《证券法》第一百二十条第一款、第二款	经国务院证券监督管理机构核准，取得经营证券业务许可证，证券公司可以经营下列部分或者全部证券业务：（一）证券经纪；（二）证券投资咨询；（三）与证券交易、证券投资活动有关的财务顾问；（四）证券承销与保荐；（五）证券融资融券；（六）证券做市交易；（七）证券自营；（八）其他证券业务。国务院证券监督管理机构应当自受理前款规定事项申请之日起三个月内，依照法定条件和程序进行审查，作出核准或者不予核准的决定，并通知申请人；不予核准的，应当说明理由
证券投资咨询	《证券法》第一百六十一条	证券投资咨询机构及其从业人员从事证券服务业务不得有下列行为：（一）代理委托人从事证券投资；（二）与委托人约定分享证券投资收益或者分担证券投资损失；（三）买卖本证券投资咨询机构提供服务的证券；（四）法律、行政法规禁止的其他行为。有前款所列行为之一，给投资者造成损失的，应当依法承担赔偿责任

其一，内部交易。中国证券市场上的浑水式融券的行为模式，需要交易者锁定标的证券或标的发行人，交易者不能是证券投资机构或投资咨询机构。交易者锁定标的的原因在于如果与内幕信息知情人密接，则为内幕信息传递链上的信息接收者，被视为非法获取内幕信息的人。这种情况会比较确定地被鉴定为内幕交易的问题，尤其是我国目前行政执法实践采用推定的方式，

除非有充分的证据或理由排除这种推断。其二，内幕交易。依据《证券法》第五十五条第六项的规定，在以前行政执法实践中，传统的内幕交易主体范围多为券商咨询机构专业的中介机构及工作人员，这就是抢先交易。但新证券法把主体范围扩张到了任何人。在 2019 年《证券法》进行修改之前，反向证券交易模式也是属于操纵市场，证监会将之认定为以其他手段操纵市场。其三，编造、传播虚假信息和误导性信息。发布投研报告是浑水式做空中最关键的环节之一。如果不向市场投放带有负面信息的报告，市场价格就不会发生预期的波动。第五十六条的立法精神是要降低，甚至消除证券市场的噪声，打造一个仅有真实客观信息存在的证券市场。第五十六条的适用要回答两个问题：编造、传播虚假信息或误导性的行为，是否应将行为人的主观状态界定为故意或重大过失？是否以"事后"来印证传播媒介所报道信息的客观与真实，还是以其在报道时所掌握的全部信息总量衡量即可？杜晶副教授建议以报道时掌握的全部信息总量进行衡量即可。此外，利用举报制度，借助官方调查发布负面信息来做空的模式是否合法值得思考。①

四、做空机制的合法性研究

（一）香橼研究公司

以香橼研究公司为例，香橼研究公司（Citron Research）是一家独立调查的空头机构，同浑水公司一样，香橼也是一家经常瞄准中国公司的做空机构。2012 年 6 月 21 日，香橼创办人也是唯一员工的安德鲁·莱夫特（Andrew Left）在香橼的网站上发表了一份关于恒大的调查报告，指控恒大地产存在财务欺诈问题，②且恒大无力偿债，流动性将有严重困难，触发恒大当日大跌。在发布报告的同时，Andrew Left 以本人账户卖空恒大地产股票，积极做

---

① 整理自中央财经大学副教授杜晶于 2020 年 7 月 5 日在"中国法学会证券法学研究会系列讲座瑞幸咖啡案例研究（第十二期）"所作讲座。

② 香橼公司对恒大地产的研究报告：《附录"A"》，https://www.mmt.gov.hk/chi/reports/Evergrande_Report_Annex_A_to_G_c.pdf，最后访问日期：2019 年 3 月 5 日。

空获利 160 万元。但之后香港市场失当行为审裁处在《审裁处报告书》指出，Left 指控的财务欺诈纯属子虚乌有，香橼报告资料涉虚假及误导。在 2016 年，审裁处裁定 Left 违法[①]，除了禁止在香港买卖证券 5 年，同时需要归还因为做空恒大而获利的 160 万元。之后的 2 次上诉法院的判决都维持了审裁处的决定。香港审裁处的处罚依据是香港《证券及期货条例》第二百七十七条关于"披露虚假或具误导性的资料以诱使进行交易"的规定，可归纳为四个要件：散播信息的行为；引诱交易；虚假或误导性陈述的信息；主观上具有过错。香橼等做空机构通常采用的方法，一是彻查中美财务审计差异造成的漏洞缺口，主要包括销售收入虚报等；二是监察企业高管的不当行为；三是监测企业是否符合程序，按照规定定期向监管机构和公众投资者报备等。而在具体的案件中，这些方法几乎没有失手的时候。

（二）希尔威矿业

以美国的希尔威矿业为例，2011 年 9 月 1 日，一封长达 87 页的匿名报告寄到希尔威公司，声称希尔威"可能存在高达 13 亿美元的会计欺诈"。这份报告同时被寄给相关监管者及媒体，引发了希尔威股价的大跌。9 月 13 日，另一份质疑希尔威矿山储量及矿石品位的报告出现在名为 AL（Alfred Little）的网站上，再次引发希尔威股价大跌。9 月 22 日，希尔威对做空者向纽约高等法院提起诉讼。然而 2012 年 8 月 16 日，希尔威的诉讼被驳回。法官在裁决中认定这些"做空和歪曲"的文章是观点表述而不是事实陈述，被告享有言论自由。这一结果虽然没有给被告最初的指责增添任何可信度和有效性，但显然也未能令希尔威满意。2012 年底，有律师代表股民把希尔威告上法庭。而该案只是针对希尔威集体诉讼的第一起，根据美国相关法律规定，所有在 2010 年 6 月 24 日至 2011 年 9 月 30 日获得该公司股票者都可以

---

① 证券及期货事务监察委员会：《市场失当行为审裁处禁止 Citron Research 的 Andrew Left 在香港买卖证券》，https://www.sfc.hk/edistributionWeb/gateway/TC/news-and-announcements/news/enforcement-news/doc?refNo=16PR107，最后访问日期：2019 年 3 月 19 日。

在 2013 年 2 月底的截止日之前申请加入诉讼。希尔威矿业有限公司董事长冯锐在美国聘请了 FBI 的人员协助调查，也聘请了相关律师。仅仅是调查的初期，希尔威就花费了近 400 万美元。可见冯锐狙击做空机构的决心非常大，且一掷千金。经过近一年对 AL 以及其后的 EOS 基金和调查机构 IFRA 的调查，冯锐惊奇地发现，在全球范围内周转调查的 AL，就是其在温哥华的邻居。冯锐向河南警方报案之后，河南警方已经抓获了这一调查机构的一名华人高管和两名协助的调研人员，冯锐将做空机构在其矿区安装摄像头、获取希尔威内部资料的所有证据交给纽约高等法院，并以名义侵权起诉 AL，但是都没有成功。[①]

从以上两个案例来看，积极做空者具有监督上市公司和操纵市场的双重属性，其合法性边界是证券法的重要问题。

（三）中能兴业

我国关于做空行为合法与非法的边界，是困扰证券监管者的难题。以中能兴业为例，中能兴业于 2012 年 12 月 15 日发布《康美药业（600518）研究》，在资本市场引起极大震动，一些投资者随之质疑中能兴业咨询资质以及融券做空的合法性。对此，2013 年 3 月 6 日，中能兴业向证监会发表了公开信《请求中国证券监督管理委员会确认做空的合法性》，恳请证监会确认投资研究机构通过分析研究与实地调查等手段，对发现的有疑问证券先融券卖出，然后再发布看空的报告（仅限于陈述事实）以谋求利益的做空操作是否符合证券交易相关的法律法规。4 月 17 日，证监会回复中能兴业称，根据相关法律法规，以报告或其他形式，向投资者或客户提供证券投资分析、预测或建议，并直接或间接获取经济利益的，属于从事证券投资咨询业务，应当经证监会取得投资咨询业务资格，未取得资格，任何机构和个人不得从事投资咨

---

① 　事件经过整理自新浪财经，《希尔威诉讼做空者：告不赢，也要告》，http://finance.sina.com.cn/business/20121009/132913317389.shtml，最后访问日期：2020 年 7 月 8 日。

询业务。由于不具备证券投资咨询业务资格，中能兴业再次发函询问称，未向客户提供证券投资咨询服务，但公布限于陈述事实、不含"投资分析、预测或建议"与"证券估值、投资评级等投资分析意见"的研究成果，是否"属于从事证券投资咨询业务，应当经中国证监会核准取得证券投资咨询业务资格"？[①] 对此，证监会于 2013 年 7 月正式答复，答复分为两个方面：一、根据《证券法》、《证券、期货投资咨询管理暂行办法》（证委发〔1997〕96号）、《发布证券研究报告暂行规定》（证监会公告〔2010〕28 号）等法律法规及中国证监会有关规定，以研究报告或其他形式，向投资者或客户提供证券投资分析、预测或建议，并直接或间接获取经济利益的，属于从事证券投资咨询业务，应当经中国证监会核准取得证券投资咨询业务资格。未取得证券投资咨询业务资格，任何机构和个人均不得从事证券投资咨询业务。如果发表的文章限于陈述事实、不含"投资分析、预测或建议"及"证券估值、投资评级等投资分析意见"内容，不属于证券投资咨询业务。但任何市场行为，包括公开发表研究报告、进行市场交易，必须严格遵守《证券法》等法律法规及中国证监会的有关规定，不得从事内幕交易、操纵市场、虚假陈述和编造虚假信息扰乱证券市场秩序等违法违规行为。二、对于"公布真实可靠的调查研究信息，但影响了证券价格波动，机构因而获利，是否涉嫌构成操纵市场"，以及"对发现的有疑问证券先融券卖出，再发布看空报告以及谋求利益的行为是否违反《证券法》及相关法律法规"的问题，现行法律法规中没有明文规定，需要有关部门依据法定程序，根据具体事实、证据作出认定。

在实践中，做空行为极易造成信息型操纵市场的行为产生，确立信息型操纵市场规制规则的需求已经迫在眉睫。

---

① 事件经过整理自中国证券网，《证监会答复中能兴业"做空"的疑问》，http://stock.cnstock.com/stock/smk_gszbs/201307/2661817.htm，最后访问日期：2020 年 7 月 8 日。

五、做空行为的法律规制

（一）美国对做空行为的限制

美国对做空的限制主要规定在1934年的《证券交易法》和2004年的《证券卖空规则》。

1.《证券交易法》引入卖空交易机制

1934年，美国通过了《证券交易法》，正式引入了卖空交易机制，并对卖空交易实施了严格的管理，其目的是保护投资者利益，维护市场的稳定，防止由卖空交易引起的市场滥用和市场操纵。第10节操纵性或欺骗性行为规则原则性地禁止了违法违规的卖空型操作，第10a-1条禁止违法违规地进行卖空。第10c-1条禁止进行、接受或协助违法违规的证券借贷，并授权证交会为了公共利益和投资者保护所需制定适宜的细则。

2. SEC对卖空交易规则的细化

1938年，SEC制定规则对卖空交易进行限制（SEC Rule 10a-1），以限制在下跌的市场中卖空。第10a-1条（a）款涵盖在国家证券交易所（以下简称上市证券）注册或获准在未上市的交易特权（UPT）上授权交易的证券的卖空交易。该规则规定了"差价标准"，即：（1）该规则要求卖空交易的价格必须比最近一次的股票交易价格高出八分之一，即存在正的价差（plustick），这被称作"上浮规则"（uptick rule）；（2）对于卖空实际借入的股票的投资人，卖空价格也可以与最近一次的交易价格相同，但此交易价格必须高于再前一次的成交价格，即零的正差价（zero-plustick），该条规则被称为"零加上浮规则"（zero plus upstick rule）。

3.《证券卖空规则》（SHO规则）对卖空交易的规定

2004年，美国证监会增强了防止裸空交易的证券交易规则，其制定了《证券卖空规则》（SHO规则），对卖空交易行为做了明确的规定，将SHO规则取代原有的《证券交易法》的第3b-3条，第10a-1条以及第10a-2条。

SHO 规则规定了一系列有关卖空者借券和交付证券的要求，并对那些交付失败持续时间较长的证券施加了更多限制，避免持续大量未能交付证券对市场产生冲击，加大对裸卖空的打击力度。例如，《SHO 规则》201 条规定，对卖空交易实行统一的价格检验，并且纳斯达克市场的证券卖空交易价格必须在最优报价之上。《SHO 规则》203 条规定了卖空交易的证券定位和交付要求。证券定位要求规定：在交易商没有事先借入证券或未做好借入证券安排，或未有充分的证据表明卖空的证券可通过借入证券进行交付的情形下，禁止进行卖空交易。证券交易要求规定：交易商必须在交易日后 3 天（美国为 T+3 日交收）内完成卖空交易的证券交割；在正常结算日后的 10 天内，结算参与人必须对未成功交割的门槛证券进行平仓，且不能继续进行涉及上述门槛证券的卖空，除非已平仓或者有关证券已经借入。但也规定了例外情形：不溯及既往条款和期权做市商豁免条款。不溯及既往条款规定，在某个证券成为门槛证券之前产生的未能交付头寸不需要遵照 SHO 规则的要求在 13 个连续交易日内了结，即所谓的非回溯条款（Grandfathering）。期权做市商豁免条款则允许期权做市商因为已有的期权头寸避险需要，而在了结未交付证券前新增卖空交易。

4. 对卖空价格限制的逐步废除

从 2005 年开始，SEC 试验性地对部分股票中止"上浮规则"的卖空限制，并进行了追踪经验研究，结果发现放松限制并没有引发空头交易的显著增加。2007 年 7 月，由于研究认为第 10a-1 条的作用不大，但却限制了市场交易，经过试点检验后，证交会、证券业协会和交易所最终均废除了所有对卖空的价格测试的限制。

2007 年 6 月，美国证券交易委员会（SEC）通过了一项修正案，正式废止了有关卖空价格限制的第 10a-1 条，并在 1934 年证券交易法中增加了《证券交易条例》第 201 条，规定不得对任何证券的卖空交易适用任何价格测试，包括任何自律组织的任何价格测试。

2008 年 9 月 17 日，SEC 出台临时规则，对 SHO 规则进行了进一步修改，取消了期权做市商的豁免权。要求空头交易者必须在股票法定结算交割日后一个交易日开盘前（也就是 T+4 交易日的开盘时）实际借入其卖空的股票以供交付（即使在某些例外情况下的卖空交易，最多也不能超过 36 个正常结算日平仓）。2009 年 7 月 27 日，美国证交会通过在 SHO 法案中增加"204 规则"（Rule 204），将 SEC 的临时规则正式变为永久性规则，其中只是放宽了卖方交易者用以交付的股票来源——既可以是实际买入的，也可以是已经借入的股票（Rule 204）。并且，适用这一规则的股票不再限于"门槛证券"，而是所有股权证券，包括股票期权（Rule 204）。对违规交易商将禁止其接受卖空交易委托及基于自身账户开展股票卖空交易。换言之，自 2008 年起，SEC 已经完全禁止裸空交易，同时也强化了信息报告要求。

2010 年 2 月，SEC 再次引入对卖空的价格限制（Rule 201），也就是现行的卖空交易规则。不过，这一次的规则与 2007 年以前的有所不同，其中最重要的是加入了熔断机制。也就是说，对于在主要证券交易市场（National Market System）上交易的股票，假如与前一交易日的收盘价相比，股价下跌幅度超过 10%，"上浮规则"就将被触发。触发之后，在触发当天及后一个交易日内，卖空价格不得低于交易市场上的最高买入要约价格（national best bid price）。

2010 年 7 月，经过激烈的争论和权衡，立法者认为做空机制虽然增大了市场风险，但对资本市场的监督作用最终得到了肯定。在《多德-弗兰克华尔街改革与消费者保护法案》中，对 SEC 提出了三方面要求以规范卖空交易：一是加强卖空信息披露；二是打击操纵市场卖空市场的行为；三是强制证券经纪商允许客户选择其账户下的证券不被经纪商用以参与卖空交易，并要求经纪商向参与卖空交易的证券所属账户全面披露信息。[1]

---

① "美国对做空行为的限制"整理自复旦大学法学院教授许凌艳于 2020 年 7 月 5 日在"中国法学会证券法学研究会系列讲座瑞幸咖啡案例研究（第十二期）"所作讲座观点综述。

（二）我国对做空行为的限制

1. 我国香港对做空行为的限制

我国香港对做空的限制主要在以下几个方面：其一，限制卖空证券的范围，规定在香港《卖空规例》第二条与第十八条；其二，关于提价规则，规定在香港联交所《卖空条例》第十五条；其三，禁止"裸卖空"，规定在香港《证券与期货条例》第一百七十条、第一百七十一条和《卖空规例》第一条；其四，对卖空行为的报告和披露要求，规定在《证券及期货（淡仓申报）规则》第三条、第四条和第六条。有关法律责任主要规定在《证券与期货条例》第三百零三条罚则，凡是任何可能诱使他人认购、买卖证券或进行期货交易，或提高、降低、维持或稳定价格的虚假或具误导性数据，只要任何人（i）披露、传递或散发，或授权披露、传递或散发，或牵连人披露、传递或散发该等数据，且（ii）明知或罔顾、疏忽该等数据确属虚假或具误导性的，则一律承担法律责任。刑事方面，最高可被判10年监禁、罚款1000万港元及其他处罚，例如取消董事任职资格、限制买卖股票等。民事处罚则包括根据《证券及期货条例》第二百一十三条和第三百零五条以损害赔偿方式向任何他人赔偿其因上述行为而蒙受的金钱损失。

2. 我国内地对做空行为的限制

我国内地对做空行为的限制可以分为以下三个方面：其一，提价规则要求严格，且未作例外规定。《深圳证券交易所融资融券交易实施细则》和《上海证券交易所融资融券交易实施细则》均规定，融券卖出的申报价格不得低于该证券的最近成交价；当天还没有产生成交的，其申报价格不得低于前收盘价。其二，禁止"裸卖空"。《证券公司融资融券业务管理办法》（简称《管理办法》）第十八条规定，证券公司向客户融资，只能使用融资专用资金账户内的资金；向客户融券，只能使用融券专用证券账户内的证券。客户融资买入、融券卖出的证券，不得超出证券交易所规定的范围。客户在融券期间卖出其持有的、与所融入证券相同的证券的，应当符合证券交易所的规定，不得以违反规定卖出该证券的方式操纵市场。第三十八条规定，证券交易所应当按照业务规则，采取措施，对融资融券交易的指令进行前端检查，对买卖证券的种类、融券卖出的价格等违反规定的交易指令，予以拒绝。单一证券的市场融资买入量、融券卖出量或者担保物持有量占其市场流通量的比例达到规定的最高限制比例的，证券交易所可以暂停接受该种证券的融资买入指令或者融券卖出指令。其三，对报告和披露融资融券和转融通信息做了具体规定。关于融资融券，《管理办法》第四十六条规定，证券公司应当按照证券交易所的规定，在每日收市后向其报告当日客户融资融券交易的有关信息。证券交易所应当对证券公司报送的信息进行汇总、统计，并在次一交易日开市前予以公告。《深交所细则》和《上交所细则》也做出相应规定，每个交易日开市前公布的信息有：前一交易日单只标的证券融资融券交易信息和市场融资融券交易总量信息，包括融资买入额、融资余额、融券卖出量、融券余量等。关于转融通，《转融通业务监督管理试行办法》第四十六条规定，证券金融公司应当自每一会计年度结束之日起4个月内，向证监会报送年度报告。年度报告应当包含按照规定编制并经具有证券相关业务资格的会计师事务所审计的财务会计报告。证券金融公司应当自每月结束之日起7个工作日内，向证监会报送月度报告。月度报告应当包含本办法第四十一条所列各项风险控制指标和转融通业务专项报表，以及证监会要求报送的其他信息。第三十八条规定，证券金融公司应当每个交易日公布以下转融通信息：（一）转融资余额；（二）转融券余额；（三）转融通成交数据；（四）转融通费率。

内地的做空行为往往是与操纵市场联系在一起的，内地对操纵市场行为的认定规定在《证券法》第五十五条第一款和《证券市场操纵行为认定指引（试行）》中，在《证券市场操纵行为认定指引（试行）》中列举了多种操纵证券市场的手段的认定方式，例如：连续交易操纵；约定交易操纵；洗售操纵；蛊惑交易操纵；抢帽子交易操纵；虚假申报操纵；特定时间的价格或价值操纵；尾市交易操纵；中国证监会认定的其他操纵证券市场的行为。[①]

内地做空行为的行政责任主要规定在《证券法》第一百九十二条和《期货交易管理条例》第七十条，民事责任主要规定在《证券法》第五十五条第二款和《证券法》第九十五条，刑事责任主要规定在《刑法》第一百八十二条。如表5所示。

表5　做空行为的法律责任规定

责任种类	法律条文编号	法律条文内容
行政责任	《证券法》第一百九十二条	违反本法第五十五条的规定，操纵证券市场的，责令依法处理其非法持有的证券，没收违法所得，并处以违法所得一倍以上十倍以下的罚款；没有违法所得或者违法所得不足一百万元的，处以一百万元以上一千万元以下的罚款。单位操纵证券市场的，还应当对直接负责的主管人员和其他直接责任人员给予警告，并处以五十万元以上五百万元以下的罚款
	《期货交易管理条例》第七十条	任何单位或者个人有下列行为之一，操纵期货交易价格的，责令改正，没收违法所得，并处违法所得1倍以上5倍以下的罚款；没有违法所得或者违法所得不满20万元的，处20万元以上100万元以下的罚款：（一）单独或者合谋，集中资金优势、持仓优势或者利用信息优势联合或者连续买卖合约，操纵期货交易价格的；（二）蓄意串通，按事先约定的时间、价格和方式相互进行期货交易，影响期货交易价格或者期货交易量的；（三）以自己为交易对象，自买自卖，影响期货交易价格或者期货交易量的；（四）为影响期货市场行情囤积现货的；（五）国务院期货监督管理机构规定的其他操纵期货交易价格的行为。单位有前款所列行为之一的，对直接负责的主管人员和其他直接责任人员给予警告，并处1万元以上10万元以下的罚款
民事责任	《证券法》第五十五条	禁止任何人以下列手段操纵证券市场，影响或者意图影响证券交易价格或者证券交易量。操纵证券市场行为给投资者造成损失的，应当依法承担赔偿责任

[①]　参见《证券市场操纵行为认定指引（试行）》第十四条规定。

责任种类	法律条文编号	法律条文内容
民事责任	《证券法》第九十五条	投资者提起虚假陈述等证券民事赔偿诉讼时，诉讼标的是同一种类，且当事人一方人数众多的，可以依法推选代表人进行诉讼。 对按照前款规定提起的诉讼，可能存在有相同诉讼请求的其他众多投资者的，人民法院可以发出公告，说明该诉讼请求的案件情况，通知投资者在一定期间向人民法院登记。人民法院做出的判决、裁定，对参加登记的投资者发生效力。 投资者保护机构受五十名以上投资者委托，可以作为代表人参加诉讼，并为经证券登记结算机构确认的权利人依照前款规定向人民法院登记，但投资者明确表示不愿意参加该诉讼的除外
刑事责任	《刑法》第一百八十二条	有下列情形之一，操纵证券、期货市场，影响证券、期货交易价格或者证券、期货交易量，情节严重的，处五年以下有期徒刑或者拘役，并处或者单处罚金；情节特别严重的，处五年以上十年以下有期徒刑，并处罚金：（一）单独或者合谋，集中资金优势、持股或者持仓优势或者利用信息优势联合或者连续买卖的；（二）与他人串通，以事先约定的时间、价格和方式相互进行证券、期货交易的；（三）在自己实际控制的账户（法条原文为帐户）之间进行证券交易，或者以自己为交易对象，自买自卖期货合约的；（四）不以成交为目的，频繁或者大量申报买入、卖出证券、期货合约并撤销申报的；（五）利用虚假或者不确定的重大信息，诱导投资者进行证券、期货交易的；（六）对证券、证券发行人、期货交易标的公开作出评价、预测或者投资建议，同时进行反向证券交易或者相关期货交易的；（七）以其他方法操纵证券、期货市场的。单位犯前款罪的，对单位判处罚金，并对其直接负责的主管人员和其他直接责任人员，依照前款的规定处罚

（三）展望与建议

尽管多数监管机构已允许卖空禁令失效，并似乎在建设性地思考未来的监管形势，但卖空辩论的尘埃尚未落定。双向交易是资本市场的基本制度，目前全球主要市场均已建立卖空机制。经过 400 多年的历史实践，市场对于双向交易机制尤其是卖空交易机制的积极功能已经达成了普遍共识。有证据表明，即使在熊市，限制卖空也会导致股票定价过高和市场效率低下，这表明监管机构应允许卖空行为，同时仔细监控激进交易员的空头头寸。从历史的经验中可以发掘到，强力地限制卖空的交易即使可以暂时缓解市场的剧烈波动，但是也无法拯救本该走向衰败的企业。允许有控制地卖空，这将增加流动性，并允许对冲基金和其他机构卖空者继续推动市场向有效价格靠拢，从而恢复市场信心。

虽然卖空增加了资本市场的效率和流动性，但卖空是一种有缺陷的市场效率机制，如果没有有效监管制度的支持性架构和市场监管机构警惕地执行反滥用法律，这种机制就无法运作。因此，我们应当采取以下措施。

1. 动态把握监管力度

在多年的市场增长中，滥用卖空者操纵市场的风险似乎很低。要求监管的呼声会减弱，因为它把成本强加给投资者和投资经理，减少了市场流动性，破坏了卖空所带来的稳定价格的好处。然而，在市场下滑和金融危机时期，更大力度的监管是有必要的，因为此时的监管可以有效遏制悲观的谣言和末日猜测的影响。在这种情况下，加强对卖空行为的监管或是暂停卖空行为，看起来是对疲软市场的一剂速效补药。

2. 防范系统性金融风险

由于金融市场和国家经济的一体化以及全球化，卖空禁令发布之后带来了多米诺骨牌的效应，以及随着日益复杂的卖空策略和老练投资者数量的增加，投资者欺诈和滥用的发生率日益增长，这些都在提醒监管机构需要更好地保护资本市场，使资本市场免受系统性金融风险的影响。所以，在当前形势下，全球需要开展更多更深的关于卖空机制的国际合作。

3. 监管规则的核心

卖空机制有很多积极的效能，比如可以提高市场的效率，使资本市场的效用充分地发挥，从而形成一个良好的价格发现和价格形成机制。而通过资本市场的机制来保证公正价格的实现也是金融法治的目标之一，因此我们对于做空并不一定要持厌恶的态度，我们可以更有效地用更好的规则规范做空的行为，主要可以从这些方面把握：增加对空头头寸的披露，从而增加卖空交易的可见性，并使股票的借贷市场变得透明；严格执行结算和平仓规则，遏制裸卖空，使卖空交易具有可预测性和一致性，遏制市场操纵，加大处罚力度。比如，欧洲的政策市场管理局 2020 年 3 月 16 日宣布的临时措施迫使投资者披露更多的有关其卖空头寸的信息，把披露的门槛降低了一半，任何占公司流通股 0.1% 或者以上的空头头寸都必须向市场公布。此外，还有对结算交割制度的加强，比如为了降低卖空后无法交割的风险，一些国家和地区对结算交割制度进行了严格的规定。比如，部分国家增加了强行平仓制度，如果出现不能交割的情况，就必须立即买入或者是借入证券以便平仓。此外，加大了惩罚的力度，新加坡对裸卖空所造成的无法交割要进行强制性买入，并进行交易量 5% 的处罚，来强制购买市场无法交割。同时违规者面临禁止参与未来强制买入市场的活动。此外，还可以缩短交易交割期，比如奥地利把未能按期交割的期限缩短为 8 天。[①]

就我国的具体情况而言，完善中国的资本市场制度，应当探索具有中国特色的证券法治道路。

第一，要强调信息披露内容的真实、准确、完整。随着新《证券法》实施和注册制在科创板试点，信息披露的真实性在资本市场越来越重要。想要获得上市公司真正全貌，不仅需要官方监管，也要各市场主体相互监督。做空调研机构这种民间"裁判"，无疑是对官方监管的有益补充。中概股公司屡屡成为做空机构的狙击目标，是因其本身也必然存在着财务造假等问题，中国企业不能仅仅着眼于境外上市的低门槛，还要考虑到信息披露、监管压

---

① 整理自复旦大学法学院教授凌艳于 2020 年 7 月 5 日在"中国法学会证券法学研究会系列讲座瑞幸咖啡案例研究（第十二期）"所作讲座观点综述。

力、自身营运能力等诸多现实问题，考察清楚自身的实力并考虑境内外的相关监管压力。

第二，要解决券源不足的问题，完善我国的融券制度。在实施融资融券制度后，融资业务扩张很快，2015 年最高峰的时候融资规模超过了 2 万亿元，但融券业务一直进展缓慢，融券余额一直在 100 亿元左右徘徊。制约融券业务的最主要因素就是券源不足，在券源不足的情况下，投资者往往难以融到券，实现投资目的。

第三，完善我国集体诉讼制度。科技类企业的投资风险大于其他类型的上市公司，投资者与上市公司之间更容易出现信息不对称，仅仅利用监管机构的力量来监管上市公司是远远不够的。因此，一个健全的证券法规市场应当鼓励合适的做空机制，通过鼓励一些专业的机构或个人利用自身的专业优势和分析能力，揭示和监督上市公司的财务欺诈等违法违规行为。因此，不仅要鼓励研究机构发布做空的研究报告，还要让他们在揭露上市公司违法违规行为过程中获利从而使他们获得调查研究的足够动力。因此，从这个角度来说，出台完善做空机制和集体诉讼制度迫在眉睫。

浅析新《证券法》背景下对虚假陈述责任的维权路径

浙江大学光华法学院　俞定钧 *

摘 要

证券市场的虚假陈述指信息披露义务人违反证券法律规定，在证券发行或者交易过程中，对重大事件作出违背事实真相的虚假记载等行为。因此造成投资人损失的，投资人可据《公司法》及《证券法》相关规定作为请求权基础提起民事诉讼。我国的司法实践与新《证券法》为该类诉讼案件创设了包括先行赔付、支持诉讼、代表人诉讼、示范诉讼在内的多样化维权路径，其适用各有利弊但前景广阔。

关键词： 虚假陈述；请求权基础；维权路径

★　浙江大学光华法学院硕士研究生。

近期，瑞幸咖啡财务造假事件引起广泛关注，不仅因其具有上市公司虚假陈述与财务造假行为的典型性，也因此次事件使得中小投资者合法权益应当如何保护的问题再次被重点提及。我国资本市场的虚假陈述违规案件数之所以居高不下，一方面是由于我国中小投资者受制于维权能力与维权成本，较少提起真正意义上的民事诉讼。新《证券法》实施前，违规公司多因行政处罚被处以数额相对不高的罚金，但其市场违规行为的直接受害主体即中小投资者个人却多并未得到赔偿，而这一赔偿的总额往往较大。这实际上使得上市公司违规成本相对较低，在一定程度上反而会"激励"上市公司造假，长期来看必不利于资本市场的良性发展。另一方面是由于我国证券类违法案件的诉讼制度尚处于探索阶段，存在法律依据尚待具体化、审判工作体制不健全、实践经验不足等问题。① 在明确了证券欺诈类民事诉讼的立案将不再以行政和刑事案件为前置程序② 以后，我国又成立了中证中小投资者服务中心有限责任公司（以下简称投服中心）支持中小投资者对虚假陈述民事诉讼案件展开诉讼，投服中心在政府支持的背景下承担着唤醒中小投资者维权意识以及提升维权能力的职责。可以预见，中小投资者维权意识之觉醒以及诉讼能力之提升，势必导致证券欺诈民事诉讼的数量激增，这对法院处理群体性案件以及应对大规模诉讼的能力是挑战与考验。因此，进一步明确虚假陈述类证券欺诈案件的请求权基础，对新《证券法》框架下该类案件的行权路径进行详细对比分析，同时探究法院在审理该类案件时的重点难点问题就显得十分必要。

---

① 仲崇玉：《论证券欺诈民事案件的诉讼方式》，载《法学论坛》2003 年第 4 期。

② 参见《最高人民法院关于当前商事审判工作中的若干具体问题》中关于商事审判与刑事、行政诉讼等交叉的正当法律程序问题的意见部分。

一、虚假陈述类案件原告请求权基础分析

（一）虚假陈述类案件原告请求权基础及其条文依据

请求权基础是指产生请求权的法律基础。王泽鉴先生认为："请求权基础的寻找，是处理实例题的核心工作。在某种意义上，甚至可以说，实例解答，就在于寻找请求权基础。"请求权基础对于诉讼案件的影响由此可见一斑。王泽鉴先生认为，所谓的请求权，就是"谁向谁，依据何种法律规范，主张何种权利"，而"此种可供支持一方当事人得向他方当事人有所主张的法律规范，为请求权规范基础，简称请求权基础"。[①]

由此可见，请求权基础最重要的特征之一就是需基于一定的法律明文规定。证券市场的虚假陈述，是指信息披露义务人违反证券法律规定，在证券发行或者交易过程中，对重大事件作出违背事实真相的虚假记载、误导性陈述，或者在披露信息时发生重大遗漏、不正当披露信息的行为。[②]换言之，构成虚假陈述的前提是要"违反证券法律"，而且要具体针对"重大事件"。根据《关于审理证券市场因虚假陈述引发的民事赔偿案件的若干规定》（以下简称《若干规定》）第十七条第二款规定："对于重大事件，应当结合证券法第五十九条（现第六十三条）、第六十条（现第六十五条）、第六十一条（现第六十六条）、第六十二条（现第六十七条）、第七十二条（现第七十七条）及相关规定的内容认定。"上述证券法条款全部为上市公司的收购的相关规定，显然其作为认定"重大事件"的参考依据显得过于单薄。实际在判例中，法院会根据上市公司具体实施的行为进行分析，判断其是否针对"重大事件"实施了虚假记载、误导性陈述或重大遗漏等行为，进而判断上市公司的违法行为是否构成虚假陈述。[③]在我国的法律体系下，可能涉及

[①] 王泽鉴：《民法思维：请求权基础的理论体系》，北京大学出版社2009年版，第41页。

[②] 参见《关于审理证券市场因虚假陈述引发的民事赔偿案件的若干规定》（法释〔2003〕2号）。

[③] 王蕊、回懿：《证券虚假陈述民事赔偿责任追究现状及法律问题研究》，载《投资者》2019年第2期。

虚假陈述案件请求权基础的法律条文主要如表 1 所示。

表 1　虚假陈述类案件原告请求权基础的条文依据

规范名称	具体违法行为	条文依据
《公司法》	滥用股东权利损害公司或者其他股东的利益	第二十条
	董监高不遵守法律、行政法规和公司章程，违反对公司负有的忠实义务和勤勉义务	第一百四十七条
	董事、监事、高级管理人员执行公司职务时违反法律、行政法规或者公司章程的规定，给公司造成损失的，应当承担赔偿责任	第一百四十九条
新《证券法》	证券的发行、交易活动违反法律、行政法规；实施了欺诈、内幕交易和操纵证券市场的行为	第五条
	利用虚假或者不确定的重大信息，诱导投资者进行证券交易	第五十五条
	编造、传播虚假信息或者误导性信息，扰乱证券市场	第五十六条
	信息披露义务人违反信息披露义务，披露的信息不满足真实、准确、完整，简明清晰，通俗易懂，不得有虚假记载、误导性陈述或者重大遗漏的要求	第七十八条

注：资料整理于北大法宝法律法规数据库，https://www.pkulaw.com/law/，最后访问日期：2020 年 7 月 6 日。限于篇幅，并未列出所有相关法律规范，故为不完全整理。

如上所述，投资者在因虚假陈述而受到损害时，理论上既可以作为股东依据《公司法》规定控告相关责任人滥用股东权利、违反法律、行政法规或者公司章程的规定，损害公司或者其他股东的利益来进行索赔，亦可根据《证券法》相关规定以实施欺诈行为，编造传播虚假信息，违反信息披露真实义务为由追究相关责任主体的民事责任。因此就请求权基础的法律依据来说，我国法律规定已经做到了于法有据。

（二）案件中的请求权基础选择

实践中，当案件事实体现两个法律关系的特征，这两个法律关系都可以确立时，相应成就了两种请求权的构成要件，可以提出两种请求权，当事人可作出最符合自己利益的选择。[1] 如信息披露义务人做出虚假陈述时一般都违反了法律、行政法规和公司章程，也未能履行对公司的忠实义务和勤勉义务。投资人在持有该公司股份后即成为该公司股东，显然两对请求权基础都成立。但实践中原告不会采用相关责任人违反对公司的勤勉义务作为请求权基础起诉，一是由于此种情况一般由公司作为原告直接向相关责任人提起诉讼，而股东代位诉讼只具有"补充性"，只有在公司不提起诉讼时，股东才得以提起诉讼。[2] 二是由于中小投资者股东所关注的并不是公司虚假陈述行为对公司造成了多少损失，从而间接给自己造成的损失，因为从这一角度衡量个人损失太不直观，也难以计量。此时采用虚假陈述违反了信息披露义务作为请求权基础更加符合当事人利益，同时损失额的计算也相对直观，利于提高诉讼效率。

而当虚假陈述案件事实呈现两个不同法律关系的特征时，这两个法律关系只有一个可以确立，也即只能成立一个请求权的构成要件，此时，当事人不是选择请求权，而是要明确界定法律关系的性质，对照相应的请求权基础，提出正确的请求权。例如权证交易是否得以适用虚假陈述的请求权，在相关案例中法院认为，虚假陈述规定主要调整和规范涉及上市公司内部财务状况、股权结构以及公司经营管理人员变化等重大事项的披露，权证属于证券衍生品种，权证交易的期限等内容属于权证交易规则所确定的提示性信息披露，与虚假陈述规定所确定的内容不相同，故不适用虚假陈述规定。[3] 又如虚假陈述责任主体在进行破产重整的案例情形下应当如何选择请求权基础，在相关案例中法院认为，根据《中华人民共和国企业破产法》第九十二条规定，经人民法院裁定批准的重整计划，对债务人和全体债权人均有约束力。债权

---

[1] 胡祥甫：《请求权基础的实务分析》，载《法治研究》2018 年第 1 期。

[2] 秦芳华、王新：《小股东权利保护》，载《云南大学学报法学版》2000 年第 4 期。

[3] 详见陈伟诉广东省机场管理集团公司、广州白云国际机场股份有限公司、上海证券交易所侵权纠纷案，载《最高人民法院公报》2008 年第 12 期（总第 146 期）。

人未依照本法规定申报债权的，在重整计划执行期间不得行使权利；在重整计划执行完毕后，可以按照重整计划规定的同类债权的清偿条件行使权利。据此，经人民法院批准的重整计划对全体债权人均有约束力，债权人在重整计划执行完毕后进行申报的，其债权应按照重整计划规定的同类债权的清偿条件进行清偿。[①] 即不支持在重整计划执行过程中就虚假陈述相关请求权单独索赔，应当在重整计划结束后作为债权人以重整计划规定的同类债权清偿条件作为请求权基础进行索赔。

值得一提的是，由于诉讼周期较长，在案件审理中往往会出现新情况、新证据，因此可以通过对案件要素事实的重新选择，找到新的请求权构成要件，提出新的请求权，同时调整请求权基础，以期更大的胜诉可能。[②]

二、维权路径机制对比分析

在虚假陈述类民事赔偿案件中，由于一方当事人众多，所涉金额巨大，而侵权一方的当事人则具有强势地位，所以，如何解决他们之间的利益冲突，如何抑强扶弱，使当事人以平等的身份参与到诉讼中去，简化诉讼程序，提高诉讼效率，就成为证券诉讼所要解决的重大问题。若采用一般民事案件单独诉讼，实际上难以高效地解决该类民事赔偿纠纷：其一，案件数量极为庞大，一件一件地处理将会导致诉讼效率低下；其二，双方当事人的诉讼地位形成强烈反差，难以保证诉讼公平；其三，同类案件可能得不到相同的处理，难以保证案件公正；其四，标的额较小，而诉讼的综合成本却极其高昂，容易使众多受害者丧失走上法庭的勇气。因此长久以来我国证券欺诈类诉讼都处于一方面司法审判系统不堪重负，另一方面中小投资者诉讼需求被压抑的窘境。[③] 为了突破这一窘境，我国从理论研究、法律修订到司法实践各方面都做出了不懈的努力，取得了长足的进展。在新《证券法》框架下，我国虚

---

① 详见尚中义诉协鑫集成科技股份有限公司证券虚假陈述责任纠纷案，（2016）苏民终 1481 号。

② 王泽鉴：《民法思维：请求权基础的理论体系》，北京大学出版社 2009 年版，第 41 页。

③ 王蕊、回懿：《证券虚假陈述民事赔偿责任追究现状及法律问题研究》，载《投资者》2019 年第 2 期。

假陈述类民事赔偿案件所适用的主要维权机制见表2。

表2 虚假陈述类案件矛盾解决路径机制一览

维权机制	具体适用	条文依据	典型案例
先行赔付制度	发行人因欺诈发行、虚假陈述或者其他重大违法行为给投资者造成损失的，发行人的控股股东、实际控制人、相关的证券公司可以委托投资者保护机构，就赔偿事宜与受到损失的投资者达成协议，予以先行赔付。先行赔付后，可以依法向发行人以及其他连带责任人追偿	新《证券法》第九十三条	万福生科案、海联讯案、欣泰电气案
支持诉讼制度	投资者保护机构对损害投资者利益的行为，可以依法支持投资者向人民法院提起诉讼	新《证券法》第九十四条第二款；《民事诉讼法》第十五条	匹凸匹案、恒康医疗案
代表人诉讼制度	投资者提起虚假陈述等证券民事赔偿诉讼时，诉讼标的是同一种类，且当事人一方人数众多的，可以依法推选代表人进行诉讼	新《证券法》第九十五条；《民事诉讼法》第五十四条	五洋建设债案
示范诉讼制度	对于群体性纠纷，法院根据当事人的意愿，前期选取一个或几个典型案件进行精细化审判，形成判例或调解方案，再对等候处理的其他案件或同类纠纷进行统一裁判或调解处理	《〈最高人民法院关于进一步推进案件繁简分流 优化司法资源配置的若干意见〉读本》	东方电子案、银广夏案
民事调解制度	投资者与发行人、证券公司等发生纠纷的，双方可以向投资者保护机构申请调解。普通投资者与证券公司发生证券业务纠纷，普通投资者提出调解请求的，证券公司不得拒绝	新《证券法》第九十四条第一款	参见最高人民法院发布的证券期货纠纷多元化解十大典型案例之四：投资者与上市公司虚假陈述赔偿纠纷案

注：资料整理于北大法宝法律法规数据库，https://www.pkulaw.com/law/，最后访问日期：2020年7月6日。

（一）先行赔付制度

2018 年 5 月，证监会在上海专门召开投资者座谈会，指出了我国资本市场上投资者维权难、赔偿难的"两难"现状，提出先行赔付制度是未来的努力方向之一。先行赔付制度的主要优势在于能够使投资人优先、及时、充分地实现民事赔偿。表 2 中的三起先行赔付典型案件中，保荐人都发挥了积极的作用，作为证券市场的持牌机构和持续经营主体，保荐机构也是最有动力进行先行赔付的。万福生科案和欣泰电气案是由保荐人平安证券和兴业证券先行垫资赔付，海联讯案是由主要股东出资赔偿，但保荐人平安证券起了重要的推动和协调作用。这使得赔付完成的时间短且赔付率高。从赔付速度看，万福生科和海联讯案在行政处罚前就已完成了对投资者的赔付，从基金设立到赔付完毕仅用了 2 个月时间。欣泰电气案受到欣泰电气诉证监会等事件影响，赔付工作延宕至行政处罚后近一年才开始，实际赔付耗时 4 个月。即便如此，与行政处罚后通过民事诉讼的方式获得赔偿相比，也是更为高效。[1]有学者认为，先行赔付的实质并非承担连带赔偿责任，而是一种先负责任，既非对"责任自负"原则的否认，也非认定保荐机构为法律上的最终责任人。先行赔付并不是一种新的民事责任形式，并没有改变证券违法主体民事责任的归责原则，其只是暂时搁置复杂的责任认定问题，为了证券市场的整体稳定，化解社会矛盾，由保荐机构先行单独与适格投资者达成和解，是保障中小投资者快速得到赔偿的一种制度性设计。[2]

目前我国先行赔付制度尚处在探索阶段，新《证券法》仅对先行赔付的适用范围进行了原则性规定。在案件类型方面，先行赔付可适用于"欺诈发行、虚假陈述或者其他重大违法行为"，但囿于内幕交易、操纵市场案件的责任主体往往不具备大规模赔付的能力，且缺乏相关司法解释对赔付标准予以规定，预计未来短时间内，先行赔付仍将主要在虚假陈述类案件中发挥作用。

---

[1] 肖宇、黄辉：《证券市场先行赔付：法理辨析与制度构建》，载《法学》2019 年第 8 期。

[2] 巩海滨、王旭：《证券市场先行赔付制度研究》，载《财经法学》2018 年第 6 期。

关于先行赔付的主体，除条文中明确列举的发行人的控股股东、实际控制人、相关证券公司外，还应鼓励发行人和上市公司董事、监事、高级管理人员，以及涉案证券服务机构等责任主体主动设立专项补偿基金，开展先行赔付。先行赔付的对象是因欺诈发行、虚假陈述等重大违法行为而遭受损失的适格投资者。其中，不宜排除受损的机构投资者，但应考虑排除涉案上市公司的潜在直接责任人，如首次公开发行前持有股份的股东及其关联人等。同时应考虑对于先行赔付一方所产生法律效力进行明确规定，不能仅依赖投服中心协调下的当事人协议。从法律性质上看，先行赔付机制的核心是作为侵权债务履行的民事诉讼赔偿款和作为合同债务履行的先行赔付金之间的转化或替代。需要指出，先行赔付协议也不完全等同于普通的民事协议，违规者之所以愿意主动且提前进行赔付，重要原因在于这是监管机构从轻或减轻行政处罚的考虑情节。可探索规定先行赔付一方享有法定从轻、减轻处罚的权利，以求给予先行赔付义务主体以更多的激励。

（二）支持诉讼制度

我国《民事诉讼法》第十五条规定了支持起诉原则，规定机关、社会团体、企业事业单位对损害国家、集体或者个人民事权益的行为，可以支持受损害的单位或者个人向人民法院起诉。新《证券法》进一步明确规定："投资者保护机构对损害投资者利益的行为，可以依法支持投资者向人民法院提起诉讼。"[①] 此处的投资者保护机构，在我国主要指中证中小投资者服务中心（以下简称投服中心）。投服中心业已形成《证券支持诉讼业务规则（试行）》等内部规范，力求证券支持诉讼的制度化、规范化。[②] 截至 2018 年 2 月，投服中心已累计提起 9 例证券支持诉讼。投服中心于 2016 年提起的 2 起证券支持诉讼"匹凸匹案"和"康达新材案"均已获胜诉。

---

① 见新《证券法》第九十四条第二款。
② 苟晨露：《证券支持诉讼的实践探索与思考》，载《投资者》2018 年第 2 期。

从理论上说，支持诉讼制度可以很好克服个体投资者避免诉讼的心理。根据《若干规定》，中国证券纠纷民事赔偿以投资者实际投资损失为上限。不论是共同诉讼还是单独诉讼方式，由于当事人需自行负担律师费，在除去法院所认定的系统风险所致损失之后，很多情况下即便投资者胜诉，其诉讼净收益也通常低于实际投资损失。而对于诉请金额不高于诉讼成本的案件，投资者通常不愿意向侵权人提起诉讼，只有在诉请金额大于诉讼成本的情况下，投资者才愿意对侵权人提起诉讼。对于具有众多的受害者的虚假陈述类案件而言，如果每个个人都是如此决策，无疑会从社会层面对侵权行为起到"激励"的作用。因此众多金融消费者组成一个群体对抗侵权人能够降低诉讼中的弱势地位，并且降低投资者所负担的诉讼成本、时间成本以及胜诉后的执行难度。尽管在群体诉讼方式下整体的诉讼成本要小于一系列单独诉讼的诉讼成本之和，但是协调各个投资者利益之成本，即代理成本也是不可以忽视的问题。不管是诉请金额较少的投资者群体，还是诉请金额较大的投资者群体，在承担代理成本的问题上几乎都有搭便车的倾向。[①] 赋予证券支持诉讼中的公益组织发起公益诉讼的资格，在此过程中投资者只需负担相应的诉讼费用，而无需负担律师费与提供相应的证据。在诉前阶段，由投服中心进行证据收集并委托诉讼代理人，投资者无需支付相应的律师费，而只需预付诉讼费用，此举能有效解决投资者难以自发形成共同意志和诉讼集团的问题，也能解决投资者个体参与不足的问题。

同时，完善支持诉讼制度有其现实与长远的必要性：第一，从法院目前受理的证券侵权类群体性诉讼案件来看，随着证券监管部门监管力度的加大，因违规被处罚的上市公司数量增加，近两年证券侵权类案件数量随之增长迅速，给法院的审判工作带来了非常大的压力。第二，证券侵权新类型纠纷案件不断出现，除传统的证券虚假陈述责任纠纷之外，还有内幕交易损害赔偿

---

① 王琳：《投资者权益保护与证券支持诉讼：以法经济学为视角》，载《重庆大学学报（社会科学版）》2019 年第 4 期。

群体性纠纷案件，最近法院还受理了操纵市场损害赔偿等群体性纠纷案件。这类证券侵权纠纷案件的专业化程度比较高，中小投资者自身提起诉讼后，在诉讼过程中对抗力量是明显失衡的，即使有律师代理，对一些专业性法律问题，也很难形成有效的对抗。如果有中证中小投资者服务中心这样的公益性专业机构来支持中小投资者诉讼，则能够更好地保护投资者利益，法院对此也是持积极态度。第三，证券侵权类诉讼前置程序取消以后，法院可能会面临很大的司法压力。根据目前关于证券虚假陈述责任纠纷案件审理的司法解释，案件受理需有前置程序，即对虚假陈述行为已有行政处罚认定或者是刑事裁决在先。随着最高人民法院立案登记制度的推进，虽然目前各地法院对此类案件的受理是否仍需前置程序的把握标准不一，但前置程序的取消应该是趋势。前置程序取消之后，法院对此类证券侵权类纠纷案件所面临的首要问题就是如何认定侵权行为的成立。对于该问题的认定，从目前司法实践来看，无论是当事人的举证能力还是法院的调查能力都有很大的局限性。在这种情况下，如果有专业第三方组织来支持诉讼，就会从证据的收集、信息的来源以及调查取证等各方面加强案件审理的专业化程度，所以支持诉讼是解决因前置程序取消对法院可能造成的审判困境的路径之一。[①]

（三）代表人诉讼制度

新《证券法》第九十五条规定："投资者提起虚假陈述等证券民事赔偿诉讼时，诉讼标的是同一种类，且当事人一方人数众多的，可以依法推选代表人进行诉讼。对按照前款规定提起的诉讼，可能存在有相同诉讼请求的其他众多投资者的，人民法院可以发出公告，说明该诉讼请求的案件情况，通知投资者在一定期间向人民法院登记。人民法院作出的判决、裁定，对参加登记的投资者发生效力。投资者保护机构受五十名以上投资者委托，可以作为代表人参加诉讼，并为经证券登记结算机构确认的权利人依照前款规定向

---

① 付金联、单素华、陈黎君等：《专题论坛三：支持诉讼与示范判决》，载《投资者》2018年第4期。

人民法院登记，但投资者明确表示不愿意参加该诉讼的除外。"代表人诉讼又被称为"中国版的集团诉讼"，其与民事诉讼法中的代表人诉讼规则有重叠，主要体现在第一款。第二款规定了法院主导的普通代表人诉讼制度。即诉讼发起时只有部分投资者，法院依职权发布公告说明案情，以引导其他有相同诉讼请求的投资者到法院登记，最后的判决、裁定对参加登记的投资者发生效力。当然在这一期间并未参与诉讼的投资者可以另行提起诉讼。第三款规定了由投保机构主导的特殊代表人诉讼制度。由于我国证券类民事诉讼市场化程度不高，故该制度以投保机构代表人为主导，区别于国外资本市场的以律师为主导的集团诉讼。同时区别于第二段的登记制度，特殊代表人诉讼采"默示加入明示退出"原则，即除了投资者明确表示不愿意参加该诉讼的，都以登记结算机构确认的权利人名单为准列为原告，因此被称为证券法"最激进的条款"。

但在我国的司法实践中，代表人诉讼制度适用情况并不乐观，主要存在法官适用代表人诉讼的积极性不高，诉讼标的相关规定限制证券欺诈代表人诉讼的提起，诉讼的公告与登记程序设计不利代表人诉讼功能的发挥，代表人的产生方式以及权限影响了诉讼进程的推进等问题。[1] 证券欺诈民事赔偿案件多属"小额多数"情形，权利人多持"搭便车"心理，不愿到法院登记，甚至在诉讼时效内亦不主张权利，这就导致判决中违法者的赔偿额大大低于其违法所得，所以不但不能在最大限度上救济受害者，反而使责任人为其违法行为而高奏凯歌。同时选定代表人程序也有难以操作的情形。在原告互不了解的情况下，要保证选出的代表人能够忠实履行代表义务，善意地维护被代表的全体成员的合法权益是十分困难的，即使勉强做到，也要付出极高的代价。另外即使希望和解，和解是由代表人代表全体原告与对方当事人作出的，必然涉及代表人是否忠实代理的问题。由于我国诉讼代理人多为特殊授

---

[1]　肖建华、陈迎宾、宋芳:《论我国证券欺诈代表人诉讼制度的完善》，载《天津法学》2012年第3期。

权，即使有"和解需经被代理人同意"的法律规制[①]，实际上还是产生了新的监督成本。

然而现阶段集中精力完善我国的代表人诉讼制度以解决证券欺诈纠纷仍是可行的。在吴英姿教授所做的一项实证调研[②]中，有75.1%的受访法官和51.3%的受访律师认为代表人诉讼制度利大于弊，84.2%的受访法官和75.6%的受访律师认为代表人诉讼制度有利于提高诉讼效率。有很多学者也认为，代表人诉讼制度之所以在我国证券欺诈案件领域极少适用，并不是因为该制度自身存在问题。可见，诉讼代表人这一制度本身是受到了法律实务界人士的认可的。只是由于代表人诉讼制度的相关规定过于原则导致实践中操作性不强，制度设计不尽合理，同时缺乏相关的政策配套措施和实施环境。正基于此，笔者认为通过完善代表人诉讼制度并配套相关司法政策，代表人诉讼制度是完全可以满足现阶段我国证券欺诈诉讼需要的。

（四）示范诉讼制度

就某一诉讼的纷争事实，与批量多数案件的主要事实相同，该诉讼事件经法院判决后，其结果可以成为其他事件在诉讼上或诉讼外处理的依据，该判决就称为示范判决，形成示范判决的程序就称为示范诉讼（model litigation）。[③]《〈最高人民法院关于进一步推进案件繁简分流 优化司法资源配置的若干意见〉读本》中明确列明"探索实行示范诉讼方式"。在司法实践中已有地区试点开展了示范诉讼机制，如浙江省三门县人民法院出台了《关于涉众型案件适用示范诉讼模式的意见》，对于群体性纠纷，法院根据当事人的意愿，前期选取一个或几个典型案件进行精细化审判，形成判例或调解方案，再对等候处理的其他案件或同类纠纷进行统一裁判或调解处理。

---

① 《民事诉讼法》第五十六条："代表人的诉讼行为对其所代表的当事人发生效力，但代表人变更、放弃诉讼请求或者承认对方当事人的诉讼请求，进行和解，必须经被代表的当事人同意。"
② 吴英姿：《代表人诉讼制度设计缺陷》，载《法学家》2009年第2期。
③ 沈冠伶：《诉讼权保障与裁判外纠纷处理》，元照出版有限公司2006年版，第210页。

上海市第一中级人民法院也在对群体性证券民事诉讼探索"示范诉讼"或"示范判决"的模式。在目前法院案件管理的繁简分流机制中,有诉讼调解中心、快速审理部门,均为示范诉讼的常态化开展提供了有力支持。同类型案件分案受理、批量审理,实际上也是示范诉讼的一个雏形和缩影,只是需要在庭审环节对事实和法律问题进行重复性调查,基本上也做到了类案同判。我国司法机关对于证券欺诈类民事诉讼从排斥到有条件接受,避开集团诉讼,采用共同诉讼的方式处理此类纠纷,在司法实践领域也有一定尝试,具备应对能力,如"东方电子案""银广夏虚假陈述案""大庆联谊案"等。其中以"银广夏虚假陈述案"最具代表性,通过个案的审理判决原告投资者胜诉,对于事实和证据进行了固定,并确定了损失计算标准和方式,使此类案件后续的大量原告与被告在此基础上达成了和解,虽然该系列案件并未采用示范诉讼机制,但其在一定意义上达到了示范诉讼的预期效果。多个地区的法院设置了专业的金融庭,我国已具备了此类案件示范诉讼的试点资源。示范诉讼制度的完善与普及,对于我国涉众的批量案件达到统一裁判尺度、提高司法效能、缓解办案压力、减少涉诉信访,实现"审理一案,化解一片"的良好社会效果大有裨益。

当然并非所有的群体性案件均适用示范诉讼,该程序的开启需要一定的前提条件:首先,案件须达到一定数量以上,如德国行政类案件要求 20 件以上,投资人诉讼案件要求 10 件以上。我国可以规定具有相同目的和相同事实的 20 件以上同类案件可以启动示范诉讼。其次,应当注意通过审理示范案件确立证据认证标准及损失计算方式,在各被害人的举证事项中确定共通的部分和相异部分,共同的争议点是关于被告的过失及因果关系等责任事项。与之相对的是,各被害人的损失不同。"共通的事实问题"并非指当事人的举证事实完全一致,而是指被告的过错行为以及由此导致众多受害人的损失之间的因果关系对所有当事人而言是相同的,虽然每一个受害人的具体损害未必相同。以证券欺诈民事纠纷的处理方式为例,审理的事实与法律要点在于证券欺诈事实的成立、投资者的损害事实、欺诈行为与损害的因果关系之认定、损失的起始点与计算方式。尤其在此类案件的审理逐渐不以行政或刑事处罚为前置条件的趋势下，欺诈事实是否成立成为审理查明难点，如果认定欺诈事实不成立，示范案件驳回起诉也将导致同批次案件的批量驳回。[①]

（五）民事调解制度

对于虚假陈述类案件采用调解方式来解决纠纷具有一定的优势：一是信息保密，相比审判公开的特点，调解保密可以让当事人免于将私密信息公之于众。二是快捷高效，法院的诉前调解较诉讼更加快捷、简易，通过双方达成合意的方式一次性解决争议纠纷。投服中心的调解也通过简化的程序为投资者提供快速的纠纷解决方式。目前多主体参与的调解案件，更能够快速、便捷地解决纠纷矛盾。三是可协商，相比于诉讼直接由法官裁判的方式，调解可以让双方当事人充分协商，对赔偿的金额、方式等事项进行约定。四是费用低廉，诉前调解时，当事人无须缴纳任何费用，达成协议后申请法院司法确认也无须交纳案件受理费，投服中心也不收取当事人的任何费用，有利于降低当事人的纠纷解决成本。然而实际在证券虚假陈述纠纷案件中，法院裁判之前，通常由于当事人对赔偿金额争议较大，上市公司一般不同意调解，并通过诉讼程序和运用实体权利使这一类案件难以得到高效解决。比如在诉讼过程中，上市公司会提出管辖异议，一审判决之后提出上诉，导致审理周期较长，调解难的问题造成了群体性的证券侵权案件基本要通过判决的方式来解决。鉴于此种情况，若能更好地发挥前述的示范判决制度的作用，则能够比较好地解决诉讼和调解的衔接问题，通过示范判决，明确司法裁判原则，引导当事人合理作诉讼预期，实现以判促调的效果。

[①] 陈冲：《中国示范诉讼机制的法律构建》，载《投资者》2018年第1期。

证券市场监管的现状与完善——以《证券法》的修订为视角

浙江工商大学　张灵知 *

摘　要

我国社会主义市场经济的日新月异必然伴随着我国证券市场不断地有相应的变化和出现新情况。法治经济归根到底是社会主义市场经济发展的一个目标。证券市场作为市场经济的一个部分，其立法要能够持续性地监管就必须做到与当前保持一致。证券法的此次完善，更加贴合了证券市场相关的基础制度的需求。为我国证券市场的发展提供了法治保障，借以证券法的修订，结合相关市场监管理论，来探讨证券市场监管中仍有待完善之处及解决方式。

关键词：证券法修订；市场监管；行业自律

★　张灵知，浙江工商大学硕士研究生，研究方向：经济法。

修订后的《中华人民共和国证券法》（以下简称现行证券法），目前已在实践中运用。现行证券法，在一定程度上适应了当前我国证券市场发展的监管需求，为证券市场监管提供了制度保障，但同时应看到在市场监管上仍有不足的地方。本文根据相关市场监管理论，在现行证券法实行的环境下对证券市场监管的相关问题进行探讨并提出解决措施。

一、证券市场监管的必要性

（一）证券市场

证券作为一种有价证券，其包含的种类有许多，最常见的为股票、债券、投资基金凭证等，它是一种权利证书。证券市场是使得这些有价证券可以进行发行和交换的场所和空间。证券市场主要由证券市场参与者、证券市场交易工具和证券交易场所三要素组成。证券市场的主要参与者包括证券发行人、证券投资者、证券市场中介机构、证券自律性组织和证券监管机构等。[①]

证券市场作为有价证券进行交易和互换的市场，具有三种显著的特征。首先，证券市场作为市场承载着价值交换之意，证券的发行和交易，实际上就是价值的产生和交换的载体。证券发行市场，从另一个角度看，也不失为价值交换的根据地。其次，证券市场作为市场承载着财产权利交换之意，证券作为权利证书，在证券市场上进行交易，交易双方实质是就其经济权益进行交换，因此进行交易的市场也是财产权益交换的市场。最后，证券市场是风险承担的市场，证券交易中收益性和风险性是正相关的，拥有获得利益的机会也意味着要承担相应的风险，证券市场里需要承担交易风险。

价值交换、权利交换、风险承担自始为证券市场的特征，除此三大特征外，证券市场还兼具三大基本功能。第一是筹资功能，筹资者在证券市场投放证券，目的是筹集到所需资金，投资者为了使自己的资金升值，也乐意为筹资

---

① 吴弘、胡伟：《市场监管法论：市场监管法的基础理论与基本制度》，北京大学出版社 2006 年版，第 224-254 页。

者提供资金。第二是资本定价功能，证券市场也是资本市场，证券价格也是所代表的资本的反应，因此市场需求与定价也呈正相关，即资本具有定价功能。这一功能对市场而言起着无可替代的作用。第三是进行资本配置的功能，证券市场作为市场，自然具有市场的某些共同点。从最基础的方面来看，其运行遵循市场经济的基本规律，即价值对价格起决定性作用，价格围绕价值存在幅度性变化。证券作为一种权利凭证和有价证券，由价值和需求度决定证券资本配置的基本走向。

证券市场具有以上的特征和功能，优化了资源配置，促进了经济发展，是金融市场中是不可缺少的重要组成部分。因此对证券市场的监管是十分必要的。

（二）监管必要性

证券市场促进资金流通，与货币市场、外汇市场等其他金融市场联系密切，牵一发而动全身。如果证券市场出现波动且并未得到有效调节，那么对其他金融市场也会造成不可估量的后果，从金融市场的角度来看，只有对证券市场进行监管才能够更好地保障其他金融市场的发展。

证券市场作为市场的一子项，具有市场经济的一些共性，其中就存在市场失灵的可能。市场失灵是指在无外力干涉的情况下，市场本身是无法自洽融通的，因此保留着垄断性、趋利性、信息偏差性、外部性等一系列问题，这就导致市场本身无法使其资源得到帕累托最优解，从而导致市场的活力没有得到完全的释放。[1]在我国证券市场中亦是如此，证券市场本应流通资金，促进经济发展，但由于出现垄断、信息偏差等问题，证券市场并没有激发出该有的活力或造成了资源浪费等问题，对证券市场进行监管，才能尽力克服市场失灵问题，做好发展市场经济的准备。

---

① 陈婉玲：《法律监管抑或权力监管——经济法"市场监管法"定性分析》，载《现代法学》2014 年第 3 期。

推进全面依法治国的背景下，金融领域的法治建设也在不断深化，落实到证券业就是建设好证券业法律体系，发挥稳定市场的决定性作用的同时保护相关方及市场的利益，对证券市场进行监管也是为证券业发展保驾护航的一个重要方面。

经济全球化在现如今是世界发展不可避免的一步，我国证券市场也需要伴随着经济全球化，顺应国际化的标准，使用国际化的标准来规范证券市场，而证券市场自身所具有的垄断性不利于接受国际化市场所带来的冲击，因此对证券市场的监管是十分必要的。

二、证券市场监管的基本理论基础

对证券市场进行监管，实际上就是对市场进行监管，多年来，随着市场的不断发展，相关市场监管理论也在不断发展完善。

（一）公共利益论

公共利益理论是最早提出的市场监管理论。[①] 该理论认为法律应该维护大多数人的利益，对市场进行监管是为了尽可能消除市场失灵状态，提高市场资源利用率从而增加人民的福利。此理论有两个假设前提，一是市场本身有缺陷且不可克服，市场单独发挥作用不利于资源的最大化利用。二是政府的干预是有效的，可以消除市场失灵状态。

在公共利益理论中，政府作为监管方的干预应当具备有效性和合理性，可以矫正市场失灵并优化资源配置。该理论从维护公共利益的角度进行探讨，强调政府可以施加干预措施以解决市场失灵所带来的低效率和配置资源的不合理问题，保证市场的平稳运行和发展，以达到维护公共利益、增加社会财富的目的。

证券市场作为市场经济中活跃的一分子，出现市场失灵的可能性是非常

---

① 郝旭光：《证券市场监管理论——公共利益论、部门利益论的比较与评述》，载《国际商务（对外经济贸易大学学报）》2011年第4期。

大的，公共利益理论是适用于证券市场的。因此，适用公共利益理论对证券市场进行监管即为了避免出现市场失灵等一系列问题，政府需要对一系列问题进行监督和管理。

质疑公共利益理论的情况也是存在的，公共利益理论是为满足公众的需求而使得政府对市场进行监管，那么如何从公民的诉求过渡到政府的监管职能是该理论并未阐释的一个问题。相应地，如何确定市场失灵的问题点，如何从问题点过渡到市场监管的关注点也未阐释清楚。另外，政府的监管权能否具有扩张性，如何保证政府掌控不会代替市场监管也是该理论需要阐述的问题。

（二）俘虏论

俘虏论，或被称为捕获论，该理论从监管机构本身出发，探讨监管机构与被监管主体之间的关系。俘虏论认为监管机构设立的出发点是维护社会公共利益，但随着市场的不断发展和利益集团寻租现象的产生，政府监管部门在监管的过程中可能会收获一定的利益，从而不再以维护公共利益为主，而是借监管的名义，可能会沦为某一或者某几个利益集团的敛财工具，即是监管部门被利益集团所俘虏（捕获）。

在俘虏论中，被监管主体会寻求机会找到监管漏洞，并利用漏洞为自己牟利，这迫使监管者提高立法水平，不断完善规则，在此期间双方对规则的认识程度都会提高。俘虏论中对监管机构持消极态度，其认为监管中存在道德风险，监管反而可能会造成垄断。

俘虏论反映在证券市场即证券监督管理机构会沦为证券上市公司、投资者等一系列主体的牟利工具，被其操纵，从而造成"一家独大"或者"几家独大"的局面。这种局面下证券市场反而更难流通。

俘虏论中也有被质疑的观点，首先，现实中确立的证券市场原则为"公平、公正、公开"，俘虏论明显是不适应这种原则的。该原则的确定实质上是为了维护中小投资者的利益，防止出现信息偏差的现象。其次，俘虏论并不能解释为何利益集团会将其捕获，而不是监管的得利者比如消费者会将其捕获。最后，与公共利益论相比，俘虏论缺乏完善的理论依据，多是实证研究的内容，缺乏系统性阐述。

（三）其他理论

除了公共利益论和俘虏论，还存在一些市场监管理论。

监管经济学，监管理论是在公共利益论和俘获论的相关学说观点上不断演化而来的，它保留了公共利益理论中市场失灵的观点，也参考了俘虏论中监管需求的观点，监管经济学主要论证了监管的供给及其服务对象，供给方面主要研究了是如何出现形态，以及供给与监管需求是如何做到相互反映的，监管的服务对象中哪些方面可以得到相应利益。最后谈到了监管的不同形式的施行会对监管效益产生影响。① 其中会出现"政府失灵问题"。

法律的不完备性理论认为法律具有滞后性，并不能预见到所有的情况，由此可能会有立法空白或者立法缺陷。② 因此在实际中总会碰到法律当前条文所不能涵摄的案件。法律的不完备性理论在此基础上思考到：引入监管者要具有合理性，只能在法律所不能涵摄到位的领域才可以。更要指出，在逻辑上，引入监管需要有两个具体条件：第一个条件是，如果要明确监管者对其所要制定成文法的考量——其中包括合适权限和实体权益和程序，就必须对导致损害结果的行为类型有所设想。第二个条件是，预期到的损害程度要足够高。如果预期到的损害程度低，事后立法和被动式执法的约束则是可以容忍的。

三、我国证券市场监管的法规现状与突出问题

《中华人民共和国证券法》自 1999 年施行以来，经过 2004 年、2013 年、

---

① 黄宗福：《证券市场监管的文献综述》，载《特区经济》2007 年第 4 期。
② 黄宗福：《证券市场监管的文献综述》，载《特区经济》2007 年第 4 期。

2014 年的三次修正以及 2005 年、2019 年的两次修订，不断通过立法对证券市场的发展进行法律上的调整，以期立法的初衷能够与现实相吻合。相较于 2014 年修正版，现行证券法已有较大进步，但也存在一些待完善之处。

（一）监管的法规现状

我国现行的证券法相较于 2014 年修订的证券法（以下简称旧证券法）而言，对证券交易的内容做出了更加细致的规定。现行证券法明确了在证券交易中，证券上市行为的规范及禁止的证券交易行为。现行证券法较之前对证券交易中的上市行为和禁止性行为的笼统归类，在形式上做出了完善。内容上删去了与证券交易行为无太多相关联的条文，如旧证券法中第五十一条中指出国家鼓励相关上市公司的股票交易，此法条内容并不属于证券市场交易行为，而只是一种政策性导向，放入法条中虽可以突出国家对其态度，但并不利于形成一个稳定的证券法律体系。而新增的两节内容符合证券法的结构体系，将证券交易行为中的上市行为细分出来，这样就为上市公司做出了可衡量的心理建设，做到了证券市场的有法可依。同时规定了不受保护的证券交易行为，为证券交易行为划出了明确的底线。

现行证券法新增两章——第五章和第六章，里面的内容做到了跟进证券市场的步伐。第五章标题为"信息披露"，此章内容意义重大。通过第七十八条第二款和第三款可以看出许多信息。相较于旧证券法中的类似条款即第六十三条的规定中仅说明了要求信息要做到符合一系列形式性要件和实质性要件。现行证券法有较大的改进，在它的基础上新增了"简明清晰"和"通俗易懂"的描述。这在一定程度上表明，所披露的信息在做到完善的基础上，还要尽量缩小篇幅，要求尽量使用非专业化词语或者大众了解度高的专业化术语来披露。这意味着国家不再只希望专业人士对相关证券信息有所了解，而是众多证券市场参与者乃至普通民众对相关披露信息有足够的认识。相较于旧证券法，现行证券法新增了第三款条文，要求上市公司即信息披露者如果也在国外上市，相关证券或者财务信息也应及时披露到相关官方网站或者其他能够被公众所及时了解到的公共刊物上。新增的第三款条文无疑是对公司信息披露所设的一个强有力的披露措施。① 而此举的出台也可以联系最近热点话题做相关的思考。第三款的出台无疑是完善信息披露措施的一大进步和接轨国际的一大步伐。之后第五章的法条从七十九条到八十七条是对信息披露的细化，在此不展开讨论。

现行证券法中相较于旧证券法中新增的第六章是"投资者的保护"。证券投资者主要由机构投资者和个人投资者两部分组成，分别对应证券法中所用术语是专业投资者和普通投资者。第八十九条第一款指出根据相关财产状况、金融资产状况、投资知识和经验专业能力等因素，投资者可以分为普通投资者和专业投资者。其中指出专业投资者如证券公司或者证券投资基金管理公司的监管由国务院相关机构进行规定，也就是说，证券法中主要保护的是普通投资者的相关利益。在此章里，法条规定了证券公司对投资者的义务、投资者相关权利，以及投资者权利遭到侵害后的救济方式和相关程序。除此之外，值得一提的是现行证券法的第九十条有关上市公司的内容。第九十条中提出有相关证券票据权利的股东可以请求证券公司代其行使相关股东权利，其中涉及的商事法律关系，例如表见代理和隐名股东问题，若与证券公司的委托代理相联系，则有许多值得讨论的地方。

整个证券法的逻辑关系是相互紧密联系的。单独看，新增的第五章和第六章是联系紧密的，放在整个证券法里，第五章和第六章也使整个规范体系更加完整。信息披露义务是相关证券信息得以被投资者乃至公众所知悉的前提，对投资者的保护所导向的结果里，除了事前的证券公司的告知义务和事后救济方式的完善，也应当包括投资过程中的相关证券信息的了解。在整个证券法中，从程序上来看，证券发行为一方面，证券交易为一方面，证券上

---

① 陈洁、孟红：《我国证券市场政府监管权与市场自治的边界探索——基于监管目标及监管理念的重新厘定》，载《南通大学学报（社会科学版）》2020 年第 3 期。

市为一方面，证券结算为一方面；从主体上来看，可分为上市公司、投资者等；从行为上来看，主要有发行、交易、上市、收购、信息披露。目前看来，现行证券法相沿旧证券法的部署安排，以程序为主、贯穿主体和行为，最后以法律责任和附则收尾。此种体例的安排并无不妥。

（二）突出问题

旧证券法中第八条指出证券业协会在国家相应的统筹监督、统一管理的范围内，可以实行自律性管理。从现行证券法中可以看到，相对应的法律条文为第七条。该条文删掉了"依法设立证券业协会，实行自律性管理"的相关表述。立法者在修订证券法时或认为作为我国的行业协会之一的中国证券业协会并没有在证券市场中发挥出它应有的功效。其所实行的自律性管理并不能发挥出监督管理的作用，由此在立法中删去其职责。在证券市场中，政府监管和行业自律监管都发挥着重要的作用。根据社会公共利益理论，政府监管会为证券市场中的大多数主体谋求福利，但也要警惕俘虏论中类似于监管机构成为被监管者的牟利工具现象的出现，虽然目前我国证券市场实然状态下行业自律并不完善，但需朝着应然状态下证券市场的监管目标前进。

由此推导出第二个突出问题，立法中去掉中国证券业协会的自律性管理，在一定程度上加强了证监会等相关政府机构的权力。证监会等政府机构的权力过于集中，若不能从市场上得到正确的反馈则会造成权力的滥用，或者会造成低效率的监管。在第一百七十五条中指出国务院证券管理机构的管理信息共享机制。证监会仅与其他国务院机构进行信息共享，未能面向市场，有"闭门造车"的错觉。第一百七十五条第二款也指出了有关部门应配合证监会的调查。通常情况下，证监会在进行调查时已经处于一种相对落后的状态，此时所耗费的资源就多于一开始面向市场的资源。在这种状态下，政府监管与市场自治之间会出现矛盾，这种矛盾的出现不利于证券市场的发展。

四、我国证券市场监管的完善

"法律监管"是"市场经济就是法治经济"的逻辑归属，健康有序的市场应该是在法律约束下运行的市场而不是权力约束下的市场[①]。对我国证券市场的法律监管完善实际上就是对法治经济的完善，虽然现行证券法已取得较大进步，但仍有需要改进的方面。

首先，立法上应给予证券业协会一定的自主管理权限，让该协会在自己能力范围内发挥出自己应有的作用。行业自律是资本市场的重要保证之一。在西方资本市场发达的国家，政府介入资本市场行政监管之前，资本市场主要靠各参与主体和行业协会，如注册会计师协会、证券业协会、证券交易所进行自我约束，这样既使得对证券市场的监控具有一定的灵活性，发挥了证券从业机构的相关作用，又在一定程度上使得证券监管的权力得到更合理的分配。[②] 我国立法将证券行业自律的法律职责删掉是基于对我国国情的考量，但是法律具有稳定性，行业自律在应然状态下具有法律地位，提高其监管能力才是证券市场监管所要考虑的方向，而非漠视行业自律监管。

其次，应当拓展证监会信息共享渠道。《证券法》第一百七十五条中确实提出了建立信息共享机制，然而这里只是"国务院证券监督管理机构应当与国务院其他金融监督管理机构"一起建立该机制，范围并不是十分广泛，并没有让众多的证券市场主体参与其中。若有相关信息不适用于共享，则可以建立起临时的信息共享渠道，由此保证证监会可以及时了解证券市场相关动态，不至于由于滞后性而浪费资源。证监会也应建立机制，确立工作人员去主动积极了解证券市场相关行情变动的机制。这种方式在一定程度上还是会加强证监会的积极性。

再次，证券市场监管虽以政府监管机构为主，为保护证券市场主体的相

---

① 陈婉玲：《法律监管抑或权力监管——经济法"市场监管法"定性分析》，载《现代法学》2014 年第 3 期。

② 陈剩勇、沈费伟：《中国证券市场的监管失灵与治理对策》，载《学术界》2014 年第 12 期。

关利益，相关证券纠纷解决机制，譬如和解、诉讼、仲裁、调解也应当发展和完善。现行证券法中并未对证券纠纷的解决做出规定，政府对证券市场的监管并不能涵盖所有的证券市场问题，发挥证券市场主体的自主性，在面对证券市场的纠纷中，政府监管机构可适当放手，由市场主体自行解决。

最后，转变监管观念。公众在证券市场监管中可以起到巨大的作用，其中投资者对证券市场的关心程度也是相当高的。[1] 当今互联网时代，在对证券市场进行监管应当善于利用互联网思维，公众可通过互联网参与到证券市场的监督中去，同时证券监督管理机构也可以利用数据加工或者相关算法进行预判，从而更加高效率地进行监督。[2] 证券监督管理机构还应进一步转变观念，按市场规律进行监管，切实保护投资者利益，建立公开、公平、公正、高效和有序的市场。

---

[1] 李哲：《金融监管制度下的证券监管：发达国家的基本经验及启示》，载《社会主义研究》2013 第 2 期。

[2] 胡颖廉：《"中国式"市场监管：逻辑起点、理论观点和研究重点》，载《中国行政管理》2019 年第 5 期。

我国证券市场内幕交易民事责任制度的研究

浙江大学光华法学院　杨雨生 *

摘　要

我国证券市场建立于 20 世纪 90 年代，至今才 20 余年，相对于美国等国家的证券市场，我国的证券市场建立得比较晚。美国等国家的证券市场发展得比较成熟，证券法律制度也已经比较完善。但由于国家制度、历史文化、社会意识的不同，我国无法照搬美国等资本主义国家的证券法律制度。但随着经济全球化的脚步，尤其是我国加入 WTO 后，我国的证券法律制度也必须进行一定的改革来适应发展。

关键词：证券；内幕交易；民事责任；比较法

★　杨雨生，浙江大学光华法学院博士研究生，研究方向：经济法。

一、证券内幕交易民事责任概述

（一）内幕交易界定

关于内幕交易行为的定义，目前各国（地区）立法均未明确界定，更没有一个各国（地区）公认的定义。在不同的时期，人们对于内幕交易行为的认识不同。究其原因，除了各国（地区）对内幕交易行为构成要件的认识不统一，主要还在于证券交易行为及内幕交易行为本身复杂多变，证券交易还极易受政策的变化及证监会的调整影响，因此法律很难抽象出完整的内幕交易概念。

《中华人民共和国证券法》（简称《证券法》）第五十条明确了两类人禁止利用内幕信息从事证券交易活动，即内幕信息知情人和非法获取内幕信息的人。第五十三条又明确上述两种人在内幕信息公布前不得从事三种行为：一是买卖该公司的证券，二是向他人泄露该内幕信息，三是基于内幕信息建议他人买卖该证券。同时，直接或间接拥有公司百分之五以上股份的自然人、法人、非法人组织买入上市公司的股份，除法律另有规定外，均适用以上规定。最后，还明确了如果上述人员进行内幕交易造成其他投资人损失应该承担赔偿责任。从这两个法条可以总结出我国对内幕交易概念的观点是指内幕信息之知情人和非法获取内幕信息之人使用内幕信息进行证券交易、泄露内幕信息或者基于内幕信息建议他人进行证券交易的行为。我国也有学者将其总结为一条公式：知悉＋利用＝内幕交易。[①]

（二）证券内幕交易民事责任制度的作用

各国证券内幕交易民事责任制度的历史起源和发展情况一方面揭示了对证券内幕交易行为的规制必要性，另一方面也揭示了民事责任制度对规制内幕交易行为有着十分重要的作用。证券内幕交易民事责任制度除了表层上对

---

① 刘宪权：《内幕交易违法所得判断规则研究》，载《中国法学》2015 年第 6 期。

内幕交易行为进行规制的作用，实际上还有更深层次的作用。

首先，保护投资者的利益。《证券法》在第一条就明确其制定的目的就是为了对投资者的合法权益进行保护。证券内幕交易行为是损害投资者合法权益的行为，除了应该给这种行为予以适当的警示和惩罚，还应该对合法权益受损害的投资者予以适当的补偿。《证券法》对惩罚性的刑事责任和行政责任已经有了较系统的规定，进一步完善和细化内幕交易民事责任人的相关法律规定可以更好地保护投资者的合法利益、弥补受害人的经济损失。

其次，维护证券市场秩序。就目前我国证券市场和法律规制情况来看，内幕交易盛行是因为法律的约束力不够。内幕交易的收益巨大，内幕交易者铤而走险。很多案件在案发后得不到妥善的处理，处罚结果并不严重，尤其是经济上的损失有限，令内幕交易行为更加失控。通过严格的证券内幕交易民事责任制度的设置，可以使内幕交易人的违法成本与其收益成正比，甚至大大高于其收益，如此必然能有效打击和遏制内幕交易行为，确保证券市场有序发展。[1]

最后，保障我国经济正常运转。随着我国证券市场蓬勃发展，证券市场在我国宏观经济中的地位日益重要，证券市场的发展反映了我国经济发展状况。证券市场状况是决策者政策制定的重要参考，而证券内幕交易行为严重干扰了证券市场真实情况的反映，使决策者不能准确制定政策并加以调控，因此内幕交易对我国宏观经济也是一种损害。

总的来说，准确设定证券内幕交易行为的民事责任，最基础的意义就是能使受害者得到应有的经济补偿，通过让内幕交易人承担这些巨额的代价，制约内幕交易行为。

二、我国证券内幕交易民事责任制度存在的问题

要发挥证券内幕交易民事责任制度的作用，除了要通过立法的形式将内

---

[1] 李晓珊：《证券市场监管法律制度之比较研究》，中国法制出版社2014年版。

幕交易民事责任确定下来，还需要随着证券市场的变化发展不断对其内容进行扩充和完善，使内幕交易民事责任成为一种可以实现的责任，否则，该责任制度只能停留在纸面上。我国目前所面临的问题正是内幕交易民事责任的规定不够完善，理论上也未完全贯通。总的来说，我国关于内幕交易民事责任制度主要存在以下问题。

（一）对内幕交易民事责任的性质界定不明

内幕交易民事责任的性质指的是内幕交易行为的本质属性。明确界定内幕交易民事责任的性质是落实内幕交易民事责任的基础。只有明确了内幕交易民事责任的性质，才能确定对内幕交易行为适用何种归责原则，才能明确法院应以何种方式审理内幕交易民事案件，从而确定哪些主体能够提起诉讼、举证责任如何分配、损害赔偿如何计算等问题。因此，通过法律条文对内幕交易民事责任的性质进行明确界定对整个证券内幕交易民事责任制度而言具有基础性的意义。

我国法律在内幕交易民事责任的定性上未有明确的规定。有学者认为应定性为契约责任，认为证券交易是一种买卖关系；有的学者认为这是一种侵权责任，认为内幕交易造成的是财产损害；有的学者则认为要区分证券交易一、二级市场来区别定性内幕交易民事责任；还有的学者认为内幕交易民事责任的性质既不属于契约责任也不属于侵权责任，而是一种独立类型的责任。对内幕交易民事责任性质产生上述争议，主要是因为内幕交易行为相对而言是一种新生事物，大家对内幕交易的认识不够深入；同时证券市场运行的复杂性，即证券市场极易受政策影响、交易标的和方式多样化的情况；证券交易的特殊性，即证券交易与一般的商品交易既有相同之处也有差异之处，似是而非，这些都是大家不能对内幕交易民事责任性质达成一致意见的原因。

（二）对内幕交易民事责任的归责原则存在争议

内幕交易民事责任的归责原则是指行为人承担内幕交易民事责任的理由

和标准，它也是决定内幕交易民事责任构成、举证责任分配、免责事由、赔偿计算的基础。对于内幕交易民事责任的归责原则，我国也未有明确的规定。

众所周知，不同性质的民事责任适用不同的归责原则，只有在明确了内幕交易民事责任属于何种性质的责任后，我们才能进一步明确该种责任的归责原则。如上所述，我国在司法实践中，多数学者偏向认为内幕交易民事责任属于一种侵权责任。但即使在认可内幕交易责任属于侵权责任的学者中，仍存在适用无过错责任原则、过错责任原则还是公平责任原则的争论。

另外，侵权责任中的过错历来有主观意义上的过错和客观意义上的过错的争论，这个争论在确定证券内幕交易民事责任归责原则时也不可避免。[1] 在传统的法律中，主观意义侵权责任在侵权责任制度中占有重要的地位。它所考察的是侵权人在实施侵权行为时的主观意志，并以此作为行为人承担侵权责任的依据。主观意义上侵权责任所重视的是行为人主观道德上的可责难性，奠定了责任自负的基础，有利于侵权法的教育和预防功能。但考察主观性的过错的归责原则并适合现代侵权法的发展方向，是否能够适用于证券内幕交易行为这种特殊侵权行为的归责上更是值得商榷。

（三）相关法律规定不完善导致司法实践有障碍

首先是对于赔偿请求主体的范围没有确定。直到 2005 年的《证券法》才在第七十六条中赋予内幕交易相对方民事诉讼的权利，他们可以提起民事赔偿诉讼，[2] 要求内幕交易人赔偿损失。现代的证券交易，大多采取公开集中竞价的方式进行，且通过证券交易所的电脑交易系统自动撮合，交易双方基本上不会有面对面的机会，因此无法像传统商品交易的民事诉讼那样轻易就能确定原被告身份。而且证券市场参与交易的人数众多，内幕交易行为的受害人数量成千上万，哪些才是内幕交易的相对方，范围如何划定，法律均

---

① 邢会强：《证券欺诈规制的实证研究》，中国法制出版社 2016 年版。
② 李飞：《中华人民共和国证券法（修订）释义》，法律出版社 2005 年版。

没有明确规定。赔偿请求主体的范围划得过宽或过窄都将关系到公平性的问题，因此是内幕交易民事责任制度研究的难点。

其次是对内幕交易民事责任因果关系的判定未有明确的规定。因果关系是否成立决定了内幕交易人是否需要承担赔偿责任。在证券内幕交易民事赔偿诉讼中，内幕交易行为与受害人损害结果之间的因果关系证明是一个关键的难点。因果关系无法判定已经成为我国法院驳回原告诉讼请求最常用的表述之一，这也是内幕交易人在民事诉讼中最主要的抗辩理由。

再次是内幕交易民事诉讼的前置程序存废问题。内幕交易民事诉讼的前置程序是在上述的有条件受理阶段开始实行的，通过最高人民法院出台的《虚假陈述案件有关问题的通知》，对提起虚假陈述民事诉讼案件进行了限制。在司法实践中，法院也适用该通知的内容处理内幕交易民事诉讼案件。根据该通知的要求，要提起证券内幕交易民事赔偿诉讼的案件，必须先经由证监部门的行政处罚或法院的刑事判决，以此作为证券内幕交易民事赔偿案件受理的前置程序。

最后是我国法律未对证券内幕交易损害赔偿标准作出明确规定。内幕交易损害赔偿标准关系到处理结果是否公平，涉及两个主要方面，第一个方面是赔偿的范围问题，第二个方面是赔偿的计算标准问题。这些问题在现行的证券法及司法解释中均未有涉及。最新的证券法修订草案已经设置了这方面的规定，但依然有其不合理之处。

三、美国的证券市场内幕交易归责理论

美国有关内幕交易的法律和实践，发展了一系列有关内幕交易的归责理论，它们主要是通过近半个世纪的内幕交易成案体现。通过这些判例述评美国证券法那些长成和正在成长的归责理论，希望对我国的相关规制及其救济体制有所裨益。

（一）公开或不作为义务说

这一理论的含义是，任何知悉证券交易内幕信息的人员，如果不公开这一消息则不得利用该信息进行交易。美国证券交易委员会（以下简称SEC）在1961年卡迪·罗伯茨诉合伙公司一案（Cady Robert. v. CO.）中最早采用。

公开或不作为义务说的理论基础在于，证券投资者对于有关股票的重大信息应拥有平等的了解权，即应当拥有同等的了解重大信息的机会。因而，公开或不作为义务说对内幕交易的构成很广泛，实际上对规则10b-5适用内幕交易中的当事人的客观方面做了解释，美国证券法以此为内幕交易归责理论的起点加以发展。公开或不作为义务说的缺陷在于，以信息的平等代替了义务主体实质上的不平等，不能有力地澄清内幕交易的主体范围。

（二）信托义务说

信托义务实际上是美国公司法的核心义务，英美法系认为，董事与公司之间的"信赖关系"决定了董事对公司的信托义务，董事负有诚实及善意的主观义务和不得使其义务与个人私利发生冲突的客观义务，主要是指注意义务和忠实义务。法院借助公司法理念演进为信托义务说：因信托义务而不是仅因持有非公开市场信息，产生了公开或不作为义务，而且违反与证券交易有关的信托义务本身并不绝对导向适用规则10b-5。[1]

信托义务说实际上是从当事人的主体角度来规制内幕交易的，为找到当事人主观过错的法理基础，即强调信托义务的存在，法院演绎出了规则10b-5的公司法版本。对公司的董事、经理、控股股东以及公司高层管理人员等"公司内幕人员"的内幕交易责任作了正本清源式的解释，内幕交易的构成也演变为公开或不作为义务和信托义务相关要素的综合。应该说，内幕交易的客观方面和主体的结合使其归责理论的法律基础更加严密，但也使SEC和法院势必要受到认定当事人负有美国公司法中信托义务的局限。

---

[1] 张小波：《中国证券市场内幕交易的分析及其监管研究》，西南财经大学出版社2015年版。

（三）信托派生义务和不法获取信息说

信托义务说的一个重要补充是信托派生义务，美国法院在一系列案件中加以阐述：从知情人的信托义务派生出接受信息者的公开或不作为义务，在公司知情人向其公开内幕信息而违反信托义务，并且接受信息者知道或应当知道这一点时，接受信息者就负有公开或不作为义务。信托派生义务的成立使得非公司内幕人员被纳入了内幕交易的主体范围，但公司内幕人员披露内幕信息并不总是违反信托义务，而且信托派生义务与信托义务的直接关系使内幕交易的规制止步于信息的第一受领人，仍然没有脱离信托义务的窠臼。

信托义务说构建了公司内幕人员和信息的第一受领人的归责理论。信托派生义务则进一步发展为不法获取信息说，但很难独立地得到支持。不法获取信息说中的"不法窃取"系指违反"曾经存在保密义务或依据法律规范所生的不使用义务，而取得或使用特定消息（信息）而言"。因而这一理论强调交易者获得信息的来源是否存在不正当因素，而不是仅考虑知情人是否对其交易对方存在某种信任或保密。

（四）滥用信息说

在查雷拉案中法院曾指出，信托义务的违反在很大程度上取决于知情人由此获得的个人利益，也是知情人有主观不正当目的的体现。而持异议意见的布莱克门法官和马歇尔法官则认为，他们同意信托义务说，但是掌握"特殊事实"视为有公开义务的一个关键组成部分，由此无论是正当的或不正当的途径获得，"滥用机密信息"是构成内幕交易的要素，而信托义务说则缩小了归责主体的范围。这一理论发展为滥用信息说，主张任何人如果为了个人利益滥用因某种正当或不正当途径所获得的内幕信息而从事证券交易，即构成内幕交易。

在当今证券市场证券内幕交易不当行为时有发生的状况下，仅靠掌握内幕信息者的自律和社会舆论监督不足以防范和制止内幕交易。只有运用法律手段，才能维护证券市场的正常运行，让投资者对我国金融市场充满信心。美国是世界上第一个用法律规制内幕交易的国家，其立法被世界各国公认为是最严格、最健全的。笔者想通过美国对内幕交易的相关法律规定研究，借他山之石，来反思和完善一下我国反内幕交易制度。

四、完善我国证券市场内幕交易民事责任制度的建议

证券内幕交易民事责任的性质和归责原则的确定属于理论上的问题，具体到司法实践中，则表现为赔偿请求主体如何确认、举证责任如何分配、损害赔偿如何计算等问题。而且理论上论证所得的结论应该服务于司法实践，并在司法实践中得到执行。在通过第二章对我国目前存在的问题和第三章对美国内幕交易民事责任的性质和归责原则这两个理论问题进行研究后，我们可以在此基础上研究上述几个具体问题在司法实践中如何进行解决。

（一）赔偿请求主体

笔者认为，将"内幕交易期间"的起点认定为"内幕交易开始之时"，终点认定为"内幕交易结束之时"可能更为合理。首先，内幕交易的开始即意味着损害的开始[1]，损害的开始就意味着受害人的产生，此受害人即赔偿请求的适格主体。其次，内幕交易的结束，意味着实际损害行为的终结。可能该内幕交易行为结束后，还有余波继续对证券市场产生影响、损害某部分投资人的利益，但这些均不是内幕交易人造成的直接损害。最后，将"内幕交易结束之时"设为"同时交易"的终点，有利于法官审理案件及计算损害金额。

（二）我国证券内幕交易民事责任因果关系证明

鉴于证券内幕交易民事责任因果关系判定的复杂性及举证的难度，应该

---

[1] 赵万一：《证券交易中的民事责任制度研究》，法律出版社 2008 年版。

在判定时适用相当因果关系说。首先，没有内幕交易行为，就不会有因内幕因交易行为所产生的损害，两者之间具有条件关系；其次，如果存在内幕交易行为，通常会导致投资者产生损害，两者之间的关系具有相当性。

我国在实践中实际上也认可了判定证券内幕交易民事责任因果关系时适用相当因果关系说。2013 年发生的光大证券内幕交易案经历二审后终于在2016 年 1 月 20 日出了二审结果，二审法院上海市高级人民法院对案件因果关系的认定也使用了推定因果关系，即相当因果关系说。上海市高级人民法院认为：应采用不同于一般民事侵权的认定标准来判定内幕交易的因果关系，虚假陈述与证券内幕交易都属于侵权行为，其立法目的都在于保持证券交易市场的公开性和公平性，因此认同一审法院参照虚假陈述司法解释的相关规定，采用推定因果关系标准来认定上述案件。

（三）内幕交易民事赔偿

弥补证券内幕交易受害者的损失是证券内幕交易民事责任制度设立的最重要目的，如何计算受害者的损失是证券内幕交易民事诉讼中的一个终极问题。我国目前的证券法没有就内幕交易案件如何计算受害者损失的问题作出规定，但我国立法者已经注意到了这一问题的重要性。在 2015 年公布的《中华人民共和国证券法（修订草案）》第九十二条规定：内幕交易行为人应当对内幕交易期间从事相反证券交易的投资者，就其证券买入或者卖出价格与内幕信息公开后十个交易日平均价格之间的差价损失，在内幕交易违法所得三倍限额内承担赔偿责任。

建议将法条修改为："内幕交易行为人应当对内幕交易期间从事相反证券交易的投资者，就其证券买入或者卖出价格与内幕信息公开后十个交易日平均价格之间的差价计算所得价款损失承担赔偿责任，除非内幕交易人能证明受害人的损失不是因其内幕交易侵权行为所造成的。"这样的规定才能弥补受害人的损失，同时将排除其他导致受害人损失的因素的证明责任分配给内幕交易人，如其能举证证明其他因素同样导致了受害人的损失并证明到具体数额，则可相应减轻其赔偿责任。当然，是否认同内幕交易人的举证由法院决定。

（四）内幕交易民事诉讼

我国的证券法制环境在逐渐完善，国务院也一再强调法院要"去行政化"，无论是虚假陈述民事诉讼还是内幕交易民事诉讼，前置程序的存在越发显得不合时宜，应该尽快将其废止。

另外，在内幕交易诉讼模式的选择上，有一种诉讼模式在我国法律未有规定，但在美国的内幕交易民事诉讼案件中却得到了广泛的应用，并被实践证明了它的科学性，[①] 值得我国借鉴，那就是美国的证券集团诉讼模式。美国的证券集团诉讼是指众多投资者因同一事实上或法律上的原因而产生共同利益或处于同样的法律境况，[②] 部分投资者未经其他投资者的授权而提起集团诉讼，经法院确认立案后，最终作出的判决对其他投资者具有约束力，除非其他投资者在集团诉讼被确认前或在诉讼中声明不受集团诉讼判决之约束，此为"明示退出，默示参加"。立足于我国的现实情况，作者认为有以下两点需要改进：

首先是借鉴美国的律师胜诉酬金制度，建立证券律师风险代理制度。即由律师事务所牵头发起证券侵权民事赔偿纠纷的集团诉讼，由律师事务所垫付诉讼费用，胜诉后律师事务所从赔偿金中分配较高比例的金额作为律师费及诉讼费。这种制度可以调动律师代理证券内幕交易案件等证券侵权民事案件的积极性。同时，为了开发案源，律师自发对证券市场进行监督，这实际上也是对证券市场违法行为的一种监督。专业律师凭借其专业知识，极易发现内幕交易等证券违法行为。而且，这种模式也会减轻法院负担。当代理律

---

① 张鹏：《内幕交易的规制理论及实务问题研究》，载《法律适用》2015 年第 3 期。
② 雷丽清：《中美内幕交易罪比较研究》，中国检察出版社 2014 年版。

师确定后，法院需要面对的只是一个或数个代理律师而不是数量众多的受害人，案件材料也会先在律师处过滤一遍再送到法院。

其次是明确"明示退出，默示参与"制度。美国的集团诉讼模式之所以能运行，主要在于其"明示退出、默示参与"制度，即集团诉讼案件一旦被法院确认，所有在证券侵权行为期间利益受损的当事人均被默认为诉讼集团的成员，并默示授权给集团诉讼的代表人，但和解的权利除外。因此，我国需要建立更详细的法律规定，指引法院如何确定哪些案件可以适用集团诉讼模式、如何确定哪些人可以成为代表人、如何确定首席律师、如何有效确保代表人和律师的行为不违背其他被代表人的利益及补救措施。

中证中小投资者服务中心持股行权工作现状及制度完善

浙江大学光华法学院　潘政 *

摘　要

为落实中央决定，证监会成立了投服中心这一全国性证券金融类公益机构，专门从事中小投资者合法权益保护工作，是我国加强中小投资者合法权益保护工作的新探索和新尝试。投服中心众多职能中，以持股行权最为特别，是投服中心示范引领中小投资者主动行权、依法维权、规范上市公司治理的重要抓手。投服中心持股行权工作在实践中取得了良好的效果，是保护投资者合法权益的事前路径和治本之策。然而，作为保护中小投资者合法权益的重要功能，投服中心持股行权工作却也存在诸多问题亟待解决，包括投服中心持股行权工作角色定位尚待明确、需要更为充分的法律授权、持股行权对象标准有待厘清等。这些问题的解决离不开相关制度的完善，要明确证券投资者保护机构的定义、性质、地位和法定职权，同时明确投保机构持股行权的议题与手段、明确投服中心持股行权对象选择工作机制。

关键词：中证中小投资者服务中心；持股行权；工作效果

★ 潘政，浙江大学光华法学院博士研究生，研究方向：金融法。

持股行权是指中证中小投资者服务中心有限责任公司（简称投服中心）持有沪深交易所每家上市公司一手股票，行使质询、建议、表决、诉讼等股东权利，通过示范引领中小投资者主动行权、依法维权，规范上市公司治理。投服中心以公益持股方式（持有上市公司一手股票）获得股东身份，通过投票或私下建议促进上市公司治理水平、提高运作效率；在中小投资者权益被侵害时，投服中心化作中小股东的"领头大哥"向上市公司提起维权，按照法律程序行使股东查阅权、质询权，解决中小投资者收集证据难、维权行权成本高问题，从而实现积极保护投资者权益的市场态势，保证证券法宗旨的有效实现。然而，作为保护中小投资者合法权益的重要功能，投服中心持股行权工作却也存在诸多问题亟待解决，本文以投服中心持股行权工作现状为切入点，剖析其中存在的不足与面临的挑战，提出投服中心持股行权工作制度完善建议。

一、投服中心持股行权工作实践

2013 年 12 月 27 日，国务院办公厅印发国办 110 号文，提出"优化投资回报机制""保障中小投资者知情权""健全中小投资者投票机制"等一系列措施，为解决中小投资者权益保护问题指明了方向和实施途径。[①] 由于中小投资者自身的"天然"缺陷、投资者保护规则体系不完整等各种原因，中小投资者怠于行权、行权受阻等情况还较为普遍，客观上需要投服中心按照证监会批复的"公益性持有证券等品种，以投资者身份行权和维权"职责，通过持股行权的方式，代表、支持和引导中小投资者行使权利、维护权益，将国办 110 号文关于"探索建立中小投资者自律组织和公益性维权组织，向中小投资者提供救济援助"的精神落到实处。2018 年，证监会修订《上市公司治理准则》，首次在其正式规则层面明确了中小投资者保护机构持股行权

---

① 吕红兵、朱奕奕：《刍议上市公司股东及董监高减持制度——以证监会 9 号公告为分析对象》，载《证券法苑》2017 年第 3 期。

的地位。《上市公司治理准则》第八十二条："中小投资者保护机构应当在上市公司治理中发挥积极作用，通过持股行权等方式多渠道保护中小投资者合法权益。"2019年新修订的《证券法》第九十条专门规定了投资者保护机构"可以作为征集人，自行或者委托证券公司、证券服务机构，公开请求上市公司股东委托其代为出席股东大会，并代为行使提案权、表决权等股东权利"。虽然该条并未完全涵盖投服中心持股行权全部实践，但"征集投票权"作为持股行权的重要手段，无疑对于投服中心持股行权具有重大意义，是法律上首次明确肯定投服中心持股行权的合法地位。2019年5月，投服中心出台《中证中小投资者服务中心持股行权工作规则（试行）》，持股行权工作有了相对细致的可操作性规定。

就目前投服中心的持股行权实践而言，投服中心采取的行权方式主要有：①发送股东建议函。对于公司重大经营决策、上市公司收购方案等事项，投服中心以股东名义发送建议函。相关公司在收到建议函时，一般会认真对待并给予回应。②参加股东大会。在投服中心持有股份的上市公司召开股东大会时，投服中心委派工作人员或律师等专业人员，以股东代表的身份参加股东大会，并行使质询权、表决权。③股东大会之外期间现场行权。在上市公司不召开股东大会期间，投服中心以股东身份到上市公司经营场合进行现场行权，如查阅公司财务资料等。上市公司基本也会予以配合。④参加上市公司说明会。在上市公司举行发行新股、发行公司债、收购合并等说明会时，投服中心派员参加，督促上市公司认真履行信息披露义务。⑤公开发声。在上市公司忽视甚至侵害中小股东利益而实施不当行为时，投服中心以股东身份公开发声，利用媒体阐明立场，充分发挥舆论的影响力和约束力，抑制上市公司忽视甚至侵害中小股东利益的不正当行为。[1]

从持股行权的内容上看，投服中心持股行权关注的事项包括中小投资者

---

[1] 陈洁：《投服中心公益股东权的配置及制度建构——以"持股行权"为研究框架》，载《投资者》2018年第1期。

反映强烈的事项；侵害中小投资者合法权益且具有典型性、示范性的事项；舆论关注的重点、难点、热点事项；监管机构、自律组织等建议的事项等。例如部分上市公司控股股东、实际控制人等相关方在重大重组过程中可能存在高价估值、虚假承诺、贱卖资产、巨额套利等行为，严重损害投资者合法权益；部分上市公司在关联交易过程中，可能存在定价不公允、利益输送等情况；部分上市公司控股股东、实际控制人滥用控制权占用上市公司资金，违规担保，使得上市公司承担更多潜在债务和损失；还有部分上市公司长期不分红，甚至利用技术手段规避现金分红义务，损害投资者的分红权。当上述事件发生时，投服中心就会积极行使股东权利，维护中小投资者的合法权益。

二、投服中心持股行权工作取得的成绩

（一）投服中心持股行权工作的社会效果

从实际效果上来，投服中心多年来在持股行权方面的工作取得了较好效果，有力地保护了中小投资者权益。从上市公司的角度看，上市公司普遍认为投服中心能够从法律法规的角度、专业客观地提出合理的意见，有助于提升公司的治理水平，广大中小投资者对此反响热烈。就投服中心提出的问题，上市公司普遍能够给予详细解答，并采纳相关建议，完善不足之处，大多数被行权的上市公司能够根据投服中心的建议修改公司的章程，终止了重组交易，修改了重组方案，加强了分红，取消了对股东权利的限制，规范了公司治理。从投资者的角度看，普通投资者常常通过网络评论、论坛跟帖发表意见等方式热烈呼应投服中心的行权行动，作为中小投资者的"领头羊"，投服中心的持股行权工作实实在在地保护了中小投资者的合法权益。持股行权工作开展以来，投服中心各种持股行权措施均得到有效实施，证券市场和社会反映强烈，达到了预期的目的。[1] ①广大中小投资者热烈拥护，认为在其

群体中有了投服中心这样的"带头大哥"。②上市公司普遍欢迎，认为投服中心是理性投资者，有利于上市公司提升智力水平并改善其与投资者的关系。③社会舆论普遍赞扬，认为这是保护投资者权益的有效途径，是证券市场运行机制的重大制度创新。④得到了证券监管机构的充分肯定，认为是完善证券市场监管体系的有效措施。具体而言，投服中心持股行权对投资者权益保护的突出贡献主要体现在：第一，示范作用。投服中心作为中小投资者利益团体的代表人积极参与到上市公司治理中，促进上市公司规范运作，示范引领广大中小投资者积极行权、理性维权、依法维权。第二，维权作用。投服中心以投资者身份维护自身权利，是其通过持股行权维护投资者权益的主要方式。一是充分行使证券法、公司法确认的投资者权利；二是在其权利受损害时积极采取救济措施。第三，警示作用。投服中心现场行权、参加上市公司说明会和公开发声，都是针对市场关注的焦点问题进行提问，具有专业、犀利的特征。第四，提升作用。投服中心致力于通过开展全面的投资者教育来提升投资者的维权能力，一是提升广大投资者的行权水平和维权能力，由此构成证券市场机制的一个重要部分；二是提升投资者理性程度，由此构成证券市场成熟程度的一个重要标准；三是提升投资者的维权信心，由此构成证券市场信心的一个重要方面。[1] 正如时任投服中心总经理徐明所言，投服中心的行权维权工作是中国资本市场投资者保护的重要一环，尤其是对广大中小投资者的保护是一个重大创新，也是一个全新的途径，意义重大；证监会也将投服中心持股行权的行为比作啄木鸟或者资本市场"正义的麻烦制造者"，对投服中心的工作予以充分肯定。

（二）投服中心持股行权工作的理论评价与解释

对于投服中心持股行权工作取得的良好效果，学界从不同的理论角度对

---

[1] 陈甦、陈洁：《投服中心持股行权：理念创新与制度集成》，载《上海证券报》2017年1月4日，第7版。

此做出了评价与解释，推动了投服中心持股行权工作的理论研究。事实上，针对投服中心持股行权中取得的巨大成效，学界给出了多种不同的理论解释模型：

第一，投服中心作为"机构投资者"践行了股东积极主义。非营利性投资者保护机构作为上市公司股东来实践股东积极主义，已成为中国上市公司治理领域不可忽视的新现象。北京大学郭雳教授认为，由证券监管者主导建立的投资者保护机构作为积极股东出现，并获得一系列法定授权，是近年来我国上市公司治理版图中不可忽视的新现象。这种特殊的股东积极主义有其理论与现实合理性，并有望伴随着新《证券法》的实施发挥更为重要的作用。[①]投服中心现阶段开展的股东积极主义行动主要有以下特点：其一，限于在每家公司的持股数量，投服中心目前主要行使《中华人民共和国公司法》（简称《公司法》）中无持股时间和比例限制股东权利，如质询、建议、查阅、表决和提起确认公司决议无效之诉等权利，尚未涉及提案、派生诉讼等对持股时间和比例有要求的权利，[②]但投服中心已开始尝试联合其他股东行使上述权利；其二，投服中心行权所涉事项较为广泛，既涵盖股东大会程序规范性、公司章程修改合法性、公司担保程序合法性等公司治理与合规问题，也包括上市公司资产重组标的盈利能力、估值合理性等涉及实质性商业判断的问题。

第二，投服中心作为"公益性组织"推动了证券市场的多元治理。Yu-Hsin Lin 认为，投服中心与韩国民主参与人民团结组织（PSDP）下设的参与式经济委员会（PEC）功能类似，都是由于市场失灵和政府部门失灵，志愿部门、非营利组织为应对公共产品的数量或质量不足而出现的公益性组织。[③]陈洁教授也认为，投服中心的设计理念，是基于对"市场失灵"和"政府失灵"

---

① 郭雳：《作为积极股东的投资者保护机构——以投服中心为例的分析》，载《法学》2019 年第 8 期。
② 陈洁：《投服中心公益股东权的配置及制度建构——以"持股行权"为研究框架》，载《投资者》2018 年第 1 期。
③ Lin Y H. Modeling securities class actions outside the United States: The role of nonprofits in the case of Taiwan[J]. NYU Journal of Law & Business, 2007, 4: 143−198.

的理性反思与因应对策，在我国证券市场监管转型的市场阶段与法治环境中，将政府的监管方式从过去的"集权式管理"转型为现代化的"多元治理"，"硬性管理"转型为"弹性治理"，即投服中心成立时通过私法手段实现公法意义上的功能。[1] 米尔哈特（Milhaupt）教授对投服中心等"公益性组织"在投资者保护上的重要性做出了详细论证，他认为，对于"良好"的投资者保护，执法质量至少与高质量的成文法一样重要。在与企业相关的法律领域中，私人执法的障碍比较多，包括较高的证明标准和法律认定标准，缺乏信息获取以及阻碍可能的原告的程序规则。法律得到有效执行的具体障碍包括：①高法定起诉门槛和经济风险，行使重要股东权利的股权起点比较高，股东诉讼的经济风险比较大，这一直是东亚股东行动的主要障碍。②私人律师推动的法律执行的基础设施薄弱，信息获得、社团组织、起诉和赔偿机制等比较缺乏。③股东的被动性传统，机构投资者在诸如日本、韩国等国家都没有在公司治理中发挥重要作用。以股东身份活动的公益组织的好处是，不存在营利的动机，组织上无法进行分配，这就对干扰性、敲诈性的诉讼施加了约束和限制条件。同时，无论是基于东亚传统还是大陆法系的特点，股东诉讼的赔偿回报通常是负的。因此，无论是无意还是通过设计，大多数加强执法行动的努力都归入了国家之手（提升执法质量）。米尔哈特教授认为投服中心可以作为公益股东保护组织的典范。[2]

第三，投服中心作为"管制者"打击证券市场不规范行为。投服中心的"管制者"地位，一方面表现为投服中心对企业或者中小投资者市场营利主体的不规范行为，利用现有规则，合理约束主体的异常行为，实现股东内部的自我监督，同时保护中小投资者的利益；另一方面表现为投服中心对中小投资者的把控，投服中心把投资者个人利益上升为集体表达，把握、控制这些利

---

① 陈洁：《投服中心公益股东权的配置及制度建构——以"持股行权"为研究框架》，载《投资者》2018 年第 1 期。

② Milhaupt C. Nonprofit organizations as investor protection: Economic theory, and evidence from east Asia[J]. Yale Journal of International Law, 2004, 29: 169-208.

益，限制、规范、教育中小投资者，消除破坏团体利益和社会公共利益的行为。有学者认为，投服中心的这种"管制"，是通过法律赋予股东机制的运行，规范市场，维持市场的良好秩序，使之与整个社会的法律秩序相协调的行为。在这种关系中，投服中心相对上市主体或中小投资者处于"管制者"的地位。这种"管制"权力来源于正当的股东权利或中小投资者的"团体契约"。当中小投资者接受投服中心服务，就意味着其自身的部分权利在约定的限度内向投服中心让渡，投服中心凭借中小投资者自愿让渡的权利对后者进行"管制"。当上市主体违反规则时，投服中心就有权在自身权利与受让的权利范围之内，对违规成员进行行权质询与建议，从而迫使其控制自己的行为，遵守市场及监管规则。对于不服质询的上市主体或纠纷，投服中心通过行权、纠纷调解、公益诉讼、影响商誉等方法对其施加不利影响，迫使其遵守规则。[1]有学者进一步指出，投服中心的行权方式虽然与散户一致，又具有一般散户所不具有的专业知识和政治支撑。政治系统中，投服中心就是证监会监督的派出单位，拥有向监管者直接举报的能力，更容易得到系统内的信任，其因此拥有卢曼所认为的政治系统中潜在的权力，即要求上市公司实际控制人规范公司内部治理的震慑力。[2]

三、投服中心持股行权工作存在的不足

投服中心持股行权固然取得了不错的成绩，但其中也存在许多不容忽视的问题。学界对于投服中心工作效果的评估是全面的，指出了投服中心当前持股行权工作中的不足。

（一）投服中心持股行权工作角色定位尚待明确

投服中心自身角色定位上的纠结是目前持股行权工作面临的最大问题。

---

[1] 白江：《中证中小投服者服务中心有限责任公司的地位、职责和权限问题研究》，载《投资者》2018 年第 4 期。

[2] 鲍颖焱：《系统观察下证券监管权的统筹协调运行》，载《现代经济探讨》2019 年第 6 期。

新《证券法》只是规定了投服中心作为投资者保护机构可以从事的活动，但并未对其法律定位、性质等做出规定。事实上，究竟是作为机构投资者、管制者还是非营利性组织，对于投服中心持股行权而言有着巨大的差异。

首先，投服中心作为机构投资者面临巨大难题，理论上机构投资者成为有效的监督者需要具备三个条件：①持有较大比例的股份；②持有时间较长并可以享有通过监督而提高公司决策质量带来的回报；③不存在任何实质性的利益冲突。[①] 机构投资者一般都是基于持有大宗股份而直接以投票、议案、提名等方式对上市公司产生影响；限于在每家公司的持股数量，投服中心目前主要行使《公司法》中无持股时间和比例限制的股东权利，如质询、建议、查阅、表决和提起确认公司决议无效之诉等权利，主要是通过呼吁、警示等方式，引起媒体关注、施加社会影响力，而非仰赖股东的权利。投服中心践行所谓的股东积极主义，也面临着"防御型"（defensive）和"进攻型"（offensive）股东积极主义的错配，手段和职能不一致。郭雳教授就指出，投服中心目前无差别地购入沪深所有上市公司股票，针对上市公司治理中出现的问题行使质询、建议、表决等无持股比例限制的权利，实质上只能以舆论压力和若隐若现的监管背景"软约束"上市公司，更无法主动推动上市公司改变其经营策略、从事或放弃特定交易。以此观之，投服中心目前更接近于防御型积极主义；但投服中心的行权事项并不总局限于防御型积极主义通常关注的公司治理的规则性、程序性问题，而是越来越趋于涉足进攻型积极主义所关注的上市公司问题，包括特定交易（如并购）标的盈利能力、估值合理性等实质性商业判断，还通过公开发声建议中小股东否决投服中心认为损害上市公司及中小股东利益的交易，此类活动又具有某种进攻型积极主义色彩。

其次，投服中心自我定位是证券金融类公益机构，却无时无刻不体现出"管制者"、证监会辅助机构的作用。比如山东金泰表示投服中心干扰股东

---

① Coffee J C. Liquidity versus control: The institutional investor as corporate monitor[J]. Columbia Law Review, 1991, 91: 1277-1368.

大会召开，投服中心则认为公司董监高不勤勉履职，将及时向监管部门报告，但是投服中心并不是直接的监管权力拥有者，也不是专门的司法者（对于公司高管是否履行法定义务的判断，本身就是行政监管和司法裁判的权力），其超出经济系统身份发挥监督作用也可能给市场带来过度干扰。投服中心认为，公司章程中规定的降低收购方举牌报告门槛为3%、将收购列为特别决议、设置超级多数条款、金色降落伞条款（当公司被并购接管，在公司董事、监事、总裁和其他高级管理人员任期未届满前如确需终止或解除职务，必须得到本人的认可，且支付一定经济补偿）等属于章程中的不当条款。这些条款本身就具有理论和实践上的争议，而且投服中心的行为可能违背了章程中的股东自治意愿，可能过度限制了公司的自治，也扼杀了商业活动创新空间。投服中心的观点实际上出于监管的需要，却不具有司法裁判利益平衡的公允性以及因事制宜的灵活性，也可能增加市场主体不应承受负担。[①]

最后，投服中心市场化的维权的特色无法体现。投服中心的公益性维权活动尚处于起步阶段，市场各方对公益性维权组织的属性职责、功能定位等还未形成统一认识。从目前实践来看，尽管投服中心持股行权效果明显，但在资本市场各界的认知中，一定意义上还是将投服中心视为中国证监会的派出机构。因此，投服中心的维权行权在很大程度上是依靠行政的力量发挥作用，投服中心的市场化角色没有充分树立起来。

（二）投服中心持股行权需要更为充分的法律授权

新《证券法》虽然豁免了，但是投服中心仍然不能行使上市公司治理中的其他重要权利，比如《公司法》第一百条规定的召集临时股东大会的权利、第一百零一条规定的自行召集和主持股东大会权利、第一百零二条规定的临时提案权、第一百一十条规定的召开临时董事会权利。现在的投服中心，没有突破中小股东的权利范畴。投服中心目前的持股行权基本上就是在《公司

---

① 鲍颖焱：《系统观察下证券监管权的统筹协调运行》，载《现代经济探讨》2019年第6期。

法》框架下行使普通的小股东权利（受法律的限制），诸如质询权、表决权等，至于有持股时间及数量限制的股东权利，都未开展。简言之，投服中心的持股行权在本质上没有突破小股东的权利范畴。投服中心开展持股行权所面临的法律障碍，还体现在具体的工作中，典型的就是投服中心对公司章程的审核。在我国的现行法律制度和实践中，公司登记机关、证监会、人民法院也都或多或少地存在着对公司章程的审查。我国的公司登记机关作为市场监督管理机关，《公司登记管理条例》第二十三条明确规定了其对公司的章程的审查权力；证监会对公司章程的审查主要体现在对上市公司的监管中。证监会发布的《上市公司章程指引》作为行业规范，为上市公司的章程制定与修订提供了模板；人民法院在具体的案件审理中可以对公司章程进行司法审查，《公司法司法解释（四）》就主要是针对公司章程问题做出的司法解释。①而投服中心则没有法定的权利审查上市公司章程，其对章程的审查标准也没有明确。对于公司章程效力的审查，投服中心指导性的判断标准在于改善公司治理、保护中小投资者利益，具体的判断规则尚未形成，而且许多公司章程的设定依据，就是一种公司对自我的独特定位，一种基于商业判断产生的股东合意。随着公司治理的实践不断深入，公司理论不断发展，诸如公司分红、反收购条款、股东平等、公司董事、监事、高级管理人员的诚信义务等规则也在不断深化和发展，公司章程审查本身就是一个仁者见仁、智者见智的工作。但是，据人民网报道，自 2017 年 6 月开始，经过半年的紧张工作，投服中心分地域对全国 36 个辖区 3472 家上市公司的章程进行了集中梳理，发送了 1812 份股东建议函，绝大多数上市公司及时采纳了建议、修改了公司章程。投服中心的股东建议函具有巨大威力，但事实上则可能缺乏相应的法律依据，投服中心持股行权需要更为充分的法律授权。

---

① 张巍、邓峰：《公司章程的多层次审查：投服中心的初始贡献》，载《投资者》2018 年第 3 期。

（三）投服中心持股行权对象标准有待厘清

投服中心持股行权对象如何选择，投服中心持股行权为何选择 A 公司而非 B 公司是否有一定的标准，是当今学者对于投服中心持股行权工作提出的最核心的问题，这一问题直接涉及持股行权工作效果的评价。从投服中心 2018-2020 年间公布的几个行权案例中，可以发现投服中心持股行权对象的基本特点。比如在投服中心质询利欧股份收购事项的案例中，投服中心于 2018 年 9 月 18 日发表声明"质询利欧股份收购事项，呼吁中小股东积极行权"，而在此之前的 2018 年 9 月 12 日、13 日，上交所就已经连发两道关注函质疑利欧股份拟以 23.4 亿元收购苏州梦嘉 75% 股权一事；又比如投服中心质询亚邦股份的案例中，投服中心于 2019 年 4 月 24 日发表声明"亚邦股份控股股东应存敬畏之心，切实履行业绩补偿责任"，而在此之前的 2018 年 12 月 4 日晚间，亚邦股份就已经发布公告，称公司收到上交所下发问询函，要求公司就拟调整控股子公司江苏恒隆作物保护有限公司业绩承诺核实并补充披露有关事项；再比如投服中心质询华昌达智能装备集团股份有限公司的案例中，投服中心于 2019 年 7 月 30 日发表声明"实控人依法履职、诚实守信是上市公司合规经营的重要保障"，2019 年 5 月 21 日深圳证券交易所创业板公司管理部就已经下发了《关于对华昌达智能装备集团股份有限公司的年报问询函》，要求其说明公司目前涉及的所有诉讼案件情况，包括但不限于原告、诉讼请求、目前的进展情况和对公司生产经营、债务偿还等产生的影响，以及公司采取的应对措施。又比如投服中心质询上海宏达新材料股份有限公司的案例中，投服中心于 2019 年 9 月 24 日发表声明"关注宏达新材资产收购呼吁上市公司及时释疑"，此前的 2019 年 9 月 11 日，深圳证券交易所就下发了《关于对上海宏达新材料股份有限公司的问询函》，要求上海宏达新材料股份有限公司、标的公司上海观峰信息科技有限公司及相关方及时进行了认真调查核实，说明收购标的公司的原因、合理性及必要性，并说明本次收购的资金来源及具体安排。相类似的案例还有很多，在此不一一赘述。其基本的特征有二：一是投服中心持股行权的对象多是已经被广大投资者热议的公司，属于社会热点对象，比如投服中心关注华铁股份收购交易案，《中国证券报》在此之前就报道了相关收购情况，并认为此次交易构成关联交易，已经成为证券市场的热点问题；二是投服中心持股行权的对象多数属于已经被交易所发布警示函、关注函的对象，甚至部分公司已经被证监会问询，比如浙江证监局就对利欧股份出具《监管问询函》，要求公司就苏州梦嘉股东张地雨与万圣伟业公司关系、万圣伟业和苏州梦嘉是否存在业务往来或者资金往来等问题进行作答。因此，投服中心持股行权的对象，或是社会热点对象，或是已经被监管者关注的对象，投服中心对这些对象进行持股行权固然可以回应社会热点，产生较好的宣传效果，但本身却没有发现上市公司治理漏洞的功能，投服中心市场看门人的角色尚待加强。

四、投服中心持股行权工作制度完善

（一）明确证券投资者保护机构的定义、性质、地位和法定职权

新《证券法》第六章"投资者保护"浓墨重彩地以四个条文（全章总共八个条文）对投资者保护机构参与投资者保护工作予以规定，但新《证券法》却并未对"投资者保护机构"的定义、性质、地位和法定职权作出清晰的规定，导致现实中投服中心持股行权工作仍然处于"师出无名"的尴尬境地。因此，首先就要对法律中的投资者保护机构的定义、性质、地位和法定职权作出更为详尽的规定。域外法定投资者保护机构多指投资者保护基金，但从《证券法》为投资者保护机构设定的特殊职能以及我国投资者保护基金的功能定位来看，投资者保护基金无疑不是一般意义上、拥有投资者保护广泛职权的投资者保护机构，我国《证券法》第六章所确立的"投资者保护机构"应当特指中证中小投资者服务中心有限责任公司（投服中心）。另外，根据国务院《关于进一步加强资本市场中小投资者合法权益保护工作的意见》（国办发〔2013〕110号）："探索建立中小投资者自律组织和公益性维权组织，

向中小投资者提供救济援助，丰富和解、调解、仲裁、诉讼等维权内容和方式。充分发挥证券期货专业律师的作用，鼓励和支持律师为中小投资者提供公益性法律援助。"该条内容对投资者保护机构的性质做出了基本规定。综合来看，《证券法》所称投资者保护机构，是指依法设立的、由中国证券监督管理委员会主管，旨在保护证券市场投资者权利的公益性维权和服务组织。从性质上看，投资者保护机构兼具公共机构和机构投资者（公益股东）的双重属性，是集市场职能和监管职能于一身的特殊市场主体。就其地位而言，投资者保护机构与行政监管、行业自律管理共同构成我国保护中小投资者合法权益的"三驾马车"。就其市场职能来看，投资者保护机构运行机制的本质逻辑是由政府成立专门的维权组织，通过公益性持有股票并行使股东权利，充分发挥市场自律作用，向市场释放信号，形成威慑，进而示范动员其他广大投资者共同参与到维权过程中，提高投资者维权意识和能力，将市场力量集中化、组织化。

另外，对于投资者保护机构资金的来源，现有投服中心作为公司制法人，其资金来源于作为股东单位的上海证券交易所、深圳证券交易所、上海期货交易所、中国金融期货交易所和中国证券登记结算有限责任公司。但为了确保投资者保护机构的独立性，以及投保机构处理交易所侵犯投资者权利纠纷时的中立性，建议投资者保护机构的资金直接由政府财政提供。

（二）明确投保机构持股行权的议题与手段

《证券法》虽然规定了投保机构可以作为征集人，自行或者委托证券公司、证券服务机构，公开请求上市公司股东委托其代为出席股东大会，并代为行使提案权、表决权等股东权利，但投保机构行权的手段和范围均未明确，法律应着重于此进行补充和完善。投服中心 2019 年出台的《中证中小投资者服务中心持股行权工作规则（试行）》第五条规定："投服中心开展持股行权工作，除监管部门要求外，原则上不参与下列事项：（一）干预或参与公司日常经营；（二）涉及公司董事、监事、高级管理人员等的重要人事变更事项；（三）涉及公司控制权争夺等利益纠纷的事项。"这一规定是对证监会"持股行权不以参与公司经营管理和营利为目的"表态的重申和进一步阐释，在现实中也取得了较好的效果。因此，有必要在坚持上述"三不原则"精神实质的前提下，结合实际情况来明确"干预""参与""日常经营""重要人事变更"等抽象概念的内涵与边界，细化投保机构行权的议题和方式。

建议投保机构应当采取积极防御姿态行使自身权利。所谓"防御"，意味着投保机构必须坚持现有的"三不原则"，对于涉及商业判断、可能导致经济利益流入或流出的特定交易不行权或提案，对于人事任免问题也应采取防御姿态，避免介入上市公司正常的人事任免。所谓"积极"，意味着投保机构并非消极不作为，也要对特定的事项行使自身权利，比如在上市公司人事任免上，虽然投保机构应避免事先介入人事任免，但可以积极地行使事后监督的权利，对违反信义义务的内部执行董、监事可考虑通过诉讼等方式事后追责；对于不参与日常经营管理的独立董事、监事，则可考虑采取更积极的策略，公开发声反对未勤勉尽责、导致公司遭受严重损失的独立董事连任等。又比如在涉及资产购买、出售、担保等重大交易问题上，可以分类处置：如果是上市公司与非关联方开展的交易，投保中心可以采取较弱的行权方式，提出疑问并要求上市公司释明；如果该重大交易涉及关联交易，则投保中心应采取更严格的态度，公开发声阐明疑虑后建议其他股东否决交易；对于显失公平、可能致上市公司陷入经营困境或加剧已存在困境，相关信息披露后市场反应强烈的重大关联交易，可尝试在充分披露信息、阐明理由的基础上通过征集表决权等方式加以否决。

（三）明确投服中心行权对象选择的工作机制

投服中心持股行权选择对象的工作机制一直都是争议的核心，投服中心选择谁作为行权对象，对于上市公司而言无疑会产生巨大的影响，轻则引发股价波动，重则面临监管部门的监管措施。投服中心持股行权对象选择的工作机制，就是要解决为什么选择 A 公司而非 B 公司作为行权对象的问题，以制度化的方式代替目前近似"黑箱操作"和随机选择的做法。但是如何选择，却面临诸多争议。比如彭冰教授就认为，投保机构作为证券监管机构设置的专门机构，负有保护投资者的职责，在其参加的特别代表人诉讼、开展持股行权工作可能提供给投资者更好的保护时，不能对案件和对象本身挑挑拣拣，不符合该机构本身的职责功能。保护投资者是投保机构的职责，而不是权力，投保机构不能因为困难重重，选择放弃履行该职责。这是公平保护投资者的要求，也是投保机构本身职责的定位。[①] 当然，也有学者提出投服中心保护投资者的行动，要站在震慑潜在违法的立场上，投服中心选择参与集团诉讼、持股行权的基本原则就是以尽可能少的资源产生尽可能大的震慑效果。也就是说，投服中心要比较投入与产出，优先选择产出比投入高的案子和对象来参与。我认为，不论是怎样的对象选择机制，关键在于公开和透明，又要明确的标准，而不在于是普遍行权还是有选择性地行权。正如叶林教授所言，投保机构必须建立起选择制。这种选择必须以良好的工作机制作为运行前提。在案件筛选中，应当秉持公益的价值观，应当反映自己的价值观，应当体现公平、透明、专业的特点，应当独立判断，尽量避免误解，降低冲突，发挥效能，服务于证券市场法律秩序。[②] 投服中心选择持股行权对象选择机制必须综合考虑社会影响、典型性、投资者的呼声、行权对象自身的情况等，以公开透明的、一以贯之的方式开展持股行权，避免出现"黑箱操作"、随机选择等引人误解的方式。

---

① 彭冰：《中国版证券集体诉讼的发动》，https://mp.weixin.qq.com/s/fQTLaXPIhZZubxg Wgl1fuQ，最后访问日期：2020 年 11 月 24 日。

② 叶林：《试点期间特别代表人诉讼案件选取应考量的因素》，https://baijiahao.baidu.com/s?id=16 76895910690115262&wfr=spider&for=pc，最后访问日期：2020 年 11 月 24 日。

上市公司控股股东和实际控制人违法行为的成因分析与制度完善

国浩律师（上海）事务所　黄江东　施蕾 *

摘　要

上市公司控股股东、实际控制人对上市公司的发展具有重大影响力，上市公司的违法行为大多与控股股东或实际控制人的操纵、指使或放任有关。究其原因，主要是上市公司内部管理机制、内部监督机制和外部追责机制存在缺陷。结合监管实践案例，提出重塑观念、重建内部治理制度、压实法律责任、畅通监管与司法衔接等规范上市公司控股股东和实际控制人的制度完善建议。

关键词：控股股东；实控人；违法行为；制度完善

★ 黄江东，男，法学博士，国浩律师（上海）事务所资深顾问；施蕾，女，法学博士，国浩律师（上海）事务所律师。

经对近三年来证券监管部门作出的行政处罚及行政监管措施案例进行分析，尽管上市公司控股股东和实际控制人（下称实控人）受到行政处罚的数量不多，但相当比例上市公司的违法违规行为与控股股东或实控人的操纵、指使或放任有着直接关系。上市公司治理的重要内容之一便是对上市公司控股股东、实控人的行为进行有效规范。基于此，本文从上市公司及其控股股东和实控人违法违规的类型入手，探究此类主体违法违规行为频发的深层次原因，进而从公司治理角度和法律规制角度提出完善上市控股股东和实控人内部治理机制与外部监管机制的若干建议。

一、上市公司、控股股东及实控人违法违规情况分析

（一）上市公司及其控股股东被做出行政处罚的数据分析

2017—2019 年，上市公司受到行政处罚的数量逐年上升。其中，2019年共有 92 家上市公司受到证监会的行政处罚，是 2017 年的两倍之多。相较之下，上市公司股东受到行政处罚的数量较少，平均每年十余人受到行政处罚。

从处罚事由来看，上市公司及其控股股东常因违规关联交易、违规对外担保、违规占用资金受到行政处罚。从处罚力度来看，近三年被处罚的 202家上市公司中，受到顶格处罚（60 万元行政罚款）的上市公司共计 77 家，占比 38.12%。而受到顶格处罚的上市公司股东共有 19 名，占比 48.72%。值得注意的是，同时对上市公司和控股股东作出处罚的情形较少，大部分情况下仅对上市公司进行处罚。

（二）上市公司及其控股股东被采取行政监管措施的数据分析

上市公司及其控股股东被证监会采取行政监管措施的数量呈逐年递增趋势。从事由来看，与行政处罚相类似，上市公司及其控股股东被采取监管措施的主要原因按占比高低依次为：关联交易、违规对外担保和违规占用资金。

对上市公司及其控股股东采取的行政监管措施主要包括发出警示函、责

令改正等。上市公司被出具警示函的频次最高，共有 521 家上市公司被证监会发出警示函；另有 194 家上市公司被证监会采取责令改正的监管措施。上市公司股东亦是如此，在被采取监管措施的 169 名上市公司股东中，对其中 120 名股东出具了警示函，占比 70%。

二、上市公司控股股东和实控人违法违规行为频发的原因探析

（一）上市公司内部管理机制存在缺陷

我国国有上市公司在 A 股市场中占据重要地位，但国有上市公司的一些固有内部管理制度缺陷，使其在资本市场上市环境中出现"水土不服"的现象。

首先，国有上市公司的管理团队缺乏有效的监督约束。由于国企的特殊性，国资委等政府部门常常是国有上市公司的控股股东。公司运营过程中，国资委等政府部门更加关注政府命令的执行和经济指标的完成，却疏于发挥控股股东和实控人在公司治理中应有的作用。[①] 在人事选任问题上，国有上市公司的管理层主要来源于上级任免，需对上级委派机关负责，导致国有上市公司的管理层更易受到行政化思维的影响。此外，履行出资人职责的机构负责对国有上市公司董监高的监察，使得原本应行使监督权的监事会在公司治理过程中趋于边缘化。因此，国有上市公司的内部高级管理人员主要对上级行政领导负责，而公司内部缺乏对其足够有效的约束。

其次，相较于资本市场的上市规则，国有上市公司更关注来自主管单位（如国资委）的制度约束。《国有资产法》第十三条规定，国有资本参股公司召开的股东会会议、股东大会会议，应当按照委派机构的指示提出提案、发表意见、行使表决权，并将其履行职责的情况和结果及时报告委派机构；第十五条规定，履行出资人职责的机构对本级人民政府负责，对国有资产的保值增值负责。对于国有上市公司的管理层来说，国有上市公司不仅是参与

---

① 黄炜、李龙杰：《上海国企现代企业制度的发展现状与趋势》，载《上海企业》2019 年第 8 期。

市场竞争和分配的经济人，还是参与政府运作的行政人。这两种属性在立场上高度冲突，使得本应遵循资本市场规则的上市公司，反倒更为关注来自主管单位的制度约束。

民营企业的管理机制虽不同于国有企业，但其治理模式的"家族化"特征同样导致民营上市公司内部管理机制存在不少问题。

首先，治理模式的"家族化"意味着公司内部高度集权，而高度集权的治理结构与现代企业制度存在极大区别。典型现代企业制度，要求公司经营权和所有权相分离，公司的控制权不应再掌握在股东手中，而是掌握在董事会和以首席执行官为代表的管理层手中。但在家族企业，所有权和经营权两权合一，家族成员既参与企业经营管理又参与利润分配，以家庭成员为单位组成领导层，实控人担任董事长、控股股东兼任董事或者总经理兼任监事的情况屡见不鲜。股权越集中，控股股东对公司的控制权越大，而公司内部控制制度的有效性则越弱，公司内部治理制度对信息披露行为的要求和对中小股东权益的保护也相应弱化。

其次，公司治理高度集权可能带来管理层缺乏独立性的问题。一旦上市公司内部治理受到家族成员的控制，可能导致家族之外董事会其他成员、监事会和独立董事都沦为依附工具，难以发挥其应有的监督职能。因此，一旦发生实控人违规占用资金或掏空公司资产的行为，公司的中小股东很难通过公司内部治理途径进行救济。

最后，家族式的治理模式引发"任人唯亲"的管理方式，亲情治理往往凌驾于公司制度之上。在公司初创时期，熟人管理模式确实会带来较高的凝聚力，但成为上市公司之后，熟人管理的弊端会逐渐暴露：管理层在经营管理上对人不对事，碍于情面，使得一些错误无法得到及时纠正；公司内部人员地位和责任的不平等可能影响上市公司的文化和经营[1]；熟人管理和"任

---

① 《家族企业的公司治理实务》，https://mp.weixin.qq.com/s/VZQOZFteYjF8gXqk0PQxQQ，最后访问日期：2020 年 7 月 15 日。

人唯亲"的管理方式架空了上市公司标准制度；实控人或控股股东独揽大权，易忽视上市公司的公众性，为损害公司及中小股东利益埋下了隐患。

因上市公司内部管理机制缺陷导致的违法违规案例不在少数。典型者如康美药业财务造假案，康美药业虽已规定了相对严格、完善的内部治理规则，但仍然无法阻止公司实控人突破公司的章程及相关制度对其的制约。康美药业财务造假案即是典型案例之一，在该案中，许德仕是该公司的创始人，其女儿许冬瑾是公司的副董事长兼副总经理，许冬瑾的丈夫马兴田任公司董事长兼总经理，两人为公司的共同实控人；公司法定代表人马兴谷与马兴田为兄弟关系；自然人股东当中，许燕君与许冬瑾为母女关系。可以说，康美药业从资本到经营都完全笼罩在家族成员控制之中。康美药业作为 A 股市场多年来众望所归的"白马股""绩优股"，在多年经营中已经形成相当完善的公司治理结构，如董监高制度等。然而，康美药业于 2018 年受到证监会的监管调查，于 2019 年曝出财务虚增近 300 亿元[①]；2020 年 5 月，康美药业再次曝出财务造假以及控股股东和关联公司违规占用公司资金[②]。康美药业实际控制人马兴田、许冬瑾等人为掩盖上市公司资金被关联方长期占用，虚构公司经营业绩；组织策划康美药业相关人员通过虚增营业收入、虚增货币资金等方式实施财务造假；明知年报数据弄虚作假，仍然签字并承诺保证年报的真实、准确、完整。由此可见，尽管康美药业看似有着完善的公司治理制度，但当公司的管理层、股东和实控人高度重合时，治理结构可能存在完全失效的风险。

（二）上市公司独立董事和监事会制度存在缺陷

首先，独立董事"不独立"。实践中，为应对我国上市公司存在的股权

[①] 《康美药业败局始末：造假、行贿、传销，无所不用其极》，https://www.cyzone.cn/article/587930.html，最后访问日期：2020 年 6 月 29 日。

[②] 《中国证监会行政处罚决定书（康美药业股份有限公司、马兴田、许冬瑾等 22 名责任人员）》（〔2020〕24 号）。

高度集中、一股独大的问题，以及对实控人和管理层进行有效的监督，我国引进了英美法系的独立董事制度。独立董事以外部人的身份作出独立客观的判断，进而对公司内部的日常经营决策起到监督作用。然而，独立董事制度的独立性在我国上市公司的日常治理中难以得到保证。我国上市公司独立董事的任免权掌握在控股股东或实控人手中。独立董事的提名由上市公司董事会、监事会、单独或者合并持有上市公司已发行股份1%以上的股东提出，并经股东大会选举决定。[①] 但我国上市公司股权高度集中，独立董事的选择权实际上被控制在控股股东或实控人的手中。可以说，独立董事事实上依附于上市公司，并没有获得真正相对独立的地位。

其次，监事会难以有效发挥监督职能。我国上市公司的监事会一直未能发挥其应有的监督职能，导致公司对于控股股东、董事会的监督流于形式。虽然我国在2005年《公司法》中对监事会制度进行过改革，规定了监事会的临时股东大会提议召开权、调查公司经营异常情况、聘请会计师事务所等协助其工作等内容，但监事会的职权仍缺乏有效的实现机制。[②] 监事人员选任和日常事务的过程难以摆脱实控人、控股股东和董事会的控制，其自身在上市公司日常经营中的独立性存疑；监事会获取监督信息有赖于董事会和股东会的提供，间接导致在董事、实控人等经营人员实施侵害公司和中小股东利益的行为时，监事会在行动上陷入消极或盲目的状态，更遑论完善的事前或事中监管。

（三）控股股东和实控人法律责任未压实

首先，证券法律法规未压实控股股东和实控人法律责任。上市公司有效的治理不仅有赖于公司内控制度的约束，更有赖于有效的外部法律追责与监管机制。从根本上说，出现前述认知偏差和公司内部治理制度缺陷的根本原

---

① 《关于在上市公司建立独立董事制度的指导意见》第4条第1款。
② 王彦明、赵大伟：《论中国上市公司监事会制度的改革》，载《社会科学研究》2016年第1期。

因还是在于控股股东和实控人违法成本过低，且各主体的法律责任没有压实到位。

在新《证券法》实施之前，证券法律法规对控股股东和实控人的违法行为认定和法律责任追究方面，至少存在以下问题：一是对实控人指使行为的认定仍处于个案判断的状态，并未给出足够清晰的认定标准；二是囿于监管职责定位，我国行政监管执法更多是通过查处信息披露违法违规来实现对实控人资金占用等严重违规行为的行政追责，监管措施与违法行为之间存在严重错位；三是行政处罚力度弱，对控股股东、实控人威慑力不足，对实控人虚假记载、误导性陈述、重大遗漏等违反信息披露义务行为的最高罚款金额仅为60万元。

以前文提到的康美药业财务造假案为例，相关责任人违规占用、虚报虚增接近300亿之巨的资金，使众多投资者遭受损失。但最终仅依照《证券法》第一百九十三条第一款和第三款的规定，对实控人处以60万元的罚款。当事人违法违规行为影响之恶劣，造成损失之巨大，对其处以顶格处罚也无法弥补所造成的损失，违规成本和违规收益之间存在严重的不平衡。

其次，《公司法》未压实控股股东和实控人法律责任。除了证券法律法规，我国《公司法》也存在着对控股股东和实控人责任未压实的问题。《公司法》缺乏专门针对控股股东的规制条款，整部《公司法》只有三处提及控股股东：其中两处出现在附则中，是对控股股东概念的规定；唯一一条实体规定是《公司法》第二十一条，对控股股东、实控人和公司董监高关联交易的限制，然而该条文也并非专门针对控股股东作出的特别规定。此外，即使《公司法》对公司治理提出了要求，但未明确对控股股东和实控人的相应罚则。我国《公司法》主要规定了董事与高级管理人员的信义义务，但未相应地构建起以控股股东信义义务为基础的追责和处罚机制。例如，尽管《公司法》规定禁止权利滥用，但由于缺乏权利滥用的法律后果，实践中难以据此追究控股股东的法律责任。

最后，监管与执法过程未压实控股股东和实控人法律责任。化解公司风险与快速查办违规行为之间存在着时间要求矛盾。在控股股东、实控人发生违规行为后，监管部门一般会遵循快立快查的办案原则。与此同时，监管机构也需要统筹制定一揽子计划对上市公司面临的风险进行处置，化解市场风险则要求监管部门为上市公司预留出足够的信息披露时间或申辩时间，以及市场消化负面信息披露的时间。显然，对违规行为快立快查和化解上市公司风险之间，存在时间要求上的矛盾。此外，违规手段的日趋隐蔽与监管部门调查手段不足导致控股股东和实控人的责任无法压实。随着近年来监管机构加大对上市公司规范运作的监管力度，控股股东和实控人的违法违规行为也随之呈现出间接化、迂回化、隐蔽化的特点。以上市公司资金占用为例，以往会出现直接截留使用上市公司资金、私下处置上市公司资产的占用模式，但该种占用证据过于明显，违规主体逐渐采用变相占用的手法，以规避监管。

三、上市公司控股股东和实控人的违规风险管控：内部机制重塑与外部责任压实

（一）重塑上市公司控股股东和实控人的观念

对于国有上市公司而言，国有上市公司的实控人应该把握好自身的角色定位，更多地基于公司的具体经营情况，而非是政治立场进行判断。首先，上市公司实控人应在思想上摆脱政治思维和官僚主义，尊重上市公司在资本市场上运行的规则，尊重公司内部治理的商业逻辑。其次，实控人要树立正确的责任观念，不可将集体决策、集体讨论程序作为推脱责任的借口，应树立担当意识，在公司面临决策难题时，更多地考虑如何帮助公司脱离困境。最后，现代企业制度对上市公司的董事、监事和高级管理人员赋予了勤勉尽责义务和信义义务，作为实际掌管公司运行的实控人，更应遵守信义义务，对公司的经营勤勉尽责，及时向社会公众进行信息披露。

对于民营上市公司而言，民营上市公司的实控人应当转变"家族化"的

思维和"任人唯亲"的公司治理模式，积极探索"去家族化"的途径，力求实现企业转型。首先，民营上市公司的实控人要处理好家族目标和公司发展目标之间的关系。[①] 家族目标与公司发展应相互分离，不可因为家族关系的变化作出情绪化的决策，更不可因为家族争端祸及公司经营。其次，民营上市公司的实控人应处理好公司参与人之间的利益关系。要从公司的实际出发，处理好家族控制权与职业经理人、公司员工之间的利益关系，淡化对家族成员的特殊对待，以股份而非血缘纽带关系作为公司内部表决权大小的依据，充分调动全体员工特别是高层员工的积极性。最后，民营上市公司的实控人需要摆脱"人治"思维。无论管理层是否为家族成员，实控人都要把公司制度和资本市场的规则放在第一位。

（二）规范上市公司内部治理制度

1. 完善独立董事制度

首先，完善上市公司章程中有关独立董事的选拔机制。一方面，公司可以降低股东提名独立董事候选人的持股比例要求，并允许中小股东在选举独立董事时要求有利害关系的控股股东回避。另一方面，公司可以采用累进投票制，削弱控股股东或实控人的表决权优势。

其次，提高独立董事在董事会中的比例，改进独立董事激励机制。例如，在固定薪酬上增加股权激励方案，使上市公司的经营管理能够切实地影响独立董事的自身利益，提高独立董事的监管水平和动力。

最后，建立以独立董事为主体的专门委员会，尤其重视发挥审计委员会和提名委员会的作用。审计委员会赋予独立董事团体对公司信息调查获取的权力，有助于独立董事摆脱通过公司管理层获取经营、财务信息的路径依赖；[②] 提名委员会可以对公司管理层具体候选人进行提名和审议，遏制裙带

---

① 《家族企业该何去何从》，https://mp.weixin.qq.com/s/TwR2nFu3m2ff-9W22uhzYA，最后访问日期：2020 年 7 月 16 日。

② 琚磊、麻昌华：《完善我国独立董事制度的若干思考》，载《现代经济探讨》2012 年第 8 期。

关系的发展，从而在一定程度上减少管理层"一人独大"的情况，保护上市公司和其他中小股东的利益。

2. 完善监事会制度

首先，应完善监事选任程序，降低控股股东对监事选拔的影响。这一点可借鉴韩国《商法》第409条的规定，上市公司持有表决权股份之外的超过发行股份总数3%之股份的股东，就其超过的股份在监事选任中不能行使表决权，且公司可以在章程规定中降低上述比例。为保持监事会的相对独立性，在选任监事会成员时有必要出台类似的规则抑制控股股东或实控人的影响力。

其次，应当增强监事会在经济上的独立性。应减少监事会对公司管理机构的财产依赖，保障监事会活动经费划拨、监事成员选拔、薪酬制定等决策过程的独立性，避免管理层与监督机构之间的利益牵连关系。[①]

（三）压实控股股东和实控人法律责任

1. 完善证券法律法规中相关责任制度

2020年3月，新《证券法》正式实施，修改了160多个条款，针对之前证券法律法规对控股股东、实控人的规制缺陷，新《证券法》作出回应。

首先，在信息披露方面，增加了控股股东、实控人的信息披露范围和义务。[②]新《证券法》对影响股票价格重大事件的范围进行修订，新增"公司的实控人及其控制的其他企业从事与公司相同或者相似业务的情况发生较大变化"，需要及时披露。同时，新《证券法》进一步明确控股股东或者实控人对重大事件的发生、进展产生较大影响的，应当及时书面告知公司，配合公司履行信息披露义务。在以往法律没有明确规定的情况下，控股股东、实控人往往不会主动履行此类披露义务，新《证券法》加大了控股股东、实控

---

① 周泽将、马静、胡刘芬：《经济独立性能否促进监事会治理功能发挥——基于企业违规视角的经验证据》，载《南开管理评论》2019年第6期。

② 《证券法》（2019年修订）第80条、第85条。

人主动履行及配合履行信息披露义务的责任。

其次，在法律责任承担方面，大幅提高了对控股股东、实控人的处罚力度。① 新《证券法》将违反信息披露义务的罚款由 30 万元以上 60 万元以下提升为 50 万元以上 500 万元以下；将虚假记载、误导性陈述、重大遗漏的罚款由 30 万元以上 60 万元以下调整为 100 万元以上 1000 万元以下。除此之外，在证券交易方面，新《证券法》补充了实控人交易股份的限制条件。② 在投资者保护方面，新《证券法》引入先行赔付机制和代表人诉讼机制等有利于补偿投资者合法权益的制度。③

最后，证监会为贯彻落实新《证券法》，对《上市公司信息披露管理办法》进行了修订，进一步强调董监高等相关主体的责任：一是强化董事会在定期报告披露中的责任，明确要求定期报告内容应当经董事会审议通过；二是要求董监高无法保证定期报告内容的真实性、准确性、完整性或者有异议的，应当在书面确认意见中发表意见并陈述理由，上市公司应当披露。上市公司不予披露的，董监高可以直接申请披露。

综上，新《证券法》明确将控股股东和实控人纳入监管范畴，大幅提升了控股股东和实际控制人违法违规成本，进一步强化了发行人控股股东和实

---

① 《证券法》（2019 年修订）第一百九十七条："信息披露义务人未按照本法规定报送有关报告或者履行信息披露义务的，责令改正，给予警告，并处以五十万元以上五百万元以下的罚款；对直接负责的主管人员和其他直接责任人员给予警告，并处以二十万元以上二百万元以下的罚款。发行人的控股股东、实控人组织、指使从事上述违法行为，或者隐瞒相关事项导致发生上述情形的，处以五十万元以上五百万元以下的罚款；对直接负责的主管人员和其他直接责任人员，处以二十万元以上二百万元以下的罚款。

信息披露义务人报送的报告或者披露的信息有虚假记载、误导性陈述或者重大遗漏的，责令改正，给予警告，并处以一百万元以上一千万元以下的罚款；对直接负责的主管人员和其他直接责任人员给予警告，并处以五十万元以上五百万元以下的罚款。发行人的控股股东、实控人组织、指使从事上述违法行为，或者隐瞒相关事项导致发生上述情形的，处以一百万元以上一千万元以下的罚款；对直接负责的主管人员和其他直接责任人员，处以五十万元以上五百万元以下的罚款。"

② 《证券法》（2019 年修订）第三十六条。

③ 《证券法》（2019 年修订）第九十三条第三款。

控人的责任，势必对资本市场各方主体产生广泛的威慑力。作为资本市场的"龙头法"，新《证券法》实施前后，监管层还对配套部门规章制度进行"立改废释"。尤其在 2020 年 3 月，证监会发布了《关于修改部分证券期货规章的决定》《关于修改部分证券期货规范性文件的决定》，拟对 13 部规章、29 部规范性文件的部分条款予以修改。本文建议，在做好新《证券法》配套修改的同时，应进一步细化上市公司实控人对在信息披露方面的要求及相关法律责任，以及如何通过外部制度和内部治理规则等约束实控人违规占用资金、违规对外担保等常见违法违规行为的发生。

2. 完善《公司法》中相关责任制度

本文建议，在《公司法》中规定更为具体的控股股东义务内容，明确规定违反相应义务、滥用权力损害公司或其他股东利益时所产生的法律责任。同时，也应进一步细化关于控股股东、实控人在决策存在重大不当或失误，尤其是作出违法决策时需要承担的法律责任。尽管新《证券法》加大了对控股股东和实控人的法律约束，但《公司法》层面依旧缺乏切实有效的制度规则，因此，需要在《公司法》中专门确立控股股东和实控人对中小股东的信义义务，赋予中小股东更为方便快捷的损害追偿途径，从制度上预防和禁止直接干预公司经营决策及日常生产活动，更不得通过占用公司资金、违规担保、不正当关联交易等手段损害其他股东利益。需要在制度层面督促上市公司规范"三会"运作，提高董事会运作的独立性和有效性。同时，也应提高中小股东参加股东大会的比例，鼓励中小股东参与上市公司重大事务的决策管理。

3. 完善刑法中相关责任制度

刑事司法实践中，相关主体因信息披露违法被追究刑事责任的情形较少。本文认为，推动刑事立法并提高对违规行为的追责力度，有助于遏制控股股东和实控人的违法行为。《刑法修正案（十一）（草案）》（以下简称《刑修十一草案》）拟对《刑法》第一百六十条、一百六十一条进行修改，新增关于控股股东的法律规制，提高关于欺诈发行股票、债券罪和违规披露、不披露重要信息罪的刑罚上限，将企业的控股股东、实控人组织、指使实施上述违法行为纳入刑事处罚的范畴，进一步加强对实控人和控股股东的刑事追责力度。

4. 做好监管与司法的衔接以进一步压实控股股东和实控人法律责任

首先，做好行政监管与刑事司法的衔接。监管部门需理顺刑事立法与执法的衔接程序，加快追责进度。证监会于 2020 年 7 月发布的《证券期货违法行为行政处罚办法（征求意见稿）》提出，证券行政执法与刑事司法的有机衔接是确保证券执法有效性的重要条件，规定了"直接刑事移送""先处罚后刑事移送""处罚、刑事移送并行"等三种模式。为进一步理顺行政执法和刑事追责的衔接程序，加快追责进度，在此基础上，本文建议，一是允许公安机关直接发现线索并直接启动调查，而不是主要依赖于证券监管部门移送案件；二是允许证监会各派出机构调查部门在发现证券犯罪基本事实后，直接向当地公安机关平行移送，并向上级部门报备，减少中间环节，而不是事事要向上走流程批准；三是对证券类案件规定更短的办理时限，各个环节加强管理，挖潜增效。

其次，做好行政监管与民事司法的衔接。新《证券法》设立投资者保护专章，丰富了受损投资者的民事追偿方式，如：创设了有中国特色的"默示加入、明示退出"集体诉讼制度，规定了先行赔付制度、证券和解制度等。基于这些重要的制度支撑，证监部门在执法过程中，应充分发挥投保机构的公益职能，同时考虑投资者参加诉讼、举证质证的便利，注重相关证据的固定和保存，使行政监管认定的事实和证据在民事诉讼中可以为中小投资者所用，降低中小投资者的举证负担，提高对控股股东和实控人的震慑力度和违法成本，抑制控股股东和实控人的违法动机。

5. 丰富监管方式以进一步压实控股股东和实控人法律责任

首先，深化跨部门监管执法协作。随着控股股东和实控人违法违规行为日趋隐蔽化、复杂化，单独依靠证监会执法已不能满足证券监管的需求。证监会各部门应深化与中国人民银行、市场监督管理部门、公安部门、法院以及海关、税务、银保监会等部门的协同合作，深化跨部门联合联动执法，最大化取证手段，真正落实穿透式监管，多角度多层次遏制控股股东和实控人的违规责任。

其次，构建良好的监管生态。例如，发挥舆论监督的引导作用。证券媒体在市场监管中发挥着"深喉"的重要角色，具有灵活性和敏锐性的特征，常常先于监管机构发现市场主体的违规情况，是对上市公司实控人和控股股东日常监管的有力手段。再如要压实中介机构责任。保荐人、会计师事务所和律师事务所等证券中介机构是证券市场的"守门人"，在上市管理中发挥着帮助上市公司信息披露的重要职能，压实中介机构责任，就是从根源上对实控人的违规行为进行监管，防止实控人、控股股东和中介机构相互串通勾结损害投资者利益的情况。当然，也要逐渐培育理性的投资者。一个合理的资本市场必定是理性投资者占大多数的市场，只有加快培育更多理性投资者，提高对实控人违规操作的识别能力，才能更好地发挥资本市场价值发现的功能，真正构筑真实、规范、诚信的资本市场环境。

上市公司控股股东、实控人对上市公司的发展起到重要作用，而控股股东、实控人又善于利用对公司的控制权实施违法违规行为，因此，有必要加强对控股股东和实控人的监管。上市公司的治理是一项系统而长期的工程，对控股股东和实控人的违法违规行为进行监管更是无法单独依托某一个处罚案例、某一法条规定或者某一部专项法律来完成，需要真正建立和全面完善资本市场管理体制。

独立董事法律责任与免责机制研究

浙江大学光华法学院　潘枝峰 *

摘　要

制度移植阶段向制度养护阶段的过渡，决定了须对独立董事法律
责任制度展开更为精细化的研究。虽然独立董事法律责任的强化
有助于上市公司良性治理结构的形成，但过重的个人责任可能会
将有能力的人士排除在独立董事群体之外，亦将抑制独立董事的
履职热情。因此，在规定独立董事法律责任的同时，应积极构建
科学、合理的独立董事的免责机制。本文从独立董事法律规制体
系出发，结合独立董事的特殊义务与职权分析，详细讨论了独立
董事法律责任和免责机制的现状与存在问题，并对独立董事免责
机制的革新提出了建议，构建方向如下：一是区别界定独立董事
责任；二是完善独立董事保险补偿制度；三是限制行政处罚自由
裁量权；四是探索引入经营性判断原则。

关键词： 上市公司；独立董事；法律责任；免责机制

★ 潘枝峰，浙江大学光华法学院硕士研究生，研究方向：金融法。

引入独立董事制度是我国上市公司治理结构的一大制度创新，其中独立董事法律责任体系的构建对于上市公司独立董事规范与管理极其重要。独立董事法律责任归责与免责问题是现实操作中不可回避的问题，而我国法律规范中对于独立董事法律责任的规定在实务中缺乏具体的、明确的指引，独立董事制度的实效无法发挥。独立董事法律责任与免责问题日益成为公司法和证券法研究之热点，成为司法纠纷裁处之难点，成为上市公司治理法律制度完善之焦点。通过对我国独立董事法律责任的现状及免责路径进行分析，能够完善我国独立董事的法律责任体系，并逐步健全独立董事的风险机制、激励约束机制、声誉机制以及制定与独立董事制度有关的配套制度，为独立董事制度在我国的顺利实施营造一个良好的法律环境。

一、独立董事法律规制体系简述

（一）立法现状

目前，我国已经形成了以《证券法》和《公司法》为基础和核心，相关行政法规、部门规章和行业规定等规范性文件为主体的多层次的上市公司独立董事法律规范体系（见表1）。其中法律和行政法规层次的法律规范确立了基本制度和原则性规范，部门规章和行业规定层级的法律规范对独立董事的履职内容、形式和责任都做出了具体的规定，形成了一套完备的操作性规范。此外，以《最高人民法院关于审理证券市场因虚假陈述引发民事赔偿案件的若干规定》《最高人民法院、最高人民检察院关于办理内幕交易、泄露内幕信息刑事案件具体应用法律若干问题的解释》为代表的相关司法解释在审判实务中亦发挥着举足轻重的规范作用。

表 1　独立董事规制立法现状

效力等级	规范名称	制定部门
法律	《中华人民共和国刑法》（修正案六、七）	全国人民代表大会
	《中华人民共和国证券法》	全国人大常委会
	《中华人民共和国公司法》	全国人大常委会
	《中华人民共和国企业国有资产法》	全国人大常委会
行政法规	《证券公司监督管理条例》	国务院
	《股票发行与交易管理暂行条例》	国务院
	《国务院关于股份有限公司境外募集股份及上市的特别规定》	国务院
	《国务院关于批转证监会关于提高上市公司质量意见的通知》	国务院
	《上市公司监督管理条例》	正在制定
	《上市公司独立董事条例》	正在制定
部门规章	《上市公司信息披露管理办法》	证监会
	《上市公司证券发行管理办法》	证监会
	《创业板上市公司证券发行管理暂行办法》	证监会
	《上市公司收购管理办法》	证监会
	《上市公司重大资产重组管理办法》	证监会
	《关于在上市公司建立独立董事制度的指导意见》	证监会
	《上市公司股东大会规则》	证监会
	《上市公司章程指引》	证监会
	《上市公司治理准则》	证监会
行业规定	《上海证券交易所股票上市规则》	上交所
	《上海证券交易所会员管理规则》	上交所
	《上海证券交易所上市公司独立董事备案及培训工作指引》	上交所
	《深圳证券交易所独立董事备案办法》	深交所
	《深圳证券交易所股票上市规则》	深交所
	《深圳证券交易所会员管理规则》	深交所

续　表

效力等级	规范名称	制定部门
行业规定	《深圳证券交易所创业板上市公司规范运作指引》	深交所
	《深圳证券交易所创业板股票上市规则》	深交所
	《上市公司独立董事履职指引》	中国上市公司协会
	《独立董事促进上市公司内部控制工作指引》	中国上市公司协会

　　注：资料整理于北大法宝法律法规数据库，https://www.pkulaw.com/law/，最后访问日期：2020 年 11 月 12 日。限于篇幅，并未列出所有相关法律规范，故为不完全整理。

（二）《证券法》修订要点

　　2019 年《证券法》修订的重要理念是管制方式的调整，通过全面推行注册制来降低证券市场的准入门槛，在放松事前管制力度的同时，强化了事中事后的管制力度。基于保护投资者的目的，《证券法》新设上市公司股东权利征集制度。独立董事作为上市公司董事会运作的参与者和监督者，可以作为征集人，自行或者委托证券公司、证券服务机构，公开请求上市公司股东委托其代为出席股东大会，并代为行使提案权、表决权等股东权利。征集人应当披露征集文件，上市公司应当予以配合。禁止以有偿或者变相有偿的方式公开征集股东权利。[①]

　　在股东权利的征集方式上，2019 年《证券法》主要规定了三个要点。一是股东权利的征集必须是公开的请求行为，而信息披露是公开请求的制度保障。2019 年《证券法》第九十条第二款进一步专门规定了股东权征集制度中的信息披露要求。信息披露的具体方式是独立董事对外公开披露征集文件，上市公司负有配合义务。二是适格独立董事既可以自行征集，也可以委托证券公司、证券服务机构这两类机构具体开展征集行为，并非必须亲自征集。三是公开征集股东权利中的股东委托内容应当包括两方面，一方面应包括股

---

① 《中华人民共和国证券法》第九十条。

东委托征集主体代为出席股东大会的相关内容，另一方面应包括股东委托征集主体代为行使股东权利，如提案权、表决权等相关内容。在违法征集的赔偿责任上，一是征集主体违反的法律指的是广义上的法律，包括法律、行政法规以及国务院证券监督管理机构的有关规定。由此可见，本条作为转介条款，为日后股东权利征集制度的完善提供了空间。二是违法征集的独立董事进行赔偿的前提是上市公司或者股东遭受损失，无损害结果则无赔偿责任。三是上市公司或者其股东遭受损失应是违法行为导致的，即上市公司或者股东遭受损失这一损害结果同独立董事违反有关规定之间应存在因果关系。在归责原则上，新证券法并未明确要求违法独立董事主观上存在过错，具体规则还有待进一步细化。[①]

二、独立董事的义务与职权

独立董事的法律责任指的是独立董事违反法定特殊义务，造成他人损失所应当承担的法律后果。[②] 由此可见，义务之违反产生法律责任，职权之缺位或超越亦产生法律责任。基于渐进式研究之需要，首先应对独立董事义务与职权做必要之把握。

（一）作为董事的一般义务

公司法、证券法等法律规范中有关董事义务的规定均适用于独立董事，主要包括忠实义务和勤勉义务两方面。忠实义务又称信义义务，指董事经营管理公司时，应毫无保留地为公司的最大利益努力工作，当自身利益与公司整体利益发生冲突时，应以公司利益为先。忠实义务与独立董事的品德有关，在本质上是一种信赖义务，其最基本的含义是要求独立董事受人之信而忠人之事。忠实义务要求独立董事在处理公司事务时，其自身利益与公司的利益

---

① 郭锋：《中华人民共和国证券法制度精义与条文评注》，中国法制出版社 2020 年版，第 501-503 页。

② 孟令星：《独立董事法律责任问题研究》，载《司法改革评论》2015 年第 2 期。

一旦存在冲突，必须以公司的最大利益为重，不得将自身利益置于公司利益之上。一般来说，独立董事对公司的忠实义务体现为积极维护公司利益，禁止从事任何损害公司利益的行为。[①] 我国立法确认了独立董事的忠实义务，详见公司法第一百四十七条、第一百四十八条和《上市公司章程指引》第九十七条。具体内容可以概括为以下几个方面：自我交易的禁止、篡夺公司机会的禁止、收受商业贿赂的禁止、竞业的禁止、保守公司秘密的义务。

勤勉义务又称注意义务，指董事应诚实信用地履行其责任，表现出一般审慎者在类似处境下、类似职位上所表现出来的勤勉、谨慎与技能。[②] 概括而言，上市公司董事的勤勉义务，应包含以下三个要素：一是"勤"，指勤奋，上市公司董事必须积极勤奋地履行其作为董事应当承担的职责，认真管理公司事务。二是"能"，指技能和能力，董事应具备正常履行职责所需的必要的知识、技能和经验，符合董事的任职资格和条件。三是"慎"，指谨慎，董事应充分考虑所审议事项的合法合规性、对上市公司的影响（包括潜在影响）以及存在的风险，以正常合理的谨慎态度履行职责，以及董事对异常情况的报告义务。我国立法亦确认了独立董事的勤勉义务，详见公司法第一百一十三条、第一百四十八条、第一百五十条和《上市公司章程指引》第九十八条。

（二）独立董事的特别职权

独立董事除了具有公司法和其他相关法律、法规赋予董事的职权，还享有以下特别职权，主要规定于《关于在上市公司建立独立董事制度的指导意见》中。一是重大关联交易的事先认可权，上市公司拟与关联人达成总额高于300万元或高于上市公司最近经审计净资产值的5%的关联交易，应由独立董事认可后，提交董事会讨论。二是对重大事项发表独立意见的权利，覆

---

① 陈九振：《独立董事制度的理论与实践》，知识产权出版社2010年版，第88页。

② 陈九振：《独立董事制度的理论与实践》，知识产权出版社2010年版，第92页。

盖提名或任免董事、聘任或解聘高级管理人员、公司董事、高级管理人员的薪酬等可能损害中小股东权益的事项。三是提议权，向董事会提议聘用或解聘会计师事务所、提请召开临时股东大会和董事会。四是知情权，凡须经董事会决策的事项，上市公司必须按法定的时间提前通知独立董事并同时提供足够的资料，独立董事认为资料不充分的，可以要求补充；当2名或2名以上独立董事认为资料不充分或论证不明确时，可联名书面向董事会提出延期召开董事会会议或延期审议该事项，董事会应予以采纳。五是获取津贴权，上市公司应当给予独立董事适当的津贴，独立董事不应从该上市公司及其主要股东或有利害关系的机构和人员取得额外的、未予披露的其他利益。六是征集股东权利，可以在股东大会召开前公开向股东征集股东权利。股东权利征集应是无偿的，并且应向被征集人充分披露信息。独立董事在征集委托股东权利时，还应披露征集者的有关信息，例如独立董事的身份、背景以及与公司的利益关系等。此外，还应向被征集者即公司的广大股东披露其他有关信息。七是独立聘请外部审计机构和咨询机构的权利，只要独立董事或由独立董事组成的专门委员会认为有增进公司或所有股东利益的必要，就可以利用公司的资金聘请专家，获得有专业知识技能的专家的意见。[1] 八是信息披露权，独立董事制度应能够保证投资者在作出投资决定时没有虚假信息的干扰，同时还可以促进证券发行人受到投资者的有效监督，促进其经营活动透明化。正如有学者所指出的，信息披露是医治社会痼疾的良药，就如太阳是最好的杀菌剂。[2] 公司能否很好地进行信息披露，是公司治理机制能否发挥作用的关键，独立董事具有以适当方式对外披露以上各项权利行使状况和结果的权利。

（三）作为董事的一般职权

独立董事享有两方面的权利，一是一般董事所享有的权利，二是独立董

---

① 《关于在上市公司建立独立董事制度的指导意见》第5-7条。

② 马更断：《独立董事制度研究》，知识产权出版社2004年版，第119页。

事所特有的权利。独立董事和非独立董事一样，可对公司日常经营管理问题进行决策，但独立董事的主要任务是通过控制公司的经营管理使公司符合各相关利益者的要求，而直接参与董事会的经营管理活动是独立董事引导和控制公司经营管理的一个重要方式与途径。因此，要充分发挥独立董事的作用，独立董事除了享有特有的权利，还应享有一般董事的权利。独立董事作为董事享有的一般职权主要包括董事会出席权和表决权、报酬请求权、活动经费请求权和知情权，主要规定于公司法中。

三、独立董事的法律责任

一般来说，赋予法律责任有两方面的意义。一方面是震慑意义，明确的法律责任向当事人宣告了不履行法定义务所应该要承担的不利后果。当事人为了规避不利后果的发生必然会认真履行义务。另一方面是救济意义，独立董事是以一个监控人的特殊角色出现的，代表公司外部成千上万公司利益相关者去监控公司内部行为，让其合理化。[1]

根据我国有关法律规定，董事的责任一般包括民事责任、刑事责任和行政责任（见表2）。独立董事作为董事会中具有独立性的成员，因其不完全等同于内部董事，所以，独立董事所承担的法律责任的合理边界与内部董事有所不同。根据有关法律法规的规定，公司董事在承担民事责任时，按照权利主体可分为由公司提起的民事赔偿诉讼和由股东提起的侵权赔偿诉讼。由于独立董事并不行使经营管理权，而只是通过参加董事会会议获得决策控制权，因此，独立董事不可能承担董事的全部民事责任，也不可能承担有关法律条款中所规定的侵占、挪用、商业贿赂等有关行为产生的刑事责任，只适用于作为董事因参加董事会会议，在出现信息披露违背事实真相的陈述和记载时，连同公司成为共同侵权人而承担民事侵权责任。

在信息不对称的情况下，证券市场中处于弱势地位的大多数投资者不了

---

① 孟令星：《独立董事法律责任问题研究》，载《司法改革评论》2015年第2期。

解真实、完整的信息，因此，将虚假陈述行为界定为侵权行为，有利于从保护投资者角度将赔偿责任主体的范围确定在一个较大的范围之内。独立董事更多的是对虚假信息、关联交易等行为进行监督和控制，而现实中因虚假信息而导致投资者的损失要大于操纵市场、欺诈客户、内幕交易等侵权行为的损失，加上独立董事作为独立的非执行董事，并无职权作出操纵市场、内幕交易、欺诈客户的行为，所以，对于独立董事的归责更多地体现在因不尽注意义务和管理义务或者不尽忠实义务使得虚假信息披露造成的投资者损失方面。[1]

表 2　独立董事法律责任

责任类型	责任原因	具体条文
民事责任	参与的董事会决议违规	《公司法》第一百一十二条：董事会的决议违反法律、行政法规或者公司章程、股东大会决议，致使公司遭受严重损失的，参与决议的董事对公司负赔偿责任。但经证明在表决时曾表明异议并记载于会议记录的，该董事可以免除责任
	利用其关联关系损害公司利益	《公司法》第二十一条：公司的控股股东、实际控制人、董事、监事、高级管理人员不得利用其关联关系损害公司利益。违反前款规定，给公司造成损失的，应当承担赔偿责任
	违规行使职权	《公司法》第一百四十九条：董事、监事、高级管理人员执行公司职务时违反法律、行政法规或者公司章程的规定，给公司造成损失的，应当承担赔偿责任
	信息披露违规	《证券法》第八十四条：发行人及其控股股东、实际控制人、董事、监事、高级管理人员等作出公开承诺的，应当披露。不履行承诺给投资者造成损失的，应当依法承担赔偿责任。证券法第八十五条规定：信息披露义务人未按照规定披露信息，或者公告的证券发行文件、定期报告、临时报告及其他信息披露资料存在虚假记载、误导性陈述或者重大遗漏，致使投资者在证券交易中遭受损失的，信息披露义务人应当承担赔偿责任；发行人的控股股东、实际控制人、董事、监事、高级管理人员和其他直接责任人员以及保荐人、承销的证券公司及其直接责任人员，应当与发行人承担连带赔偿责任，但是能够证明自己没有过错的除外

[1]　陈九振：《独立董事制度的理论与实践》，知识产权出版社 2010 年版，第 92 页。

续　表

责任类型	责任原因	具体条文
行政责任	信息披露违规	《证券法》第一百九十七条：信息披露义务人未按照本法规定报送有关报告或者履行信息披露义务的，责令改正，给予警告，并处以五十万元以上五百万元以下的罚款；对直接负责的主管人员和其他直接责任人员给予警告，并处以二十万元以上二百万元以下的罚款。发行人的控股股东、实际控制人组织、指使从事上述违法行为，或者隐瞒相关事项导致发生上述情形的，处以五十万元以上五百万元以下的罚款；对直接负责的主管人员和其他直接责任人员，处以二十万元以上二百万元以下的罚款。信息披露义务人报送的报告或者披露的信息有虚假记载、误导性陈述或者重大遗漏的，责令改正，给予警告，并处以一百万元以上一千万元以下的罚款；对直接负责的主管人员和其他直接责任人员给予警告，并处以五十万元以上五百万元以下的罚款。发行人的控股股东、实际控制人组织、指使从事上述违法行为，或者隐瞒相关事项导致发生上述情形的，处以一百万元以上一千万元以下的罚款；对直接负责的主管人员和其他直接责任人员，处以五十万元以上五百万元以下的罚款
刑事责任	违规披露、不披露重要信息罪	《刑法》第一百六十一条：依法负有信息披露义务的公司、企业向股东和社会公众提供虚假的或者隐瞒重要事实的财务会计报告，或者对依法应当披露的其他重要信息不按照规定披露，严重损害股东或者其他人利益，或者有其他严重情节的，对其直接负责的主管人员和其他直接责任人员，处三年以下有期徒刑或者拘役，并处或者单处二万元以上二十万元以下罚金
	虚假出资、抽逃出资罪	《刑法》第一百五十九条：单位犯前款罪的，对单位判处罚金，并对其直接负责的主管人员和其他直接责任人员，处五年以下有期徒刑或者拘役
	妨害清算罪	《刑法》第一百六十二条：公司、企业进行清算时，隐匿财产，对资产负债表或者财产清单作虚伪记载或者在未清偿债务前分配公司、企业财产，严重损害债权人或者其他人利益的，对其直接负责的主管人员和其他直接责任人员，处五年以下有期徒刑或者拘役，并处或者单处二万元以上二十万元以下罚金

注：资料整理于北大法宝法律法规数据库，https://www.pkulaw.com/law/，最后访问日期：2020 年 11 月 12 日。限于篇幅，并未列出所有相关法律规范，故为不完全整理。

四、独立董事的免责机制

如果因要承担责任而使独立董事感觉履行职责与承担责任的压力过大，而又没有相应的免责和保险机制，这种情况下，独立董事可能会纷纷辞职。因此，如何确定独立董事责任的范围就显得非常重要。要正确确定独立董事的责任范围，就应建立合理的免责机制，正确处理经营判断原则与独立董事注意义务的关系。由于刑法的谦抑性和独立董事活动的商事特性，独立董事因失职而被课处刑罚的案例并不多，因此下文讨论的免责范围是围绕着独立董事的民事责任和行政责任展开的。

（一）理论分析

要分析理论上独立董事的免责范围，首先得探讨独立董事的义务类型和内涵。如上文梳理，独立董事的主要义务是忠实义务和勤勉义务。忠实义务是对独立董事的基本要求，忠实义务的违反一般出于主观上的故意，原则上不能免除责任。并且如果受到相应的起诉，独立董事还需承担倒置的举证责任，证明自己没有违反诚信原则，自己的履职尽到了忠实义务。而对于独立董事的勤勉义务，应以过错作为核心来判断独立董事是否尽到了善管义务，运用推定过错责任原则进行独立董事责任的归责，以最终确定是否给予独立董事免责。在这一点上，独立董事与公司的内部董事责任的推定是有区别的。因为独立董事不是执行董事，不负责公司具体执行业务，这一特殊性决定了其勤勉义务的事项与法律责任归责范围小于内部执行董事。

因此，对独立董事的过错推定的核心即是讨论到底是以什么标准判断独立董事是否尽到了合理的注意义务，独立董事申请免责的抗辩也需围绕此展开。美国1933年证券法第十一节c条规定，"合理"和"正当"的判断标准"应当是一个谨慎之人管理他自己的财产时的标准"。①例如，如果被告董事只是证明他已将有关事务委托给了他人，并相信他人会代其完成应做的调查，不算已达到了谨慎处理的要求。因为公司经营管理活动受到确定性和不确定性因素的影响，如果在不确定性因素影响下，公司董事经营决策判断失误给公司带来了损失，只要他们尽了忠实之心，并且尽了合理和正当的注意义务，就不应承担个人的或者集体的责任。这是英美等国家依据经营判断合理正当与否的法理进行董事免责处理的基本理论依据。

（二）规范分析

在《证券法》第八十五条信息披露违规的民事责任中，主观状态为故意或过失，独立董事承担过错推定责任，举证责任倒置，由独立董事承担无过错举证责任；在《证券法》第一百八十一条欺诈发行证券的行政责任中，主观状态为故意，由行政机关承担举证责任；在《证券法》第一百九十七条信息披露违规的行政责任中，主观责任为故意或过失但无须证明，由行政机关举证责任，行政机关证明存在信息披露违规、确属责任主体即可。对于最高人民法院在《关于审理证券行政处罚案件证据若干问题的座谈会纪要》中允许被处罚人在不服信息披露违法的行政处罚的上诉中提供已尽忠实、勤勉义务的证据，这并不意味着举证责任倒置或行政机关需举证被处罚人主观状态，而是意味着法律允许相关责任人免责的一种特殊安排。

其中涉及独立董事的信息披露的相关规定值得商榷。其一，将签字的独立董事一律认定为"直接负责的主管人员"不尽合理，独立董事不同于总经理、财务副总、财务总监等人，一般参与董事会重大事项的决策而非执行，其应负的监督职责也不应苛求其对会计专业事项负责。其二，《上市公司治理准则》等规定对独立董事的职责要求过高，对董责险免责范围的规定过于粗略，

---

① Securities Act of 1933 Section 11 (c) In determining, for the purpose of paragraph (3) of sub-section (b) of this section, what constitutes reasonable investigation and reasonable ground for belief, the standard of reasonableness shall be that required of a prudent man in the management of his own property.

不利于独立董事勤勉义务的现实履行和发挥实效。其三，若涉及法律责任追究，独立董事应首先在行政程序中力证无过错，避免行政处罚，有力的证据主要为对公司的自行调查。如受到行政处罚，也可证明自己勤勉尽职以免责，行政责任并不一定引致民事责任。

（三）行政处罚分析

从我国行政监管的实践来看，中国证监会及其派出机构对独立董事提出的异议与抗辩多采取否定态度。在证监会行政处罚方面，许多对上市公司信息披露违法的处罚案件都涉及公司的董监高人员，迄今也已有多个行政处罚案件中独立董事提出申辩。

申辩类型一：不知情、未参与，信赖专业人士（如公司其他高管、审计机构等），已经勤勉尽责（如积极参加相关会议、要求公司规范运营、主动关心公司事务等），公司故意隐瞒真实信息。例如，在江苏保千里虚假陈述案件中，时任独立董事周含军被处罚并提出申诉认为：其一，告知涉及三项事实均为庄敏一手操纵，个别关键岗位人员协助，其本人勤勉尽责但仍不可能发现，属于应当免责的情形。其二，告知书所列事项系事后知悉，但其本人未接受过告知书相关内容的调查，对相关事实的认定过程无从知晓，质疑调查程序的合法性。其三，其于 2016 年 12 月出任独立董事，2018 年 5 月辞职。任职期间已勤勉尽责，并在 2016 年年度报告审计工作中与会计师、财务负责人保持了密切沟通，未发现异常。在 2017 年半年度报告公布时，发现公司大额现金净流出后，对公司提出了核查要求。证监会应当出示其未勤勉尽责的证据。[①]

申诉类型二：未领薪酬。例如，在上市公司华泽钴镍虚假陈述独立董事被处罚案件中，两名独立董事张志伟和武坚觉得很冤屈，提出申辩称：第一，

[①] 参见中国证监会行政处罚决定书（江苏保千里视像科技集团股份有限公司、庄敏、鹿鹏等 24 名责任人员）（〔2019〕141 号）。

二人于 2018 年 4 月 4 日才当选为独立董事，年度报告的延期披露在其被选举为独立董事时已成既成事实。第二，其在两份延期披露的定期报告对应期间并未任职，且其直至卸任都未从公司得到报酬。第三，其成为独立董事后，已通过多种方式履行勤勉尽责义务，维护中小股东利益。第四，即使自律监管部门认定其有责任且对其进行通报批评，其行为也不构成违法。因此，二人不应承担责任，证监会对其进行行政处罚不符合过罚相当原则与公平原则。①

申诉类型三：部分案件中独立董事说自己不是会计专业人员，对财务会计部分不承担责任。证监会意见：关于信赖专业人员的意见，证监会分为两种情况予以处理，如果独立董事不具有财务会计专业背景，那么外部审计监督不能代替内部控制，董事还是应当负责；如果是专业人士，则更应对财务报告抱有高度的注意义务。

（四）司法判决分析

从已有案例来看，各级人民法院在独立董事对证监会提起的行政诉讼案件中，均认可监管机关的行政处罚理由，与证监会及派出机构的立场保持了一致，体现出了对独立董事义务与责任的严格态度。法院所列述独立董事承担责任的理由主要是，其未能提供充分证据证明其对信息披露义务已经勤勉尽责。也就是说，由作为被告的董监高人员承担应当减免责任的举证责任，法院同时也认为独立董事提出的材料不足以证明其已经勤勉尽责。② 独立董事有关自己不应当承担法律责任、不应当受到行政处罚的理由，集中体现为以下四种：①主张自己已经勤勉履职，具体的理由包括：亲自参加了公司董事会等相关会议、就相关事项询问了公司相关人员并得到了合理解释、对相

---

① 参见中国证监会行政处罚决定书（成都华泽钴镍材料股份有限公司、刘腾、齐中平等 5 名责任人员）（〔2019〕60 号）。

② 张婷婷：《独立董事勤勉义务的边界与追责标准——基于 15 件独立董事未尽勤勉义务行政处罚案的分析》，载《法律适用》2020 年第 2 期。

关问题提出了改进建议。②认为不具有可归责性，具体的理由有二：其一，公司管理层刻意隐瞒，自己不知情，客观上无法防范；其二，自己未参与相关违法行为，不具有主观过错。③认为具有免责事由，具体的理由主要为：公司经营环境因素，包括不参与经营、不了解公司经营状况等；专业能力因素，包括自己不具有经营管理、财务等方面的专业知识和能力等；合理信赖因素，包括出于对公司管理层、财务报告、政府公文的信任等。④其他一些不常见的事由，比如未领取薪酬、自甘"花瓶"等。此外，亦有独立董事对证明责任分配提出异议，主张不能采过错推定原则，"未勤勉尽责"的事实以及责任大小均应由处罚机关举证证明。法院关于独立董事勤勉义务的裁判观点，经历了逐步明晰、完善的过程，法院始终统一的认识在于：独立董事与其他董事一样，负有勤勉义务；同时，因独立董事自身的特殊性，在判断独立董事是否尽到勤勉义务时，需要在具体案件中，结合独立董事的职责进行具体判断。

五、独立董事免责机制的革新

关于独立董事的免责问题，我国目前没有集中、系统的法律规定，只是在公司法、证券法等有关法律和其他规范性文件中有一些零星的表述，相关规定不仅内容不全面，而且还存在一定问题。为了使独立董事更放心地履行其职务，使独立董事制度在我国公司治理中发挥应有的作用，应尽快建立合理而完善的独立董事免责机制。而重构我国独立董事的免责机制，当前应在以下几个方面有所突破。

（一）区别界定独立董事责任

其一，股东、内部董事、独立董事、监事和高级管理人员在上市公司的经营运作中职权迥异，应依据职权的不同合理地区别界定法律责任，进一步区分会计责任与管理责任、监督责任，改变责任主体认定一刀切的做法，而不是一概不分、笼统地规定董监高的法律责任。以《证券法》第八十五条规定的信息披露违规的赔偿责任为例，其一刀切的法律责任规定不顾信息披露的具体内容，强行将对独立董事的要求拔高到与实际控制公司的控股股东、内部董事平齐的高度，比如因财务报告中细小隐蔽的造假而处罚独立董事就十分不合理。未来应详细划分信息披露的内容，依据内容的不同判定独立董事是否有义务保证披露的及时与真实。其二，准确适用侵权法上的"合理人"标准，不主张"审慎人"标准，不要对独立董事予以苛求，不要拿侦探的标准要求独立董事，美国证券法中"应当是一个谨慎之人管理他自己的财产时的标准"值得借鉴。

（二）完善独立董事保险补偿制度

董事责任保险，是一种特殊职业责任保险，是指董事或高级职员在履行职务过程中因不当行为对公司、股东或第三人产生民事赔偿责任时，由保险公司负责赔偿发生的相关法律费用，并代其承担相应民事赔偿责任的保险。[1] 目前，《上市公司治理准则》等规定对独董的职责要求过高，对董责险免责范围的规定过于粗略，不利于独董勤勉义务的现实履行和发挥实效。董事责任保险实际上是一种风险转移机制，它主要是考虑那些不是故意而是由于未尽其注意义务而造成的损害赔偿，这类赔偿往往数额巨大，超过董事个人的偿付能力，将其偿付行为转移给保险公司，对于董事来说是一种有效的救济或者补偿措施。这一保险机制的推出也克服了因董事缺乏赔偿能力而赔偿不能的矛盾，从而使赔偿成为可能。未来证监会应进一步明确董责险的强制购买与免责范围，既不能让董责险成为独立董事恶意欺诈的护身符，也要让董责险为独立董事解决勇敢履职的后顾之忧。

（三）限制行政处罚自由裁量权

中国证监会及其派出机构对独立董事的行政处罚是独立董事承担法律责

---

① 江帆：《董责险不是违规者"救命稻草"》，载《山东国资》2020 年第 4 期。

任的主要原因，而行政责任常常引致民事责任，成为法院判定独立董事向投资者承担民事赔偿责任的理据。如上文所述，证监会对独立董事提出的异议与抗辩多采取否定态度，证监会的自由裁量权和抗辩审查模式值得商榷。证监会无疑是证券市场的监管者，但其不是全知全能的监管者，行政处罚中也应合理信赖专家意见来判定独立董事的免责抗辩是否成立，合理行使行政处罚裁量权，对于没有重大过错的独立董事只警告不罚款，否则独立董事市场将会遭受灭顶之灾。要甄别出内幕交易、虚假陈述等违法行为的主要负责人并追究刑事责任，提高"首恶"的刑事责任，而不是一概对独立董事实行严苛处罚。

（四）探索引入经营性判断原则

目前，我国证券法中对独立董事违反忠实义务和勤勉义务均采取过错推定原则，未来可以探索引入经营判断原则，消除独立董事在举证责任倒置情形下的畏缩心理，鼓励独立董事放开手脚，积极履职。经营判断原则是美国法院在长期审理公司案件的司法实践中，逐步发展起来的一项关于董事注意义务的司法判例规则。作为一种举证责任分配机制，主张董事行为侵害公司利益的原告必须证明董事行为属于重大过失或者并非诚意地为了公司的利益。作为一项实体法规则，如果独立董事在经营管理过程中作出某项决策时，是在得到合理信息的基础上善意地且以自己认为最符合公司利益的方式来行事的，即使最终的结果不尽如人意，甚至对于公司或股东造成"灭顶之灾"，独立董事无须承担法律责任。① 董事违反忠实义务的责任不仅不适用经营判断原则，而且其责任一般不能免除，在法律诉讼中还要承担较重的举证责任，以证明自己的清白。在涉及董事违反勤勉义务的责任的法律诉讼中，董事的行为受经营判断原则的保护，而对董事提起诉讼的原告则需要承担较重的举证责任。

① 杨帆：《论经营判断原则及对我国引入该原则的思考》，载《劳动保障世界（理论版）》2011年第1期。

证券数据主权与跨境监管合作

浙江大学光华法学院　汤方实 *

摘　要

数据主权是伴随数据跨境传输的背景提出的概念，目前学界对于数据主权尚未有准确的定义，主要有双重性质说、国家主权说、商业利益说等理论。一国在面对数据主权时，往往会积极保护本国数据主权，并扩张本国数据主权，实施长臂管辖。我国《证券法》（2019）第一百七十七条，系我国数据主权中关于跨境监管的立法。随着证券市场全球化，各国对于证券市场跨境监管合作的意愿与日俱增，也形成了多种合作机制，有以美国为代表的双边合作机制，也有 IOSCO 为代表的多边合作机制，我国需要寻求一条路径，来缓和跨境监管合作的矛盾，提高证券监管的效率和技术。

关键词：数据主权；跨境监管合作；证券监管；长臂管辖

＊　汤方实，浙江大学光华法学院博士研究生，研究方向：经济法。

瑞幸咖啡曝出财务造假丑闻以来，引发市场广泛关注。中国证监会声明称："中国证监会将按照国际证券监管合作的有关安排，依法对相关情况进行核查，坚决打击证券欺诈行为，切实保护投资者权益。"2020年4月27日，中国证监会已派驻调查组进驻深陷财务造假丑闻的瑞幸咖啡多日，在答记者问中表示，根据中美谅解备忘录，与美国证券交易委员会（SEC）展开跨境证券监管合作。瑞幸咖啡是典型的中概股架构，国内监管机构介入，是行使《中华人民共和国证券法》（以下简称《证券法》）下的主动监管职责的表现。中国证监会对跨境合作持积极态度，支持境外证券监管机构查处其辖区内上市公司财务造假行为，而中国证监会对于瑞幸咖啡的介入，以及和SEC展开的跨境监管合作，涉及"数据主权""跨境证券监管合作"等概念，亦是中美在双边合作机制下的一次重要实践，引发学界热烈讨论。本文将从数据主权的角度阐述跨境监管之概念和实践，展望中国未来的跨境监管合作路径。

一、数据主权中关于跨境监管的概述

（一）数据主权概念界定

数据主权是伴随数据跨境传输的背景提出的。数据跨境传输是指以包括电子传输在内的方式，将数据转移至境外进行存储或处理。广义上包括数据产品和服务的输出，开展业务所需的跨境数据支持，监管部门、司法系统的证据获取。数据主权主要是针对网络空间，主要包括数据控制与管理权，数据相关立法权，国际合作中的话语权。针对数据主权之概念，学界目前有两种代表性的理论。[①]

一种理论认为数据主权是更广义的概念——"网络主权"的一个子概念，是传统领土主权在数据领域的延伸，系一个国家"对本国数据享有的最高排他权利，即独立自主占有、处理和管理本国数据并排除他国和其他组织干预

---

① 翟志勇：《数据主权的兴起及其双重属性》，载《中国法律评论》2018年第6期。

的国家最高权力"。[①] 另一种理论更侧重于数据占有和使用的价值，认为数据主权并非传统领土主权在数据领域的延伸。信息主权伴随着云计算和大数据，"涉及数据的收集、聚合、存储、分析、使用等一系列流程，背后反映了新经济的价值链，反映了数据的商业价值。"[②] 结合上述学说，可以看出，数据主权至少有几重含义：第一，数据控制与管理权；第二，国家主权所包含的数据相关立法权；第三，国际合作中的话语权。

（二）数据主权跨境的立法表达

数据主权作为多学科的热点学术议题，它的基本矛盾和证券跨境监管中的矛盾是相似的。在网络空间的全球化和数字贸易全球化背景下，数据资源本身在客观上具有跨境传输的需求，此时产生了一种困境，一方面，一些国家想要积极进行数据跨境管辖；另一方面，一些国家努力地坚守数据主权。该种矛盾具体到证券监管领域，就是监管数据交换需求和本国监管权之间的矛盾。在理论上，也形成了数据主权强化和弱化的两种观点。第一种观点认为要强化数据主权，在网络空间相对开放的情况下，更应该注重数据主权的维护；另一种观点认为要弱化数据主权，依靠非政府方式的利益平衡来解决，形成一种事实上的网络空间自由和自治，促进数据共享。

1.各国对于本国数据主权的坚守

国际上对于本国数据主权的立法保护主要有两种形式。第一种保护方式通过提高对数据传输国家的要求来限制数据跨境传输。以欧盟为代表，欧盟《通用数据保护条例》于 2018 年 5 月生效，该条例要求欧盟境外的数据接收方在达到与其相同的数据保护水平时数据才可跨境，[③] 即欧盟通过"充分

---

① 齐爱民、祝高峰：《论国家数据主权制度的确立与完善》，载《苏州大学学报（哲学社会科学版）》2016 年第 1 期。

② 胡凌：《什么是数据主权？》，https://www.guancha.cn/HuLing/2016_09_03_373298.shtml，最后访问日期：2022 年 7 月 10 日。

③ 刘天骄：《数据主权与长臂管辖的理论分野与实践冲突》，载《环球法律评论》2020 年第 2 期。

性认定"来赋予白名单国家数据跨境自由流动的权利。此外，若欧盟境外的数据接收方能够在境外积极地采取保护措施，以达到与《通用数据保护条例》相同的数据保护水平，也将被允许跨境传输数据。因此，只有在国家、地区、行业或国际组织通过"充分性认定"，或确保在境外提供与条例相同的数据保护水平，数据方能跨境。[①]

第二种保护方式为一国公权力直接介入，要求数据存储在境内。《中华人民共和国网络安全法》将境外运营商在境内采集的个人信息和重要数据之存储地限制在中国境内，苹果公司因此设立"云上贵州"，将中国大陆用户的 iCloud 数据信息存储在位于中国贵州的数据中心。俄罗斯《个人数据保护法》规定：俄罗斯公民的个人信息数据只能存于俄罗斯境内的服务器中，以实现数据本地化；任何收集俄罗斯公民个人信息的本国或者外国公司在处理与个人信息相关的数据，包括采集、积累和存储时，必须使用俄罗斯境内的服务器。澳大利亚 2012 年生效的《个人控制电子健康记录法案》第七十七条规定：涉及个人信息的健康记录只能留存于澳大利亚境内，不得携带出境，否则将予以处罚。此外，巴西、加拿大、韩国也作出了类似规定。[②]亦有国家采取折中的立法，印度区分敏感数据和非敏感数据，采取数据主体同意转移，以及数据控制人和数据主体之间达成合法契约等方式，在融入全球化和促进本国数字经济发展之间寻求本地化中间路线。[③]

2. 各国对于数据主权的扩张

除了坚守数据主权，各国还积极扩张数据主权。在数据跨境立法中，许多国家都规定了长臂管辖规则。当长臂管辖置于国际语境中时，其理论基础则是管辖中的"效果原则"，即只要某个在国外发生的行为在本国境内产生了"效果"（最低限度联系），无论行为人是否具有本国国籍或者住所，也

---

① 许多奇：《论跨境数据流动规制企业双向合规的法治保障》，载《东方法学》2020 年第 2 期。
② 翟志勇：《数据主权的兴起及其双重属性》，载《中国法律评论》2018 年第 6 期。
③ 许多奇：《论跨境数据流动规制企业双向合规的法治保障》，载《东方法学》2020 年第 2 期。

无论该行为是否符合当地法律，只要此种效果使一国法院行使管辖权并非完全不合理，该国法院便可对因为此种效果而产生的诉因行使管辖权。[①]

例如，2018 年美国《澄清域外合法使用数据法案》（Clarify Lawful Overseas Use of Data Act，以下简称《法案》），主要用于打击网络犯罪。《法案》规定，美国政府可以要求数据服务商保存、备份数据，不论这些数据是否存储在美国境内。《法案》中也提到其他国家也有对等的调取数据的权力，但是哪个国家可以调取，需要美国司法部门来决定。又如，欧盟《一般数据保护条例》第三条规定了管辖范围，这一条规定表达了两个层次的意思。首先，条例适用于设立在欧盟内的数据控制者或处理者，无论数据处理行为是否发生在欧盟境内。其次，若提供货物或服务的接收者是欧盟境内的数据主体，或者对数据主体在欧盟境内的行为进行监控，本条例也适用于没有设立在欧盟境内的数据控制者或处理者。

（三）我国数据主权中关于跨境监管的立法

我国《网络安全法》第三十七条规定了运营者在中国境内运营中收集和产生的个人信息和重要数据需要在境内存储。该条款被认为是中国数据主权的本地化立法，基于该条款，境外运营商在中国境内采集的个人信息和重要数据应当在中国境内存储。此外，《个人信息和重要数据出境安全评估办法（征求意见稿）》《数据安全管理办法（征求意见稿）》中，也对"数据出境"和"重要数据"进行了界定（见表1）。

[①] 李庆明：《论美国域外管辖：概念、实践及中国因应》，载《国际法研究》2019 年第 3 期。

表 1　我国数据主权的立法

《中华人民共和国网络安全法》（2016）	《个人信息和重要数据出境安全评估办法（征求意见稿）》（2017）	《数据安全管理办法（征求意见稿）》（2019）
第三十七条：关键信息基础设施的运营者在中华人民共和国境内运营中收集和产生的个人信息和重要数据应当在境内存储。因业务需要，确需向境外提供的，应当按照国家网信部门会同国务院有关部门制定的办法进行安全评估；法律、行政法规另有规定的，依照其规定	数据出境，是指网络运营者将在中华人民共和国境内运营中收集和产生的个人信息和重要数据，提供给位于境外的机构、组织、个人。重要数据，是指与国家安全、经济发展，以及社会公共利益密切相关的数据，具体范围参照国家有关标准和重要数据识别指南	第三十八条：本办法下列用语的含义：（五）重要数据，是指一旦泄露可能直接影响国家安全、经济安全、社会稳定、公共健康和安全的数据，如未公开的政府信息，大面积人口、基因健康、地理、矿产资源等。重要数据一般不包括企业生产经营和内部管理信息、个人信息等。备注：根据《数据安全管理办法》第二条——"在中华人民共和国境内利用网络开展数据收集、存储、传输、处理、使用等活动（以下简称数据活动），以及数据安全的保护和监督管理，适用本办法"可知，《数据安全管理办法》不适用跨境信息传输的情形

我国《证券法》第一百七十七条第一款规定了跨境监督管理合作机制，第二款则规定了境外证券监督管理机构不得在中华人民共和国境内直接进行调查取证等活动。该条第一款和第二款充分体现了证券监管权与监管数据共享的矛盾。而从第二款中禁止传输"证券业务有关的文件和资料"可知，本款主要针对"法律限制跨境传输的数据"。事实上，本条款也并非证券法新增内容，《关于加强在境外发行证券与上市相关保密和档案管理工作的规定》（2009）、《会计师事务所从事中国内地企业境外上市审计业务暂行规定》（2015）两个文件中便作出了类似规定（见表2）。

表 2　我国限制跨境传输数据的立法

《中华人民共和国证券法》（2019）	《关于加强在境外发行证券与上市相关保密和档案管理工作的规定》（2009）	《会计师事务所从事中国内地企业境外上市审计业务暂行规定》（2015）
第一百七十七条：国务院证券监督管理机构可以和其他国家或者地区的证券监督管理机构建立监督管理合作机制，实施跨境监督管理。 境外证券监督管理机构不得在中华人民共和国境内直接进行调查取证等活动。 未经国务院证券监督管理机构和国务院有关主管部门同意，任何单位和个人不得擅自向境外提供与证券业务活动有关的文件和资料	第三条：在境外发行证券与上市过程中，境外上市公司向有关证券公司、证券服务机构和境外监管机构提供或者公开披露涉及国家秘密的文件、资料和其他物品的，应当依法报有审批权限的主管部门批准，并报同级保密行政管理部门备案。是否属于国家秘密不明确或者有争议的，应当报有关保密行政管理部门确定。 第四条：在境外发行证券与上市过程中，境外上市公司向有关证券公司、证券服务机构和境外监管机构提供或者公开披露涉及国家安全或者重大利益的档案的，应当依法报国家档案局批准	第十二条：中国内地企业境外上市涉及法律诉讼等事项需由境外司法部门或监管机构调阅审计工作底稿的，或境外监管机构履行监管职能需调阅审计工作底稿的，按照境内外监管机构达成的监管协议执行

二、跨境证券监管合作概述

（一）跨境证券监管合作的现实背景

随着证券市场的全球化，公司证券在多个市场交易，投资者可以购入多个市场的多种交易产品，并可在境内外不同市场购入同一金融产品或具有同一经济利益的不同产品，跨境监管信息不对称，跨境证券市场滥用案例显著增加，跨境内幕交易和跨境市场操纵案例时有发生，如麦克莱伦案[①]、尹绍

[①]　麦克莱伦身为德勤美国前高级合伙人之妻，多次向家属（包含一名英国经纪人）泄露内幕信息，东窗事发后，FSA 和 SEC 都提起了诉讼。

华案①、SEC v. Madrid & Julio Ugedo 案②等。跨境违法行为的产生，一方面是基于跨境监管具有较高难度的特点，另一方面也是为了逃避强监管从而向监管相对宽松的地区转移。③为规制跨境证券市场滥用，保护投资者权益，各国证券监管机构之间的跨境证券监管合作应运而生。

（二）跨境证券监管合作的主要形式

跨境市场滥用的行为人账户通常不在国内，基于国家主权的限制，一国证券监管机构通常无法直接对境外主体或交易展开调查。因此，各国证券监管机构在调查跨境市场滥用时面临更大挑战，必须得到境外监管机构的配合协助，往往采取双边或多边合作机制。

1. 双边合作机制

双边合作机制是指两国监管机构通过签订谅解备忘录（MoU）、开展监管对话和实施技术援助项目等方式相互交流信息，开展执法合作。双边合作机制以美国为代表，SEC 下设的国际事务办公室（以下简称 OIA）是专事跨境证券监管合作的机构，并通过 OIA，SEC 与其他国家监管部门就跨境执行证券法规和制定共同实体政策进行协调及合作。④谅解备忘录是 SEC 最常用的合作形式，并由 OIA 促成签署；OIA 还通过"监管对话"的形式进行国际交流，OIA 与关键对手方定期举行此类双边会议，以确认和讨论共同关心的监管问题，在可能的情况下调标准，并促进跨境证券执法信息交换方面的合作；技术援助项目是 SEC 和 OIA 开设的证券市场监管的培训项目，帮助他

① 2017 年，尹绍华利用其实际控制的五个亲友的证券账户在 comcast 公司宣布收购梦工厂动画公司之前大量买入后者股票，并受到 SEC 调查。

② 2013 年，Madrid 在担任西班牙桑坦德银行研究部门负责人期间获得了必和必拓公司将并购 Potash 公司的内幕信息，Madrid 和 Julio Ugedo 两名被告并未直接购买两家公司的股票，而是在卢森堡交易了 Potash 公司的差价合约。

③ 刘凤元、邱铌：《证券市场跨境监管研究——以 EMMoU 为视角》，载《金融监管研究》2019年第 12 期。

④ 廖凡：《跨境金融监管合作：现状、问题和法制出路》，载《政治与法律》2018 年第 12 期。

国改善证券监管体系以达到国际标准。

双边合作机制约束力较弱，其中，MoU 主要缺点有以下三个方面：第一，一些国家不要求保留足够的记录，如识别证券收益所有人的记录，导致当一国监管机构收到他国监管机构的协助调查请求时，发现由于本国法律不要求保留该证据，因此相关证据缺失。第二，基于保护隐私的国内法规定，一国监管机构可能无权强制要求被调查人提供文件或证词，因此影响合作效果。第三，双边合作机制要求国家间逐一协商签订，效率较低。

2. 多边合作机制

多边合作机构涉及交易所和监管机构两大层面。在交易所层面，跨市场监管集团（ISG）为其成员进行信息交流与共享提供了很好的途径。在监管机构层面，2002 年，国际证监会组织（International Organization of Securities Commissions，以下简称 IOSCO）发布的《关于磋商、合作与信息交换的多边谅解备忘录》（Multilateral Memorandum of Understanding，以下简称 MMoU）已成为当前最为重要的国际证券监管合作机制。依据 MMoU 第七条，一国监管机构可向境外监管机构请求获得涉及交易记录和行为人的广泛信息。2017年，IOSCO 在 MMoU 基础上，又发布了《关于磋商、合作与信息交换加强版多边谅解备忘录》（Enhanced Multilateral Memorandum of Understanding，以下简称 EMMoU），EMMoU 有效包含了 MMoU 的所有条款，并在审计、强制、冻结资产、互联网和电话记录等方面加强了信息交流合作的力度，增加了签署方在维护市场诚信和稳定、保护投资者、震慑市场不当行为和欺诈时的执法权力，且试图解决信息提供的迟延问题，要求收到请求的机构在七天内确认收到请求，并在请求方要求时，在七天内更新请求的状态。目前，多边机制的优点包括：提供信息不受"双重犯罪原则"的拘束，且任何国内的保密法规不能成为拒绝信息收集或提供的理由；一旦信息被移交，就可用于广泛用途，包括民事、行政或刑事诉讼，无须与提供的监管机构协商。多边合作机制的主要缺陷有两点：第一，没有联合调查机制

（但是欧洲的谅解备忘录有两个国家监管机构联合调查的规定）；第二，缺乏成本分摊机制。MMoU 仅提及，回应请求如果涉及巨额成本，相关方可以协商，因此收到请求的机构可能需要承担全部费用。

三、我国跨境证券监管合作的审视

（一）跨境证券监管合作的国内实践

我国的双边证券监管合作始于 1994 年 4 月，中国证监会与美国 SEC 签订《关于合作、磋商及技术协助的谅解备忘录》。2013 年 5 月 7 日，中国证监会和中国财务部与美国公众公司会计监察委员会（PCAOB）签署执法合作备忘录，正式开展中美会计审计跨境执法合作，重点关注在对方市场上市的公开发行公司的财务报告问题，同时也改进了跨境证券执法中的证据协助、信息交流、审计底稿"出境"、观察检查等。截至 2020 年 4 月，中国证监会已累计同美国、新加坡等 64 个国家或地区签订证券监管合作谅解备忘录。就多边合作而言，中国证监会已经于 2006 年签署了 MMoU。我国证监部门还积极与国际货币基金组织（IMF）加强交流合作，参与了二十国集团（G20）、金融稳定委员会（FSB）、世界银行（WB）、世界贸易组织（WTO）等多个多边框架合作等。①

在实务层面，2012 年 4 月，通过国际证监会的协作机制，中国证监会在美国 SEC 的协助下掌握了宏盛科技利用虚假提单骗取信用证承兑额 4.85 亿美元，以及 2005—2006 年财务造假的核心证据，并对宏盛科技做出行政处罚决定，同时，该公司董事长也因逃汇罪被上海高院判处有期徒刑 6 年。②2017年，登云股份 IPO 造假一案中，涉及其美国子公司提前确认收入，导致合并

① 韩洪灵、陈帅弟、陆旭米、陈汉文：《瑞幸事件与中美跨境证券监管合作：回顾与展望》，载《会计之友》2020 年第 9 期。

② 《美国 SEC 协助中国证监会查处宏盛科技虚假披露》，https://www.yicai.com/news/1650163.html，最后访问日期：2022 年 7 月 10 日。

报表利润增加，同样涉及中国证监会与 SEC 的协作。[①]

（二）我国跨境监管体制的争议

目前，我国跨境监管体制的主要争议在于，一些外国监管机构希望直接在中国境内调查，或直接要求境内机构提供文件。例如，依据美国法律，SEC 和 PCAOB 拥有对在 PCAOB 注册的国外会计师事务所入境检查的权利，并可以要求其提供相关文件和资料。而根据我国《证券法》第一百七十七条第二款，境外证券监管机构不得直接在我国境内调查取证，境内机构也不得擅自向境外提供相关的文件和资料。因此，在 2014 年，SEC 认为普华永道、安永、德勤、毕马威四大会计师事务所的中国分部拒不提供相关审计文件，决定暂停美国执业资格 6 个月。到目前为止，该冲突仍未得到解决。

中国证监会在 2020 年 4 月 27 日答记者问中表示："对于美国 PCAOB 要求入境检查在 PCAOB 注册的中国会计师事务所，双方合作从未停止，一直在寻找一个各方都能接受的检查方案。"[②]2016 年至 2017 年，中美双方对一家在 PCAOB 注册的中国会计师事务所开展了试点检查，中国团队协助 PCAOB 对会计师事务所的质量控制体系以及 3 家在美上市公司的审计工作底稿进行了检查，试图找到一条有效的检查途径。2018 年以来，中国参考国际审计监管合作的惯例，多次向 PCAOB 提出对会计师事务所开展联合检查的具体方案建议，中美双方为继续推进审计监管合作保持沟通。

（三）我国跨境监管体制的发展路径

相比于成熟的证券市场，我国证券市场起步较晚，证券法域外效力、跨境监管体系、执法权规定都存在改进的空间。有学者提出我国跨境监管体制

---

① 《证监会调查瑞幸：中国证监会与 SEC 跨境调查的难点》，https://news.cngold.org/c/2020-05-01/c7006354_4.html，最后访问日期：2022 年 7 月 10 日。

② 《中国证监会有关负责人答记者问》，http://www.csrc.gov.cn/pub/newsite/zjhxwfb/xwdd/202004/t20200427_374552.html，最后访问日期：2022 年 7 月 10 日。

的诸多不足之处，包括：我国目前关于跨境监管的法律依据不够具体，证券跨境监管的立法基础尚需完善；证监会缺乏充分的监管资源和证券执法能力来保障跨境监管合作；我国跨境监管合作以双边谅解备忘录为主，存在双边合作机制低效、烦琐等问题；我国跨境执法协作队伍的专业性有待提升。[①]因此，我国跨境监管体制亟待完善。

1. 签署 EMMoU，深化多边合作机制

基于前文所述谅解备忘录的诸多缺陷，结合 MMoU 的成功经验，可以预见，EMMoU 的签署将对我国证券市场跨境监管协作产生积极影响。因此，签订 EMMoU 系我国跨境证券监管合作的主要发展方向。2018 年，证监会副主席方星海表示"证监会没有强制问询、获取互联网和电话记录等执法权力，难以签署 EMMoU"，从中可知，中国证监会有意愿签署 EMMoU，但缺乏相应的权力以签署。而 2019 年《证券法》的修订，扩充了证监会的调查权力（见表 3），可以期待证监会在未来签署 EMMoU。

---

① 刘凤元、邱钮：《证券市场跨境监管研究——以 EMMoU 为视角》，载《金融监管研究》2019年第 12 期。

表3　新旧《证券法》中证监会调查权对比

《中华人民共和国证券法》（2014）	《中华人民共和国证券法》（2019）
第一百八十条：国务院证券监督管理机构依法履行职责，有权采取下列措施： （三）询问当事人和与被调查事件有关的单位和个人，要求其对与被调查事件有关的事项作出说明； （五）查阅、复制当事人和与被调查事件有关的单位和个人的证券交易记录、登记过户记录、财务会计资料及其他相关文件和资料；对可能被转移、隐匿或者毁损的文件和资料，可以予以封存	第一百七十条：国务院证券监督管理机构依法履行职责，有权采取下列措施： （三）询问当事人和与被调查事件有关的单位和个人，要求其对与被调查事件有关的事项作出说明；或者要求其按照指定的方式报送与被调查事件有关的文件和资料； （五）查阅、复制当事人和与被调查事件有关的单位和个人的证券交易记录、登记过户记录、财务会计资料及其他相关文件和资料；对可能被转移、隐匿或者毁损的文件和资料，可以予以封存、扣押； （八）通知出境入境管理机关依法阻止涉嫌违法人员、涉嫌违法单位的主管人员和其他直接责任人员出境
第二百三十条：拒绝、阻碍证券监督管理机构及其工作人员依法行使监督检查、调查职权未使用暴力、威胁方法的，依法给予治安管理处罚	第二百一十八条：拒绝、阻碍证券监督管理机构及其工作人员依法行使监督检查、调查职权，由证券监督管理机构责令改正，处以十万元以上一百万元以下的罚款，并由公安机关依法给予治安管理处罚

2. 完善证券法域外监管适用的具体规则，加强我国证监会执法权力

我国目前《证券法》对跨境监管合作权限的范围、行使监管合作权的具体方式和程序等尚未有明确的规定，执法权的范围和种类也较少，建议提高国内法的可操作性、扩大中国证监会执法权。我国未来可借鉴美国的《证券执行法》，在现行法律基础上设专章规定证监会同相关国际组织、境外监管机构进行跨境监管合作的具体。[①]

3. 争取实现中美审计等效监管以及强化对其他相关方的跨境监管合作

在独立审计监管上，相互信赖对方的监管可以有效避免双重监管和节约

---

① 刘凤元、邱铌：《证券市场跨境监管研究——以 EMMoU 为视角》，载《金融监管研究》2019年第12期。

宝贵的监管资源，互信意味着各成员国与第三国可以依赖各自的审计监管，从而实现对全球会计师事务所更为有效及高效的监管。跨境审计监管合作并不等于一个国家（地区）直接进入另一个国家（地区）对会计师事务所进行监管，而是在相互尊重主权和平等协商的基础上，双方可以评估对方对会计师事务所的监管，按照彼此信赖的原则实现监管的合作。[①]2011年2月，欧盟委员会通过了一项决议，首次认可了包括中国在内的10个第三国审计监管体系等效。因此，实现中美跨境审计监管合作一个关键途径就是按照完全信赖的原则实现中美两国的等效审计监管。

---

① 陆建桥、林启云：《国际会计审计及其监管的最新发展与中国对策———欧盟国际会计发展大会综述》，载《会计研究》2010年第3期。

名义股东信义义务的构建

华东政法大学　蒋志成 *

摘　要

股权代持性质的委托代理说、信托关系说和无名合同都在一定程度上承认实际出资人与名义股东之间存在信义关系，通过对名义股东施加信义义务可以快速有效地解决目前司法实践活动中的难题。信义规则在我国不断泛化，乃诚实信用原则的进一步补充，围绕限制受信人自由裁量权，保障受益人实质利益的信义义务本质，探求信义义务本土化方向。

关键词： 股权代持；信义关系；自由裁量权；信义义务

---

*　蒋志成，华东政法大学硕士研究生，研究方向：经济法。

一、信义关系和信义义务

（一）信义义务的起源与典型身份关系

一般认为，信义义务起源于英国封建社会，为了规避遗产继承时高额的税费，信托（trust）制度由此而生——财产合法转让给受托人（trustee），受托人为受益人（beneficiaries）的利益而占有和管理该项财产。信托被认为基于当事人之间的信任（trust or confidence）而产生的一种信义关系，这种关系的核心内容就是受托人的信义义务。[①] 到了 20 世纪，经济高度发展，信义义务的外延逐渐模糊，信义义务的适用范围进一步拓展，应用到委托代理关系，合伙企业、有限公司治理等领域中，大陆法系国家也慢慢接受采用了信义义务。甚至有的学者还将信义义务从私法拓展到了公法领域——将信义公法视为独立的法律分支[②]，构建"受信政治理论"（fiduciary political theory），重塑公共权力的信义基础（fiduciary foundation）：政治机构本质上属于公共信托（public trust），其管理必须小心谨慎，并与公务人员的信托服务职能相辅相成。[③]

信义（fiduciary）一词源于拉丁文中"信托"（fiducia），可信义关系却不能简单等同于信托关系，fiduciary duty 也没有直接翻译成信托义务。在英美法系国家，信义关系发展至今，除了信托关系、公司董事、代理人以及合伙人四种典型的信义关系，监护人与被监护人、遗嘱执行人或遗产管理人与遗产受益人、律师与客户、破产清算人与债权人、银行与客户等也可能被确认为信义关系，并且处于不断扩张状态。[④] 法院对于新型信义身份关系类

---

① 徐化耿：《论私法中的信任机制——基于信义义务与诚实信用的例证分析》，载《法学家》2017 年第 4 期，第 35-36 页。

② Leib E J, Ponet D L, Serota M. Translating fiduciary principles into public law[J]. Harvard Law Review Forum, 2013, 126: 91-101.

③ [美]安德鲁·S. 戈尔德、保罗·B. 米勒：《信义法的法理基础》，林少伟、赵吟译，法律出版社 2020 年版，第 444 页。

④ 张路：《诚信法初论》，法律出版社 2013 年版，第 24 页。

型的确认总是谨慎的，避免出现不当扩充信义义务的范围，而让"无辜"当事人承担不必要的信义责任。那么这些身份关系是不是信义义务存在的必要条件呢？新南威尔士上诉法院在文章中指出，信义义务并不源于特定的身份[①]，英美法系地区法院先考究双方当事人的身份关系是为了便于确定特定身份或者职责中受信人承担相应的信义责任范围。可是仅仅从有无某种身份关系来判断信义关系，而不去探究信义关系的本质特征，显然是不妥当的。

（二）信义关系的本质与定义

信义关系的种类繁多，至今还没有一个准确的定义来概括。公司法上关注的信义义务主要是公司董事承担的，公司的所有权与经营权分立，导致公司产生高昂的代理成本，[②] 故而对掌握公司控制权的主体施加信义义务来减少代理成本。而在其他领域，我们则需要从下面几个特征去判断是否存在信义关系。

1. 受益人和受信人相互信任

双方之间的信任是产生信义关系的基础。但是这里的信任要做广义的理解，即双方之间的信任是基于双方的身份关系产生，并不是特指某具体的两个人之间相互信任，例如，在某些信托关系中，受益人可能不知道信托关系的存在或者受益人可能还没有出生，这个时候实际受益人和实际受信人之间根本不存在信任，而信义关系依旧存在于二者之间。不同身份之间存在不同程度等级的信任关系，因此，在信义关系及信义义务中，其核心不在于共同利益关系的紧密程度，而在于投资者或客户对可能由其他合同方创造的信心和信赖关系的依赖程度。[③] 学者们通过探究不同身份关系之间信任和依赖程

---

① ［美］安德鲁·S. 戈尔德、保罗·B. 米勒：《信义法的法理基础》，林少伟、赵吟译，法律出版社 2020 年版，第 21 页。

② ［美］莱纳·克拉克曼、［英］亨利·汉斯曼等：《公司法剖析：比较与功能的视角》，罗培新译，法律出版社 2012 年版，第 37 页。

③ 甘培忠、周淳：《证券投资顾问受信义务研究》，载《法律适用》2012 年第 10 期，第 36 页。

度来确定受信人自由裁量权的范围，也即信义义务的边界。

2. 受信人的信义承诺

信义关系的重要特征是："受信人承诺或同意法律意义上或实施意义上在行使影响另一方利益的权力，或自由裁量的过程中为另一方作为或代表另一方利益或为了另一方利益作为。"① 此类承诺使双方产生信义关系，这种承诺就是信义承诺。默示条款也是承诺的方式，关系双方如果存在某些条款，满足明确完整的合同或者合约；非正式的合同；抑或是习惯或惯例②，足以让受益人产生合理的期待和依赖，这也应当视为受信人信义承诺。通过承诺，受信人的利他性变得正当起来，其为受益人的最大利益作为也具有了合理性。

3. 受信人基于此关系拥有对受益人实际利益的自由裁量权

一般来说，形式上双方存在信义关系，那么其中某一方便负有信义义务。受益人基于信任和信义承诺，受信人被赋予某项权利的支配权③，在管理受益人财产或者其他利益时，往往处于复杂多变的处境之中，此时便享有自由裁量权。不过，若是授权人对于受信人的管理行为做出相应的指示，受信人就不存在自由处理选择某项义务的权力，其自身利益也不会与受益人的最大利益相冲突，便不存在自由裁量权。由此即便同属信义关系的二者，也存在应当负有信义义务一方的豁免情形。

从实质上来看，信义义务是为了解决信义关系双方处于不平等地位而产生的利益冲突，是受信人在特定情形下行使自由裁量权必须遵守的义务。主流学说信义权力说④认为信义义务基于受信人享受信义权力而存在，而信义权力存在与否的核心是受益人的实际利益和受信人的自由裁量权存在与否。

---

① [美]安德鲁·S. 戈尔德、保罗·B. 米勒：《信义法的法理基础》，林少伟、赵吟译，法律出版社 2020 年版，第 26 页。

② [美]安德鲁·S. 戈尔德、保罗·B. 米勒：《信义法的法理基础》，林少伟、赵吟译，法律出版社 2020 年版，第 26 页。

③ 不同信义关系之间，受信人被授予的权利不同，对其的支配程度也不一样，这里采用支配权的说法。

④ Miller P B. A theory of fiduciary liability[J]. McGill Law Journal, 2011, 56: 235−288.

信义义务归根结底是为了保护受益人的实际利益，倘若不存在受益人的实际利益，或者受信人没有自主决定、衡量利益冲突影响到受益人实际利益的权力时，信义义务的约束将因失去目标而没有意义。

综上，信义关系定义如下：若在某一关系中，一方主体（受信人）对另一方主体（受益人）的重大实质利益享有自由裁量权，该关系即为信义关系。[①]

（三）股权代持信义关系

股权代持关系可以定义为实际出资人同名义股东签订股权代持协议，约定由实际出资人出资，名义股东代为管理股份和行使股东权利，股份收益归实际出资人享有。这样看来，股权代持关系符合信义关系的特征。

首先，存在有信义承诺：实际出资人与名义股东签订代持股协议，名义股东（受信人）承诺为实际出资人（受益人）的最佳利益行事，遵循合同义务、信义义务等要求，避免其与自身或第三方利益冲突，此承诺显然为利他性的信义承诺。其次，名义股东为实际出资人的最大利益行事：股权代持的本质就是名义股东基于实际出资人某种需要，代其成为公司股东，管理股份和行使股东权利，为了实际出资人的最大利益做努力。最后，名义股东存在有很大自由裁量权：上海市第二中级人民法院发布的《2014—2018 年股权转让纠纷案件审判白皮书》指出，隐名持股方面的风险主要有名义股东否认存在代持股关系，不配合办理股权变更登记；名义股东未经授权，擅自转让代持股权等等。[②] 这些案件纠纷原因表明实际出资人与名义股东之间的利益冲突是无可避免的，也是两者之间信义关系产生的根本原因。

[①] 陶伟腾：《基金托管人之义务属性辨析：信义义务抑或合同义务？》，载《南方金融》2019 年第 10 期。

[②] 上海市第二中级人民法院：《股权转让中有哪些法律风险？这份白皮书值得收藏｜上海二中院》，载微信公众号"上海二中法院"，2020 年 3 月 19 日。

二、股权代持性质与名义股东信义义务的关系

从另一个方面，学界早已有了很多股权代持问题的讨论且形成共识——先探究股权代持性质：意欲在理论上理顺代持股权处分的效力，就必须先明确代持股权之归属，而欲厘清代持股权之归属，则必须先厘清股权代持的法律性质。[①] 由此，学界中出现了三种学说：委托代理关系说、信托关系说、无名合同说。

（一）股权代持性质的学说

委托代理说认为，在股权代持中，实际出资人是委托人，名义股东是代理人，前者委托后者，以后者的名义进行股权投资，代理投资的法律效果归属于前者。[②] 此学说比较容易为大陆法系国家接受，可以将股权代持关系纳入民法领域之中，利用委托代理框架来规范。不过却无法解释股东资格的归属，若以隐名股东为真实有效的股东，由于其未被记载于股东名册或工商登记，并且也未受公司或其他股东认可，赋予其股东资格存在公司法制上难以被击破的规范障碍；若以名义股东为真实有效的股东，那么名义股东可直接以自己的名义行使股东权利，并不存在作为委托人的隐名股东向名义股东授予相关权利的法律事实，故而隐名股东与名义股东之间难言成立委托代理关系。[③]

信托关系说主要为英美法系国家所认可："在英美法系中，显名和隐名的情况也常见，但是其法律关系并不复杂，因为根据股东名册的股东资格推定效力，显名股东具有股东资格，行使股东权利，而其与隐名股东之间的关

---

① 王毓莹：《股权代持的权利架构——股权归属与处分效力的追问》，载《比较法研究》2020年第三期，第18—34页。

② 王芳：《隐名投资人股东资格认定问题研究》，载《河北法学》2012年第30卷第1期，第100—107页。

③ 王毓莹：《股权代持的权利架构——股权归属与处分效力的追问》，载《比较法研究》2020年第三期，第18—34页。

系依据信托法处理。"[1] 该学说认为股权代持中，实际出资人将资产转让给受托人，设立单独信托资产，受托人再对目标公司出资成为名义股东。不过事实上，绝大多数实际出资人并没有将某份特定的资产让渡给名义股东的意思表示，也没有放任名义股东独立管理目标公司股份。另外，设立信托需要到相关部门登记公开，这也不符合不公开的股权代持情况。

无名合同学说通过承认实际出资人与名义股东之间的股权代持协议为受合同法调整的无名合同，名义股东与有限公司之间成立受公司法调整的公司股东关系。无名合同说将股权代持体与公司隔离开来，保护公司经营的稳定性，维护了外部第三人交易安全性。该说的弱点也极为明显，它过分地简化了股权代持关系，没有考虑到隐名股东实际行使股东权利时其法律地位的特殊性，也没有将公司和其他股东对代持股关系知情、默许甚至明示同意的情形纳入考量，忽略了实践中股权代持关系的复杂性。[2]

（二）三种学说与名义股东信义义务的关系

不可否认的是，委托代理、信托和无名合同三种关系中都包含了对受信人（代理人、受托人、合同相对方）信义义务的要求。

委托代理关系中信义义务旨在减少或者消除被代理人和代理人之间的"代理成本"，代理人一般很少能对被代理人的实际利益拥有高度自由裁量权，所以委托代理关系中的信义义务很少苛责代理人，使其承担过高的信义责任。无名合同中存在附随义务，旨在促进主给付义务的实现（辅助功能）并维护对方当事人人身或财产上利益（保护功能）。[3] 其中信义义务主要是从整体上来维护合同关系，对于合同中规定不到的细节，需要对相对人独立判断的情形做出引导，具有较低的利他标准，也不要求最大化受益人利益。

---

[1] 蒋大兴：《公司股东资格取得之研究》，载《民商法论丛》2001 年第 3 号，第 427 页。

[2] 王毓莹：《股权代持的权利架构——股权归属与处分效力的追问》，载《比较法研究》2020 年第 3 期，第 18-34 页。

[3] 韩世远：《合同法总论》，法律出版社 2018 年版，第 342-344 页。

信托关系中，由于受托人权利比较大，受托财产的管理经营经常需要受托人高度判断力，为保护受益人的实际利益，往往需要受信人遵守注意义务和忠实义务。

换而言之，最终不管学界就其中某种学说达成共识，影响的只是名义股东信义义务的范围而已，并不会否定实际出资人和名义股东的信义关系的存在。

三、名义股东信义义务的边界

（一）名义股东信义义务的内涵边界

信义义务对于受信人（名义股东）的要求围绕着排除任何损害受益人义务的可能性展开。名义股东在约定持股的过程中，经常会产生擅自处分股权、迟延行使股东权利等情况。消除利益冲突的主要义务，也即名义股东的忠实义务的内涵包括：一是，名义股东有义务不从受信人职务行为中获取额外利益，额外利益是指除了股权代持协议书中约定可获得利益以外的其他收益；二是，保证履行受信人履行职务过程中不存在或者减少受信人与受益人之间利益冲突。首先，受信人违反这些义务后，可以撤销的，该行为应当撤销；其次，如果不能撤销，那么在名义股东信义义务规制的范围内，名义股东因此行为产生的所有利益应当视为受益人——实际出资人——获得；最后，实际出资人有权力否认该项行为的效力，且可以要求受信人赔偿损失或者恢复原状。

此外，受信人除了需要承担上述消极义务，还需要遵守积极义务：名义股东的注意义务——促进受益人的最大利益。最大利益包含多个内容：适当行使权力；对代持股权提供应有审慎管理和注意；注意只影响妥善决策的因素，酌情裁量等。名义股东积极履行的义务大都是主观层面上的程序性义务，从另一个角度说明，这些注意义务应当是受信人努力追求的目标，而不是必须实现的要求。审查注意义务不应当仅仅从名义股东是否有权力处分股份等形式要件，更应该注重的是名义股东代持过程中是否符合作为独立谨慎思考的股东参加股东会议或参与公司内部治理，是否对于公司重大经营、决策事项行使表决权等进行实质审查。

（二）名义股东自由裁量权的边界

在委托代理关系中代理人根据受益人的指示行事，代理人行使权力仍然拥有一定的自由裁量权，无论受益人的指示有多么细致，只要代理人被授予解释的权力，自由裁量就不可避免。这种现象在股权代持过程中更为明显，名义股东的自由裁量权更类似信托关系中受托人的自由裁量权，但又不同于受托人。第一，受托人和名义股东享有的权利不同，名义股东享有完整的股东权利，其收益通过股权代持协议转让给实际出资人，而信托关系中需要设立独立的信托财产，受托人仅仅对此项财产享有管理处分的权利，并不享有收益权，信托财产的所有权被割裂开来；第二，股权代持不需要登记，在完全不显名代持的情况下，还承担对股权代持进行保密的义务，而建立信托关系需要到相应机关进行登记；第三，受托人的自由裁量权在不同信托关系中范围也不尽相同。被动信托（bare trust）下，受托人完全不享有自由裁量权，此时受托人不能成为受信人，也就不存在信义义务，此种情况与股权代持中的不完全隐名相类似。由此可见，不同类型下的名义股东自由裁量权范围不同，因此视具体种类对其作出相应的限制。例如，在完全隐名中，名义股东必须合理妥善地行使权利，此时受信人需要向受益人披露有合理依据、可能会影响受益人判断的事实，确保受益人事后拥有可救济的空间，从而对实际出资人提供程序上的保护。

四、股权代持难题的解决

难以厘清实际出资人和名义股东股权归属问题，给司法实践过程带来巨大的困难，也增加了当事人诉讼的不确定性。从名义股东的信义出发，为了给我们提供新的治理思路，可从另一个角度思考股权代持过程中存在难题。

（一）股权代持体的稳定性

实际出资人通过与名义股东的双方协议不能穿透公司参与公司管理，于是实际出资人一般会在股权代持协议中约定名义股东行使其股东表决权、选任公司管理人员权、请求分配股息红利权、新股认购权、分配剩余财产权等权利时，应当遵照实际出资人的意愿来确定，以此来打消实际出资人的不安定感、保障实际出资人自身利益和代持人在管理过程中的稳定性。但此条款合法合理性有待考究，名义股东持有股份，并在股东名册、工商机关进行登记，具有股东资格，其行权时需要向实际出资人请示，难免有不合法理之嫌。对于公司和第三人来说，股权代持体会给公司日常经营管理和第三方债务人保护带来不确定性。拓展名义股东的信义义务路径，本质上加强了实际出资人的控制力，将实际出资人与名义股东视为一个紧密联系的整体，牢固股权代持关系，增加了名义股东在日常经营活动中决策的稳定性，把股权代持体与公司、公司其他股东和债权人完全隔离开来，避免了司法实践中实质主义和外观主义利益冲突的衡量，有效保障了公司债权人的交易安全和信赖利益。

（二）实际出资人要求行使股东知情权

从《全国法院民商事审判工作会议纪要》第 28 项出发，实际出资人在要求行使股东知情权、选任管理人员权等股东权利时，其身份地位会变得特殊起来，成为公司的"预备股东"，而能否直接行使股东权利也成了审判过程中的一大难题。在福建省龙岩市中级人民法院（2015）岩民终字第 12650 号案件中，法院认为实际出资人直接向公司行使知情权，此要求没有涉及公司以外第三人利益，更没有破坏公司人合性，依法支持原告的诉求。在江西省景德镇市中级人民法院（2017）赣 02 民终 735 号案件中，二审法院认为收益权是实际出资人的基本权利，股东知情权是收益权的保障，所以实际出资人享有知情权，但是实际出资人不属于股东名册上记载的股东，其享有的知情权应当向名义股东主张实现。权利人享有某项权利却需要向他人主张行使，未免有不合法理之嫌疑。河南省许昌市中级人民法院（2016）豫 10 民终 2943 号案件中，二审法院则认为实际出资人不享有股东知情权，股东知情权系股东名册中记载的股东享有，实际出资人可以基于与名义股东之间的委托代理关系来主张行使股东知情权以保障自身权益。二审法院肯定了股东知情权只能由股东享有，却没有办法很好地保障实际出资人收益权，只能通过其与名义股东之间委托代理来打通障碍，不过目前股东代持关系究竟为委托代理关系、信托关系还是无名合同关系还有待商榷，以委托代理关系说理也有所不妥。

不过，从信义关系出发，名义股东基于注意义务，应当合理行使股东权利以促进实际出资人的最大利益，同时只要实际出资人举证表明名义股东不向公司行使知情权会损害其作为受益人的权益，人民法院就可以以信义义务的要求来督促名义股东行使该项权利。

（三）名义股东擅自处分股权

《公司法解释（三）》规定，名义股东擅自处分股权参照适用善意取得，善意取得的一个构成要件为处分人没有处分权，而名义股东是股东名册记载或者工商机关登记的股东，自然享有处分权，也就不存在善意取得一说。另外，在善意取得逻辑中对于第三人善意的判断通常基于其是否知道名义股东是否登记具有股东身份，从而调查第三人是否知晓名义股东是否为无权处分。同样，只要名义股东进行了外观登记，善意与否的判断便是"空中条款"。

从司法规制角度来说，该条款主要是为了解决名义股东未经实际出资人同意处分股权的问题，善意与否也是判断第三人是否知道名义股东有无与实际出资人商量并取得其同意的标准。首先，名义股东处分股权本不该有擅自一说，名义股东本就是股东权利享有者，尽管与实际出资人之间有代持协议的约束，但并不能直接限制名义股东权利的行使；其次，名义股东处分股权并不意味着一定会损害实际出资人的利益，甚至在一些情况下，反而会促进其最大利益的实现；最后，第三人是否知道名义股东处分股份有无实际出资人同意，可以当作法院判断受信人是否损害实际出资人实际利益的参考，也可以适用商业判断原则，审查名义股东在处分股权的时候，从是否处于独立地位、是否转让给自己从而获得额外利益、是不是以实际出资人最大利益为目标等方面去考核受信人行使权利的合理性等。

五、民法典视角下信义义务的推行

新编纂的《民法典》各处都体现了诚实信用原则，如婚前隐瞒重大疾病、单方举债、霸座和买短乘长等不诚信行为的规制。诚信原则适用范围在逐步扩大，信义义务正是诚实信用原则的进一步发展。

（一）信义关系是未决法律关系的优化手段

目前，我国社会高速发展，技术接连革新，传统法律关系不断遭受挑战，如医患关系、监护关系、智能投顾等等法律性质还有争论。学者们大都倾向于探究其法律本质，研究各主体之间权利义务范围，以此来达到规制的效果。不过远水解不了近渴，一方面，新型法律关系错综复杂，学者们很难一下子形成共识，各学说都无法完美解释其中一系列问题，从而在司法实践中也难以形成一套有效的裁判规制。另一方面，我国相关法律条文如果只是笼统规定当事主体的权利义务而不仔细探究其应有的法律分类和属性，则无法站在一定高度来思考和审视法律规则的理论依据以及制度设计，更难以对法律规则的内容和理念进行优化设计，进而影响其在司法实践中发挥功效。就整体而言，还将削弱我国法律制度和法律体系的科学性和权威性。[①] 探究新型法律关系中存在的信义义务，运用信义规则可以在较短时间内对这些法律关系主体给出较为明确的引领，然后再通过对其法律性质的进一步探究来完善具体的法律法规治理和探明信义义务范围。

---

① 朱圆：《论信义法的基本范畴及其在我国民法典中的引入》，载《环球法律评论》2016年第38卷第2期，第81—97页。

（二）信义关系是诚信原则的发展延伸

信义关系确实呈扩大趋势，商法领域中更是如此，所谓过犹不及，信义义务也有被滥用的风险。史尚宽教授把诚信原则看作掌握在法官手中的衡平法，他认为，一切法律关系都应根据它们的具体情况按照正义衡平的原则进行调整，从而达到具体的社会公正。[①] 诚实信用原则在我国主要是在权利行使和义务履行中的概括性补充条款，是指导民事活动主体诚实守信的道德标准。信义条款主要是限制受信人的自由裁量权，保障受益人的实际利益，其条款相比诚实信用原则要具体得多。另外，信义义务还督促受信人为受益人的最大利益做努力，远超出诚实受信这一民事活动的要求，道德标准也远高于诚实信用原则。

民法基本原则是我国民法灵活价值的负载者，在民法的其他成分中，仍有强调确定性以给当事人带来安全价值的必要。不确定的原则与具体缜密的规定各有其用处，并行不悖。[②] 信义义务就是诚实信用原则发展的进一步补充。不过，目前学界讨论的诸多信义法律规则都是从没有成文法的英美法系国家某件或某些案例中总结而出的，其法律条文的适用不能采用"拿来主义"的方法，而需要从该条文所处案件的背景、案情等多方面考究。在中国特色社会主义核心价值观的指导下，运用我国诚实信用原则内在精神，围绕限制受信人自由裁量权，保障受益人实质利益的信义义务本质，来对信义规则进一步本土化。

[①] 史尚宽：《债法总论》，荣泰印书馆 1978 年版，第 319 页，转引自徐国栋：《民法基本原则解释：诚实信用原则的历史、实务、法理研究》，北京大学出版社 2013 年版，第 42 页。
[②] 徐国栋：《民法基本原则解释：诚实信用原则的历史、实务、法理研究》，北京大学出版社 2013 年版，第 436 页。

我国上市公司独立董事独立性保障机制研究

浙江大学光华法学院　钱颢瑜 *

摘　要

独立董事制度最初是为了缓解"一元制治理结构"中董事会权力过大的弊端而建立。但是随着独立董事制度的发展，出现了独立董事不独立的现象。尤其在中国，独立董事的独立性受选任、任期、薪酬、选定人数、职权等影响较大，有些独立董事甚至在上市公司中扮演起"花瓶"的角色。如何让独立董事既独立又懂事是我国公司治理结构完善中的一大重点。本文首先介绍了独立董事制度的起源与发展，结合"万科 6·17 董事会会议"相关争议焦点，指出我国独立董事制度存在的不足，在借鉴美国独立董事制度的基础上，提出完善独立董事独立性的保障机制。

关键词： 独立董事；独立性；保障机制

★　钱颢瑜，浙江大学光华法学院经济法学博士研究生。

一、独立董事制度的起源与发展

（一）独立董事制度的起源

独立董事制度起源于英美法系国家，传统上的英美法系国家普遍适用的是一元制公司治理结构，公司仅有股东大会和董事会，不设监事会。在这种情况下，公司的董事会集经营权与监督权于一身，权力过大，再加之上市公司的股权过于分散，公司高层易垄断权力，损害中小股东利益。针对这些问题，英美等国特别是美国，开始在上市公司里面引进独立董事，并把独立董事制度确立下来。1934 年，美国《证券交易法》要求上市公司引进非雇员董事；1940 年，美国颁布《投资公司法》，要求投资公司董事会里，40% 以上的成员要独立于投资顾问以及承销商，这可以说是独立董事制度正式诞生；20 世纪 70 年代，美国一元制的公司治理模式弊端显现，例如安然、世通等财务造假事件的出现。一些公司为了解决公司战略决策权与公司自我监督权的矛盾，独立董事制度得到进一步发展。独立董事制度改善了公司的治理情况，加强董事会对管理者的监督，获得相当多的认可，并逐步在英美法系国家运用。

（二）独立董事的概念

依据《关于在上市公司建立独立董事制度的指导意见》规定，上市公司独立董事是指不在公司担任除董事外的其他职务，并与其所受聘的上市公司及其主要股东不存在可能妨碍其进行独立客观判断的关系的董事。在我国，独立董事经常被专家和学者质疑，认为其形式意义大于实质，认为是立法结果而非市场所需，只是为了达到《公司法》关于上市公司独立董事的要求，而非真正意义上的为保证董事会决议的客观公正或保护中小股东的利益。[1]

关于"独立性"的界定，《关于在上市公司建立独立董事制度的指导意

---

[1]　邱月洪：《独立董事独立性保障机制研究》，载《合作经济与科技》2020 年第 4 期。

见》规定独立董事必须具有独立性以及不能担任独立董事的情形①，主要涉及血缘亲属关系、股东关系、服务合作关系。

（三）独立董事实践中的两大职能

独立董事的职能来源于其角色定位，首先，独立董事作为董事会成员，要为了公司整体利益做出正确的决策，在此同时也要履行好监督的职能，防止管理层及控股股东凭其优势损害中小股东利益。

1. 监督职能

独立董事在英美法系国家设立的最初目的是对董事会职能进行改造，强化董事会的监督职能，增强董事会的独立性，缓解内部人控制等问题。委托代理理论是独立董事监督职能的理论基础。由经理享有决策执行权，由董事会享有决策控制权，能够减少委托人与代理人之间的代理成本，但是董事与经理相互兼任易造成权力过度集中，以独立性为本质的独立董事介入董事会履行监督职能能够遏制董事会与经理的合谋行为，有效处理内部人控制等问题。综上所述，独立董事制度在英美法系国家的主要功能在于监督公司经营管理层。

比较而言，我国是典型的采取二元制公司治理结构的国家，已经存在监

---

① 下列人员不得担任独立董事：

（一）在上市公司或者其附属企业任职的人员及其直系亲属、主要社会关系（直系亲属是指配偶、父母、子女等；主要社会关系是指兄弟姐妹、岳父母、儿媳女婿、兄弟姐妹的配偶、配偶的兄弟姐妹等）；

（二）直接或间接持有上市公司已发行股份1%以上或者是上市公司前十名股东中的自然人股东及其直系亲属；

（三）在直接或间接持有上市公司已发行股份5%以上的股东单位或者在上市公司前五名股东单位任职的人员及其直系亲属；

（四）最近一年内曾经具有前三项所列举情形的人员；

（五）为上市公司或者其附属企业提供财务、法律、咨询等服务的人员；

（六）公司章程规定的其他人员；

（七）中国证监会认定的其他人员。

事会作为上市公司内部的监督机构。在这个基础上引入独立董事制度，如何界定权力的边界是一个值得关注的问题。我国《公司法》对监事会的职能定位主要在于对财务以及董事、高级管理人员的经营管理行为进行监督。①《关于在上市公司建立独立董事制度的指导意见》规定，如果上市公司董事会下设薪酬、审计、提名等委员会的，独立董事应当在委员会成员中占有二分之一以上的比例。依据《上市公司治理准则》第三十八条规定，专门委员会成员全部由董事组成，其中审计委员会、提名委员会、薪酬与考核委员会中独立董事应当占多数并担任召集人，审计委员会的召集人应当为会计专业人士。由此看到，监事会和独立董事的职能有所重叠，易造成互相推诿，导致两者的监督职能都无法得到有效发挥。因此，在定位上，我们首先要明确独立董事制度是作为一种补充监督的机制纳入公司治理结构中，应当起到辅助的作用，填补监事会监督的盲区。但是独立董事也有其独特的监督作用，相较于监事会的事后监督，独立董事可以在董事会决议中行使表决权，能够起到事中监督的作用，一旦发现问题，就可以运用自己的专业知识对决策事项发表独立意见，提高决策的科学性。无论是监督管理层还是监督控股股东，独立董事都是为了强化董事会职能，防止部分个人利益侵害到公司整体的利益，通过提高董事会的独立性，监督制衡控股股东和管理层的机会主义。

综上所述，完善的监督机制有利于减少公司管理层和实际控制人控制董事会的情况，防止损害股东利益。独立董事作为外部董事，存在的利益关联较少，可以发挥独立董事监督的作用，更好地监督其他董事及公司管理层的经营和管理行为。

----

① 《公司法》第五十三条规定："监事会、不设监事会的公司的监事行使下列职权：（一）检查公司财务；（二）对董事、高级管理人员执行公司职务的行为进行监督，对违反法律、行政法规、公司章程或者股东会决议的董事、高级管理人员提出罢免的建议；（三）当董事、高级管理人员的行为损害公司的利益时，要求董事、高级管理人员予以纠正；（四）提议召开临时股东会会议，在董事会不履行本法规定的召集和主持股东会会议职责时召集和主持股东会会议；（五）向股东会会议提出提案；（六）依照本法第一百五十一条的规定，对董事、高级管理人员提起诉讼；（七）公司章程规定的其他职权。"

2. 决策职能

我国独立董事一般都是由社会上具有一定地位的专家学者、执业律师、执业会计师等担任，其在自己的领域已经有一定的建树和成就。那么他们作为独立董事，可以凭其丰富的理论和实践水平参与董事会相关事务决策中，就公司的现状和未来的发展提出自己独立的建议，提高上市公司的综合实力和国际竞争力。独立董事作为董事会的一名成员，其天然就具有决策的职能。"资源依赖理论"认为公司董事会是企业资源的提供者，资源包括人力资本（经验、专业知识和声誉）和社会资本（与其他公司或者外部事件的关联性）。[1] "乘务员理论"[2] 提出的新公司治理理论，董事会与管理层不再仅仅是监督与被监督的关系，而更应倾向于以和谐的手段相互合作。由此，董事会职能不仅有监督，还有建议，独立董事尤其如此。一方面独立董事所处的环境与管理层不同，两者在决策时会形成互补效应，提升决策的合理性。另一方面，独立董事与上市公司之间没有直接的利益关系，从外部整体分析经营中各方利益的冲突，有利于维护中小股东利益。

二、独立董事履职独立性存在的问题及解析

（一）案例分析——以"万科6·17董事会会议"为例

2016年6月17日下午，万科召开董事会审议发行股份购买深圳地铁资产的预案，11名董事中张利平独立董事认为其担任黑石集团大中华区主席，黑石与万科是利益关联者，可能会存在潜在的利益冲突，申请不对所有相关

---

① Hillman A J, Dalziel T. Boards of directors and firm performance: Integrating agency and resource dependence perspectives[J]. Academy of Management Review, 2003, 28: 383-396.

② "乘务员理论"是莱克斯·唐纳德（Lex Donaldson）和詹姆斯·戴维斯（James H. Davis）1989年在论文《CEO治理与股东报酬：代理理论或乘务员理论》中，从社会学和心理学角度，创造性地提出的新公司治理理论。1997年两人再次合作，发表论文《基于乘务员理论管理说》。与委托代理理论不同，乘务员理论基本假设是经理人的行为动机与委托人利益一致。即从人性角度强调社会人的本性，认为信息不对称形成的代理人和委托人关系并不总是对立的，存在目标和行为的和谐统一，因此委托人不能用控制和监管去约束代理人，而应采用和谐手段激励代理人。

议案行使表决权，因此相关议案由无关联关系的 10 名董事进行表决。尽管华润 3 位董事表示反对，但 7 位董事赞成，1 位董事回避表决。万科宣称，最终董事会以超过 2/3 的票数通过此次预案。

围绕"万科 6·17 董事会会议"争议焦点在于如何确立独立董事表决时应否回避、独立董事的独立性如何保障。由此也出现了"张利平悖论"的说法。有学者认为，张利平作为独立董事具有不合规性，因为张利平任大中华区主席的黑石公司在 2015 年 6 月与万科合作成立了万科物流地产公司，这意味着张利平与万科存在关联关系，不符合独立董事的"独立"要求。实践中，在公司之间合作不断增多的情况下，独立董事绝对的独立很难做到，且如何认定独立性，很难给出绝对的标准，这也是值得我们思考的一大问题。

（二）独立董事独立性存在的问题

1. 独立董事占董事会人数比例较低

《关于在上市公司建立独立董事制度的指导意见》规定，各境内上市公司应当按照本指导意见的要求修改公司章程，聘任适当人员担任独立董事，其中至少包括一名会计专业人士（会计专业人士是指具有高级职称或注册会计师资格的人士）。在 2002 年 6 月 30 日前，董事会成员中应当至少包括 2 名独立董事；在 2003 年 6 月 30 日前，上市公司董事会成员中应当至少包括三分之一独立董事。我国上市公司的独立董事人数一般且刚好处于法律的红线之上，即法律规定的三分之一底线上。相比较而言，美国上市公司的股权主要掌握在"代理人"手中，美国的两大证券交易所纽约证券交易所（NYSE）和纳斯达克证券交易所（NASDAQ）均要求独立董事必须半数以上，因此独立董事在公司决策中发挥着重要作用。由于独立董事在美国上市公司董事会占比较高，在决策中拥有较大的控制权，相对于我国仅扮演配角的独立董事而言，其独立性及发挥的作用相差甚远。董事会中独立董事占比不高的现状严重制约了其独立性价值的有效发挥。①

2. 独立董事选任机制不合理

在独立董事选举方面，《关于在上市公司建立独立董事制度的指导意见》规定："上市公司董事会、监事会、单独或者合并持有上市公司已发行股份1%以上的股东可以提出独立董事候选人，并经股东大会选举决定。"在我国，独立董事的选任与提名权一般都是由上市公司大股东实际控制的，由大股东选任出来的独立董事去监督大股东是不现实的。而且，我国上市公司独立董事选任也存在利益关系，在独立董事投票时具有一定的倾向性。当公司内部高管集权时，高管往往倾向于选拔具有与"高管交好型声誉"的董事，有助于高管将自身权利植入董事会以降低董事会的监督力度。② 在任期方面，如果一个独立董事担任董事的时间过长，很可能会和公司内部人员产生私人关系，在做出商业判断的时候不再那么公正，因此在任期方面还是要有具体的规制措施。在现实中，上市公司将独立董事当作建立新关系的摆渡船，希望通过独立董事自身社会关系给公司带来额外效益。③

3. 独立董事薪酬制度不合理

我国法律对于独立董事的薪酬制度规定较为笼统，对薪酬的标准以及如何发放并未具体规定。我国独立董事的薪酬是固定薪酬制，薪酬结构过于单一，这会导致独立董事履职缺乏积极性。有学者认为，独立董事的薪酬制度应当由上市公司通过章程制定，笔者持反对态度。如果薪酬制度交由公司章程规定，独立董事作为外部董事，对于公司章程规定就难以有话语权，独立董事可能会为了获得更高额的薪酬而讨好大股东从而影响其独立性。

---

① 朱鸿伟、陈诚：《私募股权投资与公司治理：基于创业板上市公司的实证研究》，载《广东财经大学学报》2014 年第 1 期。

② Levit D, Malenko N. The labor market for directors and externalities in corporate governance[J]. Journal of Finance, 2016, 71: 775–808.

③ 赵立新、汤欣、邓舸：《走出困境：独立董事的角色定位、职责与责任》，法律出版社 2010 年版，第 41 页。

此外，独立董事缺乏必要的激励措施。《关于在上市公司建立独立董事制度的指导意见》规定："上市公司应当给予独立董事适当的津贴。津贴的标准应当由董事会制订预案，股东大会审议通过，并在公司年报中进行披露。除上述津贴外，独立董事不应从该上市公司及其主要股东或有利害关系的机构和人员取得额外的、未予披露的其他利益。"激励措施的缺乏在一定程度上也影响了独立董事独立性的发挥。

4. 独立董事的董事责任保险机制不够完善

2020年3月1日施行的新《证券法》大幅提高了证券违法违规行为的处罚力度，董事、监事、高级管理人员的责任明显加重，未来赔偿额增大。因此，在日趋严格的监管环境和股民维权意识不断增强的背景下，为了降低上市公司独立董事的履职风险，昔日颇为小众的独立董事责任保险又一次进入公众视野。中国的独立董事责任保险制度是典型的"舶来品"，发展基础薄弱，缺乏本土化的适用，在立法和实际运用中都存在较大问题。具体而言，一是独立董事责任保险立法不完善，缺乏一套完整的规则运行机制。《关于在上市公司建立独立董事制度的指导意见》七之（六）中提到，经股东大会批准，上市公司可以为董事购买责任保险。但是，独立董事责任保险赔付的具体细则以及免责事由主要依据保单中的自定规则以及《保险法》的原则性规定。但是独立董事责任保险有其特殊性，按照上述规定以及规则进行理赔，论证力不足，缺乏明确具体的指导细则和参考性案例的支撑。二是独立董事责任保险在实践中实施也困难重重。上市公司股东尤其是中小股东认为独立董事责任保险是对独立董事的一种福利，对股东以及公司的受益程度不大，因此，股东大会对独立董事责任保险审议支持率低；三是我国保险市场成熟度低，独立董事责任保险合同设计存在诸多缺陷，产品供给选择较少，且缺乏相关配套措施，理赔流程不顺畅。四是上市公司对独立董事责任保险的信赖程度不够，且国内上市公司被索赔的案例较少，有的上市公司认为没有必要。因此，在日趋严格的监管环境下，董事的责任加大，承担的风险升高，尤其是独立董事，其薪酬收入无法与承担的责任风险相匹配，其担任独立董事的意愿明显降低。

三、保障独立董事独立性的制度完善

（一）美国独立董事独立性保障制度的借鉴

1. 美国独立董事对独立资格的认定

美国纽约证券交易所（以下称 NYSE）和纳斯达克证券交易所（以下称 NASDAQ）对独立董事的独立性均进行限定。NYSE 规定，除非能够明确确定董事和公司没有重大关联，否则该董事将不再拥有作为独立董事的任职资格。[①] NASDAQ 规定，独立董事不能是公司内部的执行官或员工，并且从董事会角度来看，独立董事与公司之间没有可以影响独立董事作独立判断的关联。[②] 同时，NYSE 和 NASDAQ 都制定了失去独立性的标准：①现在或者过去 3 年内是公司执行官、员工或另一名董事的直系家属；②自己或者身为公司执行官的直系亲属过去 3 年内收到年薪超过 12 万美元的直接津贴；③现在或者过去 3 年内自己和直系亲属是公司的内部或者外部审计员，自己或直系亲属是审计员的雇员；④自己或者直系亲属现在或者过去 3 年内担任另一家公司的执行官，且这家公司的执行官同时也是津贴委员会成员；⑤自己是一个租住的雇员或者直系亲属是该组织的执行官，这个组织因公司财产或服务制度给公司或收到公司支付金额超过公司总收入的 2% 或者超过 100 万美元，慈善捐赠不属于支付，但是要披露。[③] 由此可见，美国对于独立董事的独立性认定以资格标准为基础，重点考虑是否存在利益关系，至于具体的情形还是需要根据实际情况进行判定。

---

① NYSE Listed Company Manual Section 303A 02(a).

② Nasdaq Listing Rule 5605(a)(2).

③ NYSE Listed Company Manual Section 303A 02(a); Nasdaq Listing Rule 5605(a)(2).

2. 美国独立董事提名主体

美国对于独立董事的提名，一是由提名委员会提名，提名委员会属于董事会的组成部分，由董事兼任，独立董事占多数；二是由董事协会负责对董事的提名，负责制定独立董事候选人方案。在美国，上市公司股权十分分散，且独立董事占比大，对大股东依赖性弱，因此独立董事独立性也较强，由其主要构成的独立董事提名委员会独立性也相对较强。相比较而言，我国有些上市公司股权较集中，大股东对于董事会的影响大，董事会独立性较低，因此，成立董事协会更加符合中国的实际情况。

3. 美国的薪酬及激励机制

美国独立董事的薪酬可以由两部分构成：一部分是固定薪酬，这与我国目前的薪酬制度相似；另外一种是通过股票期权的激励薪酬，独立董事除享有固定薪酬外，公司还可配予独立董事一定的股票期权作为激励，在章程中自行拟定。[①]这让独立董事成为上市公司的自己人，增强归属感，为公司谋利。《纳斯达克上市规则》指出，审计委员会和薪酬委员会应全部由独立董事组成，两个委员会都应当采用正式的委员会章程。此外，美国上市公司几乎都为独立董事设计保险制度，保险费用由政府、上市公司以及独立董事三方承担，使独立董事不会害怕自己担责而不敢提出自己独立性建议。

（二）我国独立董事独立性保障的完善

1. 健全独立董事的相关法律法规——两种设想

（1）单独制定《独立董事法》。由于独立董事存在特殊性，可以比照我国目前的《律师法》，制定《独立董事法》作为独立董事履职的守则。这部法律在制定中要注重以下两个问题：第一，要细化《关于在上市公司建立独立董事制度的指导意见》里面的相关内容，明确规定独立董事的任免程序、

---

① 陈云：《上市公司独立董事薪酬制度研究——基于浙江上市公司数据》，载《财会通讯》2012年第 18 期。

独立董事的履职限制以及独立董事的职责。第二，在制定过程中，要从保护公司及中小股东的合法权益出发，既要保障独立董事的权利，又要规范独立董事的行为。但是这种设想在实践中实施有一定难度。

（2）在《公司法》中设立专章，通过修改《公司法》来实现。独立董事制度属于公司法的范畴，将独立董事制度作为公司法的一部分，既可以防止单独制定一部法律后的效力冲突问题，同时也节约了立法成本，且实现可能性较强。当然同时要完善公司法章程，针对每家公司的特殊情况对独立董事的履职时间、履职要求、承担责任免责、激励机制等方面进行确定，为独立董事的履职提供良好的制度性保障。

2. 提高独立董事的比例和职权

提高独立董事在董事会中的比例，可以考虑提高到二分之一。通过提高比例来保证独立董事在职过程中的话语权，从而对其实质上的独立性予以保障。在美国，就存在"独立董事的董事会"的说法。董事会中独立董事数量占多数的公司，独立董事基于监督职能往往能够有效提高公司的透明度。[1]就其职权而言，其内部应选举自己独立的负责人来负责其事务，以加强对其事务的管理。同时独立董事应定期举行自己的内部会议，以加强独立董事之间的联系并对公司内部事项进行讨论和发表意见，并形成公司独立董事内部意见提交公司董事会或股东会。由于独立董事作为外部非执行董事，其作用的发挥主要取决于内部管理者提供的经营信息资源。而掌握真实信息的高管出于绩效考核等谋私的动机，会时常选择向独立董事传递虚假信息或者不完全信息。[2]董事会中独立董事数量的增加可以为公司带来重要的外部资源，与内部治理形成互补的知识和能力，提高战略决策的专业性和全面性。[3]

---

[1]　Armstrong C S, Core J E, Guay W R. Do independent directors cause improvements in firm transparency?[J]. Journal of Financial Economics, 2014, 113: 383-403.

[2]　Adams R B, Ferreira D. A theory of friendly boards[J]. Journal of Finance, 2007, 62: 217-250.

[3]　Mire S L. Independent directors: Partnering expertise with independence[J]. Journal of Corporate Law Studies, 2016, 16: 1-37.

3. 完善独立董事的任免

就独立董事的选任机制来说，可效仿美国的做法成立美国董事协会。当上市公司需要选聘独立董事时，美国董事协会将制订方案，参与独立董事的提名，这可以避免独立董事的提名过度依赖于上市公司的大股东。我国也可以成立独立董事协会，建立独立董事人才数据库，受证监会监督管理。当上市公司需要选聘独立董事时，可以帮助从其人才库中推选出符合条件的独立董事候选人。杨锴等构建了独立董事选聘模型，[1] 该模型充分挖掘了独立董事个体优势信息，在发挥个体优势基础上构建团队，匹配结果兼顾个性化与群体目标要求，有利于选拔出符合独立董事治理能力要求的个体，解决成员之间优势互补的难题。[2]

另一方面，建立独立董事的退出机制，定期对独立董事进行资格审核，并将审核结果予以披露，并对其任职状况进行评价。《上市公司治理准则》第二十二条要求董事应当保证有足够的时间和精力履行其应尽的职责。董事应当出席董事会会议，对所议事项发表明确意见。董事本人确实不能出席的，可以书面委托其他董事按其意愿代为投票，委托人应当独立承担法律责任。独立董事不得委托非独立董事代为投票。对于没有发挥实质作用的独立董事，应当有相应的惩罚措施，严重损害公司利益的独立董事，应当追究其责任，并在独立董事人才库数据库中记录。

上市公司应在每年的年报中披露各独立董事的独立性情况，对影响独立性因素的情况，不论是任职、薪酬情况还是履职情况以及对有利害关系的公司股票、债券的持有情况都应予以披露。同时，针对其独立性的动态变动，包括是否与公司之间产生相关的利益关系，多少的利益关系以及此利益关系是否足以影响独立董事作出公正的商业判断等进行披露，以及公司认为其目

---

① 杨锴、赵希男、周岩：《治理能力优势多样性导向的独立董事选聘研究》，载《经济管理》2018 年第 2 期。

② 吴先聪：《内部控制人阻碍下独立董事制度的出路在哪？——一个文献综述》，载《西南政法大学学报》2019 年第 2 期。

前是否具有独立性进行详细的分析说明，以便于公众通过对上市公司独立性的了解来判断是否相信独立董事的独立意见，从而推动公司对独立性的资格审查。毕竟，阳光下的信息公开是保证独立董事独立性的最佳措施之一。

4. 完善独立董事激励机制

第一，就独立董事的薪酬机制而言，在固定薪酬标准的划定上，可以由证监会牵头，各地证监局负责，结合区域经济发展状况、收支标准、行业、规模以及人才专业能力等因素，设置不同的薪酬标准。而且对其标准的设定不宜通过事先的规制加以严格规范，而应事先划定薪酬标准的浮动区间并通过事后的审核以及独立的第三方结合自身情况进行具体的评定，最终确立在此区间内的数额，再经股东会通过后予以备案。同时对其薪酬必须进行定期的信息披露，并交由公司股东会审议。此外，可以设置激励条款，设置浮动报酬，例如：通过奖励二级市场股权期权的方式将独立董事的利益与广大中小投资者绑定在一起，增强独立董事相对于公司及大股东的独立性。①

第二，建立独立董事声誉激励机制。可以考虑建立独立董事协会，类似于国外的经理人市场。两者区别在于独立董事协会是一个自律组织，协会可以通过统一的标准规范对独立董事的履职情况、信用档案、在职期间的贡献以及专业能力等方面进行评估，系统建立独立董事人才数据库，使每一个独立董事更加注重自己的声誉从而激发其独立性，同时也为上市公司日后选择独立董事提供依据。

5. 完善独立董事责任保险机制

《公司法》第一百四十九条规定，董事、监事、高级管理人员执行公司职务时违反法律、行政法规或者公司章程的规定，给公司造成损失的，应当承担赔偿责任。独立董事也适用此规定。为了提高独立董事的积极性，增强其独立性的表现，可以完善独立董事的责任保险制度以减少独立董事因其独立性判断可能存在的风险。第一，立法上要完善独立董事责任保险相关的法

① 贺童、郭力文：《上市公司独立董事独立性问题探究》，载《上海商业》2019 年第 7 期。

律制度，具体而言，一是完善民事赔偿制度，在《公司法》中，要明确独立董事信义义务与勤勉义务的范围，使得在民事赔偿过错判定中有具体的认定标准可以参考；在《证券法》中，明确证券违法违规行为民事赔偿责任的认定标准，可以参照虚假陈述的有关规定，通过立法或者司法解释的方式制定具体的认定标准，尤其是关于损失的认定标准。二是将精神损害纳入保险。名誉对于独立董事至关重要，我国上市公司独立董事往往是专家、学者、执业律师、执业会计师等具有一定社会地位和影响力的人，其自身对名誉十分重视，并且上市公司聘请这些独立董事，其良好的名誉可以帮助公司提高社会地位和影响力。因此，一旦独立董事的名誉受损，直接关系到其担任所任职位是否合适，造成的精神损失也是不争的事实。保险人可以参照法院的判决或者司法解释，来确定精神损害赔偿的标准和限额。三是建立独立董事责任保险信息持续披露制度。上市公司应当在证监会指定网站进行独立董事责任保险的信息披露，包括保险赔付限额、保险费用、免责条款等信息。这不仅为了股东以及公众更好地对公司治理情况进行监督，也为了维护投资者知情权，更好地保护投资者权益。

第二，要明确保险合同设计的各项细节，注重本土化适用，包括对当事人、承保范围、保费负担、除外责任等合同条款的设计。例如在保费负担的问题上，独立董事应当与上市公司共同承担，一方面，根据权利义务对等性原则，独立董事作为责任保险的受益人，应当承担一部分保费；另一方面，上市公司应当承担绝大部分的保费，以激发独立董事参与事务的积极性。在除外责任的设计方面，可以通过立法或者司法解释确定保险公司在限额内的先行赔付制度，保险公司可以在一定情况下在保险额度范围内向第三人先行支付，再向有责任的独立董事进行追偿。

保荐人先行赔付制度运行效果的实证研究
——基于法院判决数据及典型案例的分析

浙江大学光华法学院　娄琳 *

摘　要

2002 年起，内地法院开始受理证券虚假陈述民事赔偿案件，以此成为保护遭受证券欺诈投资者的重要举措。而内地虚假陈述民事责任主体出现单一化的现象，与法律所规定的多元责任主体制度不吻合。2015 年，国家证券监管部门出台部门规章，建立保荐人先行赔付制度，以改变虚假陈述责任主体单一化现象。通过实证检验发现，保荐人先行赔付制度在实际运行中的效果尚未达预期目标。2020 年，新证券法施行，但其中对于先行赔付制度仍未有细化。基于此，本文有针对性地提出法律确认、有效激励、统一赔付标准等完善保荐人先行赔付制度的建议。

关键词：证券虚假陈述；先行赔付；民事赔偿责任；责任主体单一化；实证研究

* 娄琳，浙江大学光华法学院国际法学博士研究生。

一、引论

证券市场监管制度的成熟完善程度，既是国家经济运行良好的重要指征，也是中国特色社会主义法治建设的着力点之一。保护投资者权益、获得投资者源源不断的信任，是证券行业生机蓬勃的基础。因此，投资者保护一直是证券市场关注的重点；而践行投资者保护精神的重要法律机制之一，就是保障因证券欺诈而遭受损失的投资者的民事赔偿权利。

2002 年 1 月 15 日，最高人民法院发布了关于法院处理证券虚假陈述民事侵权案件的通知①，根据这一通知的指导精神，各级法院开始受理证券虚假陈述侵权案件。② 在此之后，为促进该类案件得到更完善的处理，最高人民法院又发布了虚假陈述民事赔偿司法解释，进一步规定了证券虚假陈述民事赔偿案件的提起和审理规范。③2003 年 7 月 7 日，最高人民法院还就黑龙江省高级人民法院对虚假陈述侵权纠纷的审理作出复函，对该类案件的具体审理工作给出答复，一定程度上也推进了此类案件的审判走向。④2005 年，第二次修改《中华人民共和国证券法》（以下简称《证券法》，《证券法》于 1998 年制定），吸收了最高人民法院上述通知、司法解释及复函的精神，借鉴了国外立法例，以法律的形式确定有关证券虚假陈述的法律责任及民事赔偿责任承担的构成要件。

这些制度在发布之初就引发了广泛关注，相关的理论探讨和个案分析较活跃，也提出了各种批评和建议。⑤自证券虚假陈述民事赔偿制度施行 17 年

① 《关于受理证券市场因虚假陈述引发的民事侵权纠纷案件有关问题的通知》。

② 《最高人民法院关于受理证券市场因虚假陈述引发的民事侵权纠纷案件有关问题的通知》，最高人民法院 2002 年 1 月 15 日发布。

③ 《最高人民法院关于审理证券市场因虚假陈述引发的民事赔偿案件的若干规定》，最高人民法院 2003 年 1 月 19 日发布。

④ 《最高人民法院关于审理虚假陈述侵权纠纷案件有关问题的复函》，最高人民法院 2003 年 7 月 7 日发布。

⑤ 如黄辉《中国证券虚假陈述民事赔偿制度：实证分析与政策建议》，载《证券法苑》2013 年第 11 期，就是围绕整个证券虚假陈述民事赔偿制度而展开。

来，对该制度的研究已较多。但是，专门针对为进一步保障投资者利益、平衡证券虚假陈述民事赔偿责任主体之间的责任承担、实现补偿侵权损害及预防再次侵权双重目的的保荐人先行赔付制度①的实践效果的研究，还不够充分。

自2002年至今，虚假陈述民事赔偿制度在司法实践中是否出现实际责任主体单一化的现象？倘若如此，证券监管行政部门建立的保荐人先行赔付制度，能否改善证券虚假陈述民事赔偿中某一特定主体责任突出而其他责任主体责任虚化的状态？保荐人先行赔付制度有无办法对证券虚假陈述的实际责任人起到合理的追责效果？在充分补偿投资人损失的同时，达到预防虚假陈述侵权的目的？针对前述问题，本文尝试以定量分析（案例统计分析）和定性分析（个案研究）的方法，对其展开一定的研究。笔者认为，在中国证券虚假陈述民事赔偿制度已运行17年，保荐人先行赔付制度也已经运行了3年，现对保荐人先行赔付制度实际效果的检验和检讨，正当其时。

基于上述考虑，本文在传统的证券法学研究途径以外，运用实证法学的研究方法，对中国近年来的虚假陈述民事赔偿案件进行了系统性的实证分析和研究。

在定量分析（案例统计分析）方面，以统计学的检验方法，检验：①案由为证券虚假陈述民事赔偿纠纷中被告数量；②单一被告案件中，各个责任主体所占的比例；③在有多个被告案件中，各个责任主体作为被告所占的比例；④该类案由案件中，最终承担民事赔偿责任的责任主体的类型及比例；⑤保荐人先行赔付制度出台后，案由为虚假陈述民事赔偿纠纷的案件的数量；⑥特定责任主体所占被告比例的变化情况等重要指标，以考察保荐人先行赔付制度在多大程度上起到减弱证券虚假陈述民事赔偿责任主体单一化的

---

① 《公开发行证券的公司信息披露内容与格式准则第1号——招股说明书（2015年修订）》第十八条规定："保荐人承诺因其为发行人首次公开发行股票制作、出具的文件有虚假记载、误导性陈述或者重大遗漏，给投资者造成损失的，将先行赔偿投资者损失。"

效果。

在定性分析（典型个案研究）方面，本文将选取典型的保荐人先行赔付案例"万福生科案""欣泰电气案"做个案分析及追踪，考察"先行赔付"以后的责任承担，检验保荐人先行赔付制度、促进各责任主体承担合理责任，预防再次侵权。

基于上述验证的结果，将中国保荐人先行赔付制度与美国证券公平基金制度进行比较，然后在此基础上评估中国保荐人先行赔付制度的利弊，提出相关的解决对策。

本文的结构如下：第一部分，引论，提出问题，介绍研究思路及方法；第二部分，概括和评价中国证券虚假陈述民事赔偿制度的法律规则，以及保荐人先行赔付制度的相关规则，总结保荐人先行赔付制度立法目标；第三部分，综述目前关于"先行赔付"制度的研究概况；第四部分，检验司法实践中证券虚假陈述民事赔偿纠纷中责任主体单一化问题是否成立；如果成立，责任主体单一化有哪些弊端；第五部分，通过比较保荐人先行赔付制度实施前后该类案件数量变化以及责任主体单一化程度的变化情况，考察保荐人先行赔付制度能否起到抑制证券虚假陈述侵权的作用；第六部分，结合两个典型的保荐人"先行赔付"案例，分析保荐人先行赔付制度能否弥补证券虚假陈述民事赔偿制度中责任主体单一、实际担责主体与应担责主体不匹配、责任虚化的不足；第七部分，结合实证研究的结论及中国国情，参考美国公平基金制度，提出对于保荐人先行赔付制度的改良策略；第八部分，总结全文。

二、证券虚假陈述民事责任制度及保荐人先行赔付制度的立法现状及目标

（一）证券虚假陈述民事责任制度

我国对于证券虚假陈述的民事责任分配按照差异分配的原则，即不同责任主体将适用不同的归责原则进行责任的分配和承担。根据《证券法》的规定，

虚假陈述民事责任主体分为三个层次：承担无过错责任的发行人、上市公司；承担过错推定的连带责任的发行人，上市公司的董事、监事、高级管理人员和其他直接责任人员，保荐人，承销的证券公司，证券服务机构；承担有过错的连带责任的发行人，上市公司的控股股东、实际控制人[①] 与《证券法》规定略为不同，《虚假陈述民事赔偿司法解释》第七条从虚假陈述民事赔偿案件中被告的角度，界定了责任主体。[②]

尽管我国于 2005 年通过修改《证券法》的方式将 2003 年的《虚假陈述民事赔偿司法解释》的精神确认下来，但由于《证券法》仅在第六十九条、第一百七十三条作了较原则的规定，因此在审判实践中，2003 年出台的《虚假陈述民事赔偿司法解释》一直被援用。

通过列举上述规定，可发现《证券法》和《虚假陈述民事赔偿司法解释》中证券虚假陈述的民事责任主体都是多元的、层次丰富的。这样的制度设计初衷，必然是希望通过设置多层次责任主体，确保投资者可以得到最为全面的保护。这样，一方面投资者可以通过选择最有利于自己的一面提请诉讼；另一方面，证券虚假陈述行为危害甚广，容易动摇广大投资者对于整个证券市场的信心，从而引发不可估量的损失。因此，对证券虚假陈述事件中不同的过错方设置不同程度的责任，既要惩罚作出虚假陈述的上市公司，更要追责到具体的作出虚假陈述行为的真正实施者，如对上市公司的高级管理人员，还要追责到本应起到中立监督作用的保荐机构、专业服务机构等。惟其如此，才能贯彻侵权责任法的归责要求。

证券虚假陈述民事赔偿制度构建中，立法者希望民事责任主体能够在法

---

① 《中华人民共和国证券法》第六十九条、七十三条。
② 《最高人民法院关于审理证券市场因虚假陈述引发的民事赔偿案件的若干规定》第七条规定的责任主体包括：（一）发起人、控股股东等实际控制人；（二）发行人或者上市公司；（三）证券承销商；（四）证券上市推荐人；（五）专业中介服务机构包括会计师事务所、律师事务所、资产评估机构等；（六）上述（二）（三）（四）项所涉责任主体中负有主要责任的高级管理人员以及专业中介服务机构中的直接责任人；（七）其他作出虚假陈述的机构或者自然人。

律范围内合理分配证券虚假陈述的责任。这不仅仅是为了能在最大限度内弥补投资者因证券虚假陈述所遭受的损失，更是为了实现证券市场有序运行。

（二）保荐人"先行赔付"制度

2013 年"万福生科案"，在证券监管部门和舆论的双重压力之下，万福生科上市的保荐机构平安证券第一次践行了保荐人先行赔付制度；[①] 而在深圳海联讯案中，上市公司的控股股东及其他主要股东出资 2 亿元设立"补偿专项基金"，用以赔偿适格投资者；此外典型案例还有"欣泰电气案"等。以上案例代表着我国目前保荐人先行赔付制度的探索和实践。

保荐人先行赔付制度体现了证券市场对于投资者保护的方向，一是市场化路线，即利用市场选择促使涉案机构主动赔付；二是规范化路线，即加强对证券投资者的规范化保护。[②]

为固化在证券虚假陈述案件中，保荐机构承担先行赔付责任的良好尝试，2015 年，中国证监会在修改股票发行制度时，明确要求保荐机构在公开募集及上市文件中作出先行赔付的承诺，同时也取得向发行人等其他责任主体依法追偿的权利。[③]

《证券法》于 2019 年 12 月 28 日第十三届全国人民代表大会常务委员会第十五次会议第二次修订，经《中华人民共和国主席令（第三十七号）》颁布，

[①] 2013 年 5 月 10 日，证监会在官方网站上公布了对万福生科涉嫌欺诈发行上市和上市后信息披露违规等事项的调查结果。结果显示，2008—2010 年，该公司虚增收入约 12000 万元、15000 万元、19000 万元。虚增营业利润 2851 万元、3857 万元、4590 万元。对此，证监会对万福生科董事长龚永福作出终审证券市场禁入的禁令。而保荐机构平安证券被罚暂停 3 个月保荐机构资格并处以罚金。随后，保荐机构平安证券成立赔付基金，针对广大适格投资者开展细致赔付工作，成为证券虚假陈述案保荐机构主动赔付的标杆。

[②] 张东昌：《证券市场先行赔付制度的法律构造——以投资者保护基金为中心》，载《证券市场》2015 年第 2 期。

[③] 证监会新闻发言人张晓军 2015 年 11 月 22 日表示，2015 年 11 月重启新股发行时，证监会对新股发行制度进行了完善，简化了发行条件，突出了审核重点，同时对保荐机构自行承诺先行赔付做了安排。目的在于有效落实中介机构责任，遏制欺诈发行行为，强化对投资者的保护。

于 2020 年 3 月 1 日起施行。其中，第九十三条明确规定，发行人因欺诈发行、虚假陈述或者其他重大违法行为给投资者造成损失的，发行人的控股股东、实际控制人、相关的证券公司可以委托投资者保护机构，就赔偿事宜与受到损失的投资者达成协议，予以先行赔付。先行赔付后，可以依法向发行人以及其他连带责任人追偿。[①]

按照清华大学杨城博士的观点，先行赔付制度，一是有利于让投资者快速获得赔偿，避免大量系列案的集中出现，节约司法资源。二是保荐机构作为较为强势的一方，由他们来做事后追偿的工作，更符合实际情况，也更容易让控股股东、实际控制人承担最终责任。这样的制度安排有利于解决目前我国证券虚假陈述案件中民事责任主体单一化、民事责任主体与行政责任主体严重不对等等一系列问题。[②]

三、文献综述

由于保荐人先行赔付制度运行的时间并不是太长，因此针对该制度的研究还不是很丰富，现有的研究主要集中在探讨保荐人先行赔付制度的法理基础及制度构建上，较少探究该制度的实践效果是否达到预期制度设计的目标。

我国学者郭雳和谭思瑶[③]认为，保荐人先行赔付制度已经有了一些成功的实践，但是要进一步发挥该制度的作用，实现制度设计的预期，还需要从以下几个方面着手：一是要解决由该制度引起的民事责任承担顺序变动的法律依据问题，尤其是当保荐人所提供的赔付方案与实际应赔偿的金额不吻合，或者出现其承担了超过实际应承担责任又难以合理追偿的情况，都会对保荐人先行赔付的积极性造成打击。二是要通过什么样的制度安排保证保荐人先行赔付的自愿性。虽然保荐人先行赔付制度在我国已有过成功实践，但是对

---

① 《中华人民共和国证券法》（自 2020 年 3 月 1 日施行），http://www.csrc.gov.cn/pub/tianjin/tjfzyd/tjjflfg/tjgjfl/201912/t20191231_368792.htm。

② 杨城：《论我国虚假陈述民事责任主体的困境与创新》，载《证券市场导报》2017 年第 7 期。

③ 郭雳、谭思瑶：《保荐人先行赔付制度与中国探索》，载《投资者》2018 年第 1 期。

很多小型的资金不足的证券机构来说，履行他们先行赔付的承诺很可能会危害到机构的生存。虽然 2016 年实施的《公开发行证券的公司信息披露内容与格式准则第 1 号——招股说明书》中要求保荐人作出先行赔付的承诺，但是，现行《证券法》及其修订草案、中国证监会《首次公开发行股票并上市管理办法（2015 年修订版）》[①] 等法律规章，并没有将保荐机构承诺先行赔付作为核准证券发行的法定条件。因此，单由证券监管机构依靠行政强制难以保证保荐人自愿履行先行赔付承诺，应该在强制的基础之上，采取较为柔性或者折中的方案，激励保荐人作出先行赔付的承诺。三是保荐人先行赔付的民事责任优先性应该要得到法律支持，即当保荐人同时要承担民事责任、行政责任或者刑事责任的时候，民事责任应优先履行，且该优先性也要用法律的形式确定下来。

清华大学杨城博士研究发现，尽管我国《证券法》规定了虚假陈述的多层次责任主体，但司法实践却出现责任主体单一化的结果，与此同时带来中介机构责任不凸显、应承担责任的责任主体责任虚化等问题。[②] 证券监管部门为强化中介机构的主体责任，利用行政权力主导推进保荐机构、主要股东对受损害的投资者先行赔付，并最终通过股票发行制度改革予以固化。他认为，先行赔付制度可以解决司法实践中责任主体单一化的现实问题，欺诈发行中由保荐机构承担先行赔付责任，符合现实需要和法理基础。

武汉大学段丙华博士研究认为，针对证券虚假陈述的侵权行为，构建保荐人先行赔付制度具有保护投资者权益、节省司法资源及降低侵权救济成本、提高效率和引导构建市场信用等功能，同时该制度所捍卫的投资者全面了解上市公司情况的知情权，是证券市场风险防范的题中应有之义。[③] 段丙华博士还提出，除了先行赔付模式，还有配套使用行政性基金保障模式和自律性

---

① 《首次公开发行股票并上市管理法（2015 年修订版）》（证监会令〔2015〕第 122 号）和《首次公开发行股票并在创业板上市管理办法（2015 年修订版）》（证监会令〔2015〕123 号）。

② 杨城：《论我国虚假陈述民事责任主体的困境与创新》，载《证券市场导报》2017 年第 7 期。

③ 段丙华：《先行赔付证券投资者的法律逻辑及其制度实现》，载《证券市场导报》2017 年第 8 期。

管理模式。具体而言，应结合证券市场的具体规律，科学认定和划分基本损害赔偿关系中的内部责任，妥善平衡投资者保护与市场风险自负理念。

现有关于保荐人先行赔付制度研究的著作中，刘海俊、宋一欣主编的《中国证券民事赔偿案件司法裁判文书汇编》囊括了近年来典型的证券民事赔偿案件，包含了大量有关上市公司虚假陈述的案件。书中对现有的典型案例进行了汇编及评释，是了解现阶段证券民事赔偿司法进程的重要参考文献。

另一重要著作是陈洁的《证券民事赔偿制度的法律经济分析》。该著作第四章阐述"因果关系认定规则的经济分析"，将传统的因果关系认定理论在证券领域进行了演绎，以此论证传统因果关系认定规则并不完全适用于证券案件民事赔偿。陈洁认为我国关于证券虚假陈述的立法思路及原则采用信赖推定原则，是符合经济学的效率原则的。

期刊方面，张东昌的《证券市场先行赔付制度的法律构造》[1] 提出要从资金筹集、基金用途、赔偿机制和代位求偿等方面完善投资者保护基金制度。

国外资料方面，关于美国证券欺诈中民事赔偿情况，美国 Eric Helland 教授在其撰写的一篇文章中有过充分的探究。他发现在美国，几乎所有因证券欺诈行为而遭受证监会处罚的案件都会引发私人民事诉讼。[2]

除了司法追责，在其他补偿手段方面，也有很多相关研究，这些研究能够给我国的保荐人先行赔付制度的构建带来启发。保荐人先行赔付制度本质上也是一种机构补偿机制，关于这类补偿机制的构建，不妨看看证券行业发达的美国是如何构建相关补偿制度的。现代机构补偿模式（Agency-based Compensation）在美国已然有比较成熟的实践，例如，美国联邦交易委员会为因遭受不公待遇而受损的消费者提供补偿，美国邮政局也会转移部分追缴的邮政诈骗款以补偿因遭受邮政诈骗而受损的受害者。在证券领域，美国有

---

① 张东昌：《证券市场先行赔付制度的法律构造——以投资者保护基金为中心》，载《证券市场报》2015 年第 2 期。

② Helland E. Reputational penalties and the merits of class-Action securities litigation[J]. Journal of Law and Economics, 2006, 49: 365−370.

公平基金制度。关于公平基金的制度，有大量重要的外文文献值得参考。例如，Don Carrillo 教授在其文章中认为美国证监会可以扩大其权限追缴通过证券欺诈违法所得，其目的不仅仅是为了替受损投资者追缴钱款，更是借此惩戒欺诈发行的证券发行人。[1] 此外，还有学者质疑公平基金制度是责任内部循环，即当受欺诈的投资者还是该上市公司股东的时候，罚没公司的违法所得去赔偿投资者实际上就是"劫彼之财，还彼之债"的做法。[2] 美国学者称之为"Pocket Shift"。

保荐人先行赔付制度是平衡证券虚假陈述民事赔偿责任的重要制度，同时也是保障投资者权益、预防证券虚假陈述侵权发生的重要制度。综合以上学者的观点，我认为完善我国的保荐人先行赔付制度，应以下几个方向为切入点：

第一，明确保荐人先行赔付制度的法理基础。

第二，细化先行赔付的赔偿标准，统一赔偿的数额计算问题，方便先行赔付人追偿。

第三，制度设计应采取柔性或者折中的方式，鼓励促进保荐人自动承担先行赔付义务。

第四，准确划分民事责任主体内部的责任划分，避免责任虚化及因为保荐人先行赔付制度造成另一形式的责任单一化。

四、检验司法实践中证券虚假陈述民事责任主体单一化的程度

以往的研究往往集中关注保荐人先行赔付制度应当如何构建，讨论的是应然的问题，但没有对该制度的实际运行进行梳理和研究，因此无法验证该

---

① Carrillo D. Disgorgement plans under the fair funds provision of the Sarbanes-Oxley Act of 2002: Are creditors and investors truly being protected?[J]. Depaul Business and Commercial Law Journal, 2008, 6: 315−345.

② 相关文献有如 Winship V.fair funds and the SEC's compensation of injured investors [J]. Florida Law Review, 2008, 60: 1103−1114.

制度是否达成了制度设计之初的目标。此外，就制度的改良，在缺乏对实际情况研究的状况下，难以辨明该制度在实践中到底存在哪些困境？具体应该在哪些方面改进？因此，对于保荐人先行赔付制度的实证研究非常必要。但是在检验保荐人先行赔付制度的实际运行情况之前，首先要对先行赔付制度产生的前提进行验证，即：证券虚假陈述民事责任主体单一化问题是否存在？因为该问题是检验保荐人先行赔付制度运行效果的重要指标。

基于上述背景，本文首先将视角转向证券虚假陈述民事赔偿的司法实践，试图从中发现司法实践中所反映出的普遍性问题，并探究该普遍性问题出现的背后成因究竟为何。

在正式进入实证研究之前，笔者还想讨论一下关注司法实践的理由。

尽管目前在国内的法学学术圈中，法律实证研究的文章相较于西方法学学术圈同类型的文章，在数量和质量上尚难以望其项背，但随着中文法学学术圈中对于法律实践的重视程度越来越高，假以时日，终会形成一派强大的法学实证研究力量。

事实上，关注司法实践的理由是显而易见的。分析司法文书不仅仅能帮助我们进一步理解法官把握同类案件的基本方向，甚至能预先填补法律的漏洞，形成相应的判例，实现司法的稳定性。更重要的是，通过实证分析司法审判的过程，我们还能掌握制度运行的情况，更精准地调整现存制度的问题。

但是，即使是关注司法实践的理由非常清晰，实现这些目标的方法却不是显而易见的。按照程金华教授的观点，在中国的制度语境中，应该区分两类司法实践：一类是出台各类司法解释和审判指导意见的司法实践，另一类是进行个案裁判的司法实践。尽管两者都是司法行为，但是这两类活动的本质并不一样：一类的实质是"立法法官"，另一类的实质是"审判法官"。尽管在大陆法系的概念中，并不存在"立法法官"的说法，但是在研究的思路上，我们是可以沿着这样的路径去做一些有意义的实证研究的。

事实上，近年来对于"立法法官"所做的工作包括司法解释、审判指导意见等的研究有很多，但是对于大量同类型个案审判所反映出来的"典型性"，则鲜有关注。而在对同类个案的研究中，研究法官作出判决的思路及结果溯因的研究较多，但是针对个案中当事人对被诉方的选择所反映出来的具体制度适用的普遍性问题鲜有人关注。因此，本文对 2002 年至 2019 年 3 月 30 日期间的 4476 个证券虚假陈述民事责任纠纷一审及二审案件中的责任主体予以关注，探究在这些个案中责任主体的分布规律，验证是否存在司法实践中证券虚假陈述民事赔偿责任主体单一化的问题。

根据前文提到的问题与研究方法思路，笔者以案由为证券虚假陈述民事责任纠纷的一审及二审公开判决作为样本，研究普通证券投资者面对证券欺诈时所采取的司法维权策略，并基于对所搜集的数据进行量化分析来发现数据背后所呈现出来的规律。本小节主要包括样本与数据的来源，主要变量的定义以及数据描述。

（一）关于样本和数据来源

本文以我国 2002—2019 年的证券虚假陈述民事责任案件一审及二审公开判决为样本。笔者选择此样本主要基于以下考虑：一是我国 2002 年已有关于证券虚假陈述民事赔偿的司法先例。二是我国证券虚假陈述民事责任纠纷案件数量不大，通过统计分析工具即可对整个案例库进行统计，不需要额外抽样。三是本文着重考察的是虚假陈述纠纷案件的民事责任主体，而形成判决的被告最具代表性，因为该类被告的构成代表了投资者寻求救济的方向，也在很大程度上代表了虚假陈述民事纠纷的责任主体。

在确定以案由为证券虚假陈述民事责任纠纷的一审、二审判决作为样本后，笔者分别从中国裁判文书网（http://wenshu.court.gov.cn/）、北大法宝数据库（http://www.pkulaw.cn/）、威科先行数据库（https://law.wkinfo.com.cn/）、Alpha 法 律 数 据 库（https://alphalawyer.cn/#/app/tool/search/case?searchType=case）等法律数据库对全国所有的相关案件进行收集，数据收集方法如下：设置案由为证券虚假陈述民事责任纠纷；设置立案时间为2012 年至 2019 年（2007 年以前的案例数据无法找到）；设置文本类型为判决书；设置审判程序为一审及二审。设置法院层级为全国法院。根据这个方法，笔者在 2019 年 3 月 30 日前共搜集到全国案件 4575 个，筛选出有效样本 4476 个（排除不同数据库重复的案件），这 4476 个案件均为证券虚假陈述民事责任纠纷。

当然在展开研究之前，有必要说明一下样本的科学性。一方面，即使笔者选取了中国四个最主要的法律数据库的裁判文书进行案例检索，但这并不能完全代表中国的审判情况，以及我们以证券虚假陈述民事责任纠纷为内容作为关键词的检索方法容易漏选部分案件。另一方面，考虑到三个主要数据库中的裁判文书的总量很大，4476 个案件的数据基础对于法学研究来说也较为充足，因此在此基础上所做的实证研究应有一定的说明能力。

（二）主要变量及描述

1. 责任主体

责任主体指的是在证券虚假陈述民事责任纠纷中承担民事责任的主体。按照我国《证券法》的规定及相关的司法解释，责任主体的范围应为：①发行人、上市公司，承担无过错责任；②发行人、上市公司的董事、监事、高级管理人员和其他直接责任人员、保荐人、承销的证券公司、证券服务机构，承担过错推定的连带责任；③发行人、上市公司的控股股东、实际控制人，承担有过错的连带责任。

2. 责任主体单一化

对于单一化程度，笔者此处采取多数主义，即某一特定主体成为责任主体的比率超过 50%，即可认定在证券虚假陈述民事责任纠纷中存在单一化现象。

（三）实证数据

如图 1 所示，可以看出，在我国法律规定了多元证券虚假陈述民事赔偿主体的前提之下，依然有大量投资者只选择了一个被告，而没有同时把所有法律规定的责任主体列为被告，这一点是比较违背法律实践的常规操作的。

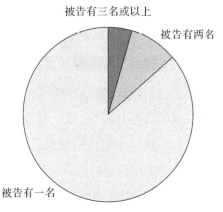

图1　案由为证券虚假陈述民事赔偿纠纷中被告的数量

图 2 值得说明的有如下几点。其一，之所以选择以个人、公司及证券公司进行类型的区分，原因之一是与法律所规定的责任主体的层次对应。以公司及个人（高管、实际控制人等）划分对于责任主体的划分具有相当的代表性。理由是，我国法律所规定的民事责任主体中，主要集中在上市公司（公司一类）以及上市公司的董事、监事、高级管理人员和其他直接责任人员、保荐人、上市公司控股股东（非公司类）。在这样的情况下，绝大部分以公司为被告的案件，都是上市公司担任被告，而以自然人为被告的案件，则是其他责任主体。此二者之间有相互对应关系。其二，用 python 数据分析工具统一爬取案件信息的时候，为了简化案件的处理，选择使用最简明的区分标志，即以被告是不是公司进行划分，在数据处理的时候，笔者对于非公司的自然人的语段识别选择了使用特定长度字段及有无身份证号等识别手段，将被告性质加以区分。第三，本表格中 2019 年的数据由于本年度尚未完结，不具备完

整的参考价值。笔者此处是出于保证数据样本在时间跨度上的完整性的考虑，将其纳入数据样本中。鉴于其数量较少，并不影响最终结论的得出。

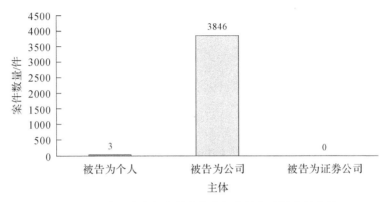

图2　只有单一被告的案件中各责任主体作为被告的案件

从图 2 中可以看出，有大量证券虚假陈述民事赔偿案件的投资者只选择了一个被告作为赔偿主体。而在只有一个被告的案件中，上市公司占据了99% 以上。

如图3,笔者在做本图表的数据处理的时候,采取将案件被告分列的方式,这样在最后的比例分析中，不会造成误差。最后，由于笔者在计算单一化程度的大致比例的时候不采取加权平均而是普通平均的计算方法（主要是加权平均中不同年份权数难以确定），因此，笔者刨去案例数极其微小的 2002—2006 年的案件，以免造成结论的巨大误差。[①]

由表 1 可以看到，刨去 2019 年不稳定的数据，我们可以得出证券虚假陈述民事责任纠纷案件中，责任主体为"公司"[②] 的平均比率远远过半，即可认定该类型案件中的责任主体存在单一化现象。

---

① 这些年份的案件已在附录中载明。

② 此处的"公司"如前所述仅为了数据统计的方便，实则指代的是法律规定的责任主体之一——上市公司。

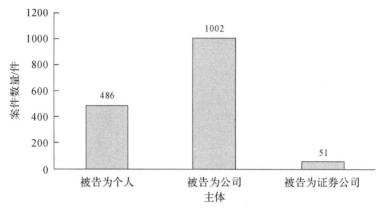

图3　在有多个被告的案件中各责任主体作为被告的案件

表1　2007—2018年证券虚假陈述民事责任纠纷案件责任主体单一化程度

年份	被告为公司/件	被告为非公司/件	责任主体单一化程度/%	总数/件
2007	31	1	96.88%	32
2008	10	0	100%	10
2009	24	0	100%	24
2011	1	0	100%	1
2012	31	0	100%	31
2013	33	5	86.84%	38
2014	174	83	67.7%	257
2015	258	19	93.14%	277
2016	932	14	98.52%	946
2017	451	121	78.84%	572
2018	22	34	39.28%	56

除笔者所做的数据分析工作以外，其他学者也对此现象进行了实证研究。如杨城博士分析2013年至2016年的同类案件，也得出和笔者相似的结论。[1]黄辉教授在所做的证券虚假陈述民事赔偿制度的研究中，也对相关现象予以

---

[1]　杨城：《论我国虚假陈述民事责任主体的困境与创新》，载《证券市场导报》2017年第7期。

研究并认定证券虚假陈述民事责任主体存在单一化现象的结论。[①]

（四）证券虚假陈述责任主体单一化导致的后果

如果在目前的司法实践中，证券投资者的实际损失能够通过仅诉一个主体就能获得充分的补偿，那么投资者选取这样的诉讼策略并不足为奇。但是，这样的司法实践效果与我国《证券法》所规定的多层次主体承担虚假陈述民事责任的制度安排有很大的出入，更与我国侵权责任法的理念相违背，也不符合法律维权保障证券市场交易安全的初衷。证券虚假陈述民事赔偿制度，不仅仅是为了让受损的投资者及时获得投资赔偿，更是为了维护证券市场的交易安全。现存的制度设计下，投资者往往选择了最便捷的方式获得赔偿，从而导致了部分应负责的责任主体不必承担其相应责任，那么就会导致责任虚化，起不到合理规范证券市场交易安全的作用。这样一来，虚假陈述民事赔偿制度只剩下补偿作用，实际上丢失了预防和惩戒的作用。

五、保荐人先行赔付制度运行情况的实证检验——定量分析

2015 年中国证监会在修改股票发行制度时，明确要求保荐机构在公开募集及上市文件中作出先行赔付的承诺，并取得向发行人等其他责任主体依法追偿的权利。本部分旨在通过比较先行赔付制度实施前后该类案件数量变化情况以及责任主体单一化的变化情况，检验保荐人先行赔付制度的实践效果。

（一）实证数据

如图 4 所示，可以看到以 2016 年为开始的节点，该类案件的数量并没有减少，反而有向上大幅攀升的趋势。值得说明的是，2019 年的数据仅仅是出于数据库完整性的考量纳入表中，因为 2019 年的数据不能代表 2019 年当

---

① 黄辉：《中国证券虚假陈述民事赔偿制度：实证分析与政策建议》，载《证券法苑》2013 年第 11 期。

年的情况。但是经过笔者的案件数量同期对比来看，2019 年前四个月的案件数量并没有较相近年份有大幅减少，相反，比 2018 年还有所增加。

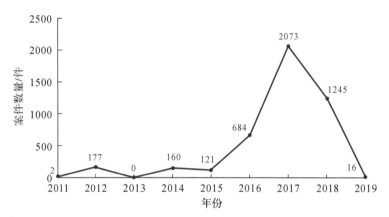

图4　案由为证券虚假民事赔偿纠纷的案件数量变化

如图 5 所示，除 2010 年、2018 年案例数量不充足以外，其他年份的民事责任主体单一化程度远高于笔者所预计的 50%，且 2015 年所出台的先行赔付并未使民事责任主体单一化程度下降，反而在 2016 年该数值攀升到了新的高度。

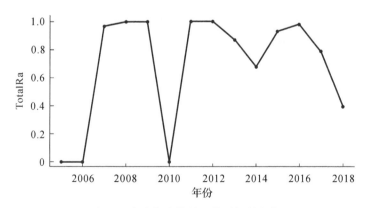

图5　民事责任主体单一律随年份变化

（二）数据分析

如图 6，根据已有数据，我们记第 i 年被告为公司的案件数目为 C_i，被告不为公司的案件数目为 N_i，则当年的被告单一率为：$P_i = \dfrac{C_i}{C_i + N_i}$。记集合 $\omega_1 = \{ P_i \mid i \leqslant 2015 \}$，代表 2015 年及以前的被告单一率；$\omega_2 = \{ P_i \mid i > 2015 \}$，代表 2015 年以后的被告单一率，并记 $\overline{\omega_1}$ 为 2015 年及以前的被告单一率水平，$\overline{\omega_2}$ 为 2015 年以后的被告单一率水平。为探讨 2015 年的相关政策是否对被告单一率产生显著影响，我们作出原假设：2015 年以后被告单一率并未下降，即：H_0：$\overline{\omega_1} \leqslant \overline{\omega_2}$ 以及备择假设：2015 年以后被告单一率出现下降，即：H_a：$\overline{\omega_1} > \overline{\omega_2}$。由于样本量较少，且 ω_1 与 ω_2 难以被假设为服从正态分布，故采用 bootrap 抽样法抽样与非参数的 Wilcoxon rank sum test 作为检验标准。进行 100 次重复 Wilcoxon rank sum 检验，我们得到 Wilcoxon rank sum 检验的 p-value 集合，并可视化如下。

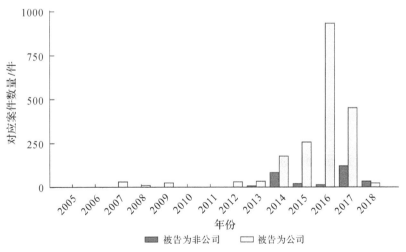

图6 本文所搜集的案例数据的数据分布情况

根据统计学原理，一般认为当 p-value 低于 0.05 时，可以认为对原假设的拒绝具有统计上的显著性。然而，从图 7 知，p-value 的离散程度较大，难以目测其与 0.05 之间的关系。因此，为检验 p-value < 0.05 的假设，我们对该 p-value 集合作 t 检验，并作出原假设：p-value $\leqslant 0.05$，即：

$$H_0:\ p \leqslant 0.05$$

以及备择假设：p-value > 0.05，即：

$$H_a:\ p > 0.05$$

根据 t 检验结果，我们得到 t 检验的 p-value 为 0.33，即 p-value > 0.05，无法拒绝假设 $H_0:\ p \leqslant 0.05$。因此，我们不拒绝 Wilcoxon rank sum test 的原假设 $H_0:\ \overline{\omega_1} \leqslant \overline{\omega_2}$，即 2016 年后责任主体单一率未出现显著下降。

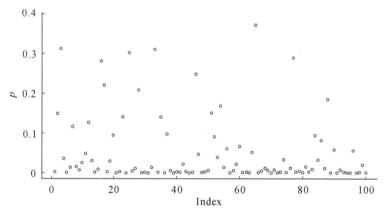

图7　Wilcoxon rank sum检验的p-value集合

六、保荐人先行赔付制度运行情况的实证检验——个案分析

本文第四部分的实证分析验证了我国证券虚假陈述民事赔偿制度在司法实践中存在民事责任主体高度单一化问题。在第五部分，笔者通过数据定量分析发现，在 2016 年保荐人先行赔付制度开始运行以后，相关诉讼案件数量并无减少，且经过数学模型的拟合，也能得出责任主体单一化问题亦未得到妥善解决。

基于以上定量分析的结论，我们可以得出保荐人先行赔付制度在实际的运行中并未实现减少大量系列案的产生以及节约司法资源的目的，同时，也没有充分实现平衡证券虚假陈述民事赔偿各责任主体的责任的目标，更没有起到预防证券虚假陈述侵权的效果，因为在保荐人先行赔付制度运行以后，同一案由的案件数量并没有减少，且当事人所选择的被告的类型依然主要还是上市公司。

但是，定量分析毕竟受到了数据库样本量的限制，因为 2016 年至今仅仅 3 年有余，这么短的时间所产生的案件数量及被告类型分布不足以否认保荐人先行赔偿制度确实起到了积极作用，实现了制度设计的预期目标。因此，本文除了定量分析，还要针对典型的保荐人先行赔付案例进行追踪和梳理，从个案追踪的角度检验保荐人先行赔付制度的运行效果，对上述定量分析的结果进行检验和修正。

本文所选取的个案是万福生科案以及欣泰电气案，因为这两个案件作为保荐人先行赔付制度实践的典型案例，其案例分析及后续追偿有很强的参考意义。

（一）万福生科案——首个保荐机构主动出资先行赔付投资者损失的案例

1. 案情简介

万福生科案的两大主角分别是在上市过程中账目造假的万福生科（湖南）农业开发股份有限公司（以下简称万福生科）以及其保荐机构平安证券。

2013 年的资本市场颇不平静。2013 年 5 月 10 日，中国证监会公开发布了万福生科通过虚假陈述公司基本信息，使之符合上市发行的条件，同时为了掩盖上市过程中虚假陈述的事实，万福生科在随后的年度报表中持续伪造公司财务信息等需披露的重要信息。

公告显示，万福生科通过伪造报表等方式虚增销售收入数亿元，虚增营业利润上千万元。在该公司 2011 年年报及 2012 年半年报中也大幅虚报销售收入和营业利润，虚报额和实际数额相差数千万元。

2. 研究概况

针对该案，已有不少细致的梳理和研究，法学界及会计学界都在各自的专业领域对该案进行了分析和解读。其中以该案为蓝本展开的有张挺的《保荐机构先行赔付制度研究——以万福生科案为例》，李晗、霍丽君的《证券市场大规模侵权补偿基金的制度构想——以万福生科案为例》[1] 以及郭雳、谭思瑶的《保荐人先行赔付制度与中国探索》[2] 等，其中张挺在其硕士学位论文《保荐机构先行赔付制度研究——以万福生科案为例》[3] 中指出，保荐机构先行赔付并不代表保荐机构必须承担所有投资者的损失。保荐机构在承担先行赔付责任以后依旧有权向其他责任方追偿。先行赔付制度有利于促进保荐机构之间相互的良性竞争，利于中介机构发挥自己职责，最终保护投资者的权益。

但是对于该案后续到底有没有展开后续追偿工作，以及追偿效果如何，是否产生了新的讼累，并没有进一步的研究。

3. 后续追踪

因此，本部分集中追踪的是平安证券在完成先行赔付的义务以后，是否有下一步的追偿，追偿的效果如何。

众所周知，保荐人先行赔付制度的预期目标有三，一是率先弥补投资者的损失；二是节约司法资源，避免大量的系列案的产生；三是平衡证券虚假陈述民事赔偿责任主体间的责任承担，将虚假陈述的责任落到实际应该承担责任的人身上，而不是仅仅只落在特定主体上，即责任主体单一化。

在万福生科案中，平安证券因其保荐的上市公司万福生科公司伪造账目及报表而被行政监管部门处罚。处罚内容之一是设立额度为 3 亿元的专项赔

---

[1] 李晗、霍丽君：《证券市场大规模侵权补偿基金的制度构想——以万福生科案为例》，载《武汉理工大学学报（社会科学版）》2015 年第 27 期。

[2] 郭雳、谭思瑶：《保荐人先行赔付制度与中国探索》，载《投资者》2018 年第 1 期。

[3] 张挺：《保荐机构先行赔付制度研究》，华东政法大学 2016 届硕士学位论文。

偿基金，平安证券因而设立了"万福生科虚假陈述事件投资者利益补偿的专项基金"[1]。本文关注的是，在赔偿结束以后，平安证券是否有下一步的追偿？

基于此疑惑，本文对于专项赔偿基金的后续报道进行了追踪，笔者发现万福生科专项补偿基金自 2013 年 7 月 11 日起，已经进入清算及审计阶段，剩余资金返还平安证券。与此同时，为了最大限度维护因证券欺诈发行而受损的投资者利益，确保因各种原因未能在基金存续期间内获得补偿的适格投资者仍能够获得补偿，平安证券决定设立 2 个月的后续补偿期（即 2013 年 7 月 11 日至 9 月 10 日），即 2013 年 9 月 11 日为平安证券就该案履行先行赔付义务的最终日期。根据平安证券的声明[2]，"本基金将采取'先偿后追'方式"，即平安证券先行以基金财产偿付符合条件的投资者，再通过法律途径向万福生科虚假陈述事件的主要责任方及其他连带责任方追偿。

但是，笔者经过案例检索发现，无论是搜索"平安证券有限责任公司"还是"万福生科虚假陈述事件投资者利益补偿专项基金"，都没有相关的追偿案件。那么，是不是该基金与其他责任人达成了和解协议，没有启用司法程序追偿呢？笔者又在各个证券信息披露的途径检索，如四报一刊《上海证券报》《证券时报》《中国证券报》《证券市场周刊》《证券日报》，以及巨潮咨询网[3]、深圳证券交易所网站[4]、上海证券交易所网站[5]等，却没有找到关于平安证券或万福生科虚假陈述事件投资者利益补偿专项基金就万福生科案对其他主体追责的信息披露或者报道。对于后续的追偿结果，并无实在的证据佐证，也难以确认其他责任主体是否承担了他们的实际责任，从而真正地实现保荐人先行赔付制度和证券虚假陈述民事责任制度惩治"真凶"的效果。

---

① http://www.wfskjj.com/special.html，最后访问日期：2019 年 3 月 30 日。

② http://stock.pingan.com/a/20130510/2961843.shtml，最后访问日期：2019 年 4 月 1 日。

③ 巨潮咨询网：http://www.cninfo.com.cn/new/index。

④ 深圳证券交易所信息披露总览：https://www.szse.cn/disclosure/index/index.html。

⑤ 上海证券交易所信息披露总览：http://www.sse.com.cn/disclosure/overview/。

（二）欣泰电气案——保荐人先行赔付制度实施后首个实践案例

1. 案情简介

2014 年 1 月 27 日，丹东欣泰电气股份有限公司（以下简称欣泰电气）正式在创业板发行上市。然而，未曾料到的是，表面看似生意亨通的欣泰电气实则内部危机重重。上市前夕，欣泰电气为了实现其能够顺利发行上市的目的，解决公司账目中应收账款余额过大的问题，欣泰电气不惜在其上市的申请文件中做了大量不实的修改，例如，欣泰电气伪造账目往来，通过外部借款，使用自有资金或伪造银行单据的方式虚构出应收账款已经收回的假象。欣泰电气一系列虚假操作致使上市申请文件存在大量财务数据虚假记载。

伪造上市申请文件的公司，尝到了虚假陈述的甜头，又没有与上市申请文件所匹配的发展实力和规划，自然就会为了维持原来的虚假描述外观而不断地作出一次又一次虚假陈述行为。从证监会就欣泰电气案披露的调查公告中可以知道，欣泰电气上市后披露的 2013 年、2014 年年度报告均存在大量账目虚假记载以及重大事项遗漏的情形。欣泰电气的虚假陈述行为最终昭然天下，该公司违反深交所关于欺诈发行或者重大信息披露违法情形的规定①，于 2016 年 7 月 7 日收到了证监会作出的《行政处罚决定书》和《市场禁入决定书》等一系列处罚，欣泰电气及其 17 名现任或时任董监高及相关人员也受到了较为严厉的行政处罚。② 作为欣泰电气上市的保荐机构，兴业证券在处罚决定作出后成立了"欣泰电气欺诈发行先行赔付专项基金"③，并展开了先行赔付工作。

截至 2017 年 8 月 9 日，欣泰电气案专项基金网站上发布的公告内容显示：专项基金赔付工作组已于 2017 年 8 月 3 日将赔付金额划付至与专项

---

① 《深圳证券交易所创业板股票上市规则（2014 年修订）》第 13.1.1 条。
② 《欣泰电气欺诈发行正式作出处罚启动强制退市程序》：http://www.csrc.gov.cn/pub/newsite/jcj/aqfb/201609/t20160926_303915.html，最后访问日期：2019 年 4 月 15 日。
③ 欣泰电气欺诈发行先行赔付专项基金：https://zxjj.sipf.com.cn/investor/，最后访问日期：2019 年 4 月 15 日。

基金出资人达成有效和解的适格投资者的账户中。以此为时间节点，该保荐人先行赔付专项基金针对虚假陈述侵权对投资者的赔付工作已经基本完成了。

2. 后续追踪

根据《北京青年报》报道，通过先行赔付机制预付给投资人 2.37 亿元的中介机构兴业证券，将丹东欣泰电气公司以及为其发行证券、上市出具审计报告的北京兴华会计师事务所直接主管人员，以及为其上市出具法律意见书的东易律师事务所及其主管人员，欣泰电气相关责任人，欣泰电气控股股东辽宁欣泰股份有限公司等 26 名被告起诉到北京市第二中级人民法院，索赔 2.27 亿元。[1]

笔者通过 Alpha 案例库检索后续索赔案例，但由于案件尚未完结，因此无法追踪到最后各个责任主体的责任承担情况。但是值得一提的是，笔者在检索的时候发现，针对欣泰电气欺诈发行，依然有大量证券虚假陈述民事赔偿案件产生，那么法院对投资者提出的虚假陈述侵权民事赔偿请求以及兴业证券提出的追偿请求应该如何梳理及辨明，是检验保荐人先行赔付制度运行情况的下一个重要关注点。

（三）小结

经过上文的分析，保荐人先行赔付制度的实际运行效果并没有达到该制度设计的预期目标，在补偿投资者、节省司法资源以及平衡相关责任主体责任的三个目标的实践中都有缺陷。

---

[1] 刘慎良：《兴业证券起诉欣泰电气控股股东等索赔 2.27 亿》，http://www.chinanews.com/cj/2017/09-21/8336673.shtml，最后访问日期：2019 年 4 月 15 日。

七、对策与建议

（一）证券虚假陈述民事责任主体单一化问题

解决证券虚假陈述民事责任主体单一化问题，不能仅仅依靠保荐人先行赔付制度，而是应合理制定规则，在保障投资者及时获赔的同时，促使当事人选择能够均衡赔偿责任的诉讼路径。笔者认为这样的规则设计涉及两个方面。其一，在实体规则上，证券虚假陈述多层次责任主体的侵权责任分配应当做出调整，即适当加重实际控制人、控股股东的责任，如采取过错推定的责任。其二，在诉讼程序上，法官应利用职权主动查明真正的责任主体，判决其承担按份责任，避免因责任配置不当造成的责任虚化问题。

（二）保荐人先行赔付制度的构建

针对保荐人先行赔付制度的构建，可以参考美国公平基金制度，并在总结该制度优势的基础之上，结合我国国情，完善现有保荐人先行赔付制度。

1. 提高保荐人参与先行赔付的积极性

要增加保荐人先行赔付的积极性，既要有"推力"也要有"拉力"。

"推力"即是在《证券法》层面进一步将保荐人先行赔付制度确认下来，尽管这一步需要更长时间的法理论证，但是要想保荐人履行先行赔付的义务，仅仅靠"自愿"承诺显然是不足的。目前，保荐人先行赔付制度在 2016 年《公开发行证券的公司信息披露内容与格式准则第 1 号—招股说明书》中第 18 条中得到确认，但是这种"保荐人承诺对于因 IPO 发行文件有虚假陈述，给投资者造成损失的将先行赔偿投资者损失"的义务毕竟还只是一种"准强制义务"，从文章所检验的实际效果来看，还是"推力不足"。

"拉力"即配套以激励制度。在保荐人先行赔付制度还处在"自愿"与"强制"交界的时候，采取"好人举手"的办法，给予主动承诺先行赔付的保荐机构以上市绿色通道，让保荐机构在主动承诺的前提下，享受勇担责任的红利，这样，保荐机构既能获得客户认可，又明确自己的责任，忠实勤勉地履行自己的义务，以充分做到既"荐"又"保"，从而实现双赢的局面。

2. 制定完善的保荐人先行赔付标准，避免保荐人过度赔偿而利益受损

保荐人并不是唯一的责任主体，其履行先行赔付义务以后，依然有权向其他责任主体追偿。但是保荐人将面临的重要问题是，其在现行赔付过程中所制定的赔付方案是否能得到法院认可，按照其标准作出的赔付金额，能不能等价追偿？这个问题事关保荐人的追偿权利，唯有司法机关及证券监管部门通力合作，制定一个合理标准或参照方案，让良善的先行赔付者依照此方案即能在先行赔付后得到合理的补偿，这样才能促进保荐机构承担先行赔付的义务。

八、结论

本文对于我国证券虚假陈述民事赔偿责任主体单一化问题通过统计分析的方法进行了验证，并通过定量分析及定性分析的方法，检验了保荐人先行赔付制度的具体运行效果。

总体而言，从赔偿投资者的角度，证券虚假陈述民事赔偿制度得到了积极运用，但是民事责任主体单一化、民事责任主体与行政责任主体严重不匹配的问题，非常突出。从本文对我国保荐人先行赔付制度的运行情况予以实证研究的结论来看，该制度对于节约司法资源，避免大量系列案产生，通过后续追偿均衡证券虚假陈述民事责任，避免责任虚化的作用并没有达到制度设计预期。尽管从赔偿投资者的角度，保荐人先行赔付制度已较好地实现了目标，但从目前的数据分析情况来看，该制度并没有达到避免部分责任主体责任虚化、惩戒有关责任主体、规范证券市场的目标。

本文认为，要实现证券虚假陈述赔偿责任，不能仅通过保荐人先行赔付制度，迫使保荐机构出于市场压力承担超越自身份额的赔偿责任，因为这样的制度无法达到《证券法》设计证券虚假陈述民事赔偿制度的目标。真正能

有效分配赔偿责任的制度，应在实体上对涉案的实际控制人、控股股东采取过错推定的责任承担形式，加重其举证责任，同时在诉讼过程中，法官也应利用职权主动查明真正的责任主体，判决其对在虚假陈述案件中的过错份额、承担按份责任。此外，要合理构建保荐人先行赔付制度，要在法律上对该制度予以确认，并配套以相应的激励措施和保护措施，促进保荐人先行赔付制度顺利实现制度设计目标。

信息披露制度实施结果偏差性之分析及对策

浙江大学光华法学院　郑嘉淇 *

摘　要

注册制背景下，政府对证券市场的事前准入前端放权，为实现保护投资者利益的目的，信息披露制度被寄予厚望，而实践中以监管目的为导向的监管思路过度强调强制披露导致信息披露制度被事实上规避，规避结果与投资者的有限理性共同制约信息披露制度目的的实现，使制度的实施结果发生偏离。应当明确以投资者利益为导向的制度实施理念，投资者对披露的信息享有话语权和决定权，对优质披露主体进行监管激励，使强制披露和自愿披露制度共同发挥市场作用以提高上市公司信息披露的有效性。信息披露制度的实施需要通过政府监管与市场机制的良性互动实现投资者保护的制度目标。

关键词：信息披露制度；投资者导向；市场激励；强制披露；保护投资者

---

* 郑嘉淇，浙江大学光华法学院硕士研究生，研究方向：金融法。

在市场发展和资本加速流动需要的背景下，2019 年 12 月 28 日，经十三届全国人大常委会第十五次会议审议通过的《中华人民共和国证券法》（以下简称新《证券法》）正式全面推行证券发行注册制度，在立法层面实现证券市场的证券发行由核准制向注册制的转变。这意味着监管部门放宽了公开发行证券的门槛要求，对发行人依法公开的资料只进行形式审查，不涉及发行的实质条件。政府之手对市场准入的前端放权，与之对应的结果是符合形式要件的公司即可公开发行上市，增加了证券市场主体的丰富性。于投资者而言，缺少了政府对上市公司信誉与经营能力的背书，投资者只能依靠自身的投资经验和能力，根据发行人公开的资料对股票的价值和趋势进行判断和预测，对投资者的投资理性提出了更高要求。为在证券发行注册制度下保护投资者利益，新《证券法》设专章对信息披露制度进行更加系统化的规定，而书面形式合法合规的披露文件是否能够帮助投资者特别是广大中小投资者进行价值判断和投资决策，有效建立上市公司与投资者之间的沟通渠道？实践中上市公司信息披露的有效性并不理想，信息披露制度的实施结果发生偏离。本文提出上市公司信息披露内容与投资者投资决策需要不相适的问题，通过分析发行人信息披露的内在动因，指出信息披露制实施过程中仍需完善之处，有机结合强制披露与自愿披露制度，充分发挥上市公司信息披露的市场激励机制，使信息披露义务人自发披露价值性信息，与投资者进行良性互动。实现规则辅助市场自律运行，而不是规则决定市场的运行。

一、现行制度下上市公司信息披露仍存在的问题

在我国经济发展的历史背景下，证券市场的发展更多受到政府的管控，证券市场交易秩序的有效运行依赖于政府的支持，缺少市场应有的活力与自律化的特点。证券市场长期来没能形成完善的市场机制，市场主体的行为缺

乏契约精神,对投资者的教育和利益保护等方面没能完全落实。[①]新《证券法》明确规定对证券发行全面推进由核准制向注册制的改革,是政府与市场间关系"去家长化"的重要举措。然而,正如一块硬币的两面,对市场准入事前监管的弱化尊重了市场主体多样化需求,降低上市公司发行证券的成本;而另一方面,由于证券机构不再对公开发行的证券进行价值判断,同时也增加了投资者暴露于上市公司违法违规行为所造成的风险的可能性,投资者利益难以得到保障。因此,与注册制改革相对应,新《证券法》对上市披露信息行为提出更加严格、具体的规定,开设专章对信息披露加以规范,强调要充分披露对投资者作出投资判断和决策必需的重要信息并对内容予以明确,规范自愿披露行为,并确立发行人及控股股东、董监高等人员公开承诺的信息披露制度等,意在保护投资者的知情权,打破上市公司与投资者之间的信息不对称。然而自 2020 年 3 月 1 日新《证券法》实施以来,通过对实践中公开的信息披露文件进行查阅,发现在信息披露领域存在的问题仍没能得到有效改善。

(一)信息输出方披露内容注重形式大于实质

新《证券法》第七十八条规定了强制披露的一般性规定,第七十九至八十一条确定信息披露义务人定期披露义务以及发生对发行证券价格有重大影响事件的临时披露义务,并对"重大性"事件进行详尽列举和兜底规定,第八十四条规范自愿披露行为;在责任承担方面,第八十五条规定信息披露义务人未依法进行信息披露对投资者造成的损失承担赔偿责任,相关直接责任人对投资者损失承担过错推定的连带赔偿责任;第一百九十七条对未按照规定履行信息披露的义务人及相关直接责任人规定了严厉的处罚措施。在信息披露制度下,上市公司承担着输出信息的单方面义务负担和法律责任风险,

---

① 陈洁、孟红:《我国证券市场政府监管权与市场自治的边界探索——基于监管目标及监管理念的重新厘定》,载《南通大学学报(社会科学版)》2020 年第 3 期。

而投资者享有单方面获得信息的权利。且上市公司勤勉履行法定披露义务导致其运营成本即显性成本增加，同时信息披露可能导致商业秘密泄露或披露公司前景预测信息吸引竞争对手加入等。[①] 出于经营策略的考虑，上市公司倾向于对实质上对投资者价值判断和决策十分有利的信息进行规避披露。换句话讲，即使相关法律法规对披露的信息事项进行了详尽和兜底性规定，上市公司仍可基于披露成本和责任风险承担的考虑，在形式上合法、合规的范围内，通过无用信息扩充价值信息，增加文件篇幅进行信息披露。如此履行信息披露义务实际上冲淡了公开信息的价值和信息披露制度的效率性，甚至使信息披露制度的实施效果与制度目的背道而驰。

（二）投资者接收信息的有限理性制约

信息不对称问题是导致上市公司与投资者交易地位悬殊的根本原因，尤其在注册制改革背景下，信息披露制度成为两者之间最主要的沟通渠道。我国投资者类型分布具有不均匀的特点，根据《2019 年度全国股票市场投资者状况调查报告》，截至 2019 年 12 月 31 日，全国股票投资者中自然人投资者已达到 99.76%。[②] 个人投资者在专业知识、投资经验和承受亏损能力等方面远不如经验丰富、抗风险能力较强的机构投资者，应该是法律重点保护的对象。

目前来看，信息披露制度的实施并没有实现帮助投资者有效决策、增加证券市场活力的效果，主要原因在于制度的设计与实施忽略了我国投资者类型分布的特点以及不同类型投资者的专业知识、投资经验等方面的差异，没能进一步给予个人投资者倾斜保护。首先，没有充分考虑法定披露的信息内容是不是投资者重点关注的、能否为投资者判断证券价值和预测趋势提供高

---

① 赵立新：《构建投资者需求导向的信息披露体系》，载《中国金融》2013 年第 6 期。
② 中国证券业协会：《〈2019 年度全国股票市场投资者状况调查报告〉发布 专业机构投资者盈利显著好于自然人投资者》，https://www.sac.net.cn/hyfw/hydt/202003/t20200330_142269.html，最后访问日期：2020 年 11 月 24 日。

效率的帮助。监管者与投资者对信息的需要与价值认定实际上是从不同角度进行考量，注册制下政府之手对市场的干预逐渐弱化，整体的监管环境仍受到"家长式管理"思想的影响，信息披露制度容易被运用为监管部门的监管手段，主要体现为"监管部门代替投资者决定信息披露内容"。[①] 法定披露信息的作用主要是为监管部门监控市场状态、防止发生市场动荡的宏观维稳目的而服务，保护投资者利益处于次要地位。信息披露制度的假设前提是充分的信息更利于帮助投资者进行有效决策，而通过行为经济学的研究可以发现，实践中投资者行为会受到诸多认识偏差的影响，受到有限理性的制约。信息披露制度的发展具体表现为披露信息内容逐渐扩张和丰富，每当证券市场出现市场动荡，监管者归责于上市公司未及时、真实、完整披露重大事项，立法者便将强制披露兜底性规则进一步明确细化并扩充披露条款。[②] 这种回应方式确实能够在一段时间内对证券市场披露行为起积极规范作用，但从长远的角度来看，必定会给证券市场的发展带来新的挑战，细化披露条款不能解决根本问题。投资者特别是个人投资者受到投资者的有限理性和专业知识、经验等方面的制约，面对越来越多的信息更难以筛选、仔细甄别价值信息而易于做出非理性投资选择，在以追求获利为目标的证券市场背景下，投资者的选择趋于一致性，最终结果是信息披露制度难以调整市场整体的非理性现象。[③]

二、信息披露问题分析

（一）信息披露制度的实施以监管目的为导向

国家推进证券发行的注册制改革进程，旨在追求证券市场发展的效率价

---

① 程茂军：《上市公司信息披露法律规制研究——以中小投资者信息需求为视角》，华东政法大学 2017 届博士学位论文。

② 李虹旭：《信息披露监管：强制披露的困境与优化路径》，载《重庆行政》2020 年第 4 期。

③ 梁伟亮：《科创板实施下信息披露制度的两难困境及其破解》，载《现代经济探讨》2019 年第8 期。

值，使市场能够回到自由市场本身应有状态。同时，为保护金融市场的安全，政府初步放宽市场准入的证券市场，向发行人提出更高要求的信息披露义务这一市场治理思路符合金融监管的逻辑，而实践中问题产生的原因在于信息披露制度的设计过度强调了强制信息披露的作用，直接导致信息披露制度的实施实际上是以达到监管部门监管目的为导向。上市公司为了满足监管要求、规避法律责任而披露信息，监管部门为了审查信息披露义务人是否按照法定要求向证券市场公开信息而进行监管，使信息披露制度的实施偏于形式化，信息披露义务人披露信息的意愿不强烈甚至存在抵触情绪，利用公开无用信息冲淡价值信息等手段使信息披露目标难以实现。

投资者则成为上市公司与监管部门对信息披露制度遵守与监管博弈之负面结果的最终承受者。其一，面对上市公司采取规避信息披露策略而公开的信息，越来越疲于对文件内容的仔细研读和挖掘价值信息，容易出现跟风投资、整体市场非理性的投资行为。现行信息披露制度的实施不仅难以培养我国广大中小投资者去成熟投资，信息披露制度失灵导致的投资者的羊群行为也不利于证券市场的稳定。其二，上市公司公开的文件内容主要满足于监管部门代替投资者决定披露的信息要求。信息披露直接目的在于消除上市公司与投资者之间的信息不对称，在消除信息不对称过程中，投资者对信息的需求和理解对于信息公开、传递的结果具有同等重要意义。[1] 由于缺乏监管部门与投资者、投资者与上市公司的沟通渠道，投资者信息需求难以得到回应，保障投资者权益的制度目标处于不确定的状态。根据深交所通报的 2016—2019 年度上市公司信息披露考核结果统计数据显示，考核结果为 A 类和 B 类的公司总数均达到 80% 以上，总体高于考核结果为 C 类和 D 类公司总数。[2]

---

[1] 郭雳：《注册制下我国上市公司信息披露制度的重构与完善》，载《商业经济与管理》2020 年第 9 期。

[2] http://www.szse.cn/aboutus/trends/news/t20170623_519016.html, http://www.szse.cn/aboutus/trends/news/t20180702_553429.html, http://www.szse.cn/aboutus/trends/news/t20190628_568289.html, http://www.szse.cn/aboutus/trends/news/t20200904_581285.html, 最后访问日期：2020 年 11 月 24 日。

而对投资者群体的调查显示，投资者对上市公司披露信息的有效性普遍不高，① 根据《2018年度全国股票市场投资者状况调查报告》显示，强化信息披露规则仍然是投资者对投资者保护举措的重点关注方面。②

（二）证券市场中有效信息披露激励机制的缺失

根据新《证券法》规定，信息披露制度包括强制信息披露规则与自愿信息披露规则，通过两规则的结合共同规范证券市场信息披露行为。强制披露规则使信息披露义务人负有法定信息披露义务，必须依照法律规定进行定期和临时信息披露；自愿披露规则赋予信息披露义务人有选择性地披露与投资者决策和价值判断有关信息的权利，但自愿披露内容不能与依法强制披露的信息相冲突。强制披露规则是信息披露制度实施和发挥功能的主要支撑，使上市公司强制披露与投资者价值判断和投资决策具有重大相关性的信息，对提高证券市场的交易效率有积极影响。自愿披露作为强制披露的辅助规则，以树立公司形象、提高市场竞争力等市场激励为动机。从经济学角度看，证券市场本质上是信息市场，证券市场的交易依靠信息的输出与接收，真实准确和完整及时的信息能使市场主体公平博弈，实现市场的资源配置。上市公司在履行法定披露义务之外合法自愿披露信息，向广大投资者发出了有利信号，间接体现公司经营能力和对突发事件等的处理能力，更能得到投资者的信赖。

在我国证券市场中，信息披露制度实施的现状是重视强制披露，体现为规则的细化和对法定披露义务监管的严格性，制度实施过程中缺乏对信息披露有效市场激励机制的关注和构建。监管部门的监管主要体现对信息披露义务人的负激励，新《证券法》对信息披露义务人和相关直接责任人违法违规披露信息课以严厉的处罚，高代价的违法后果迫使信息披露义务人遵守制度

---

① 赵立新：《构建投资者需求导向的信息披露体系》，载《中国金融》2013年第6期。

② http://www.199it.com/archives/857146.html，最后访问日期：2020年11月24日。

规定以回应证券市场信息资源的需求，而目前的监管方式缺乏对信息披露义务人规范披露的激励措施，这种只罚不奖的模式是证券市场中披露意愿普遍不高的重要原因。市场主体具有自利性，以追求市场利益最大化为目标，对于上市公司而言，选择性地披露利好信息是最符合自身利益的，但不能保证证券市场交易的效率、公平与安全。遵守信息披露制度，是上市公司稳固市场地位，使其不被清理出局而作出的妥协与让步，制度设计本身对上市公司而言几乎没有利益激励，若在监管方式上一味施压，会使信息披露义务人因过重的成本负担而产生规避心理，同时伴随自愿披露的意愿也不强烈。经过监管部门与上市公司关于信息披露制度监管与遵守的"对抗"，从投资者角度，面对大量甚至是被信息披露义务人巧妙处理的公开信息，其筛选价值信息更加困难，同时受到核准制度下对政府较强依赖性的影响，投资者对披露信息的关注度很难提高，也不利于形成信息披露与市场激励的良性循环机制。

三、信息披露问题之解决

（一）监管思路应以实现监管目的为导向转变为以投资者利益为导向

在采取措施解决上述问题之前，首先需要对监管思路予以转变。信息披露的目标是以投资者保护为本位，而从目前来看，信息披露制度的实施仍是以实现监管目的为导向，这是制度的现实效果与制度目标出现偏差的主要原因。信息披露的实施以实现监管目的为导向的情况下，监管部门会对强制信息披露做刚性要求，严格追求披露内容的合法合规性，使披露义务人花费大量成本进行信息披露活动，且不能获得与成本相对应的市场激励，与其趋利性特征不符的行为容易造成披露义务人的抵触情绪，转而利用"重大性"认定标准的模糊性，对信息进行显性规避（不再披露本可以自愿披露的有利投资者决策的价值信息）和隐性规避（填充无用信息掩盖价值信息）。以投资者利益为导向实施信息披露的情况下，披露的信息内容充分考虑投资者的需求，同时监管机构对强制信息披露采取软化措施，允许上市公司出于合理目的的考虑而不披露某一范围的信息，并对投资者公开说明情况。且优质的信息披露更能吸引投资者，上市公司披露成本适当减少，为塑造公司形象以取得市场优势，产生自愿披露的动力，倾向于公开强制披露义务以外的价值信息为投资者提供判断依据，从而活跃证券市场的交易活动，增强市场的自律性。

（二）具体措施

1. 对优质披露主体给予监管激励

市场主体的趋利性思维决定了信息披露制度的实施与上市公司选择性披露的偏好相左，且处于市场优势一方的上市公司单方面负有披露义务并承担披露成本，监管部门期待通过对违法披露的义务人和相关直接责任人员课以重罚起到威慑作用，以加快完成市场活动中信息披露规范的全面落实。在对信息披露制度实施的大力监管过程中却出现通过法律手段难以解决的问题，主要原因在于制度监管缺乏激励手段。上市公司自愿高标准的披露行为目前缺乏奖励和激励措施，信息披露只要达到法律规定的一般标准，即能规避法律的责难。在我国投资者教育和成长尚未成熟的背景下，投资者对披露信息的关注度并不高，优质的信息披露行为所付出的成本不能通过获得的市场关注与激励回馈而弥补或获利，不符合市场主体的利益偏好，那些有能力披露价值信息的公司往往不愿在信息披露方面达到更高标准。因此，监管部门需要构建对优质信息披露主体的激励机制，证监会、交易所定期对上市公司披露文件进行考核并公布①，统计连续获得年度 A 类考核结果的公司名单并对外公布，考核标准需要同时兼顾合法性和投资者满意程度。在权威机构官网上的公开意味着权威机构的肯定，能使高标准披露信息的上市公司获得更多市场关注和青睐，这一举措能够吸引信息披露义务人为获得该市场激励利益

---

① 目前深交所的信息披露考核仅公布考核结果为 A 类和 B 类、C 类和 D 类公司的整体占比，有些公司会在披露文件中对本公司信息披露考核结果进行说明。

而高标准实施信息披露，从而改善目前信息披露制度的实施现状。

2. 软化强制披露规则，拓展自愿披露适用空间

我国主要以政府监管和市场机制两种手段维持金融市场秩序稳定，为保证市场活力与健康发展，应以监管手段辅助和巩固市场机制的形成，对经济市场的调整而言，加强监管与尊重市场两者的权衡是永恒的论题。同样的矛盾也体现在信息披露制度中，强制披露规则依靠监管部门的监管规范义务主体的法定披露行为，自由披露规则更多以市场自律和披露主体获得激励的动机作为实施驱动力，两规则在信息披露制度实施过程中应各有侧重以共同发挥出最大效益。在推进注册制改革背景下，政府重点关注信息披露制度在市场的作用。实践中制度实施的偏差在于监管部门只对上市公司履行强制披露义务进行刚性监管，忽略自愿披露制度的作用，对"重大性"标准不断深入释明，扩充强制披露条款，试图通过囊括所有对投资者判断与决策有重大影响的情形实现信息披露制度的目的，如前所述，结果是给上市公司与投资者都带来巨大考验。因此，应当有效结合强制披露与自愿披露规则，共同在市场中发挥作用，探寻市场与监管权力边界的最优解，通过政府与市场的有效互动实现保护市场投资者利益的最终目标。[①] 在监管过程中，视情况考虑对强制披露制度的实施作缓和处理，允许公司解释不披露原因，经监管部门审核认为合理后向投资者进行公开说明，减轻上市公司对信息披露的抵触情绪，促进上市公司的披露行为由合规性披露向价值性披露的转变。通过监管激励和软化强制披露等措施增强上市公司自愿披露的驱动力，引导进行规范的自愿披露行为以获得市场激励，从而实现市场自发的信息披露与良性的交易机制。

3. 建立上市公司与投资者间有效沟通渠道

信息披露制度的实施中出现以达到监管目的为理念的偏移，没有充分考

---

① 陈洁、孟红：《我国证券市场政府监管权与市场自治的边界探索——基于监管目标及监管理念的重新厘定》，载《南通大学学报（社会科学版）》2020年第3期。

虑投资者的信息需求和接受程度，上市公司形式化履行披露义务，对信息披露的受众产生认识错位。[1] 在监管机构与上市公司的互动中，投资者被排除在外，信息披露制度的实施没能实现制度设计并保护投资者利益，发挥其市场功能的初衷。信息披露是以保护市场投资者利益为根本出发点，目的在于消除市场交易过程中上市公司与投资者间信息不对称问题，只有上市公司提供投资者需要的信息，并能被投资者有效理解并运用于投资决策，帮助投资者提高投资理性，才能真正解决信息不对称的问题。目前信息披露制度下，上市公司信息披露过程为：首先上市公司发布披露文件；其次监管机构审核文件；最后投资者接收信息。信息实现从上市公司到投资者的单向传递，缺少投资者向上市公司反馈信息需求的途径，是导致制度的实施没能实现以投资者为重心的主要原因。因此，为优化信息披露的实施，需要建立信息提供方与信息接收方的有效沟通渠道。首先，应加强上市公司信息公示平台的建设，使披露信息集中上网公开；其次，在实现披露信息全面电子化和集中化的基础上，为方便投资者检索查阅信息，应做好披露信息的按序分类处理工作，帮助投资者对披露的信息一目了然；最后，在信息公示平台中设计针对投资者的调查问卷，在投资者浏览公开信息之后，调查其对上市公司信息公开的满意程度与信息是否有用，收集有效投资者反馈数据，此过程应受到监管部门的监督，进而依据统计数据对上市公司的信息披露情况进行改善。

四、结语

我国证券市场注册制改革不断深入，证券市场的监管重心转向对上市公司是否依法履行信息披露义务的审查，是保护投资者利益、维护证券市场交易效率、公平与安全应有的监管逻辑。而在监管实践中对上市公司的强制信息披露义务采取严格标准和强硬态度，认为上市公司披露了法律规定的内容，

---

[1] 甘培忠、夏爽：《信息披露制度构建中的矛盾与平衡——基于监管机构、上市公司与投资者的视角》，载《法律适用》2017 年第 17 期。

便能帮助投资者进行更准确的判断，进而达到提高市场的交易效率和维护市场稳定的积极目的。实际上忽略了上市公司的逐利趋向和投资者的有限理性，上市公司不能从披露行为获得激励，考虑到披露成本和信息的市场影响性，对强制披露的信息中的不利信息采取掩盖手段，自愿披露有利投资者判断的信息意愿不强烈。投资者面对公开的信息即面临着信息掩盖陷阱，同时信息的筛选与判断和投资行为受有限理性的制约，不能有效利用信息，导致信息披露制度的价值不能实现。解决问题的关键在于信息披露制度的实施要以投资者需求为导向，明确信息披露制度中强制披露制度与自愿披露制度要共同发挥作用，应同时对两规则的功能和价值进行挖掘，使政府监管与市场机制的相互作用最大效率地调整证券市场。提高上市公司信息披露有效性的具体措施包括：第一，对优质披露主体给予监管激励，提高上市公司披露价值信息的驱动力。第二，软化强制披露规则，拓展自愿披露适用空间，有利于形成市场优质信息披露与高效率交易的良性循环。第三，建立上市公司与投资者间有效沟通渠道，信息的受众是投资者，投资者能有效通过披露的信息进行更优的决策，才能真正解决交易主体之间信息不对称的问题。

证券法自愿信息披露制度研究

杭州市中级人民法院　苏彧楠 *

摘　要

证券法本质上就是信息披露法，现行《证券法》第八十四条正式引入了自愿信息披露制度，该条文要求信息披露义务人披露与投资者作出价值判断和投资决策有关的信息。然而现行的自愿信息披露制度使披露者面临着披露内容广泛而模糊、披露标准趋于严格的挑战；投资者也因上市公司披露状况不佳而无法满足其对个性化信息的需求；监管者面临缺乏系统监管规范、监管不足等困境。尽管披露行为自愿，但披露的信息仍然需要满足信息披露的基本原则。为了促进上市公司在尽可能高质量地进行自愿信息披露的同时保护投资者利益，上市公司应守住底线，实现信息披露内容透明化。广大投资者发挥群体智慧的效应，使非主流自愿信息披露能够实现与主流强制信息披露相匹配的长尾效应。监管者之间明确分工，推进分类监管，规范监管制度体系，设置自愿信息披露免责条款，激发上市公司自愿信息披露的积极性。

关键词： 自愿信息披露；强制信息披露；群体智慧；分类监管；免责条款

---

* 苏彧楠，供职于浙江省杭州市中级人民法院民一庭，专注于金融及民商事法律实务。

一、引言

证券市场长期存在信息不对称的困局，为了解决该困局，才会有信息披露制度来缓和信息不对称给投资者和证券市场造成的不利影响。而信息披露制度又分为强制信息披露和自愿信息披露，强制信息披露的目的是让投资者和市场获得与证券价格有关的基本信息，不存在选择的问题，属于法定的必须披露的信息。自愿披露的信息仅限于与投资者作出价值判断和投资决策相关的信息，是否披露由信息披露义务人自主决定。2020年正式实行的《证券法》第八十四条正式确立了自愿信息披露的法律地位，自愿信息披露成为强制信息披露的重要补充。2020年3月15日晚间，泰和科技、秀强股份、雅本化学均公告，因公司涉嫌误导性陈述等信息披露违法违规，被证监会进行立案调查。这三家公司共同点是均为热门概念股，且均公开说明过公司的业务情况涉及与特斯拉的合作、新冠防疫等热门事件，引发股价大涨。这三家虽确实有涉及市场关注的相关业务，但均未表明业务收入占比情况及事件对公司业务收入的影响程度，且在股票连续涨停中未提醒相关风险，涉嫌误导性陈述。这三家公司是新《证券法》实施后首批被证监会开出罚单的上市公司。2020年11月24日，上海证券交易所发布《上市公司自律监管规则适用指引第3号—信息披露分类监管》，第十三条明确上市公司披露信息不得利用市场热点进行概念炒作。这意味着我国证监会开始加强对上市公司自愿信息披露事项的监管，自愿信息披露开始成为实践和理论研究的热点。

二、自愿信息披露制度的基础

（一）信息自愿披露法律关系分析

法律关系是以法律规范为基础形成的、以法律权利与法律义务为内容的社会关系。法律关系的构成要素包括主体、客体和内容。法律关系主体是指法律关系中享有权利和履行义务的人，即包括权利主体和义务主体。法律关系客体是指法律关系主体的权利和义务所指向、影响和作用的对象。在法律实践中，法律关系客体的具体形态多种多样，大体包括物、人身、人格、智力成果、行为、信息[①]等其他客体。其中作为法律关系客体的信息，是指有价值的情报或资讯。[②]法律关系的内容是权利和义务。

自愿信息披露是指除强制性披露的信息之外，上市公司基于公司形象、投资者关系、回避诉讼风险等动机主动披露的信息，如管理者对公司长期战略及竞争优势的评价、环境保护和社会责任、公司实际运作数据、前瞻性预测信息、公司治理效果等。[③]根据我国新《证券法》第八十四条"除依法需要披露的信息之外，信息披露义务人可以自愿披露与投资者作出价值判断和投资决策有关的信息，但不得与依法披露的信息相冲突，不得误导投资者"的规定，可以对自愿信息披露法律关系作出如下分析：

自愿信息披露法律关系的主体是信息披露法律关系的参与者，包括信息披露的权利人（投资者）和信息披露的义务人（包括发行人、董监高等）。信息披露制度具有权利义务单向性特点，信息披露义务主体只承担信息披露的义务和责任，权利主体（投资者）只享有获取信息的权利。自愿信息披露义务作为一种非强制性义务规定，需要依照法律对此专门规定。

自愿信息披露法律关系的客体是信息。根据新《证券法》规定，信息披露义务人自愿披露与投资者作出价值判断和投资决策有关的信息。当然，自愿信息披露排除强制信息披露的内容。信息存在的方式有公开和不公开两种方式。不公开情况下信息可以为所有权人拥有，从而享有对信息的支配和控制。公开情况下信息不归所有权人拥有，所有权人不再享有所有权，信息成

---

① 《中华人民共和国网络安全法》第四十四条：任何个人和组织不得窃取或者以其他非法方式获取个人信息，不得非法出售或者非法向他人提供个人信息。该条文已经把信息作为法律关系的客体予以保护。在互联网时代，信息在法律关系客体中地位越来越重要。

② 张文显：《法理学》，高等教育出版社2018年版，第152—159页。

③ 根据2001年美国财务会计准则委员会（FASB）发布的《改进财务报告：增加自愿信息披露》报告："自愿信息披露是指上市公司主动披露的，而非公认会计准则和证券监管部门明确要求的基本财务信息之外的信息。"

为"公共物品"①，并且无法恢复未公开之前状态。违反信息披露制度不存在对信息本身的破坏，而是破坏了权利人对信息的知情权，从而破坏了权利人利用信息作出对自己有利决策的机会。投资者对信息享有的是在公开条件下获得使用权利，非公开情况下享有知晓权利。

自愿信息披露法律关系的内容是权利和义务。信息披露的义务人有权利自愿披露与投资者作出价值判断和投资决策有关的信息，披露与否取决于信息披露人自己，而投资者有权要求义务主体对其自愿信息的真实性负责。《证券法》的基本理论是通过公开披露方式帮助投资者知情，保护广大中小投资者。《证券法》保护社会公众投资者的知情权，自愿信息披露与强制信息披露一起构成我国信息披露制度，共同保障投资者知情权，发行者必须对其自愿公开发行信息真实负责。如果义务主体未履行其职责，致使公开信息失真，也就侵犯了投资者的知情权，须承担法律责任。②

（二）自愿信息披露的构成要件

证券法的核心是信息披露制度，证券法专章设置信息披露外，新增自愿信息披露条文，从内容上进一步充实完善信息披露制度。根据新《证券法》第八十四条规定，自愿信息披露有以下四个构成要件：

一是披露的主体是信息披露义务人。《证券法》第七十八条规定："发行人及法律、行政法规和国务院证券监督管理机构规定的其他信息披露义务人，应当及时依法履行信息披露义务。"结合我国证券监督管理机构对信息披露义务作出的各项具体规定，信息披露义务人的范围主要包括：证券发行人、上市公司及其控股股东、实际控制人，上市公司的董事、监事、高级管

---

① 公共物品是经济学名词，公共物品是可以供社会成员共同享用的物品，严格意义上的公共物品具有非竞争性和非排他性。非竞争性，是指某人对公告物品的消费并不会影响其对其他人的供应，即在给定的生产水平下，为另一个消费者提供这一物品所带来的边际成本为零。所谓非排他性，是指某人在消费一种公共物品时，不能排除其他人消费这一物品（不论他们是否付费），或者排除的成本很高。

② 朱锦清：《证券法学》，北京法学出版社 2011 年版，第 122 页。

理人员，收购人，专业机构及其相关人员，受托管理人和资信评级机构等。根据该条规定，自愿信息披露的主体是信息披露义务人，也即自愿信息披露的主体本身就具有强制信息披露义务。此时，对于同一主体，其强制披露的信息和自愿披露的信息可能会适用不同的规则。

二是披露方式是自愿，披露者有选择是否披露的权利。区别于强制性信息披露，信息披露义务人没有选择的权利，强制信息披露义务人必须按照法律规定进行披露。这也就意味着，自愿信息披露在法律对自愿信息披露无更具体的规定下，义务人会选择性披露对其有利的信息，对其不利的信息选择不披露，从而也就无法满足自愿信息披露内容是要达到对投资者而言有利，而可能对信息披露者不利的消息。

三是自愿信息披露的内容是与投资者作出价值判断和投资决策有关的信息。根据经济学信号理论，作为信源的信息披露义务人所披露的信息质量、信息在信道中的传递速度、受体接收并处理信息的效率都会影响到投资者形成投资决策。从投资者角度，何为与价值判断和投资决策有关的信息？从狭义的角度理解，主要指的是公司经营和财务信息，简单来说也就是披露与钱有关的信息，然而这些信息也属于强制信息披露范畴，那么是否自愿信息披露的内容应该是属于比较"冷门"的信息，未被强制信息披露所要求的公司环境保护和社会责任等会影响公司的价值的部分。随着国家政策引导，越来越注重此方面作为影响公司形象却无法具体量化的因素。从宽泛的意义上理解，公司管理层的基本信息、公司关于未来的经营战略等不可观测、不可证实的因素，以及随着社会的变化，披露的内容也会随着民众的需求而增加，当科技作为影响金融的核心力量时，科技信息成为不可排斥的部分，也可能对投资者作出价值判断和投资决策产生影响。从整个证券法的信息披露专章可见，强制披露的信息范围采用了"概括＋列举"方式进行界定。该条第一款概括规定"价格重大影响"的基本标准，第二款列举了12种强制披露的信息，两款共同反映"价格较大影响"的要求。除此以外的信息均属于自愿披露的信息范围。

四是自愿信息披露的限制：不得与依法披露的信息相冲突；不得误导投资者。这意味着，自愿信息披露不得与强制信息披露的要求相冲突。从我国证券监管法律法规来看，对自愿信息披露的限制远不止此，需要在信息披露真实、准确、完整等基本要求的基础上，进一步满足及时性、一致性、明确预测依据并提示风险等诸多要求。

自愿信息披露发展过程经历三个阶段[①]，目前处于"强制披露，自愿为辅"，随着我国逐步搭建起多层次资本市场，以及众多企业对融资的需求和投资者对投资多元化的需求，投资者对自愿信息披露的呼声也愈加强烈。在强制信息披露之外，本着有利于投资者作出价值判断和投资决策，在立法上就应当允许乃至鼓励自愿信息披露。不管是主板、中小板的上市公司，还是互联网金融领域的小微企业，均有更强的动机自愿披露信息来吸引投资者。而自愿信息披露相比较于强制信息披露统一化且庞杂的海量信息，更能针对潜在投资者披露相关信息，让信息就像消费者对定制商品一样也可以满足投资者的个性化和有效性需求。

三、自愿信息披露制度面临的挑战

自愿披露是信息披露中的重要组成部分，但往往处于被忽略状态，新《证券法》第八十四条才将自愿披露制度的主体、内容、标准明确在条文中，但由于自愿信息披露条文散落在其他法律文件，法律层面的证券法又唯有一个

---

① 第一阶段以自愿信息披露为主导。根植于西方社会的 laissez-faire 和自由市场理念，使得政府部门在 20 世纪初并没有直接介入上市公司的信息披露行为，而主要由上市公司自身决定披露什么信息、何时披露信息以及向谁披露信息。第二阶段以强制信息披露为主导。伴随着"大萧条"经济危机的爆发，经济学界开始重新反思提倡自由竞争、反对政府干预的主流理论；经过张伯伦革命、凯恩斯主义和预期理论的洗礼，如今新古典主义经济学的理论框架逐渐得以确立。而为了规范资本市场的运作，遏制资本市场的欺诈行为，以美国制定 1933 年《证券法》和 1934 年《证券交易法》为标志，世界主要国家或地区的信息披露方式均实现了自愿披露向强制披露转变，作为自律组织的证券交易所也强化了上市规则的执行力度。第三阶段，则逐渐形成了"强制披露，自愿为辅"的信息披露制度体系。

条文的情况下，证券市场的参与者都将面临两难的挑战。对信息披露者而言，面临着内容广泛而模糊、内容和标准趋于严格化的挑战。对投资者而言，又面临着上市公司信息披露状况不佳导致对自愿信息披露的需求无法满足的局面。对监管者而言，又面临着缺失完备监管举措，存在监管空白的局面。

（一）对信息披露义务人的挑战

1. 内容广泛模糊

本次新修改的《证券法》，以投资者视角规定与投资者作出价值判断和投资决策有关的信息为自愿披露信息。显然，相比强制信息披露以"重大事件"[①]为指标的客观性标准，自愿披露站在投资者角度进行主观判断，这对于成文法国家而言不利于司法实践，容易导致此类案件存在同案不同判的局面。由于对价值判断和投资决策范围的理解过于宽泛，越来越广的投资主体开始聚焦上市公司自愿性信息披露的内容和质量，尚未对自愿性信息披露的内容以及分类进行具体规定，没有对上市公司应该如何开展自愿性信息披露进行指导。上市公司为吸引眼球、谋求短期利益，往往出现"蹭热点""发广告"等情形，背离自愿信息披露的初衷。

2. 内容和标准趋于严格

从目前与《证券法》相对应的法律文件可见，选择自愿披露需要满足类似于强制披露信息的标准。《全国中小企业股份转让系统挂牌公司信息披露规则》[②]与现行《证券法》的规定基本一致。但新《证券法》实施后，两大

---

① 参见《中华人民共和国证券法》（2020 年修订）第八十条。

② 《全国中小企业股份转让系统挂牌公司信息披露规则》（2020 年修订）第六条："除依法或者按照本规则和相关规则需要披露的信息外，挂牌公司可以自愿披露与投资者作出价值判断和投资决策有关的信息，但不得与依法或者按照本规则和相关规则披露的信息相冲突，不得误导投资者。"

证券交易所又各自制定执行通知①，《深圳证券交易所上市公司规范运作指引》②则用更为具体严格的规定完善自愿性信息披露相关规定。对于预测性信息，要用明确的警示性文字列明相关的风险因素以起到提示的作用，对于其他自愿披露信息，不仅需要保证信息的完整性、持续性和一致性，不得误导投资者，还要对所披露的信息进行及时公告更新。既然如此规定，自愿信息披露与强制信息披露又有何区别之处？如果认为自愿信息披露的要求应当区别于强制信息披露，则有必要在《证券法》中将两者并举，分别规定需要满足什么样的要求，否则会产生规则适用的混乱。因此，有学者主张作为首次出现在《证券法》上的自愿信息披露，并不能沿用现有理论中适用于强制披露的标准。③

（二）对投资者的挑战

披露信息存在瑕疵往往表现为对重大事件信息虚假记载、未按规定披露、误导性陈述、信息遗漏等，也就是所谓证券市场虚假陈述。虚假陈述属于证券市场欺诈行为中的一种，并且是最为基础的侵权行为，其他证券市场欺诈

---

① 上海证券交易所和深圳证券交易所在各自制定的《关于认真贯彻执行新〈证券法〉做好上市公司信息披露相关工作的通知》中一致规定："信息披露义务人按照新《证券法》第八十四条规定，自愿披露与投资者作出价值判断和投资决策有关的信息，不得与依法披露的信息相冲突，不得误导投资者。信息披露义务人披露自愿性信息，应当符合真实、准确、完整、及时、公平等信息披露基本要求。此后发生类似事件时，信息披露义务人应当按照一致性标准及时披露。"

② 《深圳证券交易所上市公司规范运作指引》（2020年修订）5.2.23条："除依法需要披露的信息之外，信息披露义务人可以自愿披露与投资者作出价值判断和投资决策有关的信息。进行自愿性信息披露的，应当遵守公平信息披露原则，保持信息披露的完整性、持续性和一致性，避免选择性信息披露，不得与依法披露的信息相冲突，不得误导投资者。当已披露的信息情况发生重大变化，有可能影响投资者决策的，应当及时披露进展公告，直至该事项完全结束。"5.2.24条："自愿披露预测性信息时，应当以明确的警示性文字，具体列明相关的风险因素，提示投资者可能出现的不确定性和风险。"

③ 李有星、康琼梅：《论证券信息自愿披露及免责事由》，载《社会科学》2020年第9期。

行为与此密切联系。① 证券市场上长期存在披露质量不高、披露意愿不高、披露数量少、披露时效性差等问题，然而再加上当下趋于严格化的自愿信息披露，更加损害披露者的积极性，根据报道，2020 年进行自愿性信息披露的上市公司仅占 3%。②

根据长尾理论，投资者对主流市场强制披露信息之外的潜在需求，也就是非主流市场的自愿信息披露，可汇聚成与主流市场相匹敌的市场需求。③从大趋势看，上市公司披露的信息越多，越有利于投资者了解和认知一家公司，从而作出投资决策。融资难问题一直是企业长期面临的问题，很多时候企业为了短期利益，降低公司经营不确定性，未意识到自愿性信息披露对公司的长远好处，从而未发挥自愿信息披露价值，再加上自身及外在因素制约，主动披露信息意愿就会大大降低。公司即便主动披露，也尽量往好的方向进行披露，对坏消息进行延迟发布，从而导致披露信息不够完整，不够及时。本次证券法在信息披露标准中把及时放置首位，突出证券市场及时披露信息的重要性。即便在强制信息披露要求下也未能达到及时性效果，在自愿信息披露下，往往就更难。正是因为上市公司信息披露存在上述不佳状况，无法满足投资者对自愿信息披露的需求，使得投资者在作出价值判断及投资决策时无法进行有效判断，甚至存在被"蹭热度"的概念股所带偏，对投资者而言无疑是一场挑战，无法发挥自愿信息披露对投资者的有利效果。

① 证券市场欺诈行为是指在证券发行和交易市场发生的各种侵权行为的统称，包括虚假陈述、内幕交易、操纵市场、欺诈客户等四大类。操纵市场往往与虚假陈述相呼应，任何市场操纵者若没有与上市公司、中介机构甚至传播媒体等相勾结，要想在证券市场获得非法暴利是完全不可能的。内幕交易与虚假陈述也有千丝万缕的联系，内幕交易的结果相对于广大非内幕投资者，本质上也是一种信息虚假。参见李国光：《最高人民法院关于审理证券市场虚假陈述案件司法解释的理解与适用》，人民法院出版社 2015 年版，第 43 页。
② 张宝莲：《鼓励上市公司自愿信披，不是随意披露》，载《每日经济新闻》2020 年 7 月 31 日第 6 版。
③ [美] 克里斯·安德森：《长尾理论》，乔江涛、石晓燕译，中信出版社 2015 年版，第 188 页。

（三）对监管者的挑战

我国证券法形成已经走过了 20 多年，初步形成了证券法－相关行政法规－部门规章－规范性文件的规范体系。但是通过现行法律法规等规范性文件可以看出，侧重对强制性信息披露的规范，而自愿信息披露相关规定散落在各个条文中，法律文件中多有重复，多为原则性规定，缺乏可操作性，无法建立起一整个框架。即便是刚修改的证券法也仅仅只有一个条文，并没有一套切实可行的监管方案。对监管层而言，造成无法可依的局面。监管层历来侧重对强制信息披露的监管，而缺乏对自愿信息披露的监管，容易导致对自愿信息披露事项监管空白的局面。互联网时代，信息纵横交错、纷繁复杂，同强制性信息一样，自愿性信息也需要监管，而不能让自愿信息变成选择性信息、任意性信息。此外，由于监管部门监管事项十分繁杂以及监管资源有限，其很难有精力对上市公司自愿性信息披露进行有效监管。中国证券业协会以及证券投资者保护基金公司等自律性组织对上市公司信息披露尤其是违规自愿性信息披露行为的自律监管也相对薄弱。社会中介机构如开展证券咨询的会计师事务所和律师事务所等受制于各方面因素，在上市公司自愿性信息披露方面难以起到应有的作用。

四、完善我国自愿信息披露制度的建议

（一）上市公司披露规范化

1.守住自愿信息披露底线

信息披露是上市公司向投资者展现公司的"窗口"。自愿披露信息作为强制性信息披露的有益补充，在符合成本收益的经济法则情况下，应当是以服务投资者决策为目标的有价值信息，协助投资者提高解读强制披露信息的能力。[1] 因此，只要信息披露义务人作出自愿披露，就应当避免与强制信息

---

① 侯子龙：《自愿性信息披露如何有效开展？上市公司透明度改进的关键一步》，载《董事会》2020 年第 9 期。

披露的五大基本标准相冲突。即公司披露自愿性信息事项时，应当符合及时、真实、准确、完整、公平等信息披露基本要求，注意避免"蹭热点"。公司董秘应当认真承担自媒体信息披露的审查责任，既要避免与法定信息披露冲突，也要确保自愿披露实现及时和公平保护投资者的目的，避免给公司和投资者利益造成损害。

2. 披露内容透明化、差异化

明确自愿信息披露列表，防止利用自愿信息披露，导致市场出现无效披露现象，提高公司信用。对于自愿信息披露内容按照不同方面进行列表，提高投资者采集信息的效率。从内容上看可以分为行业特征信息和企业特征信息。行业特征信息指某行业内企业普遍会披露而其他行业不会披露的信息（如银行、石油、房地产行业）[1]。企业特征信息指某企业因自身财务运营、生产经营、公司治理、社会责任等方面的特殊性自愿披露其他企业较少涉及或不涉及的信息（如衍生金融工具）[2]。信息披露方式透明度可以在一定程度上倒逼公司自我驱动自我修正，从而不断完善我国自愿信息披露制度。在大众目光持续投向强制信息披露的同时，也需要重视自愿信息披露所能够带来的意想不到的效果。当然，自愿信息披露的内容不断完善，需要社会大众投资者与公司之间不断交流与磨合，从长期的资本市场实践中得出经验，加强市场的决定性作用，使得证券强监管局面得以改善，证券发行注册制得以在证券法中立足，正是基于发挥市场的作用。

（二）发挥投资者群体智慧

新证券法的颁布，监管层在鼓励上市公司自愿性信息披露。证监会对多家上市公司基于信息披露违法行为所开具较往年更多的罚单行为中，可以看出监管层在规范与重视证券信息披露环境。互联网时代，除了监管层在对投

---

[1] 2011 年 11 月起，财政部陆续颁布的行业扩展分类标准对该部分信息进行了规范。

[2] 陈宋生、田至立、岳江秀：《自愿性信息披露越多越好吗？——基于 XBRL 扩展分类标准的视角》，载《会计与经济研究》2020 年第 4 期。

资者保驾护航，投资者自身应合理利用上市公司自愿披露的信息，投资者可加强与上市公司的交流外，也可与其他投资者交流，建立投资者之间的"交流群"，理性分析与对待信息处理，发挥群体智慧，以应对上市公司存在的披露状况不佳的局面。虽然"群体智慧理论"[①]和社交媒体[②]的普遍化并不能被确切证明可解决信息不对称问题，[③]但是依法可以发挥其一定的市场效果。在监管层态度转变，上市公司也希望通过自愿信息披露方式让更多投资者关注其公司情况，投资者又有自己渠道的情况下，自愿信息披露的有效性将会逐步提升。本次新证券法的修订不仅是对我国资本市场是历史性的变革，对整个证券法体系的逐步完善也具有重大影响，自愿信息披露制度便是其中一个体现。

（三）完善监管举措

1.明确监管主体分工

建立起与证券法相配套的自愿信息披露制度，通过完善其下位法使自愿信息披露制度得以系统而可实施。对自愿信息披露监管主要由证监会、证交所和行业自律协会共同负责。其中，证监会是主要监管主体，证交所接受证监会的指导，避免过度依赖证监会以致缺乏自身独立性，第一手市场资料证券交易所是最先拿到，应充分发挥其有效优势，定位于微观监管，证监会定

---

① ［美］詹姆斯·索罗维基：《群体的智慧》，王宝泉译，中信出版社 2010 年版。在该书中，作者针对一直认为群体是疯狂的传统见解，指出在满足一定条件下，群体的智慧可能要高于其中的任何单一个体。群体智慧的理论基础是每个个人拥有的信息都有两个方面，一方面是公开的信息，大家都可以获取，另一方面是私人信息，即每个人基于自己的经验和偏好，对事物具有的独特看法。这些私人信息可能有对也有错，但如果能够通过某种机制将所有这些拥有的信息汇聚起来，错误的信息相互抵消，正确的信息相互补充，最终公众汇聚形成的看法可能就是比较全面的认识。

② 互联网的显著特征就是公开透明，信息获取和传递的成本极低。社交媒体的作用是双向的，既可能促进投资者之间相互交流信息、发现欺诈行为，也可能帮助欺诈者传递错误信息。

③ 彭冰：《投资性众筹的法律逻辑》，北京大学出版社 2017 年版，第 63~69 页。

位于宏观监管。我国《证券法》第七、八两条①规定了政府监管和行业自律相结合的证券市场监管体制，但是，长期以来证券监管实际监管工作依赖于证监会，行业协会的作用不大。理论和实践表明，行业自律②对建立信息披露、行业经营管理等方面的行业标准可形成有力的补充作用③，能够提供全面的内部风险监管信息，可以降低行业整体发生风险的概率。因此，有必要将行业协会定位于监管辅助作用，实现监管主体多元化。在监管规范中明确三者之间的分工，发挥资源的有效配置作用，同时发挥监管机构与行业协会的自律作用。

2. 信息披露分类监管

引言已提到 2020 年 11 月 24 日证交所颁布新指引，该指引将分类监管理念落入实践，主要分为两大类：一是对重点监管公司和事项予以重点关注，侧重事前监管和事后监管并举。二是对非重点监管公司和事项依法简化信息披露要求，侧重事后监管。这意味着将信息划分为重要信息和非重要信息，明确了自愿信息披露的监管方向，这无疑是一个良好的开始。但毕竟该指引也是针对证交所上市的公司而言，未来依然有必要将自愿性信息披露相关的法规集大成于一本法律法规专章之中。

3. 设置免责事由

信息披露义务人虚假陈述违法行为责任认定存在四种学说，即违约责任

---

① 《中华人民共和国证券法》（2014 年修正）第七条：国务院证券监督管理机构依法对全国证券市场实行集中统一监督管理。国务院证券监督管理机构根据需要可以设立派出机构，按照授权履行监督管理职责。第八条：在国家对证券发行、交易活动实行集中统一监督管理的前提下，依法设立证券业协会，实行自律性管理。

② 行业自律模式是一种通过行业内部自行制定规则和标准等内部约束性文件，通过行业内部成员的相互监督，以实现特定行业自我约束和自律管理的管理模式。

③ 如果行业自律作用发挥得好、从业机构合规审慎经营程度高，监管就会相对更具灵活性和有效性；反之，则会迫使监管部门提高监管刚性，采取更为严格的监管理念和监管措施。

说①、侵权责任说②、区分责任说③和独立责任说④。⑤笔者支持侵权责任说。侵权责任又分为两大归责原则，即过错责任原则（包括过错推定原则）和无过错原则。立法上为了突出对受害人的特殊保护，规定特殊侵权行为可以采取过错推定原则和无过错原则。举证责任不同是此两种特殊责任归责原则区别于一般的过错推定原则之所在，过错责任原则要求受害人对侵权责任四个构成要件进行举证。⑥我国证券法对发行人的归责原则采取无过错责任，不管发行人主观上是否存在过错，只要信息披露的违法行为给投资者带来损害便承担责任，受害人投资者需要对侵权行为、损害后果和因果关系承担举证责任。发行人（即侵权行为人）须证明受害人的故意是导致损害的原因，如果发行人不能举证，则构成侵权责任。对董事和高级管理人员的归责原则采取过错推定原则，对中介服务机构的归责原则亦是采取过错推定原则。除非董事高管和中介服务机构能够证明自己确实尽到勤勉注意义务，主观上无过错才可以免责。受害人需要对侵权行为、损害后果和因果关系承担举证责任。可见，过错推定原则与无过错原则增加侵权行为人的举证责任，减少受害人举证责任，减轻受害人的负担。对于监管者而言，内容标准越严格，越有利于资本市场的稳定，也有利于降低监管成本。但在我国自愿信息披露制度不完善的情况下，违法者容易借用该制度获取非法利益。当然，对于自愿披露者不能苛以严格责任，监管者应设置充分的激励机制，免除善意信用披露的责任。

在我国证券市场，对于自愿披露盈利预测性信息，仍只有不可抗力这一

---

① 违约责任说将证券发行人与投资者的关系看成合同关系，证券的募集过程当成合同签订过程，投资人与发行人就如同一般货物交易的双方当事人。

② 侵权责任说，由于信息披露法定义务而不是意定义务，从而排除违约责任。

③ 区分责任说将证券市场分为两个市场，分别为证券发行市场与证券交易市场，发行过程中的虚假陈述被看作违约行为，交易市场上的虚假陈述行为视为侵权行为。

④ 独立责任说将证券市场虚假陈述民事责任认定为一种独立的法律责任。

⑤ 石一峰：《违反信息披露义务责任重的交易因果关系认定》，载《政治与法律》2015年第9期。

⑥ 王利明、杨立新、王轶、程啸：《民法学》，法律出版社2014年版，第742—747页。

种免责事由。① 这就意味着，除此之外信息披露公司均需承担责任。但该事由作为普遍性法定的免责事由，即便未在证券法中明确写明也依然适用。德国法学家耶林指出："外国法制之继受与国家无关，仅是合乎目的性及需要之问题而已。如果自家所有的，同属完善或更佳，自然不必远求。唯若有人以奎宁皮药草非长于自己庭院而拒绝使用，则愚蠢至极。"② 借鉴美国成熟的证券法体系，以及我国证券法体系不断向前发展的趋势，有必要参考其安全港规则③，将警示性声明的预测性信息披露及"非重大性信息"确定为自愿披露信息者的免责事由。④

在自愿披露内容中尤为关注的是预测性信息，预测性信息基于不确定性和或然性，与真实性要求往往相违背。⑤ 上市公司会将企业未来盈利预测作为吸引投资者投资的手段。为了让该规则能够具有可实施性，做如下分解：一是披露的信息应当是预测性信息，区别于公司真实财务数据的提前披露业绩预告信息，业绩预告信息在我国的立法规定中可能触发强制披露的要求，而预测信息是公司基于现有公司经营数据对未来公司经营行为的主观判断。二是预测性信息必须伴随着充分的警示性提示，所有可能影响预测性陈述实现的重要因素都必须在警示性声明中揭示。对于此类信息，应当要求相关当事人对其加以专门标题的专门披露，要求相关当事人在此类信息披露项下

---

① 《上市公司证券发行管理办法》第六十七条和《首次公开发行股票并上市管理办法》第五十七条对于披露盈利预测性信息的公司所确定的法定免责事由只有不可抗力。

② 翁晓健：《证券市场虚假陈述民事责任研究——美国证券法经验的反思与借鉴》，上海社会科学院出版社 2011 年版，第 7 页。

③ 所谓"安全港"规则，是指"只要财务预测是根据合理基础及诚信原则编制的，即使披露的信息与事实不符，也不被视为虚假和误导，皆可受到安全港规则的保护"。Securities Act of 1933 Section 27A, the same as Securities Exchange Act of 1934 Section 21E.

④ 美国 1933 年《证券法案》安全港规则中明确的豁免标准主要是"有意义的警示性声明"和非重大性标准。

⑤ 董安生：《证券法原理》，北京大学出版社 2018 年版，第 140 页。预测性披露是对未来可能发生事项的披露，其预测的事项尚未真实发生，因此预测性信息披露并不完全适用事实信息披露的法律规则。

作出承诺与担保，并对此信息存在的风险对投资者进行风险提示。三是发行人及其他有关人士必须是善意的，即发行人真实地、有合理的理由相信在披露信息前并不知道任何未披露的信息可能对该陈述准确性产生重大损害的事实。对于"非重大性标准"，我国证券法体系中并没有明确表述，但从新《证券法》条文规定和理论上来看，只有影响投资者进行投资决策和价值判断的信息才是合格的自愿披露信息，这就是自愿披露信息的主观"重大性"。也就是意味着《证券法》第八十条之外的可以认为属于非重大性标准。对此非重大性标准不应课以严格责任，给予豁免会有利于发挥自愿信息披露积极性。

五、结语

证券法的基本理论是通过公开的手段达到保护投资者的目的。信息披露制度是整个证券法的核心制度。本文立足于对新《证券法》第八十四条关于自愿信息披露规定的解剖，主张其未能满足现实需要，使证券市场参与者面临来自不同维度挑战，有必要对该制度进行完善。当然，自愿信息披露制度完善是一个系统性立法工程，需要理论界和实务界共同努力，以共同解决信息不对称问题。

证券犯罪规制的"刑证"衔接问题思考
——以信息披露制度为视角

中南财经政法大学 何焰 徐亚芳 *

摘 要

全面系统、宽严适度的信息披露制度，不仅是保障我国证券发行注册制有效实施的关键，也是完善我国资本市场法律体系、促进资本市场健康发展的关键。鉴于此，本文以信息披露制度为观测点，从《刑法》与《证券法》衔接的角度，对我国证券犯罪规制的现状加以审视，梳理和揭示了其中存在的"刑证"不协调问题。我们认为，有必要把握新《证券法》出台不久、配套制度正在加紧完善的良机，以及《刑法》驶入修订快车道的契机，进一步细化和健全信息披露制度，加强对证券犯罪规制的"刑证"衔接，促进资本市场法治建设，促进市场主体权益的保护与平衡，打造公开透明、诚实信用、互利共赢、包容普惠的资本市场生态环境。

关键词：证券犯罪；"刑证"衔接；信息披露制度

* 何焰，中南财经政法大学法学院副教授，金融法与国际金融法研究所成员；徐亚芳，中南财经政法大学法律硕士，金融法与国际金融法研究所成员。

一、引言

《中华人民共和国证券法》（以下简称新《证券法》）的出台弥补了证券法的漏洞且在细节上完善了对投资者的利益保护，更倾向于打造兼具公平、秩序和高效率的市场。考虑到互联网新兴技术的发展也为信息传播提供形式多样的媒介，证券市场对信息的真实性、传播的高效性和保密性相应地也提出更高的要求。根据近年证券犯罪案件的原因分析，大部分犯罪的根源是证券发行人与投资者之间由于信息不对称引发风险交易，互联网金融的交易方式的盛行伴随更多的风险甚至危机。因此面对信息欺诈、信息操纵和信息滥用这三种常见的证券犯罪手段，规范信息披露是降低证券犯罪率的必然选择。[①]

目前，随着新《证券法》的出台，《中华人民共和国刑法》（以下简称《刑法》）在一定程度上滞后于新法，一些法条的内容不适合现时代的发展，为了保证法律的时代鲜明性和体系完整统一性，因此《刑法》与《证券法》需要进行衔接。违规信息披露违反了证券市场公平交易原则，违规的信息内容一般涉及公司经营状况，同时可能是对证券市场价格造成重大影响的敏感信息。[②]因此对于证券市场的监管也主要围绕信息披露进行，信息披露监管需要保持即时性和持续性。

本文通过对比发现新《证券法》对信息披露的修订更加规范化，且整体上和证券犯罪有更多连接点，主要体现在以下四个方面：其一，新增"信息披露其他义务人"。[③]其二，新增信息披露要求。其三，将信息披露义务人的自律上报作为法定义务。其四，新增境内外上市证券同步披露义务。[④]以

---

① 刘宪权：《互联网金融时代证券犯罪的刑法规制》，载《法学》2015 年第 6 期。

② 曾威：《互联网金融科技信息披露制度的构建》，载《法商研究》2019 年第 5 期。

③ 传统"信息披露义务人"只是发行主体，即发行人和上市公司，而新《证券法》将"监管主体"列入"信息披露义务人"行列，实行多方平行披露，确保信息披露的全面和透明化。

④ 新《证券法》要求，证券同时在境内境外公开发行、交易的，其信息披露义务人在境外披露的信息，应当在境内同时披露。

上体现了新《证券法》通过加强信息披露监管，完善证券市场管理制度的要旨。因此本文紧扣时代热点，探讨如何通过有效的规制信息披露，降低证券犯罪发生率，实现预防和控制证券犯罪的目的。

二、从信息披露制度看《刑法》证券犯罪规定之不足

信息披露制度的完善进一步规范和明确了证券市场参与主体的责任和分工，为确保每一个流程在法治轨道上运行，《证券法》提供了更详尽的解决方案。对于未依法进行信息披露的发行人，按照新《证券法》的规定：一方面，在申请注册阶段，未披露依法规定信息但尚未给任何人造成损失的情况下，依照新《证券法》第二十二条，由国务院负责审查部门自受理文件三个月内做出予以注册或不予注册的决定，发行人在此期间只需补充、修改申请文件，不会受到任何实质性处罚。但是考虑到注册制推行后，一部分公司可能申请进入证券市场，证券市场的扩容也必定伴随国务院审查机构的工作任务量增大，若证券申请发行人不能全面解读发行要求，屡次提交文件后仍不能按要求补充完整，由此降低国务院证券监督管理机构的效率的情况下，有必要进行一定的行政处分。另一方面，在注册后发行阶段，依照新《证券法》第八十五条，信息披露义务人在申请文件中不得披露虚假或遗漏重要内容，否则相关人员应当依法赔偿投资者的个人损失，同时相关直接责任人员也要出具无过错证明，否则承担连带赔偿责任。同时为防止证券发行申请人与保荐人串通，保荐人若出具不实内容、遗漏重要内容的保荐书，也要受到行政处罚。由此形成了公司内部自律完成信息披露、保荐人中间监督、证监会审查监督的三重保障机制，确保信息披露的实行。[①] 可见对信息披露的有效监管有利于防止信息在交易过程被滥用。因此可以看出信息披露制度推行后会在方方面面对证券市场参与主体及其行为进行规范，同时也对法律法规的配

---

① 周友苏、杨照鑫：《注册制改革背景下我国股票发行信息披露制度的反思与重构》，载《经济体制改革》2015 年第 1 期。

套运行提出了更高的要求，因此《刑法》中涉及的不同罪名也需要顺应时代的发展予以修改。

（一）擅自发行股票、公司、企业债券罪

根据《刑法》第一百七十九条[①]，证券上市须提前取得国家有关部门的批准，审核通过才可上市发行。而新《证券法》第九条[②]修改为发行人须遵循国务院规定的证券发行注册的要求，依法报经国务院证券监督管理机构或者国务院授权的部门注册后发行上市，任何单位及个人不得公开发行未依法注册的证券。因此，证券发行由原先的核准制修改为注册制，政府部门的工作方式和内容相应发生变化，发行主体也需要提交新的规定范围内的文件，遵循新的步骤申请证券上市。

对比《刑法》与新《证券法》就该罪名条文内容和量刑要求相悖之处，刑法需要进行相应修改。

（二）内幕交易、泄露内幕信息罪

《刑法》以及相关刑事司法案例中对于"内幕信息知情人员"和"内幕信息的范围的认定"主要援引《证券法》等相关法律法规的规定。[③]因此新《证券法》关于该项罪名的内容变动会同步影响《刑法》的打击范围。对比新《证券法》第五十一条和旧《证券法》，新《证券法》的变动主要有以下几点：

---

① 　《刑法》第一百七十九条：擅自发行股票、公司、企业债券罪　未经国家有关主管部门批准，擅自发行股票或者公司、企业债券，数额巨大、后果严重或者有其他严重情节的，处五年以下有期徒刑或者拘役，并处或者单处非法募集资金金额百分之一以上百分之五以下罚金。

② 　新《证券法》第九条：公开发行证券，必须符合法律、行政法规规定的条件，并依法报经国务院证券监督管理机构或者国务院授权的部门注册。未经依法注册，任何单位和个人不得公开发行证券。证券发行注册制的具体范围、实施步骤，由国务院规定。

③ 　《最高人民法院、最高人民检察院关于办理内幕交易、泄露内幕信息刑事案件具体应用法律若干问题的解释》中明确指出，对"内幕信息的知情人员"指《证券法》第七十四条规定的人员和《期货交易管理条例》第八十五条第十二项规定的人员。《刑法》第一百八十条也规定"内幕信息的范围"须依照法律、行政法规的规定确定。

其一，新《证券法》将内幕信息知情人的界定范围扩展至有可能接触到内幕信息的任何人员。通过对比新旧《证券法》，研究得出内幕信息知情人范围的扩大主要体现在以下方面：一是公司内部的可能知情人员。新《证券法》将发行人自身、发行人控股或实际控制的公司的董监高人员纳入知情人员范围；二是与公司的经营状况相关联的外部公司。收购方或者重大资产交易方及其控股股东、实际控制人、董监高人员等，凡是与公司有重大关联交易的外部公司及其控制人均被纳入知情人范围；三是证券经营和服务机构的工作人员；四是具有法定职责的政府相关机构工作人员。新《证券法》将因职责工作的特殊性，有可能和有能力接触到内幕信息的证券监督管理机构、有关主管部门等政府工作人员也均纳入内幕信息知情人范围中。此外，新《证券法》扩大内幕信息知情人的范围，同时也扩大了刑法打击违法犯罪的范围。至此，内幕信息知情人涵盖的范围较为完整，因此《刑法》原本依据的旧《证券法》的条款，应该予以完善，实现与新《证券法》的同步。

其二，新《证券法》增扩内幕信息的界定范围。新《证券法》分别在第五十二条、八十条和八十一条中列举内幕信息类型和概定其范围，通过分析法条内容可以得出："内幕信息"是指未公开披露的、可能严重影响交易公司债券交易价格的重大信息。同时公司内部由于自身原因导致的大额资产变动和与债券有关的信用评级高低变化事件也纳入"内幕信息"范围，内幕信息的种类更加丰富。这恰恰说明不当的信息披露容易和内幕交易结合起来，被不法利用。而旧《证券法》只是将内幕信息在第七十五条分别列举出来，内幕信息范围一定程度上被限制，新《证券法》的补充有助于规范证券市场交易行为，也扩大了刑法的打击范围。

（三）利用未公开信息交易罪

新《证券法》第五十四条新增了旧《证券法》中没有的条款——禁止利用未公开信息交易，对比《刑法》利用未公开信息交易罪条款内容，主要区别在于两法条规定的犯罪主体不同。相较于《刑法》第一百八十条规定的利用未公开信息交易罪的主体——证券交易所、期货交易所、证券公司、期货经纪公司、基金管理公司、商业银行、保险公司等金融机构，新《证券法》作为专门针对证券内容的法律，明确将证券登记结算机构、证券服务机构和其他金融机构也纳入规制的主体范畴。因此在司法实务中，更多金融机构被纳入"利用未公开信息交易罪"的监管主体中，刑法的打击范围也由此拓宽，刑法也更应该盯准被纳入监管的证券机构。

（四）操纵证券、期货市场罪

新《证券法》第五十五条[①]列举了八项操纵证券市场的手段，前三项和第八项等四项条款是援用《刑法》第一百八十二条[②]，同时删减了该条第三项中"以自己为交易对象，自买自卖期货合约，影响证券、期货交易价格或者证券、期货交易量的"构成操纵证券市场罪这一条。第四项、第五项、第六项是援用 2019 年 7 月 1 日施行的《最高人民法院、最高人民检察院关于办理操纵证券、期货市场刑事案件适用法律若干问题的解释》，该解释条例

①　新《证券法》第五十五条：禁止任何人以下列手段操纵证券市场，影响或者意图影响证券交易价格或者证券交易量：（一）单独或者通过合谋，集中资金优势、持股优势或者利用信息优势联合或者连续买卖；（二）与他人串通，以事先约定的时间、价格和方式相互进行证券交易；（三）在自己实际控制的账户之间进行证券交易；（四）不以成交为目的，频繁或者大量申报并撤销申报；（五）利用虚假或者不确定的重大信息，诱导投资者进行证券交易；（六）对证券、发行人公开作出评价、预测或者投资建议，并进行反向证券交易；（七）利用在其他相关市场的活动操纵证券市场；（八）操纵证券市场的其他手段。

②　《刑法》第一百八十二条规定，操纵证券、期货市场罪，有下列情形之一，操纵证券、期货市场，情节严重的，处五年以下有期徒刑或者拘役，并处或者单处罚金；情节特别严重的，处五年以上十年以下有期徒刑，并处罚金：（一）单独或者合谋，集中资金优势、持股或者持仓优势或者利用信息优势联合或者连续买卖，操纵证券、期货交易价格或者证券、期货交易量的；（二）与他人串通，以事先约定的时间、价格和方式相互进行证券、期货交易，影响证券、期货交易价格或者证券、期货交易量的；（三）在自己实际控制的账户之间进行证券交易，或者以自己为交易对象，自买自卖期货合约，影响证券、期货交易价格或者证券、期货交易量的；（四）以其他方法操纵证券、期货市场的。单位犯前款罪的，对单位判处罚金，并对其直接负责的主管人员和其他直接责任人员，依照前款的规定处罚。

列举了《刑法》第一百八十二条第一款第四项规定的"以其他方法操纵证券、期货市场"的行为。新《证券法》引用和完善了操纵证券市场的手段，一方面扩大了操纵证券市场犯罪行为的打击范围，另一方面有助于完善刑法规制。第七项"利用在其他相关市场的活动操纵证券市场"是《证券法》新增内容，在《刑法》及相关解释中并无记载，因此在实际操作中还需要着重关注其他市场对证券市场的牵引活动并与《刑法》条文及时修订衔接。

（五）编造并传播证券、期货交易虚假信息罪

新《证券法》第五十六条①明令禁止编造或传播具有虚假性或误导性的证券信息，且"编造"和"传播"是"或"的选择而非"并"的条件，意味着行为人只要符合"编造"的条件，即使没有证据证明其传播行为，行为人也要受到法律处罚。而《刑法》第一百八十一条②在"编造与传播虚假信息"之间是"并"的条件，即"编造"与"传播"两行为相继发生且都实施才能构成犯罪的客观要件。因此《刑法》需要与《证券法》在该罪名构成要件文字表述上进行衔接。同时与旧《证券法》相比，新法还有以下变动：

其一，传播误导性信息被列入信息禁止的打击范围。新《证券法》将旧《证券法》中第七十八条"禁止信息传播"的范围增加了"误导性信息"，对信息监管的重视提升到新的高度，即禁止"编造、传播虚假信息和误导性信息"，避免引起证券市场混乱，同时规定了赔偿责任条款，因此《刑法》针对该罪

---

① 《证券法》第五十六条：禁止任何单位和个人编造、传播虚假信息或者误导性信息，扰乱证券市场。禁止证券交易场所、证券公司、证券登记结算机构、证券服务机构及其从业人员，证券业协会、证券监督管理机构及其工作人员，在证券交易活动中作出虚假陈述或者信息误导。各种传播媒介传播证券市场信息必须真实、客观，禁止误导。传播媒介及其从事证券市场信息报道的工作人员不得从事与其工作职责发生利益冲突的证券买卖。编造、传播虚假信息或者误导性信息，扰乱证券市场，给投资者造成损失的，应当依法承担赔偿责任。

② 《刑法》第一百八十一条：编造并传播证券、期货交易虚假信息罪 编造并且传播影响证券、期货交易的虚假信息，扰乱证券、期货交易市场，造成严重后果的，处五年以下有期徒刑或者拘役，并处或者单处一万元以上十万元以下罚金。

名的打击范围需要同步扩大，在量刑方面还需要考虑根据此"虚假信息和误导性信息"的影响度和实际带来的侵害或损失制订分层次的赔偿条款。

其二，新增信息禁止传播制度和证券买卖禁止性规定。将旧《证券法》第七十八条的"从业人员信息禁止传播制度"的主体扩展到任何单位和个人，实质上囊括了所有主体，即新《证券法》规制所有编造或传播虚假证券交易信息的人。对于从事证券信息传播的工作人员，也不得违背其职业操守，从事与其工作有利益冲突的证券买卖，这实际上要求证券传播媒介的工作人员履行工作保密义务，不得利用工作职位的便利谋求私人利益，因此也建议修订证券中介职业从业规范。

三、从信息披露制度看证券犯罪规制"刑证"衔接的必要性

对信息披露实行有效监管有利于防止信息在交易过程被滥用，也为证券发行注册制改革提供良好的护航，但是目前刑法对于证券信息监督管理制度暂时出现法律缺位。《证券法》中对于信息披露义务的正常履行，不仅需要证券发行主体和证券投资者的参与，也需要服务机构的制约，三方相互监督，从而更好地实现在市场参与主体之间利益与监管的制衡。在披露过程中除了对证券产品的基本信息介绍，还有风险提示、安全信息以及其他可能影响证券交易价格波动的信息，如不可抗力、突发事件等，方便专业素养较低的投资者能够全面了解、理性分析证券产品信息，合理规划是否购入证券，必要情况下也可以考虑披露证券发行公司的监管信息，为投资者提供救济维权渠道，这也是对投资者可行的利益保护措施。[1]

通过以上问题分析可知，《刑法》目前主要在以下方面滞后于《证券法》的发展：一是《刑法》关于证券信息监督管理制度的规定滞后于《证券法》；二是《刑法》较《证券法》关于以注册制为基础、对信息披露的规制稍显不足；

---

[1] Velikonja U. Public compensation for private harm: Evidence from the SEC's fair fund distributions[J]. Stanford Law Review, 2015, 67: 331−396.

三是《刑法》需依靠《证券法》信息披露监管的规定防控减少证券犯罪的发生；四是《刑法》保护境内外消费者利益的目的实现需要《证券法》信息披露境内外监管机制配合。

鉴于《证券法》中对信息披露的介绍更加详尽和反映社会发展现状，因此刑法有必要参考《证券法》中的信息披露制度的适用，从而规制证券犯罪。

（一）《证券法》注册制下的信息披露制度更完备

《刑法》第一百六十一条[①]是关于"违规披露、不披露重要信息罪"的，但是只有在违法行为对股东及他人合法利益造成严重损失的情况下才可量刑，且其法定刑只有一档，在更"轻微"或"严重"的犯罪情节下，并无相关法定刑来规制。且对于"重要信息"的认定，还要考虑时间效应，一则信息在市场环境下会被酝酿放大至何种效果有待考量，因此《刑法》亟须出具"重要信息"的认定标准。

不同于美国的注册制，我国的注册制是申请发行证券的个人根据法律法规公开有关该证券发行的文件信息，并制作申请文件，递交国务院授权的部门，完成对文件合法性的审查，审查通过后进行注册。而国务院负责审查的机构只对文件进行形式审查，如所需资料是否完备、手续是否合法，但不对内容做实质调查求证。因此，这赋予了证券发行人一项至关重要的履行义务，即在申请过程中，申请人应当充分进行信息披露，并保证内容真实准确完整有效。

我国信息披露法规制度下，义务人除了需要依法披露强制披露的信息，也鼓励其自愿披露有利于"投资者做出价值判断和投资决策所必需的信息"。

---

① 《刑法》第一百六十一条：违规披露、不披露重要信息罪　依法负有信息披露义务的公司、企业向股东和社会公众提供虚假的或者隐瞒重要事实的财务会计报告，或者对依法应当披露的其他重要信息不按照规定披露，严重损害股东或者其他人利益，或者有其他严重情节的，对其直接负责的主管人员和其他直接责任人员，处三年以下有期徒刑或者拘役，并处或者单处二万元以上二十万元以下罚金。

公司上市后，应当按照国务院的规定定期报送编制的报告和公告，包括年度报告、中期报告，以及为应对股票市场临时重要突发性事件的临时报告并及时向投资者作出公告。为了加强对信息披露真实有效性的监管，公司董事签署书面确认意见书以对上交的证券发行文件及报告负责，同时若有不同意见也需要附上并报送审查部门。公司监事会既要负责又要监督，不仅要审核公司的证券发行文件及报告，同时也要出具书面意见。由此实现公司决策层、管理层、监管层对申请文件和报告的把关负责，形成内部监督链。

注册制推行后信息披露制度很大程度依靠证券发行人的行业自律精神去遵守，法律层面的强制力度还不够强硬。同时为了保证证券发行人进行"充分信息披露"，新《证券法》将证券交易所纳入参与审核申请的范围，督促发行人依法及时准确地完善披露信息，即借鉴了美国和日本的信息披露监管制度，实行双重监管。因此，证券交易所在一定程度上也负有监督发行人、保证发行人充分披露相关信息的责任。国务院证券监督管理机构虽不对申请发行文件的内容进行实质审核，但通过法律规范提高发行人的责任要求、规范保荐人的工作要求，将审核的权力放还市场，以市场的自我净化过滤功能促进绩优股上市发行。[①]

（二）《证券法》证券信息监管制度的规定更优化

新《证券法》新增证券交易相关管理规定，有助于强化信息披露制度，适应当下证券市场生存模式，证券交易全程的参与主体都要受到相应的信息监管，以规范交易行为。而《刑法》较与时俱进的《证券法》而言，不可避免出现一定的滞后性。

其一，强化证券交易实名制度。新《证券法》第五十八条明确要求证券交易采用实名制，实行一人一户原则，并且不得出借和借用。此制度一方面便于管理证券登记和交易工作，另一方面，在社交实名制的浪潮下，实名制

---

① 侯东德：《证券服务机构自律治理机制研究》，载《法商研究》2020 年第 1 期。

有利于减少违法犯罪行为的发生和锁定犯罪分子。

其二，资金流入股市要合法合规，明确资金用途。新《证券法》第五十九条中提出严格资金入市监管，防止不符合规定或违法的资金通过不正当途径流进股市，同时资金合法流进股市的渠道也要拓宽，这些条款有助于肃清入市资金的来源，促进追溯可视化。证券监督管理机构也应该密切监管，进行及时、真实、有效的信息披露，防止资金的违规使用。

其三，实行会员制的证券交易所要增设监事会。第一百零二条显示，设立理事会、监事会是实行会员制形式的证券交易所的标配。增设监事会，有助于强化证券交易所的自我监管，旨在关注和避免证券交易过程中的细小风险，有助于宏观审慎监督，从而化解系统性风险。

其四，新建证券公司客户信息查询制度。第一百三十七条中规定，证券公司应当建立客户信息查询制度，确保客户能够查询其账户信息、委托记录、交易记录等重要信息。该条旨在保护客户知情权，有利于防止利用他人账户进行证券买卖活动的犯罪行为发生，因此信息披露和信息共享会使证券市场更加透明化、更具安全性。

（三）信息披露制度的不足需要《刑法》的惩戒性条款来补强

通过分析大量案例发现，实务中处理有关信息披露引起的纠纷存在以下证明困难之处：一是公司信息披露的违法违规详情和该公司的董监高等直接责任人员知情和参与情况；二是原告公司证明其尽到勤勉尽责义务的证据难以取证，例如对相关违法行为进行必要监督的证据。因此，在实务中证券市场参与主体错综复杂的行为需要更完备和更权威的法律来规范，他们甚至要预防和配合调查而自己举证，保存证据。

在证券发行阶段，信息披露不当主要表现为发行主体骗取发行资格。[①]在证券申请注册过程中，发行人可能故意披露虚假的或不完整的公司业绩、

---

① 刘宪权：《操纵证券、期货市场罪司法解释的法理解读》，载《法商研究》2020 年第 1 期。

项目计划、财务报告、募资方案等申请文件，或者发行人故意隐瞒有可能影响国务院等审查机构审查判断的重要信息，而证券交易所未察觉或者证券申请发行人与证券交易所私下沟通，通过不正当利益往来促成发行人完成注册，导致有问题的证券流入市场。

在证券交易市场，信息披露不当容易引发内幕交易案件和信息欺诈案件等不良交易纠纷。证券经营机构的工作人员可能会将公司通过信任渠道已获取的客户信息通过短信、邮件和研究报告等途径将内幕信息透露给特定投资者或大客户，将虚假或暂时不能公开的证券信息提供给持有资金的客户，客户根据此"内幕"信息投资，导致更多"老鼠仓"行为，破坏公平交易环境，扰乱证券市场秩序。①

在证券服务市场，信息披露不力易造成信息操纵和信息滥用。证券服务机构如会计师事务所、律师事务所等主要进行自发能动性的监管，律师、会计人员在展开尽职调查工作中，也存在窃取机密的风险性，因此自律性的监管制度也伴生众多问题。②我国近年来揭露的关于证券服务机构的丑闻中，其违法行为在证券市场中呈集中性和复杂性的特征，如进行虚假陈述、虚假记载，和发行人串通进行违法担保和审计以逃避法律监管，信息披露不当以欺骗投资者等。③因此，证券服务市场的法律惩戒机制尚未完全建立，其法律监管存在着义务主体不明晰、法律责任规定不完善、处罚不够严明的问题④，有待于在《刑法》中明确具体各方的权利和义务以及违法责任。

（四）"刑证"衔接更有利于保护和平衡资本市场各参与方的权益

随着我国资本市场的发展，证券犯罪的法律体系也不是一成不变的，而

---

① 顾肖荣、陈玲：《惩治证券犯罪效果的反思与优化》，载《法学》2012年第10期。

② 汤晓建：《内部控制、制度环境与企业社会责任信息披露质量》，载《会计与经济研究》2016年第2期。

③ 侯东德、薄萍萍：《证券服务机构IPO监督机制研究》，载《现代法学》2016年第6期。

④ 李东方：《论股市危机后中国股票发行注册制改革的对策》，载《中国政法大学学报》2017年第5期。

是根据法律目标和调整需要与时俱进、动态发展的。保护境内外消费者利益需要境内外信息披露监管机制的配合，但证券市场的良性运转不能限制或忽视融资方的利益，同样我们也要给予融资方进入证券市场的信心。惩罚证券犯罪不是盲目一刀切，而是严格比照刑事定罪标准，区分违法与犯罪的边界，谨慎适用刑法，确保惩罚目的与保护效果共同实现，重视刑法的谦抑性，以不同的处理手段合理"敲打"融资方的违法犯罪行为，保障未来有更多的市场主体参与证券市场，延续市场活力，建设公正严明又不失温度的证券市场环境。

新《证券法》构建了完善的法律追责制度，努力实现投资方、融资方和中介服务机构三者协调配合，在证券发行的不同阶段，市场参与主体要根据法律法规的不同层次要求履行相应的信息披露义务，承担不同程度的责任，这也为市场主体的活动提供了参考依据。通过"刑证"衔接，更有利于发挥刑法的预见性作用，融资方将要履行更加审慎的义务，不能超越法律"红线"，以"规范的自由"进入市场，投资者也将在更安全的市场环境中进行买卖，从而激发市场活力，实现证券市场的良性运转，要求证券服务机构也要适当审慎，在审核、监管的过程中发现损害投资者利益的问题时，应当及时提醒并提供解决方案。[1]

同时，新《证券法》第二条[2]扩大了管辖范围，中概股被纳入域外管辖范围，这意味着境外注册、境内上市的公司不再失控于中国证监会的监管，我国证券监督管理机构加大力度维护境内证券市场秩序和境内投资者的利益。证券服务机构和投资主体相较政府而言是密切接触者，证券服务机构在执业过程中需要摆正投资者适当性的制度定位，追求投资者合法利益的保护。通过构建多方立体监管的方式，将市场主体自律性监管、政府监管、司法机关

---

[1]　袁淼英:《我国证券智能投顾运营商市场准入制度的构建》,载《西南政法大学学报》2018年第3期。

[2]　新《证券法》第二条第四款：在中华人民共和国境外的证券发行和交易活动，扰乱中华人民共和国境内市场秩序，损害境内投资者合法权益的，依照本法有关规定处理并追究法律责任。

监管纳入监管环线，改变以往事后监管模式，构筑交易全程监管、多时间维度协同监管的模式，达到预防和监管功能，从而全面防范和化解系统性金融风险。

2020 年初在美国证券市场掀起风波的"瑞幸咖啡事件"引起国内外证券市场的关注。[①]2020 年 1 月，"瑞幸咖啡"被浑水公司指出捏造交易额，披露虚假的公司财务数据。4 月，"瑞幸咖啡"发布公告公开承认财务造假，自 2019 年上市以来，累计虚增营业收入 22 亿元，公司股价也因披露交易造假信息在一个交易日内暴跌逾 75%。5 月，纳斯达克认为，瑞幸公司披露虚假交易信息，损害投资者利益，重创了投资者的信心，且瑞幸公司此前就存在未公开披露重大信息的不良商业记录，遂作出摘牌决定。6 月，"瑞幸咖啡"正式停牌，还面临境内外 14 家机构的起诉。[②]9 月，国家市场监督管理总局对瑞幸公司处以行政处罚。在此次事件中，纳斯达克的自律监管机制发挥了重要作用，同时也表明，严格监管信息披露，是防范证券欺诈、规范交易秩序、保护投资者利益的应有之义。我国证券市场要严厉打击信息欺诈、虚假交易，完善信息披露制度，推进证券业自律监管，有效监管、是补充和完善我国证券法律法规的重中之重。

四、加强证券犯罪规制之"刑证"衔接的几点建议

中国人大网 2020 年 10 月 22 日就《中华人民共和国刑法修正案（十一）（草案二次审议稿）》（以下简称草案）公开征求意见。草案中提出要加大

---

① 2020 年 1 月 31 日，知名做空机构浑水发布了一份长达 89 页的做空报告，指出瑞幸捏造公司财务和运营数据，并质疑瑞幸商业模式。浑水在报告中称，瑞幸咖啡 2019 Q3 的单店每日的销售量被夸大至少 69%，而 2019 Q4 则被夸大至少 88%。

② 张凌之、李惠敏：《突发！瑞幸咖啡接到退市通知，可能面临数百亿追偿》，载微信公众号"中国证券报"，2020 年 5 月 19 日上传。

对金融犯罪的惩治力度，完善关于破坏金融秩序犯罪的规定。[1] 并且草案中明确指出将对刑法第一百六十条、第一百六十一条、第一百八十二条进行修改，其中对这三条修改内容的共同点在于促进信息披露的真实、有效和公开，这要求证券市场经营者要履行更严格的信息披露义务，以此来规范金融市场秩序，防止内幕交易和操纵证券市场等不法行为。因此统筹《刑法》关于证券犯罪条文的修改，需要从"刑证"衔接的可行性、有效性、适应性和科学性角度考虑，提出有价值的建议。

（一）促进证券犯罪规定及罚金刑的"刑证"衔接

1. 内幕交易罪

首先需要比照新《证券法》修改"内幕信息知情人"相关的条文内容。其次《刑法》罚金刑是"判处非法收入的一倍到五倍的罚金"，与新《证券法》中第一百九十一条规定的"违法所得一倍以上十倍以下"的额度不同。因此刑法亟须修改对应条款，使同罪罚金刑条款保持一致。同时，"利用未公开信息交易罪"也需依据内幕交易罪的标准提高罚金量刑幅度。最后还需注意关于"重大信息"认定标准有待补充完善，例如证券市场的工作人员在离开工作单位后，其在原单位所知悉的信息是否有可能在未来构成重大信息或者涉及重大利益的相关内幕信息，是有待考虑的问题。

内幕信息可以从多种渠道获取，但关于内幕信息的认定目前只能通过证券监督管理机构出具的"认定书"，导致在诉讼过程中认证手续麻烦且花费较多时间，不利于法律纠纷的高效解决且无刑法强制力。[2] 因此，有必要规定或制定内幕信息认定程序的相关条例。

---

① 新华社：《刑法修正案（十一）草案二次审议稿修改完善涉未成年人犯罪等规定》，http://www.npc.gov.cn/npc/c30834/202010/9f67b926535948719c2a0b0220dce9ed.shtml. 最后访问日期：2020年11月3日。

② 陈洁：《违规大规模减持股票行为的定性及惩处机制的完善》，载《法学》2016年第9期。

2. 编造并传播证券、期货交易虚假信息罪

首先，该项罪名的犯罪客观要件需要相应修改。其次，《刑法》的法定责任是在"造成严重后果的情况下对罪犯处五年以下有期徒刑或者拘役，并处或者单处一万元以上十万元以下的罚金"。而新《证券法》规定不仅没收违法所得，还需缴纳非法所得一倍到十倍的罚金；若无违法所得或者违法所得不足二十万元的，处以二十万元以上二百万元以下的罚款。新《证券法》由原来的"区间金额制"扩展到"倍额制"，相较于《刑法》，罚款上限明显增加，处罚力度明显加重，同时在量刑标准方面也引入了新的规定。针对无违法所得或者违法所得不足二十万元的案件，也提高了最低罚款额度，原来的最高罚款额二十万提升至视情节程度二十万元到二百万元之间的罚款，合理增加"造谣"成本，这条规定明确了"犯罪红线"，更有助于规范市场行为。随着经济发展水平的提高，证券市场交易额也相应增加，同时犯罪数额也呈现增加的态势，因此犯罪的最低额度标准和罚款最低标准需要更改。针对既有徒刑又有罚金刑的刑法条款，在修改时应该综合考量。

3. 擅自公开发行或者变相公开发行证券

为了配合注册制的有序推行，新《证券法》严厉打击私自上市的发行主体。罚款金额较《刑法》的罚金增加了 5 至 10 倍，处以"非法所募资金金额百分之五以上百分之五十以下"的罚款，原《刑法》的处罚额度明显过低。由此说明实行注册制看似放宽了入市条件限制，实则加重了发行主体的责任，提高了违规上市的犯罪成本，因此《刑法》有必要及时作出配套修改。

（二）建立系统性信息披露制度助力"刑证"衔接

目前我国企业的信息披露主要遵循政府的管理条例，是在监管导向性下的披露而缺乏企业的能动性，同时由于投资者和公司长期处于信息不对称状态且难以改变，适当披露一些有根据的预测性信息，例如公司高管或专业人士的风险预测以及市场变动的预测或者中介机构的投资建议等有利于让企业

能动地接受市场监管，同时也有利于帮助投资者把握优质项目，但是也要警惕证券欺诈。因此有待激发企业自律信息披露的能动性和验证"预测性信息"披露的法律可行性和市场接纳度。同时我国对于"临时性信息"和"重大信息"的披露缺乏认定标准，会加大证券监管部门审查难度。[①]美国对于证券发行信息的披露采取形式审查和实质审查相结合的制度，其实是形式上的"注册制"和实质上的"审核制"相结合，严格管控进入市场主体的资质，我国有待在过渡阶段把握审查边界，建立更加完善有效的信息披露制度。[②]同时还应根据新法规的颁布和政策变化，尽快出台上市公司有效的退市机制。

（三）完善计算机程序化交易立法的"刑证"衔接

计算机程序化交易是我国基于发达国家的期货量化交易的经验而引入的，其特点是利用模型和算法，帮助交易者最大理性地根据市场行情实现精准有效的自动交易，区别于人工驱使下的机械程序化交易，计算机程序化交易承载更丰富的金融逻辑，具有高回报率且能实现长期稳健获利的目标，但目前我国期货市场的应用率尚不高，因此有必要投入更多研究。[③]"互联网＋"在实际生活中已经得到越来越广泛的应用，证券交易也越来越体现出利用计算机程序和新兴技术实现智能化交易的倾向，新《证券法》第四十五条就明确提出计算机程序化交易应向证券监督管理机构和证券交易所报告。第一百九十条新增对计算机程序化交易的责任条款，处罚额度是五万元以上五十万元以下，这说明计算机程序化交易的广泛应用，其交易规则应逐渐纳入法治化轨道，值得注意的是，我们在防范实体犯罪的过程中也要坚决打击证券市场的网络犯罪行为，构筑证券交易防火墙，同步实行金融科技监管，

---

① 傅穹、杨硕：《股权众筹信息披露制度悖论下的投资者保护路径构建》，载《社会科学研究》2016 年第 2 期。

② 梁伟亮：《科创板实施下信息披露制度的两难困境及其破解》，载《现代经济探讨》2019 年第 8 期。

③ 吴志攀：《"互联网＋"的兴起与法律的滞后性》，载《国家行政学院学报》2015 年第 3 期。

可出台司法解释，以在法律层面注重提前预防和规制。

（四）实现证券市场监管制度的"刑证"衔接

目前我国证券市场的监管制度以行政监管为主，手段单一，没有形成体系化监管制度，既不利于监管效能的提升，比如容易形成监管漏洞、产生监管僵化等问题，致使监管水平滞后于证券市场的发展，也不利于发挥证券市场的自调节作用。我们认为，有必要构建立体化的证券监管制度，即一方面进一步检视、改革和优化证券市场的行政监管制度，另一方面还应重视发挥证券市场的自律性监管作用，如加强证券服务机构的监管力量，以及加强《刑法》层面的配套制度，形成"刑证"衔接、内外部联动的立体化监管制度。《刑法》作为界定犯罪的标尺性法律，刑事责任追究作为打击证券犯罪最有震慑力的手段，在证券市场的监管制度体系中不可或缺。行政监管应与刑法监管相配合，可根据危害程度和实质影响分层管控，危害程度轻且未触犯刑法的案件应做出行政处罚后不移交刑事处理，若案件危害程度严重、涉嫌违反刑法，应立即交送司法机关处理。[①]

五、结语

全面系统、宽严适度的信息披露制度，不仅是保障我国证券发行注册制有效实施的关键，也是完善我国资本市场法律体系、促进资本市场健康发展的关键。从《刑法》与《证券法》衔接的角度，对我国证券犯罪规制的现状加以审视，探寻其中存在的"刑证"不协调问题，有利于我们对症下药、堵塞漏洞。尤其是当下正值新《证券法》出台不久、与之配套的各项制度正在加紧完善，《刑法》也驶入修订的快车道，这为我们进一步健全信息披露制度、加强证券犯罪规制的"刑证"衔接、促进资本市场法治建设、促进市场各参与方权益的保护与平衡，打造公开透明、诚实信用、互利共赢、包容普

---

① 冷静：《注册制下发行审核监管的分权重整》，载《法学评论》2016 年第 1 期。

惠的资本市场生态环境，提供了非常有利而宝贵的时机。

促进《刑法》和《证券法》的有效衔接，需要高屋建瓴，将目光在不同法律部门之间顾盼流转，全面、系统、准确地把握相关条文的立法意图和价值功能，使"衔"之有度，"接"之有据。为了配合《刑法》的修改，可考虑在《证券法》中选择适用《刑法》在实务中对"从业禁止"①的运用。作为一项附属刑罚，"从业禁止"主要是在犯罪者被判处刑罚的前提下适用，而不能单独处罚，其设立初衷是剥夺职业犯罪分子的犯罪条件，起到预防证券犯罪的功能。考虑到证券犯罪具有突出职业性特点，惩治证券犯罪的刑罚主要是限制人身自由刑和罚金刑，且剥夺政治权利刑不够契合这类犯罪特点，将"从业禁止"条款进行更新完善并应用在《行政法》或《证券法》的证券违法违规行为惩治管理条例中，可以实现不同部门法对证券犯罪规制的统一和呼应，也能使不同程度的违法犯罪有与之对应的刑罚种类适用依据。因此在屡禁不止和花样迭出的证券犯罪中，可以根据实务情况，适当适用"从业禁止"。同时，信息披露制度的完善和配套的监管制度还需要在不同部门法之间统筹配合，《刑法》和《证券法》衔接是其中的一环，还需要更多强制性、附属性和补充性的条款共同助力打造中国良好的证券市场环境。

---

① 2015年《刑法修正案（九）》将"从业禁止"作为一种预防性的刑事处罚措施首次引入我国刑法典，有利于保障公众安全。

中概股的二次上市与回归的法律问题研究

浙江大学光华法学院　张展志 *

摘　要

过去，我国少数潜力较大的互联网企业为了规避我国外资比例限制，开创 VIE 架构（属于红筹架构的一种）并于美股成功上市，这一举措让一大批效仿 VIE 架构的优质中国企业也在美国成熟的资本环境加持下迅速发展起来。然而，瑞幸咖啡财务造假事件却给予在美中概股沉痛一击，美国自此掀起了对中概股从严监管的行动，巨大的合规压力迫使红筹企业不得不做出私有化、二次上市以及回归 A 股等选择以撤离美股。本文试图总结红筹企业回归上市相关规则的特征以及实操中存在的难点，并就现阶段红筹企业拆除红筹架构回归 A 股上市以及未拆除红筹架构直接 A 股上市等路径当中涉及的法律问题进行具体剖析。

关键词： 红筹架构；回归；拆除红筹架构；二次上市

★　张展志，浙江大学光华法学院硕士研究生，研究方向：金融法。

一、引言

随着瑞幸咖啡财务造假事件的持续发酵，美国陆续出台一系列针对中概股的政策措施，中概股在美承受的合规压力也日益增大，一向以资本市场的"灯塔"著称的美股对中概股的灯光正在渐渐黯淡。2020 年 5 月 20 日，美国参议院通过了《外国公司问责法案》（Holding Foreign Companies Accountable Act），对外国公司在美上市提出额外的信息披露要求。2020 年 6 月 5 日，特朗普在白宫发布的总统备忘录中剑指中概股，要求美国金融监管机构在 60 天内就如何打击所谓"未能遵守相应会计标准的在美上市中企"提出建议。[①] 可见，美国对中概股愈加不友好的监管将直接导致在美上市的中概股的退市风险加大，也更增加了中国企业赴美上市的难度。相对而言，近期我国国内形势趋好，证监会在近期陆续出台了一系列政策，为中概股回归上市扫清了制度障碍，比如《上交所发布关于红筹企业申报科创板发行上市有关事项的通知》的发布，表明中国对中概股回归实行了放宽的政策。就现阶段，内外部规则与形势的变化可能会促使中概股企业做出如下选择，包括私有化、赴香港二次上市、注销 ADR 以及不拆除红筹架构而直接以 CDR 的方式在 A 股上市等。本文试图总结红筹企业回归上市相关规则的特征以及实操中存在难点，并就现阶段红筹企业拆除红筹架构回归 A 股上市以及未拆除红筹架构直接 A 股上市等路径当中涉及的法律问题进行具体剖析。

二、创新试点红筹企业境内上市的特点与难点

（一）红筹企业境内上市的历史

2009—2011 年，我国证券市场推出"国际板"的呼声高起，对外开放资本市场、吸引红筹企业回归的意愿强烈。2009 年 4 月，国务院发布《关于推

---

① 童黎：《白宫又发布备忘录，剑指在美上市中企》，https://www.guancha.cn/internation/2020_06_05_553033.shtml，最后访问日期：2020 年 7 月 6 日。

进上海加快发展现代服务业和先进制造业、建设国际金融中心和国际航运中心的意见》，将上海证券交易所国际板的推出提上议程。所谓国际板是指境外公司股票在境内证券交易所上市并以本币计价交易形成的市场板块。其通常采用相对独立的上市规则，以体现对境外企业的特殊要求。国际板的设立除了吸引优秀的外国上市公司，也是为优质红筹企业的回归铺好道路。证监会有关负责人指出，推进国际板的上市是 2010 年的重点任务之一。[①] 当时已规划将境外上市的人红筹股（如中国移动）作为国际板市场的重要组成部分。但投资者保护制度不健全、监管制度不完善等因素，导致我国存在"圈钱市"现象，尚不具备推出国际板的条件，国际板的推出至此告一段落。[②] 尽管国际板推出遇阻，但我国对外开放资本市场的意愿依旧强烈。2015 年曾经考虑推出国际板，为人民币"入篮"（SDR 货币篮子）扫清法律障碍，但又不幸恰逢股灾而未能推出。

2018 年，我国推出创新企业境内发行股票或存托凭证试点，为红筹企业境内上市提供暂时性解决方案。国务院办公厅于 2018 年 3 月 22 日转发中国证监会《关于开展创新企业境内发行股票或存托凭证试点若干意见的通知》（以下简称《若干意见》），对于符合要求的试点红筹企业（符合国家战略、掌握核心技术、市场认可度高，属于互联网、大数据、云计算、人工智能、软件和集成电路、高端装备制造、生物医药等高新技术产业和战略性新兴产业，且达到相当规模的创新企业），无需拆除红筹架构即可根据相关规定和自身实际，选择直接申请发行股票或存托凭证并在 A 股上市。2018 年 6 月 6 日起，中国证监会发布《存托凭证发行与交易管理办法（试行）》及《试点创新企业境内发行股票或存托凭证并上市监管工作实施办法》等一系列配套措施，进一步细化我国存托凭证发行与交易管理框架。

2019 年，我国迎来科创板，进一步落实红筹企业境内上市事宜。中国证

---

① 李东卫：《我国证券市场应适时推出国际板》，载《中国信用卡》2010 年第 16 期。
② 马光远：《国际板传言缘何屡成暴虐 A 股股民的屠刀》，载《金融经济》2012 年第 13 期。

监会于 2019 年 3 月 1 日发布并实施《科创板首次公开发行股票注册管理办法（试行）》（以下简称《科创板管理办法》），规定符合《若干意见》等规定的红筹企业，申请首次公开发行股票并在科创板上市，还应当符合《科创板管理办法》相关规定，但公司形式可适用其注册地法律规定；申请发行存托凭证并在科创板上市的，适用《科创板管理办法》关于发行上市审核注册程序的规定。2019 年 4 月 30 日，上海证券交易所发布《上海证券交易所科创板股票上市规则（2019 年修订）》，专章规定红筹企业境内上市事宜。

2020 年，注册制在创业板逐步筹备和落地，并进一步细化红筹企业境内上市的优惠条件。2020 年 4 月 27 日，中国证监会和深交所发布《创业板首次公开发行股票注册管理办法（试行）》等一系列关于创业板注册制的法规征求意见稿，优化了创业板首次公开发行股票条件，制定更加多元包容的上市条件，允许符合条件的红筹企业在创业板上市。2020 年 4 月 30 日，中国证监会发布《关于创新试点红筹企业在境内上市相关安排的公告》（以下简称《红筹企业境内上市公告》），内容主要包括：降低境外上市红筹企业在境内上市的门槛（市值标准从 2000 亿降至 200 亿人民币，但需符合其他条件）；为带有 VIE 架构的红筹企业在境内上市提供政策支持；为未境外上市的红筹企业存量老股减持预留了空间。

（二）特点

创新试点红筹企业境内上市的特点主要有三。其一，在上市标准上，根据《红筹企业境内上市公告》和其他相关法规，我国更偏向支持大企业，而所谓的大企业一般市值超过 200 亿元，创业板排名前 30 以上，要求拥有自主研发、国际领先技术，科技创新能力较强，同行业竞争中处于相对优势地位（红筹企业境内上市标准整理如图 1）。其二，在公司治理与投资者保护上，我国更偏向于 A 股规则（国有化）而非国际规则（国际化），上交所《科创板股票上市规则》第十三章第一节第三条列明了投资者保护原则性规定："红筹企业的投资者权益保护水平，包括资产收益、参与重大决策、剩余财产分配等权益，总体上应不低于境内法律法规规定的要求。"比如在华润微电子有限公司的案例中，其作为一家未在其他证券交易所上市、股权结构相对简单的红筹企业，除未设立监事会外，基本按照适用于一般境内 A 股上市公司的规则对公司治理制度进行了修订，并出具了相关承诺。[①] 过于强调 A 股规则可能影响我国证券市场的国际化。其三，在法律制定与适用上，我国更偏向临时法，同时亦存在极端规则，带有不确定性和反复性。我国应聚焦顶层设计，完善法律科学体系、整体衔接以及解决核心问题。

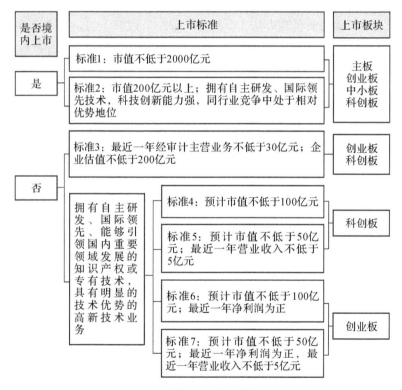

图1　红筹企业境内上市标准

---

① 参见华润微电子有限公司《经第五次修订及重列的组织章程大纲和章程细则》。

（三）难点

红筹企业的回归因跨境而将不可避免地面临会计准则差异、存量股份的登记与存管、存量股份的后续流通与减持安排、雇员股权激励方案（ESOP）外汇登记、股东优先权利的处理等核心难题。

1. 关于会计准则差异

根据国务院办公厅于 2018 年 3 月 22 日转发的中国证监会《关于开展创新企业境内发行股票或存托凭证试点若干意见的通知》的规定，试点红筹企业在境内发行证券披露的财务报告信息，可以按照中国企业会计准则或经财政部认可与中国企业会计准则等效的会计准则编制；或者在按照国际财务报告准则或美国会计准则编制的同时，提供按照中国企业会计准则调整的差异调节信息。根据《公开发行证券的公司信息披露编报规则第 24 号——科创板创新试点红筹企业财务报告信息特别规定》（以下简称《24 号规则》）第十条，红筹企业采用境外会计准则编制财务报告时，除提供按境外会计准则编制的财务报告外，还应提供按照中国企业会计准则调整的差异调节信息，具体包括按照中国企业会计准则重述的资产负债表、利润表、现金流量表和所有者权益变动表。对于重述的符合中国企业会计准则的财务报表，不需要提供中国企业会计准则要求的附注信息，但需要提供与按境外会计准则编制财务报表的主要差异及调节过程信息。根据《24 号规则》第十一条，适用等效或境外会计准则的红筹企业按照本规定编报补充财务信息或差异调节信息，存在实际困难导致不切实可行的，可以向上海证券交易所申请调整适用，但应当说明原因和替代方案。已经在境外上市的红筹企业，如采用国际财务报告准则或美国会计准则编制，则需按照上述规定提供按照中国企业会计准则调整的差异调节信息，或向上交所申请调整适用该项规定。未在境外上市的红筹企业，可根据自身实际选择采用中国企业会计准则；如采用等效或境外会计准则，则提供上述规定的差异调节信息；或向上交所申请调整适用该项规定。

2. 存量股份的登记和存管

华润微电子有限公司发行上市后，存量股份统一登记、存管于中国证券登记结算有限责任公司（中国结算）。参照适用于一般 A 股上市公司的相关规定，发行人须将其首发前原股东持有的存量股份登记于中国结算。但是，红筹企业是否必须将其在境内发行上市前的存量股份登记、存管于中国结算，抑或可以保留于境外股份登记存管机构，目前证券监管规则尚无明确规定。对于红筹企业，尤其是已在境外上市的红筹企业，其存量股份未来的登记存管安排的问题，涉及与国内登记存管规则的衔接问题，更涉及存量股后续流通问题，需要密切关注。

3. 存量股份的后续流通与减持安排

存量股份的流通与减持安排是红筹企业在境内 A 股上市的核心问题之一。目前，关于科创板红筹上市公司在境内发行上市前的存量股份能否在境内 A 股市场流通和交易，尚无明确规定。该事项的悬而未决也导致了大量有意登陆科创板的红筹企业目前仍处于观望状态。有观点认为，红筹企业发行前的存量股份在中国结算完成集中登记存管后，在境内证券市场流通不存在实质性障碍，在限售期满后可根据中国证监会和证券交易所届时适用的具体规定进行流通。但是，具体细则尚待监管部门后续发布的文件。[①] 存量股问题既涉及中国个人 / 机构境外投资的外汇管理问题，又涉及中国长期面临的存量股流通性、"总量控制"、锁定期等问题，需要密切关注。

4. 雇员股权激励方案（ESOP）外汇登记

目前，对于境外上市红筹企业的境内员工，通过 ESOP 行权取得境外上市公司股份，可以进行外汇登记。但是，对于在境内上市的红筹企业（如华润微电子有限公司），其员工通过 ESOP 取得股份是否需要办理外汇登记以及如何办理，目前仍然是监管空白。建议发行人在申报前就该问题与外汇管

---

① 刘劲容：《关于红筹企业境内直接发行 A 股若干问题分析》，https://www.lexology.com/library/detail.aspx?g=ea514ab7-f45e-49c7-be34-d9d9e1443268，最后访问日期：2020 年 7 月 6 日。

理部门进行沟通。

5. 股东优先权利的处理

根据上交所于 2020 年 6 月 5 日发布的《关于红筹企业申报科创板发行上市有关事项的通知》，红筹企业向 PE、VC 等投资人发行带有约定赎回权等优先权利的股份或可转换债券（以下统称优先股），发行人和投资人应当约定并承诺在申报和发行过程中不行使优先权利，并于上市前终止优先权利、转换为普通股。投资人按照其取得优先股的时点适用相应的锁定期要求。发行人应当在招股说明书中披露优先股的入股和权利约定情况、转股安排及股东权利变化情况，转股对发行人股本结构、公司治理及财务报表等的影响，股份锁定安排和承诺等，并进行充分风险提示。发行人获准发行上市后，应当与投资人按照约定和承诺及时终止优先权利、转换为普通股。发行人应当在向上交所提交的股票或者存托凭证上市申请中，说明转股结果及其对发行人股本结构、公司治理及财务报表等的实际影响。保荐人、发行人律师及会计师应当对优先股转股完成情况及其影响进行核查并发表意见。

6. 募投项目备案

与境外上市不同，A 股上市中披露的募投项目需要于申报前在当地发改委进行相应备案，"募集资金投资项目的审批、核准或备案文件"是中国证监会规定的上市企业申请材料之一。对于涉及环境影响评价、能源技术评价的项目，发行人应提早准备备案材料，预留充足的项目备案时间，避免因备案问题导致时间表延后。根据《上海证券交易所上市公司募集资金管理办法》，上市公司募投项目发生变更的，必须经董事会、股东大会审议通过，且经独立董事、保荐机构、监事会发表明确同意意见后方可变更；同时，上市公司应在董事会审议后 2 个交易日内向交易所报告并公告有关项目情况。募投项目应在申报前备案，公司上市后，如募投项目发生变更，须经过内部批准程序，还需向交易所报告并公告。

7. 募集资金进出境

红筹企业境内发行股票筹集的资金涉及"出境再入境"的跨境流动。为此，外汇管理部门于 2019 年 5 月出台了《存托凭证跨境资金管理办法（试行）》。实践当中，上述规定出台后，外汇管理部门并未就红筹企业在境内发行股票涉及的外汇登记事宜出台新的规定或进行解释，相关配套系统的升级工作也有待完善。就募集资金留存境内使用，具体而言，发行人可以通过以下方式将募集资金用于境内募投项目，并办理相关外汇登记手续：①向境内子公司增资；②向境内子公司提供股东借款。在现行的外商投资、外汇管理框架下，境外公司依法通过向境内子公司增资或提供贷款的方式将境外资金用于境内项目不存在障碍。但后续尚待进一步指引。

三、拆除与不拆除红筹架构回归上市的法律问题

（一）红筹企业架构简介

红筹企业是指注册地在境外，主要经营活动在境内的企业，根据业务是否受外商投资限制，红筹企业的架构又分为直接持股模式和协议控制模式（VIE 模式），一般而言，对于不受外商投资限制的企业会采用股权控制架构，而对于受外商投资限制的企业，会采用协议控制架构（具体架构如图 2 所示）。红筹企业回归 A 股的路径可分为拆除红筹架构在 A 股上市与直接在 A 股上市两种。

（二）红筹企业回归 A 股路径分析之直接 A 股上市

直接 A 股上市之路径是指以存托凭证的方式在 A 股上市，因此不必拆除 VIE 架构。存托凭证（Depository Receipt，DR）是指一国证券市场流动的代表境外公司有价证券的可转让凭证，由存托人签发（一般为发行地银行），以境外证券为基础在境内发行，代表境外基础证券权益的证券。

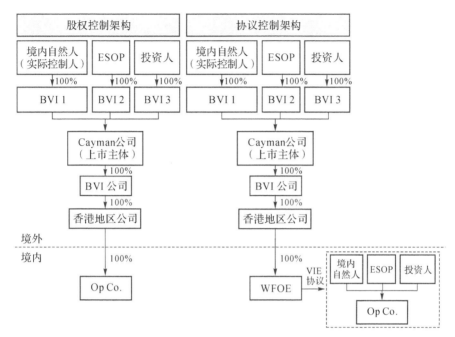

图2　股权控制构架和协议控制构架示意

1. 基本要求

红筹企业在科创板上市，适用注册制的上市管理制度。根据《科创板管理办法》及《科创板上市规则》的规定，红筹企业首次公开发行股票或者存托凭证并在科创板上市的，经上交所发行上市审核并报中国证监会履行发行注册程序。

在信息披露方面，红筹企业应当按照中国证监会和上交所规定，在中国证监会指定信息披露媒体和上交所网站披露上市和持续信息披露文件。此类直接 A 股上市的红筹企业以存托凭证方式于境内上市，在年度报告和中期报告中披露存托、托管相关安排在报告期内的实施和变化情况以及报告期末前 10 名境内存托凭证持有人的名单和持有量；变更存托凭证与基础证券的转换比例，应当经上交所同意。如果具有协议控制架构或者类似特殊权利安排的红筹企业，应充分、详细披露相关情况，特别是风险、公司治理等信息，以及依法落实保护投资者合法权益规定的各项措施，并在年度报告中披露协议控制架构或者类似特殊安排在报告期内的实施和变化情况，以及该安排下保护境内投资者合法权益有关措施的实施情况，若出现重大变化或者调整，可能对公司股票、存托凭证交易价格产生较大影响的，公司和相关信息披露义务人应当及时予以披露。

在法律适用方面，《科创板上市规则》规定，红筹企业在境内发行股票或者存托凭证并在本所科创板上市，股权结构、公司治理、运行规范等事项适用境外注册地公司法等法律法规的，其投资者权益保护水平，包括资产收益、参与重大决策、剩余财产分配等权益，总体上应不低于境内法律法规规定的要求，并保障境内存托凭证持有人实际享有的权益与境外基础证券持有人的权益相当。根据上述规定，证券监管部门认可红筹企业股权结构、公司治理和运行规范等事项适用境外注册地公司法的法律法规，但亦要求红筹企业在投资者权益保护层面，应满足中国境内法律法规的规定。红筹企业可根据注册地的法律要求，并参照中国证监会发布的《上市公司章程指引》《上市公司治理准则》等制定公司治理制度，以符合中国证监会和上交所关于投资者权益保护的要求。

除了符合以上注册制、信息披露、法律适用等方面的要求，红筹企业上市还需要满足一系列指标要求，包括行业指标和市值及财务指标。在行业指标上，要求红筹企业属拥有核心技术的高新技术产业和战略性新兴产业。根据《若干意见》规定，须符合国家战略、掌握核心技术、市场认可度高，属于互联网、大数据、云计算、人工智能、软件和集成电路、高端装备制造、生物医药等高新技术产业和战略性新兴产业且达到相当规模的创新企业。《科创板管理办法》规定，优先支持符合国家战略，拥有关键核心技术，科技创新能力突出，主要依靠核心技术开展生产经营，具有稳定的商业模式，市场认可度高，社会形象良好，具有较强成长性的企业。在市值及财务指标上，对于已经在境外上市的企业，《若干意见》及《创新试点红筹公告》要求企业市值不低于 2000 亿元人民币，又或者市值达到 200 亿元以上且拥有自主研发、国际领先技术，科技创新能力较强，同行业竞争中处于相对优势地位。对于尚未在境外上市的红筹企业，市值要求相对放低，转而对营业收入的增速、科技水平以及行业竞争地位做相应要求。值得注意的是，《科创板上市规则》及《科创板上市通知》明确了营业收入快速增长的标准：最近一年营业收入不低于 5 亿元的，要求最近 3 年营业收入复合增长率 10% 以上；最近一年营业收入低于 5 亿元的，最近 3 年营业收入复合增长率 20% 以上；受行业周期性影响，行业整体处于下行周期的，发行人最近 3 年营业收入复合增长率高于同行业可比公司同期平均增长水平。

2. *市场先例——华润微电子*（China Resource Microelectronics Limited）

2020 年 2 月 27 日，华润微电子（688396.SH）正式在上交所挂牌上市，成为在科创板直接发行股票并上市的第一家红筹企业，也是截至目前唯一一家。除上交所对科创板企业普遍会关注的问题外，对于红筹企业，上交所还会重点关注如下问题。

第一，股利分配政策差异是否能保证投资者权益。《开曼群岛公司法》对公司股利分配政策更灵活，公司可以在存在未弥补亏损的情况下向投资者分配税后利润，并且可以使用股份溢价或其他可用于股利分配的科目向股东分配股利。为保护中小股东利益，红筹企业应当在《公司章程》《股东大会议事规则》等内部治理制度中完善公司治理的具体措施，以进一步保障投资人参与重大决策的权利，防止控股股东利用《开曼群岛公司法》关于利润分配的政策差异损害其他中小股东利益。

第二，以非人民币作为面值是否符合相关规定。考虑到中国证监会并未强制要求上市公司在章程设置时严格按照《上市公司章程指引》，且近年来中国证监会亦给予上市公司章程更多自主选择权，应理解为中国境内法律法规允许红筹企业结合自身的实际情况选择股票面值币种。

第三，股票发行前是否需要在中国证券登记结算有限公司集中存管。虽然红筹企业的注册地在境外，但为进一步满足《科创板管理办法》及其配套制度中关于股东限售、减持安排等的监管，应理解为在法律法规允许的前提下，红筹企业应将其首次公开发行前的原始股东持有的股份在中国证券登记结算有限公司上海分公司登记。

第四，税率是否符合境内法律法规的要求。红筹企业需结合高级管理人员履职地，财务和人事决策的机构和人员所在地，主要财产、会计账簿、公司印章、董事会和股东会纪要档案等存放地及董事或高级管理人员居住地四项要素综合判断是否满足实际管理机构在中国境内的条件，除根据前述条件自行判断外，必要时还需结合税务主管部门的意见，确认红筹企业是否属于中国居民企业。

第五，公众股东能否在中国境内提起诉讼及能否执行。笔者认为，境内投资人在合法权利受到损害时，可以依据中国法律在有管辖权的中国法院提起诉讼。只要被告在中国境内拥有相应的财产，公众股东可对该等财产申请采取保全措施，并且针对中国法院作出的生效判决，只要被执行人的财产在中国境内，当事人即可向有管辖权的中国法院申请执行。

（三）红筹企业回归 A 股路径分析之拆除红筹架构在 A 股上市

1. 路径概述

《若干意见》实施之后，企业可保留红筹架构在 A 股上市，但因行业指标、市值及财务指标的限制，无法满足前述要求的红筹企业仍可以考虑在拆除红筹架构后回归 A 股。目前在科创板注册成功的企业中，多数红筹企业系通过拆除红筹架构完成上市。由于红筹企业一般已在境外融资，将创始人及境外投资人权益移回境内将涉及资金流转、交易定价、税务成本测算、外资准入、债权债务清理等系列复杂的工作，搭建 VIE 架构的企业及直接持股架构的企业拆除红筹架构的步骤亦有所不同，亦涉及相应的法律问题。

2. 主要步骤

（1）VIE 架构拆除

对于拆除 VIE 架构而言，首先是指定重组方案，其核心问题是境内上市主体的选择，即在营业公司（Operation Company，缩写为 Op Co.）和外商投资企业（Wholly Foreign Owned Enterprise，缩写为 WFOE）中选择其一；其次是境外权益移至境内上市主体，将控制权转移回境内主体，投资人在境外退出或者权益转移回境内，员工激励的安排也需做出相应调整；最后需要对境内主体及业务进行整合，并清理境外权益，最终申请科创板上市。

（2）直接持股架构拆除

直接持股架构的拆除与 VIE 架构的拆除类似，同样包含制定重组方案、境外权益移至境内上市主体、境内主体业务整合、境外权益清理以及申请科创板上市等五个步骤，相较 VIE 架构的拆除，直接持股架构下境内上市主体无须在 WFOE 与 VIE 主体之间选择，免去了 VIE 主体作为上市主体时可能存有收购 WFOE 的步骤，且无须终止 VIE 协议，境外投资人可仅依据商业判断而非外资准入政策而考虑退出或回归。尽管如此，直接持股架构拆除同样需要考虑资金流转方式、回归定价、税务成本、外汇程序、满足境内上市实质条件和境外监管规定等红筹架构拆除的核心问题。

3. 投资人退出路径的考量因素

投资人的退出需要综合考量包括外资限制、境外资金情况、上市主体以及税收和时间成本等因素。就外资限制而言，若集团公司行业属于外商投资负面清单范畴，则境外投资人可能被迫考虑退出或选择适用的境内关联方继续持股。业务资质变更和重新办理均有时间成本和不确定性问题。就境外资金情况而言，如果资金不足，则须先安排开曼公司设计筹措回购价款，投资人届时应与公司和创始人充分沟通，适当应用信息权等了解集团公司财务情况。就上市主体而言，需权衡 WFOE 和 Op Co.资产业务规模、持牌方、业务资质转移难度、历史合规程度、实际控制人和管理层是否曾有重大变动等。就税收和时间成本而言，股权转让引发的税收不可忽视，例如 698 号文、7 号文相关非居民企业所得税；时间上通常注意选择避免涉及较为耗时的政府机构审批的方案，例如对外直接投资（Outbound Direct Investment，缩写为 ODI）、业务资质变更等。

4. 境外融资与回归 A 股的衔接

境外融资涉及与回归 A 股的衔接问题，面临诸如红筹架构拆除过程的有效性和合法性、公司治理、红筹架构拆除前后的重大变动以及员工股权激励计划等方面的重要问题。

在红筹架构拆除过程的有效性和合法性方面，应梳理股东协议和公司章程中涉及优先股股东权利的条款；核查红筹架构拆除过程中可能触发投资人行使股东权利的情形，特别关注回购触发事项，视同清算事件；VIE 结构在搭建和拆除过程中的合法性，包括内部决策程序、政府审批、VIE 协议是否实际履行，各方是否存在争议或纠纷。

在公司治理方面，应关注开曼的公司法制度和中国的公司法制度之间的差异；Protective Provisions（股东权利平移至境内公司后，需要考虑投资人及投资人董事有权行使一票否决权的审议事项是否与业务运营相关，是否会影响公司实际控制人地位的认定，以避免影响境内上市时间表）；表决权差异安排（如果开曼公司层面曾经设置过超级投票权或 AB 股，可能会被监管机构要求说明发行人表决权差异安排与先前在开曼公司层面安排是否一致，如不一致需要解释其合理性）。

在红筹架构拆除前后的重大变动方面，应考虑股权结构变更涉及清理开曼公司层面的认股权证（warrant）和股票期权（option），部分境外投资人退出公司，部分代持股东还原；董事会构成和高级管理人员组成变更；尽可能地将集团内的境内外业务和资产装入境内拟上市主体内，避免被监管机构认定为主营业务变更或存在同业竞争的可能。

在员工股权激励计划方面，科创板允许发行人存在首发申报前制定并准备在上市后实施的期权激励计划。《上海证券交易所科创板股票发行上市审核问答》中对此种情形做出了明确的要求，并且明确规定，如员工持股计划遵循"闭环原则"，或虽未遵循"闭环原则"但已经在基金业协会备案的，在计算公司股东人数时，均可按一名股东计算；不符合该等情形的，在计算公司股东人数时，则应穿透计算持股计划的权益持有人数。

5. 其他交易所重点关注的事项

拆除红筹架构的企业申请科创板上市，除满足一般企业科创板上市的要求外，因其历史股权结构的复杂性，交易所会特别关注以下问题。

第一，红筹架构搭建及拆除过程。为充分了解发行人的股权结构变动过程，红筹架构搭建、存续、拆除的各关键节点均须披露，交易所可能会就该过程问询以下内容：境内上市主体和开曼公司在红筹架构拆除前的历次股权变动情况，定价依据及涉及的股份支付处理；报告期内各年度境外上市架构相关企业的经营情况、主要财务数据（包括总资产、净资产、净利润等）、是否存在重大违法行为，被注销公司是否存在为发行人承担成本和费用的情形；境外股东将其持有的相应权益平移至境内的过程，平移后相关股权的一一对应关系，所持股权比例的变动情况，如存在差异，请说明原因；各股东在开曼公司退出和在境内取得权益的定价依据、对价支付情况，是否存在实际或潜在纠纷；境内业务重组过程中对价公允性和支付情况，报告期内主营业务是否发生重大变化；境外主体注销情况，未注销完毕对于发行人的影响；发行人搭建境外上市架构后是否曾在境外市场上市或提交申报文件，若有，相关信息披露文件与此次申报文件是否存在差异；发行人历史上红筹架构的搭建及终止对发行人的本次发行及上市是否构成障碍；是否存在已知的或潜在的违规事项或法律争议。曾搭建 VIE 架构的红筹企业，交易所还可能问询：发行人搭建协议控制架构的原因，发行人所属行业是否存在外资准入的限制；VIE 协议的主要内容，历史上 VIE 协议的履行情况；在协议控制架构项下对境内主体资金支持的时间、金额、途径和方式，有关资金往来、利润转移安排的合法合规性；VIE 协议是否已经彻底终止，终止协议的主要内容，协议控制结构拆除后境内外相关主体是否注销，签约各方之间是否存在纠纷或潜在纠纷。

第二，控制权稳定性。《科创板首次公开发行股票注册管理办法（试行）》第十二条规定了关于控制权稳定的要求，即最近 2 年实际控制人没有发生变更，不存在导致控制权可能变更的重大权属纠纷。在问询过程中，交易所会要求发行人及中介机构说明：红筹架构拆除前后实际控制人是否发生变化；对于实际控制权的认定，尤其关注发行人是否存在特殊表决权安排或影响控制权的其他协议或安排；考虑到拆除红筹架构中实际控制人可能存在过桥贷款，为确保控制权的稳定性，交易所还可能要求发行人披露红筹架构终止后，发行人控股股东、实际控制人是否存在大额债务、是否存在质押发行人股份等影响发行人控制权稳定的事项。

第三，员工激励计划。对于存在员工激励计划的红筹架构拆除，交易所可能关注：发行人历次期权计划的设立、授予、变更和终止是否履行必备的决策程序，是否涉及资金进出境，是否符合当地法规要求；境外期权收回的定价依据及和企业公允价值差异的财务处理；发行人境内员工持股计划的权益是否均为发行人员工持有，与红筹架构时预留期权的受益人名单是否一致，是否存在委托持股、股份代持等情形，报告期内员工持股情况是否发生变动，若是，股份权益的处理情况；对于未平移至境内员工持股平台继续持股的员工，企业对其授予的期权的清理方式是否合法，特别是给予现金补偿的员工是否实际收到了补偿款及是否产生相应的纳税义务，如果有未接受补偿款的员工，是否存在潜在的争议纠纷；发行人股份支付的相关情况，包括使用范围、确认时点、计量方式、公允价值等。

第四，税务相关问题。红筹架构搭建及拆除的整个过程均需要合理的税务筹划，在上市过程中，各阶段的税务关注问题包括：发行人境外架构搭建过程中涉及的相关税费是否已依法缴纳，境外融资主体历次股权变动是否缴清相关税费；红筹架构拆除是否已履行完毕境内外的税收申报和缴纳义务；发行人及其实际控制人控制的相关企业是否存在被追缴税款或税收违规的风险。

第五，外汇相关问题。红筹架构搭建及拆除涉及跨境资金流动，除上述"红筹架构搭建及拆除过程"中提及的交易对价支付及资金往来问题外，以下外汇专项问题值得关注：红筹架构搭建是否涉及外汇资金使用，是否取得外汇主管部门批准及资金使用是否合规；境外融资主体历次境外融资、股权转让、分红的资金来源、外汇资金跨境调动情况，是否属于返程投资并办理外汇登记及变更登记等必备手续，是否符合外汇管理法律法规；发行人红筹架构拆除过程中相关实体的资金来源及资金支付情况，是否存在向控股股东及其关联方进行利益输送的情形，是否符合外汇监管规定。

四、结论与未来展望

基于现阶段中美对待红筹企业态度的差异，私有化交易将是红筹企业撤离美股的首要途径，其涉及的法律问题如若处理不当，无疑会大大阻碍私有化交易的进程，故而有必要在私有化交易过程中平等对待大小股东，杜绝内部人交易，减少遭遇起诉的风险。最好在启动私有化交易前就咨询该领域的专业律师，把握并购的每一个关键节点，避免"千里之堤，溃于蚁穴"。为了吸引红筹企业回归 A 股上市，我国证监会既提供拆除 VIE 结构的路径，也提供未拆除红筹架构的路径，两种路径的针对性各有侧重，前者针对硬科技公司，后者则重视公司的成长性，与此同时，拆除 VIE 架构不仅是一个时间成本和资金成本俱高的项目，部分过程对公司是不可逆的，可能阻碍红筹企业在 A 股上市。因此，红筹企业根据自身实际情况以及对不同路径的偏好，自主选择合适的 A 股上市路径，并提前做好上市规划等准备工作就显得尤为重要。无论是拆除 VIE 架构还是不拆除 VIE 架构，都将面临一系列跨境法律问题，对此，我国不应放宽监管要求，而应降低上市门槛，必须在严格监管的基础上加大对金融实体的扶持力度，让更多的红筹企业有机会在 A 股上市。从趋势来看，未来有关红筹企业回归的监管必然是朝着法治化、国际化和市场化方向发展的，法治化即要求健全立法、提高执法和司法水平，这样才能服务企业发展，吸引企业回归；国际化则要求支持国内企业去国外上市，国外企业来国内上市；市场化是指市场引导企业发展而非政策指导企业发展，监管部门的职责应有所限制，不应该随意给红筹企业开绿色通道。

地方金融立法与金融科技监管

监管沙盒法律问题解析

浙江农林大学　张永亮 *

摘　要

在金融科技蓬勃发展的当下，如何创新金融监管手段，构建与金融科技相匹配的监管模式，是一个亟待解决的新问题。监管沙盒允许企业突破现行金融监管法规，在宽松的监管环境中进行金融创新实验，而且不会因该创新行为招致不利监管后果。监管沙盒是实验性监管理念的体现，是一种监管模式创新，有助于监管机构制订更加有效的监管制度，在消费者、金融机构、监管机构之间实现"多赢"的格局。然而，监管沙盒运行过程中可能存在监管俘获、非透明性、非公平性及消费者利益保护等问题。反思监管沙盒运行中存在的问题，有助于监管机构制订更加符合实际的监管政策，优化金融监管法律制度。

关键词：监管沙盒；金融科技；金融创新；消费者利益保护

★ 张永亮，浙江农林大学文法学院教授。

基金项目：本文系司法部国家法治与法学理论研究项目"人工智能的法律规制研究"（18SFB2019）、浙江省哲学社会科学规划重点课题"监管科技应用之规制体系构建研究"（20NDJC15Z）阶段性成果。在本文写作过程中，复旦大法学院许多奇教授提出了诸多有益的修改意见，谨致谢意！

如何平衡金融创新与金融安全的二元矛盾，如何实现金融监管对金融创新的有效监管，向来是金融监管难以有效解决的痛点和难点问题。在金融科技蓬勃发展的当下，如何创新金融监管手段，构建与金融科技相匹配的监管模式，是一个亟待解决的新问题。2015 年 11 月源起于英国的监管沙盒就是在此背景下诞生的一种新型监管模式，从一诞生，其便被其他国家和地区的金融监管部门争相效仿。其实，英国政府早在 2011 年就提出将金融科技作为国家发展战略，2014 年宣布"将伦敦打造成为全球金融科技之都"的战略愿景。2014 年，英国金融行为监管局（以下简称 FCA）启动了"创新中心"（Innovation Hub）项目，希望金融机构能够向市场推出具有创新性的金融产品和服务，以增加消费者福利。"创新中心"以金融科技、监管科技为主题，是一个监管者与创新者直接沟通对话的平台，旨在为金融创新提供"测试"机会，从而有助于监管机构制订更加科学合理的监管制度，防范金融创新的系统性风险，监管沙盒是其中的重要内容之一。[①] 基于此，本文通过探讨监管沙盒制度内容和本质，揭示监管沙盒运行中存在的法律问题，探讨解决的法制路径，意在为金融科技监管的制度创新提供法治建议。

一、监管沙盒的内容解析

根据英国 FCA，监管沙盒是指监管主体允许企业在一个安全的环境中进行产品、服务、商业模式和通道机制等领域的创新，并不会因该创新而招致不利的监管后果。[②] 其要旨在于，在构建适当的消费者利益保障措施的前提下，监管机构对进入沙盒进行测试的企业实施监管"松绑"，[③] 允许其在一个真实的市场环境中实施金融创新。企业若要进入沙盒进行测试，需要提交一份测试计划申请表，详细说明金融创新的内容，包括测试时间表、关键指

---

① Innovation Hub now Open for Business, https://www.fca.org.uk/news/press-releases/innovation-hub- now open-business-says-fca, 2016 年 10 月 28 日访问。

② Regulatory Sandbox, https://www.fca.org.uk/firms/regulatory-sandbox, 2017 年 11 月 12 日访问。

③ 张永亮：《金融监管科技之法制化路径》，载《法商研究》2019 年第 3 期。

标、测试成功的措施、客户安全保障计划、创新风险评估及测试退出策略等等。①FCA 将对申请书进行广泛而深入的审查，审查的内容包括是否具有真正的金融创新，是否可以增加消费者福利，沙盒测试的理由等等。沙盒内的企业可以享受"沙盒工具"，包括有限授权（Restricted authorisation）、个别指导（Individual guidance）、豁免或修改规则（Waivers or modifications to our rules）、不采取强制行动函（No enforcement action letters）②、非正式指导（Informal steers），这些措施突破了英国现行的金融监管法规，旨在为企业金融创新提供空间和机会。③每一家入围沙盒测试的企业均被指派一名案例指导官，帮助其了解创新的业务模式是否符合监管框架，并对测试方案的设计和实施提供指导。在沙盒测试结束时，公司必须向 FCA 提交一份总结报告。

监管沙盒测试需要一定的准入条件。FCA 规定，进入沙盒测试的企业必须具备以下条件：第一，有创新目标。企业应在特定领域设定创新的目标，譬如技术创新、平台创新、服务内容或服务方式的创新等等。第二，创新的新颖性。金融服务的解决方案应具备新颖性，能显著提升金融服务的效率。第三，创新应该给消费者带来实实在在的福利。第四，创新业务有进行沙盒测试的客观需求。第五，企业已在金融创新解决方案中投入了一定的资源，了解了相关的监管法规，并为降低金融风险采取了一定的措施。④入围沙盒测试的企业需要严格履行消费者权益保护义务，主要体现在：其一，在创新

---

① FCA, Default Standards for Sandbox Testing Parameters, https://www.fca.org.uk/publication/policy/default-standards-for-sandbox-testing-parameters.pdf, 2017 年 10 月 24 日访问。

② 不采取强制行动函是指，在测试期内，如果 FCA 认为监管沙盒测试的行为没有违反 FCA 的要求或未损害其监管目标，就不会对测试活动采取强制执行行动。FCA 还认为，保留结束审判的权力是适当的。

③ Sandbox Tools, https://www.fca.org.uk/firms/regulatory-sandbox/sandbox-tools, 2017 年 11 月 12 日访问。

④ Applying to the Regulatory Sandbox, https://www.fca.org.uk/firms/regulatory-sandbox/prepare-application, 2017 年 7 月 20 日访问。

测试过程中，企业必须将金融创新解决方案的相关信息，完整、及时、充分地告知消费者并征得其同意，必须告知消费者潜在的风险及相应的补偿方案。测试内容不同，信息披露、消费者保护及其损失补偿办法也各异。其二，消费者享有与其他获得授权的金融公司消费者相同的权利。譬如，可以向公司投诉，也可以向金融申诉专员服务机构（Financial Ombudsman Service）申诉。

企业对监管沙盒政策做出了积极回应。监管沙盒自2016年6月在英国推行以来，FCA已经发布了五次沙盒测试公告。在第一批审核中（截止日期是2016年7月8日），FCA接收了69份申请书，并最终选择了24家公司入围监管沙盒测试，最终有18家公司实际进行了测试。在第二批审核中（截止日期是2017年1月19日），FCA收到了77份申请书，最终确定31家公司进入沙盒，其中有7家公司没有准备好测试，推迟至第三批。在第三批沙盒测试中，FCA收到了61家申请人，其中的18家公司接受测试。在第四批沙盒测试中（截止日期是2019年2月20日），FCA收到了69份申请书，最终确定29家公司接受测试。[1] 在第五批监管沙盒测试中（截止日期是2019年5月20日），FCA收到了99份申请书，是申请者历来最多的一次，最终确定29家公司接受测试。[2] 第六批监管沙盒测试正在进行中。沙盒测试内容广泛，包括基于区块链的支付服务、RegTech、保险科技、AML控制、生物数字ID和了解您的客户（KYC）验证。[3] 成功进入沙盒中的企业可以享受监管豁免制度，可在真实的市场环境中或在虚拟沙盒中测试金融创新。这种实时测试环境将持续3—6个月，具体时间由每家企业单独与FCA通过签订协议来确定。这些企业必须保存详细的交易记录并定期向FCA提交报告，

---

①　Regulatory sandbox‐cohort4, https://www.fca.org.uk/firms/regulatory-sandbox/-cohort-4, 2019.2.20, 2019年2月26日访问。

②　Regulatory sandbox‐cohort5, https://www.fca.org.uk/firms/regulatory-sandbox/cohort-5, 2019.5.20, 2019年5月28日访问。

③　Regulatory Sandbox-cohort 3, https://www.fca.org.uk/firms/regulatory-sandbox/cohort-3, 2017年12月20日访问。

包括取得的关键成就、消费者满意状况、FCA 对公司施加的条件以及其他要求。在测试期结束时，FCA 将根据整个测试期间获得详细信息和监管信息，对每一家公司分别作出监管决定。

除了英国，其他国家和地区，比如澳大利亚、新加坡、瑞士、泰国、马来西亚等也已经推出了监管沙盒制度。我国的监管沙盒是从地方开始的，根据中国人民银行发布的信息，北京市金融监管局于 2019 年 12 月 5 日开始推行监管沙盒试点，上海市金融监管局于 2019 年 12 月 12 日在上海浦东新区开始推行监管沙盒试点。2020 年 3 月 16 日，中国人民银行发布了《关于北京金融科技创新监管试点第一批项目申请机构声明的公告》，监管沙盒测试正式实施。[①] 美国亚利桑那州已于 2018 年 3 月推出该州的监管沙盒机制，而美国消费者金融保护局（CFPB）于 2018 年 5 月宣布将与商品期货交易委员会（CFTC）合作建立金融科技监管沙盒制度。各国的监管沙盒制度均要求申请者在测试之前先行注册。英国 FCA 规定每年有两期固定的申请机会，而新加坡金融监管局（MAS）的沙盒制度可随时供申请者申请。澳大利亚金融监管机构（ASIC）的办法与众不同，它为准备测试某种特定服务的公司设定了一个类别豁免（Class-exemption），期限为 12 个月，测试的公司最多可达 100 家。申请者必须在开始营业前通知 ASIC，前提是需制订合理的消费者保护措施。MAS 倾向于选择基于应用的方法，与每个申请人建立紧密的联系制度，以使监管者充分了解创新的内容、商业模式及其存在的潜在风险，并为每一家参与测试的公司实施定制化的监管条件。各国或地区监管部门推出监管沙盒制度具有共同的目的，即鼓励金融创新，防控金融风险，希望在

---

① 该公告称，经公示审核，北京金融科技创新监管试点第一批创新应用已完成登记，将向用户正式提供服务，各机构金融创新内容如下：中国工商银行股份有限公司申报的"基于物联网的物品溯源认证管理与供应链金融"；中国农业银行股份有限公司申报的"微捷贷产品"；中信银行股份有限公司申报的，中国银联股份有限公司、北京度小满支付科技有限公司、携程（上海华程西南国际旅行社有限公司）参与的"中信银行智令产品"；中信百信银行股份有限公司申报的"AIBank Inside 产品"；宁波银行股份有限公司申报的"快审快贷产品"；中国银联股份有限公司申报的，小米数字科技有限公司、京东数字科技控股有限公司参与的"手机 POS 创新应用"。

金融创新与金融监管之间取得平衡，保护消费者利益，注重测试期间监管部门与金融机构之间的沟通交流。

二、监管沙盒的制度实质

（一）监管沙盒是实验性监管理念的体现

"实验性"监管理念是指金融监管主体在推出一项新的监管政策之前，在一个受控的环境里激励金融创新，通过观察、试错、交流，掌握金融创新的本质、收益和风险，从而有助于制订出符合事物发展规律的、科学的监管政策的一种监管理念。它摒弃了"一刀切式""运动式""维稳式"的监管理念，而是一种谦抑的、尝试性的、常态化的监管理念。[1] 它"是一种试错性监管，通过不断试错实现有效监管，也不会引起系统性风险"。[2] 借助"实验"，可实现监管主体与金融机构之间平等、及时、有效的信息沟通和交流，有助于监管机构深入调查研究金融创新的运营规律，因地制宜地确定监管的范围、标准与尺度，从而卓有成效地管控风险。[3] 实验性监管理念与包容性监管理念是一脉相承的。不同之处在于，实验性监管理念是包容性监管理念的更进一步，先"包容"再"实验"，强调创新行为的实践操作。

金融监管之所以需要"实验性"监管理念，原因在于，技术创新对于促进金融创新、推进市场竞争是不可或缺的，而技术创新总是与现存的监管规则相冲突，并且创新是有风险的，有时这种风险可能是无法控制的。实验性监管理念实施的关键在于，实验标准的设定、实验过程的监控、监管主体是否中立，这关乎实验的结果。实验性监管理念的优势在于，其一，有利于金融创新，可将成功的创新快速推向更为广阔的市场，使更多的消费者获益；其二，有利于监管者洞悉金融创新的行为特点和规律，提炼有益的经验，及

---

① 张永亮：《中国金融科技监管之法制体系构建》，载《江海学刊》2019 年第 3 期。

② 周仲飞、李敬伟：《金融科技背景下金融监管范式的转变》，载《法学研究》2018 年第 5 期。

③ 张永亮：《金融监管科技之法制化路径》，载《法商研究》2019 年第 3 期。

时发现风险，为制订科学的监管政策提供依据；其三，实现金融创新的同时，可将创新的风险控制在一定范围之内，最大限度降低创新的风险。[1] 改革开放以来，我国不断推出的各种改革"试点""实验区"以及英国的监管沙盒制度均是实验性监管理念的典型例证。

（二）监管沙盒是一种监管制度创新

监管沙盒有如下特点和优势：一是实施监管豁免。经核准进入沙盒测试的企业，不需要遵守现行的金融监管法规，就有机会开展公司业务营运。为了将成熟的金融创新推向市场，监管机构对于处于测试环境下的金融创新将全部或部分实施监管豁免。这种监管豁免是一种有期限的、暂时的豁免，期限结束即宣布解除。具体而言，FCA 对入围沙盒的企业实施一对一的个别监管制度，只要不违反 FCA 的监管目标和要求，按照 FCA 所颁发的指导方针进行创新测试，FCA 不会对进入沙盒企业的测试行为实施执法行动。监管机构将对获得监管豁免资格的企业进行严密监督。监管机构不会对新公司或创新施加额外的监管负担，同时也减轻了潜在的社会危害。二是注重监管沟通。"监管沙盒的主要目的是加强监管当局与金融科技企业的沟通交流，提早介入并全流程了解金融科技的信息并进行政策辅导"[2]。监管机构通过主动与受监管者进行接触和沟通，使监管者更全面地理解金融创新，提前采取预警措施，主动地实施监管对策，降低金融创新的风险，防范监管套利，改变了以往监管的被动性和应对性。[3] 积极主动的监管做法可使监管机构掌握日益扩大的金融创新的边界，鼓励创新者从监管的被动状态中走出来，主动地与监管机构进行沟通和交流。三是监管沙盒的最大优势在于，授权进入沙盒内的企业在一定条件、一定范围、一段时期之内实施金融创新的权利，有利于监管机构制订金融监管的新方法、新策略和新制度。从监管机构的角度来看，

① 张永亮：《金融监管科技之法制化路径》，载《法商研究》2019 年第 3 期。
② 许多奇：《金融科技的"破坏性创新"本质与监管科技新思路》，载《东方法学》2018 年第 2 期。
③ Cortez N. Regulating disruptive innovation[J]. Berkeley Technology Law Journal, 2014, 29: 175–228.

监管沙盒的主要作用不在于设定了具有限制性的测试空间，而在于它向创新型企业释放了以下信号：其一，监管机构更加注重灵活的监管措施；其二，监管机构希望深入地了解新技术，以制订更科学有效的监管制度。诸多监管机构也逐渐清晰地认识到，在技术快速变化的时代，监管机构需要秉持开放、多元的监管态度。监管沙盒政策的推行意味着监管主体对金融创新放松监管有了法定依据，从而不会被指责"不作为"，有助于监管机构更好地权衡利益相关者的利益关系，而不仅仅考虑自己的监管利益。总体而言，监管沙盒政策的推行意味着监管者对于金融创新的宽容和支持，即使那些未能入围沙盒测试的企业也可以在一种相对宽松的环境中尝试金融创新，从而有利于吸引更多的企业入驻该地区，提高该地区金融业的竞争力，有助于金融创新的集群发展。①

三、监管沙盒引发的法律问题及其解决

（一）监管机构借助监管沙盒促进金融市场有效竞争的做法是否恰当？

FCA 推出监管沙盒的战略意图，在于通过鼓励金融创新，促进金融市场的有效竞争，这是一种非常规的监管策略。传统上，监管机构促进竞争主要依靠市场治理，对不正当竞争行为或不利于竞争的行为实施直接干预。对不正当竞争行为的监管，通常依靠事后救济措施，比如惩罚卡特尔或滥用市场主导地位的行为。监管手段旨在纠正现存的市场不正当行为，而非通过引进新产品和新的主体来干预市场。当然，不能低估或否定 FCA 在金融市场上调查不正当竞争行为的努力，包括公司金融、资产管理和抵押贷款等零售金融产品市场中的不正当竞争行为。但是，通过监管沙盒的模式，有意推广市场新进入者的新产品和新技术，则是促进市场竞争的一项新的、非常规举措。然而，富有争议的是，监管机构的此种行为在一定程度上具有扭曲市场公平

---

① 张永亮：《金融监管科技之法制化路径》，载《法商研究》2019 年第 3 期。

竞争的嫌疑，因为市场中的新进入者将从监管机构的"支持"和"推动"中获益。[①]

促进创新与推动竞争的理念截然不同。创新是一种企业性行为，需要由相关的法律制度保护创新者的权利。知识产权法律制度，本质上是专有的，往往赋予知识产权持有人独占的开发权，换言之，这是一种垄断权。而竞争法的基本原则是试图减少垄断，促进市场竞争。因此，创新与竞争的理念截然不同。此外，推动创新是以个人或公司为基础而展开，而促进竞争则是在市场范围内以行为为重点而实施。FCA实施的以创新促进竞争的监管战略，可能存在混淆公司层面与市场层面的风险，可能会基于对创新的过分"偏爱"而忽略了市场行为。FCA有必要重新检视其理论基础，即促进金融创新与促进市场竞争是否一致。在一定程度上，监管沙盒的选择标准与此有关，因为FCA不允许申请者仅具有金融衍生性的产品或可能不利于消费者的创新产品。故而，监管机构必须统筹考虑公司创新与市场竞争的关系，使二者相互匹配，唯有如此，方能连贯一致地评估企业的竞争潜力。

（二）如何解决由监管沙盒引发的监管俘获？

公共选择理论认为，政府是监管的供给者，但是，政府未必就是公共利益的天然代表人，代表政府的监管人本身也是具有自利性的理性"经济人"。因此，其在监管活动中很可能成为某些特殊利益集团的代表，监管往往是对不同利益集团之间的财富的再分配，是各利益集团相互讨价还价的结果，政府不一定能纠正问题，事实上可能使问题更加恶化。因而，需要优化规则体系，进行法制改革以克服和纠正政府"失灵"。

根据公共选择理论，监管俘获是一个金融监管者不能忽略的重大问题。监管机构在与金融机构接触、交流过程中易受其持续游说力量的影响。监管

---

① Zetzsche D A, Buckley R P, Barberis J N, et al. Arner. Regulating a revolution: From regulatory sandboxes to smart regulation[J]. Fordham Journal of Corporate & Financial Law, 2017, 23: 31−103.

机构与金融行业之间的"旋转门"（金融机构与监管机构之间人员的职位互换）现象也是产生监管俘获的一个重要因素。尽管监管机构的行为不受金融行业的计划或方案所支配，但某些微妙的关系或因素往往会影响监管机构的制度和决策。监管机构与监管沙盒中的企业非同寻常地进行密切交流，可能会损害其制定监管决策或制定新制度的客观性。因此，必须将这种"紧密关系"置于治理和问责框架之下，以确保监管决策制定的客观性和合理性。

较之于常规监管，监管沙盒使监管机构和企业之间的接触和交流更为密集、更为频繁。尽管企业在进入沙盒的时候，其创新和商业发展规划已经相当完善，但监管机构仍然参与企业与市场接轨的发展阶段。监管机构对企业"业务"的参与，可能会影响监管者对企业的判断，以及更为广泛的监管策略的选择。监管机构也可能会对其所接触的企业创新行为印象深刻，由此引发"捕获"的可能性。监管机构与金融机构的长期接触，可能会产生一种情感偏见，从而影响监管决策，令监管机构更为容易地相信企业所提供的服务或产品的优势。尽管如此，人们也不必对监管机构与企业的过密接触反应过度，或产生恐惧，并视为必然会产生监管俘获。原因在于，只有这样，监管机构才有可能获取有关行业发展的关键信息，才能洞察金融创新的过程和风险，以便确定现有监管制度的有效性以及是否需要变更监管政策。解决之道在于建立一个治理框架，以缩小监管捕获左右监管决策的空间。具体而言，首先，确定监管沙盒实施的监管策略框架和原则，降低监管捕获发生的可能性。监管的策略框架应强调监管机构高层管理人员的内部责任，因为他们对监管策略的构建具有重大影响力。此外，还应关注内部治理机制，以确保监管目标的实现。监管主体可以考虑在沙盒实施中轮换监管决策者，此举有助于减轻过度的监管同情。其次，为了减轻监管俘获，监管制度的制订过程应充分考虑广泛的利益相关者的利益，缓解行业中主导者的影响力。[1] 再次，

---

① Baxter L G. Capture in financial regulation: Can we channel it toward the common good[J]. Cornell Journal of Law and Public Policy, 2011, 21: 175-200.

构建外部问责机制，以减轻因参与促进创新而与公司密切接触所产生的任何微妙影响。这涉及监管机构与其他独立机构、利益相关者、智库等建立紧密的合作关系，从而创造一个主体更多、内容更丰富的讨论和交流环境。三方参与的模式（监管者、行业代表和其他独立的第三方）可确保相关的监管制度的客观性、科学性和包容性。因此，金融创新的监管战略框架不仅应包括监管机构本身的问责机制，也应包括外部的问责机制。外部问责机制可以约束监管机构做出富有倾向性的监管选择，并确保其免受商业政治压力的影响。

（三）监管沙盒的价值目标仅仅是促进金融创新吗？

在微观层面，金融创新有利于降低金融机构金融服务的成本，增加消费者的福利。在宏观层面，金融创新有利于国家经济增长，它与人均国内生产总值的增长息息相关，对于新兴经济体的发展尤为重要。因此，创新政策往往是经济或产业政策的关键部分。就此而言，FCA 所创设的监管沙盒是有助于推动经济创新发展的监管政策。

通常认为，监管不利于创新。有一种观点甚至认为，监管可能阻碍创新。当监管采用某些技术之后，通常会阻碍更新的或更有效的技术创新。基于"旧"的监管技术可能会限制"新"的金融服务方式的提供，随着时间的推移，这种监管方式明显地滞后于实践创新。创新也可能会绕过监管，引发监管法规和监管目标是否充足的问题。金融创新是一把"双刃剑"，金融创新提高了金融效率，但社会和经济风险也随之增加。[1] 金融创新还可能使金融机构在追求有利可图的金融活动时，规避监管法律或利用技术从事非法活动。[2] 监管者如果放纵这种行为，将引发系统性金融风险。这是因为缺乏监管的市场往往会创造出大量的信贷，导致家庭和企业的杠杆率提高，增加了金融体系的脆弱性，引发系统性金融风险。此外，随着消费者的金融需求高度依赖金

---

[1]　张永亮：《中国金融科技监管之法制体系构建》，载《江海学刊》2019 年第 3 期。

[2]　Knoll M S. The ancient roots of modern financial innovation: The early history of regulatory arbitrage[J]. Oregon Law Review, 2008, 87: 93−116.

融市场，倘若监管不到位，那么金融市场将演变为一个被剥削的垄断市场，消费者或投资者的利益将岌岌可危。①

鉴于监管与创新之间相互关系的复杂性，监管机构对金融科技创新的主动介入将是至关重要、势在必行之事，这种介入并不仅仅是简单地追求金融创新，还背负着其他目标，② 譬如，保护金融消费者和投资者合法权益、促进金融稳定、防范金融风险等等。监管者需要充分理解金融监管与金融创新之间的相互关系，防范金融创新带来的风险，发挥金融创新的积极作用，在确保技术成熟可控的前提之下，充分发挥新兴技术在提升金融服务效率中的作用，借助监管沙盒所获得的监管经验，制订科学合理的、持续性的、有责任担当的监管方案。

（四）如何确保监管沙盒运行的透明与公开？

监管沙盒的有效实施需要及时、充分和完整的信息披露，这包括监管沙盒实施之前、实施过程中、实施之后的全方位的信息披露。信息披露的主体既包括监管机构也包括入围沙盒测试的企业。特别重要的是，监管机构需要充分披露监管沙盒的运行状况，及时总结经验，完善沙盒运行，确保公平竞争。此举"需要引入赋能、强制、激励和调控的配置方法"，"促进信息流的分散化和去中心化，实现信息资源的公平配置"，③ 确保在进入监管沙盒的企业与监管沙盒之外的企业之间建立公平的竞争环境。比较研究表明，透明度可能是监管沙盒亟待改进的问题。金融监管的一个关键原则是，监管机构所实施的监管政策，不管是针对监管沙盒内享受"监管松绑"的企业，抑或针对监管沙盒外享受金融"创新激励"措施的其他金融机构，所有这些"监管松绑"和"创新激励"措施，监管机构都应在可能的媒体或场合给予及时

---

① Chiu I. A rational regulatory strategy for governing financial innovation[J]. European Journal of Risk Regulation, 2017, 8: 743-765.

② 张永亮：《中国金融科技监管之法制体系构建》，载《江海学刊》2019 年第 3 期。

③ 李安安：《互联网金融平台的信息规制：工具、模式与法律变革》，载《社会科学》2018 年第 10 期。

和充分地披露，这将有助于解决传统金融机构与新兴金融机构之间的公平竞争问题，有利于保护金融消费者利益，有利于防范系统性金融风险。不仅如此，随着时间的推移，这种披露将有助于增强监管法律的确定性和权威性。

（五）如何实现监管沙盒内外金融机构之间的公平竞争？

在监管沙盒政策之下，传统金融机构须遵守现行的金融监管法规，而入围沙盒测试的企业则无须遵守现行的监管法规，这必然引发公平竞争问题。在构建监管沙盒制度时，如何在受监管和不受监管的实体之间建立一个公平的竞争环境是一个核心问题。否则，可能会引发处于监管沙盒之外的金融机构面临人力资本和金融资本短缺、创新动力不足的弊端。在这种情况下，监管机构必须在鼓励创新和维护金融体系之间取得平衡，必须给予受监管的金融机构以金融创新激励机制，支持受监管的金融机构继续发挥其客户流量、专业知识和服务经验方面的优势。特别重要的是，接受监管的金融机构也应享有相应的监管自由空间，以支持其进行金融创新。监管机构应将监管沙盒与其他监管方式相结合，并为传统金融机构提供适当的创新激励政策，使持牌机构和无牌机构在寻求开发创新产品或服务时平等受益。

（六）"监管松绑"能否消解金融监管中禁止性条款的效力？

监管沙盒的亮点之一就是给予进入沙盒的企业实施监管"松绑"，企业的创新行为可以突破现行金融监管法律的规定，从而实现激励创新的目的。那么，这是否意味着，进入沙盒的企业可以从事所有金融创新行为而不受任何限制？答案当然是否定的。首先，如前所述，金融创新具有两面性，既有好的创新，也有不好的创新，金融创新既能提高金融交易效率，也可能诞生新的交易风险。监管沙盒应该鼓励好的金融创新，防范或抑制金融创新的风险。其次，金融创新不能突破法律的绝对禁止性规定，譬如，不能违反刑法的规定，不能违背人类基本伦理，不能违背普世价值观，不能损害国家利益等等。洗钱行为、为恐怖主义融资等金融违法犯罪行为是绝对禁止的。最后，金融监管中的相对禁止性条款，譬如，技术性禁止、经济性禁止，或是基于某种利益保护而实施的限制，譬如，投资范围的限制、投资主体的限制，股权份额的限制，或为测试某种技术创新等，监管机构应该给予监管松绑，支持这种创新行为的测试。

（七）如何保护金融消费者权益？

监管沙盒的实施应以保护金融消费者和投资者合法权益为宗旨。金融稳定理事会（FSB）指出，当监管主体创设监管沙盒时，所追求的政策目标主要是消费者和投资者保护、市场诚信、金融包容、促进金融创新和市场竞争。英国FCA当初推出监管沙盒的目的是通过支持突破性的金融创新，促进金融市场竞争，使消费者获得机会更多、成本更低、质量更好的金融服务。为了保护消费者的权益免受意外风险损害，英国FCA在监管沙盒制度中制订了详尽的金融消费者利益保护规划：第一，测试企业承担损害赔偿责任。监管沙盒的一个核心制度是要求入围沙盒测试的企业制订健全的消费者保护计划，如果消费者因金融创新测试受损害，那么这家企业就应承担损害赔偿责任。沙盒测试之前，企业必须告诉消费者金融创新行为可能存在的风险和补偿措施，确保消费者知情权，并证明其有能力补偿消费者所受的损失。第二，FCA在某些情况下承担损失补偿责任。"FCA根据沙盒测试进展状况，对沙盒测试活动进行适当的信息披露，对测试给客户带来的损失提供补偿；FCA为消费者投诉提供畅通的渠道，保证消费者可以享受金融申诉服务（FOS）的权利，确保其在一家公司未获损失补偿时有机会获得金融服务补偿计划（FSCS）的补充补偿。"[1]

四、结语

监管沙盒在本质上是一种实验性的金融监管制度，监管者借助此种实验，

---

[1] 柴瑞娟：《监管沙盒的域外经验及其启示》，载《法学》2017年第8期。

可以充分理解新兴技术的优势和风险，试验新的监管策略，评估金融监管法制创新的成效，优化监管制度和监管方案。对于监管者而言，监管沙盒是一个监管实训基地，有助于其驾驭新兴监管技术。[①] 监管沙盒实现了消费者、金融机构、监管机构等诸多主体的"多赢"局面。在推出监管沙盒政策时，需要明确监管主体，设立监管沙盒审核委员会，审定入围沙盒测试的企业名单；设定入围沙盒测试的条件、标准、内容、目标；签订监管沙盒合同，明确企业的权利和义务，特别是企业不遵守监管沙盒运行规则时的法律责任；建立信息共享机制，特别是确保企业与监管机构及监管沙盒审核委员会之间的信息畅通；制订消费者权益保障措施；监管沙盒运行时还应注重监管"松绑"政策应用的公平性和透明性，防范监管俘获，平衡各方利益诉求。

---

① Allen H J. Regulator sandboxes[J]. The George Washington Law Review, 2019, 87: 579-645.

私人数字货币的刑事法律风险防范及规制研究

宁波市海曙区人民检察院　郭鹏飞　胡瑛

宁波市鄞州区检察院　钱红红 *

摘　要

数字货币一种是主权信用或者商业信用的数字表达，在特定的场合具有价值尺度和支付手段的特定功能，但私人数字货币潜在的刑事法律风险也凸显出来，黑客用技术手段盗取数字货币，私人数字货币很容易成为非法集资、洗钱、黑市交易的道具，这些不利因素会给投资人带来巨大的经济损失，还可能累积系统性金融风险，造成诸多不稳定社会因素，需要分析其中缺陷提出改进措施。

关键词：概说；刑法风险；完善建议

★　郭鹏飞，宁波市海曙区检察院干部；胡瑛，宁波市海曙区检察院第七检察部主任；钱红红，宁波市鄞州区检察院员额检察官。

一、数字货币的概说

数字货币是由密码学原理、点对点算法以及区块链技术作为底层技术支持而产生的一种新型货币形式，一方面改变以往人们对货币的认识，另一方由于具有跨境自由流通、降低交易成本、以密码学实现安全验证不易被伪造等传统主权货币所不具备的优势，受到使用者和投资人的青睐，继微信、支付宝移动支付后又一次改变了人们支付方式。中央银行的数字货币是安全的、集中的，私人数字货币是分散的，因其匿名性、去中心化的特征可以避开监管等特征，私人数字货币引起了不法分子的关注，成为逃避金融管制和非法集资的工具，应当完善监管规则。

（一）概说

货币的本质是一种交易记录的记账工具，"1971 年布雷顿森林体系崩溃以后，美元和大多数国家的货币都和黄金脱钩，货币与商品的最后一丝联系也被切断了。在美索不达米亚这一人类所知最早的城市文明中，商人和小贩展示出了自己的信用安排。这些多以泥板为物理形式出现，上面刻有未来偿还的义务，然后又用黏土封起来，上面刻有贷款人的标志。"[1] 所有货币都是记账符号，数字货币其实还原了货币的原始形式。"用户在支配数字货币的过程中，除了完成数字货币的余额查询和转账支付，便无其他了。用户既不能从数字货币中直接获得使用之功效，亦不能以数字货币完成情感之寄托。"[2]

根据发行主体不同，数字货币可以分为中央银行数字货币和私人数字货币。前者是由一国的中央银行发行的，"目前全球主要中央银行都在研发数字货币。有统计表明，在 25 家央行中，计划推出中央银行数字货币（Center Bank Digital Currency，CBDC）有 7 家，探索中 9 家，已发行 6 家，暂不考

---

[1]　杨延超：《论数字货币的法律属性》，载《中国社会科学》2020 年第 1 期。

[2]　杨延超：《论数字货币的法律属性》，载《中国社会科学》2020 年第 1 期。

虑 3 家。"①2020 年 4 月份，我国人民银行发行并先行在深圳、雄安、苏州、成都进行封闭式测试的数字货币，英文全称 Digital Currency Electronic Payment（简称 DC\EP），就属于这种央行数字货币。后者是由个人或者互联网科技公司、商业联盟发行的，比如 2008 年由化名为中本聪所设计、开发的比特币（Bitcion），以及 2019 年由脸书主导的商业联盟所设计的天秤币（Libra）。Libra 协会最初有 28 名创始会员，发布时会员扩大到 100 个左右，包括万事达、VISA 等国际金融机构，油布等出行运营企业、Booking Holdings、eBay 等交易类平台企业，Anchorge 等区块链平台企业，以及 Ribbit Capital 等风投企业，通过这些各行业的龙头企业所形成的底层架构和 Facebook 的近 27 亿用户的社交网络平台，Libra 形成了涵盖发行—流通—功能扩展—研究升级的完整生态圈，可以广泛地应用于支付、出行、社交等场景，是别的私人数字货币无法比拟的。但是 Libra 的发行一波三折，扎克伯格本人因此成为听证会的常客，PayPal 取得了中国市场的支付牌照以后退出了 Libra 联盟，另外还有 6 位原始会员由于监管压力以及技术、发展等方面的难题相继退出，由于美联储担心 Libra 对美元结算和监管体系 SWIFT 的冲击，故其尚未获准发行。

货币要被普遍认可就要解决信用构建问题。从法理上讲，货币的信用来自税收，纸币、硬币、法定数字货币都是由国家信用背书由税收驱动的，具有刚兑性和无限法偿性。而私人数字货币的价值来自商业信用，而商业行为具有周期性，因此私人数字货币没有无限法偿性。以比特币为例，"其价格起落委实惊人——2017 年底 1 币的峰值价格接近 2 万美元，到 2018 年 1 月底已跌穿 1 万美元，连比特币自身官方介绍也强调，比特币的价格可能在短时间内无规律地大起大落，应该被视为高风险资产。"②Libra 是信用基础最牢靠的私人数字货币，锚定了美元、欧元、英镑，其信用基础是商业联盟大

---

① 张威：《法定数字货币试水》，载《财经》2019 年第 29 期。
② 董亮：《区块链：一场提防"技术反噬"的战役》，载《南风窗》2019 年第 26 期。

企业的一篮子银行存款和购买的高流动性的短期国债，并为了避免通货膨胀而交付 100% 备付金，以便让持有者相信 Libra 能够长期保值。由于脸书没有在中国大陆运营，故没有锚定人民币，这在客观上影响到人民币在数字经济领域内的话语权。

（二）数字货币与移动支付的区别

在移动互联网出现之前我国的现金依存度很高，随着微信、支付宝的快速发展，支付格局发生了显著改变，微信支付和支付宝以信用中介的方式解决了国内移动支付的信用问题。"两者在支付安全设计方面使用了金融级的安全技术……依托平台优势和社交黏性，打通线上线下……建立了涵盖购物、餐饮、交通、城市服务、生活缴费、旅游住宿以及金融服务等各方面、各部门支付到应用的庞大生态圈……满足了社会公众的生活和交易便利化需求，改变了人们传统的社交和支付习惯。"[1] 微信、支付宝绑定用户银行卡，其支付 App 和用户的银行账户是紧耦合关系，用户通过手机 App 先由银行客户端或者第三方机构向商家支付，然后再与银行账户进行结算，交易双方不知道对方的信用信息和支付结算信息，但是作为第三方的腾讯、阿里以及商业银行而言，交易双方的信息是完全开放的，用户信息就有可能从第三方机构泄露出去。法定数字货币 DC\EP 与银行账户是松耦合关系，在交易中 DC\EP 对银行账户的依赖关系大大降低了，在没有第三方机构参与的情况下客户点对点地交易 DC\EP，代理投放的商业银行进行确权，人民银行进行监管。DC\EP 通过数字加密技术确保了用户的数据安全，并且因为不通过银行账户结算比第三方支付更具便捷性，可以营造一个更加高效、健康的流通环境。

---

[1] 张利原、李宝庆、王晓军、韩博林：《Libra 币对我国法定数字货币 DC\EP 发展模式的启示》，载《西部金融》2019 年第 9 期。

（三）政府、国际组织、资本市场对私人数字货币的态度

各国的监管机构和司法机关对私人数字货币态度不一。为了维护金融稳定、防止比特币等私人货币对金融市场的扰乱冲击以及洗钱、黑市交易等违法行为借助私人数字货币进一步走入地下，我国对各种私人数字货币的行为采取一刀切式的监管态度，全面禁止各种私人数字的公开融资和平台交易。2013 年 8 月，人民银行联合工信部、银监会、证监会、保监会发布了《关于防范比特币风险的通知》（银发〔2013〕289 号）。ICO（Initial Coin Offing）是首次代币发行的方式支持区块链技术的项目，2017 年 9 月，人民银行联合中央网信办、工商总局等七部门发布了《关于防范代币发行融资风险的公告》，即禁止一切 ICO 项目集资行为，其后将虚拟货币的挖矿活动列入淘汰类产业。"法国中央银行也声明加密货币并非该国法律承认的法定货币，不可以作为支付手段，它本身存在重大风险，已经成为市场投机、洗钱或者其他非法活动的工具。……俄罗斯境内的一切金融活动必须采取卢布定价，据此比特币不具有法币地位。……美联储主席耶伦在向美国参议院银行委员会报告指出，比特币作为创新性支付工具。"[1] "2013 年 8 月德国政府正式承认比特币的合法地位，具有结算功能，但比特币不应作为法定的支付手段被使用。……在 2013 年 11 月 18 日参议院听证会上，美国政府承认比特币是一项合法的金融服务。"[2] 自 2015 年以来，美国纽约州金融监管局、G20 峰会，纳斯达克资本市场相继承认了数字货币的资产重要性。

二、私人数字货币的刑事法律风险

Libra 尚未发行，其风险和存在的问题尚未充分暴露。如果以比特币为代表的私人数字货币只是极少数崇尚电脑技术的极客之间的游戏，法律一般

---

[1] 史广龙：《比特币革命的监管因应》，载《金融与经济》2017 年第 8 期。

[2] 张晨：《比特币的现实风险及中国的法律规制研究》，载《重庆邮电大学学报》（社会科学版）2014 年第 5 期。

不会干涉这种以币易物的自由，但是私人数字货币与现实货币发生了大范围的交易时，不得不正视其存在的刑事法律风险。

（一）法律对私人数字货币持有者的利益保护不足

在我国，私人数字货币虽不被认为是某种金融工具，但是可以被认定为物。盗窃虚拟财产是一种古老的互联网犯罪，存储私人数字货币网站经常受到黑客攻击，盗窃各种加密数字货币的事件层出不穷。以比特币为例，获取比特币使用权的关键是掌握私钥，私钥是存在客户端的一串随机数字，盗取比特币就是盗取账户，任何掌握私钥的人都可以使用一定数量的比特币。黑客利用木马程序、交易平台的漏洞或者操作系统等多种技术手段窃取交易所的资料，大批比特币因此流失，犯罪行为的受害者既包括普通持有者也包括交易平台等大规模持币机构。"2014 年的 Mt.Gox 被盗事件，在加密货币史上影响甚大。Mt.Gox 乃最早的比特币交易所，成立于 2011 年。正当外界以为 Mt.Gox 有业界龙头老大之势，值得信任之时，Mt.Gox 发布惊天消息，称有 74 万枚用户寄存的和 10 万枚交易所自有的比特币被盗。"[1] 警方接警后明知数字货币被盗的也很难及时锁定使用者，无法为受害者挽回损失，或者因为使用者掌握了私钥而无法确认原数字货币持有者的所有权，因而很难对黑客进行追溯。

（二）ICO 非法集资的风险

ICO 是相对 IPO（首次公开发行股票）而言，所不同的是把证券换成了私人数字货币。"比特币交易平台支持的 ICO，是把区块链项目的数字货币用来交易，而不是公司股权拿出来发行……是一种用区块链项目筹集资金的方法。"[2]ICO 技术门槛很低，币圈里人人都是拥有发币权的中央银行，发

---

[1] 董亮：《区块链：一场提防"技术反噬"的战役》，载《南风窗》2019 年第 26 期。
[2] 孔庆波、卞宏波：《利用比特币实施违法犯罪行为过程探析》，载《辽宁公安司法管理干部学院学报》2019 年第 1 期。

个空气币都敢说自己是搞区块链的，ICO 往往假借区块链技术的名义行非法集资之实，成了心怀不轨者的收割利器，最常见的罪名是非法吸收公众存款罪和集资诈骗罪。"全国有 28000 多家区块链企业，25000 家是发币的。从国家互联网金融安全技术专家委员会发布《2017 上半年国内 ICO 发展情况报告》来看，高达 90% 以上的 ICO 项目涉及欺诈。"①国家对区块链技术和私人数字货币是两种态度，前者是支持，后者是禁止。2017 年 9 月 4 日，人民银行等七部委联合发布了《关于防范代币发行融资风险的公告》，禁止代币发行的融资活动。国内三大私人数字货币交易所中的一家因涉嫌集资诈骗被查处，另外两家也被关闭。多个区块链微信大号比如炒币学堂、一块硬币、deepchain 也被封了。但是 ICO 非法集资行为并未随着一纸禁令而销声匿迹，这种场外交易转入地下更为隐蔽，尽管很多平台公司私下承诺兑现，并不是每一个项目都能赚钱，并不是所有的 ICO 项目结束后都能在平台上变现，圈钱跑路者不在少数，这些非法集资行为可能给投资者带来重大经济损失，同时会因为人数众多而造成社会不稳定因素。

（三）滋生洗钱、黑市交易等违法行为

洗钱就是把非法所得转化为合法所有，把走私等黑市交易所使用的比特币等私人数字货币转化为现实货币的过程就是洗钱。私人数字货币匿名性、去中心化和保密性强的特点为不法分子实施洗钱等违法行为提供了便利，其交易方式是不受时间、空间限制的并且是在没有银行中心化监管机关或者其他第三方机构参与的情况下点对点地进行交易，这种交易上的私密性使得交易过程没有使用资金的痕迹，这样贩卖毒品、走私、洗钱等违法行为在一定程度上避开了侦查机关的监控，使用私人数字货币使得侦查机关较难及时追踪到违法行为，难以确认资金来源，同时较难识别行为人的真实身份，这就成了滋生犯罪的温床。比如，"赫赫有名的网络黑市'丝路'就是采取比特

---

① 胡万程：《重启区块链：币圈散场之后》，载《南风窗》2019 年第 6 期。

币交易机制。丝路成立于2011年,部署在匿名网络浏览服务提供商'tor'之上,其商品多是毒品、武器、假护照、信用卡用户资料等违禁物品……在一个匿名商城采用匿名货币交易,'丝路'满足了不少人不能见光的需求。'丝路'的创始人乌布利希最终被判处无期徒刑,其中一项罪名是'洗钱'。"[1]

三、原因分析

(一)法律往往对交易平台的运营疏于监管

"加密货币的加密是货币的转让过程加密。至于货币的保管、与现实货币的兑换属于其他环节。这些环节的安全关键由交易所等安全机构控制,一旦交易所的漏洞被黑客抓住,货币就会易主。"[2]这种平台或者机构在运营上的漏洞往往是其工作人员管理不善导致的,投资者把私人数字货币存放在这些平台或者机构其实是有安全隐患的。法律对交易平台往往疏于监管,交易平台主要是依靠自律和公司以及个人信用来经营的,这种有限的监管和脆弱的自律往往难以保障平台的安全运营。一般投资者不懂平台运营和安全技术、缺乏证据材料,加之没有相关的透明的信息披露制度,在遭受损失后被害人很难维护自己的权益,很难追究平台和机构及其工作人员的法律责任。

(二)配套监管措施不完善

根据有关规定,众筹项目只对专业投资者募集资金,不得向普通公众开放,并且投资人数不得超过200人。ICO是一种以币买币的方式避开监管向不特定社会公众直接融资的行为。实践中,一些平台公司假借互联网金融的名义,虚构了投资项目、编造虚假的营业收入,设计复杂的业务流程,骗取群众信任,进行非法集资。往往为了骗取更多投资人的参与先是许诺高额回报,然后会向先期投入者按时、足额地支付约定的高息,等达到一定程度的

---

① 董亮:《区块链:一场提防"技术反噬"的战役》,载《南风窗》2019年第26期。

② 董亮:《区块链:一场提防"技术反噬"的战役》,载《南风窗》2019年第26期。

集资规模后突然关闭平台卷款跑路，这类没有任何落地实体项目支撑的 ICO 纯粹是诈骗。即使众筹项目真实，但是创业失败的风险却要投资人承担。普通投资者很难把谷壳和小麦区分开，普通群众认购区块链项目时根本不具备理性分析其应用领域和长期投资价值的能力。虽然金融监管部门全面叫停了 ICO 项目的发行和交易，但是互联网创新每时每刻都在发生，每周都有数百个新项目涌现出来，不法行为人假借金融创新的幌子不断翻新花样，混淆理财概念，假称新的投资工具和金融产品诱骗投资者，其行为更有隐蔽性，没有具体监管措施保护的投资行为会严重损害投资人权益和金融安全。

（三）跨境交易和匿名性互相配合容易导致黑市交易和洗钱

私人数字货币本身没有价值，只是充当实际交换的媒介，私人数字货币有去中心化和匿名性两大特征，这样一来在没有银行等金融机构参与的情况下完成交易，使用作为支付手段的私人数字货币可以避开银行的监管。另外，数字货币没有载体，只是存储于云端的一长串数字，更没有合法的私人数字货币交易平台，有的只是项目方自行搭建的交易平台，这样使用私人数字货币作为支付手段又可以绕开外汇监管部门的监管，实现资金跨境流转。需要绕开银行和外汇管理部门监管、实现资金跨境转移的往往是暗网等黑市交易，私人数字货币的功能往往是对冲洗钱和匿名转账，这也是支撑私人数字货币的支柱。有些灰色地带黑色地带的交易需要通过私人数字货币进行，这在某种程度上是私人数字货币兴起和屡禁不止的原因。

四、对策建议

尽管国内法规政策明确禁止首次代币发行和私人数字货币的交易，但是私人数字货币事实上是存在的，在现实中具有影响力。这种现实存在的风险需要法律治理方式自上而下地介入，对私人数字货币不能一禁了之，还应当加强监管。

（一）司法机关应当重视对黑客盗窃私人数字货币的打击

刑法的目的和任务是保护法益，虽然私人数字货币不被法律法规所认可，但是这不意味着法律对黑客盗窃私人数字货币的行为听之任之。根据《最高人民法院关于审理盗窃案件具体应用法律若干问题的解释》的相关规定，盗窃违禁品或犯罪分子不法占有的财物也构成盗窃罪。私人数字货币不具有法定货币那样的法律地位，没有法偿性就不能在市场上作为一般等价物流通使用，但在特定的币圈内是一种信用货币，有一定的流动性并且具有资产价值，和 Q 币一样应当属于刑法意义上的财物。行为人如果通过网络黑客技术远程侵入公司电脑或者私人电脑具有一定安全性的账户，意欲盗窃私人数字货币并在国外的交易平台上转卖变现，可以按照盗窃罪定罪处罚。数字货币交易所本质上是金融机构，国内不允许设立私人数字货币交易所，但是现实中存在项目方自行搭建的交易平台，这类平台往往内部责任制度缺失，没有必要的监管制衡制度，内部职能岗位权力过于集中，没有进行必要的职能分解，如果员工利用管理员的权限获取平台信息资料或者窃取客户个人信息从而掌握完整的私钥、转移客户储存在平台或者平台自有的私人数字货币，这种监守自盗的行为可以按照职务侵占罪定罪处罚。用户私人数字货币被盗往往损失严重，追责维权都比较困难，复盘交易平台被盗事故，造成用户损失的，有时候是平台搭建方的过失。这些自建平台往往技术防御手段不足、审核测试能力不够、安全级别低，其技术风险防控系统导致了黑客利用服务器程序上的漏洞盗取私人数字货币，以及内部监督制衡制度上存在缺陷而导致的客户损失，平台公司应当承担民事赔偿责任。

（二）ICO 行为应当根据项目真假做出不同的处理

"在当前 ICO 市场上，大致有三类项目：第一类是纯粹的诈骗；第二类是想圈钱的，看到市场一片火热跟风投钱；第三类是真正想做项目的。"[1]

---

① 张扬：《央行等七部委给失控的 ICO 踩下刹车》，载《解放日报》2017 年 9 月 5 日。

有的不法分子利用群众不具备区块链项目专业知识、无法识别其应用价值和投资价值，虚构了资产项目和私人数字货币，许以畸高的回报率，在客观上雇用几名程序员和 P2P 出身的市场营销人员进行炒作，有的还煞有介事地在白皮书中说明什么阶段推出什么样的成果甚至包括何种资金监管方式，使投资人信以为真趋之若鹜，给传统骗局披上区块链的外衣，等本来没有价值的私人数字货币涨到一定程度后迅速套现退场，高位入局的投资者损失惨重，抄底者也捞不到好处。其实绝大部分投资者都没有足够的专业知识、投资分析能力和风险承受能力，只是误信了不法分子的虚假宣传。这种虚构投资项目诱骗不特定公众的欺诈性互联网融资行为应当按照集资诈骗罪处理。区块链的技术门槛很高，至今很少有成熟的产品落地，对于以真实区块链项目为基础，从事过研发活动，研发投入比较高，最后创业失败的项目，如果数额巨大、涉众范围广，可以按照非法吸收公众存款罪处理；如果投资人较少、风险和损失可控，可以不作为犯罪处理，只从监管层面追究相关人员的行政责任和从权利保护层面承担民事赔偿责任。

（三）强化对洗钱、黑市交易的监管

数字货币产生了一个新的交易体系，私人数字货币最初被用来贩毒、洗钱、走私、买卖违禁物品等黑市交易，其后才逐渐被社会公众和商业机构关注。私人数字货币由于其匿名性、跨境流通、易于躲避监管而容易被灰色交易黑市交易所利用，又因其中间商在网上服务器往往在境外，很难追踪到交易路径，通过私人数字货币洗钱和黑市交易难以被侦测和阻止。一方面运用大数据人工智能防范私人数字货币洗钱，反洗钱的重点是大额交易，私人数字货币交易可呈现小额、大量的特点，可疑交易量明显增加，运用大数据人工智能通过分析多重账户交易的复杂性来识别交易的真实目的，大数据人工智能分析的痛点是不够精准，这一缺陷可以由区块链技术弥补。另一方面用区块链技术助力反洗钱活动。数字货币的底层技术是区块链，区块链是双刃剑，既能用来洗钱也能用来反洗钱。司法机关监管机构应当和加密专家、大企业的区块链团队加强合作，为私人数字货币添加识别基因，研究私人数字货币的涉黑使用，提高反洗钱的效率。

司法机关对私人数字货币的监管应当在强力处置风险和鼓励金融科技创新之间做出适当的平衡，并且加强国际合作交流，实现信息共享，共同打击私人数字货币跨境违法活动。

智能投顾民事主体资格研究

安徽开放大学　　何宗泽 *

摘　要

智能投顾，作为人工智能金融服务应用场景之一，其民事主体资格因国内外尚未明确赋予人工智能主体资格而随之尚未有定论，我国学者多持否定意见，认为赋予投顾机构信义义务就能解决其引发的法律责任。文章认为，应该根据人工智能发展的不同阶段来研究其民事法律地位，弱人工智能阶段，智能投顾不具有民事主体资格，在人工智能走向成熟阶段后，具有有限的民事主体资格，强人工智能阶段，具有完整的民事主体资格。我国《民法典》颁布之时，因人工智能处于弱智能时代，没有赋予其民事主体资格，但是，未来强智能时代必须在民事主体章节将人工智能作为民事主体之一加以规范，充分彰显智能化时代民事立法的特点与要求。

关键词：强人工智能；有限民事主体资格；公平原则；算法黑盒；监管沙盒

★　何宗泽，安徽开放大学法学副教授，研究方向为金融法、消费者保护法、经济法。

智能投顾能否成为独立的民事主体，学界与业界众说纷纭，莫衷一是，中外概莫能外，主要有否定说、肯定说和折中说。肯定说认为人工智能可以作为人类的代理人、可以享有法律人格等；否定说主张人工智能是人类的辅助工具，只能作为民事法律客体；折中说认为，智能机器人尽管具有类人的某些特质，甚至在某些方面还超越人类，但毕竟其还是由人类所制造，服务于人类，不能完全等同于人类，可以赋予其限制性法律人格，代表学说为"工具性人格说""电子人格说""有限人格说"。

文章主要持肯定说，同时认为应该根据人工智能的发展阶段进行分析，弱人工智能阶段不具有民事主体资格，这一点已经基本取得共识，人工智能走向成熟阶段，因为具有一定的自主决策、独立表达意思的能力，因而应该赋予其一定程度的民事主体资格，也就是具体哪些情形可以取得民事主体资格；强人工智能阶段的智能投顾，具有完全自主决策、独立表达意思的能力，应该赋予其独立的民事主体资格；超人工智能阶段，人工智能就是自己的立法者，不是我们目前能关注的。以下分述之。

一、智能投顾成为民事主体的正当性

智能投顾作为当今时代人工智能在金融领域的主要场景，其提供的投资管理与服务已经逐渐取代传统的投资顾问，成为金融服务市场越来越活跃的主体，投资者与其进行的民事活动，无论是委托代理或是信托服务，将会越来越频繁，而且数额巨大，智能投顾将是金融服务市场的中坚力量，民事法律赋予其民事主体地位的立法任务已迫在眉睫。在此，我们从民事主体制度的发展历史以及民事主体的本质要求，结合有关人工智能民事主体地位研究的学者的观点进行分析。

（一）民事主体制度沿革历史表明，民事主体制度不是一成不变的。

综观各国民事立法关于民事主体制度的设定，经历过一元（自然人）到二元（自然人、法人）甚至三元（如我国的非法人组织）结构。这是民事主体制度沿革的历史性规律与当代各国立法、判例发展趋势共同催生的结果，不同历史发展阶段，不同社会形态，基于不同的社会历史文化传统与立法思维，对民事主体制度的构建有着不同的选择与偏好。①

公元前 1700 年左右的汉谟拉比法典将自然人分为三个等级：有公民权的自由民、无公民权的自由民和奴隶。自由民以其是否享有公民权而拥有不同的民事主体地位，而奴隶则是被作为不受法律保护的工具和财产来看待的，是不属于人的范畴的。在古罗马法中，"自然人也并非都为民事主体……奴隶与家子不具有民事主体资格"。20 世纪初期，德国开始注重个人的社会性，强调个人主义与团体主义的对立互存关系，类似"法人应成为与自然人具有同等价值主体"这样的主张开始出现，认为团体在法律上获得主体性，不能仅仅被视为是技术性的，而应该也是价值性的。因此，在团体中当个人的意志形成团体意志，而团体意志又抽象为"单一意志"时，团体便具有了主体性②，法人的民事主体资格开始获得。

在我国，随着非法人组织频繁地参与民事活动，各种纠纷也不可避免地逐渐增多。《中华人民共和国民法典》（简称《民法典》）没有采用传统二元民事主体结构，《民法典》第一编总则中的第二章、第三章和第四章分别规定民事主体自然人、法人和非法人组织，并专门设置第一百零二条第一款对非法人组织概念进行了界定。当今时代，随着人工智能在各行各业应用场景的出现，赋予人工智能民事法律主体资格势在必行，而且也有许多国家进行了尝试，日本允许机器人"帕罗"获得户籍，赋予机器人"涩谷未来"获得东京居住权，美国视谷歌无人驾驶系统为"驾驶员"，沙特授予"索菲亚"（Sophia）公民资格。人工智能在金融领域的应用场景——智能投顾——成为民事主体的正当性也正日益显现。

---

① 顾安祥、钟娟：《民事主体制度的选择性与开放性论纲》，载《吉林省行政学院学报》2005 年第 10 期。

② 邓海峰：《法人制度与民法人格权编的体系构建》，载《现代法学》2003 年第 3 期。

（二）赋予智能投顾民事法律主体资格有法理学基础

根据多数学者关于人工智能成为民事主体必要条件观点，智能投顾若被法律赋予民事主体资格，必须具备必要性和可行性两个方面，持肯定说和否定说学者各执一词。分析争论焦点在于以下方面，我们逐一分析。

首先，人工智能是否具备主体能力的本质，这是最主要焦点问题。否定说学者基于人的主体能力是由智性、心性、灵性三者合成，而人工智能即使表现出了相当程度的智性，其也将因为缺乏心性和灵性，人工智能只能被定格在无法反映与确证自我的客观类存在物，以及法权模型中的法律关系客体上。

我们认为"否定说"混淆了作为生物自然人与作为法律拟制人的主体能力本质，法律拟制人的主体能力本质是其意思表示与责任基础，而不是生物人的智性、心性与灵性的结合，它是观念的产物而不是当然的存在，法人制度的确立，以及近几年部分国家赋予机器人合法的民事主体资格的做法，充分表明作为法律主体的本质能力要求与作为生物人的主体本质能力要求并非同一。

另外，自然人中的无民事行为能力人享有民事主体资格，但其同时具有智性和心性或者灵性就会自相矛盾。

其次，人工智能是否具有独立意思表示能力，很多学者基于"自由意志"这一因素否认人工智能的民事主体地位，认为人工智能生来即有"成见"，无法摆脱人类意志设计的算法，因而没有独立表达自己意思的能力，不能赋予民事主体资格。[①] 据此逻辑推理，法人的意志由于是法人组织成员的集中体现，属于"成见"，因而法人也不具有民事主体资格。显然是三段论的小前提的概念不周延导致。"成见"与独立意思表达不是截然对立的，当这一"成见"被赋予深度学习、自我决策的人工智能时，已经不是某一个人的"成

---

① 陈嘉敏、朱健：《人工智能的民事主体资格探究》，载《惠州学院学报》2020 年第 1 期。

见",而是这一民事主体的个人意志,如同法人的意志一样,来自自然人并最终决定法人的治理结构。

再次,人工智能成为民事主体是否违反道德伦理?部分学者认为,仅凭人工智能的智能程度和产品的外形相似度就将人工智能与自然人相提并论,是完全没有理论根据并且有违伦理纲常的,这样的观点在民事主体一元结构时应该很有分量,但是民事主体发展到二元、三元时应该不攻自破了,因为法人和其他组织被赋予民事主体资格也是一种物的存在而非生物人的存在。

最后,应该正确理解民事主体的独立性与人格的独立性。民事主体的独立性是作为民事法律活动的参加者,而人格的独立性是指独立承担民事责任,二者并不矛盾,犹如非法人组织可以参加民事活动,但是最终承担民事责任的是其设立机构,赋予非法人组织以民事主体资格并不意味着该非法人组织在法律上就是一个独立的人,赋予非法人组织以民事主体资格并不会损及法人组织的人格理论和组织类民事主体逻辑的自洽[①]。也正因为对这一基本问题的混淆,导致不少学者认为人工智能没有独立财产、不能承担民事责任,进而推断其不具有民事主体资格。

(三)由人工智能销售商、智能投顾运营者承担智能投顾损失有违公平原则

正如证券承销商销售上市公司证券,如果要求其对所有证券产品的合规行为都必须承担审慎义务,否则将承担责任,无疑不公平地增加了证券承销商责任,中外证券法均无此规定。由此推及,由人工智能销售商、智能投顾运营者承担所有智能投顾活动造成的损失,显然违背公平原则。

[①] 肖海军:《民法典编纂中非法人组织主体定位的技术进路》,载《法学》2016年第5期。

二、智能投顾成为民事主体的阶段性

（一）弱人工智能走向成熟阶段的智能投顾具有一定限度的民事主体资格

毋庸置疑，弱人工智能时代的人工智能所有应用场景，包括自动驾驶、智能医疗、智能投顾、智能作业[1] 等都是人工的辅助工具，不具有独立的决策意识与能力，所以不具有民事主体资格，但是，随着人工智能的发展，大数据的深层次挖掘、算法模型的精准化设计，深度学习能力的加强，智能投顾已经具有一定的自主学习与自主决策能力，人工智能已经走向成熟阶段，这一阶段的智能投顾虽然没有强人工智能阶段的完全自主运行，但已经适应一定程度的投顾工作，不需要人类指引，所以这一阶段的智能投顾具有一定限度的民事主体资格[2]，类似于限制民事行为能力人，能够进行与其能力相适应的投资顾问活动，如为投资者提供投资组合方案以供投资者选择，预测投资前景，随着市场行情变化动态调仓等，如果有客户自愿接受风险，授权其全权代理，则可以具有完整的民事主体资格。

这一阶段的智能投顾机构学界普遍称之为混合投顾机构，类似于中国的同花顺、平安一账通、京东智投、招商银行摩羯智投等，美国的 Personal Capital，这类平台将智能投顾与人工投顾相结合，为所有用户免费提供财务状况分析、投资风险评估、投资组合建立与优化等服务，具有强大的工具属性，能很好地随时跟踪用户理财以及费用支出等方面的行为，可以帮助用户更好地实现理财目标，同时也向有需要的客户提供收费的私人投资顾问服务。

1.有限民事主体资格的理论阐释

有限民事主体资格是指民事活动参加者在某些情形下不具有民事主体资

---

[1] 肖海军：《民法典编纂中非法人组织主体定位的技术进路》，载《法学》2016 年第 5 期。

[2] 注解：类似学界"有限人格说""工具性人格说"，只不过这些学说是针对人工智能所有阶段（弱人工智能、成熟阶段人工智能、强人工智能）讨论，没有区分具体阶段。

格，有些情形下具有部分主体资格。针对智能投顾，如果仅处于人工投顾的辅助地位就不具有民事主体资格，如果部分决策由人工投顾决定，部分由智能投顾自主决定就是部分主体资格。在智能投顾与人工投顾混合投顾模式下，如果人工主导投资咨询决策过程，智能投顾提供投资组合方案等工作仅供人工参考，仍然属于辅助工具，因而其不具有民事主体资格，而当人工投顾只是决定一部分投资行为，其余行为由智能投顾决定，则智能投顾便具有这一行为部分的民事主体资格，例如人工投顾决定投资者的投资领域与数额，决定产品组合方案，智能投顾则随着市场变化进行动态调仓，此时的智能投顾便具有部分民事主体资格，哪一决策出现责任问题，可以依据过错责任原则追究人工投顾责任或者依据过错推定原则追究智能投顾责任。

这一情形下，智能投顾虽然不具有独立的主体资格，但是具备一定的权利能力和行为能力，诚如非法人组织所欠缺的只是法律人格的独立性，不具有完全独立的权利能力，但不是完全没有权利能力，非法人可以自己的名义参与民事活动，享有权利和承担义务。同理，走向成熟阶段的智能投顾也可以在某些自主决策情形下，以自己的名义参与投顾活动，享有权利、承担义务。

2. 有限性民事主体资格的列举

（1）动态调仓等后续随着市场行情变化自主决策情形下具有主体资格

走向成熟阶段的智能投顾，部分决策由人工投顾完成，如投资组合方案由人工决定，但是部分决策由智能投顾完成，如动态调仓行为，当市场行情发生变化，智能投顾根据大数据分析，深度学习后，决定改变投资策略，实行动态调仓，如 2020 年突如其来的新冠疫情，导致大量企业处于停业状态，而生产医用口罩、酒精以及消毒液等防护物资的企业、市场，短期社会与民生效益明显，智能投顾可以及时调整投资方案，向防疫物资企业投资，并且精准计算投资时长。此时的智能投顾便具有民事主体资格，必须独立承担民事责任。

（2）故障引发的侵权责任

智能投顾在运行过程中，由于算法缺陷导致的故障使得投资者遭受损失，如投资方案、动态调仓指令失灵，最终导致投资者损失，必须由人工智能作为独立承担责任的民事主体。

（3）算法设计中人为的基金导流等行为

与传统机器学习不同，深度学习并不遵循数据输入、特征提取、特征选择、逻辑推理、预测的过程，而是由计算机直接从事物原始特征出发，自动学习和生成高级的认知结果。在人工智能输入的数据和其输出的答案之间，存在着我们无法洞悉的"隐层"，它被称为"黑箱"（black box）。这里的"黑箱"并不只意味着不能观察，还意味着即使计算机试图向我们解释，我们也无法理解。

算法黑箱的存在不可避免，但是如果借用算法黑箱的名义，人为设计基金导流，为了某一基金的利益，算法研发设计者编程中人为设置投资者资金投向特定的基金，由此而造成的损失必须由人工智能算法设计研发者作为独立民事主体承担民事责任，如果运营商知悉这一欺骗行为而继续使用智能投顾，则与设计研发者承担连带责任。

（二）人工智能成熟阶段的智能投顾具有完整的民事主体资格

人工智能成熟阶段（强智能时代）因具有完全的独立自主能力与自主意识，因此这一阶段的智能场景之一智能投顾具有完整的民事主体资格，这一阶段的智能投顾又称全智能投顾、纯机器投顾（人工有限参与），投资者直接与智能投顾进行投资服务合同事务，资金进入智能平台账户，智能投顾作为合同的受委托方当事人自主决策所进行的投资事务，如产品组合、风险预警、自动调仓等等，此时的人工仅仅是该智能投顾平台的辅助咨询答疑者，不具有实质性的投资处理资格，智能投顾取代了传统的人工模式，因而具有完整的民事主体资格。在此不做赘述。

三、智能投顾承担民事责任的财产基础

智能投顾作为有限以及独立的民事主体，其承担民事责任必须有财产基础，那么其责任财产来源于什么？国外的做法有：①英国以及澳大利亚等国的做法是设立智能投顾强制保险计划和赔偿基金，智能机器人的开发者或雇主可以支付一定比例的资金，以换取对侵权赔偿责任的部分免除。②美国的做法是建立一个储备金（a reserve of funds），用于支付与人工智能相关的和解和赔偿费用，包括要求针对人工智能购买特定额度的保险①，或者要求所有的人工智能产品在其售价中增加特定额度的责任费用，以建立一个由政府主导或行业主导的储备金。

在强制保险制度下，每一台具备人工智能功能的机器都将进行投保，以便为涉及责任支付的情形创造一个潜在的资金池，在储备金制度下，整个人工智能行业将拥有一个独立的资金池用于解决与人工智能相关的责任支付问题。所有的纠纷赔偿都将来自这个资金池，而不是直接来自所有者或者制造商。

保险和储备金作为智能投顾责任财产基础，无疑解决了投资者、金融消费者对于智能投顾的后顾之忧，对于研发者、销售商以及其他有关民事主体的权益保护也是显而易见的，他们无须担心未知的诉讼带来的预算成本问题。

通过以上分析，文章认为在我国具体操作规范是，所有智能投顾平台运营者均须办理与其规模相适应的责任保险（保险名称以及具体制度应该通过立法予以确定），由中国证券投资基金业协会或者智能投顾协会监督办理，金融行业主管部门予以规范强制，与此同时，证券投资监管部门提取一定比例智能投顾行业行政处罚罚没收入，征收一定比例智能投顾的交易收入作为赔偿基金，作为智能投顾的责任财产，以赔付智能投顾履行义务过程中造成投资者损失的部分或者全部损失，部分赔偿是依据责任财产的管理公约约定，

---

① 美国一些州的立法已经针对自动驾驶汽车做了类似规定。

在某些情形下不能得到全部赔偿，如投资者、金融消费者自身过错违约，投资者、金融消费者违法犯罪等。

在保险赔付和基金赔偿之后，如果发现智能投顾研发者故意非法行为，如算法黑盒的基金导流或者重大过失（一般普通智能投顾产品均不可能出现的瑕疵）导致的投资者损失，将直接追究智能投顾研发人员或者雇主责任，向其追偿。[①]

四、《民法典》立法完善建议

人工智能由当前弱智能时代走向成熟智能时代和强智能时代已经是一股不可阻挡的潮流，相关立法只有顺势而为，未雨绸缪方可为现实生产、生活定分止争，在鼓励科技创新与保障各类民事主体权益方面进行博弈优化，赋予人工智能具体应用场景智能驾驶、智能医疗、智能投顾以及智能作业等部分直至全部民事主体资格，合理制定归责原则标准，这样的法律制度便是对人工智能时代科学的法治回应，具体到我国《民法典》的民事主体章节和侵权责任章节，可以增加如下内容。

（一）《民法典》第一编增加一章作为第五章人工智能，相应后续章节条款相应变化

本章具体增加条款：第一百零九条　人工智能自主决策部分具有民事主体资格，享有民事权利，承担民事义务。

第一百一十条　智能驾驶、智能医疗、智能投顾以及智能作业等人工智

---

① 当算法失灵、损害当事人利益时，算法运营商未必是唯一应当承担责任的主体，在智能服务的法律关系中有多个潜在的责任方，智能机器人可能由算法运营商所有，但核心算法程序未必由其开发，所以，第三方机构或技术开发公司也应该对自己在设计匹配顾客特征和市场结构算法时的可能过失负责。

能具体应用场景，民事主体依据其所属行业通常标准认定其民事主体资格。[①]

（二）《民法典》第七编侵权责任第三章责任主体的特别规定部分，增加有关人工智能的侵权责任归责原则

智能驾驶、智能医疗、智能投顾以及智能作业等人工智能应用场景，民事主体在履行义务过程中造成使用者人身或者财产损失的，根据其发展阶段分别情形承担责任：

1. 依据行业公认标准，属于自主决策水平较弱者，如果能证明对于损害没有过错，不承担责任。

2. 依据行业公认标准，属于自主决策水平正常者，除非证明是使用者错误使用，否则均承担损害赔偿责任。

---

① 如智能医疗领域，我国食品药品监督管理局（CFDA）2018年8月1日施行的新版《医疗器械分类目录》规定，若诊断软件通过其算法，提供诊断建议，仅具有辅助诊断功能，不直接给出诊断结论，按照第二类医疗器械管理；如果对病变部位进行自动识别，并提供明确的诊断提示，按照第三类医疗器械管理。国家卫计委2017年2月发布的《人工智能辅助诊断技术管理规范（2017年版）》和《人工智能辅助治疗技术管理规范（2017年版）》，对人工智能辅助诊断与治疗提出了操作性极强的要求。

区块链智能合约的可规制性探究

宁波大学法学院　袁勤玮 *

摘　要

区块链自 2008 年比特币出现以来一直是互联网技术发展的重点内容之一，而其对法律规制的冲击也是显而易见的。区块链技术本身是不存在善恶的，发展过程中其逐渐在不同领域显示出"善恶"的特征，智能合约是其中比较具有现实意义和急迫性的部分。在本质上，追究区块链技术的存在合理性意义不大，很显然，区块链带来的技术进步是任何国家和企业在科技中无法抵挡的。在智能合约领域要将其工具化对待，通过改善特性让其接入我国现行法律体系，在此过程中还要注意个人信息保护、各方权力配置等基本问题。

关键词： 区块链；法律监管；智能合约；互联网账簿；比特币

★　袁勤玮，宁波大学法学院硕士研究生，主要研究方向：金融法、知识产权法。

一、问题的提出

2008 年，世界范围内金融危机的背景下，一位叫作中本聪的密码学极客在秘密讨论群"密码学邮件组"中发布一个新帖子，称其正在开发一种新的电子货币系统，采用完全点对点的形式，而且无须受信第三方的介入①，从而拉开了区块链时代的大幕，中本聪对于其开发的比特币（bitcoin）支付系统的描述仅限于技术层面，并特意避开了银行、政府等字眼，其体现出去中心化、透明性、开放性、自治性、信息不可篡改、匿名性的特点，将政府和中央金融机构完全排除在外，在互联网中创造出一个所有用户都"蒙面"进行交易的空间。比特币最大的技术突破，无异于也是其致命的缺陷，其底层技术区块链的含义是更加丰富的，区块链经历了三个时代，即①区块链 1.0 时代——比特币的出现和应用；②区块链 2.0 时代——整个市场去中心化，将区块链技术运用到股票、期权、众筹和债券等领域；③区块链 3.0 时代意味着区块链的领域继续扩大，不仅限于市场，可以将其运用到文化、艺术和科学领域。② 区块链技术不仅限于比特币支付系统体现的特点，从技术上讲在不改变其基础运行模式下，表现出来的特征都是可以被更改的。我们认为比特币支付系统的出现为社会提供了一个相当先进的模型，但这个模型不适用于当前的社会现状，所以在此基础上，国内互联网企业和研究机构对于区块链智能合约进行了一些中国化的尝试，也取得了显著的成果。

我国是率先研究区块链技术的国家之一，国务院在 2016 年 12 月将区块链技术列入《"十三五"国家信息化规划》中，首次从政策层面对区块链予以规制，并在之后的《中国金融业信息技术"十三五"发展规划》《关于防范代币发行融资风险的公告》《2018 年中国区块链产业发展白皮书》中先后对区块链数字货币、区块链技术予以一定程度的规制，习近平总书记 2019

---

① A Peer-to-Peer Electronic Cash System, Bitcoin, https://bitcoin.org/en/bitcoin-paper, 最后访问日期：2020 年 10 月 31 日。

② 目前未形成统一的界定方法，不同领域的界定方法皆不相同，本文以适用范围为视角进行划分。

年在主持中央政治局第十八次集体学习时指出："目前，全球主要国家都在加快布局区块链技术发展。我国在区块链领域拥有良好基础，要加快推动区块链技术和产业创新发展，积极推进区块链和经济社会融合发展。"[1] 实则，大多数国家对区块链的政策表现得举棋不定，区块链作为单纯的技术能为国家经济水平、执政能力带来显著的提升，但其暗藏的风险也使立法机关在面对其制定相应法律时表现得望而却步。智能合约作为区块链 2.0 时代的重要成果，其表现得较为缓和，克服了以比特币为代表的区块链 1.0 时代的诸多弊端，除难以根据市场主体调节的公链外，现阶段形成的私链、联盟链逐渐为市场和社会所接受，但仅限于政府、中央金融机构发布的文件中，未予言明，也没有形成一个完整的法律监管体系，至于法律监管的可行性、监管方式等内容值得讨论。

二、区块链智能合约法律属性解析

区块链智能合约含义具体为什么内容，学界并未能达成共识。智能合约理论的首倡者尼克·萨博指出，智能合约是一套以数字形式定义的承诺，包括合约参与方可于其上执行这些承诺的协议。[2] 在萨博看来，智能合约以数字化形式存在，合约条款可编码，基于预设条件及触发机制自动履行，一旦履行，不可撤销。在萨博的理解中，智能合约是嵌入基础合约的一个自动执行程序，在一个自动执行的合约中既包含基础关系合约，也包含数字化形式、用于自动执行的合约，后者被称为智能合约。本文采用的观点为，应当将基础合约与数字化合约同质化，并称为智能合约，智能合约代表着一个具备自动履行功能的电子合同。

---

[1] 习近平：《把区块链作为核心技术自主创新重要突破口　加快推进区块链技术和产业创新发展》，载《人民日报》2019 年 10 月 26 日。

[2] Szabo N. Smart contracts: Building blocks for digital markets, www.truevaluemetrics.org/DBpdfs/BlockChain/Nick-Szabo-Smart-Contracts-Building-Blocks-for-Digital-Markets-1996-14591.pdf，2020 年 10 月 31 日访问。

公链上的规则，在私链、联盟链中也非必要，私链、联盟链的发起人、参与者可以在区块链的构想当中进行相应的调整，在保留区块链的核心技术的前提下，对区块链的特征进行取舍，这在技术上是完全可以实现的。其中去中心化、去信任化、信息不可篡改性和匿名性这四个特性是区块链存在的基础，也是公链无法被监管的主要原因，在法律制约私链、联盟链时要将其类型予以明确。

（一）去中心化

中心化代表只有一个节点，这个节点控制着其他所有节点，而去中心化意味着区块链上的所有节点都是平等存在的，之间不存在上下级关系，各节点高度自治，节点间可自由连接形成新的连接，每个节点都可能成为阶段性的中心，但不会有节点具备强制性的中心控制功能。任何节点不工作都不会影响系统整体的运作，通过各个节点的读取、储存信息，再将达成共识的信息同步到整个网络。这一特性使得在公链上任何国家的任何机构都无从以监管的视角进入区块链中查看其中的交易，因为系统预先设置中并未留出一个特定的"后门"给监管机关，导致公链中的交易行为完全依赖于市场自主规制，或者说从根本上去除规制。

现阶段区块链在国内的发展所提倡的为"弱中心化"，当然，其适用范围仅限于联盟链、私链或者由国家行政机关主持的公链，这与去信任化相联系构建了一个区块链未来蓝图。以区块链智能合约为例，在私链、联盟链中，智能合约的订立、履行、更改、解除，这些内容属于普通的民事法律行为，在我国法律体系内，不需要司法、行政机关进行全程监管。而涉及税务、审计、违约救济事项时，可以令国家税务机关、司法机关接入相应的区块链进行规制。在国家行政机关主持的公链中，行政机关在当中履行法律所赋予的职责，以此提高行政效率和行政行为透明度。

（二）去信任化

主流社会从权利义务观念出现以来，在制定合约的技术方面进行了多次颠覆性的改进，从无纸质的信用社会到纸质合约，再到电子合约，现在所讨论的区块链智能合约实际上是电子合约的一个延伸。储存介质的变化不仅代表着科学技术的发展，还隐含了社会主体之间信任程度在逐渐降低，从口头诺成并深信合同将会履行，到后来需要通过纸质合同储存法律关系存在的证据，而纸质合同可能丢失、损毁、灭失且不易传输。随着网络技术的发展，电子合同也将成为主流形式，而智能合约通过技术手段完全摒弃"信用"，一旦合约订立，在符合条件的情况下合约将自动履行，违约的可能性趋近于零，即使未能自动履行，相应数据也将在区块链上永久保存，链上的所有用户将成为见证人，当作证据用于诉讼也会变成无可争辩的事实，那么合约签订人之间的信任将不再是合约将会履行的保证。

（三）信息不可篡改性

在公链上，区块链系统的信息一旦经过验证并添加至区块链后，就会得到永久存储，无法更改。除非能够同时控制系统中超过 51% 的节点，否则单个节点上对数据的修改无法起到任何作用，对于公链上的智能合约而言，控制 51% 的节点是几乎不可能完成的。[①] 区块链是不断运转的，区块链上的智能合约在区块打包上链后，即使当事人双方合意一致也是无法修改的，所以其安全性能够得到相对较高的保证。但这种安全性无法完全移植到私链、联盟链上，对于私链、联盟链而言，需要一定的准入门槛，那么就意味着参与到区块链上的用户数量与公链上的用户数量相去甚远，数据并不是直接记录在区块链数据包中，当用户想篡改信息时需要对数据包中的数据进行破解，意味着想要修改区块链数据需要满足两个条件：一是与私链、联盟链上 51%

---

① 中国储能网新闻中心：《能源区块链：摸索中前行》，http://www.escn.com.cn/news/show-512939.html，最后访问日期：2020 年 10 月 31 日。

的用户达成通谋或者入侵 51% 的用户的计算机系统。二是破解区块链数据记录的程序，其中包含复杂的算法和精密的加密系统。所以区块链上的信息不可篡改性是可以得到保证的，区块链上的信息一定是真实的信息，只要合同以数据电文的方式被记录到区块链上，这个证据的真实性几乎是无可置疑的，一定是合同双方当事人通过区块链系统表达了合意而形成的，即使区块链上的智能合约不具备自动履行功能或者自动履行失败，通过司法程序进行解决时，这个合约在区块链系统内已经经过所有用户的记录，合同经过篡改、伪造、当事人与订立合约时不一致的欺诈行为几乎不可能发生，所以可以当作完全真实的证据予以使用，此时需要法律对于区块链智能合约的承认，区块链也要向司法机关提供权限，让司法机关进入区块链中予以调查。

（四）匿名性

区块链公链开放程度极高，任何人都可以以自拟的身份在区块链公链上进行交易，并且很难从区块链上对交易人的信息予以追溯，这也蕴含了极为危险的信号，区块链似乎为违法犯罪活动提供了一个完美的犯罪场所，进行秘密交易以达成违法目的。公链上的绝对匿名性是不可取的，区块链的应用可以追求的是相对匿名性，在向全网公告交易信息的时候同时保留可以回溯的可能性，区块链的加密技术为非对称加密技术。点对点技术在传递信息时，既要让全网获知，又要保护交易双方当事人的隐私，这是应用非对称加密技术实现的。非对称加密技术包含两个密钥，一个是公钥（public key），另一个是密钥（private key）。公钥用于对信息加密且是公开的，所有参与者可见；私钥用于解密，只有信息的拥有者才有权用其解密。[①] 在私链、联盟链之上，因为用户的身份已经经过提前审核，那么对于经营者而言匿名性是不存在的，但对于其他用户匿名性仍然具备，所以如何保证区块链上交易的隐私也是本文讨论的重点。

---

① 长铗、韩锋等：《区块链：从数字货币到信用社会》，中信出版社 2016 年版，第 7 页。

区块链假定的外观形式，对于理解区块链至关重要。区块链对应亚历山大·加洛韦所指的"社会象形文字"："没有在表面上宣扬它内在的东西。"因此社会象形文字必须"自然化，去神秘化"，[①] 区块链的一部分支持者高屋建瓴地宣扬区块链所带来的，被他们神化为科技革命的部分，实际上是技术领域的独裁思潮，以比特币为首的其他虚拟币，根本不被也不可能被任何经济体制所接受，更重要的是如何将其转变为社会公众所能接受并作用于经济社会发展的相应领域。所以，需要对公链上的技术进行改造，改造后的区块链相应技术应当具备经济、政治促进作用，更重要的是为法律留足规制的空间，私链、联盟链智能合约在对公链的规则进行一定的修改后，在传统合约的基础上具备更强的执行性，对违约的救济起到一定的作用，从本质上看，将合约本身作为私理的部分转换为隐藏的公理，以此保证合约的履行，避免欺诈行为的发生和确保违约的救济。

三、区块链"善恶"思考与取舍

区块链同任何互联网中的革新技术一样，在被研究出来之后的一段时间里受到大量利益相关者的鼓吹，在经济学家眼中，区块链为市场带来了同时具备效率和效益的改进，梅勒妮·斯万认为："区块链所带动的经济不仅仅是货币流动；它是货币在人力和企业规模经济中实现的信息传递和资源的有效分配。"[②] 而密码学家和互联网技术研究者们对区块链技术表现出狂热追捧，从 1990 年大卫·乔姆提出注重隐私的密码学网络安全系统到 1995 年以来密码学极客一直在尝试建立一个匿名系统，目的是使个人在网络上的行为不受政府和其他人的监视，在法学研究领域这种构想是极为危险的，无异于在互联网世界建立了一个法外之地，在这个领域的交易无论其合法与否，也无法追溯到交易对象是谁，进一步来说，由于以比特币为代表的支付网络其节点

---

① Galloway A R. Protocol: How Control Exists After Decentralization[M]. Cambridge: MIT Press, 2004.

② Swan M. Blockchain: Blueprint for a New Economy[M]. Sebastopol: O'Reilly, 2015.

遍布全球，运行流程完全随机，任何一个国家想要对其进行规制都是不可能的，在表面上似乎"矿工"与交易者之间形成了一定的劳资关系，但实质上是资本世界的野蛮人从比特币矿山中掠夺财富，又转交给想要避开经济社会制约的资本家们作为交易资本。正如大卫·哈维所言，专门致力于技术创新的部门，在创造出市场还没有出现过的新产品或新技术时，可能会导致市场的失控，破坏原有的社会关系和体制。[1]

（一）区块链的"善恶"思考

引得学者们争论不休的问题本质来源于"区块链"的善恶，在我国的区块链应用的讨论过程中，早已将区块链数字货币产业逐渐边缘化，主要有三个原因。首先，以比特币为首的区块链数字货币系统对于实体经济的帮助相当有限，在经济上，不会由于对区块链数字货币支付系统的认同而对实体经济产生显著的促进作用。相反，若区块链数字货币市场出现泛滥趋势，会不合理地吸收公众资金，对实体经济造成不可逆的打击。其次，考虑到社会公众需要，对于社会大众而言区块链数字货币系统很难作为支付系统来使用。以比特币为例，截至下笔时，比特币一枚的价值已经突破 18500 美元，更多的是用于投资，而区块链数字货币市场具备相当的复杂性，非法集资、非法吸收公众存款层出不穷，性质也难以认定，更多的是作为私人商业和企业自身利益的一种福祉，并会为公共利益、非竞争性合作形态造成相应的威胁，同时具有扩大企业自治的潜力，这种自治超越了法律允许的范围。[2]最后，区块链数字货币对公共利益影响巨大，如果允许私有市场主体发行区块链数字货币，可能会被用于避税、非法交易等目的，这样一来是对社会主义经济形态的一种破坏。

市场上大多数数字货币的基础是不成熟的，任何主体都可以通过比特币

---

① Whish R, Bailey D.Competition Law[M]. Oxford: Oxford University Press, 2015.

② [英]罗伯特·赫里安：《批判区块链》，王延川、郭明龙译，上海人民出版社 2000 年版，第 2 页。

开源发行对应的"山寨币",且可以通过对相应的算法进行调整达到使数字货币"开采"、交易符合开发者的预设的构想。一个涉及新的种类的数字货币会发行对应的白皮书,白皮书的内容也是由开发者草拟,所以开发者可以任意参与到其发行的"山寨币"的"开采"、交易,甚至数字货币二级市场的炒作过程中,利用和其他消费者、投资者信息不对称,对其他市场主体而言,会引发巨大的风险[①],在区块链数字货币市场所谓"割韭菜"行为就时常发生。

我国显然是没有做好应对区块链数字货币的准备,分别由中国人民银行等 7 个部门在 2017 年联合发布《关于防范代币发行融资风险的公告》明确指出,ICO 代币发行融资是一种未经批准的非法公开融资的行为。其后,银保监会等 5 个部门在 2018 年联合发布《关于防范以"虚拟货币""区块链"名义进行非法集资的风险提示》,再一次对利用数字货币进行非法集资等违法犯罪活动予以警告和提示。[②]首先确认 ICO 行为的不合法性和警示社会公众区块链数字货币易于被运用到非法集资等违法行为上,但又没有完全禁止相应的行为,去中心化的区块链数字货币在我国属于一个极其模糊的地带,基于目前私人数字货币发行总量,多数研究者认为不会产生系统性风险。对于公众而言,获取区块链数字货币的渠道并未被禁止,仍可通过互联网交易网站获取比特币等区块链虚拟货币,可以看出央行的态度为,区块链数字货币不得作为融资性使用。

同为基于区块链底层技术发展而来的智能合约,相对而言若规制起来就容易很多,如果说数字货币对应的是哈耶克"货币非国家化"的思想,而区

---

① 分子币发布后,作者偷挖了约 1000 万(总量 2E),当时在国外山寨币论坛引起轩然大波,有山寨币爱好者直接用大算力(51% 算力攻击)导致该币分叉,作者在重启区块后预挖的币全部丢失,导致该币只有 1.9E 总量,因为该事故导致的完全零预挖反而激发了广大币友对该币的兴趣,全网算力一度突破 200G。

② 李晶:《运用"监管沙盒"促进区块链权力与权利的平衡——以数字货币为研究的逻辑起点》,载《上海政法学院学报(法治论坛)》2020 年第 2 期。

块链智能合约只是一种当事人订立合同进行意思表示的行为模式。其要讨论的问题仅限于国家对于智能合同的监管应当怎么介入和何时介入的问题。

（二）区块链的"善恶"取舍

虽然区块链来源于比特币，但经过开源，区块链这一技术本身对数字货币的依赖程度并不高，转换接入模式后利用法定货币也可以正常运行，以智能合约为代表的区块链智能体系中的其他技术经过改进过后，显然风险更小，技术中立性更强，那么就意味着可以更加容易地应用到经济体系内部。与数字货币不同，数字货币离开了区块链公链会发生质变，货币属性若不是对应于社会公众，其功能性会荡然无存。

区块链智能合约可调节性极强，初始的智能合约是作为比特币等区块链数字货币在公链上交易过程中的补充技术，私链和联盟链的兴起赋予其更加丰富的调整空间。与传统合约相比，智能合约具备自动判断触发条件、适合客观性的请求、低成本、事前预防、违约救济受抵押财产保障的特点，电子合同为法律所承认后，区块链智能合约也就作为电子合同的延续，在保存方式、履行方式、违约救济等方面进行了突破。在私链、联盟链中，区块链智能合约在保存区块链共识机制的基础上，可以被法律与行政法规所监管，在舍弃区块链的一定特质的基础上将其调整为一个更具备实用性的技术。所谓私有链（private blockchain），是指系统的写入权限与读取权限是否对外开放、开放程度如何以及受到何种程度的限制均受到某一组织或机构控制的区块链。私有链颠覆了公有链的去中心化特征，背离了区块链技术的初衷。大多数人一开始很难理解私有链存在的必要性，认为其与中心化数据库没太大区别，甚至还不如中心化数据库的效率高。对此，有学者认为，事实上，中心化与去中心化永远是相对的，私有链可以看作是一个小范围系统内部的公有链，如果从系统外部来观察，这个系统可能仍是中心化的；但从系统内部每一个节点的角度来看，当中每个节点的权利又是去中心化的。而对于经营私链、联盟链的主体而言，他们不具备区块链的所有权和支配地位，而是准入权和审批权，由经营者核查用户的身份和决定是否让用户加入区块链中进行交易。

四、智能合约的法律规制路径

以太坊（ethereum）、蚂蚁集团、谷歌（Google）、脸书（Facebook）等平台已经开始为用户提供相应的智能合约开源服务，在一定互联网技术的支持下，用户已经可以按照自己的需求开发相应的区块链智能合约。就目前的形势来看，区块链已经能完成部分合约的自动履行，诸如，通过区块链，在符合预先设定条件的情况下，在相应的支付平台账户之间的自动转账。通过互联网传输的信息交易，合同通过区块链进行履行。在另一个方面，即使某些合约无法在现有的技术下自动履行，区块链也将提供一个存证方式，使得合同的真实性变得不容置疑。

对于区块链的规制，英国罗伯特·赫里安提出三个层面：一是在传统法律框架中规制区块链中的行为，使区块链接入既定的法律体系。二是通过规制区块链社区，使其作用于具体的行为当中。三是区块链自身进行规制，不需要外界的干预。[①] 我们不断缩限区块链在我国适用范围的目的就在于令其接入我国法律体系，而对于区块链智能合约而言，以工具化的态度对待它，就让问题变得更加简单，公链现阶段不被允许的原因是其不具备可管控性，那么立法、执法的区域就只在私链、联盟链范围了，区块链合法化的前提总结起来为，在一个可被法律监管的区块链中，进行法律所承认的交易行为，而合同标的为法定货币单位。

首先我们应当明确的是，区块链智能合约即使添加了一个区块链的外衣，本质上和其他合同无异，都是当事人之间合意一致形成的法律关系，再考量

---

① ［英］罗伯特·赫里安：《批判区块链》，王延川、郭明龙译，上海人民出版社 2000 年版，第57 页。

法律关系中双方地位，确定是由民法或者行政法调整。有学者认为区块链智能合约与电子合约、纸质合约相比，其突破之处在于其是否可以自动履行，只有添加自动机的合约才能被称为智能合约，但对于区块链而言更具革命意义的革新在于其能够达到去信任化，去信任化在区块链智能合约中包含两层含义，第一层，若智能合约具备自动履行功能，合同双方就无需就履行的可能性进行信任。第二层，在私链、联盟链上，参与区块链的用户已经经过审批，主持经营区块链的公司可以做到对用户的信息真实、签章有效进行背书，以此保证对参与区块链主体的信任。对区块链项下的智能合约做广义理解，即便其不能自动履行，链上的智能合约也应当称之为区块链智能合约，利用区块链的共识机制和信息存储方式，可以达到所有用户通过区块链对智能合约内容同时公证的目的。

（一）区块链智能合约个人信息的保护

区块链公链上设置了全网广播机制，再与匿名性相联系，既保证了交易信息为全网所公知，又令其交易信息不能溯源，所以在公链上交易信息是安全的，公链上的用户只能知道交易的存在，但并不知道交易主体对应的真实身份。在私链、联盟链上，法律要求交易信息在具备可溯源性的同时，参与者又有保护商业秘密的需求，较为理想的模型为提供一个只有当事人知晓的私匙和为司法机关提供特定的权限。法学教授 Savelyev 尝试性地提出了两种解决方案，可似乎仍不能解决根本问题。第一种是政府部门引入一种"超级用户"的概念，根据既定的程序，有权修改区块链数据库的内容，以体现国家的权威。第二种是在线下强制执行国家当局的决策，并强迫他们在区块链中加以改变，以及使用传统的侵权索赔、不当得利索赔、特定的合同法规则。[1]但前者难点正如 Brownword 和 Goodwin 所说，"经典规制的难题"在于被规

---

[1] Savelyev A.Contract law 2.0: 'Smart' contracts as the beginning of the end of classic contract law[J]. Information & Communications Technology Law, 2017, 26: 116-134.

制者在未来合规的程度或可能达到的合规程度。而被规制者会对立法者的规制技术进行反抗，规制者试图"事前最小化阻力或事后制定应对策略"。有学者提出让国家介入区块链中，会破坏区块链的主要竞争优势。正如上文中所论述的，区块链技术并非不可牺牲掉任何特性，几乎所有特性都可以在区块链技术的范围内进行修改和重构，有学者所提倡的所谓"区块链内部规则"无异于越俎代庖，在一个法治国家，在争议发生时都应当给当事人提供一个通过法律解决的途径，而不是由某些企业、商业联盟形成的内部规则。[1]

（二）私链、联盟链的权力配置

莱西格曾提出过"代码即法律"的论断，[2] 互联网代码和法律一样有很强的规制属性，在互联网中施行的法律行为既要受到互联网代码规制，也不能逃脱法律的监管。区块链公链现阶段的监管困难是，不同于以往的交易行为，涉及银行转账等，司法、行政机关都可以在中心化金融机构即中央银行进行查询，其交易发生在链上，当事人采用什么方式进行支付、交易的标的如何流通对外都是很难掌握的。较早形成的公链主体地位已经基本固定，不可能再为监管部门提供主体地位，使其可以触及其他主体的交易过程中。

现阶段能约束的大部分为私链、联盟链，私链、联盟链中应当包含三个类型主体：参与私链、联盟链的用户；私链、联盟链的经营者以及参与执法的主体。三个主体应当形成权力的制衡，经营者不能以中心化主体的标准衡量，"弱中心化"对于区块链智能合约来说是最低限度，所要注意的是避免经营者权力过大。公链上的主体只有参与者，开发者在其中发挥的作用微乎其微，私链和联盟链要依赖经营者的准入和维护，而且程序构架的来源是经营者，但经营者作为与交易无关的主体，要想将其身份区别于中介、斡旋，就要令其无法对交易的细节有所知晓。

---

[1]　Brownsword R, Goodwin M. Law and theTechnologies of the Twenty-First Century[M]. Cambridge: Cambridge University Press, 2012.

[2]　Lessig L. Code: Version 2.0[M]. New York: Basic Books, 2006.

经营者构建程序时还需要为执法机关预留一个后门或超级权限，在一个具体的交易中，缔约人应当依意思自治享有最高的权限。其次，执法者在特定场景下可以介入，具体场景要符合法律规定和其他相关规定，而经营者与其他私链、联盟链的参与者地位相同，不应具备特殊权限。所以区块链的监管中一个重要对象是经营者，确保经营者不去刺探使用区块链进行交易的使用者的隐私，侵犯他人的商业秘密和个人信息。对于经营者来说，底层程序是由经营者编写的，提前做好准备，在交易上传至链上后，去了解到合同内容是非常简单的，所以法律就要对其进行规制，肆意去查阅参与者的交易行为是典型的侵犯商业秘密，相应的行为也亟须在《反不正当竞争法》和针对区块链的其他立法中予以限制。

在线上和线下的交易行为应当受到同等的监管，信息披露的程度也应当是一致的，一个合法、合理的区块链的动机不应当是逃避监管的约束，权力机关需要同时对两个部分进行监管，一是经营者是否在未经使用者同意的情况下窃取使用者的商业秘密及个人隐私；二是使用者的行为是否存在应当向社会公众披露或者向监管及其他部门备案但未履行相应义务的情况。

五、结语与展望

区块链技术在第四次科技革命中是公认的重要部分，对社会的冲击，对商业模式的影响不言而喻，我们在避免过度鼓吹技术的同时，也要吸收技术中的"善"，全有和全无在区块链中都是不可取的，任何技术都是把双刃剑。法律在技术革新的同时有一定的滞后性是客观现实，但一定要迅速找到自己的位置，与其他学科紧密联系，其在区块链技术中的体现就是，明确我们应当采纳哪些技术，现阶段比特币类型的数字货币很难适应我国的经济体制，那么此时法治建设的重点应当放在私链、联盟链上，并对私链、联盟链在法律的层面进行相应的规制，当中应当涉及其类型、运行模式、权力配置等。

目前我国许多地区已经发布了与区块链相关的地方经济政策和人才引进

政策，说明政府层面对区块链技术发展还是予以支持的。但立法层面还是采取相对谨慎的态度，原因之一在于区块链现在发展还未成体系，互联网技术中区块链发展也是其中的重要趋势，在不久的将来智能合约必定会作为市场交易的重要手段，法律也会逐渐明晰未来针对智能合约的相应路径。

论地方金融审慎监管的法治化进路
——以《浙江省地方金融条例》为参照

宁波大学法学院　郑曙光　黄耀锋 *

摘　要

审慎监管系世界各国通行的金融监管理念，在我国金融监管法律规则的体系建构中同样贯穿始终。在吸收该理念的基础上，我国还存在着包容审慎的理念创新和产业政策的手段创新这两种实际经验，应通过立法手段予以确认。我国地方金融监管体系建构的时间较晚，且存在较大的监管漏洞，其与地方金融产业发展的矛盾较为突出。浙江省人大制定的《浙江省地方金融条例》系属我国地方金融监管体系建构的一次重要尝试，可以此为参照探讨地方金融审慎监管的法治进路。

关键词： 审慎监管；金融产业；民间金融；金融监管；法治化

★　郑曙光，宁波大学法学院教授，博导；黄耀锋，宁波大学民商法硕士研究生。

一、引言

金融通过聚敛市场中的富余资金，并向资金需求方提供定向的资金供给，在支持资金需求者发展的同时也保证了市场资源的配置。有人以现代经济的血液与之相比，并肯定其为实体经济输送维生素和壮大所需营养的积极作用。也正由于此，任何发生在金融信贷上的问题都可能通过市场传导到其他经济门类中，进而造成经济系统的震荡。为了防范金融风险扩散并发展为系统性风险，需要完善金融监管法律体系的建构，以对金融组织和金融活动实施审慎监管。

我国在建构金融审慎监管体系的过程中，长期存在只重视中央金融监管体制建构，而忽视地方金融监管体制建构的问题。地方上的金融监管制度长期处于缺位状态，既无法满足地方金融产业发展的现实需求，又与审慎监管体制建构的要求相违背。如何解决地方金融发展的监管制度需求矛盾，并在此基础上推进地方金融审慎监管体系法治化进程，是值得立法者思考的问题。

二、审慎监管理念内涵与中国实践的异质性表达

（一）审慎监管的理念内涵呈现

1. 从微观审慎到宏观审慎的理念发展

审慎监管原则，意指通过制定经营规则，对银行业的活动行为进行规范，以求防范和化解银行业风险。其法治化的规定最早可以追溯至1997年由巴塞尔委员会制订的《银行业有效监管核心原则》。其语词提出系于对银行业监管原则的概括总结，但在概念的实际应用中，由于金融组织和金融活动的类别扩张和发展，其内涵和外延都得到不断丰富和扩展。

在现行的经济学术语中，审慎监管的概念有宏观审慎监管和微观审慎监管的界分。在微观审慎监管的理念主旨中，单个金融机构的健康运行自然会保证金融系统的健康运行，因而只要控制好单个金融机构的风险，就能保证

整个金融体系的良好运转。[1]

宏观审慎监管意指通过对风险相关性的分析、对系统重要性机构的监管来防范和化解系统性风险，它是保障整个金融体系良好运作，避免经济经历重大损失的一种审慎监管模式。[2] 宏观审慎监管的语词提出可溯源至20世纪70年代，但其概念最终到21世纪初才成型。也正因于宏观审慎监管的概念成型较晚，长期以来金融机构审慎监管制度建构一直以微观审慎监管为主导。

2007—2009年的全球经济危机爆发后，大量经济学家对经济危机的产生进行寻根式的调查，微观审慎监管理念的践行不足以满足金融产业和国家整体防范风险的需求正是其中一个被确认的原因。具体而言，在践行微观审慎监管理念的过程中，一方面，各个金融组织之间缺乏制度的规则性统一，差异化的经营在满足市场需求的同时，也为金融投机留下了空间。另一方面，微观审慎监管的执行高度依赖于金融组织的自身道德水平。当参与金融活动的组织为竞争利益而适当降低监管标准时，同样没有制度性的规定对其行为作出干涉，这也进一步加重了金融组织的道德危机。

基于对全球经济危机的反思和防范化解系统性风险的需要，宏观审慎监管得到了各国金融监管机构的重视。在2010年底制定的《巴塞尔协议Ⅲ》中，通过对最低资本要求、外部监管、市场约束及各自细化性的条文加以规定，使得宏观审慎监管原则在监管制度建构过程中的指导性得到了加强。

但加强宏观审慎监管并不代表抛弃微观审慎监管。相反，微观审慎监管作为宏观审慎监管的基础，在宏观审慎监管体系中居于十分重要的地位并发挥着十分重要的作用。[3]

---

[1] 袁达松：《系统重要性金融机构监管的国际法制构建与中国回应》，载《法学研究》2013年第2期。

[2] 巴曙松、王璟怡、杜婧：《从微观审慎到宏观审慎：危机下的银行监管启示》，载《国际金融研究》2010年第5期。

[3] 何德旭、吴伯磊、谢晨：《系统性风险与宏观审慎监管：理论框架及相关建议》，载《中国社会科学院研究生院学报》2010年第6期。

2. 市场化理论的逻辑框架铺设

审慎监管理念系西方市场化经验的产物，其提出和成型也是西方国家的金融市场发展法治化过程的缩影。在西方现代主流经济学即新古典经济学的语境中，市场作为看不见的手对资源配置起着根本性的作用，而政府在经济发展中更多的是作为守夜人的角色存在。所谓守夜人之语，即政府在经济发展中要尽可能地保证减少对市场活动的干预，金融产业作为市场的一部分自然不能例外。

如果依照新古典经济学的学术逻辑来建构金融产业发展的框架，则市场主体应当在发展过程中发挥自身的能动性，通过对市场信息的快速捕捉、识别，并积极作出调整，以降低风险，增加收益，进而提升自己的竞争能力。而由于市场主体在参与市场竞争的过程中会不断提升其竞争能力，这种选择倾向在国家层面表现为本国金融产业的竞争能力提升。在这个过程中，由于政府不一定可以比市场主体对市场有更直观的体验和更丰富的商业经验，故政府应当尊重市场的判断，避免以外行指导内行的方式干预经济活动，造成风险的扩张。

但是在金融产业扩展的过程中，基于资本天然逐利性的特点，金融产业在吸纳资金的同时也有可能会发生不向实体经济输送现金流，而是大量参与投机导致资金空转，并进而表现为金融脱实向虚的征兆。此外，金融产业本身所蕴含的高风险性和高外部性的特点，也要求政府介入金融产业发展的过程中。

因此，基于对金融工具的有效运用和趋利避害的现实需要，各国政府都认可对金融进行监管的做法。尽管监管的措施各不相同，各国的监管理念也大致趋近并统一于审慎监管。

审慎监管如何在微观和宏观两个层面上相互配合以维护金融稳定，对金融监管体制的设计具有重大意义。[1]但应当明确的是，虽然近年来各国政府

---

[1] 黄辉：《中国金融监管体制改革的逻辑与路径：国际经验与本土选择》，载《法学家》2019年第3期。

对金融活动的监管向度从微观审慎监管转向微观审慎监管与宏观审慎监管相结合，使得政府监管权力有了一定的上升，但政府仍未脱离守夜人的角色设定，其监管权力也被约束在防范金融风险的大框架内。

（二）中国金融审慎监管的异质性表达

1. 理念创新：包容审慎原则的提出

中国在践行审慎监管理念的过程中，对其进行了一定的本土化和创新。2017 年两会期间的《政府工作报告》中提到"加快培育壮大新兴产业……本着鼓励创新、包容审慎的原则，制定新兴产业监管规则"。[1] 后于 2017 年 4 月 18 日，总理在题为"贯彻新发展理念 培育发展新动能"的讲话中又提到了包容审慎原则。包容审慎原则意为审慎监管要在满足稳定安全需求的基础上谋求包容创新发展。其建构旨趣在于检视国家权力在市场经济发展中的功能与地位，提升国家干预效率，鼓励市场创新与竞争。[2]

近年来随着互联网技术的不断发展，金融产业中的互联网技术应用也愈加频繁和深入，使得金融产品的在线化程度不断提升。这种趋势一方面突破了传统的金融活动在地化特征，在造成金融产品的类型更迭并不断充实丰富的同时，也使得金融活动参与的深度和广度不断拓展。另一方面，正如现实中存在非常多关于金融创新的话术包装，包括将信息技术、通信技术、网络技术等新技术应用视为金融本身的创新，而将参与群体扩大、流转周期减少、产业收益提高视为金融创新的成果，被贴上"创新"标签的互联网金融强烈地冲击着当前的金融监管体系，它的迅猛发展很大程度上得益于其根植于当前金融监管所不能及的灰色地带。[3]

在谋求金融产业发展并服务实体经济的基础之上，必须处理好金融创新与防范风险之间的紧张关系。而包容审慎原则在更高的维度重新发现了两者

---

[1] 《2017 年政府工作报告》，2017 年 3 月 5 日第十二届全国人民代表大会第五次会议通过。

[2] 刘乃梁：《包容审慎原则的竞争要义——以网约车监管为例》，载《法学评论》2019 年第 5 期。

[3] 汪振江、张驰：《互联网金融创新与法律监管》，载《兰州大学学报（社会科学版）》2014 年第 5 期。

的对立统一关系，并将其纳入审慎监管的广义概念中来。该原则的提出适应了新兴产业不断涌现而监管制度亟须跟进的基本理念需求，也为审慎监管制度的深化改革树立了理论上的标杆和向度上的尺码。

2. 手段创新：产业政策的实际应用

我国现有的金融监管体制基本是循照审慎监管的理念搭建，但与西方新古典经济学适用不相同的是，在中国金融产业的发展过程中，除了对金融组织和金融活动的硬性管束，还包括产业政策应用的内容："国家鼓励、支持和引导非公有制经济的发展，并对非公有制经济依法实行监督和管理。"①正由于我国社会主义市场经济的性质，政府当然可以通过制定产业政策的方式促进金融产业的发展。

鼓励、支持和引导的功能提出，一方面是基于培育我国金融产业的实际需要。我国金融产业起步较晚，仅依靠市场主体的自我探索并不能迅速起到填补市场空白和满足市场需求的需要。而通过产业政策对金融市场进行培养，并通过政府的政策支持助力金融发展，是我国长期以来实践成功的应用。另一方面，金融机构风险具有明显的外部性特征，②即使是单独的金融机构，其风险都有可能被市场活动放大并最终酿成系统性风险。对金融产业发展作出方向性的引导，可以切实减少金融系统的自生性风险。故而我国鼓励、支持、引导金融产业发展，本身也可以被视为对金融产业进行审慎监管的一部分内容。

与西方国家选择市场化道路为基础而衍生的单纯的监管功能相区别，中国的审慎监管模式中还包括对金融产业的发展作出鼓励、支持和引导的内容，有为政府的色彩更为浓厚。中国审慎监管语词较西方国家更为丰富的同时，也对金融监管的能力提出了更高的要求。具体而言，一是要在金融审慎监管

---

① 《中华人民共和国宪法》（2018 年）第 11 条第 2 款。

② 范小云、王道平：《巴塞尔Ⅲ在监管理论与框架上的改进：微观与宏观审慎有机结合》，载《国际金融研究》2012 年第 1 期。

制度建构中为监管机构的权力行使预留更多的弹性空间，以便于监管机构在法律框架的范围内行使职权。二是要加强金融监管的后备人才培养。监管机构的职能扩大和主动性增强必然要求监管机构工作人员的能力提升。三是要加强金融组织与监管机构的交互性。只有详细了解市场发展情况，监管机构才能提供更高质量的监管。

归结于一点，中国的审慎监管既包括防范金融风险的"去恶"，又包括引导金融产业发展的"为善"内容。两相结合，有助于金融产业在防范金融风险的基础上，更好地实现金融服务实体经济的根本价值。

三、中国金融监管体系历史沿革与地方金融监管的缺陷型表征

（一）中国金融监管体系的历史沿革

我国金融监管体系的建构，可以根据中央政府与地方政府的主体差异，并依据法律条款出台的时间顺序，整理出两套不同的发展脉络。

1. 中央金融监管制度的迭代变更

我国历史上曾长期存在财政金融不分家的时期，而金融监管职能的独立也在对金融市场的探索中实现。中央金融监管体系的搭建大致可以追溯到1986年由国务院颁布的《中华人民共和国银行管理暂行条例》，其中明确规定由中国人民银行执行金融监管的职责。由于在当时，被认为是金融活动的业务主要集中在银行，由中国人民银行统一进行监管已经可以完成相应需求。

但是随着金融产业的不断发展，金融活动的门类不断增多，参与金融活动的主体种类也在不断扩大。为了应对这一现实情况，国务院于1993年颁布《国务院关于金融体制改革的决定》，其中第六章提到"对保险业、证券业、信托业和银行业实行分业监管"。[①]明确了对于不同金融活动种类的区分，并规定由不同机构对此实行分业监管。故自1998年至2003年，证券监督管

---

① 《中华人民共和国银行管理暂行条例》，1986年1月7日国务院发布。

理委员会、保险监督管理委员会以及银行监督管理委员会相继成立，意味着我国金融监管体系正式进入分业监管时代。

近些年来，金融产业的发展与网络技术的更新应用相结合，使得金融活动的门类进一步扩张，在与原先的集中于线下的传统金融活动形成了鲜明的区分的同时，也给金融体系带来了结构性影响，提高了普惠金融的发展水平。[1] 但同时也有学者注意到，目前互联网融资平台野蛮生长，乱象频生，风险频发。[2] 由于在金融创新出现时，对其模式的认知程度有限，很难准确地判断行业归属，若继续依照传统的分业监管模式进行金融监管，容易形成监管真空。[3]

出于应对现实中的复杂情形的需要，新一轮的深化金融监管改革也随之启动，其主旨就是从分业监管体制向混业监管体制转变。因此，2017 年 11 月，金融稳定和发展委员会被批准成立。2018 年 3 月，银监会和保监会合并组建为中国银行保险监督管理委员会。

我国中央金融监管体系，可以按照"统一监管—分业监管—混业监管"的时期特点进行区分，使得整个过程呈现有明确节点的推进式的线性时间结构。

2. 地方金融监管制度的空白填补

在我国中央的金融监管体系不断完善的同时，地方金融监管长期处于空白状态。在农村金融体系短暂建立但宣告失败后，地方金融监管相关的地方金融监管条例始终未见诸制定、公布、实施。而由于地方金融的区域性特征比较明显，其风险也呈现出较强地域性特点，属地风险处置就显得比较重要。[4]

---

[1] 张永亮：《金融监管科技之法制化路径》，载《法商研究》2019 年第 3 期。

[2] 李有星、陈飞、金幼芳：《互联网金融监管的探析》，载《浙江大学学报（人文社会科学版）》2014 年第 4 期。

[3] 肖宇：《构建互联网金融的回应型监管模式》，载《探索与争鸣》2018 年第 10 期。

[4] 胡光志、苟学珍：《论地方政府参与金融风险治理的法治困境及出路》，载《现代经济探讨》2020 年第 10 期。

地方金融产业的发展需要地方金融监管制度的管束，也需要地方金融监管制度的支持。故而金融市场在不断发展扩张的同时，呼唤地方金融监管立法的声音也在不断加强。

2014年8月，《关于界定中央和地方金融监管职责和风险处置责任的意见》出台，地方政府承担部分金融监管职责的基调得以确定。到了2016年3月，《山东省地方金融条例》标志着省级地方金融监管立法工作的启动。而后四川省、河北省、上海市、天津市等地区的地方金融立法工作也逐步展开，并依据本地区的现实情况相继制定了各具特色的金融监管条例。

浙江省的地方金融立法则可以追溯至更早。2014年3月1日起实施的《温州民间融资管理条例》（以下简称《温州条例》），是新中国第一部与民间借贷相关的地方性法规。该部法规是地方性金融立法的一次尝试，也是丰富完善我国金融监管体系的一次探索。2020年8月1日起实施的《浙江省地方金融条例》（以下简称《浙江条例》），部分吸收了《温州条例》的经验。如在《浙江条例》的第十八条、第十九条、第四十四条，就对民间借贷备案的管理规范进行了吸收。

近年来我国许多地区制定地方金融监管规则的举措，一是为了切合防范化解系统性风险的现实需求，二是为了满足地方金融合法合规的发展需要。但尽管在地方立法工作上已经取得了一定的进展，还是应当认识到，现在的地方金融监管立法仍是处在一个漫长的"补作业"的过程中。我国大部分地区至今仍未制定地方性的监管条例，立法工作仍需要得到重视。而已经制定地方金融监管条例的地区，其规则与现实磨合也需要较长的适应期。立法工作的完成并非结束，反而是新一轮深化审慎监管体制改革的开始。

我国地方金融监管制度从无到有，本质上是金融监管的权力分散并地方化的过程。而在这个过程中，我国金融审慎监管的体制进一步接地，并向更加严整精密的结构发展。

（二）地方金融监管的缺陷型表征

我国地方金融监管立法较晚，难以避免各种现实问题存在。从监管主体来看，中央和地方的监管权责划分不明；从监管客体来看，地方金融监管存在大量的灰色地带；从监管手段看，政策工具的运用不足以满足地方金融监管的实际需要。

1. 中央与地方的权责划分不明

推进中央与地方监管职能界分的一大问题是地方金融监管职能和监管对象缺乏上位法和统一的制度安排，可能导致监管职能分散、监管边界不清和多头监管等问题。[1] 展开而论，在《浙江条例》制定之前，浙江省的金融监管缺乏明文法律规定，对于金融问题是否应当介入缺乏客观的判断标准。一方面，可能的监管机构之间的监管职责交错，容易导致相互推诿。另一方面，机构设置职能不明容易使监管出现漏洞，进而造成金融系统的风险堆积。上位法缺失，导致地方立法迟迟难以落地，且地方金融监管和中央金融监管二者的体系难以通过立法手段加以协调和衔接，也使得监管职能难以通过法制手段加以梳理。

2. 民间金融监管的法律规定缺乏

地方金融监管的对象是地方金融，其指的是经过金融监管机构批准设立的金融机构及相应的金融活动。而民间金融通指没有被中央银行监管当局所控制和监管的金融活动。[2] 从民间融资产生和发展的历程来看，其起源于民间，根植于地方，呈多元化发展态势[3]，故而可以将其视为未被纳入监管的地方金融。有学者认为，因为分散农户的细小规模导致过高的小额交易频率和风

---

[1] 颜苏、王刚：《地方金融监管立法仍在路上》，载《中国金融》2019 年第 12 期。

[2] 李有星：《民间金融监管协调机制的温州模式研究》，载《社会科学》2015 年第 4 期。

[3] 李有星、陈飞：《论温州金改的制度创新及其完善——以我国首部地方性金融法规为视角》，载《社会科学研究》2015 年第 6 期。

险，导致商业金融无法追求到利润，必将进一步退出农村市场。[①] 为了满足相应的融资需求，在地方金融市场自然诞生了民间金融的生存空间。民间金融改变了原本不平衡的资金配置情况，提高了配置效率。[②] 故而我国对于民间金融的监管失位，是法律规范缺乏和市场发展需求所共同造成的结果。

如果单纯由以往的中央金融监管机构来行使监管权力，一是无法及时介入金融活动中，导致监管处于被动，且无法形成严密的监管体系，造成大量监管漏洞。反过来说，正因为外部制度环境不利、主管部门纳入监管范围的准入门槛过高，大量半正规和非正规的小微金融的运行基本处于违反法律的监管盲区。[③] 二者相互作用，共同使得民间金融活动脱离了现有法制监管的轨道。二是因为根植于熟人社会的民间金融，其天然的信息对称优势以及长期形成的社区规范和惩罚机制有助于降低借贷成本。[④] 将民间金融不究特点地纳入监管体系中，很容易破坏我国的民间金融市场。且全国各地区的地方民间金融自有其发展特点，统一由中央金融监管容易造成金融市场的多样性被破坏。

3. 地方金融监管的法律手段不足

在地方金融监管法规落地之前，对地方金融问题的监管长期依赖于政府的政策手段行使。地方金融监管的执法依据缺漏、过强的政策性影响，以及地方金融监管权配置在"事实"与"规范"之间的矛盾，极易导致地方金融市场秩序的混乱不堪。[⑤]

[①] 温铁军、姜柏林：《把合作金融还给农民——重构"服务三农"的农村金融体系"的建议》，载《农村金融研究》2007 年第 1 期。

[②] 汪丽丽：《非正式金融法律规制研究》，华东政法大学 2013 年博士学位论文。为统一用语，将原文的"非正式金融"改为"民间金融"。

[③] 高俊、刘亚慧、温铁军：《农村小微金融"内部化悖论"的案例分析》，载《中国农村观察》2016 年第 6 期。

[④] 高俊、刘亚慧、温铁军：《农村小微金融"内部化悖论"的案例分析》，载《中国农村观察》2016 年第 6 期。为统一用语，将原文的"小微金融"改为"民间金融"。

[⑤] 刘志伟：《地方金融监管权的法治化配置》，载《中南大学学报（社会科学版）》2019 年第 1 期。

此外，由于缺乏法律的明文规定，监管机构在履行监管职责的过程中，容易产生手段畸轻畸重的问题。前者不足以对金融组织的错误行为产生应有的威慑，而后者则会对地方的金融产业造成不利影响，并降低监管机构的公信力。难以量化的监管尺度、无法可依的监管手段不能保证监管的质量。

四、地方金融审慎监管法治化的内涵剖析与路径选择

（一）地方金融审慎监管的法治化内涵剖析

1. 地方金融审慎监管的法治化内涵呈现

保障金融安全是金融立法的重要价值导向。[①] 由于金融产业本身与现代经济的运行密切相关，与金融活动的各部类结合紧密。一旦金融产业发展出现问题，很容易通过经济体系进行传导，并造成整个经济体系的剧烈动荡。而审慎监管理论将"风险为本"作为核心理念，[②] 以金融机构的相应管理和指标作为参考对象，考量、应对和处理金融风险。运用政策工具来贯彻审慎监管理念并实施金融监管，自有其优势。但是成文法的意义在于使执法者有法可依，也使得法律的适用对象能够对自己的行为产生明晰的预测，并根据法律条文的具体规定来调整自身的行为，故而在金融监管中法律的地位和作用不能由政策替代。因此，在后危机时代下，世界主要经济体的主要任务是由采取短期政策措施以遏制危机蔓延和深化转向金融监管立法制度改革，以此修复现行金融监管体系的根本性缺陷。[③]

所谓审慎监管的法治化，就是通过立法手段，将政府的监管职能和手段以法律规则的形式加以明确，并形成相应的监管秩序。通过法治化手段，可以起到优化地方法治环境的作用，进而促进当地的金融产业发展。而优化法

---

① 庞华玲：《论金融监管体制目标与金融安全》，载《法学杂志》2003 年第 11 期。

② 杨东：《监管科技：金融科技的监管挑战与维度建构》，载《中国社会科学》2018 年第 5 期。

③ 鲁篱、熊伟：《后危机时代下国际金融监管法律规制比较研究——兼及对我国之启示》，载《现代法学》2010 年第 4 期。

治环境与法治改革，是目的和手段的关系，前者要通过后者来实现，后者是前者实现目标的手段。① 优化地方法治环境，应当引导地方政府实现从"金融资源竞争"转向"金融法治竞争"的转变，即建立健全的金融基础设施、透明的金融制度规则和公正的金融司法体制。②

2. 地方金融审慎监管法治化的理念选择

"维护金融稳定，防范系统性风险"是各国包括我国一个重要的监管目标。但该目标并不是否定金融市场本身的风险性，相反是在认识到金融风险两面性的基础上，对矫正其负外部性所做的制度安排。③ 推进金融的审慎监管法治化，应当贯彻以下三个理念。

（1）上下相宜——明确金融监管主体的关系导向

金融的内在脆弱性与社会公共性表明，地方金融监管不能也不可能同中央金融监管机构不相往来。④ 在推进全国性金融审慎监管体系的建设过程中，要明确中央和地方政府各自的监管职能。中央金融监管的优势在于其统筹性。对于根本性、原则性以及跨区域的问题，需要中央政府明确立法加以规制。而地方金融监管对地方金融的监管作用不可替代，并可以对中央金融监管起到良好的补充作用。一方面，地方金融监管的动能更强，其可以对地方金融产生的问题快速反应并及时介入调整。另一方面，地方金融监管还可根据当地特点作出相应的调整，发挥因地制宜的现实优势。

地方金融监管须由法律明确赋权给地方政府，并且要合理界定中央与地方政府的监管权责以及监管边界，从而达到维护地方金融稳定、保护消费者权益与促进地方金融有效竞争和创新发展的目的。⑤

---

① 张学森：《上海国际金融中心建设的法制环境优化》，载《社会科学家》2012 年第 3 期。为统一用语，将原文的"法制"改为"法治"。
② 李有星、柯达：《论政府竞争视角下的地方金融监管权配置》，载《浙江社会科学》2018 年第 9 期。
③ 宋晓燕：《论有效金融监管制度之构建》，载《东方法学》2020 年第 2 期。
④ 陈斌彬：《论中央与地方金融监管权配置之优化——以地方性影子银行的监管为视角》，载《现代法学》2020 年第 1 期。
⑤ 肖娟、潘辉：《地方金融监管：探本·问诊·治策》，载《西部论坛》2019 年第 6 期。

（2）详略得当——树立金融监管客体的目标规划

在金融审慎监管的过程中，应当对监管的对象予以辨明。对金融产业的监管适度，既不能管得过多，对金融市场的自身活动造成过多不利干预，又不能管得过少，为金融产业发展留下灰色空间。国家对金融体系的过多干预会造成金融抑制，直接的表现就是金融服务短缺和效率低下。[①] 在保证审慎监管的同时，也要为市场的自身调整预留空间。

但是，为市场活动预留空间并不意味着放弃对该类活动的监管。相反，政府应当通过多种方式对金融产业的发展作出引导和支持，这本身也是防范化解金融风险的客观需求。

（3）宽严有度——清晰金融监管向度的循证指引

安全与效率是金融市场上相生相克、无法避免的矛盾，金融法需要在安全与效率两个价值方向之间寻求共生与平衡，创设一种正义、安全、有序的金融法治社会秩序。[②] 金融脱离实体经济，在资金空转的同时不断抬升杠杆率，与金融服务实体经济，由于客观原因导致坏账，二者的风险不可相提并论。而监管机构在关注后者的同时，更要加强对前者的监管力度。在防范化解系统性风险和鼓励金融创新的过程中，应当积极寻找二者的平衡点。金融创新本身可能蕴含的风险增加是客观经济规律的作用和体现，但在防范系统性风险的前提下固然不能因噎废食，将之予以摒弃。但不合理的、超出金融需求功能的行为必须受到严格监管。监管的公信力来自严格、公开、公正的法律实施。[③] 应当通过制度设计，在防范化解风险的基础上支持金融创新，切实尊重两者的制度价值取向。

---

① 王建文、黄震：《论中国民间借贷存在的依据、问题及规制路径》，载《重庆大学学报（社会科学版）》2013年第1期。

② 何剑锋：《论我国互联网金融监管的法律路径》，载《暨南学报（哲学社会科学版）》2016年第1期。

③ 冯辉：《论"嵌入式监管"：金融监管的理念创新及制度应用——以民间借贷的法律监管为例》，载《政治与法律》2012年第8期。

（二）地方金融审慎监管法治化的路径选择

浙江省的民营经济发达程度在我国各省市中居于前列，地方金融在高度活跃的同时与地方金融审慎监管体制建构的紧张关系也更为突出。《浙江条例》于2020年8月1日起正式实施，填补了浙江省管辖地区的地方金融监管制度空白，可以此为模板探讨地方金融审慎监管的法治进路。

1. 监管职能配置的优化进路

监管机构实现有效金融监管的基础要素为资源、独立性与授权，[①] 无论是何级的金融监管机构，其权责界限必须由法律制度加以规定。而建构地方金融监管制度，也是建构全国性的金融审慎监管法律体系的组成部分。如何区分中央与地方的监管职权范围，可以有多角度的解决思路。如有学者认为，可以以业务范围与业务金额作为央地金融监管分权的划分标准，并保证地方政府金融监管的权责一致。[②]

《浙江条例》除了对地方金融监管的职权进行厘定，也对中央和地方金融监管的协调机制作了规定。如《浙江条例》第四条规定地方政府金融工作议事协调机制与国务院金融稳定发展委员会协作配合的相关事项，就是通过对地方议事协调机制的设置，以加强地方金融监管与中央金融监管之间的互动，做到监管不留死角。

2. 金融产业发展的鼓励、支持、引导功能选择

建构地方金融审慎监管体系，首先要明确监管的对象。《浙江条例》第二条将从事相关金融业务的传统的民间金融组织如小额贷款公司、融资担保公司等都纳入地方金融组织的概念中，并将其作为监管对象进行调整。

《浙江条例》第三十三条提到政府应当制定地方的金融产业发展规划。第三十五条规定鼓励发展多层次资本市场。第三十六条则规定地方政府鼓励

---

① 李有星、王琳：《金融科技监管的合作治理路径》，载《浙江大学学报（人文社会科学版）》2019年第1期。

② 李有星、柯达：《论政府竞争视角下的地方金融监管权配置》，载《浙江社会科学》2018年第9期。

支持金融要素向重点产业、项目、领域流动，且创造性地作出了"金融顾问"的制度设计，体现了地方政府鼓励、支持、引导地方金融产业发展的基本理念，符合中国审慎监管"为善"的实践要求。

3. 系统性风险防控机制的建构

（1）完善市场准入制度和自我约束机制

《浙江条例》第九条规定，地方金融组织从事相关金融业务的，应当取得行政许可或办理备案；第十一条、第二十二条和第四十条对地方金融组织的自律性作出了相应的规定。通过对市场准入和金融组织自我约束作出规定，以求引导市场主体发挥自我整肃的能力，在降低监管成本的同时也收到良好的效果。

（2）加强信息交流机制和应急处置机制

金融组织的信息披露有助于外界了解其内部经营状况，《浙江条例》第十五条规定地方金融组织向地方金融监管机构报送与经营有关的资料或重大事项的义务，而第十六条则规定了向消费者披露信息的义务。《浙江条例》第二十条、第二十三条和第二十四条，更是通过立法手段对监管机构如何介入地方金融组织的手段予以明确。

（3）审慎金融创新，拥抱技术创新

金融产业发展的未来在于创新。尽管金融创新在最终得出测验结果之前监管者不应以强力介入或禁止，但这并不代表金融创新无须监管。[1]《浙江条例》第十三条规定，地方金融组织可在风险可控的前提下开展业务创新，而地方政府应当对此进行审慎监管的内容体现了对于金融创新包容审慎的监管态度，切合地方金融创新的发展需求。

金融创新与审慎监管并未站在对立面。相反，监管的逻辑起点是规制行

---

[1] 崔志伟：《区块链金融：创新、风险及其法律规制》，载《东方法学》2019年第3期。

为而非技术，监管的目的是促进技术发展而非阻碍技术进步。[①]《浙江条例》第三十八条规定，通过新兴科技在金融监管领域的运用助推金融创新，并建立与创新需求相适应的审慎监管制度。加强监管手段中的科技含量，以应对不断吸纳并应用新科技的金融活动，将是未来推进金融审慎监管提升水平的必由之路。

五、结语

防范和化解系统性风险，发挥金融产业服务实体经济的作用，是金融审慎监管制度建设的命题背景。而我国地方金融监管条例的制定，其目的即是解决地方性的金融风险防控和金融产业发展，推进地方营商环境的持续优化，也是为了与中央金融监管体系相对接并完善整体的金融监管需求。在尊重地方金融产业发展的生态基础上必须重视地方金融监管条例的制度设计，进而将地方金融产业通过体系安排纳入我国金融审慎监管法律网络之中，为地方乃至国家的经济发展保驾护航。

---

① 顾功耘、邱燕飞：《区块链技术下金融监管的困境及法制进路》，载《南昌大学学报（人文社会科学版）》2020年第2期。

基于七省市地方金融监管条例的比较研究

对外经济贸易大学　尚博文 *

摘　要

2018 年下半年以来，地方金融监管改革逐渐深入，各地方金融办纷纷转型调整为金融监督管理局。本文将结合山东、河北、四川、天津、辽宁、上海、浙江七个省市已正式施行或即将实施的金融监管条例，从条例具体信息、监督协调机制、风险处置责任划分、监管手段、金融科技创新规定等多个角度进行比较研究。

关键词：地方金融监管；地方金融立法；风险处置；监管协调；金融科技

★ 尚博文，对外经济贸易大学 2018 级硕士研究生。

　本文系国务院发展研究中心金融研究所课题报告"完善我国地方金融监管体系研究——以地方金融监管局为中心"的研究成果，作者为课题组主要成员。

2017 年 7 月召开的第五次全国金融工作会议指出，地方政府要在坚持金融管理主要是中央事权的前提下，按照中央统一规则，强化属地风险处置责任。2018 年 3 月，随着国务院机构改革方案在第十三届全国人大第一次会议审议并通过，迎来新一轮的国家金融监管体系改革浪潮，中央金融监管体系由原有的"一行三会"转变为"一委一行两会"。

2018 年下半年以来，地方金融监管改革逐渐深入，各地方金融办纷纷转型调整为金融监督管理局。随着山东、四川、河北、天津等地金融监管条例的陆续出台，如何基于历史逻辑和现实需求，在法治化和制度化的轨道上合理划分中央和地方监管事权，明确地方金融风险处置和监管协调的规定成为重点。本文将结合山东、河北、四川、天津、辽宁、上海、浙江七个省市已正式施行或即将实施的金融监管条例，从条例具体信息、监督协调机制、风险处置责任划分、监管手段、金融科技创新规定等多个角度进行比较研究。

一、各地方金融管理条例的基本信息比较

（一）名称、通过与生效时间

2016 年 3 月，我国地方金融监管的首部省级地方性法规《山东省地方金融条例》经审议后通过，随后四川、河北、天津等地金融监管条例陆续出台，表 1 为笔者汇总的各地地方金融管理条例基本信息①。

表 1　各地方金融管理条例名称、通过与生效时间

序号	省市	地方金融管理条例名称	通过时间	生效时间
1	山东	《山东省地方金融条例》	2016 年 3 月 30 日	2016 年 7 月 1 日
2	河北	《河北省地方金融监督管理条例》	2017 年 12 月 1 日	2018 年 5 月 1 日
3	四川	《四川省地方金融监督管理条例》	2019 年 3 月 28 日	2019 年 7 月 1 日

---

① 因下文多出需要比较各地金融管理条例，各地金融管理条例在正文与脚注中的简称以"地名＋条例"简称，如《上海市地方金融监督管理条例》简称为"上海条例"；《浙江省地方金融条例（意见稿）》简称为"浙江条例"。

续　表

序号	省市	地方金融管理条例名称	通过时间	生效时间
4	天津	《天津市地方金融监督管理条例》	2019 年 5 月 30 日	2019 年 7 月 1 日
5	辽宁	《辽宁省防范和处置金融风险条例》	2020 年 3 月 30 日	2020 年 6 月 1 日
6	上海	《上海市地方金融监督管理条例》	2020 年 3 月 10 日	2020 年 7 月 1 日
7	浙江	《浙江省地方金融条例（意见稿）》		

（二）结构体例安排

体例方面，已经发布或制定中的金融监管条例均共分为 5—7 章。总则部分界定监管对象、监管权限和依据等内容，附则部分则是规定具体实行时间。而中间部分的篇章结构各有不同，具体如表 2 所示。

表 2　各地方金融管理条例结构

省市	条例结构	章节数量
山东	总则；金融服务；金融发展；金融监管；法律责任；附则	6 章 58 条
河北	总则；地方金融服务经营；金融风险防范；监督管理；法律责任；附则	6 章 44 条
四川	总则；地方金融组织；服务与发展；风险防范；法律责任；附则	6 章 45 条
天津	总则；地方金融组织；监督管理；风险防范；法律责任；附则	6 章 44 条
辽宁	总则；风险防范；风险处置；违法责任；附则	5 章 30 条
上海	总则；地方金融组织行为规范；监督管理措施；风险防范与处置；法律责任；附则	6 章 43 条
浙江	总则；金融产业规范发展；金融服务实体经济；地方金融组织监督管理；金融风险防范与处置；法律责任；附则	7 章 73 条

二、各条例"7+4"类监管对象

因"7+4"模式下所涉及的监管对象并非传统意义上的金融机构，所以已经出台的条例均用"地方金融组织"而非"金融机构"来表述。各个地方条例均以"7+4"类金融组织为监管对象，但在具体范围与要求上有不同之处。

从监管对象来说，唯独山东条例未将"融资租赁、典当、商业保理"纳入监管范畴，而是仅在附则中规定："典当、融资租赁、商业保理、非融资担保业务的监督管理，按照国家和省有关规定执行。"其原因是山东条例的生效时间较其他省市早，2016 年上旬山东条例经审议通过，而 2018 年 5 月 8 日商务部办公厅发布《关于融资租赁公司、商业保理公司和典当行管理职责调整有关事宜的通知》，明确自 2018 年 4 月 20 日起将上述三大行业的监管职责划给银保监会，结束了原先的多头监管体制。因此，限于监管权限，山东条例并未将"融资租赁、典当、商业保理"纳入监管范畴。

其次，上海、天津、河北并未将"农民专业合作社"以及"从事权益类或者大宗商品类交易的交易场所"纳入监管范畴，而辽宁特别强调要对"网络借贷信息中介机构、社会众筹机构"进行规制。对于监管对象的规定，上海用"具有金融属性的其他组织"加以兜底规定，但需要进行考虑的是，是否与融资相关的企业都需要纳入地方金融组织的定义，且"具有金融属性"的规定是否会导致规定过于泛化的问题。

从适用范围来看，各省市条例均采用注册及行为地管辖模式，尽可能扩大条例本身的适用范围，究其原因是地方金融组织在经营活动中，会充分利用当代信息技术。例如，某地方金融组织虽然注册地在河北，但极有可能利用互联网、大数据、云计算等当代信息技术实现在其他省市经营。因此在制定地方金融条例的过程中，扩大条例本身的适用范围能够对这种普遍存在的现象加以规制。

三、监管协调机制

继改革开放以来，我国金融业迎来巨大发展，金融监管事权呈现逐渐下放的趋势，在此过程中必定形成中央与地方政府在金融监管方面深入协作、并逐渐制度化的趋势。自 1983 年人民银行专职行使央行职能起，到 2003 年的金融监管体制改革，央地监管协作一直处于中央统管阶段。2003 年后部分省、市、县逐步成立各地区金融办，再加上国务院一系列金融监管事权下放的政策措施，地方政府的金融监管权力逐渐得到扩充，并开始探索地方政府与中央派出机构之间的协作机制。2013—2017 年，在新一轮金融监管改革与全面深化改革的浪潮中，虽然仍缺少中央顶层设计与指导，但央地协作得到进一步加强，有了更多机制性的探索。

随着 2017 年第五届全国金融工作会议召开，明确将对"7+4"类机构的监管权限下放到地方监管部门；中央金融监管体系由原有的"一行三会"转变为"一委一行两会"，地方设立金融监管局。2020 年 1 月 14 日晚，央行发出公告，将在各省（区、市）建立金融委办公室地方协调机制。至此，央地金融监管协作框架逐步建设完毕，央地协作机制从最初的逐步探索转换为自上而下的顶层设计与指导。但相关机制的实际运行仍然有待实际检验，央地协作各环节的矛盾与挑战亟须在实践中得到化解。

（一）地方金融管理机构与中央派出机构、地方其他部门之间

成立国务院金融稳定发展委员会能够解决横向金融监管问题，但在监管实践中，中央与地方之间、地方金融管理机构与地方其他部门之间存在信息沟通、监管统筹与合作等多重监管协调需求。因此统筹央地、省域间监管资源和特长，建立纵向的金融监管协调机制成为当前监管协调研究的重点。

出台地方金融监督管理条例较早的山东、河北、四川、天津四省市，对监管协调机制这一问题的规定较为概括。规定要加强与国家派出机构、金融机构以及地方公安、市场等其他部门之间的协调配合，建立多方面协作机制，防范化解金融风险。如山东省、河北省、四川省都在条例中明确，要求地方与中央派出机构加强沟通协调，建立协调工作机制。山东规定金融监管机构要与地方公安、财政等部门建立协作制度；河北要求完善金融领域行政执法和刑事司法衔接、与地方工商管理等其他部门建立执法协作机制；四川省要求地方与中央派出机构联合制定全省金融发展规划；天津要求地方协同中

央派出机构进行风险处置相关工作；同时规定地方各部门联合防范处置非法集资。

辽宁、浙江、上海三地的地方金融监督管理条例对于监管协调这一问题的规定更加详细，在建立风险防范共享机制、风险处置协调机制等方面有多种具体规定。辽宁规定，一是要求地方金融管理部门会同驻辽金融管理部门协调分析金融动态，建立风险防范信息共享机制；二是要求建立在省、市、县金融管理部门发现金融机构风险信息时的及时上报制度；三是要求建立风险处置协作机制；四是要求地方政府组织公安、网络信息管理、财政等部门建立突发事件处置机制，必要时可以协调驻辽金融管理部门协助。

上海规定地方各部门与中央派出机构联合查处违法金融营销；对擅自设立的金融组织进行风险防范联合处置；在执法协作层面，在沪派出机构、地方金融管理部门、地方其他部门按各自职责建立协作制度。浙江要求建立风险监测防控和信息共享系统，加强与国家派驻机构的协调配合，构建区域金融风险防范体系；规定国家派驻机构对地方金融服务提供配套支撑，以及有关批准和备案方面的特别规定。通过各省市金融条例中对监管协调机制的细化规定，有效、积极防范化解金融风险，促进地方金融业健康发展。

（二）金融委办公室地方协调机制

截至 2020 年 4 月 2 日，全国已有 20 个省市建成金融委办公室地方协调机制，其中上海金融委协调机制于 2020 年 3 月 12 日在人民银行上海总部落地，协调机制主要职责大致相同，定位于指导和协调。

在地方金融管理条例第四条，上海创新性地提出"在国家金融稳定发展委员会指导和监督下"，建立"市金融工作议事协调机制"，突出了地方金融工作议事协调机制和金融委办公室地方协调机制二者间就金融监管、风险处置、信息共享和消费者权益保护四个方面的协作工作。同时，上海要求同时发挥上述两种协调机制的作用，推动中央派出机构、地方金融管理部门、地方公检法、市场监管等其他部门的风险防范处置工作。

笔者认为，金融委办公室地方协调机制是统筹央地金融监管的重要机制，但在实践中仍有诸多矛盾与挑战。一是协调机制尚不完善，由于行政级别与隶属等问题，如何妥善设计协调机制的实际运行规则来化解矛盾、避免监管越权的问题仍需解决；二是地方金融监管缺少中央部门有效指导，如何在中央层面设置归口指导单位，保障中央政策落地情况与不同地区的有效沟通成为重点；三是法律依据缺口有待填补，虽然各省市陆续出台地方金融监管条例，但中央层面仍然未出台相关法律，这无疑会影响到地方性法规的效力。

因此，还需进一步建立完善相关配套制度，建立落实机制和评价机制，通过事后约束降低事前协调成本；构建以金融委办公室作为归口指导单位的双层监管协作机制；健全法律体系，制定出台《地方金融监督管理法》，对各项规则明确具体予以规定，或是在争议较小的区域先行出台行政法规，随后逐步推进地方金融监管法律体系的完善。同时，在各地方金融委协调机制落地后，各方应当将其规定明确在地方各项金融管理条例当中。协调好同一行政区域内的金融委办公室与地方金融工作议事协调机制，将基层金融监管的工作协同落实到位，才能够实现央地协调、部门协作"1+1＞2"的效应。

四、风险处置责任与机制

长久以来，权责不对称导致地方政府在风险处置过程中非常被动，既难以事前防范风险，也难以确保事后处置的有效性和效率，导致风险处置成本加大；由于缺少制度化、市场化的风险处置手段，最终还是要将风险处置责任转嫁给中央政府，造成责任虚置。因此迫切需要建立权责对称的地方金融监管体制，强化地方政府的地方金融监管职能。

（一）风险处置责任如何划分

2017 年 7 月召开的第五次全国金融工作会议强调了地方政府在金融监管体系中的责任，提出地方政府要在坚持金融管理主要是中央事权的前提下，按照中央统一的规则，强化属地风险处置责任。相对中央金融监管机构来说，第一，地方政府能有效调动地方财政、公安、司法、宣传等多个部门的力量，在对区域金融风险妥善处置中形成合力，在防控风险蔓延方面更有优势。第二，按照"谁审批谁负责、谁监管谁负责、谁主管谁负责"的原则，地方政府也应切实负起对地方金融机构风险处置的主要职责。

山东、四川、天津、河北、上海、浙江六省市出台的条例均明确规定，在地方金融风险处置中实行属地管理、分级负责的制度。明确要求各省政府（天津、上海为市政府）加强领导、建立健全金融工作议事协调机制，市（县）、区（或地方金融监管机构及部门）分级监管，政府各部门履行各自职责。除此之外，河北省明确了对"其他组织"的监管责任归属，天津市规定了区人民政府特定情况下的处置与报告制度。

就辽宁省条例的风险处置责任划分而言，一是规定了防范化解金融风险的主体责任，应当由金融机构、地方金融从业机构来承担；二是规定了"一行两会"派出机构的责任："一行"派出机构承担防范化解系统性金融风险、维护金融稳定的责任；"两会"派出机构承担对金融机构的风险防范监管和处置责任。最后才是对省、市、县政府属地风险处置责任的规定。相比另外六省市在地方金融风险处置部分的要求，辽宁条例共29条的规定中，极其注重对驻辽金融管理部门风险处置的规定；整部条例出现"驻辽金融管理部门"字样一共13次，尤其是在"风险处置"一章，每条风险处置规定几乎都包含与驻辽金融管理部门的协调配合、信息共享、协作机制的规定。

（二）风险防范与处置各项具体措施

相较上海、浙江两地对风险防范与处置具体措施的规定而言，其他省市进行了宣示性的规定，要求建立风险处置协作机制、加强与中央派出机构的信息沟通和协调以及及时上报、联合处置等，而沪浙两地各用一章来对风险防范与处置进行详细规定。

上海条例在第三十至三十三条中详细规定了风险处置责任划分、重大风险事件协调处置、风险上报、风险消除等措施。一是明确"防范和处置非法集资"的"第一责任人"是市政府，严厉打击非法集资活动；二是首次详细规定地方金融监管部门该如何在风险防范和处置问题上与其他执法部门进行执法联动，明确要求在面对风险时控制"人财物"的各项举措；三是明确地方金融组织的主体责任以及地方金融监管部门可以采用的各项阶梯式监管措施，明确可以进行接管、安排托管等处置措施。

浙江除规定属地管理、分级负责制度外，对风险防范处置还做出以下规定：一是区域内地方各部门会同央行派出机构明确风险处置牵头部门、制定工作方案；二是金融机构在浙分支机构发生重大风险时，要求地方政府协调处置、协助出险金融机构和国家金融管理部门应急处置；三是在出现流动性不足等紧急情况时，要求地方出险机构承担处置责任，国家派驻机构及时督促指导自救与同业援助，必要时提供流动性支持；四是国家金融管理部门监管的金融组织发生风险的情形下，地方政府应当进行配合处置；最后，对于涉众型金融风险，地方政府应当按职责分工报送给国家派驻机构。同时要求在出现国家未明确处置责任划分的重大涉众型金融风险时，县政府的第一处置责任，省市政府及地方金融管理部门、国家派驻机构指导和协调的责任。

金融风险防范与处置工作，是打赢防控地方金融风险攻坚战的重要一环。后续出台地方金融监管条例的省市应当在地方各部门协作的基础上，从地方各部门管辖范围与特性出发继续细化处置责任和分工的规定；同时应当借鉴浙江针对具体风险类型不同，对地方金融机构与国家金融监管部门及其派驻部门之间风险处置协调的区别规定。

（三）建立省际区域监管合作机制

2019年4月，三省一市《长三角地区市场体系一体化建设2019年重点合作事项总体安排》明确了包括优化营商环境、建设市场主体基础数据库、网络监管等多个协作项目的具体工作方案。上海地方金融条例规定要求完善长江三角洲区域金融监管合作，推动金融服务区域高质量一体化发展。位于长三角的上海、江苏、浙江、安徽三省一市已经形成了富有个性特色的发展格局，这一举措能够充分优化金融要素配置、提升生产力与监管效率、无缝对接区域金融监管。

同样，河北要求推进与京津及其他相邻省、自治区建立联合执法机制、协调处置方案以共同防范金融风险。近期银保监会召开推动京津冀协同发展工作专题会议，提出要积极稳妥防范化解区域金融风险、完善京津冀地区金融监管协调框架。区域合作机制能够进一步加强三地之间的区域监管合作，推动完善各区域金融监管布局，促进金融产业健康有序的发展。

五、各类金融监管手段

在长期监管实践中，地方金融监管部门在监管手段上只能偏重采取行政性监管和市场准入监管，在日常监管方面作为不多、监管手段落后，导致整体金融监管效率低下；"重协调而轻监管""重形式而轻实质""重审批而轻审慎"等问题导致监管行为趋于虚化、监管方式趋向单一，严重影响了风险处置的有效性。

各地方金融管理条例的出台丰富了金融监管手段"工具箱"，其中大体可分为非现场监管、现场检查、一般情况下或一般违法违规风险监管手段、重大违法违规风险监管手段。

（一）非现场监管

整体来看，各地条例对于非现场监管措施的规定较为详细和健全，对建立金融组织信息平台、金融数据统计分析制度与监测预警机制、信用信息共享平台等方面进行了规定。

1.建设金融组织信息综合服务平台，加强信用监督与风险管理

将金融监管与企业、实际控股人信用信息互联互通，能够加快构建信用

制度体系，更有效地提升金融监管效率。让正信用企业和个人有更广阔的从业与发展空间，也让负信用者及时退出市场。山东、四川、天津、河北四地规定较为相似，要求组织建立地方金融组织信息综合服务平台，与信用信息平台互联互通，实现地方金融数据资料公示共享。上海和浙江的规定则成为非现场监管规制手段中的亮点。

上海从两方面通过信用制度体系实施金融监管的实施路径：一是收集信息、建立信息资料库，二是对违反信用的行为规定惩戒措施。惩戒措施包括列入并公布严重失信主体名单，以及有关部门对金融组织相关人员实施的联合惩戒。这其实是一种利用信用程度筛选市场主体的手段，能够让失信者在很长一段时间内为其先前行为付出代价，具有实操性的规定也会对金融监管机构起到重要指引作用。

浙江要求不仅仅要将失信、违法行为等记入信用档案，对存在恶意逃废金融债权或实施非法集资行为的企业和个人，也要将其纳入严重失信名单并实施联合惩戒。此种规定本质上降低了严重失信名单的门槛，有助于精准打击非法集资、逃废金融债权的行为，但实践中也会存在一些问题。目前规制"逃废债"的法律法规欠缺，认定与惩戒"逃废债"较难。除了中国银行业协会《逃废银行债务客户名单管理办法》规定的九种类型，如何界定债务人是"恶意逃废债"，还是因为被金融机构非法侵害后不得不用"逃废债"的形式维护自己的权益，至今仍无一个明确的认定标准，因此如何对"恶意"进行准确界定是实践中将要进一步考虑的问题。

2. 建立统计分析制度和监测预警机制

上述七省市均在各自条例中规定了建立统计分析制度和监测预警机制的要求。例如河北规定要建立统计分析制度和监测预警机制，定期收集、整理和分析地方金融组织统计数据、运营数据以评估风险；上海要求建立地方金融监督管理信息平台，通过监管平台开展监管信息归集、行业统计和风险监测预警等；河北、上海两地注重区域监管合作，要求在建立区域性风险监测平台的过程中，应当分别于京津冀、长三角区域建立监管执法联动机制，强化信息共享和协同处置。相比于其他省市将统计分析和监测预警制度的建立责任归于当地政府或金融管理部门，辽宁规定应当由"一行两会"派出机构建立地方金融风险信息收集、监测预警机制；还要求建立风险防范信息共享机制，省级部门发现后及时报送给驻辽管理机构、国家管理部门。

3. 行业自律与监督举报

在成熟市场环境中，只有建立国家监管机构监督、金融机构内部控制、社会监督与行业自律"四位一体"的安全体系，才能保障金融机构的稳健运行。笔者以表格的方式对各省市行业自律与监督举报制度规定进行对比，如表3所示。

表3　各地方条例行业自律与举报制度相关规定

省市	各地方条例行业自律与举报制度相关规定
山东	地方金融组织可以建立行业自律组织
河北	建立健全投诉举报机制、完善奖励制度
四川	地方金融组织行业协会相关约束机制；建立非法金融活动举报制度
天津	鼓励单位和个人进行投诉和举报、完善奖励制度；鼓励地方金融组织依法建立行业自律组织
辽宁	无
浙江	建立健全投诉举报机制；鼓励建立行业自律组织，县级以上人民政府地方金融管理机构应当加强对其指导和管理
上海	建立健全投诉举报机制、结果必须书面告知；鼓励地方金融组织依法建立行业自律组织（对具体职责规定较为详细，包括制定规则、权益保护、职责规定、调查处理义务、组织培训交流等）

多地虽然都要求完善举报奖励制度，但并未规定细则与具体程序。如何达到有效激励、切实达到举报制度的建立初衷是下一步的工作重点。相比之下，上海规定了较为详细的举报制度和行业自律指引，要求对举报人的信息和所举报的内容严格保密，并且必须对提供证据的实名举报人告知处理结果；细化了地方金融自律组织的职责范围和各项权利义务，强化风险的自我防控。

下一步，应当考虑建立金融机构、金融组织内部举报制度，即"吹哨人制度"，完善对金融组织内部工作人员、知情人举报的奖励与保护措施，与公众举报、行业自律规定相结合，提升监管的针对性和时效性。

（二）现场检查

通过现场检查，金融监管部门可以有针对性地提出监管措施，督促被监管单位审慎经营。辽宁条例对现场检查的规定较为模糊，并未列明各类具体措施。[①] 其他各省市的规定中包含以下措施：①询问工作人员，要求其作出说明；②调取、查阅、复制文件资料；③检查数据管理系统等；④先行登记保存制度[②]；⑤大部分省市条例中还写明要求地方金融组织有义务配合。

上海条例规定了监管评级制度，根据监管评级情况，决定现场检查的频次、范围和监管措施等。《银行业监督管理法》于 2003 年引入监管评级制度[③]，商业银行、信托公司、保险公司相应的监管指引规范也都规定了监管评级的各项指标。对于地方监管部门而言，建立此项制度可以化被动为主动，事先预防、引导地方金融监管工作，有针对性地制定监管工作方案与措施，提升监管效率和针对性；对于地方金融组织而言，也能够由此项评级倒推出监管导向，定向调整、规范自身经营活动。

除此之外，上海首次将"查封场所、设施"和"查封、扣押财物"等行政强制措施纳入现场检查[④]，赋予了地方金融管理部门进入有关单位开展延

---

① 辽宁条例第十条：省地方金融监管部门根据地方金融从业机构的风险状况，确定对其现场检查的频率、范围和需要采取的其他措施。

② 山东条例出台时间较早，对现场检查的具体措施规定偏少，并未规定先行登记保存的措施。

③ 《银行业监督管理法》（2003）第二十七条规定："国务院银行业监督管理机构应当建立银行业金融机构监督管理评级体系和风险预警机制，根据银行业金融机构的评级情况和风险状况，确定对其现场检查的频率、范围和需要采取的其他措施。"

④ 四川条例中第三十三条虽然也规定了"采取查封、扣押地方金融组织经营活动相关的电子信息设备及存储介质、财务账簿、会计凭证、档案资料等措施"，但并非规定在现场检查具体措施内，而是在"已经形成金融风险，严重影响金融秩序和金融稳定"的情况下才可以采取查封、扣押措施。

伸调查的权限。不仅如此，上海还增加了聘请第三方机构参与现场检查的社会监督规定，大大提升执行现场检查措施的公开透明度。

（三）针对不同程度金融风险的监管

各省市针对可能存在或已经形成的不同程度风险，相应规定了不同监管手段。对比了各省市条例后，笔者认为各类金融风险监管手段可以大致分为两类：一是对可能存在或已经形成的一般金融风险的监管手段，比如上海条例第二十二条所述"发现地方金融组织涉嫌违反国家和本市监管要求的行为或者存在其他风险隐患的"；二是对重大违法违规风险、重大风险隐患的监管手段，如上海条例第三十二条"存在重大风险隐患的""采取前款规定的措施仍不能控制风险扩大、可能严重影响区域金融稳定的"。在此以表格的形式对针对两种程度金融风险采取的不同监管手段进行对比，见表4、表5。

1. 对可能存在或已经形成的一般金融风险的监管手段

表4　对可能存在或已经形成的一般金融风险的监管

省份	对可能存在或已经形成的一般金融风险的监管
山东	无具体规定，只有对重大金融风险的规定
河北	风险提示、责令暂停业务
四川	重点监控、风险提示
天津	监管谈话和风险提示
辽宁	风险报告制度；重大事项说明、监督管理谈话（未区分一般金融风险或重大金融风险的不同措施）
上海	监管谈话、责令公开说明、定期报告、发出风险预警函、通报批评责令改正
浙江	风险报告制度；监督管理谈话、重大事项说明、责令整改；对自愿解散清算期间金融组织股东高管的权利限制措施（未区分一般金融风险或重大金融风险的不同措施）

相对其他省市而言，上海条例虽然未对"风险提示"措施做出规定，但对可能存在或已经形成的一般金融风险的监管手段规定更为全面、具体，

各项阶梯式监管措施力度依次提升。与之相对应的是约谈对象范围广泛，包括董事、监事、高管、控股股东、实际控制人和法定代表人。对比之下，天津条例约谈对象仅规定为股东，未进行进一步明确；浙江约谈对象同样较为广泛，包括上海规定中除法定代表人之外的所有对象；河北对"风险提示"对象所涉主体规定更加广泛，除董事、监事、高管外还包括"其他利益相关人"。

笔者认为，规定阶梯式监管措施、让监管机构在实际操作中能够面对不同风险状况选择不同"工具"意义重大。具体而言，可以参考以往对不同金融业态所规定的具体监管措施，例如在《关于加强商业保理企业监督管理的通知》中规定提高信息报送频率、督促自查等手段纳入其中，以扩充监管手段"工具箱"。

2. 对重大违法违规风险、重大风险隐患的监管

表5　对重大违法违规风险、重大风险隐患的监管

省份	对重大违法违规风险、重大风险隐患的监管
山东	约谈和风险提示、重大事项说明、必要时责令整改、重点监控、责令暂停业务；对国有控股组织进行人员调整或重组
河北	限期停业整顿，并规定了上级对下级政府监督检查、约谈；多部门联合执法
四川	风险报告制度；暂停业务、查封扣押相关账簿、凭证资料
天津	风险报告制度、任何单位或个人都有权报告、多部门联合执法（但并未详细规定监管措施）
辽宁	风险报告制度；重大事项说明、监督管理谈话
上海	风险报告制度；责令暂停部分业务，责令停止增设分支机构，严重者经同级政府批准，采取接管、安排托管等措施
浙江	风险报告制度；监督管理谈话、重大事项说明、责令整改；对自愿解散清算期间金融组织股东高管的权利限制措施

四川对重大风险报告制度的规定较为原则性，浙江规定的报告制度也是在特定情况下、即金融机构在浙分支机构发生重大风险时的报告制度，对具体风险状况、具体报告责任人规定不明确。相较而言，上海、辽宁从程序上

对重大风险报告制度进行完善细致的规定。以上海为例，对触发报告的五种情况（流动性困难、重大待决诉讼仲裁、重大负面舆情、主要负责人下落不明、群体性事件）进行详细规定，并严格限制报告时间，要求在事发后二十四小时内报告。同时，要求由上海市地方金融监管局负责制定更具体的报告程序、标准事项，向社会公布。笔者认为，在重大风险报告责任承担方面，不仅应当要求地方金融组织这一法人主体承担报告责任，还应当规定在发生法定事由漏报瞒报的情况时，对金融组织实际控制人、控股股东进行惩罚，否则相关法律后果的规定将形同虚设。

六、注重金融科技与金融创新

金融监管应当及时跟进金融创新与金融科学技术，既要满足更有效进行风险识别与防控、提升监管效率的要求，充分利用信息技术方式，例如云计算、大数据、微信等，动态监控相关情况，同时也要注重激发金融创新活力，提升金融科技的应用水平，切忌矫枉过正，避免采取"一棒子打死"式的监管措施。

各地金融管理条例分别从多个层面，规定了多项激发金融创新活力、运用金融科学技术等措施，笔者采用表格的形式将其进行归纳（见表6）。

表6　金融科技与金融创新措施

省市	内容
山东	①激发金融创新活力，统筹直接与间接融资、传统与新型金融业态协调发展 ②鼓励、支持金融产品、技术、服务、管理等方面的创新，完善金融创新激励、成果保护与奖励机制
河北	①激发金融创新活力，统筹直接与间接融资、传统与新型金融业态协调发展 ②运用大数据、云计算等技术建立省金融监管服务平台，加强金融监管与预警
四川	①鼓励技术、服务、管理等方面的创新，完善金融创新激励和风险防控机制 ②运用大数据等技术手段建立省金融风险监测预警系统

续 表

省市	内容
天津	①推进建设金融创新运营示范区，支持引进金融机构和金融人才，鼓励金融创新，促进自贸区金融改革创新和京津冀协同发展 ②运用大数据、云计算等现代信息技术，加强信息监测预警与处置
辽宁	运用大数据等信息技术手段加强对非法集资的监测预警
上海	①激发金融创新活力，优化金融发展环境；推动自贸区等区域试点金融产品、业务和监管创新 ②全面提升金融科技应用水平，推进技术创新与金融创新融合发展，加强上海国际金融中心建设和科技创新中心建设联动
浙江	①新兴金融中心建设。创新金融科技，推动金融集聚与金融发展协同，建设新兴金融中心；加强金融集聚区政策配套扶持 ②深化金融改革。支持申报各类金融改革创新试验区和试点项目 ③金融技术支持。鼓励金融科技发展与金融产品服务创新，支持运用互联网、大数据、云计算、区块链等技术 ④支持重大战略和重点项目。鼓励创新产品和服务模式 ⑤支持科技创新。鼓励风险投资基金、创业投资基金和科技保险支持信息等技术创新，对初创期科技型企业进行政策优惠与风险分担

河北、四川、天津和辽宁四地规定将大数据、云计算等现代信息技术应用于各地金融风险监测和预警机制中，并对金融创新规定了具有宣示性意义的条款。相比之下，浙江、上海两地金融科技和金融创新条款成为亮点。

在《2020 全球金融科技中心城市报告》中，上海和杭州分别位列第四和第六；上海于 2019 年举办金融科技服务高峰论坛、世界人工智能大会，近期称将培育 50 个左右创新示范型项目，推动形成"上海标准"[①]；浙江将通过金融科技应用试点，组织 35 个项目落地，推动制定 10 个以上支持金融科技发展的政策、规范[②]。基于两地引领全国金融科技生态圈的强大背景，对金融创新与金融科技的规定不再是简单运用某项现代信息技术，而是分别从金融中心建设、金融技术创新、金融改革、金融试点项目等各个方面规定了

---

① 参见《加快推进上海金融科技中心建设实施方案》。

② 参见《浙江省金融科技应用试点工作实施方案》。

详细举措，方向明确。其创新性尤其体现在浙江支持科技创新的举措方面，规定对初创期、孵化期科技型企业进行税收优惠和风险分担，可谓是"诚意满满"。

七、小结

各地方金融监管条例的出台对于地方金融监管意义重大，纵览各条例中的具体规定，虽然监管协调机制、处置责任划分等部分有待完善，但在金融监管手段、金融科技与创新规定等方面有非常多后续地方金融立法可借鉴之处。鉴于《立法法》第八条的要求，只能由法律对金融基本制度进行规定，部分事项可以经授权后先行出台行政法规。因此，当前地方金融监管的突出问题是缺少一部体系完备的《地方金融监管法》。若能够尽快在法律层面上确定央地金融监管具体分工协调，就可以更系统地安排对"7+4"类机构的监管，也可以对一些效果不佳的监管领域进行职责划分调整，让地方金融监管有法可依，进而构建一套完善的地方金融监督管理法律体系，推动央地金融监管协调发展，提升金融业活力与金融监管效能。

宏观审慎理论下互联网金融公司法律监管路径探析

宁波大学　陈梦娇 *

摘　要

近年来，我国互联网金融公司从事各种形式的互联网金融业务，但我国的监管环境仍然滞后且宽松。对于互联网金融公司利用金融科技无序发展的现象，本文通过吸取美国次贷危机教训，提出应当进行去杠杆化、规范资产证券化方式的解决途径。由于中国人民银行、财政部门、监管部门之间存在着监管真空或监管重叠领域，为了提高我国互联网金融市场发展水平，应当在宏观审慎监管思想下构建一条能够维护金融消费者权益以及整个金融市场稳定的法律监管路径。

关键词：互联网金融公司；宏观审慎监管；资产证券化

＊　陈梦娇，宁波大学经济法学研究生。

　　互联网金融公司，一方面吸纳中小金融投资消费者的资金，另一方面通常通过资产证券化、资产支持票据等方式，具有极高的杠杆率，甚至存在杠杆超限的情况，利用金融科技进行非法套利。互联网金融公司不断利用金融系统的漏洞，挑战现行的金融监管法律体系，长此以往，将会产生金融个体风险以至金融系统性风险。在这种情况下，《网络小额贷款业务管理暂行办法（征求意见稿）》的发布，无疑是雪中送炭。

一、以宏观审慎理论检视互联网金融公司存在的问题

　　宏观审慎监管的一个特征是处理顺周期性问题[①]；另一大特征便是解决在特定的时间内各个金融机构之间产生的共同的相互关联的风险，不管是类似资产类别的直接暴露的风险，还是在金融机构之间交叉业务暴露的风险。通过宏观审慎监管框架的构建，将金融系统性风险控制在局部，也就是说控制"尾部风险"。而依托互联网科技的互联网金融公司往往极容易产生"尾部效应"，宏观审慎监管理论，对依托金融科技的互联网金融公司的发展过程，以及整个互联网金融市场的安全稳定，有着重要的作用。

（一）宏观审慎理论的基本要求和基本内涵

　　对于金融体系的监管大体上分为限制性监管和审慎性监管，而审慎性监管是从维护金融系统的安全稳定出发，评判系统风险的高低，进行与之匹配的管理行为的模式，审慎监管的两大重要手段便是宏观审慎监管与微观审慎监管。宏观审慎监管是一种自上而下的监管，宏观审慎监管从考虑引发风险关联性的因素出发，对系统重要性机构加以监管。

　　以《巴塞尔协议》为代表的基于风险资本要求的微观审慎监管体制并不能确保金融体系的整体稳定，只有对金融体系的顺周期性和具有系统重要性

---

① 王璟怡、杜婧：《从微观审慎到宏观审慎：危机下的银行监管启示》，载《国际金融研究》2015 年第 5 期。

的大型金融机构实施有效的宏观审慎监管，才能维护整个金融体系的稳定。[1]
互联网金融之所以要设立宏观审慎监管框架，根本原因在于在走向"大而不
倒"的互联网金融公司背后无序的互联网金融市场发展极容易引发系统性风
险。正因为这一特征的存在，仅仅依靠微观审慎监管已经无法解决当下互联
网金融市场存在的杠杆率过高、资产证券化带来的隐患。在这一背景下，互
联网金融的宏观审慎监管框架以及相应配套的法律制度设立有其必要性。

　　加强宏观审慎导向已成为后危机时代金融监管改革的主旋律。[2]宏观审
慎所对应的概念便是微观审慎，在金融体系中，微观的各主体相加并不等于
整个金融系统，单纯进行微观审慎监管将无法防控系统风险。互联网金融企
业背后依托的互联网垄断企业，我国电子支付行为规模之庞大，无法想象，
这些互联网大型金融机构的相互关联（interconnectedness）和共同行为引发
的风险，即空间维度的网络风险（network risk），意味着宏观审慎原则在互
联网金融公司监管过程中是一项必须遵守的理念。随着金融科技创新，互联
网金融市场充斥着各种新奇的投资产品，我们在不断发展金融创新业务的同
时，也应当把控制金融系统性风险置于首位。单一的信息披露也是远远不够
的，监管机关还应当以宏观的视角，洞悉整个金融系统的风险预警情况，发
挥市场主导原则的作用，扩大监管范围、促进监管机构统筹协调、填补监管
缺位。

（二）互联网金融行为存在的问题

　　我国互联网金融的行为包括以下几类：①支付结算模式，主要内容在于
第三方支付，为商户和消费者之间提供支付结算服务。②网络融资模式，包
括 P2P、众筹模式、小额贷款（也是目前互联网金融公司从事的主要业务）。
③虚拟货币投资。④理财、保险等网络销售（基金公司、券商、保险公司利

---

[1]　史建平、高宇：《审慎监管理论研究综述》，载《金融研究》2011 年第 8 期。
[2]　王力伟：《宏观审慎监管研究的最新进展：从理论基础到政策工具》，载《国际金融研究》
2010 年第 11 期。

用互联网金融公司平台进行销售）。⑤其他金融信息分享业务。随着 P2P、众筹模式等在我国互联网金融市场的式微，目前互联网金融行为主要是第三方支付、小额贷款以及依托此平台的理财、保险等网络销售。

第三方支付是一种非银行类金融业务，这一金融行为介于网络运营与金融服务的中间领域。在第三方支付平台往往可以滞留在途资金，这一些在途资金的流向并不完全透明，而在监管中也极其容易监管不到位，无法找到统一的机构对第三方支付平台提供担保。在 P2P 行为被加以遏制的今天，非法集资以及"庞氏骗局"行为已经鲜有出现，而互联网金融的刑法意义上的风险逐渐变为了金融市场上的风险。因为我国互联网市场中存在垄断现象，当此类互联网巨头从事金融行为时，需面向的金融消费者的广泛性以及市场对此类独角兽企业的发展的盲目相信。因为高杠杆率的存在，以及互联网公司无序、反复利用资产证券化，跨地区无限制经营，这些对整个金融系统具有重要影响的互联网金融公司，会引发金融系统性风险的危机。

（三）引发互联网金融问题的原因剖析

1. ABS 低成本负债工具下的高杠杆率

不同于以往的 P2P 模式的互联网金融公司，而今的互联网金融公司提供的金融产品更为繁多。且今日的互联网金融公司往往依托原有的互联网产业，基于极大的软件使用人群，潜在客户群极大。互联网金融公司往往依托原有的互联网巨头，从而对其使用人群不断推送其金融产品。但是与以往的 P2P 模式的互联网小贷公司一样，而互联网金融公司仍然存在着畸高的杠杆率。

杠杆率（leverage ratio）是指金融机构的总资产除以其净资产得到的放大倍数。杠杆率高在经济学上的含义是指少量的资本支撑着过多的负债。那么在高杠杆率的经营模式下，则意味着经营风险随之上升。[①] 当杠杆率再利用

---

① 孙天琦：《改进杠杆率监管：次贷危机给监管当局提出的重要任务》，载《西部金融》2008 年第 12 期。

ABS工具，也就是资产证券化，我们可以用一个浅显的例子加以阐述。如果你跟某某宝的某呗借了5万元，那么某某宝就享有对你的5万元债权。依普通的民事债权债务关系，某某宝会等着你还这5万元的债务，再加上利息，那么这一民事债权债务关系在你偿还债务的时候就宣告消亡。但是在资产证券化这个工具下，某某宝可以把对你享有的5万元债权，变成一个理财产品，变成多份合同向社会出售，这些合同经过受托机构SPV特殊目的公司风险隔离。通过评级机构划分成优、次优、次级的档次，分别出售给基金、信托、投资银行、银行等等。在资产证券化下某某宝公司可以直接回笼5万元的现金，可以通过再一次的放贷，用5万元撬动上百次、上千次的同额资金，不断地放贷，不断地获取利息。假设这个5万元债权被打包成多个合同对外出售100次，那么意味着某某宝公司仅仅用了5万元，就撬动了500万元的社会上的资金。当借贷人还不上钱的时候，也即当最初的债务人并没有偿还5万元时，那么那些背后购买理财产品的公司或中小金融消费者都会被牵扯到。当我们把这5万元的基数放大，置于放贷的金融机构，会形成一大堆坏账，最终导致现金流不足，最后出现挤兑现象，随之而来的将是金融机构的破产，也就是说产生了金融系统性风险。那么一个只有1个亿净资产的小贷公司，加上其依托平台的大量客户群的不断指数倍放贷，将会产生上千亿的贷款。如果改成完全的信用放贷，没有抵押物的要求，这无疑是恐怖的。

2. 高杠杆率隐藏的危机

无论是阿里巴巴、腾讯公司还是百度公司，其背后的使用客户群庞大到无法想象。这一类的客户群享受便捷的金融产品服务，纷纷成为小微金融产品消费者，盲目地进行理财投资。监管机构面对依托金融科技的互联网金融企业的挑战，依托数据化的互联网金融企业将成为监管的盲区，但同时其高杠杆率将是我国经济发展的定时炸弹。部分依托金融科技的互联网金融企业在IPO过程中，对《巴塞尔协议Ⅲ》进行诋毁，认为这是"老年人"制定的协议。那么《巴塞尔协议Ⅲ》在金融发展过程中，是绊脚石还是救命稻草，对于当今金融市场是否仍然发挥着作用？对于金融科技引发的互联网金融乱象，《巴塞尔协议Ⅲ》的作用仍然巨大，与之前的协议不同，《巴塞尔协议Ⅲ》它将在银行体系外的"影子银行"也纳入银行监管的范畴，所以除银行以外的信托公司、消费金融公司等以及从事网络放贷业务的公司也被纳入了监管的范畴，《巴塞尔协议Ⅲ》要求资本充足率以及引入杠杆率监管标准。通过去杠杆，减少杠杆率的积累，从而确定杠杆率积累的底线，减少资本套利空间。在互联网金融市场高杠杆率的当下，《巴塞尔协议Ⅲ》是极为有力的法律工具，万不可摒弃。

二、金融科技对金融系统性风险的影响性评析

理论与实务界有一种观点认为，在现阶段讨论金融科技对金融系统产生风险，还为时尚早。确实，金融科技目前给中国经济带来的利远超于弊，同时金融科技的全天候、跨区域、规范化等特征，能打破传统金融服务受时间和地域的限制，有利于简化交易流程，降低业务处理成本，填补传统金融服务的空白，满足了中小企业或个人的特殊融资需求。[1] 许多互联网金融公司都是以便利中小微企业融资为理由，使得在监管措施出台时，媒体和金融产品消费者成为这类互联网金融公司的拥趸。然而我们不难看到互联网金融公司对于便利中小微企业解决融资问题的作用是极为有限的，互联网金融公司大多发放的是小额消费贷，它将资本的魔爪伸向中小金融产品消费者的口袋，同时又将风险转移给了这些中小金融产品消费者。此类互联网金融不断挑战监管，无视金融系统性风险，无视《巴塞尔协议》。

（一）美国次贷危机的启示

美国次贷危机源自抵押贷款证券化（MBS）[2]，与上文提到的资产证券

---

[1]　夏诗园、汤柳：《金融科技潜在风险、监管挑战与国际经验》，载《征信》2020 年第 9 期。

[2]　王欢星：《美国〈多德·弗兰克法〉金融监管改革研究》，中国社会科学院大学 2020 届博士学位论文。

化（ABS），区别在于，MBS 是基于房屋抵押，而 ABS 是资产支持的证券化。ABS 是抵押贷款证券化发展到一定阶段的产物。与 ABS 一样，MBS 有着看似无风险的外衣，这些抵押贷款有着跟国债一样的收益率，自然而然成为投资者竞相投资的金融产品。房地产泡沫是美国的次贷危机爆发的主要原因，随着贷款违约率的陡然上升，住房抵押贷款违约率超过 10% 之后，市场上开始大量抛售抵押贷款债权，伴随着息差的扩大，房价不再是永远上升的投资产品。可以说 MBS 工具的滥用，助长了美国房地产泡沫的产生。

MBS 再加之高杠杆危机，一些投行等金融机构将次等级的部分剥离，将次等级的现金流再次重组划分，从而形成了担保债务凭证（Collateralized Debt Obligation，CDO），于是不断再度证券化形成 CDO2、CDO3、CDO4 等。这些 CDO 产品迎合不同偏好的投资者，在不断地证券化后，中小投资者根本不知道自己购买的 CDO 产品背后的风险究竟几何，因为投资信息极端不对称，在购买时通常会产生错误估值。不仅如此，一些保险公司也会加入 CDO 产业链中，因为部分投资者对 CDO 产品的风险存疑，往往存在观望状态。投行为了能够成功出售 CDO 产品，会采取信用违约互换（Credit Default Swap，CDS），也就是通过给 CDO 产品加上保险，再通过保险公司销售 CDS，产生新的保险业的业务。换而言之，CDS 产品就是过度利用杠杆的投机产品，其背后是有极大风险的脱离管理的赌博性质的金融衍生产品。

随后，在美联储加息和房价大跌的情况下，这一类贷款就会出现大规模的违约现象，随后 CDO 这些金融衍生品就会随之价格下跌，投资者只能纷纷抛售 MBS 和 CDO。随着投行和对冲基金也大受影响，基金公司面临基金投资者的赎回要求，开始变卖资产、股票，信贷市场的危机也就蔓延到了资本市场。保险公司、商业银行也大受影响，整个金融市场在 MBS 或 ABS 此类证券化产品中崩盘。

美国次贷危机是金融自由化的产物，在金融机构经营管理过程中，应当始终以保护金融消费者的合法利益为核心。因为金融机构往往存在巨大的负外部性，这就导致了金融市场的发展极容易陷入无序化的状态。为了促进金融市场有序发展，应当将审慎监管思想贯穿其中，从而预防个体性金融风险以及系统性风险。

（二）《多德 - 弗兰克法案》借鉴意义

《多德 - 弗兰克法案》对于美国度过次贷危机发挥了巨大的作用，其在金融监管改革中的一系列法律条例对我国目前的金融监管体系有着重大的借鉴意义。目前我国对借助互联网进行的金融行为，往往监管过度宽松。金融科技企业一面享受着政府给予的宽松政策，一面仍在指责中国的监管体系。然而我国金融监管的力度事实上仍属过度宽松。

《多德 - 弗兰克法案》一定程度上扩大了美联储金融监管的权力，不再仅限于全权监管社区银行，而是对一切有可能影响金融市场稳定的，诸如金融控股公司、保险公司、证券机构以及大型银行类金融机构等实施全方位的监管。[①] 通过《多德 - 弗兰克法案》，维护金融市场的稳定，设立了上文中所提及的金融稳定监督委员会，该委员会在整个金融市场的监管中处于统筹协调位置，同时消费者金融保护局、财政部、美联储以及证券交易委员会共同确保了金融监管系统的顺利运行。不仅如此，通过每年的金融机构压力测试，成立金融研究办公厅，用以给金融稳定监督委员会提供金融市场实际操作经验以及金融市场发展现状反馈。

1. 系统重要性金融机构的特殊监管

当一些金融机构被金融稳定监管委员会（Financial Stability Oversight Council，下简称 FSOC）认为是系统重要性金融机构，那么这类机构就需要在美联储进行注册，接受美联储对其的审慎监管，采用更加严格的标准。在对系统重要性金融机构实施审慎监管方面，美联储拥有最广泛的规则制定权

---

① 曾刚、贾晓雯：《美国金融稳定监管委员会对我国的启示》，http://www.financialnews.com，最后访问日期：2020 年 11 月 21 日。

和监管权。① 这点无疑对我国目前的金融科技监管有极大的启发，通过认定部分互联网金融公司为系统重要性金融机构，采用注册制的方式，置于特殊部门的监管中，将对整个金融市场的秩序大有裨益。

2. 金融消费者权益保护

对于金融消费者权利保障这一块，成立消费者金融保护局（Bureau of Consumer Financial Protection，下简称 BCFP）。通过设立消费者金融保护局，保障信息披露的及时性以及透明度。制定《联邦消费者金融法》《消费者金融保护法》，消费者金融保护局可以在必要的情形下，制定规则、发布命令等等，给予消费者金融保护局立法权限。通过考虑消费者及其相关人员的投资能力，并向有关的监管机构和联邦监管机构征求意见，用以达到审慎监管、维护金融消费者权益的目标。消费者金融保护局享有准司法强制执行权，可以进行证人的传唤；如果证人拒绝传唤，消费者金融保护局可以向证人所在地的法院申请调查取证，包括命令证人出席质证的权限。此外，消费者金融保护局享有组织联合各部门的调查，与美国司法部、参议院以及其他部门联合调查的权限。还可进行强制的民事调查，消费者金融保护局在启动诉讼程序之前，可以申请民事强制调查令。消费者金融保护局可以对被执行对象进行审查执法，强制执行《联邦消费金融法》《消费者金融保护法》相关条例。若金融机构不服消费者金融保护局的具体行政行为，可以上诉至法院，但是行政行为不会因为诉讼而暂缓执行。

消费者金融保护局的设立，对于我国金融消费者权利保护也有借鉴意义。在我国消费者权益保护中，是否可以设立专门的金融消费者权益保护协会或者是更强有力的行政机关，用以处理极容易在金融科技信息不对称情况下导致的金融消费者的权利受到侵害的情形？

---

① Noeth B J.Financial Regulation: A Primer on the Dodd-Frank Act, https://files.stlouisfed.org/files/htdocs/pageone-economics/uploads/newsletter/2011/201105.pdf，2020 年 11 月 21 日访问。

（三）金融科技对金融系统性风险的影响因素

大而不倒（Too Big To Fail）这一概念来源于美国金融监管领域，通过创造多米诺骨牌效应，一家"大而不倒"机构的破产会使国家经济瘫痪。[①] 美国《多德 - 弗兰克法案》授权 FSOC 将这些大而不倒的金融机构认定为"对体系有着重要影响的金融机构"（Systemically Important Financial Institution，下简称 SIFI），并对该类金融机构做出特殊管理与规定。这样的金融机构对于整个经济体存在互联性，当这样的金融机构无法经营时，会波及多个机构、企业。

我们面对的不仅仅是去杠杆化的隐患，因为我国目前互联网巨头往往在其互联网领域处于垄断地位，还需要警惕表外业务（即不通过资产负债表反映出来的业务）的风险暴露程度，包括部分金融衍生品在内，都是监管者应当关注的领域；同时还应当注意与其他金融机构和银行占控股地位的公司之间的业务和关系；在考虑某个金融机构之"大"的时候，不仅仅是体量的大小，还应当考虑除资产大小以外，整个经济体对它产生的依赖程度；还应当考虑这类公司倒下，对于低收入家庭人群的冲击；考虑该类金融机构的资产是否分散管理，也就是有没有把鸡蛋分散到不同篮子里；考虑受金融监管机构的监管程度；公司金融资产的数量和这类金融资产的性质；该金融机构短期资金的融通程度等等。从各个考虑因素来说，尽管中国的互联网金融公司并没有完全符合这些要素，但这并不意味着监管部门可以对此放松警惕，许多互联网垄断企业设立的互联网金融公司正在走向"大而不倒"的路上。监管机关没有作为的话，美国金融危机的历史便是最好的经验。

---

① 岳久博：《破解"大而不倒"的法学思考》，载《赤峰学院学报（汉文哲学社会科学版）》2016 年第 11 期。

三、宏观审慎法律监管在金融科技中的实现路径

（一）互联网金融监管的困境

互联网金融公司的发展往往依托着金融科技，其背后有着互联网、大数据、云计算等计算机技术的综合运用；金融科技的参与者几乎涉及其背后软件用户所有群体，除此以外还有跨地区的特性；除传统金融产品，还会存在包括比特币等虚拟货币的投资等等。总的来说，金融市场在利用互联网技术情形下的运行，基于互联网这一载体的特殊性，从而导致在金融监管领域的困难。未来产业研究院发布的《2018—2023 年中国金融信息化行业市场前景与投资预测分析报告》显示，当前，我国金融科技的发展已进入 3.0 阶段，有望迎来大爆发。[①] 在我国互联网经济发展尤为迅猛的前提下，数字支付也在全世界处于领先地位，随之产生的互联网金融产品悄然发展的同时，带来了不少个体性风险。目前我国互联网金融市场中准入门槛低，良莠不齐的企业充斥其中，监管套利或是监管空白依旧存在，面对目前存在的高杠杆的危机，互联网金融公司高负债率以及虚假投资理财等问题仍是监管机关不容忽视的。同时互联网金融公司还存在着征信系统与中国人民银行征信系统无法实现对接的情形，以及同一主体多次借贷、多次违约行为无法辨认，对于出借人的征信水平无法知晓，有些网站独自承担贷款信用风险，造成借贷平台存在巨大的运营风险。[②]

在这种情况下，我国的互联网金融消费者权益保障问题就显得更为严重了。互联网科技助长了信息不对称的情形，因为受互联网技术的限制，以及互联网面向的群众的多样性，大部分投资者不具备专业的金融常识，那么互联网金融公司就会对目标客户进行欺诈。同时由于我国互联网金融发展的当下缺少自律监管，就会导致在金融市场中互联网金融占据强势地位，一方面

---

① 夏诗园、汤柳：《金融科技潜在风险、监管挑战与国际经验》，载《征信》2020 年第 9 期。

② 李真：《互联网金融体系：本质、风险与法律监管进路》，载《经济与管理》2014 年第 5 期。

没有自律监管机构，另一方面是监管机关监管能力缺失。同时金融消费者维权渠道存在困境，赔偿机制以及诉讼机制落实也存在困难。

（二）宏观审慎监管法律制度设立

《巴塞尔协议Ⅲ》中强调了资本和流动性监管，其目的在于化解系统性风险，对于系统重要性金融机构加强并细化监管措施。这需要我们国家优化宏观审慎监管，在互联网金融领域催生了一些对金融系统可能会产生重大影响的公司。为了预防产生互联网金融危机事件，并保持互联网金融健康发展，需要设立一个稳定的宏观审慎监管框架。

1. 宏观审慎监管框架的设立

宏观审慎监管框架是离不开中央银行、财政部门和监管机构共同作用的。中央银行发挥最后贷款人的职能，中央银行在进行货币政策的设立时，应当充分考虑金融机构的杠杆率、信贷增长等情况。中央银行应当将部分的监管权限过渡到监管机构手中。在中央银行是否需要监管权问题上，学界一直存在分歧，学者一方面认为中央银行往往关注于各商业银行的微观运营能力，从而在制定宏观性的监管政策时大受影响。但中央银行完全丧失监管权，则会导致对存在系统性影响的金融机构的监管不到位。在宏观审慎监管理论下，中央银行必须起到在宏观上考虑央行与监管机关的关系时，还应当处理好中央银行与财政的关系。在出现系统性危机后，部分系统性重要影响金融机构倒闭后，如果中央银行无法及时注资，还应当求助于财政部门，运用财政部门帮助"大而不倒"的金融机构避免破产。对于中央银行、财政部门、监管机构的职能分布，需要在立法层面加以明确，这样方能实现监管的题中应有之义。2019年，我国人民银行成立了宏观审慎管理局，对于系统重要性金融机构的评估识别以及处置，建立了宏观审慎政策框架，并在7月发布了《金融控股公司监督管理试行办法（征求意见稿）》，这些法律政策的出台势必应当运用到依托金融科技的互联网金融公司。在进行宏观审慎监管的过程中，应当将这一框架充分利用到互联网金融公司监管的范畴中，同时警惕金融科技规避监管的行为。

此外应当明确监管内容，一是监管对象不包括一部分不具备金融资质的互联网公司，该类公司不得从事金融业务，只能提供电子平台。二是加强互联网线上的监管能力，及时管控互联网金融系统。三是充分保障互联网金融消费者的个人信息安全，建立大数据监管，对互联网金融公司运行、财务情况进行评估，并及时进行监管执法。

2.宏观审慎监管原则立法上的完善

以立法的形式明确互联网金融机构的形式、性质和法律地位，对其准入条件、业务模式、风险控制和监督管理等做出明确规范。[①] 在出台的《网络小额贷款业务管理暂行办法（征求意见稿）》中，做出了对于单笔联合贷款出资比例不低于30%的规定，以及小额贷款公司通过非标准化融资形式，融入资金不得超过净资产的1倍的规定，在出资比例上规定了最低限额，在资金杠杆上设置了最高限额。此番操作对于目前高杠杆的互联网金融公司妄图通过上市无良收割证券市场资金的目的有了更好的规制。不仅如此，对于资产证券化工具也有了规范性的规定，即发行债券、资产证券化产品等标准化债权类资产融入的资本不得超过净资产的4倍，这样就对不断重复利用资产证券化的行为有了规制。可以说，对互联网小额放贷公司首次公开募股有了法律法规上的约束，这对系统性风险蔓延到证券市场起到了一定的预防作用。我国的监管环境正在逐渐改变，对于充足资本金的要求，在规避金融风险方面将会起到应有的作用。

金融监管的目标在于：提升金融效率，保护金融消费者，维护金融稳定。[②] 在宏观审慎监管的原则下，对于微观的互联网金融市场主体互联网金融公司

---

① 陶震：《关于互联网金融法律监管问题的探讨》，载《中国政法大学学报》2014年第6期。

② 中国人民银行济南分行课题组：《我国互联网金融监管的法律规制研究》，载《金融观察》2014年第10期。

的规制以及互联网金融产品消费者的权利保护仍然不可忽视。一方面要加快互联网金融公司自律机构的设立，另一方面要完善诉讼机制、赔偿机制，更好地维护处于信息不对称地位的互联网金融产品消费者的权利。一是在必要情况下制定互联网金融消费者保护法，以及学习美国成立消费者金融保护局，并赋予消费者金融保护局独立的监管权，从而为金融消费者权利保护提供更强有力的机构。目前，我国已设立了中国人民银行金融消费权益保护局、中国银监会银行业消费者权益保护局、中国证监会投资者保护局、中国保监会保险消费者权益保护局。① 二是在大数据背景下，还应当预防个人信息的泄露，保障金融消费者的隐私权。三是对于互联网公司的信息披露作出强制性要求，因为信息披露产生的违约违规行为，金融消费者有权利进行民事责任追偿。

在互联网科技创新的当下，应更好地发挥互联网金融公司为中小企业和消费者提供普惠金融的作用，利用互联网金融深入社会各个群体的特性，为社会各个群体提供金融服务。同时对于科技这把双刃剑，需要在立法层面促进监管的有效性，发挥宏观审慎监管的作用，预防金融系统性危机的发生，为金融消费者提供更为有利的维权途径。

---

① 毛玲玲：《发展中的互联网金融法律监管》，载《华东政法大学学报》2014 年第 5 期。

困境与出路：试点中的监管沙盒

宁波大学法学院　曹健 *

摘　要

金融与科技的深度融合已经成为金融监管的新趋势，英国、澳大利亚和新加坡等国相继推出监管沙盒制度。监管沙盒在鼓励金融创新和防范金融风险方面具有显著优势，中国人民银行也从 2019 年开始陆续推出 60 个监管沙盒试点项目，着力于普惠金融和金融监管的专业性、穿透性，提升金融监管的适应性监管能力。在项目试点过程中，监管主体、测试主体和金融消费者主体在信息共享、监管理念、风险评估防控等方面仍面临着诸多现实困境。未来，监管沙盒制度需要在监管方式、主体责任和金融消费者保护领域进行改革以实现制度的本土化构建。

关键词：金融监管；监管沙盒；金融科技；金融创新

★ 曹健，宁波大学法学院硕士研究生。

2016 年 3 月，金融稳定理事会（FSB）首次发布了金融科技的专题报告，报告中将"金融科技"定义为一种技术风险带来的金融创新。2019 年 8 月，中国人民银行印发《金融科技（FinTech）发展规划（2019—2021 年）》，确定了金融科技发展的指导思想、基本原则和发展目标等。2019 年 12 月，中国人民银行正式启动金融科技创新监管试点工作,即中国版的"监管沙盒",探索运用信息公开、产品公示和社会监督等柔性管理方式，努力打造包容审慎的金融科技创新监管工具，着力提升金融监管的专业性、统一性和穿透性。

第一批金融科技监管试点项目已经完成公示并开始应用，范围从北京扩大到上海、深圳等六市（区）。然而，监管沙盒在试点过程中仍面临着诸多现实问题。一方面，有别于英国等原生土壤，中国的金融业态、市场规模、法制环境、技术应用都独具特色，监管沙盒显然不能照抄照搬、邯郸学步；另一方面，实施速度快、领域广也带来了些许的水土不服，其相对于中国原有试点机制的比较优势还未完全发挥出来。[①] 监管沙盒制度能够最大限度地满足金融创新的需要，并对科技所带来的金融风险进行隔离控制，对我国未来金融稳定和金融创新发展具有重要意义。面对上述种种困境，有必要在考虑我国现实国情的基础上分析我国监管沙盒试点项目的特点，实现监管沙盒制度的本土化构建。

一、监管沙盒概述

沙盒（Sandbox）之前是计算机中的名词，在计算机安全领域中是一种安全机制，为运营中的程序提供一种隔离环境或者测试环境，通常是为一些未知或者难以判定风险的程序提供试验之用。"监管沙盒"（Regulatory Sandbox) 是指金融监管部门为了促进地区金融创新和金融科技发展，让部分取得金融许可的金融机构或初创科技型企业，在一定时间和有限范围内测试新金融产品、新金融模式或者新业务流程，并在这一过程中对测试项目降低

---

① 车宁：《监管沙盒下一步：怎么走，怎么办？》，载《银行家》2020 年第 9 期。

准入门槛，放宽监管限制。对于顺利通过测试的项目，即使达不到现行法律法规的要求，监管部门也可以申请机构授权，以使其在更大的市场范围内推广；而对于未能达到预期效果或造成不良影响的项目，监管部门则有权停止测试。[①]

（一）监管沙盒的源起

1. 监管沙盒的产生背景

为巩固英国在金融科技领域的欧洲领航者地位，保证监管制度的合理性，英国创新监管部门首先提出了"监管沙盒"的概念和机制。2014 年 10 月，英国金融行为监管局（FCA）创立了创新项目，并增设创新中心。在取得了良好的效果后，FCA 开始研究"监管沙盒"的可行性，并于 2016 年 5 月正式启动了"监管沙盒"机制。监管沙盒制度的诞生，兼顾了金融风险控制和金融创新的需求，着力于维护金融稳定的同时避免扼杀金融创新，提升金融监管的能力和水平，为金融科技、新金融模式等提供全新的"风险监管隔离区"。其后，中国、美国、新加坡、印度、澳大利亚等国开始引入监管沙盒制度。

我国"监管沙盒"相关政策出台前，已经有部分类似性的地方试点开始付诸实践。2015 年，房山区人民政府正式获得北京互联网金融安全示范产业园授牌，引入互联网金融及其他相关金融科技企业；2017 年，江西赣州启动区块链金融产业沙盒园项目，并以此项目作为地方新型金融监管沙盒；同年，中国电子商务协会在深圳市设立监管沙盒产业园，并且引入国盾区块链等企业加入监管沙盒。然而，上述试点项目与英国等国实施的监管沙盒计划所指出的"模拟真实""破坏性创新""有限授权"和"包容监管"等要求截然不同，在实施主体职责范围和运行机制方面也存在着诸多差异，并不属于通

---

① 侯小丽：《中国版金融科技"监管沙盒"试点背景、本质及建设路径研究》，载《财政金融》2020 年第 11 期。

常意义上的"监管沙盒"。以中国人民银行印发的金融科技发展三年规划为标志，我国的监管沙盒从顶层设计到央地试点逐步推进，真正意义上实现了中国版监管沙盒的落地实施。

2. 监管沙盒的本质

监管沙盒的关键在于监管理念、监管方式和监管逻辑的创新。本质上看，监管沙盒即监管主体以保护消费者权益、防控金融风险为目标，主动合理地放宽监管规定，鼓励金融科技企业在真实场景中测试新的金融产品和服务，实现金融科技创新和金融风险防控双赢。[1] 从另一角度而言，监管沙盒是一个具有明确边界的风险试验场，在试验场中监管主体以包容创新的监管理念引入监管科技，对突发风险进行防控。监管沙盒的风险隔离体制可以有效避免系统性金融风险的发生，为金融创新提供更为广阔的生长空间，发挥科技在金融监管中的作用。

（二）监管沙盒的制度价值

1. 平衡金融风险与金融创新

新兴科技催生新业态。金融科技的发展极大地刺激了金融创新的需求，但是传统金融监管"轻事前，重事后"的监管理念与金融创新的风险防控存在着诸多的不适应之处。金融创新必然带来诸多未知的金融风险，这似乎与金融风险防控有着不可调和的矛盾。但若将金融新业态置于监管沙盒之中，对新型金融产品或者模式进行风险和监管隔离，就能在金融创新和金融监管中找到适量性平衡。区别于传统的金融监管，监管沙盒能够实现金融风险控制下的金融创新，最大限度地满足金融创新的需求。一方面，监管沙盒能够为金融创新提供广阔的空间。监管沙盒的入盒门槛低，监管环境相对宽松，强调对试点项目的包容性监管，测试主体也能够获得相对较大的自主权。另一方面，监管沙盒能够实现对金融风险的事前监管，提升监管的适应性。在

---

[1] 胡彬、杨楷：《监管沙盒的应用与启示》，载《中国金融》2017 年第 2 期。

封闭的沙盒内，风险与其他业务相对隔离，金融监管机构能够对沙盒项目实施专门化、动态化、全过程监管。

2. 提升金融监管的主动性与能力

大数据给互联网金融的模式和产品带来了颠覆性的变革，金融创新需求开始爆发性增长，金融监管的滞后性则显得有些不合时宜。以 P2P 网贷和股权众筹为例，大数据为新业态下的金融产品和金融模式提供了新的便利，降低了交易门槛与运营成本。但是由于监管的滞后性，前期的监管空白使得 P2P 网贷乱象丛生，股权众筹一出来即被禁止，"不管就乱，一管就死"的监管方式极大阻碍了我国互联网金融的发展。监管沙盒倒逼金融监管机构从事中、事后监管转向事后监管，逐步提升我国金融监管机构适应性监管的能力。

3. 促进金融成本内生化

在传统监管体制下，监管成本主要由直接成本与间接成本构成，这些成本都是作为外生变量由相关政策及相关法规给直接规定的，并且单独附加给某一方，对监管双方任何一方都是巨大的负担。[①] 监管成本内生化即将决定监管成本的相关政策法规等因素转化为监管双方及体制内部因素。金融监管机构在对试点项目进行监管的过程中，主动与测试主体进行沟通并根据金融创新的边界对监管的模式进行探索，降低了测试主体将来违反相关政策法规的可能性。对于监管主体而言，在与测试主体沟通的过程中，能够主动发现现有监管漏洞，并对未来监管规则进行提前构建，减少不必要的监管成本。

（三）监管沙盒的中国实践

1. 项目入盒总体进展概况

截至 2020 年 8 月，我国共有北京、上海、深圳、重庆、苏州、杭州、雄安新区、成都和广州 9 个试点地区，共计 60 个项目完成入盒公示。其中

---

① 马楠：《监管沙盒的发展：思路创新、实践与不足》，载《海南金融》2020 年第 2 期。

北京作为首个金融科技试点城市，在半年内完成了两批共 17 个项目的筛选和公示。通过对各个入盒项目公示的申请文件对比分析发现，现有项目的申请声明主要包括四个部分：第一部分为项目的基本信息和服务信息介绍，主要包括了项目名称、类型、申请机构、技术应用、创新性说明、服务时间与用户、委托授权、格式协议文本等内容；第二部分为合法合规性评估和技术安全评估，主要涵盖了评估机构、评估时间、评估期限和评估结论；第三部分为风向防控，主要介绍风控措施、风险补偿与退出机制（技术退出与业务退出）、应急预案等；第四部分为投诉反馈机制：介绍机构投诉与自律投诉渠道。

2. 入盒项目多维度分析

整体而言，入盒试点项目集中分布于经济和金融高度发达的节点城市，下一步沙盒项目的试点范围可能会扩大到全国各个省会城市和直辖市。从项目类型来看，除北京第一批公示项目未明确项目类型外，其余各试点项目都属于金融服务与科技产品两个类别。未来，入盒项目将会重点关注数字化信贷和银行普惠金融改革、第三方支付平台的科技创新、金融监管与科技的深度融合。从申请机构来看，60 个试点项目共有 37 家科技企业与 78 家金融机构。金融机构在监管沙盒试点项目数量上占据优势，科技企业大多选择和金融机构共同申请。从风险防控来看，试点项目愈加注重风险防控体系的完善。以宁波银行申请的"快审快贷"产品为例，其风险防控体系主要包括了合法合规评估、技术安全评估、风险补偿机制、退出机制、应急预案、风险提示和投诉机制七个部分，建立了一个相对完整而又严谨的风险防控体系。

二、监管沙盒的现实困境

我国监管沙盒试点项目目前已经分两批共 60 个项目完成公示，从各个试点项目公示的情况来看，我国的监管沙盒主要由监管主体、测试主体和金融消费者三方主体构成。在试点过程中，由于我国体制内部诸多因素的影响，我国沙盒项目目前仍然面临诸多现实困境。

（一）监管主体层面

1. 政策法规供给不足

监管沙盒的监管主体依照金融监管法对测试主体进行监管，测试主体行为在本质上是违反金融监管法的，但是并不承担由此产生的法律责任。而改革试点的项目监管主体则需要依据改革试点小法进行监管，其行为本质上是合法的，并且不会承担由此产生的法律责任。中国人民银行对沙盒项目的定义仍然是试点，但是各个城市对于监管沙盒项目的相关政策法规并不完善。在监管授权方面，中国人民银行对此并未给予明确，并无统一的监管授权规范。这就导致各地对于监管授权的范围并无统一的边界范围，由于测试主体多为金融科技企业且风险难以控制，没有相应的授权规范，使得监管难度加大。在标准化体系建设方面，相关监管主体并未统一相应的退出标准、合法合规性评估、技术安全性评估标准。以宁波银行的"快审快贷产品"为例，监管主体并未明确合法合规性评估和技术安全性评估的评估标准，试点项目的评估主体也不尽相同，一般是由律师事务所，银行风控部门和第三方数据安全评估中心等机构进行评估，但各方采用不同的评估标准。同样，对于试点项目的退出，各地也有不同退出标准。上述内容，监管主体并未出台相关的政策法规给予规范。

2. 监管理念落后

我国的金融监管的方式依旧是"轻事前，重事中、事后"，停留在传统的静态化监管的层面，适应性监管能力较弱。以我国的P2P网贷为例，在P2P网贷刚出现时，我国的金融监管部门对此并未积极给予呼应，造成了监管的空白，最终导致网贷行业乱象丛生。在意识到问题的严重性后，金融监管部门开始集中进行整治清理，导致P2P网贷在我国几乎濒临倒闭。这种前期无任何监管、后期集中整治清理的运动型治理模式无法满足金融创新的需求。在监管沙盒试点项目中，监管主体虽然对风险防控体系做出了较为详细的安排，对风险点和风险控制措施都进行了提示，这不得不说是一个显著的进步。但是，在整个监管层面，受我国体制因素的影响，监管人员动态化、实时化、全过程的创新型监管理念尚未得到很好的贯彻。监管主体尚未与测试主体和金融消费者建立起常态化的信息共享机制，对于风险监测和信息反馈并未给予足够的重视。静态型、事中事后型、回应型的监管模式无法发挥监管沙盒的创新优势，极易造成沙盒项目经营模式的异化。

（二）测试主体层面

1. 测试周期过长

目前，各个国家对监管沙盒项目规定的时间各不相同，但我国的测试时间无疑是最长的。英国监管沙盒的测试时间为 3—6 个月不等，印度监管沙盒的测试时间为 27 周，澳大利亚的则是 24 个月，而我国的沙盒测试时间是目前国际上最长的，为 1—3 年。大数据时代金融产品的模式和服务更迭速度快，过长的测试周期不利于测试主体抢占市场份额。经过漫长的测试周期后，一个创新性的试点项目也许就已经变得毫无价值。这也从另一个侧面反映出我国监管沙盒的退出机制不完善。这一方面，我国可以学习新加坡关于监管沙盒项目退出的相关规定：在测试过程中，受试主体在满足监管主体要求的指标和参数后，便可退出，或者受试主体出现难以解决的缺陷，经改进仍无法满足即可退出。我国沙盒项目测试可以考虑由测试主体自主决定测试，监管主体设置指标和参数进行评估，对于部分测试程序进行灵活调整。

2. 获取银行服务难度大

2017 年，英国金融行为管理局发布《监管沙盒经验报告》，报告指出前两轮测试中许多公司难以获得银行服务，尤其是分布式记账技术和移动支付的初创企业。[①] 我国沙盒试点项目企业也面临着同样的困境：科技初创企业

---

① 刘亮：《监管沙盒：国外应用和本土化》，载《西南金融》2020 年第 5 期。

自身存在着许多不确定的风险，其风险承担和财务报表难以达到银行的要求，难以从银行获得充足的有效贷款。目前大多科技公司只能与银行一起申请项目试点，但是由于沙盒项目业务隔离和风险隔离的要求，银行自身也难以获得相关服务。

（三）金融消费者层面

1. 歧视性偏好

由于监管沙盒中的项目尚处于试点中，诸多金融消费者在项目营运中偏好老牌金融机构和资本雄厚的大公司，对于科技初创型小公司和小型金融机构则没有表现出投资的热情，存在比较明显的歧视性偏好。这与我国金融市场消费者的投资理念不无关系，总体而言，我国金融消费市场谨慎型的投资者占了绝大部分。在沙盒项目运行过程中，小公司难以获得足够多的投资吸引力，往往导致其难以顺利完成测试。我国的金融市场对于创新产品和服务有着较高的需求度，但是市场资源往往都被大公司垄断，金融消费者的歧视性偏好使得金融科技小企业的生存变得更为艰难。

2. 信息不对称

我国的监管沙盒项目尚未建立统一的信息联动共享机制，金融消费者在信息资源的获取方面处于极度的弱势地位。对于监管主体而言，其尚未建立统一的信息发布和公示平台，金融消费者只能知悉测试主体的基本信息，对测试主体的违法违规记录、公司股权架构、基本业务范围和其他重要信息皆难以知晓。对于测试主体而言，其通过金融消费者的授权获取金融消费者的信息，测试主体通过对收集的信息进行分析来开发符合消费者需求的产品和服务，但是消费者却无法对测试主体收集的信息进行访问和删除。对于金融消费者自身而言，虽然我国的沙盒项目规定了金融消费者享有对测试主体的投诉权（机构投诉和自律投诉），但是金融消费者无法了解测试主体的投诉记录。上述层面的因素，导致金融消费者在项目运营中成为信息获取的弱势一方，加剧了各方主体之间信息的不对称性。

三、监管沙盒的优化路径

（一）构建"大监管"主体

金融监管主体的监管理念落后、政策法规供给不足很大程度上是由于金融监管主体没有充分发挥其他监管主体的积极作用而导致的，在金融监管领域尚未形成一个相对严密而协调的监管循环。"大监管"主体即不再单纯依靠几大金融监管机构，而是建立起以国务院金融稳定委员会作协调，中央和地方金融监管机构一体，行业自律委员会和相关科研机构相互衔接的监管机制。监管主体之间的联动性有助于加大政策法规的供给，提升监管的有效性。

1. 穿透式、动态化监管

穿透式监管这一概念最早由中国人民银行副行长潘功胜提出，他认为互联网金融监管应当按照实质重于形式的原则来区分业务性质，即透过产品的外在形式来辨别业务本质，将资金来源、中间环节和最终投向相互连接，根据业务功能和法律属性来明确监管规则。[①]动态化监管则要求提升监管的主动性，注重事前与事中监管，对风险来源进行常态化防控，实时评估风险。在相关主体的风险监测中区分系统性风险与非系统性风险，区分审慎风险与非审慎风险。建立穿透式、动态化的监管理念将增强我国金融监管的实效性，使得同类金融业务适用统一的监管标准。

2. 构建信息联动共享机制

"大监管"主体的构建要求监管主体实时进行信息共享，测试主体规范企业的信息披露，金融消费者的投诉反馈机制有效畅通，并且三者之间的信息具有良好的联动性。因此，我国应当建立统一的金融监管信息系共享平台，由金融监管主体负责日常风险监测和风险评估，测试企业进行相关信息披露，

---

① 顾功耘、罗培新：《经济法前沿问题（2019）》，北京大学出版社 2019 年版，第 192 页。

金融消费者则将通过信息共享平台了解金融投资业务并作为金融消费投诉平台。监管沙盒的封闭性很大程度上是由于相关主体之间的信息壁垒所导致的，而相关信息主体之间的联动共享则有利于增强监管沙盒的透明度，加强金融科技的应用。

（二）明确主体责任意识

1.加强与监管部门的沟通

测试周期冗长是我国监管沙盒的一大通病，毕竟在当前审慎监管的环境下，监管主体必须确保试点项目的安全性。监管沙盒的评估环节众多，项目退出机制不完善是造成测试周期冗长的重要原因。在测试企业明确自身主体责任意识的基础上，我国监管主体可以转换风险评估模式，在建立评估标准后由测试主体自行进行评估并形成评估报告，监管主体对评估报告进行形式和实质审查。在测试期间，测试主体应当就测试风险、预防机制、评估机制等与监管部门建立常态化的信息沟通。如若遇到沙盒项目发生重大风险或者其他难以继续运行的缘由，应当及时进行退出。监管沙盒本质就是一个风险试验场，测试主体与监管主体相互沟通才能实质性地了解风险点，并进行良好的风险控制。因此，测试主体除了自我评估，还可以通过加强与监管部门的沟通，使其了解沙盒项目以缩短评估时间。

2.防范金融风险，把控科技风险

对于测试主体而言，资金是制约其进一步发展的主要障碍。金融科技初创企业由于资金匮乏，加上银行融资大都需要资产抵押，初创型科技企业往往难以获得银行服务以弥补资金缺口。随着互联网金融领域"去中心化"的发展，银行担心金融科技企业的沙盒项目风险难以把控，容易造成资金流失。对于测试主体而言，其可以通过加强沙盒项目的风险控制，在摸清项目风险点和防控措施的基础上向银行申请信用贷款以填补资金缺口。银行对于沙盒项目的风险性有所顾虑自然无可避免，若测试主体能够在项目全过程中把握好金融风险和科技风险，向银行申请信用贷款获取银行服务则会轻松许多。

（三）注重金融消费者保护

1. 严格市场准入

对于信息不对称，金融消费者可以通过信息共享平台了解市场行情和金融产品风险隐患，但金融消费者领域存在的歧视性偏好表明我国金融消费者的投资理念尚不成熟，市场跟风现象普遍。目前我国监管沙盒项目对于金融消费者参与主体尚无明确限制，目的是保证项目评估的准确性和科学性。然而，在沙盒项目中适当提高监管沙盒项目的门槛才能更好地评估项目风险。沙盒项目作为风险的试验场，是金融消费者适应未来金融消费市场的重要跳板。因此，沙盒项目应当偏重选择具备一定金融知识，未来准备进行金融市场消费的人群。过多不具备金融基础知识的人进入金融市场并不利于金融消费者的权益保护，也不利于金融系统的稳定。因此，未来我国监管沙盒项目应当适当提高金融消费者市场准入门槛，鼓励具有一定金融知识的人参与金融消费。

2. 完善退出机制

我国沙盒项目对于金融消费者的退出标准和退出方式并不统一。以宁波银行的"快审快贷"项目为例，其对于项目的退出分为信息退出和业务退出，对业务退出又细分为一般业务退出、风险业务退出和不良业务退出，但是宁波银行并未对退出的具体情形作出相应规定。金融消费者属于金融市场的弱势群体，在信息流通和金融知识领域存在短板。因此，监管主体应当对金融消费者项目退出的情形给予明确，并对项目退出的风险补偿标准进行最低标准限定，以此来倾斜保护我国金融消费者的相关权益。

论我国智能投顾模式下的信义义务规制

宁波大学法学院　朱倩怡 *

摘　要

我国智能投顾模式表现存在卖方地位偏向，但从智能投顾相关规则，以及运营者与投资者合同分析，运营者至少属投资者利益方的受托人。且智能投顾开发者实质从事部分金融行为，对该部分行为产生后果，开发者应以同等受托人地位来承担。以运营者为主要论证对象，从规则中义务内容界定、运营者行为本质以及运营者意志介入投资决策的程度三方面可论证运营者与投资者之间存在信托关系，信义义务规制其行为具有正当性。由此可在传统信义义务的框架下，对信义义务予以明确和完善。智能投顾模式下义务主体应履行信息披露义务，切实履行忠实义务和注意义务的要求。

关键词：智能投顾；信托关系；信义义务；受托人

★　朱倩怡，宁波大学法学院。

2020 年 10 月 26 日召开的中国共产党第十九届中央委员会第五次全体会议通过《中共中央关于制定国民经济和社会发展第十四个五年规划和二〇三五年远景目标的建议》。该建议明确指出我国应加快数字化发展，推进数字产业化和产业数字化，推动数字经济和实体经济深度融合，同时也应推动互联网、大数据、人工智能等同各产业深度融合。数字经济时代，智能投资顾问将大数据和人工智能与投资顾问业务融合，充分体现自动化能力，提高了金融资源的使用效率，降低金融服务成本。

在我国投资顾问行业不成熟的背景下，智能投顾以"卖方投顾"形态存在，加之根据《关于规范金融机构资产管理业务的指导意见》（以下简称为《资管新规》）及《中华人民共和国证券法》（以下简称为《证券法》）规定，智能投顾不得代理委托人从事证券投资。现实中智能投顾模式的法律主体地位难以确定，与投资者之间的信托关系难以界定，信义义务规则适用的正当性受到挑战。因新型算法手段对传统义务体系和内容提出新的要求，使得实务中法律适用和行业监管困难。本文尝试探究智能投资顾问的主体性以及运营者和开发者的主体地位。通过法律主体分析其与投资者之间的法律关系，明确义务主体适用信义义务规制的正当性。再结合实践情况，提出新模式中的义务体系内容。

一、智能投顾模式下的法律困境

智能金融时代创新了金融服务提供模式。新模式下，因服务手段的更新、规则的漏洞以及行为实质和形式差距，法律主体地位难以明确，实质法律关系难以识别。一定程度上，传统金融法律规范调整金融机构的信义义务规定是否适用存在疑问，传统信义义务内容无法完全规制当下主体行为。在具体论证智能投顾模式下信义义务的确定和完善前，应对现有法律困境予以梳理。

（一）智能投顾模式法律主体定位困境

在智能投资顾问模式中，智能投顾虽作出提供投资者金融服务的"行为"，但其已超出当前学界对法律主体概念的界定范围。理论上智能投资顾问不能作为适格的主体，现行法律也未规定其权利义务。穿透算法考虑人为意志因素，应考虑对智能投顾运营者和开发者主体地位予以明确。

首先就智能投顾运营者而言，根据《资管新规》第二十三条规定，开展智能投顾业务应当取得投资顾问资质[①]，运营者理论上处于投资顾问地位，依照《证券法》仅提供投资建议。但实践中运营者往往通过投资者手动确认方式掩盖其实质决策的行为性质，其实质法律地位应受质疑。且2015年以后投资顾问牌照不再发放，现有智能投顾运营者通常取得私募基金牌照、基金销售牌照或资产管理牌照。[②]运营者更接近于卖方地位，更加难以界定其受投资者信赖的地位。

其次就智能投顾开发者而言，智能投顾基本运行逻辑是前置金融人员"受托"咨询行为，其中程序设计者不过是将咨询行为转化为算法语言，属相对中立的行为。而参与前置咨询行为设定的人员本质作出金融行为，两者就行为性质而言不应简单归为产品生产者，但实践中各个人员的行为隐藏于算法背后，难以识别。

（二）智能投顾模式主体之间法律关系识别障碍

学界多数学者根据智能投顾义务主体所应承担的信义义务，将其与投资者之间界定为信托法律关系。[③]但该界定的关系建立在投资者将投资事宜全权委托智能投顾的模式下，而我国已于《证券法》中明确智能投顾不得代理

---

① 《资管新规》第二十三条第一款规定："运用人工智能技术开展投资顾问业务应当取得投资顾问资质，非金融机构不得借助智能投顾超范围经营或者变相开展资产管理业务。"

② 李经纬：《构建中国智能投资顾问领先模式——基于市场需求与全球实践》，载《中央财经大学学报》2020年第6期。

③ 潘振野：《智能投顾模式下投资者保护制度的完善——以信义义务为中心》，载《南方金融》2020年第2期。

委托人从事证券投资[①]，仅允许提供投资建议。在未能建立全权委托型智能投顾之下，我国实践中运营者与投资者之间实质法律关系识别较为困难。从主体的法律地位角度出发，首先，智能投顾运营者实践中偏向卖方地位，若以此地位论断，运营者更倾向于是销售投资产品的受托人，与投资者之间形成产品买卖关系。但事实上该地位面临着合规问题，不合规的地位导致真正的法律关系难以界定。其次，智能投顾运营者实践中并未处于决策者地位，难以定性其行为系以自由意志处置资产的信托举动，但从该行为对投资者产生影响以及运营者意志来说，双方之间真正法律关系不应是依据表面所反映的地位来定性。

（三）智能投顾模式信义义务新义要求

智能投顾模式下主体义务内容并不明确，一方面，是法律主体定位模糊，难以识别与投资者之间的真正的信托法律关系，无法明确是否以信义义务进行规制。这一方面问题则回归对上述两个困境的突破。另一方面，新模式下主体的行为表现方式改变，对信义义务界定有新要义，传统的投资顾问规范已不足以约束主体行为，控制智能投顾模式下行业风险。实践中，由于投资顾问行为前置于开发阶段，金融从业人员无法准确针对个人设计程序，只能利用基本假设和参考数据做出针对不确定多数人的顾问机制。[②]由此便可能出现前期数据无法全面反映现实情况，智能投顾做出的投资方案不能满足偶然个体。同时适用于多数人的智能投顾的问卷设计可能导致投资方案同质化，无法呈现客户画像。而目前法律没有明确规范义务主体，要求其履行相应义务，避免出现方案无法满足个体需求或同质化问题。同质化投资方案加剧了投资领域系统性风险。另外，义务设定应考虑到算法这一特有的表现形式，为了防止主体利用算法黑盒掩盖其违法行为，其具体内容的设定应穿透算法

---

① 《中华人民共和国证券法》第一百六十一条第一款：投资咨询机构及其从业人员在从事证券服务业务时不得代理委托人从事证券投资。

② 姜海燕、吴长凤：《智能投顾的发展现状及监管建议》，载《证券市场导报》2016年第12期。

黑盒分析背后的法律关系。穿透算法黑盒首先必须公开算法程序，但该穿透思路与信息公司维护设计程序的商业价值初衷相悖，因而产生是否以及如何规定披露义务这一问题，这是目前各国面临的重大难题。立法者在设定内容时既要避免义务缺失，责任规避，也要考虑到新兴产业发展的积极性，避免过分苛责义务人。

二、智能投资顾问的主体认定

智能投顾模式下的主体认定是法律关系分析的逻辑起点，也是论证适用信义义务规制的必要前提。目前学界基本认定智能投顾不作为独立主体，而智能投顾运营者以及开发者的主体地位如何确定尚不明确，以下具体阐述。

（一）智能投顾独立法律主体地位的否定

目前学界主流观点认为目前发展阶段的人工智能尚不具有独立法律主体资格。[1] 从民事主体资格条件分析，首先，智能投顾无法满足基本民事法律主体对独立意志的要求。具有独立意志是成为法律主体、承担法律责任的必要条件。现阶段，智能投顾仅是在执行金融从业人员预先编辑的程序下运行，所做出的"行为"是人类思维的延伸，并未在预先设定的行动之外有其创造性的、体现独立思维的活动。智能投顾本质倾向于工具性质。[2] 其次，智能投顾不具有享受权利的资格。学界普遍议论智能投顾的主体资格，其根本目的在于合理分配金融投资领域各主体法定义务，并非认为其已具备享受民事权利的资格。智能投顾无论是人身权还是财产权的取得均存在巨大争议。有学者提出，智能投资机器人缺乏承担民事责任的现实基础，即不享有独立财

---

[1]　高丝敏：《智能投资顾问模式中的主体识别和义务设定》，载《法学研究》2018 年第 5 期。

[2]　高铭暄、王红：《互联网＋人工智能全新时代的刑事风险与犯罪类型化分析》，载《暨南学报》（哲学社会科学版）2018 年第 9 期。

产。[①] 其实这一点即否定了智能投顾具有财产权利。其通过服务取得的收益仅为运营者所有。一个不享有财产权的主体的设定只会切断真正责任主体的责任来源，成为规避责任的帮助犯。

（二）智能投顾运营者受托人地位的认定

运营者作为智能投顾行动的命令者以及因金融服务产生的利益的取得者，应作为首要主体履行义务。从相关服务约定和规则角度分析其地位应属于受托人。

1. 现有法律规则下智能投顾运营者受托人地位认定

智能投顾这一新型产物在我国实践运行中异化于偏向卖方地位形态。[②] 但从我国现有法律规则分析，智能投顾应是定位受托于投资者的受托人地位，即买方地位。《资管新规》是我国首次针对智能投顾作出的专门监管规则。其中规定了运营者开展智能投顾业务应取得投资顾问资质，可见对运营者的定位是投资顾问机构。根据《证券、期货投资咨询管理暂行办法》（以下简称为《暂行办法》）中对咨询业务管理规定，投资顾问是为投资者利益服务，其地位上具有天然的偏向性。但我国证券法及相关规定中却禁止投资顾问接受投资者全权委托从事投资。其主要原因是我国投资顾问市场仍以取得销售费等佣金为主要目的[③]，投资顾问异化为与卖方利益一致，作出禁止性规定以防止投资顾问与投资产品销售方利益关联而损害投资者权益。而这一异化偏向在智能投顾模式下尤为突出。自 2015 年起我国不再颁发投资顾问牌照，现有智能投顾如蓝海智投、摩羯智投等均取得基金销售牌照、私募基金牌照或资产管理牌照，其就经营范围而言可作为卖方与投资者交易。由此实践中忽视其分析建议职能，异化为销售手段，更模糊了智能投顾本身应有的投资

---

① 郑佳宁：《论智能投资顾问运营者的民事责任——以信义义务为中心的展开》，载《法学杂志》2018 年第 10 期。

② 钟维：《中国式智能投顾：本源、异化与信义义务规制》，载《社会科学》2020 年第 4 期。

③ 李劲松、刘涌：《智能投顾：开启财富管理新时代》，机械工业出版社 2018 年版，第 122 页。

者一方的受托人地位。但事实上实践中做法不具有合规性，在解决合规性问题后，同样运行模式的智能投顾站在投资方投资角度，仍应回归受托人地位。

2. 双方合同角度下智能投顾运营者受托人地位认定

运营者与投资者之间具有直接的合同法律关系，双方协议下对运营者受托人地位作出认定。实践中，无论是银行业开展的智投平台还是互联网业开展的智投平台[①]，双方一般都签订服务合同、交易服务协议及委托支付协议，智投平台在提供投资建议的同时，搭建基金销售渠道平台。在服务合同条款中明确智能投顾通过量化投资模型，运用智能算法，为客户定制一套合适的投资组合，其接受投资者委托利用数据分析能力和专业判断，作出投资选择建议。从双方协议约定出发，运营者势必以投资者利益最大化为衡量作出判断，而投资者基于对其专业信赖才以其建议为基础决定投资。投资者信赖建立在受托人意志决定的产品之上，该受托人地位应相比一般委托关系中受托人更亲近投资者。而后两项协议，是运营者为落实所作出的建议，作出另一项提供销售渠道服务。协议内容与一般基金销售公司的合同内容无异。实质上，该两项合同分别作用于智能投顾平台两项业务，意味着智能投顾运营者代表两个身份分别与投资者合作，因此应区别对待运营者的每一个地位，以此运用不同规则规制。但因各业务集中于同一主体，实践中往往将运营者定性为销售者，提供建议业务被歧视为销售手段，导致忽视运营者履行相关信义的义务。

（三）智能投顾开发者基于角色分工的地位区别认定

除了运营者，智能投顾开发者是否为受托人地位存在争议。开发者是指开发公司法人，内部人员主要分为金融从业者和程序设计者，三者均应作为投资顾问法律关系中的主体，部分开发者作出的金融服务行为是至关重要的

---

① 李经纬：《构建中国智能投资顾问领先模式——基于市场需求与全球实践》，载《中央财经大学学报》2020 年第 6 期。

环节，其应处于受托人地位。该金融从业人员提供交易模型的本质是前置的特殊金融行为。智能投顾为投资者提供投资服务的行动是金融从业人员前期模拟的咨询决策的现实化。金融从业人员参与其中关于投资者和市场特征的基本假设、重要参数、资产配置逻辑和盈利（风险对冲）目标的设定[1]，已经将咨询、分析、决策的过程预先完成了，智能投顾只是表现手段。其工作的本质仍是为投资者提供金融服务。新模式下的特殊性在于，开发阶段设定了一对多模式，针对不确定的大多数受众设计投资方案。因此需要对用于预测的可靠基础数据[2]，以及方案同质化[3]可能负责。因此我们需要对金融从业人员提出新要求，设定新义务。金融从业人员的行为体现了开发者的整体意志，因此其行为产生的后果由开发者承担，在此情形下，将开发者纳入受托人的范围。

三、智能投顾法律主体之间信托关系的成立

智能投顾运营者适用信义义务的正当性在于其与投资者之间成立信托关系。但对两者之间法律关系的识别并不能仅从形式角度简单判断，应从规则要求角度、实践行为本质和后果，以及运营者意志介入程度分别分析，论证信托关系的成立。另外作为受托人时，开发者同运营者处于同一地位，三者处于同一法律关系，以下以运营者为论述对象所论述的观点同样适用于该开发者。

（一）规则层面界定信托关系

智能投顾运营者作为投资顾问机构，应遵循《资管新规》《暂行办法》以及《证券投资顾问业务暂行规定》（以下简称为《暂行规定》）相关规定。

---

[1] 李文莉、杨玥捷：《智能投顾的法律风险及监管建议》，载《法学》2017 年第 8 期。

[2] 蔚赵春、徐剑刚：《智能投资顾问的理论框架与发展应对》，载《武汉金融》2018 年第 4 期。

[3] 张家林：《人工智能投资顾问的发展与 FINRA 监管报告解读》，载《创新与发展：中国证券业 2016 年论文集》2017 年第 12 期。

就投资顾问所应遵循的基本原则来说,该规定和办法均提出"忠实""勤勉""审慎"的要求。运营者作出行为要满足多大程度忠实、勤勉和审慎才意味着双方约定投资者应充满多少信赖,表示该约定行为产生委托关系还是信托关系。具体来分析运营者所要履行的要求,首先,对于审慎要求,规定要求运营者应严格遵循适当性要求,注意投资产品动态风险与投资者实力相匹配。对此对运营者要求作出动态化的意志性发挥,通过专业判断行为来影响资产获益可能。其次,对于忠实要求,办法限制了自我交易和关联交易,相较于一般委托代理,智能投顾因在交易中更受到投资者信赖,应表现更为忠实。最后,对于勤勉要求,从规则要求运营者依据客观、准确信息作出分析可知,运营者对投资设定条件和市场环境变化应有敏锐意识,及时性要求对于瞬息万变的投资市场而言毋庸置疑。综上而言,现有法律规则对智能投顾作出较为严格的要求,以保障投资者利益,就双方对投资者信赖程度和运营者行为准则作出的约定行为而言,应建立信托关系。

(二)实际行为本质证成信托关系成立

现有智能投顾模式为规避《证券法》所禁止的代理投资者投资事务,一般采取由投资者最终确认产品申购和调仓。形式上智能投顾并未取得对资产处置的决策权和管理权,双方之间难以定性为信托关系。但从运营者所提供的智能投顾实际行为的本质和后果来看,与形式上所表现的并不一致。首先,就行为性质来说,智能投顾为投资者提供个性化的具体投资建议。其通过问卷和大数据分析,以专业素质,根据投资者喜好、资产以及承担风险能力选择具有人身针对性的资产配置方案,双方之间的个性化关系明显。[1] 在信托关系中,受托人针对信托人之利益从事专业行为,其个性化要素尤为突出。而 Lowe v. SEC 案[2] 也在美国投资顾问规制中确立了个性化标准界定规则。其

---

① 李经纬:《构建中国智能投资顾问领先模式——基于市场需求与全球实践》,载《中央财经大学学报》2020 年第 6 期。

② Lowe v. SEC, 472 U. S. 181 (1985).

次，就该行为所表现的权利取得来看，智能投顾在资产配置方案确立的过程中，其实质上具有对该投资建议结果的决定权，同时对咨询所涉及的该笔资产处置和管理方式都享有计划性权利。若投资者最终采取该配置方案，上述权利实质等同于资产的处置权和管理权，该权利也应界定为信义权利。最后，就行为后果来看，虽然最终资产的处置和管理均由投资者自己完成，但智能投顾作出的专业方案实际引导投资者意志，投资者意志自由受限，其仅有限地发挥对资产自由处置权利。运营者行为实质上决定资产最终的处置和管理，该行为事实上应受信义义务约束，双方实际达成信托关系。

（三）运营者意志介入程度证成信托关系成立

实际上智能投顾模式为，在智能投顾提供投资建议后，投资者最终下达投资产品申购指令，并且后期通过手动方式调仓达到组合再平衡效果。此种模式下应区分运营者两个阶段的意志体现，第一阶段为智能投顾平台确立并提出投资建议，第二阶段为投资者听取方案后购买过程。在第一阶段，智能投顾受托完成投资建议方案，无论在信息收集阶段对问卷设计，还是分析投资者画像，还是最终决定匹配的资产配置方案，智能投顾算法都会排除故障可能，应完全基于运营者的意志得出最终结果。其意志表现于专业判断和专业技术运用。但该阶段并未实质决定资产的处置，也未在外观上强制投资者作出处分行为。第二阶段，投资者实际处分资产，对资产利益产生影响。在该阶段，运营者虽未在外力上介入处分过程，但投资者听取配置方案过程，实质是方案反映了运营者意志对投资者意志的引导过程。投资者对资产处置的认识源于运营者意志，且基于投资者有限的辨识不足以据此形成自己独立意志。另外，区别于一般建议信息，根据双方服务合同目的，投资者需根据投资建议作出正确的投资决策。在提供投资建议后，最终作出决策时，体现投资者自己的自由意志有限，反观运营者意志介入程度较大，因此智能投顾第一阶段的投资建议行为即实质决定了资产的处分、管理。运营者基于自由意志决定资产处置的行为反映双方之间应成立信托关系。

四、智能投顾模式下信义义务完善

新模式下新型算法手段产生新型投资风险，对义务主体规制提出新的挑战。智能投顾模式本质上仍是遵循传统投资顾问模式中规制的基本思路。对新模式中主体义务的具体内容探究是在已有的基本法律义务的基础之上，尝试提出新的义务或者进一步明确解释原有的义务内容。智能投顾模式下的信义义务体系应坚持以披露义务为基础，完善具体忠实义务和注意义务。

（一）投资顾问业务人的披露义务

披露义务是主要针对智能投顾核心技术——算法黑盒提出。多数学者并没有将披露义务视为单独基本义务，而是作为辅助实现其他信义义务的手段提起。但是作为解决主体识别和法律关系定性困境及监管不力问题的关键所在，披露义务是完善智能投顾模式下的法律制度的最重要的内容，予以单独列明探究。

披露义务的确定主要解决三个方面问题：披露的内容、披露的阶段、披露的方式。第一，义务主体应对算法逻辑、预期效果以及算法背后实质利益冲突内容进行披露。对披露内容的要求实质是探究多大程度的公示算法内容。算法黑盒是整个智能投顾模式运作的核心，当然也是借此盈利的机构占据市场份额，提高竞争实力的关键。为了平衡运营者和投资者利益，披露算法逻辑和预期效果的做法比披露算法源代码更为合理。预先设定的算法是否合规可以通过逻辑上的解释和验证来表现。而且信息披露的目的不是为了了解算法内容，而是为了保证算法运行结果符合规定。通过模拟现实情境，公示算法输出结果即可实现披露目的。[①] 披露的预期结果应当真实、准确和全面，尤其是涉及投资风险的内容。在特殊情形下，算法输出结果不可避免具有利益偏离风险，或者引起运营者和投资者之间其他利益冲突。主体对产生利益冲突的结果本身不存在过错，但若主体不履行披露义务，便具有过错，需要

---

① 胡滨、范云朋：《新型资管产品监管的国际经验》，载《中国金融》2017 年第 8 期。

承担相应责任。同理，在实际交易环节中，义务主体需向客户披露与其利益相冲突的信息。在卖方投顾表现形式下，智能投顾运营者需对基金公司费用支付模式、合作基金公司予以披露。在智能投顾可能存在自我交易或交叉交易情形下，对该信息应予以披露公示。

第二，运营者应对初始算法备案并公示，并持续对信息进行披露。运营者在获取智能投顾后，会初步设定相关参数再投入使用。此时智能投顾基本运行方式正式确定。投入使用前运营者应将初始算法向第三方机构备案接受审查。[1] 出具的审查报告可以作为智能投顾的"市场准入"资格证明，并在智能投顾平台上公示，向投资者披露。相比于开发者完成设计后直接备案的做法，运营者在最后投入使用前夕的备案信息更为完整和真实。另外运营者对智能投顾的维护和审查是持续的过程。智能投顾为适应市场的需求，需要不断更新和发展。运营者对算法逻辑和预期调整的结果应持续披露。[2] 除对运行方式进行根本性的调整应重新备案审查外，其余的调整仍需在平台上更新公示，保障投资者的知情权。

第三，运营者主动向第三方机构审查备案以及向投资者公示披露。实践中，信息披露的规定易产生符号化问题，即单纯要求义务主体公示规定的披露内容，而没有起到审查监督作用。因此仅仅依靠投资者行使知情权监督披露内容的合规性是不合理的。但是同时监管机构又无法应对庞大的审查工作。如此将审查工作交由中介组织第三方机构最为合适。中介机构本身属于介于国家和市场主体之间的辅助管理主体，行使审查权利符合主体性质。同时为了实现义务主体披露的主动性，提高审查效率，可以规定中介机构出具的审查报告作为对智能投顾的要求。

---

[1] 吴俊、陈亮、高勇：《国外人工智能在金融投资顾问领域的应用及对我国启示》，载《金融纵横》2016 年第 6 期。

[2] 郭雳、赵继尧：《智能投顾发展的法律挑战及其应对》，载《证券市场导报》2018 年第 6 期。

（二）信托受托人的忠实义务

根据《暂行规定》规定，义务主体不得以损害委托人为目的，应当平等对待每一位委托人，并且处于中立地位，无利益偏差地提供咨询建议。新模式中实现中立性要求，需要避免发生以下两种情况。一是避免利益关联第三方参与投资、开发、管理智能投顾[1]，禁止双方代理[2]。第三方的介入可能导致系统在设计之初即具有天然的偏向性。运营者或开发者可能利用算法将投资者引导至第三方赚取费用，从而无法保障中立性。二是避免产生"一致行为人"结果。[3]智能投顾不得引导分散的资金投资至集中的几家公司，防止出现同质化的问题。平等对待各投资者并非无差别服务，应根据客户的特质提供服务。《指导意见》规定同一金融机构发行的全部公募资产管理产品投资单只证券或者单只证券投资基金的市值不得超过该证券市值或者证券投资基金市值的30%，即直接从投资结果上保证中立性。

（三）信托受托人的注意义务

根据《指导意见》规定，第六条规定金融机构发行和销售资产管理产品，应当坚持"了解产品"和"了解客户"的经营理念，加强投资者适当性管理，向投资者销售与其风险识别能力和风险承担能力相适应的资产管理产品。义务主体应如同对待自己事务一般谨慎提供服务，遵循适当性原则和最佳利益原则。智能投顾提供适当的投资建议为服务的前提，是要求前期各项参数的准确性，以及后期向投资者获取信息的全面性。义务主体应当尽可能保障前后期各项数据真实、全面、有效，及时更新智能投顾相关设定。[4]另外对于形成客户画像的问卷设计，应完善统计口径，详细划分投资产品风险等级和

---

[1] 吴烨、叶林：《"智能投顾"的本质及规制路径》，载《法学杂志》2018 年第 5 期。

[2] 刘军稳、鄢圣鹏：《1940 年美国投资公司立法》，新华出版社 2007 年版，第 370-373 页。

[3] 吴俊、陈亮、高勇：《国外人工智能在金融投资顾问领域的应用及对我国启示》，载《金融纵横》2016 年第 6 期。

[4] 李苗苗、王亮：《智能投顾：优势、障碍与破解对策》，载《南方金融》2017 年第 12 期。

投资者风险承受能力，细化两者对应程度。同时也应将投资者资产情况和风险承受能力外的其他个性因素在问卷中予以体现，使得投资者画像更具有针对性。[①] 义务主体也负有审查维护智能投顾正常运行，确保算法有效的义务。审查义务主要针对运营者提出，运营者开展初步审查，保证开发环节的合规性，承接开发者对外的责任；开展持续审查，建立定期回检制度。维护智能投顾安全运行。运营者对智能投顾胜任性负有保障义务，并应及时在平台披露。

五、结语

　　智能投顾顺应时代发展需要，具有广阔前景。为了有效地促进智能投顾的健康发展，应当在法律层面完善规范制度。新型模式下，因智能投顾相关法律主体地位难以明确，与投资者之间实质法律关系难以识别，传统金融法律规范调整金融机构的信义义务规定是否适用于智能投顾义务主体存在疑问。即使论证了适用信义义务，传统信义义务内容仍无法完全规制当下主体行为。现智能投顾模式表现存在卖方地位偏向，但从智能投顾相关规则，以及运营者与投资者合同分析，运营者至少属投资者利益方的受托人。且根据智能投顾开发者中实质从事金融行为部分，对该部分行为产生后果，开发者应以受托人地位来承担。以运营者为主要论证对象，从规则中的义务内容界定，运营者行为本质以及运营者意志介入投资决策的程度三方面可论证运营者与投资者之间存在信托关系，以信义义务规制其行为具有正当性。在传统信义义务的框架下，智能投顾模式下义务主体应以披露义务为基础，进一步对忠实义务和注意义务提出新要义和完善要求。智能投顾的法律困境具象了人工智能对现有法律制度的挑战。随着人工智能时代的到来，立法者应不断完善法律制度，规范并促进人工智能发展。

---

① 　郭雳：《智能投顾开展的制度去障与法律助推》，载《政法论坛》2019 年第 3 期。

我国监管沙盒法律制度构建研究

浙江大学光华法学院　李有星　童卫华 *

摘　要

我国以互联网金融为代表的金融科技发展迅猛，但金融监管制度供给不足，迫切需要构建起我国金融科技监管制度。监管沙盒法律制度是金融科技监管法律制度重要组成部分，本文以我国现行金融监管法律法规和未来金融改革方向为基础，借鉴域外监管沙盒法律制度，提出了构建我国监管沙盒法律制度的指导原则，从监管沙盒构成要件、核心机制、辅助机制及构建路径等方面提出了我国监管沙盒法律制度的构建思路。

关键词：监管沙盒；金融监管；金融科技；互联网金融；风险补偿

★ 李有星，浙江大学互联网金融研究院副院长，光华法学院教授、博导，研究方向：金融法、证券法、公司法；童卫华，浙江大学光华法学院硕士。

本文系国家社科基金重点项目"地方金融监管立法理论与实践研究"（19AFX020）。

为推动我国金融科技[①]健康发展，2019 年 8 月 23 日，中国人民银行印发了《金融科技（FinTech）发展规则（2019—2021 年）》，首次以部门规章的形式提出了建立健全我国金融科技发展的目标和规划。但几乎同时发生的是，相继有湖南省、山东省等地方金融监管机构以 P2P 网络借贷平台未能完全达到合规要求、未通过验收为由，对本区域的 P2P 网络借贷业务予以全部取缔[②]。我国以互联网金融为代表的金融科技从蓬勃发展到停滞观望的历程表明，如何在保证金融系统安全和消费者利益的基础上规范和推动金融科技的发展是当前我国金融科技健康发展急需解决的问题。发端于英国，相继为新加坡、澳大利亚、韩国等国家采纳的监管沙盒制度，为解决这一金融创新难题提供了可行路径。

根据英国金融行为监管局的定义，监管沙盒是指一个专设的"安全空间"，在这个"安全空间"，商业组织可以在不会因其所从事的有争议的商业活动立即遭受安全空间外普通市场正常监管后果的情况下，测试创新产品、服务、商业模式或交付机制等金融科技业态。监管沙盒法律制度是规范监管沙盒设立、运行、监管的法律制度，属于金融监管法律制度的重要组成部分，调整监管沙盒测试各主体社会关系，是包括主体法、行为法和监管法在内的民商法、行政法综合法律制度。相比于一般的金融监管法律制度，监管沙盒法律制度是金融监管法律制度的特殊制度安排，意在为金融创新提供互动式、容错式监管环境，在维护金融系统安全和保障消费者利益的基础上推动金融创新。理论界对我国引入监管沙盒制度已多有探讨，多数学者认为我国具备引入域外监管沙盒制度的可行性和必要性，借助监管沙盒制度建立良性互动、容错式、风险可控的金融科技监管制度，有利于我国保持金融科技领域世界

---

① "金融科技"，英文表述为"FinTech"。中国人民银行《金融科技（FinTech）发展规则（2019—2021 年）》采用金融稳定理事会（FSB）的定义，指的是技术驱动的金融创新，旨在运用现代科技成果改造或创新金融产品、经营模式、业务流程等，推动金融发展提质增效。

② 2019 年 10 月，湖南省地方金融监管局、山东省地方金融监管局分别在网站发布公告，取缔 P2P 网络借贷业务。

前列的发展态势，是改变我国金融科技业态不能完全符合传统金融监管合规要求、监管机构对金融科技行业监管规则和制度供给能力不足导致的行业停滞观望不利局面的有效途径。

一、构建我国监管沙盒法律制度的指导原则

（一）现实性原则

我国金融监管制度不同于韩国、新加坡的混业经营混业监管模式，也不同于英国、澳大利亚的"双峰"监管模式，而是一个处于变革之中的分业经营分业监管模式。以 2018 年国务院机构改革为标志，我国进入了新一轮的金融改革征程，但改革不会一蹴而就，无法在短期内满足金融科技急需得到规范指引的要求。监管沙盒法律制度的构建需要坚持现实性原则，应当根植于我国现行金融监管法律制度之中，作为我国现行金融监管法律制度的一部分，参与我国的金融改革。

（二）前瞻性原则

2018 年，国务院机构改革启动了我国新一轮金融监管体制改革，我国金融监管体制将向"双峰"监管或类"双峰"监管过渡。在监管方式上，我国将会改变原有的监管机构对被监管机构的单向监管模式，向双向良性互动的监管模式发展，将更多地通过合作监管的模式解决我国金融监管行政资源不足的问题。监管沙盒法律制度所体现的"互动性监管""适应性监管""实验性监管""合作监管"[①]"试错监管"等监管理念，正是我国金融监管制度改革发展的方向。监管沙盒法律制度构建中需要秉承这些理念，前瞻性地设置监管沙盒法律制度，为我国金融监管制度改革提供先行先试的经验。

---

① 本文所称"合作监管"是指公权力机关与私人主体互相合作、实现公共管理目标的监管模式，区别于"自我监管""国家监管"。

（三）底线思维原则

强化金融系统安全和消费者利益的保护是金融危机后全球金融监管领域达成的共识。从"双峰"监管角度看，监管沙盒法律制度只是放松或放宽了对被监管对象的监管方式、方法和手段，并不能对保障金融系统安全和消费者利益的金融监管目标进行弱化。监管沙盒法律制度的构建需要坚持底线思维，推动金融创新发展不能以损害金融系统安全或消费者利益为代价。

二、监管沙盒法律制度构成要件的构建

监管沙盒法律制度作为金融监管法律制度的重要组成部分，其构成要件基本与我国金融监管法律制度的构成要件相同，与传统金融监管必须具备的监管主体、监管工具、监管客体三要件相对应，包括作为金融监管主体的监管机构，作为监管手段、方法、方式的监管工具和作为金融监管客体的监管市场，监管市场包括市场主体、市场客体、市场客户以及市场准入、运行、退出等运行机制。

（一）沙盒监管机构的构建

1.构建我国两层次多部门沙盒监管机构体系

关于我国监管沙盒法律制度中监管机构的构建，很多学者提出了有益的构想。有学者提出了"一行三会"（现应为"一行两会"）与省级地方金融监管部门作为监管沙盒监管机构的二元制监管机构设计[①]，银保监会、证监会及其派出机构分别对各自监管的正规金融机构实施监管，省级地方金融管理部门对本省行政区域内的准金融机构实施监管。有学者提出监管机构与主管机构分离，构想设立一个独立的监管沙盒委员会，作为中立的不代表特定金融监管机构的监管沙盒的主管机构，放宽监管和实施监管的职能由具体沙盒监管机构承担，包括准入阶段的审核权等其他职能由沙盒主管机构承担，

[①] 李有星、柯达：《我国监管沙盒的法律制度构建研究》，载《金融监管研究》2017年第10期。

并构想再设立监管沙盒有限责任公司负责沙盒市场的技术维护并提供技术支持，从技术运营方面进一步分担沙盒监管机构的职能，防止单一沙盒监管机构的弊端。[1] 也有学者认为，不宜由银保监会和证监会分设监管沙盒的监管机构，提出新设隶属于国务院金融稳定发展委员会的金融科技监管机构来负责具体运行金融科技监管沙盒的监管。[2]

我国幅员辽阔，经济发展水平差异较大，金融科技的发展主要集中于北京和东部沿海发达地区，设定全国统一的监管沙盒或由全国统一的金融科技监管机构对金融科技监管沙盒进行监管比较困难，也不利于各地区各部门先行先试，推动金融创新发展。国务院金融稳定发展委员会是国务院作为中央政府设立的内部协调机构，参加的人员为国务院领导和中央政府部门领导，没有将地方金融监管机构纳入，其职能除了一般的协调职能，主要是承担对金融改革发展进行统筹、对地方金融进行指导以及对金融监管部门履职进行监督等职能，聚焦于强化人民银行的审慎管理、系统性风险防范职责以及协调统一监管，目的是确保金融系统安全，主要不在于具体的金融行为监管，与监管沙盒法律制度主要根植于金融行为监管领域的趋势不完全相符。现阶段新设全国统一的金融科技监管机构来负责设立、运行和监督管理监管沙盒的做法不可取。

为及时给停滞观望的金融科技业态提供制度供给，保障我国金融科技健康有序发展，现阶段宜立足我国现行两层次多部门金融行为监管体制，构建两层次多部门沙盒监管机构，分别由人民银行、银保监会、证监会等中央分业监管机构和地方金融监管机构设立、运行和监管各自的监管沙盒。中央分业监管机构主要针对其分业监管的金融机构以及与该金融机构合作的金融科技企业设立、运行和监督管理其分业监管范围内的监管沙盒。地方金融监管机构则针对没有纳入中央分业监管机构监管的金融机构、金融科技实体设立、

---

[1] 黎晓道：《我国监管沙盒制度的法律构建》，哈尔滨工业大学 2018 届硕士学位论文。

[2] 刘帆：《沙盒监管：引入逻辑与本土构造》，载《西南金融》2019 年第 3 期。

运行和监督管理监管沙盒。

2. 构建我国协调沙盒监管目标和底线的全国监管沙盒委员会

为防止各部门、各地方监管目标不统一，过于偏重金融创新，发展本部门、本地方经济，自觉不自觉地危及金融系统安全和消费者利益保护目标的实现，可以由国务院金融稳定发展委员会组织国务院、中央分业监管机构和地方金融监管机构成立协调性的委员会，统一确定沙盒监管的目标和底线，避免各部门、各地方各自为政，影响全国统一金融市场的形成。但不宜由该委员会直接设立和监督管理监管沙盒，该委员会只具有对监管沙盒监管机构进行履职监管的职能。

3. 构建我国拓展传统金融监管机构监管能力的合作监管机构

金融科技是对传统金融业破坏性的发展，传统分业监管机构和地方金融监管机构面对金融科技的迅猛发展，都存在监管人员、监管资金和专业知识不足的困境。现有金融监管资源不可能适应我国金融科技迅猛发展趋势，有必要以合作监管的理念拓展沙盒监管机构的监管能力，利用社会力量合作进行沙盒监管。参照我国银行间市场交易商协会对银行间市场监管和证券基金业协会对基金公司和基金产品监管的模式[1]，可以考虑将原依附于政府监管部门的监管职责交由自律协会监管，也可以推动金融科技企业自行或共同设立沙盒监管运营企业设立和运行监管沙盒。中央分业监管机构和地方金融监管机构则只需对与其合作的自律组织或沙盒监管运营企业进行监管，利用行业自律协会和专业沙盒监管运营企业等社会力量快速推动监管沙盒供给。

（二）沙盒监管工具的构建

域外国家和地区的沙盒监管工具主要集中于两部分：一部分是对于没有得到授权或许可的金融机构或金融科技机构给予"有限授权"或"许可豁免"；

---

[1] 2008 年 4 月，中国人民银行发布《银行间债券市场非金融企业债务融资工具管理办法》，中国人民银行直接管理的银行间债券市场转由中国银行间市场交易商协会进行自律管理。2012 年 6 月，中国证券投资基金业协会成立，证监会监管的投资基金转由协会自律管理。

另一部分是对沙盒测试过程中监管方式、方法、手段等监管工具事先进行沟通，为保证沟通后达成的监管共识的确定性，沙盒监管机构通过出具"日后不采取强制行为函""豁免"或依法排除适用普通金融法律法规的方式对测试行为做出免责性的承诺[①]。我国沙盒监管工具与域外沙盒监管工具大致相同：

1. 有限授权

我国"一行两会"对银行、保险、证券等传统金融机构实行严格的审批许可管理，法律规定，只有取得监管机构颁发的金融许可证或证券、期货从业许可证才能从事传统金融业务。传统金融机构以外的金融机构或类金融机构大多是由行政法规、部门规章、规范性文件进行规范。在沙盒测试过程中，沙盒监管机构需要给新兴金融机构、类金融机构在沙盒中测试金融或类金融业务的有限授权，以便测试主体可以在沙盒中先行测试金融创新，完善金融创新和监管手段、方法、方式等工具。

2. 放松放宽监管

沙盒测试开始前，由监管机构与测试主体就监管方式、方法和手段等进行沟通形成监管方案。只要达到事先协商确定的测试监管要求，测试主体日后就不会受到监管机构的追责。但监管机构应保留沙盒测试危及金融系统安全和消费者利益时单方终止测试的权力。借鉴域外经验，可以在沙盒测试时采取"个别沟通""出具日后不采取强制行为函""豁免"等监管工具，落实个别沟通后的监管方案，通过承诺日后不对符合事先监管方案要求的行为追责，来给予测试主体交易的确定性。

（三）沙盒交易市场的构建

"一行两会"监管之下沙盒交易市场是某一行业的全国市场。与其他普通金融监管市场一样，除基于金融系统安全和消费者利益保护考量需要对沙

---

① 柴瑞娟：《监管沙盒的域外经验及其启示》，载《法学》2017 年第 8 期。

盒测试客户风险承受范围和参与人数、投资数额等进行必要限制外，监管沙盒不加其他限制，以尽量让沙盒测试交易接近普通金融市场交易。全国符合要求的金融机构及与其合作的金融科技企业均可参与"一行两会"监管下的沙盒市场进行创新金融业务测试。

地方金融监管机构监管之下的沙盒交易市场是在全国统一市场中的地方市场，其地方性应主要体现在地方金融监管机构对沙盒测试主体和测试交易行为的管控上，地方金融监管机构必须能够有效管控沙盒测试中的测试主体和测试行为。只要测试主体和测试行为可以被地方沙盒监管机构控制即应识别为在当地金融市场进行的交易，而不能以测试客户不具有当地户籍、不居住在当地、不在当地发起交易委托等因素否定沙盒测试交易市场的当地性。

（四）沙盒测试主体的构建

严格地说，我国法律层面并没有完全禁止分业监管对象从事金融业务之外的业务。除中央分业监管机构受制于法律和其机构职权需要将测试主体限定在其监管的金融机构和与其合作的金融科技企业以外，地方金融监管机构下的监管沙盒不应对测试主体的性质和从业范围进行限制，以最大范围地包括金融机构、类金融机构和金融科技企业等。在我国两层次多部门监管沙盒法律制度体系下，同一金融科技业务可以在多个不同监管机构设立的沙盒中测试。但为节约沙盒测试资源，同一金融科技、同一测试主体、同一交易模式者只能在一个沙盒进行测试。

（五）沙盒测试客体的构建

英国金融行为监管局在其 2015 年 11 月的监管沙盒报告中提及监管沙盒中测试的业态包括新型产品、服务、商业模式和交付机制，同时对申请进行沙盒测试的测试客体提出了准入资格条件。其他推行沙盒监管制度的域外国家和地区大致也有类似要求。我国构建监管沙盒法律制度，总体上对申请在监管沙盒内测试的测试客体不作额外的限制，但需要满足以下条件：

①必须是真实的金融科技创新业务。监管沙盒法律制度是顺应金融科技迅猛发展而为金融创新设置的制度，监管沙盒内测试的业务必须是与金融业相关的金融科技创新业务，不能测试普通金融市场上已经存在或可以在普通金融市场监管规则下交易的金融业务。

②必须能够为消费者带来切切实实的利益。这个利益可以是直接的，也可以是增加市场竞争、提高金融服务水平、降低交易成本等间接的利益。

③必须是不危害金融系统安全的金融科技创新业务。

④必须有在我国开展业务的计划，并必须有在我国开展业务所必需的资源或获取资源的方式等，以符合推动我国金融科技发展的目标。

（六）沙盒测试客户的构建

1. 沙盒测试客户的范围和数量

沙盒测试客体对金融风险的控制和对消费者利益的保护均处于测试和探索阶段，相对于普通金融业务更具有不可预知的金融风险，我国监管沙盒法律制度中对沙盒测试客户的风险承受能力和数量、投资上限等仍需要做一定的限制。基于进入沙盒测试的金融创新业务不能完全统一，风险程度也不尽一致，对客户风险承受能力、数量和投资等限制规定，建议纳入沙盒测试方案中按一事一议的方式具体确定，也可以由中央分业监管机构或地方金融监管机构在给监管沙盒日常监管机构的指引中具体作出规定，不宜做全国统一、不分具体金融创新业态的强制性规定。

2. 沙盒测试客户的组织

为防止监管背书，沙盒测试客户组织不宜由中央分业监管机构或地方金融监管机构组织。沙盒测试主体和履行监管沙盒日常监管职责的合作监管自律行业协会或沙盒监管运营企业有向沙盒测试客户进行信息披露和风险测评告知等义务，可以由沙盒测试主体或承担合作监管职责的监管沙盒日常监管机构组织客户。中央分业监管机构和地方监管机构则对沙盒测试主体和日常监管机构组织客户的行为进行监管。

（七）沙盒运行机制的构建

监管沙盒法律制度中运行机制包括准入前服务、准入阶段、运行阶段、退出阶段和退出后与普通金融市场的衔接。

在准入前服务方面，我国监管沙盒可以设置事先沟通渠道，让更多沙盒测试申请人和沙盒测试客户了解监管沙盒测试。

在准入阶段，域外国家和地区有申请审查制也有书面通知制，基本以申请审查制为主[1]。我国互联网金融业从业人员多数是从互联网技术行业转入互联网金融业的，对传统金融业不熟悉，缺乏金融专业能力，相当一部分互联网金融业态仅是传统金融业的互联网化。从我国以互联网金融为代表的金融科技业态现状来看，通过申请审查制评估发现真实的金融创新是必需的，可以防范书面通知制因从业者对传统金融业的不了解而夸大金融创新，防范监管沙盒制度被滥用。

在准入条件方面，我国监管沙盒可以参照韩国，设立消费者损失赔偿强制保险制度[2]，在保证沙盒测试有足够的保障消费者利益的资源的同时减少测试主体的资金压力。

在运行阶段，域外大多数国家和地区采取按事先商定的沙盒测试监管方案对沙盒测试进行持续的监管，并在测试前以及整个测试过程中保证信息充分披露。测试时间在6—24个月间，大部分可以延长测试时间。我国构建监管沙盒法律制度，在运行阶段也需要坚持持续监管和信息披露。在测试时间上，可以在6—12月的期限内根据个案沟通确定，在测试过程中可以根据具体情况适当延长。考虑到我国互联网金融发展很快，金融科技法律法规指引不完备，为尽快解决金融科技迅猛发展和法律法规指引供给不足带来的金融

---

[1] 陈园园：《澳大利亚增强型"监管沙盒"的启示》，载《西部金融》2018年第7期。
[2] 董新义：《韩国版金融科技"监管沙盒"法案及启示》，载《证券法律评论》2019年卷。

风险聚集与监管规范供给不足阻滞金融创新发展的矛盾，监管沙盒制度设立之初对沙盒测试需求不宜人为加以控制。

在退出阶段，同其他国家和地区一致，可以分为主动终止和被动终止。主动终止是沙盒测试主体基于其对测试效果的认知主动终止测试，被动终止是监管机构根据监管方案行使终止测试的权利。在退出机制的设置中，特别需要贯彻底线思维原则，明确任何金融创新都不能触碰金融系统安全和保护消费者利益的底线，在任何时候发现沙盒测试危害、可能危害金融系统安全或消费者权益且无法采取即时措施防范风险时，中央分业监管机构或地方金融监管机构以及参与合作监管的沙盒保护行业协会或社会机构须立即强行终止监管沙盒的测试。沙盒测试主体在提交沙盒测试申请时需要做出承诺，承诺在这种情况下终止沙盒测试，并负责处理终止后的后续事宜。

在退出后阶段，与其他国家和地区相同，沙盒测试后经评估达到预期目标，移除授权限制，进入普通金融市场交易。如经沙盒测试达不到测试目标则终止测试，由测试主体进行善后处理。根据我国监管沙盒两层次多部门的法律制度体系特征，为形成全国统一的金融市场，防止各部门各地方各自为政，一个监管沙盒测试达到测试目标的金融创新业务应可以在全国开展金融创新业务，无需分地域限制业务的开展。对于暂时还没有统一的监管规则的金融创新业务，沙盒测试结束经评估达到测试目标后，可由中央或地方金融监管机构与沙盒测试主体在沙盒测试结束前根据沙盒测试期间监管情况签署沙盒测试结束进入普通金融市场的监管行政协议。沙盒测试结束后，在新的普通市场监管规则形成前，金融监管机构可以按商定的普通市场监管行政协议对其进行监管。沙盒测试主体在监管沙盒监管机构以外的部门或地区普通金融市场进行沙盒测试业务，在正常交易前应将其与本行业或本地方金融监管机构达成的普通金融市场监管行政协议提交业务所在部门或地方金融监管机构认证，取得认证后业务所在地的金融监管机构按认证后的监管行政协议进行监管。条件成熟后，可由全国监管沙盒委员会推出全国统一的监管规则进行全国统一的金融监管。

（八）沙盒核心机制的构建

监管沙盒制度的核心是在普通金融市场划出一个"监管特区"，通过对监管沙盒内测试的金融科技业务进行许可豁免和监管工具的放松放宽，使测试主体可以在监管沙盒内对不完全符合普通金融市场的创新业务进行试错式经营，也使金融科技监管机构可以在监管沙盒内对监管金融科技业务的监管工具进行试错式探索，同时将试错风险控制在监管机构可控的范围，保证金融系统安全和消费者利益不受损害。相对于传统金融监管法律制度，监管沙盒法律制度创新的核心机制包括测试客体的评估审查机制、监管工具的放松放宽机制、测试客户权益保护机制和沙盒市场退出及风险补偿机制等。

1. 沙盒测试客体评估审查机制的构建

金融科技是对传统金融业态的破坏性创新，是以信息技术为代表的新兴技术与金融业务的结合，打破了传统金融业务的形态和模式，给监管机构识别申请测试的创新金融科技是不是真正的创新、是否能给消费者带来切实利益以及是否危及金融安全造成了困难。从我国互联网金融的发展和整治情况来看，相当一部分互联网金融仅是简单地将线下的金融业务互联网化，并没有真正的创新，可以适用现有的金融监管法律法规进行规范。我国互联网金融发展处于世界前列，2016 年开始的互联网金融整治积压了大量的市场主体需要规范，对监管沙盒的需求巨大，需要将有限的监管沙盒资源分配给社会最急需的金融创新领域和测试主体。另外，监管沙盒法律制度是一项实验性的监管制度，需要监管机构与被监管机构之间持续互动，确定测试过程中具体采用的监管工具，相对于对传统金融机构的监管存在着比较大的自由度，监管机构需要在依法行政和不突破监管底线的原则下进行监管工具的豁免或调整，避免监管沙盒制度被滥用，有必要建立对测试客体的评估审查机制。

测试客体评估审查机制构建，需要解决评估审查主体、评估审查标准和评估审查流程三个基本问题。在评估审查主体方面，我国可以借鉴韩国的模式，在中央分业监管机构和地方金融监管机构中下设金融科技创新审查委员会负责对测试客体进行评估审查。金融科技创新评估审查委员会的组成人员可以由监管机构人员、测试客体业务相关的行政机关人员和社会上聘请的技术、金融、法律等方面的专家组成。在具体执行评估审查时，可以参照我国证监会审核委员会的做法，建立评估审查人员库，针对每一笔申请随时抽取适当的人员参与评估委员会并做出评估审查决定，防范权力寻租。除此之外，评估审查委员会在评估的过程中，也可以征询相关行业委员会和研究机构的专家意见，借助专家意见进一步弥补在创新金融业务专业性上可能存在的不足。在评估审查标准方面，可以与测试客体的资格要求相同，但评估审查委员会可以针对具体的申请提出具体的要求。在评估审查流程方面，除正常的申请、评估、审查流程外，可以参照韩国的做法，在评估中增加听取申请人、利害关系人、相关专家和消费者代表等意见的征询程序，以收集各方面意见，增加评估审查的可信度。对于传统的金融机构来说，其自身具有较为完整的合规审查机制，有能力自我审查测试申请是否符合创新业务的评估标准，监管机构可以在要求传统金融机构提供自我评估报告的基础上简化评估审查流程。已经在国外和其他地区测试或运行的金融创新业务，因为在其他国家和地区已经有评估或测试、运行信息，在评估其以往评估、测试或运行信息的基础上也可以简化评估审查流程。我国监管沙盒法律制度可以参照韩国的快速规制制度建立快速评估机制。对于传统金融机构提出的与传统金融业务相关的金融科技测试申请以及国外和其他地区已经在测试或运行的测试申请可以进行快速评估，甚至可以考虑进行备案，以增加评估审查主体，分流监管机构评估审查压力。

2. 沙盒监管工具放松放宽机制的构建

根据我国监管沙盒法律制度特征，我国监管沙盒法律制度需要构建以分层逐级监管为特征的沙盒监管工具放松放宽机制。全国监管沙盒委员会是各行业、各地方监管沙盒监管机构的协调和履职监督组织，不直接与具体的沙盒测试发生关系。中央分业监管机构和地方金融监管机构主要负责"有限授权"以及为监管机构与测试主体沟通监管方案提供指南，并负责审核监管机构与测试主体之间的监管方案。当发现沙盒测试交易可能危及金融安全或消费者利益无法得到保障时，中央分业监管机构或地方金融监管机构应及时终止其监管范围内的沙盒测试。日常监管机构负责落实放松放宽监管措施，在实现监管目标和推动金融创新平衡中达成监管方案，并根据报经中央分业监管机构或地方金融监管机构批准的监管方案，运用约定的监管工具对沙盒测试进行日常的具体监管。

3. 沙盒客户权益保护机制的构建

金融科技发展迅速，种类多样，监管机构对金融科技给金融消费者带来的风险短期内无法做出统一的规定。监管沙盒制度推行初期可按"一事一议"的办法，在沙盒测试前由监管机构与沙盒测试主体商定消费者保护方案。在沙盒测试开始时，该消费者保护方案应向沙盒测试客户告知，确保沙盒测试客户在明确知晓消费者保护方案的基础上参与沙盒测试交易。全国监管沙盒委员会应根据底线思维原则制定全国监管沙盒测试消费者保护上的强制性方案。中央分业监管机构和地方金融监管机构则需要根据本行业、本地区的实际情况，在全国监管沙盒委员会制定的强制性指导方案的基础上，就更优的保护方案和实现消费者保护目标的具体方式、方法、手段等具体事项审查沙盒测试的消费者保护方案。沙盒保护行业协会或社会机构则需要事先制定各类沙盒消费者保护方案，报经与其合作的中央分业监管机构或地方金融监管机构同意后统一公布适用于其运营的沙盒保护伞下测试的同类金融科技业态，防范行业或社会机构不当竞争逆向选择，导致降低消费者保护水平，损害消费者权益。

4. 沙盒市场退出及风险补偿机制的构建

监管沙盒测试后经评估达到预期目标，移除授权限制进入普通金融市场交易。如经沙盒测试达不到沙盒测试目标，则终止测试，由测试主体进行善后处理，在沙盒测试的过程中沙盒测试也可能提前主动或被动终止，所以有必要构建沙盒市场的退出及风险补偿机制。构建的目标同其他金融市场的监管目标一样，出发点和落脚点均在于保障金融消费者合法权益，维护金融安全。

在市场退出机制方面，除沙盒测试申请阶段由测试主体提出可行的市场退出方案外，监管沙盒监管机构可以建立监管沙盒测试主体的协调机制，在某一监管沙盒退出测试时，在尊重测试客户和相关测试主体意愿的情况下，在不违反监管规则的前提下，将退出沙盒市场的测试客体或测试客户整合和转移到仍在进行的沙盒测试中，以尽量减少终止合同、停止交易的情形，减少市场交易成本和退出处置成本。在风险补偿机制方面，除在沙盒测试申请阶段要求测试主体制定完备的退出方案和风险补偿方案外，监管沙盒法律制度中也需要构建以沙盒测试强制保险为核心的风险补偿机制，并辅之以政府主导下的监管沙盒补偿基金作为兜底式的退出风险处置资金，保证金融消费者因沙盒测试中相对高于普通金融市场的风险而能够得到适当补偿。

（九）沙盒辅助机制的构建

为解决监管资源不足的问题，我国监管沙盒法律制度需要构建沙盒测试辅助机制，动员社会力量推动金融创新评估和测试机制的发展，有必要由相关行业协会或社会化公司设立虚拟沙盒或沙盒保护伞[1]。中央分业监管机构和地方金融监管机构分别在自己职权范围内与相关行业协会或社会化的公司签署合作监管协议，由相关行业协会或社会化公司对虚拟沙盒内测试的业务和沙盒保护伞下的沙盒测试进行监管，向监管机构定期报告监管情况和信息。经虚拟沙盒测试或在沙盒保护伞测试后，认为不需要进一步测试就可以确定

---

[1] 参见英国金融行为管理局 2015 年 11 月《监管沙盒》报告。虚拟沙盒是指一个商业组织能够在不进入真正市场的情况下测试其解决方案的环境，沙盒保护伞是指行业协会建立的、为未经授权的创新业务实体提供测试并根据监管机构的授权，代理监管机构对其实施监管的非营业性公司。

是否能合乎推向普通金融市场要求的，即可报沙盒监管机构审查，以作出终止测试或合乎要求，可以进入普通金融市场运营的决定；经测试需要进一步在监管机构监管下的沙盒中测试并符合沙盒测试客体标准的，可以采用直通车模式，直接用虚拟沙盒实施机构或沙盒保护伞运营实体出具的评估报告代替沙盒测试客体审查评估流程进入沙盒测试阶段。这样一方面可以有效分流监管机构设定的监管沙盒的测试压力，识别沙盒测试需求的真实性，分流沙盒测试申请；另一方面也可以让监管机构组织的沙盒测试起到指引作用，让监管机构进行的沙盒测试结果更具有指导性，扩大监管机构组织的沙盒测试的社会效率。

三、我国监管沙盒法律制度的构建路径

当前我国金融科技监管制度供给不足，以互联网金融为代表的金融科技业态需要有一个明确的监管规则以实现合规化发展，监管机构需要有一个明确的监管规则才能在控制金融风险和保护消费者利益的前提下对金融科技业态进行适应推动金融科技发展要求的监管。如果通过特别立法构建我国监管沙盒法律制度，将会出现立法时机不成熟、短期内无法立法与金融科技业态迫切需要明确监管规则之间的矛盾，因此暂时不具备通过制定金融监管特别法的路径构建我国监管沙盒法律制度的条件。

我国对传统银行业、保险业、证券业采取严格的分业监管规则，法律规范上也按银行、保险、证券业态进行分业规范。对于传统金融分业监管的金融机构，在法律没有作出修改之前，中央分业监管机构监管沙盒法律制度不能与法律已有的明确规定相悖，但可以通过在原有分业监管的法律框架内对监管机构职权范围内的监管方式、方法、手段等监管工具进行调整来建立监管沙盒。长远来看，需要在我国商业银行法、保险法、证券法等分业监管的法律中增加监管沙盒测试的特殊规定，以达到建立监管沙盒法律制度的目的。

对于中央分业监管机构监管的传统金融机构以外的新兴金融机构或金融科技企业而言，我国没有统一的涵盖全部金融业监管的法律规定，地方金融监管机构虽然没有上位法可以遵循，但仍然可以像现在一样通过制定或修改地方金融监管条例的方式在法律上构建监管沙盒制度。对于由地方金融监管部门监管但相关监管法规由国务院或中央部委规章制度进行规制的金融业态，则需要通过修改国务院行政法规或中央部委规章、规范性文件等形式在法律上构建监管沙盒制度。

国家社科基金重大项目"我国资本市场制度型开放的法律体系构建研究"（22&ZD204）

浙江省社科规划重点项目"促进数字金融平台健康发展法治保障研究"(21WZQH02Z)

国家社科基金重点项目"地方金融监管立法理论与实践研究"(19AFX020)部分研究成果

李有星　姜丛华　沈宇锋　等著

金融证券市场发展与监管研究

II

ZHEJIANG UNIVERSITY PRESS

浙江大学出版社

·杭州·

金融监管视角下的车贷担保业务法律问题分析

浙江浙经律师事务所　丁一 *

摘　要

汽车消费贷款担保属于车辆消费市场的一种常见业态。但由于过去监管部门对于此类业务尚未明确定性，导致金融监管无法有效渗透。自 2019 年 10 月 9 日《融资担保公司监督管理补充规定》（银保监发〔2019〕37 号）颁布实施后，包括汽车消费贷款担保、住房置业担保等业务已全面纳入融资担保监管体系之中。然而，由于现有的监管规范对于汽车消费贷款担保业务的合同条款效力以及结清方式未直接作出指引，导致了司法实践中同类型案件的裁判观点与尺度存在一定差异。笔者将通过对一个诉讼案例的评析，从行业背景、交易模式、法律法规及监管文件的角度，对此类案件的合同效力与纠纷了结方式进行探讨。

关键词：融资担保监管；汽车消费贷款；金融秩序

---

* 丁一，浙江浙经律师事务所律师。

一、案情

原告：A 公司

被告：B 某

A 公司系一家提供汽车消费贷款担保服务公司，其工商核准的经营范围为：汽车配件的批发、零售；汽车事务代理（法律法规需前置审批的项目除外）；代客户办理银行按揭手续。B 某系车辆买受人。

2017 年 10 月 6 日，A 公司与 B 某签订《汽车按揭服务合同》，约定：B 某从某二手车交易公司处购买车辆，委托 A 公司为 B 某办理汽车按揭分期贷款手续并提供担保。车辆单价：15 万元，含首付款 6 万元。合同第二条约定，B 某同意贷款银行直接将按揭分期款转入 A 公司的账户；第四条约定，B 某向银行申请按揭贷款 10 万元以及汽车金融服务费 1 万元，由银行在 B 某开立的车贷卡中以透支的形式扣收并直接支付给 A 公司；第六条约定，若 B 某车贷还款逾期或保险未按时续保时或有违反相关合同条款时，A 公司不需 B 某同意即可自行予以代偿垫付，B 某应在 A 公司代偿垫付后二日内向 A 公司偿还垫付款，并向 A 公司支付自代偿垫付日起按代偿垫付款的每日千分之四计算的垫资费直至垫付款清偿完毕。

2017 年 10 月 7 日，B 某与杭州某银行签订"分期付款抵押借款合同"（以下简称抵押借款合同），约定：分期借款资金金额为人民币 10 万元，用于购车用途；B 某还应分期支付手续费 8000 元。合同第四条约定，B 某授权银行将分期资金支付至 A 公司名下的银行账户。第六条约定，因 B 某原因导致银行无法按约定全额扣款受偿的，银行有权按照其"信用卡章程"以及"信用卡领用合约"的相关规定向 B 某收取利息、复利、违约金等。同日，A 公司作为保证人向银行出具《承担保证责任承诺书》，对前述"抵押借款合同"项下 B 某的全部债务提供连带责任保证。

2020 年 6 月，某银行出具《代偿证明》，确认：因 B 某的逾期还款行为，A 公司作为保证人，于 2019 年 7 月 2 日至 2020 年 5 月 8 日期间总计代为清偿 55864.43 元。

案件审理过程中，A 公司当庭确认：55864.43 元代偿款中，包含了银行贷款的本金、违约金和罚息等。前述 1 万元车贷服务费已包含在 B 某向银行申请的 10 万元按揭分期贷款中。A 公司因 B 某未偿还相应款项，遂以追偿权纠纷为案由起诉，请求 B 某返还上述代偿款 55864.43 元，并按年利率百分之二十的标准支付违约金。

二、裁决

（一）关于案涉《汽车按揭服务合同》的效力

案涉《汽车按揭服务合同》双方已签章确认，且已付诸履行，故该份合同系双方真实意思表示。2019 年 10 月 9 日实施的《融资担保公司监督管理补充规定》规定："未经监督管理部门批准，汽车经销商、汽车销售服务商等机构不得经营汽车消费贷款担保业务，已开展的存量业务应当妥善结清。"

鉴于案涉担保业务开展之前已实施的《融资担保公司监督管理条例》尚未明确将汽车消费贷款担保业务纳入融资担保业务监管范围，由此可见，案涉《汽车按揭服务合同》并未违反合同成立时法律、行政法规的效力性禁止性规定。且 A 公司于 2017 年 10 月 7 日向银行出具《承担保证责任承诺书》，汽车消费贷款担保业务已经实际开展，故案涉《汽车按揭服务合同》有效。

（二）关于 B 某是否应当偿还 A 公司垫付款

案涉双方已在《汽车按揭服务合同》约定 B 某在 A 公司承担保证责任后偿还垫付款的义务。同时《中华人民共和国担保法》确立了保证人承担保证责任后向主债务人追偿之权利，故 A 公司请求 B 某偿还垫付款的请求应予支持。

（三）关于本案的违约金

违约金的金额应当围绕实际损失确定。B某逾期偿还贷款导致A公司代偿所造成的损失，应为该垫付资金占用使用成本。在未对实际损失举证的情况下，A公司主张按年利率百分之二十计算的违约金，与我国贷款市场报价利率偏离较大，明显超出了其实际损失。

按照案涉《汽车按揭服务合同》之约定，理论上A公司可通过承担保证责任向B某主张日千分之四的高额违约金。一般而言，在正常交易关系中，债务人不会乐意主动接受这样的安排。在无法确定案涉双方对前述违约责任条款进行了充分磋商的前提下，违约金宜作调整。

按照《汽车按揭服务合同》交易模式的逻辑，B某逾期偿还贷款行为的违约责任，存在一定责任叠加：第一次是与银行订立的金融借款合同项下逾期还款产生的罚息和违约金；第二次则是在既有本金、罚息、违约金的基础上，依据《汽车按揭服务合同》再次计算违约金。同时，B某贷款的本金中还包含了分期付款手续费。故本案违约金应调整为按同期全国银行间同业拆借中心公布的贷款市场报价利率（LPR）计算。

据此，法院判决：B某支付A公司垫付款及违约金，违约金以垫付款本金为基数，按同期全国银行间同业拆借中心公布的贷款市场报价利率（LPR）计算至实际履行完毕之日止。

三、评析

（一）行业背景

实践中，汽车经销商、销售服务商通过向贷款银行提供保证担保，帮助车辆买受人取得汽车消费贷款的业务模式属于常见的行业生态。通常的运作模式为：

汽车经销商、销售服务商在前期与银行签订相关的"合作协议"，约定经销商、销售服务商作为车贷担保公司，开展业务时向买受人推介贷款机构，车贷担保公司获得一定的推介费用。

开展车贷担保业务过程中，车贷担保公司与买受人订立"服务合同"，约定担保方收取一笔担保服务费，为买受人与合作银行签订的金融借款合同提供保证担保。贷款总金额中除车辆的价款外，还可能包括：担保服务费、其他服务费（如协助上牌与办理抵押登记的服务费）。违约责任条款约定，一旦买受人车贷还款逾期、车辆保险未按期续保或存在其他违反金融机构借款合同的情况下，车贷担保公司有权在无需征得买受人同意的情况下代为清偿。在行使追偿权时，车贷担保公司有权向买受人主张返还代偿款，并支付一笔高额的违约金，一般为以代偿款为本金，按每日千分之三左右的标准计算。依据该标准，理论上"服务合同"项下违约金的年化标准将高达100%左右，结合违约责任条款中"无需买受人同意即可由担保方代偿"等约定，难免让人质疑"服务合同"中的违约责任条款的约定意图。

与之对应，买受人与银行签订金融借款合同，贷款的总额包括车辆余款、支付给车贷担保公司的担保服务费及其他服务费用。双方还约定了逾期还款等违约情形下的罚息、违约金。车贷担保公司则向银行出具保证承诺函，对借款承担连带保证责任，并在银行开立一个专门账户。除担保方公司提供的连带保证责任担保外，买受人通常还将根据金融借款合同约定，在其所购车辆上设立抵押登记，抵押权人为银行。银行有权在买受人提供的抵押担保与车贷担保公司提供的保证中自行选择担保权利的实现顺序。

一旦买受人的债务到期，车贷担保公司承担了担保责任后，相应地向买受人主张民事权利：一方面，是以担保人的身份向买受人主张法定追偿权，要求支付代偿的本金价款；另一方面，是以合同相对方的身份，请求买受人支付违约金。而买受人债务到期通常伴随着逾期还款等违反金融借款合同的约定的行为，因此担保公司主张买受人支付的"代偿款本金"中，除买受人应还银行的借款本金外，往往还包含银行的罚息与违约金等。

（二）金融监管制度与汽车消费贷款担保业务的衔接

1. 汽车消费贷款担保业务的法律性质的演变

在 2019 年 10 月 9 日以前，相关文件尚未直接明确汽车消费贷款担保的法律性质。2017 年 10 月 1 日施行的《融资担保公司监督管理条例》第二条对融资担保的概念作出了如下定义：本条例所称融资担保，是指担保人为被担保人借款、发行债券等债务融资提供担保的行为。从文义上理解，消费者为支付购车款，向银行等金融机构或其他主体借款符合前述条款中定义的业务类型。

而随着《融资担保公司监督管理补充规定》（银保监发〔2019〕37 号）的颁布实施，这一问题也进一步得到了明确，根据文件内容：未取得融资担保业务经营许可证但实际上经营融资担保业务的住房置业担保公司、信用增进公司等机构将被纳入监管，其中包括：住房置业担保业务、债券发行保证及担保业务、汽车消费贷款担保业务。自此，汽车消费贷款担保的法律性质在规范文件上得到了统一。在笔者检索到的上海、浙江、广东法院在 2020 年以后判决的同类案件中，各地法院在审理此类案件时，逐渐开始将担保人是否具有经营融资担保业务的资质作为裁判的考量因素。例如杭州市中级人民法院在〔2020〕浙 01 民终 1765 号案中，法院在判决书中认为，原告公司系无资质而经营性从事融资担保业务，其收取的担保服务费应当在代偿费用中予以扣除。[①]

2. 现有关于汽车消费贷款担保业务的规定

根据《融资担保公司监督管理补充规定》第二条第（三）款之规定：未经监督管理部门批准，汽车经销商、汽车销售服务商等机构不得经营汽车消费贷款担保业务，已开展的存量业务应当妥善结清；确有需要开展相关业务的，应当按照《融资担保公司监督管理条例》规定设立融资担保公司经营相

---

① 参见易商新程（杭州）有限公司与吴超群、张钧波、宁夏星汽迹汽车销售服务有限公司、姬海亮、陈蓉追偿权纠纷案，杭州市中级人民法院〔2020〕浙 01 民终 1765 号民事判决书。

关业务，即汽车消费贷款担保业务需要由特定的经营主体——融资担保公司开展。

2017年10月1日施行的《融资担保公司监督管理条例》，对于融资担保公司的设立、经营行为已经作出了规范。该条例的第六条规定，未经监督管理部门批准，任何单位和个人不得经营融资担保业务，任何单位不得在名称中使用融资担保字样。第三十六条：违反该条例规定，未经批准擅自设立融资担保公司或者经营融资担保业务的，由监督管理部门予以取缔或者责令停止经营。第四十八条：本条例施行前设立的融资担保公司，不符合本条例规定条件的，应当在监督管理条例规定的期限内达到本条例规定的条件，逾期仍不符合规定条件的，不得开展新的融资担保业务。

同时，关于融资担保公司设立的条件与经营规范，《融资担保公司监督管理条例》规定了最低限度的要求。

（1）公司设立

根据《融资担保公司监督管理条例》第七条规定：设立融资担保公司，除应当符合《中华人民共和国公司法》的规定，还应当具备下列条件：（一）股东信誉良好，最近3年无重大违法违规记录；（二）注册资本不低于人民币2000万元，且为实缴货币资本；（三）拟任董事、监事、高级管理人员熟悉与融资担保业务相关的法律法规，具有履行职责所需的从业经验和管理能力；（四）有健全的业务规范和风险控制等内部管理制度。省、自治区、直辖市根据本地区的实际情况，可以提高融资担保公司注册资本最低限额。

根据《融资担保公司监督管理条例》第十条第一款规定，融资担保公司跨省、自治区、直辖市设立分支机构，应当具备下列条件，并经拟设分支机构所在地监督管理部门批准：（一）注册资本不低于人民币10亿元；（二）经营融资担保业务3年以上，且最近2个会计年度连续盈利；（三）最近2年无重大违法违规记录。

（2）经营规范

根据文件的规定，融资担保公司在经营过程中，应建立一定的风险预防机制，按照国家规定的风险权重计量担保责任余额。对于一般的融资担保公司，其担保责任余额不得超过其净资产的 10 倍。对主要为小微企业和农业、农村、农民服务的融资担保公司，前述的倍数上限可以提高至 15 倍。此外，融资担保公司还应当按照国家有关规定提取相应的准备金。

在中央文件的基础上，各地方金融管理部门亦出台了配套文件。2020 年 11 月 16 日，浙江省地方金融监督管理局公开的《浙江省融资担保公司监督管理办法（征求意见稿）》中，对浙江省内经营的融资担保公司的设立条件和经营规范进一步趋于严格化，如：将融资担保公司的注册资本要求提高到 1 亿元，26 个加快发展县（市、区）不得低于 5000 万元，要求实缴货币资本不得为非自有资金；原则上主要发起股东应为信誉良好、近三年无违法记录，公司两个会计年度连续盈利，最近一个会计年度所有者权益大于拟出资额的当地企业法人。

通过上述规范可见，融资担保公司开展业务，需要具备一定的债务清偿能力，以应对业务相对方——债务人——无法履行债务时能够全面承担担保责任。如若任由风险承担能力较低的公司主体大量开展业务，则会导致银行等金融机构无法实现债权，形成大量的坏账。同时，若车贷担保业务合同脱离了有关部门的金融监管与调整，消费者可能会因此承担不合理的支出。故此，监管部门将汽车消费贷款担保业务纳入融资担保的监管系统中，一定程度上是为了维护金融秩序的稳定。

针对在《融资担保公司监督管理补充规定》颁布后汽车消费贷款担保纳入金融监督的过渡问题，河南、湖北、湖南、辽宁、青海等地方有关部门已颁布了相关的文件以推进工作有序开展。例如辽宁省地方金融监管局等部门在《〈关于印发融资担保公司监督管理补充规定的通知〉的通知》（辽金监发〔2020〕5 号）中，规定担保公司对已开展的存量业务应通过与合作银行等金融机构商洽，以确定妥善结清的方案。同时，在整改宽限期的问题上，湖北省地方金融监督管理局在《关于在全省开展违规经营融资担保业务机构清理整顿专项行动的通知》（鄂金发〔2019〕34 号）中，将整顿期设置为 2019 年 11 月至 2019 年 12 月底，要求在 12 月底之前，完成整改工作。

此外，值得探讨的一个问题在于：汽车消费贷款担保被明确纳入融资担保监管后，除了保证、抵押、质押等典型性担保，如非典型性担保、债务加入等其他具有担保功能的增信措施，是否也应当纳入监管？在《全国法院民商事审判工作会议纪要》（法〔2019〕254 号）中，最高人民法院在第二十三条对债务加入的法律适用问题作出了认定，债务加入应相当于在债务人之外为债权人增加了一个新的债务人，债务加入和保证一样具有担保债权实现的功能。二者在案件的实质处理上并无不同，只是在性质上有所不同。[1]最高人民法院认为，对于非典型性担保但其法律关系具有典型性担保法律特征的，应适用担保的相关规定。[2] 故笔者认为，在融资担保监管中，因涉及金融秩序稳定，相关的监管尺度更应当渗透到实质的法律关系。对于债务加入这类增信行为，本质具有单务合同的属性，符合担保的功能目的，宜纳入监管，计入公司的担保责任余额。

（三）关于司法实践中如何处理违规汽车消费贷款担保

如前所述，《融资担保公司监督管理补充规定》第三条第（三）款已经将汽车消费贷款担保纳入了金融监管体系，并分别就文件实施前后开展的相关业务的处理方式作出规定。但从司法实践的角度，现有的法律法规及监管文件对于违规业务的处理方式、法律行为的效力尚未给出直接的明确指引。直至目前，法院、仲裁机构在这类业务的争议中裁判观点亦未统一。笔者根

---

[1] 最高人民法院民事审判第二庭：《〈全国法院民商事审判工作会议纪要〉理解与适用》，人民法院出版社 2019 年版，第 479 页。

[2] 最高人民法院民事审判第二庭：《〈全国法院民商事审判工作会议纪要〉理解与适用》，人民法院出版社 2019 年版，第 387 页。

据相关法律法规、规范性文件，结合各地法院的裁判观点，对违规开展汽车消费贷款担保的合同效力、法律后果作如下评析。

1.《融资担保公司监督管理补充规定》（银保监发〔2019〕37号）实施以前的汽车消费贷款担保业务

根据《融资担保公司监督管理补充规定》第三条之规定，该份文件并未否定已经开展的存量合同的效力，但规定应当"妥善结清"，亦即并非完全允许意思自治。

在2020年以后上海、广州、浙江法院的类案判决中，法院基本不否认存量业务中车贷担保公司开展担保业务的合同效力。但在"妥善结清"的问题上，各地法院的意见与裁判尺度有一定差异。

笔者认为，"妥善结清"应当细化为两部分：其一是车贷担保公司与银行之间的担保法律关系的结清；其二是车贷担保公司与消费者之间"汽车贷款担保服务"法律关系的结清。

单就银行与车贷担保公司之间的担保法律关系本身，由于业务本身不存在法定的无效事由，且担保人与债权人之间意思表示真实，故在担保行为有效这点上基本无争议。双方应在有效的担保法律关系基础上，决定是否继续履行，或协商进行合同的清算了结。

针对车贷担保公司与消费者之间的"汽车贷款担保服务"法律关系，司法裁判中，各地法院对于在《融资担保公司监督管理补充规定》颁布实施以前汽车消费贷款担保业务的结清问题，基本支持了车贷担保公司追偿代偿款本金的请求。争议主要集中在：担保服务费是否应当在代偿款中扣减、违约金的计算标准两个方面。

（1）担保服务费是否应当代偿款中扣减

关于担保服务费是否应当扣减的问题，不同地区的法院意见不一。杭州市中级人民法院在〔2019〕浙01民终9839号一案的判决中认为：因车贷担保公司系无资质而经营性从事融资担保业务，故并没有收取担保服务费的法定依据。而相应的担保服务费系在买受人向银行通过信用卡透支方式贷款后，直接进入车贷担保公司的账户，故在该担保服务费由车贷担保公司直接控制的情形下，应在代偿款本金中予以扣减相应费用。[①]

而在深圳前海合作区人民法院的〔2020〕粤0391民初262、268号案，上海市闵行区的〔2018〕沪0112民初28133号等案件中，法院判决支持买受人偿还车贷担保公司全部的代偿款，并未扣减相应的担保服务费。[②]

笔者认为，从本质上看，关于担保服务费退还问题围绕的是"担保服务合同"中车贷担保服务条款的效力。一如前文所述，在《融资担保公司监督管理补充规定》颁布实施以前，汽车消费贷款担保是否能被定性为"融资担保"尚处于不明确状态，车贷担保公司在缔约时难以认识到其行为的违法违规性。同时，车贷担保公司向车辆买受人提供的增信服务，促成了买受人银行贷款的批准，最终买受人受领使用了车辆。综合以上，买受人应支付一定的担保服务费用。

（2）违约金的计算标准

从汽车消费贷款服务合同的违约金的构成来看，车辆买受人逾期偿还银行借款后，银行依照借款合同的约定，按照逾期还款的余额计收罚息与违约金。"当期还款本金＋罚息＋违约金"构成了车贷担保公司支付的"代偿款本金"。而车贷担保公司主张的违约金，系以这笔"代偿款本金"为基数，依照"服务合同"违约金标准计算得出。

如本文评析的案例，买受人的一个逾期还款行为，在两份合同中重复计算了违约责任，债务被逐步累高。从各地法院类案判决的裁判观点来看，法院对这个问题通常采取违约金酌减的方式，但酌减幅度不一。浙江地区法院在2020年之后的判决书中，判决支持的违约金标准主要在年化6%—12%之

---

① 参见浙江凝睿汽车销售服务有限公司、赵俊俊追偿权纠纷案，杭州市中级人民法院〔2019〕浙01民终9839号民事判决书。

② 参见天津佲仕嘉业商务信息咨询有限公司与追偿权纠纷案，深圳前海合作区人民法院〔2020〕粤0391民初262、268号民事判决书。

间。① 上海法院则参照民间借贷中利息的司法保护上限作为酌减标准。②

笔者认为，从违约条款的功能的角度，无论是从违约金"施加履约压力"，还是从"省却损害举证成本"的功能进行评价，"服务合同"项下违约金标准已经远超过正常缔约需要③；从违约方责任的角度，违约责任在两份合同中重复计算过分苛责了车辆买受人的逾期还款行为，买受人的权利义务明显失衡；从缔约双方能力的角度，买受人通常作为经济弱者，与经营者相比，其缔结违约金条款时的交涉能力、法律风险甄别能力存在不对等性。故在处理不合理的违约金条款时，应对买受人予以适当保护。④ 综上，司法裁判中确有通过司法酌减违约金、平衡双方权利义务的必要。确定酌减幅度时，则需要平衡两方面的价值：一方面要保护缔约主体之间的意思自治。另一方面则是要防止高额违约金成为守约方获益的手段。

鉴于"服务合同"中双方并没有将违约金作为敦促履约手段的意思（从"无需买受人同意即可自行代偿"的条款可见），笔者倾向于此类案件违约金应体现其补偿性的功能，在弥补损失的范围内确定酌减幅度。在无其他因素影响的情况下，按缔约时的全国银行间资金拆借中心公布的贷款市场报价利率（LPR）的标准进行调整为宜。

2.《融资担保公司监督管理补充规定》（银保监发〔2019〕37号）实施后的汽车消费贷款担保业务

根据《融资担保公司监督管理补充规定》，汽车消费贷款担保业务在该文件实施后已经纳入融资担保监管。结合其他监管文件的规定，除融资担保公司之外，其他公司主体或个人未经批准不得开展此类业务。

---

① 参见吴超群、张钧波、唐佳云与易商新程（杭州）有限公司追偿权纠纷案，杭州市中级人民法院〔2020〕浙01民终1763号民事判决书；蒋娇娥、易商新程（杭州）有限公司追偿权纠纷案，杭州市中级人民法院〔2019〕浙01民终7595号民事判决书。

② 参见樊梦良与杭州中成汽车销售服务有限公司追偿权纠纷案，上海市第二中级人民法院〔2020〕沪02民终5291号民事判决书。

③ 姚明斌：《〈合同法〉第一百四十四条（约定违约金）评注》，载《法学家》2017年第5期。

④ 韩世远：《合同法总论》，法律出版社2018年版，第833页。

（1）汽车消费贷款担保服务合同的效力

从文件的效力上看，《融资担保公司监督管理条例》属于国务院颁布的行政法规，而《融资担保公司监督管理补充规定》尽管属于国务院部门颁布的部门规章，但从两份文件的关系上看，《融资担保公司监督管理补充规定》实际是明确了汽车消费贷款担保的法律性质，将其纳入《融资担保公司监督管理条例》的适用范围之中。最高人民法院在《全国法院民商事审判工作会议纪要》（法〔2019〕254号）第三十条明确，强制性规定涉及金融安全、市场秩序、国家宏观政策等公序良俗的，应认定为"效力性强制性规定"。故，《融资担保公司监督管理补充规定》实施后违规开展的汽车消费担保业务，其担保业务的合同条款应当属于无效合同。根据合同无效的法律后果，车贷担保公司收取的担保服务费应予以返还，双方根据其缔约时的过错各自承担损失。

（2）车贷担保公司与金融机构担保合同的效力

在担保服务业务合同无效的前提下，笔者认为，车贷担保公司与金融机构之间的担保法律关系依旧有效。首先，《非法金融机构和非法金融业务活动取缔办法》第十九条规定，非法金融业务活动所形成的债务和风险，不得转嫁给未参与非法金融业务活动的国有银行和其他金融机构以及其他任何单位。车贷担保业务合同的无效，不应导致金融机构债权无法实现的风险增加。

其次，从《融资担保公司监督管理条例》的立法目的来看，该份文件的实施是为了保证进入融资担保市场的主体具备一定的债务清偿能力，确保金融机构能够顺利实现债权，维持金融市场的稳定。基于这一目的，即使开展业务的主体不具备相应资质，但其与金融机构形成的担保法律关系，实质属于实现债权的一种保障。如果仅因为车贷担保公司开展业务违规而认定其与金融机构的担保法律关系无效，反而会进一步造成金融机构债权无法实现的风险，与监管文件维护金融秩序稳定的目的相背离。违规开展业务的车贷担保公司也会因其违法违规行为而从担保责任中豁免。

四、总结

2019 年 10 月 9 日《融资担保公司监督管理补充规定》颁布施行后，汽车消费贷款担保业务已经明确纳入融资担保监管体系。对于《融资担保公司监督管理补充规定》已开展的存量业务，担保服务合同应当认定有效。但违约金的标准由于偏离了违约金敦促履约、弥补损失的功能，且买受人通常作为交易弱势一方，对法律风险甄别能力及缔约交涉能力较弱，故违约金应当酌减为缔约时全国银行间资金拆借中心公布的贷款市场报价利率（LPR）的标准为宜。

对于《融资担保公司监督管理补充规定》实施后的汽车消费贷款担保业务，其合同效力因违反了涉及金融安全、市场秩序的行政法规而无效，车贷担保公司应返还其收取的担保服务费，并在车辆买受人过错范围内向对方主张损失赔偿。而从融资担保监管文件维护金融市场稳定的立法目的考量，车贷担保公司违规开展的业务，其风险不应由金融机构承受，因此车贷担保公司与金融机构形成的担保法律关系依然有效。

我国地方金融监管权配置的优化路径

温州大学法学院　赵金龙　尹建兵 *

摘　要

要逐步优化地方金融监管权配置机制，完善地方金融监管权配置法律制度，补齐地方金融监管法律授权短板，建立统一的地方金融监管立法规则。进一步厘清央地之间权责边界，明确地方金融监管主体，充实地方金融监管权责。在地方金融监管机构职能上，逐渐将"金融发展"职能与"金融监管"职能剥离，找准地方金融监管机构的目标定位。在金融科技发展时代，加快发展监管科技，提高地方防范和化解新兴金融风险的能力，引入监管沙盒机制，弥补地方包容性监管缺失。建立健全地方金融监管协调机制，加强央地之间、地方政府之间、地方金融监管各部门之间协调配合，形成监管合力。地方金融监管机构要加强行为监管，坚持审慎监管与行为监管相结合，既要保证地方金融机构健康运行，又要保护金融消费者合法权益。强化地方金融监管中司法救济和预防机制，建立内部监督与外部权力制衡相结合的金融监管权力运行监督制度。

关键词：地方金融监管权；权力配置；权责边界；监管制度

★ 赵金龙，法学博士，温州大学法学院教授，博士生导师；尹建兵，温州大学法学院经济法学硕士。

目前，虽然地方金融的部分监管权已经委托或授予地方政府，各级地方政府也逐渐通过金融体制创新方式设立地方金融监管机构，承担地方金融管理职责，但是，依然存在地方政府金融监管职权运行不规范、权力范围不清晰、法律制度缺失、对地方金融监管权的控制缺少有效手段、中央与地方监管机构缺乏协调机制等问题。为厘清地方金融监管体系的内核与边界，防控金融风险，维护金融稳定，促进国家经济发展，应当在如下方面对我国地方金融监管权配置进行相应完善。

一、完善地方金融监管权法律制度

（一）补齐地方金融监管法律授权的短板

现行地方金融监管授权方式除融资担保公司外，主要通过党中央政策、国务院规范性文件及所属部门规章等方式直接授权或者间接授权，立法层次较低，并且这些中央金融监管机构让渡给地方政府的金融监管权力为碎片化行政分权，而非系统性法律分权。地方金融监管权力缺乏上位法授权，权力来源非法定化，缺少相应行政审批权依据和行政执法检查权，这影响到地方政府在监管地方金融机构行使监管权力时的权威性和监管效率。地方性金融组织或业态的监管权应当通过国家法律直接配置、全国人民代表大会及其常委会决定授权国务院制定行政法规，抑或是国务院依据职权或以上位法为依据制定行政法规方式配置，而地方性法规、规章只能具体规定地方金融监管权执行问题。应该从上位法角度，从中央出台有关地方金融监管的上位法，明确对地方政府金融监管的授权，提高地方金融监管法律的位阶。《中华人民共和国立法法》（以下简称《立法法》）规定金融领域只能制定法律，作为立法机关的全国人民代表大会应该抓紧对地方金融监管总体提案立法，从多方面系统规范地方金融监管，改变各地政府各自摸索的局面，为地方金融监管提供统一行业标准和法制框架。通过中央上位法明确授权，使地方金融监管权的授权来源合法化，确定地方金融监管目标、原则、主体和内容等，提高地方金融监管的合法性，使地方政府金融监管行为更加正规。

（二）基于地方实际完善地方金融监管立法

部分省（自治区、直辖市）出台地方金融条例，已初步实现对地方金融监管权力的规范，但由于部分规定仍缺乏相应细则解释，具体操作上存在一定困难，未来应尽快出台地方性法规的相关实施细则。自 2016 年 3 月山东省通过《山东省地方金融条例》以后，迄今为止已有山东、河北、四川、浙江、天津、北京、上海等地出台各自地方金融监督管理条例，其他地方也在纷纷酝酿地方金融立法规划。各地人大及其常委会充分利用《立法法》授予的地方立法权，结合本地区经济金融发展实际情况和需要，制定适应本地发展要求的地方金融法规或者地方金融监管条例，明确地方金融监管规则和地方金融监管部门的权限和手段，推动地方金融监管体系本地化、精细化、规范化。国家层面也应该尽快制定统一的地方金融监督管理条例规范，为地方人大制定地方金融监管条例提供法律依据，结合区域优势和地方特色实现地方金融监管的制度保障。

（三）厘清中央与地方金融监管权边界

合理划分中央与地方监管权力是构建地方监管机制的前提条件。在金融监管领域应坚持属地原则，授予地方政府较大决策权。凡是涉及国家金融稳定的全国性事务应由中央监管机构保留监管权。跨区域、交叉业务以及中央与地方共享的事务按照风险预测、风险评估、风险识别等方法确定中央与地方的监管权范围。对于主管不明确、风险系数高、涉及范围广的领域，基于国家金融业的整体效率、秩序和安全的考虑，原则上应交由中央金融监管机构实施监管。其他领域可由地方金融监管机构协调相关部门进行综合监管，运用定向抽查、风险预警、信息交流等综合手段进行联动执法。要充分发挥地方政府组织、协调、管理的作用，允许地方政府以某种途径参与或配合中央政府的金融监管。一旦风险扩散超出地方监管机构管控能力，应及时交由中央监管机构处理。应当尊重地方金融监管机构的自治权力，但是当中央金融监管机构认为地方金融监管机构的行为违法时，可以采取主动监管。

对地方政府授权应在法制框架下进行，明确地方金融监管权边界，立法规范中央与地方监管机制。基于法治化视角处理中央政府与地方政府的关系，其好处在于可以在法治基础上形成新型权责关系，以法律规范固化改革形成的中央政府与地方政府各自职权范围、运作方式、利益配置结构等，形成中央政府与地方政府之间的法定职权利益关系。地方政府应根据地区差异，在维护法治统一的前提下制定地方性法规。

在加强地方金融立法、明确地方政府监管职责的同时，进一步加强和改进中央与地方在金融监管、风险处置方面的分工与协同，改革完善地方政府金融管理体制，建立横向和纵向的协调机制，并优化地方金融生态，进一步促进我国金融业持续健康发展。

二、统一地方金融监管主体，充实地方金融监管权责

现有地方金融监管权归属不同部门，各个部门不具有统一调配金融发展和金融监管的职权，职能过于分散，"多龙治水"现象突出，政出多门。这种地方金融监管机构设置在地域与功能上彼此既有分散又有重叠，在公共计划中缺乏协同，导致政府组织中的功能和权力被分割，不利于政府组织的沟通和协调，降低了地方政府的金融监管效率。建立高效、统一的地方金融监管机构是构建中央与地方监管协调机制的重要基础。合理的金融服务业监管框架，要以立法方式，保证监管机构独立性，这种独立性要求排除政府干涉、保证足够的金融许可范围和定期对金融服务提供者进行监督。[①]

适当整合地方金融监管职权，将分散在地方经信委、商务厅和农工办等部门的地方金融审批权、监管权统一划归地方金融监管局，以实现对属地风险的高效监管。对于未经审批的金融活动，应明确由地方金融监管部门监管。

---

① Nkowani Z. Supervision of banks and financial institutions in Malawi[J]. Malawi Law Journal, 2008, 2: 1.

摒弃"谁审批、谁监管、谁负责"的现行做法，即便没有经过监管部门审批，只要关系到属地风险的金融活动，地方金融监管部门均应依法履行监管职责，强化属地风险处置责任，切实避免出现监管盲区。对于地方法人金融机构、全国性金融机构分支机构等持牌机构，应由地方金融监管局协助配合中央金融监管部门管理。存款类金融机构纳入存款保险制度后，中央金融监管部门主要在存款保险制度覆盖范围内承担有限责任。考虑到地方政府的属地风险责任，即便在存款保险制度覆盖范围内的风险，地方金融监管部门也应协助处置并承担部分职责。地方金融监管局应该夯实属地风险处置责任，完善机构部门设置和人员配备。

三、适当分离发展职能与监管职能

地方金融监督管理机构的定位和目标导向事关地方金融监管体系的稳定健康发展，金融发展和金融监管的矛盾并非不可调和，两者并非简单地对立。在推动金融创新与发展时，地方监管机构应当减少直接行政干预，积极利用行业协会等通道，通过智力支持而非行政干预促进地方金融发展。在加强金融监管、防范风险时，地方监管机构应进一步简政放权，激发市场主体活力，强化事中、事后监管。我国一直将发展经济作为首要任务，地方政府作为国家权力体系的一部分，其职能无法脱离国家发展总体需求，并且因为中央一直以 GDP 增长为核心进行地方政府绩效考核，在弱财政、强金融格局下，地方政府难免利用金融发展职能把发展地方经济作为首要目标。从长远来看，金融发展需要金融监管来规范，金融监管是为了金融业更好发展，二者具有统一性，但短期内这种矛盾和冲突无法彻底消除，只能适当分离金融监管机构的发展职能和监管职能以缓解冲突。

目前，防范和化解系统性风险攻坚战正处于巩固既有成果，进一步攻坚克难的关键时期。因此，当前地方金融监管，必须更加突出监管作用，不能只侧重金融创新而忽视风险防范，以是否服务实体经济作为判断金融创新价值的基本标准，积极应用创新监管手段实现地方金融创新在监管与发展的有机统一中稳步前进。

四、以"监管科技"填补地方金融创新监管缺失

（一）加快发展"监管科技"，应对新兴金融风险防控

金融科技的发展推动着我国金融结构转型升级及提升金融服务效率和服务专业化的同时，也模糊了金融行业地域边界，加快金融混业经营的趋势。新型金融业态飞速发展，给地方金融监管也带来严峻考验。按照传统的地方金融监管理念，应用金融科技的新型金融机构组织因为其服务性质难以界定而放松对其监管，造成一定监管空白，金融行业系统性风险不断提升。包含大数据、云支付、人工智能和区块链等技术的金融科技对我国金融监管是挑战和机遇并存，将金融科技运用到金融监管上同样可行，以金融科技带动监管工具和技术优化升级，大力发展监管科技，提高监管效能是中央及地方金融监管部门应对金融科技时代新型金融风险的必然要求。利用那些比现有手段更富有效果的技术满足地方金融监管日益繁重的监管要求，既节约合规成本，又提高金融监管效率。

金融监管机构可以利用监管科技建立起支撑监管新兴金融风险的必要基础监管设施，推动监管范式的关键性变革。在大数据技术背景下，如果监管层能充分对接金融科技企业平台数据，形成系统性监管数据平台，加之智能算法分析的运用，则不仅能即时评估全国金融市场运营现状，同时也可以精准预测市场主体行为和未来动向，金融科技与监管的结合能真正实现金融监管的防微杜渐。[①] 在信息披露方面，运用监管科技扩大金融监管覆盖的有效范围，增加信息收集面的广度和深度，降低市场信息不透明度，提高信息披露质量和监管数据真实性。在风险控制方面，监管科技可以辅助地方金融监

---

① 谭书卿：《金融科技背景下的监管转型——以"监管沙盒"本土化进路为视角》，载《金融科技》2019年第10期。

管部门在有限的监管资源和手段下，通过事件捕捉、诱因检测、概率分析等方式监测和识别风险，更好地提出决策和执行，帮助地方金融监管机构全方位提高金融风控能力。有效提高系统和分析人员识别金融犯罪的效率与洞察力，建立统一风险指标平台，防范市场风险、信用风险和流动性风险，为金融监管机构提供从主流的内控风险框架到支撑系统，再到管理决策的全方面支持。在促进金融创新方面，监管科技可以前置在金融活动中，通过明确金融创新标准、改善金融业务流程、设置风险控制机制等方式，支持金融科技创新、优化金融产品供给。

近年来中央金融监管机构不断加强对监管科技在金融监管中作用的重视程度，2017 年人民银行成立金融科技委员会，2019 年中国人民银行发布《金融科技（FinTech）发展规划（2019—2021 年）》（银发〔2019〕209 号），明确提出要进一步增强金融科技的应用能力。2018 年 8 月，证监会发布《中国证监会监管科技总体建设方案》，完成证券业监管科技的顶层设计，明确监管科技 1.0、2.0、3.0 各类信息化建设工作需求和工作内容。[①] 中央应该持续健全金融科技监管体系，加快出台金融科技监管基本规则，地方金融监管机构应该在中央统一规则引领下，强化监管科技应用实践，积极利用大数据、人工智能、云计算等技术丰富金融监管手段，更加具有专业性、统一性、穿透性，提升跨行业、跨市场交叉性金融风险的甄别、防范和化解能力。

（二）引入推广监管沙盒机制，弥补地方包容性金融监管缺失

2019 年 7 月，央行表示将展开"中国版沙盒"，并在北京、上海、广州等十个省市展开金融科技应用试点，提升地方防控金融风险能力。传统金融

---

① 2018 年 8 月，证监会印发《中国证监会监管科技总体建设方案》，提出监管科技三个建设阶段：1.0 阶段主要"通过采购或研制成熟高效的软硬件工具或设施，满足会内部门和派出机构基本办公和特定工作的信息化需求"；2.0 阶段则"通过不断丰富、完善中央监管信息平台功能，优化业务系统建设，实现跨部门监管业务的全流程在线运转"；3.0 阶段要"建设一个运转高效的监管大数据平台，综合运用电子预警、统计分析、数据挖掘等数据分析技术，围绕资本市场的主要生产和业务活动，进行实时监控和历史分析调查"。

监管模式限制了金融科技时代的新兴金融业态发展，需要对监管模式和监管技术进行优化升级来符合金融科技发展的潮流形势。监管沙盒[①]机制具有流程设计、测试工具、准入标准、评估机制、风控措施等一整套运作模式，它属于一种事前准入监管，目标是兼顾金融创新与风险防控，把握风险可控性，保证金融创新的合理与合法性。监管沙盒的实施强调监管机构与测试企业之间互动合作，在实施过程中由政府监管部门负责评估，监管部门能够及时知晓测试过程中金融企业产品或服务的质量与风险状况。监管沙盒也是一种差异性监管，能够有针对性地根据金融市场主体或产品服务特点制定相应监管规则，更注重金融发展的实质公平和监管有效性。

地方政府在金融监管中引进监管沙盒制度，结合地方金融机构实际发展情况和金融产品及服务特点，因地制宜制定相应监管规则，鼓励本地区金融创新发展。既可以做到防范金融风险发生和扩散，维护地区金融稳定，又可以保护金融消费者正当利益，还能促进地区金融机构的公平竞争发展。利用监管沙盒制度缩短新产品和服务进入市场的时间，地方金融监管机构在监管沙盒实施过程中深入了解金融服务产品的运行风险，并据此完善监管规则，保障金融消费者合法权益，减少社会和金融消费者对金融产品服务的误判，减少监管成本和社会成本。[②]在监管沙盒授定权限范围内，新兴的创新地方金融机构也对监管规则进一步了解，使金融创新依赖的监管环境具有可预期性。在地方金融监管中实施监管沙盒制度，预示着保持监管与创新双向性的可能性，合作监管在金融与科技深度融合的当下，将是金融监管的一个重要

---

① 监管沙盒，指政府金融监管部门在限制性范围内，在企业申请通过后设立的小规模金融创新框架，在这一测试性环境中，政府主动放宽监管规定，减少金融科技创新的规则障碍，企业在政府监督和管理下进行多样化金融科技创新尝试。金融监管机构设立监管沙盒，主要是为了提高金融行业创新效率，鼓励竞争，并且通过实验方式控制创新失败可能带来的负面效应。最早的监管沙盒应用于 2012 年出现在美国，到目前为止，世界上已经有超过 20 个国家和地区展开监管沙盒的创新应用，其中应用相对成熟的国家有英国、新加坡等。

② 胡斌、杨楷：《监管沙盒的应用与启示》，载《中国金融》2017 年第 2 期。

选择。①

五、建立健全地方金融监管协调机制

随着金融科技在金融领域的运用，金融行业逐渐跨越时间和空间限制，跨地域展业、混业经营发展，但是地方金融监管能力相对薄弱和监管资源紧缺状况并未得到显著改善，地方金融监管面临的压力进一步增大。因此，地方监管机构有必要通过加强与中央监管派出机构、其他省市地方金融监管机构，以及同级政府不同部门的协调合作，充实监管资源，利用监管科技，创新监管方式，发挥其他监管协作者的作用，革新地方金融监管体系。

首先，地方金融监管机构与中央监管派出机构间应建立横向协调机制。无论是在"7+4"领域、各种金融风险专项整治，还是未来新型金融行业监管，中央金融监管机构负责制定规则，地方金融监管机构负责具体日常监管愈发成为常态。地方金融监管机构与中央监管派出机构建立制度化的横向协调机制，既有利于地方监管机构领会中央监管意图，也有利于将地方监管中的实际问题向中央监管机构反映。横向协调制度形式可以坚持目前已形成的联席会议制度，但是要形成制度化机制，对会议频率、内容和权限作出明确规定，避免出现会议频繁、议而不决情况。2020年1月，国务院金融稳定发展委员会办公室印发《国务院金融稳定发展委员会办公室关于建立地方协调机制的意见》，将在各省（区、市）建立金融稳定发展委办公室地方协调机制。应该尽快落实这一制度建设，进一步加强中央和地方在金融监管、风险处置、信息共享和消费者权益保护等方面协作。金融稳定发展委办公室地方协调机制的建立能够更好保持中央和地方金融监管的一致性，也能进一步助推防风险工作的落实。比如在高风险金融机构的处置上，央地之间可以建立统一的风险评级制度，由央行定期向地方政府发送风险提示函，同时向相关监管部

---

① 丁冬：《金融科技勃兴背景下金融监管法制的变革》，载《上海政法学院报（法治论丛）》2017年第4期。

门通报高风险机构情况，推动地方政府和监管部门分类施策、精准拆弹。而地方金融监管机构向评级对象"一对一"通报评级结果、主要风险和问题，提出整改建议，并对症提出诸如补充资本、压降不良资产、控制资产增长、降低杠杆率、限制重大授信和交易、限制股东分红、更换经营管理层、完善公司治理和内部控制等要求。

其次，加强不同地区地方金融监管机构之间联系与合作。如前所述，促进本地金融发展是各地方监管机构普遍肩负的职责。在金融资源有限的格局下，它们相互之间存在一定竞争关系，有时甚至竞争大于合作。新兴技术的蓬勃发展，深刻影响金融风险传导路径，各地方唯有监管机构互相配合，才能有效防范风险。实践中，地方监管机构一般只负责本地区金融监管工作。随着金融机构跨地域展业、混业经营等情况屡见不鲜，风险传播速度进一步加快，如果各机构之间不加强联系与合作，就难以在风险酝酿时期做好识别、发现并有效处置。因此，有必要加强地方与地方之间金融监管机构间的协调配合，统一监管标准，以免形成监管洼地。

最后，地方政府不同部门间必须建立内部协调机制。无论从历史逻辑还是从现实需求看，地方金融监管工作除地方金融监管机构担负主要责任外，需要其他政府部门密切配合。内部协调机制，应当由地方政府负责，地方金融监管机构主导，压实不同政府部门在防范重大风险、落实地方金融监管规则中的责任。地方政府要加强建立工作议事协调机制，履行属地金融监管和地方金融风险防范处置责任，加强地方政府金融监管各部门之间的协调配合，提高监管效率。构建一个金融管理全覆盖的网络，进一步加强地方金融监管部门之间纵向业务指导和横向经验交流，提高地方金融管理效能。特别是目前金融风险主要集中在地方政府债务、城商行、互联网金融等领域，具有市场下沉、分散和地域差异等特征。要从区域市场角度采取差异化措施，精准施策，提高风险处置效率。与此同时，切实做好地方之间金融信息交互，有效防控并防范金融风险扩散，确保区域金融稳定和系统性金融风险管控。

金融稳定发展委员会办公室地方协调机制和地方政府金融工作议事协调机制各有分工和侧重，要相互支持配合，形成监管合力，共同营造良好的金融环境。注重行业自律组织和金融中介组织的辅助监管职能，加强金融监管协调、补齐监管短板，更好地做到金融监管全覆盖，更好地防范和化解金融风险。

六、加强地方金融行为监管，强化司法救济和预防机制

长期以来金融业是审慎监管要高于消费者利益保护监管的行业。[①] 金融机构时常面临较大流动性压力，这决定了银行等金融机构本身具有脆弱性，其弱偿债能力和易遭受挤兑的弱点与金融机构相互间的交易网络会导致一家金融机构的违约演变为系统性风险。[②] 系统性金融风险具有严重的负外部性，会严重影响金融行业乃至社会的稳定，而审慎监管的逻辑是，维护金融市场秩序的基础在于遏制金融机构违约，维护其偿付能力[③]，所以政府也以此为维护金融稳定和保护金融机构健康运行的切入点。当前地方政府进行地方金融监管，更多地采用审慎监管思路，初步形成相应监管框架，中央宏观审慎监管和地方微观审慎监管相结合。但是，政府审慎监管着力于维护金融行业稳定和机构稳健运行，忽视金融市场中更为弱势群体的金融消费者。行为监管是将监管着眼点放在规制金融机构经营行为上，抑制其系统性行为偏差，注重维护金融消费者利益。当前地方政府金融行为监管制度基础薄弱，只有关于信息披露的简单概括规定，已经出台的几个省份的《地方金融监管条例》将保护金融消费者权益列入其中，这方面应当进一步提升，在立法层面加强对地方金融监管机构的行为监管立法。

---

① [比]马萨厄斯·德瓦特里庞、[法]让·夏尔.罗歇、[法]让·梯若尔：《制衡银行：金融监管平衡术》，欧明刚，张昕译，中信出版集团 2016 年版，第 5 页。

② 韩龙：《规制与监管：美国金融改革方案对金融法品性的再证明——解读美国金融改革方案之法学理念与基础》，载《河北法学》2009 年第 11 期。

③ 谢平、邹传伟：《银行宏观审慎监管的基础理论研究》，中国金融出版社 2013 年版，第 21 页。

第五次全国金融工作会议明确地方金融监管对象为"7+4"类机构，而"7+4"类机构为非持牌金融机构，一般是以民间融资为主的非储蓄类机构，因为其业务门槛低，缺乏相关制度约束，再加上投资者普遍风险意识薄弱，容易侵害金融消费者权益。地方政府应该加强行为监管，打击非法金融业务和活动，以更好维护金融市场秩序。

除加强地方金融行为监管以外，要通过司法救济和事先预防机制增加金融消费者利益保护。在近几年的P2P爆雷、非法集资事件中，投资者很难得到实质性赔偿，只能在事件发生后退出投资，通过诉讼渠道申请索赔成功的非常少。应该加大金融案件执法力度，严厉打击非法集资、内幕交易、非法支付结算等非法金融活动，严守系统性、区域性金融风险底线，强化穿透式司法审查。在事前预防机制上，要强化征信管理，加强征信机构与金融监管机构的合作，使金融监管有案可查，有据可依。拓宽法律适用，强化地方金融监管部门的保障意识，创新投资者风险保障机制，设立风险保障基金。在金融消费者纠纷上，建立多元化金融消费者纠纷解决机制。进一步统筹监管资源，推动各地方金融监管机构建立金融消费者保护部门，注重金融消费者的诉求表达，将金融消费者权益保护落到实处。

七、建设地方金融监管权力运行的监督制度

（一）内部监督与制衡

地方金融监管机构应该加强机构内部决策、监管执行等行为监督，有效的内部机构自我监督是合法行使地方金融监管权力的首道防线，应该及时纠正机构违反规定的错误行为。地方金融监管机构作为地方金融监管主体，应该坚持依法行使权力，注重审批与监管相分离，检查与处罚相分离，并且建立健全监管工作反馈机制，定时对监管机构监管工作进行自我评估。

（二）外部权力监督

关于地方金融监管权力运行的外部监督制度建设，主要有如下方面：

首先，中央政府及中央金融监管机构的监督。金融监管权的纵向划分是在中央统一领导、地方为辅助的规划下运行，中央政府有监督和制约地方政府金融监管权的权力。现有制度框架体系下，中央政府将部门金融监管权力授予地方政府行使，应建立相应的地方政府行使金融监管权的监督机制，并设定考核制度和指标，定期考核。如果发现权力滥用、消极行使、影响公众利益等情形，中央政府可以适当限制或者收回地方金融监管权力，监督和激励地方政府监管行为的质量和效率。要改革和完善金融机构的监管考核和内部激励机制，注重监管协调对监管绩效的促进。地方金融监管机构可以在法定职权范围内制定规范性文件，要对地方金融监管机构规范性文件认真审查，设定合理、合法的监管程序，防止权力滥用。

其次，地方立法机关监督。地方金融监管机构行使权力要受国家权力机关监督，人大监督是国家监督体系中最权威监督方式。在现行政治体制下，地方金融监管机构作为地方政府领导下行政体制的一部分，也受到地方人大的领导和监督。地方人大应该定期听取和审议地方金融监管工作专项报告，根据需要通过法定程序进行专项质询。

最后，社会监督。应该提高地方金融监管权运行透明度，保障公民对权力决策、执行等环节知情权，要确立公民行使监督的申诉制度，拓宽社会监督渠道，积极引进第三方评估机制，促进地方金融监管权力的规范有效行使。

"信息公平"视野下掠夺性放贷行为的法律规制

杭州师范大学　罗慧明　王立 *

摘　要

随着我国信贷市场的发展，正规金融及民间金融都出现不同程度的掠夺性放贷现象。现行监管制度运用强制性信息披露、限制贷款价格对掠夺性放贷行为进行规制，而未虑及信息超载、价格管制失灵等弊端，导致规制效果欠佳。从信息公平视角出发，结果表明，帮助借款人实现从"信息"到"知识"的转化是实现信息权利公平的新途径。具体到反掠夺性放贷法律制度的完善，核心为合理适用"适当性原则"，由放贷人承担适当性义务。

关键词： 信息公平；掠夺性放贷行为；适当性原则；适当性义务

★　罗慧明，江西师范大学政法学院教师、博士；王立，杭州师范大学副教授、博士。研究方向：金融法。

　基金项目：江西省社科规划项目"共享金融视角下非存款类小额信贷机构的法律规制"（19FX04）。

一、掠夺性放贷的基本内涵及其表现形式

何为掠夺性放贷并没有广为认可的统一定义。掠夺性放贷一词随着 2007 美国次贷危机逐渐成为讨论和关注的对象。在此次危机中，它指的是依据房产价值而非借款人的还款能力发放的，收取不合理的费用，安排不合理的贷款方式的放贷行为。[①] 判断一项贷款产品是否属于掠夺性贷款需要考虑的因素包括整个交易流程，监管机构能做的是识别掠夺性放贷经常出现的特征。这些特征包括基于担保物而不是基于借款人还款能力的超过其偿还能力的贷款；为了收取高额费用诱导借款者反复为已有抵押贷款进行再融资（贷款翻转）；致力于对无防备或无经验的借款人，欺诈或隐瞒贷款义务的真正本质及其附加产品。[②] 美国学者 Patricia Sturdevant 和 William J. Brennan 尝试将通过列举的方式说明掠夺性放贷行为，包括专门针对某一种族放贷、以不必要的家居装修为由放贷、附加高额费用的放贷、超过自身偿还能力进行贷款进而导致丧失抵押物赎回权等等。[③] 毫无疑问，逐项列举很难做到毫无遗漏，学者们开始寻求其本质特征。有学者通过对一系列放贷行为进行研究对比，总结了掠夺性放贷的五个基本特征，包括贷款人寻求不正当收益，放贷行为涉及欺诈，贷款条款引起借款人不合理的严重净损失，贷款条款中含有强制仲裁条款等放弃司法救济手段，放贷行为不透明但法律上难以认定为欺诈。[④] 掠夺性放贷，不仅仅违反现行消费者保护法及其字面含义，还包括违背其立

[①] 2007 年 3 月 22 日美国国会参议院银行委员会听证会：《房贷市场危机：原因与后果》，http://banking.senate.gov./index.cfm?Fuseaction=Hearings.Detail&HearingID=254，最后访问日期：2018 年 7 月 5 日访问。

[②] Bair S. Subprime and Predatory lending: New Regulation Guidance, Current Market Conditions and Effects on Regulated Institutions, http//www.fdic.gov./news/speeches/chairmanspmar2707.html，2018 年 10 月 15 日访问。

[③] SturdevantP, Brennan W J. A catalogue of predatory lending practices[J]. The Consumer Advocate, 1999, 5.

[④] Engel K C, McCoy P A. A tale of three markets: The law and economics of predatory lending[J]. Texas Law Review, 2002, 80: 1255-1381.

法精神。① 笔者认同根据掠夺性放贷行为的基本特征来识别掠夺性放贷行为。

与美国相比，我国住房抵押贷款证券化还处于初始阶段，且由正规持牌金融机构实施，在强监管的环境下目前还不存在真正意义上的掠夺性放贷现象。掠夺性放贷行为主要出现在各种小额短期借款中，原因在于随着互联网金融的发展，长尾端众多负债能力差的人群成为非存款类放贷机构的放贷对象。掠夺性放贷行为主要表现为以下两方面：

一方面，利用专业性的合同条款隐藏有失公平或欺骗性的放贷行为。部分专业性的贷款合同含有提前还款惩罚、违约时公开其个人信息、名目繁多的手续费，甚至将手续费在贷款本金中提前扣除等条款。

另一方面，超越借款人还款能力的借贷行为。此类行为主要表现为校园贷以及部分现金贷。校园贷针对的是经济不独立的学生群体，只需提供个人信息，无需担保与抵押便可获得贷款。现金贷源自发薪日贷款（Payday Loan），其中的垂直平台类模式依托于移动端，采取社交数据授信模式，进行纯线上审批，提供小额短期的现金借贷服务。此模式针对的是信用记录基本为零的客户群体，获客及资金成本相对较高。低门槛的特点导致大量无还款能力用户得以准入，同时伴随极高的坏账率。

针对小额信贷市场中出现的掠夺性放贷行为，央行、银监会 2017 年 12 月份发布的《关于规范整顿"现金贷"业务通知》中体现了努力监管的意图：各类机构应遵守"了解你的客户"原则，充分保护金融消费者权益，不得以任何方式诱致借款人过度举债，陷入债务陷阱；不得为在校学生、无还款来源或不具备还款能力的借款人提供借贷撮合业务。但遗憾的是上述规定缺乏可操作性，成为宣示性条款。已发生的多起校园贷纠纷，案件均作为普通借款合同纠纷进行处理。法院基于存在真实的债权债务关系和即便合同无效也应恢复原状的双重考量，均判决保护本金，差异仅在于对利息部分的处理。

---

① Delgadillo L M, Erickson L V, Piercy K W. Disentangling the differences between abusive and predatory lending: Professionals' perspectives[J]. Journal of Consumer Affairs, 2008, 42: 314-323.

在南宁市西乡塘区法院高新法庭受理的广西某金融投资公司诉高校学生借款合同纠纷案件中，400多名被告（在校大学生）除消极应诉拒收应诉材料外，还成立QQ群，集体表示校园贷既然是非法放贷，就不用归还，未归还贷款的学生最终被列入老赖名单。此案引起了广泛的热议，争议的焦点在于被法律明令禁止的借贷行为，是否需要归还本金？校园贷纠纷与普通的借款合同纠纷有何不同？

二、掠夺性放贷行为的法律规制及其不足

针对掠夺性放贷行为，现行监管制度主要从信息披露、限制贷款价格和贷款合同几方面进行，以下对现行制度的检视基本围绕上述展开。①

（一）掠夺性放贷行为的法律规制

信息披露（Disclosure，又译为"公开"），即信息优势方向信息弱势方披露前者占有而后者不占有的信息。② 小额借贷中的借款人可能借贷知识非常匮乏，难以了解交易条款的确切含义及其蕴含的风险。为了交易公平，采取强制性信息披露制度将信息获取权赋予借款人，而将信息披露义务加于放贷人。借款人需要在贷款合约订立之前获取充分的信息，并由贷款方进行必要的风险提示。

《非存款类放贷组织条例（草案）》（以下简称条例）中强制性信息披露的内容体现在第二十一条。第二十一条共计两款，规定了非存款类小额放贷机构风险提示的法律义务。第一款适用的情形是在业务宣传时进行风险提示。内容包括：贷款的种类、期限、利率水平等。这种法律义务履行的方式

① 制度检视涉及的规范性文件包括：《非存款类放贷组织条例（草案）》、《网络借贷信息中介机构业务活动管理暂行办法》（银监会令〔2016〕1号）、《网络借贷信息中介机构业务活动信息披露指引》（银监办发〔2017〕113号）、《互联网金融信息披露：个体网络借贷》（T/NIFA 1—2017）团体标准和《互联网金融信息披露：互联网消费金融》（T/NIFA 2—2017）团体标准。
② 邢会强：《信息不对称的法律规制——民商法与经济法的视角》，载《法制与社会发展》2013年第2期。

针对的是不特定的多数人，属于一般性信息，载体是相关的宣传资料、网站上的公告。第二款适用的情形是在订立贷款合约时。风险提示的内容包括：借款人的主要责任条款、贷款人的免责条款，应当从形式上以不一样的字体、符号、文字等标识引起借款人的注意，并做出充分说明。《网络借贷信息中介机构业务活动信息披露指引》（银监办发〔2017〕113号）中强制性披露包括：网贷机构备案信息、网贷机构组织信息、网贷机构审核信息、网贷机构经营信息和网贷机构项目信息共五个大类63项信披指标。《互联网金融信息披露：个体网络借贷》团体标准信息披露项为126项，其中强制性披露项由原来的65项增加至109项，鼓励性披露项由原来的31项减少至17项。

鉴于小额借贷中借款人的弱势地位，限制贷款价格和贷款合同条款成为应对掠夺性放贷行为的另一重要措施。限制贷款价格可分为两种情形：①直接限制贷款总价格，包括所有费用和利息；②同时限制贷款利息率和非利息费用。我国采取的是限制利率价格条款的方式[1]，对于非利息费用，《网络借贷信息中介机构业务活动管理暂行办法（2016）》（下文简称《暂行办法》）第二十条规定，由中介机构与借款人约定费用标准与支付方式。《条例》规定由放贷人与借款人协商确定的贷款利率和综合有效利率，不得违反法律有关规定。《暂行办法》第十七条对借款人的借款金额进行了限制：单一自然人在同一平台的借款余额上限不超过20万元，在不同平台的借款总余额不超过100万元；单一法人或其他组织的分别不超过100万元、500万元。此外，《条例》第二十六条第一款和第二款规定了非存款类小额信贷机构合法、谨慎放贷的义务。贷款人应该对借款人的还款能力、贷款用途等进行核查。在放贷后及时了解借款人还款能力的变化。《条例》的第二十七条第一款和第二款规定了非存款类小额信贷机构的非法放贷行为。禁止贷款人用诱导、胁迫等方式发放贷款，造成借款人过度负债。

---

[1] 现行民间借贷利率采取了以中国人民银行授权全国银行间同业拆借中心每月20日发布的一年期贷款市场报价利率（LPR）的4倍为标准确定民间借贷利率的司法保护上限。

（二）掠夺性放贷行为法律规制之不足

强制性信息披露制度强制信息优势方披露信息能有效缓解信息不对，但越来越多的强制披露项导致了信息超载问题，挑战了信息披露的有效性。[①] 抛弃成本与收益分析，过多的披露就像是耀眼的光线，也会令人头晕目眩。[②] 在信息超载的情形下，决策者往往只能选择其中的部分信息，而不是理解全部信息后再做决策。信息超载使人的信息加工能力大幅度下降，决策者被各种无关信息干扰，有价值的信息被淹没，从而影响人们投资决策的质量。约翰·希利·布朗说："用提供更多信息的办法来对付关于信息的种种困扰，然而当所提供的只是信息时，信息越多反而意味着信息越少。"[③] 强制性信息披露作为规制掠夺性放贷的一种制度，如果仅强调信息披露本身而不注重贷款条件，则对借款人的保护仍显得不足，在实践中也难以落到实处。如2018 年 3 月网贷之家《P2P 网贷平台信息披露 TOP100》的评分工作中，借款人征信报告指标样本得分率仅为 3.25%，位于信披指标垫底水平。[④] 另一方面，面对放贷人披露的大量信息，借款人可能无法理解，加上放贷人的各种营销策略，使借款人忽略或没有机会细读放贷人的信息披露文件。

[①] Paredes T A. Blinded by the light: Information overload and its consequences for securities regulation[J]. Washington University Law Quarterly, 2003, 81: 417−485.

[②] ［美］加里·贝克、罗纳德·科斯、默顿·米勒等：《圆桌会议：展望法与经济学的未来》，载《比较》2005 年第 19 期。

[③] ［美］约翰·希利·布朗、保罗·杜奎德：《信息的社会层面》，郭铁生，葛立成译，商务印书馆 2003 年版，第 200 页。

[④] 《400 余家 P2P 平台央行征信披露分析：不足 10 家合格》，http://www.ifbcp.org.cn/cms/hljr/zhengwen.jsp?aid=17118&kinds=3, 最后访问日期：2018 年 7 月 20 日访问。

《网络借贷信息中介机构业务活动信息披露指引》第九条规定，网络借贷信息中介机构应当及时向出借人披露如下信息，包括：借款人收入及负债情况、截至借款前 6 个月内借款人征信报告中的逾期情况、借款人在其他网络借贷平台借款情况等；《互联网金融信息披露：个体网络借贷》（T/NIFA 1—2017）团体标准区分了借款主体：自然人、法人或其他组织，分别需披露截至借款前 6 个月内借款人征信报告中的逾期情况（脱敏处理）、在其他网络借贷平台借款情况。另外，自然人还需披露在平台逾期次数、在平台逾期总金额信息。

价格管制作为规制掠夺性放贷行为的另一种制度，无论是直接限制贷款的总价格还是同时限制贷款的利息率和非利息费用，其立法意图都旨在减少贷款合同中出现太多复杂的价格条款或者出现侵害借款人的不公平价格条款。价格管制历来难以实现，无论立法多么完善，实践中放贷人总会找到新的价格条款予以规避。非利息费用规定过于原则使得利率限制形同虚设。

三、"信息公平"对掠夺性放贷行为法律规制的启示

（一）信息公平的内涵与逻辑

2003 年，联合国召开"信息社会世界峰会"，信息公平理念开始传播。各领域的学者从不同角度对信息公平进行界定。Leah A. Lievrouw 和 Sharon E. Farb 对"信息公平"这一概念进行详细阐释：信息公平为"信息在个人、群体、地区、族群以及其他各种社会组织之间的公平合理分配，使所有人在生活中都有机会获得对他们来说至关重要及有意义的所有信息"。[1] 国内学者的观点主要包括：信息公平体现了人们对信息资源的获取和分配过程中产生的价值期望，实质是信息权利的平等，包括信息资源获取和分配公平；信息公平指不同群体、不同阶层能自由平等获取各类信息；信息公平指的是在一定的历史时期和社会环境，人们对信息资源的获取和分配过程中所体现的衡平与对等状态。[2]

笔者认为，信息作为现代社会的一种重要资源，由于个人、社会及历史等客观原因，导致在不同的市场主体间呈现了不同的配置与分化，信息公平问题由此而产生。信息公平实质为实现信息权利的平等，在信息资源的配置与获取过程中以公平为主导。信息公平可以从以下三个维度理解：一是信息

---

[1] Leah A. Lievrouw, Sharon E. Farb, Information and equity, http://drzaius.ics.uci.edu/meta/classes/informatioc161_fall06/papers/03- lievrouw.pdf，2018 年 10 月 15 日访问。

[2] 蒋永福、刘鑫：《论信息公平》，载《图书与情报》2005 年第 6 期；肖希明、水亮：《和谐社会中的信息公平制度》，载《图书馆论坛》2006 年第 6 期；刘鑫：《信息公平概念、意义与原则》，载《图书馆学刊》2006 年第 5 期。

公平体现为信息资源配置公平。其内涵指市场交易主体拥有的信息资源比较均衡。二是信息公平体现为信息获取机会公平。其内涵指市场交易主体不论其客观条件，均能受到同等的对待。在法定范围内，每个人都能自由、便捷地获取相关的交易信息。三是信息公平体现为信息权利公平。信息权利公平包括自由获取、传播、选择、使用等方面的权利。这三者之间关系紧密，其中信息获取机会平等决定了信息资源配置平等与否。无论实现信息资源公平配置还是信息获取机会公平，都需以公平的信息权利为前提条件。信息公平要求信息的提供者对所有的交易对象提供同质、同量的信息。

在小额借贷领域，信息公平的实现主要体现为契约机会信息公平的实现。在此过程中应充分考虑信息接收者的差异，包括获取信息、处理信息能力的差异。为了实现契约机会信息公平，监管层可采取的路径是对信息交易成本进行控制，确保信息传递渠道的顺畅。

（二）信息公平的启示：合理适用"适当性原则"

强制性信息披露制度建立在"有效市场假说"和"理性假设"基础之上，其理论基础为信息经济学，目标为解决放贷人与借款人之间的信息不对称问题。强制性披露制度未能考虑到"信息超载"、市场与交易主体的非理性等缺陷，故而有必要对强制性信息披露制度加以改革。运用强制性的信息披露制度应对掠夺性放贷行为，实现的仅仅是形式意义上信息资源配置层面的公平，使放贷人和借款人之间拥有的信息资源比较均衡，但未能实现信息权利的公平。

借款人实现信息权利公平在于实现从信息到知识的转化。对于何为信息，何为知识，哈耶克的知识与秩序理论进行了独特的解释，强调知识与信息的区别，这是作为非主流的奥地利学派不同于主流新古典理论的一个重要特点。① 作为一种生产要素，信息只是知识之中可编码的显性部分，而默会知识部分则完全被忽视了。奥地利学派强调认知主体和信息之间的关系，即主体有意识理解信息的逻辑含义，在这个意义上，所有的知识都具有默会性质。信息通过人的主体认识而转化为知识，并对人的行动产生作用。知识包含着信息，但不等同于信息，只有考虑其动态过程，才能将知识理解为被行动主体所理解的信息。资源配置效率深层次逻辑是知识增长和利用的效率。相较于借款人，放贷人对于创新型贷款本身及其合同中复杂条款具有更为强大的将信息转化为知识的能力，如更多的财力和资源，收集并分析某些关键问题等。根据科斯的成本交易理论，合理适用适用性原则，通过对贷款合约的规制、限制最高借款金额，由放贷人承担适当性义务应能以最小的成本避免借款人遭受掠夺性放贷。

四、反掠夺性放贷法律制度的完善

适当性原则来源于证券法，指的是销售人员应将符合客户偏好和个人风险承受能力的金融产品推荐给客户。美国学者在思考规制掠夺性放贷行为法律制度的立法缺陷时，提出应在次贷市场中予以借鉴。② 强制推销证券的行为与掠夺性放贷行为具有某种程度相似性，其相似性在于目标寻找行为或捕食个体借贷者（投资者）弱点。在掠夺性放贷中，放贷人的信息优势及其极端的推介手段对借款人自由、正确的判断造成了极大的妨碍。适当性原则适用于贷款合约的规制、限制借款金额以及明确适当性义务。

（一）贷款合约的规制：适当性义务的转化与合约标准化

贷款合约的规制包括将适当性义务转化为合同义务与将贷款合约正式化

---

① 谢志刚：《共享经济的知识经济学分析——基于哈耶克知识与秩序理论的一个创新合作框架》，载《经济学动态》2015 年第 12 期。

② Mundheim R H. Professional responsibilities of broker-dealers:The suitability doctrine[J]. Duke Law Journal, 1965, 14: 445-480.

及简明化两个层面。

放贷人的适当性义务经历了从商业道德到行业自律组织的行业守则（软法义务），再到依靠金融监管立法成为公法义务的发展历程。2008 年以来，我国开始将适当性义务规定在金融监管规范之中，现行的适当性义务主要散见于监管部门规定的规范性文件，法律法规层面尚无明确规定。[①] 适当性义务只是作为一种监管要求而存在，并未成为放贷人的合同义务，此种监管要求主要通过司法层面予以转化。从我国适当性诉讼的司法实践来看，司法裁判思路以《最高人民法院关于当前商事审判工作中的若干具体问题》（2015年 12 月 24 日）的发布为分水岭，经历了从形式审查到实质审查的历程。[②] 适当性诉讼中的关注点随之从是否履行了信息披露义务到投资建议是否适当的实体问题。虽然有相当多的案例体现了上述趋势，但法院并未明示这种转变是如何完成的。一个可能的解释是法院将相关监管要求推定为合同的默示条款，构成合同义务。这一解释可能引起两方面的问题，一是此种推定是否可以被合同明文排除；二是由司法对合同内容做出直接的推定，有司法干预过度之虞。为解决上述问题，香港证监会（SFC）要求将适当性义务作为一项独立的合同条款在客户协议中予以体现，从而投资者可以直接依据合同条款追究放贷人的违约责任。此种做法既无需借款人证明存在默示条款，也无

---

① 相关规范性文件：《商业银行个人理财业务管理暂行办法》《商业银行个人理财业务风险管理指引》《中国银监会关于印发银行业消费者权益保护工作指引的通知》《中国银监会关于规范商业银行代理销售业务的通知》《证券投资基金销售管理办法》《证券期货投资者适当性管理办法》等。
② 相关案例：刘南与荷兰银行（中国）有限公司北京东方广场支行委托理财合同纠纷案；周莉与渣打银行（中国）有限公司成都分行委托理财合同纠纷上诉案；庞民盛与恒生银行（中国）有限公司南京中山路支行委托理财合同纠纷上诉案；查金明与东亚银行（中国）有限公司杭州分行金融委托理财合同纠纷二审案；袁惠琴与恒生银行（中国）有限公司宁波分行金融衍生品种交易纠纷上诉案；中国工商银行股份有限公司日照开发区支行与周燕金融委托理财合同纠纷一案；广发银行股份有限公司上海虹口支行与沈伟珍财产损害赔偿纠纷一案；钟思东、兴业银行股份有限公司深圳分行与兴业银行股份有限公司财产损害赔偿纠纷二审案；阎轶楠、平安银行股份有限公司青岛南京路支行二审案；戴晶与平安银行股份有限公司南京双门楼支行委托理财合同纠纷案；沈廷锡与中国建设银行股份有限公司苏州桃花坞支行金融委托理财合同纠纷案。

需法院进行事后推定。这一改革思路值得我们在规制掠夺性放贷行为时予以借鉴，将适当性义务作为贷款合约的必备条款。

为了保证贷款合约的正式性，合约的日期，利率等必要记载事项，贷款归还的凭据，贷款的金额及限制性的内容都必须在贷款合约中体现。大多数国家立法中明确要求小额信贷合约必须以书面形式签订。如新加坡放贷人法（2008）规定："在同意贷款前，合法的放贷人必须将合同条款通过书面的形式向借款人或其代理提交。借款人或其代理亲笔签名。如果合同当事人任何一方如果不使用英文，则必须在其签字前明确清晰地说明合同条款的相关内容。在放贷人放款前，当事人签字后的正式合同文本必须交予合同相关借款人或担保人，并保证就贷款还款账户情况一年两次向借款人做出说明。"①南非《国家信贷法》规定贷款合约必须登记。②我国目前对于小额信贷合约的标准范本并没有法律层面的强制性规定，只是在行业层面，部分企业达成一致采用某种电子合同范本。《条例》第二十条就贷款合约做出了必须签订书面合同的规定，对贷款合约应包含的内容使用了如下表述："合同一般包含以下基本要素……"通过与域外立法的比较，可见我国对贷款合约的正式性要求较为宽松。《条例》应该规定合同的必备条款，而不是使用"一般包括"的表述。贷款合约作为一种具有特殊性的合同，合同必备条款中应当包含利率上限、对某些收债行为的禁止等。专业的贷款合约可能极为专业和复杂，一般人理解起来极为困难，短时间说明义务的履行也无济于事。为了保障借款人的知情权，强制规定贷款人在合同的正式文本之外，向借款人出具一份简单明了的合同摘要，合同摘要中列出涉及借款人主要责任的条款。

---

① Booysen S A. The new Moneylenders Act 2008[J]. Singapore Academy of Law Journal, 2009, 21: 394-408.

② 南非 2015 年 6 月 25 日发布的《国家信贷法（修正案）》PDF，载南非政府网站，https://www.gov.za/documents/acts，2018 年 7 月 15 日访问。

（二）借款金额的限制：借款限额分级制

对于小额借贷市场，《暂行办法》笼统规定了最高借款数额，没有明确地规定其与借款人的收入占比。为了防止过度借贷行为，各国对借款人的最高借款额度进行强制性限定，避免社会信用出现系统性风险。如新加坡以分区间的方式规定最高借款额度：年收入不到 2 万美元的借款人最多借入 0.3 万美元的无担保贷款，且其利率上限定为 18%；年收入 2 万—3 万美元之间的借款人最多借入其月收入两倍的无担保贷款；年收入超过入 3 万美元的借款人可借入月收入 4 倍的无担保贷款。对于新加坡公民、非新加坡籍的永久居民或非永久性居民，如果他们的年收入超过了 12 万美元，将不受上述最高借款额度规定的限定。无担保贷款不包括助学性、医疗性以及科研性的特别贷款。此外，新加坡《放贷人法》（2008）中对借款总额也进行了最高额限定，当总债务额超过其年收入三分之一后，则借款人可以被认定为已丧失还款能力，贷款人不得向其继续贷款。日本根据贷款人的数量分别对借款总额进行了有条件的限制，对于单一贷款人，借款人的借款总额达到 50 万日元以上的，对于多个贷款人，借款人的借款总额达到 100 万日元以上的，均需提供纳税证明以证实其还款能力，贷款人根据实际审核情况决定是否放贷。[1] 美国各州的规定不一，其中南达科他州对消费信贷的次数和金额进行了严格限制。[2]

在"适当性原则"之下，不适格的贷款申请人不应获得超越其风险承担能力的贷款，例如对"校园贷"的严格监管、现行金融法律法规中对还款来

---

① 朱军：《日本贷金业法制度的变迁与效果分析——兼论其对中国民间借贷发展的借鉴意义》，载《现代日本经济》2014 年第 1 期。

② 孙天琦、张晓东：《美国次贷危机：法律诱因，立法解危及其对我国的启示》，载《法商研究》2009 年第 2 期。

源方的严格审批。① 对于借款金额的限制除了最高总额限制，还应细化分区间（以借款人的年收入为标准）规制（见表 1）。对于明显没有稳定独立的收入来源或已丧失还款能力的借款人，放贷人继续向其放贷的，追究放贷人的法律责任。

表 1　借款限额分级制

等级	年收入	最高借款限额	最高债务总额（多个放贷人累计）	信息披露要求
A	单一自然人年收入 50 万元以上	月收入 4 倍	不得超过年收入的三分之一	A 级借款人需频繁、内容更为充实的信息披露活动，如向出借人定期公布其资金使用情况
B	单一自然人年收入 10 万元至 50 万元	月收入 3 倍		B 级借款人信息披露程度可略低于 A 级借款人
C	单一自然人年收入 5 万元至 10 万元	月收入 2 倍		C 级借款人和 D 级借款人只遵循普通借款人的要求即可，具体要求由放贷人自行规定
D	单一自然人年收入 5 万元以下	月收入 1 倍		

注：年收入的判断依据主要为工资收入、比较确定的财产收入等可控的收入；当数额较大时需提供纳税证明还款能力。

---

① 《商业银行法》第三十五条："商业银行贷款，应当对借款人的借款用途、偿还能力、还款方式等情况进行严格审查。"银监会发布的《关于进一步规范信用卡业务的通知》也规定："六、银行业金融机构应遵循审慎原则向学生发放信用卡。不得向未满 18 周岁的学生发放信用卡（附属卡除外）。向经查已满 18 周岁无固定工作、无稳定收入来源的学生发放信用卡时，须落实第二还款来源，第二还款来源方应具备相应的偿还能力。银行业金融机构发放信用卡前必须确认第二还款来源方已书面同意承担相应还款责任，否则不得发卡。银行业金融机构应积极向学生家长或其他有关管理人告知学生申领领用信用卡的相关信息。七、银行业金融机构应对信用卡申请人资信水平和还款能力进行尽职调查，申请人应拥有固定工作，或稳定的收入来源，或提供可靠的还款保障。申请人不能满足上述条件但确有必要发卡的，银行业金融机构应对发卡适用范围做出明确规定，建立相应的发卡管理机制。申请人必须落实第二还款来源，第二还款来源方应具备相应的偿还能力。银行业金融机构发放信用卡前必须确认还款来源方已书面同意承担相应还款责任，否则不得发卡。"

在执行上述标准的前提下，由放贷人自行设定浮动限额，由放贷人定期发布具体的浮动借款额度。对于借款人到底能承担多少贷款，放贷人更易于判断。一方面，放贷人可以通过数据库或信用数据来预测借款人的风险承受与支付能力并了解借款人的财务状况；另一方面，放贷人更清楚他们提供信用可能会出现的后果，即更了解借款人的金融需求。有关违约和取消回赎权方面的研究表明，中低收入借款人违约并不是主观上不愿偿还贷款，往往是因为出现未能预见的原因。①

（三）适当性义务的立法完善

从适当性义务的起源来看，其设立目的是弥补契约之不足，通过对券商课以适当性义务来保护交易中的弱势一方（投资者），从而实现交易的实质公平，体现的是一种私法义务。该义务的相对人为投资者。在掠夺性放贷关系中，该义务的相对人为借款人。当借款人的财产利益受到损害时，借款人可以请求民事赔偿，提起民事诉讼，这在域外的相关司法实践中已有先例。

美国在尊重市场规律的前提下，为了保护零星客户，基于父爱主义的立场，最终采取了适当性义务作为市场监管手段并纳入法定化进程。截至 2017 年 4 月末，美国共有 31 个州通过并实施了专门的反掠夺放贷法（州立银行和联邦储贷机构不受约束），各州在立法思路上大致遵循了《房屋所有权和权益保护法案》（1994 年通过，2002 年修正）。该法案是第一部真正意义上的反掠夺性放贷专门立法，其立法目的为应对住房抵押市场的掠夺性放贷行为。各州立法中有关适当性义务的内容主要表现在触发条件、还款能力认定、救济手段等方面。多数州采取了较低的触发点，如北卡罗来纳州规定，当贷款金额不足 2 万美元、费用占贷款金额的比重达到 5%，即可适用该

---

① Ambrose B W, Capone C A. Modeling the conditional probability of foreclosure in the context of single-family mortgage default resolutions[J]. American Real Estate and Urban Economics Association, 1998, 26: 391-429.

法①；大多数州赋予了借款人起诉权，允许借款人起诉贷款人和中间商，如新泽西州在满足特定条件情形下可起诉贷款债权的受让人（包括直接受让和证券化形式受让人）②；在救济手段方面，部分州采取了惩罚性赔偿，允许赔偿金额达到贷款金额的两倍甚至三倍；在借款人还款能力认定标准上，规定更为细致③。部分州根据借款人的收入占比来确定借款人的权益是否受到侵害，如北卡罗来纳州规定，在一定期间内贷款合同约定的偿还金额如果超过该期间借款人收入的50%，则可认定该项贷款超越借款人还款能力、借款人权益受到侵害。④我国小额借贷中的借款人针对掠夺性放贷行为的起诉权，可类比参照的规范性文件主要是《最高人民法院关于当前商事审判工作中的若干具体问题》（以下简称《规定》）。《规定》中提出，金融市场上的信息不对称加上投资者自身的知识和能力局限，使得投资者在购买投资性金融产品或接受相关服务时往往无法真正理解其中的风险和收益，其主要依赖产品销售者和服务提供者的推介和说明。一般情况下交易双方缔约能力处于不对等地位。因此，必须依法确定卖方机构"适当性"义务，确保金融消费者在充分了解投资标的及其风险的基础上作出自主决定，实现契约正义。法院在审理卖方机构与投资者之间因销售各类集合理财计划、结构化产品等高风险金融产品和提供经纪、代理等服务而引发的商事案件中，要明确法律适用规则并依法分配举证责任。可适用举证责任倒置原则，金融消费者对其主张

---

① Engel K C, McCoy P A. A tale of three markets: The law and economics of predatory lending[J]. Texas Law Review, 2002, 80: 1255-1381.

② 《多德-弗兰克华尔街改革与消费者保护法案》赋予了CFPA（the Consumer Financial Protection Agency，CFPA）一项很重要的权力，即可以酌情限制甚至禁止消费金融合同中的强制仲裁条款以保护借款人利益，赋予了掠夺性贷款受害者以寻求司法救济的权利。

③ Saft S M. An analysis of The Mortgage Reform and Anti-Predatory Lending Act[J]. Real Estate Finance 2010, 26: 106-111.

④ Ambrose B W, Capone C A. Modeling the conditional probability of foreclosure in the context of single-family mortgage default resolutions[J]. American Real Estate and Urban Economics Association, 1998, 26: 391-429.

的购买产品或接受服务的相关事实，应承担举证责任；卖方机构对其是否履行了了解客户、适合性原则、告知说明和文件交付等"适当性"义务等案件事实，应承担举证责任。

借鉴域外规制掠夺性放贷的经验并结合我国实际，完善现行立法中有关适当性义务的内容，包括触发条件、借款人起诉权、救济手段等，以此促进放贷人在合同信息披露义务之外履行适当性义务（见表2），积极推动《条例》的正式出台，建议制定效力层级更高的反掠夺性放贷行为法律规范，探索开展反掠夺性放贷的地方立法，在小额信贷、互联网消费信贷行为活跃的地区开展地方立法试点。

表 2　适当性义务的主要内容

项目	内容
触发条件	考量因素：贷款平均年化利率；贷款总费用超过贷款总金额的百分比；贷前评估以及贷款申请、发放、回收、追偿过程中的某些具体行为如诱导借款人进行循环贷款、再融资，诱导借款人使用还息支付、负向摊销等明显增加其还款压力的支付方式；放贷组织在贷款时故意忽略消费者的还款能力
还款能力认定	考量因素：一定期间内贷款合同约定的偿还金额如果超过该期间借款人收入的占比
救济手段	考量因素：赋予借款人起诉权；惩罚性赔偿（允许赔偿金额达到贷款金额数倍）
适用范围	所有从事放贷业务的金融组织
举证责任	举证责任倒置

论新业态金融的包容审慎监管

浙江和义观达律师事务所　胡松松

宁波大学法学院　赵意奋 *

摘　要

科技和互联网背景下，推动经济发展出现新业态，其中不乏与金融相关。新业态金融本质上属于金融，必然进入被监管的宿命。所谓包容审慎监管，主要是以有序创新为包容限度，以防控整体性市场风险为审慎监管标准。建议确定新业态金融的监管规则，主要包括确定新业态金融的监管应以金融行为为主要监管对象，以监测为主要监管手段，以人数和金额作为双重监管标准。

关键词：新业态金融；包容；审慎监管

---

* 胡松松，浙江和义观达律师事务所主任、高级合伙人；赵意奋，宁波大学法学院教授、博士，研究方向：金融法。

　　基金项目：浙江省哲学社会科学规划课题"证券化基础资产——票据收益权研究"（ZX2018 000230）。

《中共中央关于制定国民经济和社会发展第十四个五年规划和二〇三五年远景目标的建议》提出"完善现代金融监管体系，提高金融监管透明度和法治化水平"，"健全金融风险预防、预警、处置、问责制度体系，对违法违规行为零容忍"，显示了中央在经济发展新业态背景下，金融监管一刻不容放松的决心。《中共浙江省委关于制定浙江省国民经济和社会发展第十四个五年规划和二〇三五年远景目标的建议》为浙江省刻画了一幅宏伟蓝图，为未来努力提出了明确的方向。其中包括："深入实施数字经济'一号工程2.0版'。深入实施数字经济五年倍增计划，大力建设国家数字经济创新发展试验区，打造数字强省、云上浙江。加快打造数字产业化发展引领区、产业数字化转型示范区、数字经济体制机制创新先导区，争取数字人民币试点，建设数字技术创新中心，加快打造数字变革策源地。创建国家制造业创新中心等高能级平台，培育壮大数字产业，形成一批具有国际竞争力的数字产业集群。""加快打造新兴金融中心，建设杭州国际金融科技中心，探索构建与数字贸易相适应的金融支付体系，高水平建设钱塘江金融港湾。"这些新业态发展必然带来新的制度完善问题，故同时提出深化区域金融改革试点，完善现代金融治理体系，营造市场化法治化国际化的一流营商环境，深化"互联网＋监管"，对新产业新业态实行包容审慎监管。

新业态发展过程中必然伴随金融机构的金融活动和非金融机构潜在的金融行为，如何对此进行包容审慎监管？

一、新业态金融包容审慎监管的基本逻辑：监管是宿命

"在对新金融企业的监管上应坚持包容审慎的态度。一方面，中国数字经济取得的快速发展离不开相对宽松的监管环境。互联网发展初期，政府采取了包容审慎的监管方式，客观上降低了企业收集数据的成本，加快了平台企业形成，促进了新金融企业的商业模式创新和成熟，因而诞生了像蚂蚁、微众等一批具备竞争力的新金融平台企业。另一方面，金融风险具有传染性，

政府对涉及公共利益的金融创新需持审慎态度，对于类似 P2P 的风险要在早期识别并快速响应，防止局部风险事件演化成系统性金融风险。"[①] 新业态金融纳入监管是其必然的宿命。

（一）新业态金融的金融本质

新业态金融是相较于传统业态金融的描述，其属性依然落脚在金融之上。但是金融活动未必是以直接经营事项为判断标准，可能是在主营业务过程中伴随着涉金融活动，容易引发金融风险；也容易使市场主体为了规避金融监管，从事可能名为一般商事经营、实为金融融资的活动。

目前，我国产业数字化仍处于起步阶段，按占 GDP 比值计算，我国与美国、德国等发达国家仍存在较大差距。从产业结构来看，第三产业数字化程度显著高于第一和第二产业。互联网作为连接数字产业化和产业数字化的媒介，率先赋能传统服务业，培育出新零售、远程办公、在线教育、医疗信息化等新业态，并呈现出快速发展态势。阿里巴巴、腾讯等头部互联网企业不断拓展业务边界，构建生态体系，利用其积累的海量数据和技术优势，正在逐步向金融服务全面渗透，在提升效率、促进普惠的同时，也不断冲击和改变着传统金融业态。金融产业数字化具有良好的基础，但转型才刚刚开始。

金融服务的本质是利用信息对风险进行定价并促成交易，与互联网类似，都是基于信息的"生意"。金融业开展信息化建设的时间与互联网兴起几乎同步，大型金融机构如今每年都有数亿美元的 IT 投资，建立了先进的信息系统，并积累了海量的数据。以商业银行为例，2018 年我国单家股份制银行内部积累的数据体量就达到了 100TB 以上。金融产业是我国信息基础设施最完善、数据资源最丰富的行业之一，拥有开展大数据分析等新技术应用的基础资源，最容易推动数字化转型。但从发展进程来看，金融产业数字化才刚刚开始。传统金融业信息化建设的目标是利用信息技术优化现有业务，实现

---

① 陈文辉：《金融产业数字化转型的几点思考》，载《中国金融》2020 年第 22 期。

降本增效。而新金融企业则是运用新科技重塑金融业务逻辑，这才是金融产业数字化的核心。目前，传统金融企业的转型仅仅是信息化建设的延续，是局部的优化，而不是彻底的重构。由互联网派生的新金融正在与传统金融交汇，传统金融拥有良好的基础，新金融已蹚出一条新路，二者通力合作必能形成金融产业数字化大发展的新局面。

有学者认为金融产业数字化和汽车行业转型具有异曲同工之妙。随着新能源汽车业迅猛发展，涌现出一批造车新势力。传统车企亦在积极推动电动化转型，但仍难以阻挡造车新势力的崛起。特斯拉市值超过几大传统车企的总和，蔚来、理想、小鹏汽车都成功登陆资本市场，并获得远超传统车企的估值水平。核心业务逻辑的改变是新势力得以挑战传统企业的根本原因。这种类比具有极大的合理性。品牌汽车厂商经过多年工艺积累，在发动机等核心技术方面建立起很高的技术壁垒。但对于新能源汽车而言，电动机取代发动机，传统厂商丧失了"护城河"，与造车新势力站在同一起跑线上。更重要的是，新能源汽车一改传统汽车作为交通工具的定位，在电动化的基础上推进数字化，以海量数据为驱动，不断提升汽车的设计、制造水平，满足消费者个性化定制需求；利用机器学习，不断完善算法和模型，逐步实现包括自动驾驶在内的高级智能，将汽车打造成出行中的人工智能助手。所以，新能源汽车是汽车行业的创新业态，应该支持。但是，传统车企的电动化转型只是用电动机和电池替代了发动机和汽油，并没有改变汽车的定位。汽车最主要的风险始终是路上的交通安全风险。当然，汽车新业态发展可能会进一步使安全问题复杂化，使法律关系也更复杂。不仅要关心发动机，还要关心算法，关心自动驾驶；法律上得解决一旦发生交通事故，谁是肇事者或责任承担者的问题。

回到金融行业，也存在类似的情况。新业态金融果然是新金融。这是一个如何定义新金融的问题。笔者认为不是所有的金融均是新金融。所谓新金融应该从本质上与传统金融不同。但是，所谓金融，不过是业态区别，本质上大部分是相同的。金融的本质是信用。传统金融业务分为银行、信托、保险和证券四个大类。互联网背景下，利用技术、数字等开展金融业务，是否完全创造了一种新的金融业务？数字经济时代，数据成为主要生产要素，将替代资本成为金融业核心资产。传统金融的业务逻辑是"客户找钱"，资本是稀缺的，金融机构占据优势地位，风控核心是防范，客户只有提供满足金融机构要求的增信措施，才能获得金融服务。而新金融的业务逻辑是"钱找客户"，风险控制更强调信任，只有在海量数据基础上，运用科技深度分析，才能以极低的成本精准找到最需要钱且在未来有能力还钱的客户。新金融企业脱胎于互联网，利用互联网生态产生的海量数据，不断优化升级风控模型，如今已在面向消费者和小微企业的金融服务领域独占鳌头。未来三至五年是互联网产业大发展时期，新金融必将顺势进入工业领域，对传统金融产生巨大的冲击。这一过程可能比汽车行业电动化变革更加迅速猛烈。所以，新业态金融不仅是找钱、找信用的问题，还牵涉数据的抓取、运用，个人信息的保护等法律问题。

（二）新业态金融符合被监管的逻辑

新业态金融的本质没有改变，反而增加了复杂性，那么有什么理由不监管或弱监管？

金融市场是指以资产为交易对象而形成的供求关系及其机制的总和。它是资产进行交易的一个有形或无形的场所；反映了资产供应者和需求者之间所形成的供求关系；是包含了资产交易过程中所产生的运行机制。[1] 金融市场之经济功能包含了聚敛功能，即指金融市场具有聚集众多分散的小额资金成为投入社会再生产的资金的能力；配置功能，即资源配置、财富的再配置和风险的再分配；调节功能，即金融市场对宏观经济的调节作用。

金融市场也是公认的国民经济信号系统，被称为国民经济的晴雨表和气

---

[1] 张亦春：《金融市场学》，高等教育出版社 2008 年版，第 1 页。

象台。其因为伴随着金融风险，被纳入监管范畴。所谓金融风险，是从事金融活动的主体，由于结果与预期的偏离而造成资产或收入损失的可能性，具有普遍性特征。典型的金融风险形态包括信用风险与市场风险、利率风险与汇率风险、政策风险与国家风险、流动性风险与操作性风险等。发生金融危机是金融风险累积的结果。而金融危机并不具有普遍性意义，它特指金融体系出现严重困难乃至崩溃，导致金融机构陷入严重困难甚至大量金融机构因此破产，金融体系中的金融指标所有或绝大部分急剧恶化，各种金融资产暴跌，并进而严重影响实体经济的健康运行。典型的金融危机表现形式是金融恐慌或信用危机、货币危机、证券市场危机等。[1]

市场主体对资本的需要，产生融资需求，融资的途径虽较多，但主要来源于资本市场和货币市场。众多个人投资者拥有资产，迫切需要寻求稳妥的途径，使其增值保值，即有投资的需求。融资和投资的直接对接，在我国目前的金融体系中，主要是依赖于资本市场。但个人投资者的投资总是受到个人能力的抑制，对市场缺乏良好的判断。新业态金融利用技术等方式具有中介媒介的功能，架起了融资和投资的桥梁，完成了融资者和投资者的间接对接，或者作为经营者和消费者交易模式的附属，产生了新业态融资模式[2]。既然以新业态金融称之，则纳入监管是应有之义。

二、新业态金融包容审慎监管的基本标准

对新业态金融的包容不等于完全的自由，也不等于放任。金融业务是强监管行业，新金融企业开展相关业务都需要监管部门同意，金融产业数字化转型未必发生颠覆式变化，更有可能选择新老合作的渐进式路径。各种市场活动的创新精神受到鼓励，新业态金融同样鼓励创新。但创新与监管不是一对绝对的矛盾关系，而是在矛盾中发展；对创新的包容止于市场整体性风险。

---

[1]　殷孟波：《中国金融风险研究》，西南财经大学出版社 1999 年版，第 6-27 页。

[2]　即经营者与消费者交易过程中，经营者占有资金或押金，消费者在未来一段时间享受经营者提供的服务或产品，对于该笔资金，经营者和消费者之间构成了新型的融资者和投资者的关系。

（一）以有序创新为包容限度

创新不是放任自流，而是要求其在包容中有序发展，必须符合市场逻辑。所以创新不是放任自流，包容不等于放手不管。因为技术的发展，金融模式不断被创新。金融产品层出不穷。有一种观点认为：金融创新中，某一金融模式是否会破坏金融交易秩序、是否会对市场稳定带来破坏，是否不利于金融消费者权益保护，在创新之初并不清晰。而急于监管容易抑制创新，故主张"让子弹先飞一会儿"。但是，子弹飞一会儿，容易杀伤很多无辜的投资者，甚至是将某一个业态模式全部杀死。

比如 P2P。P2P 是一个利用互联网平台进行融资很好的模式。但是最后由于很多平台或项目融资者的非善意融资，导致了集体将一个很好的模式杀死了，因为有些平台从一开始就没有想过应该规矩融资，诚信归还借贷。

金融监管和金融创新的关系有几个层面，学者之描述惟妙惟肖：其一，两者是猫鼠关系，金融监管为猫，金融创新为鼠，前者对后者的作用表现为刺激、障碍，同时又是诱发因素。其二，两者是狼鹿关系，金融监管为狼，金融创新是鹿，金融创新受到金融监管不断调整的影响，正如受到狼的追赶，唯有像鹿一样拼命奔跑。狼追得越快越紧，鹿就跑得越来越快。即金融监管越多越严，金融创新就越快越多。无论是金融监管还是金融创新，在这种不断地追逐中，都获得了极大的发展。其三，两者是博弈关系，金融监管和金融创新是对立统一的辩证关系，谁都离不开谁。[①] 金融监管由政府主导，而金融创新由市场主导。金融的发展通过两者的不断追逐和博弈得以完成。

金融的飞速发展不断冲击金融传统制度，尤其是尚处于"幼稚期"的发展中国家的金融制度，导致不少金融创新业务或者投资主体脱离法律监管范围，有的金融产品尤其是金融衍生工具刺激了越来越多的国际银行从事投机交易，甚至由避险的金融工具变成了高危险的金融业务。反映出来的问题

---

① 高连和：《金融监管与金融创新的关系新解》，载《济南金融》2010 年第 4 期。

包括：

其一，对冲基金和离岸金融等业务脱离有效监管。对冲基金能够在极短的时间内积聚大量资金，是专门从事金融杠杆业务的投融资主体。但对对冲基金的有效监管不足，监管制度不到位。这些对冲基金无需向监管主管机构登记，也无义务披露其交易内容和投资结果，甚至也不用披露交易策略。而离岸金融监管制度仍在不断规范中，缺乏有效监管。

其二，金融衍生工具由避险工具变成高风险的金融业务。自20世纪80年代以来，金融衍生工具成为重要的创新内容，其新产品的开发逐渐演变为"金融工程"之一。但同时，其高杠杆效应以及高风险直接威胁到金融业的安全。有着230年历史的英国巴林银行倒闭的肇事者就是金融衍生工具的违规交易，2008年法国兴业银行72亿美元巨亏案件的导火线也是金融衍生工具。涉案人员主要从事欧洲股票市场指数期货的套利交易，投资策略是建立相关性强的金融组合，通过多空对冲套利。兴业银行作为法国金融业的支柱，规模宏大，在金融衍生产品投资领域享有盛名，是世界优秀银行之一，但是却因为违规交易，而栽倒在金融衍生产品以及与此相关的风险控制问题上，曾处于被合并的境地。[1] 美国的金融危机也是从金融衍生品开始。

危机的发生，是市场失灵的终极表现。创新脱离监管，监管长时间没有跟进，或者是监管放松从理念演变为制度现实，那么，市场主体盲目追求利益的欲望因极度膨胀得不到有效约束，其盲目性势必传导到整个市场，导致整个市场的盲目乃至失灵。失灵的市场以危机的形式爆发，不断积聚问题，金融创新必然受创。因此，两者不断的猫鼠、狼鹿追逐以及博弈，其合理结局是两者的共存。老鼠必须在猫的有效控制范围之内，博弈的结局必须是共赢。因此，为了有效规范金融创新，监管制度的加强和与时俱进势在必行。但是必须给创新留下空间，故有了包容审慎的监管原则。

---

① 柴青山：《兴业案警示：危险的风险管理》，载《21世纪经济报道》2008年3月3日。

（二）以防控整体性市场风险为审慎监管标准

对金融市场的监管即金融监管，因为金融风险的潜在性，以及其积聚之后引发金融危机的可能性，已经成为众多国家的共识。金融监管的宽严程度，在历史上经历了反复。宽松阶段，部分金融活动可能完全交给市场，不纳入监管范畴，金融活动可以自由创新。但最终从这些反复过程中看到防控金融市场的整体性风险是审慎监管的标准。

以美国为例，20世纪30年代以前的金融监管法律活动属于监管法制的初创阶段，美国在20世纪金融危机爆发之时，出台了罗斯福"新政"，建立了金融法律制度，1933年的《银行法》和《证券法》、1934年的《证券交易法》和《信托契约法》等金融法规的颁布标志着美国全面确立了现代金融监管法制的基本架构。[①] 此次金融制度改革，明确了维护安全稳定的金融体系是金融监管主要目标，主要旨在防止宏观经济因金融体系的崩溃而受到严重冲击。但是，自20世纪70年代左右，自由主义思想复兴，学界对"金融压抑"和"金融深化"的自由化理论论述更加深化并迅速扩大影响。随着市场的发展，现有的严格、直接、广泛的金融监管制度被认为严重损害了金融机构和金融体系的效率，影响了金融的发展，因而该制度是过度且压抑的，不适应市场的发展。受到自由主义的影响，各国兴起了以"放松监管"为标志的金融监管法制改革。1986年英国颁布了《金融服务法》，1999年美国国会通过了《金融服务现代化法》，金融混业经营行为得到了法律的确认。

20世纪80年代末90年代初，由于金融在现代经济中的核心地位，经济全球化的核心也正是金融全球化。[②] 金融全球化的主要表现在于跨国资本的迅速流动、货币体系国际化、金融市场国际化和金融机构国际化等。伴随着金融全球化对经济的积极助推作用，金融全球化也蕴藏着比传统金融更大的金融风险，可能引发世界性的金融危机。金融全球化以其前所未有的广度和

---

① 盛学军等：《全球化背景下的金融监管法律问题研究》，法律出版社2008年版，第6页。

② 盛学军等：《全球化背景下的金融监管法律问题研究》，法律出版社2008年版，第17页。

深度影响着各国的金融活动，冲击着国内现有的金融制度，金融业所蕴含的金融风险在全球化背景下同时威胁着每个国家的经济。

20 世纪 90 年代以来，金融监管制度逐渐放松，在相对宽松和自由的制度背景下，金融全球化、一体化以及金融创新不断得到发展，随之，金融衍生品市场（包括场外衍生品市场）也得到飞速发展。进入 21 世纪，金融衍生品市场在美国更是呈现过度膨胀态势，金融产品高杠杆率刺激了金融市场交易大幅度增长，金融衍生品场外交易更是出现了"爆炸式"增长。金融衍生品场外交易市场在金融市场的构造中扮演着重要角色，其主要是提供风险对冲工具，被视为"金融野兽"，因此其很容易引发金融的潜在危险，即由于金融市场体系的整体崩溃而导致的全球灾难性的多米诺骨牌效应。[①] 2008 年 9 月，自美国开始引发全球性的金融危机。本次金融危机的重要原因在于过时的监管机制和金融系统风险管理的疏漏；导致金融危机的重要原因之一是金融衍生品的过度自由发展及缺乏对其有效监管，因此，美国有必要且必须加强对金融衍生品市场的监管，将提高衍生市场透明度与市场效率作为金融监管的重要目标之一。同时，奥巴马也尖锐地指出，"是因为废除《格拉斯 - 斯蒂格尔法案》因而出现了金融衍生品市场的监管真空，从而导致了金融危机"。[②]

金融危机出现后，美国监管当局很快于 2008 年 3 月推出《金融监管改革蓝图》方案，首先对金融监管机构进行改革，将传统的七家联邦监管机构整合为三家监管机构，旨在整合监管机构，其中美联储负责金融稳定，金融审慎监管局负责监管金融风险，商业运营金管局负责监管金融行为，通过三家监管机构的全面监管合作，提高监管效率。推出蓝图之后的第二年，盖特纳向美国国会提交了奥巴马政府以建立"系统风险监管机构"为核心内容的金融监管改革方案，系统风险监管机构以监督大型金融机构以及 CDS 等衍

---

① Steinherr A. Derivatives the Wild Beast of Finance[M]. New York: John Wiley & Sons, 1998.

② 辛乔利：《影子银行》，中国经济出版社 2010 年版，第 15—20 页。

生工具为主要职能。美国在 2010 年 7 月 21 日颁布《金融监管改革法案》。该法将场外衍生品市场纳入监管视野，扩大了金融监管范围。法案中同意采纳"沃克尔规则"，目的是防范金融风险，而限制比较大的金融机构的投机性交易，并加强对金融衍生品的监管。[1] 这表明，在经历了金融危机之后，美国沉痛地从市场中获得经验教训，金融的放松以金融危机的方式付出惨痛的代价，加强对金融市场的监管成为当今世界各国共同的认识。

他山之石可以攻玉。故我国新业态金融包容审慎监管的底线是金融市场的系统性风险。

三、新业态金融包容审慎监管基本规则建议

有限的监管能力制约了监管效果。监管者不具备逐一巡视每一位交易员的能力。法律上有时也有一些对监管的约束。监管总是滞后于金融领域的发展。金融行业是一个创新的行业，监管者只能保证尽量别太落伍。从更广的视角，监管并非越多越好，超过了临界点，监管带来的额外成本将超过其带来的额外好处。[2] 确定稳定的监管规则有助于监管透明化、有助于提高监管效率。新业态金融，既然有包容之心，到底包容什么，鼓励什么？哪里是禁区？若无明确规定，便难以指引市场。

（一）新业态金融包容审慎监管对象再确定：金融行为

从我国目前金融监管体系看，金融监管主要是对金融主体以及其行为的监管。同时，从地方金融监管的对象看，非金融组织的金融行为不纳入监管。那么到底但凡是非金融组织的涉金融行为均为无效，还是未明确需要准许的金融行为是自由的？从包容角度，以及"十四五"规划铺天盖地地对于数字

---

① Jeff Harding, The Dodd-Frank Wall Street Reform and Consumer Protection Act: The Triumph of Crony Capitalism, http://seekingalpha.com/instablog/348701-econophile/87330, 2020 年 11 月 20 日访问。

② [荷] 乔安妮·凯勒曼、雅各布·德汗、费姆克·德弗里斯：《21 世纪金融监管》，张晓朴译，中信出版社 2016 年版，第 15 页。

经济、数字金融等新形势下各种市场活动创新的呼吁，同时从金融监管的基本逻辑，法律未明确需准许的市场活动均为自由开放的领域。

《上海地方金融监管条例》第二条指出："本市行政区域内地方金融组织及其活动的监督管理、风险防范与处置工作，适用本条例。"明确了监管对象是金融组织以及活动。《浙江省地方金融条例》第二条："本省行政区域内地方金融组织从事金融业务、地方金融监督管理（工作）部门和其他部门实施地方金融监督管理以及金融风险防范与处置等活动，应当遵守本条例。"表明，这不仅是一部对金融组织监管的条例，也是监管机构如何开展监管的条例。从金融活动的监管来看，也限制在对金融组织的金融活动的监管。那么，非金融组织或者未取得金融牌照、实际上从事金融活动的组织的活动仍然不纳入监管吗？

新业态金融发展中，会出现金融行为与非金融行为的边界不清的现象。对于这些行为如何监管？以资产管理业务为例，在该业务开展之初，由于对资产管理业务的监管不明确，很多未取得金融牌照的普通投资公司、咨询公司等均涉入该行业。待发生争议，投资者将这类公司诉至法院。法院以受托资产管理属于金融业务，需持牌照，被诉公司因未取得许可而认定受托行为无效。[①] 行为无效，便恢复原状。但是值得深思的是：第一，这些依法成立的投资管理公司，从其名称业务内容，顾名思义是投资管理，法院以何理由直接将投资管理公司的业务资格否定？第二，投资者对于名称的信赖利益最终因合同无效而彻底落空。资管业务的乱象直到 2018 年 3 月 28 日，习近平总书记主持召开中央全面深化改革委员会第一次会议，会议通过了《关于规范金融机构资产管理业务的指导意见》（以下简称《资管新规》），才最终有了明确的监管规则，明确资产管理业务是指银行、信托、证券、基金、期货、保险资产管理机构、金融资产投资公司等金融机构接受投资者委托，对

---

① 例如：〔2003〕沪二中民三（商）初字第 319 号光大证券有限责任公司乌鲁木齐解放北路证券营业部诉上海裕融投资管理有限公司委托理财合同纠纷案。

受托的投资者财产进行投资和管理的金融服务。并提出金融机构为委托人利益履行诚实信用、勤勉尽责义务并收取相应的管理费用，委托人自担投资风险并获得收益。2019 年 11 月，最高人民法院印发《全国法院民商事审判工作会议纪要》（以下简称《九民纪要》），其中八十八条第二款明确，根据《九民纪要》的规定，其他金融机构开展的资产管理业务构成信托关系的，当事人之间的纠纷适用信托法及其他有关规定处理。

金融监管和金融准许并非一个概念，依其所涉对象，前者应该比后者更为广泛。后者必然是监管对象，但对于具有潜在金融风险的市场活动，在法律未明确需持牌照准入之时，应该纳入金融监管的视野。故应该明确，新业态金融监管中应该以金融行为监管为主要对象，即，不管是否为金融主体，不管是否取得执照，只要是金融行为或涉金融行为，均应纳入监管对象。

以浙江门客生活的事件为例，其行为实际上便是新业态金融行为，一并纳入监管范畴。其以预付款方式提供包年包月的鲜花服务，门客（杭州）网络科技有限公司，其工商登记的经营范围为：技术开发、技术服务、技术咨询、成果转让：计算机网络技术、计算机软硬件、计算机信息技术、电子商务技术、电子产品、通信设备；网上销售：花卉、盆景、初级食用农产品（除食品、药品）、服装服饰、鞋帽箱包、家居用品、文化用品、办公用品、日用百货、家用电器、金银制品、珠宝首饰、化妆品（除分装）、五金交电、针纺织品；服务：公关礼仪服务、企业管理咨询、经济信息咨询；设计、制作、代理、发布：国内广告（除网络广告发布）。其自称是首家建立会员制量身定做鲜花、水果、蔬菜一揽子助于提高生活品位的创新企业。门客面向会员深度开放企业用花、婚庆用花、DIY 特色定制干花等服务。门客承诺使用出口级鲜花、零库存管理的方式以保证会员拥有品质良好、新鲜的花品及果品。门客首次落户杭州，由于发展需要希望结识有识之士共建美好家园，共同提升杭城百姓品质生活。

门客 2017 年 9 月从门客（杭州）贸易有限公司变更为门客（杭州）网

络科技有限公司，并开始以会员制量身定制鲜花、水果等创新服务，到 2019
年 3 月份开始出现无法按期提供鲜花的情况，仅一年多的时间。济南云锐电
子商务有限公司、浙江丹鸟物流科技有限公司、广东省南方传媒发行物流有
限公司、深圳市梦网科技有限公司等纷纷提起合同纠纷诉讼，门客对这些企
业违约，存在大量物流费等合同债务。[①] 消费者的预付款自然成了要不回来
的烂账，其中消费者郭春梅向法院提起诉讼，法院以消费者与门客（杭州）
网络科技有限公司买卖合同纠纷立案并进行审理，判决门客违约，支持原告
的诉讼请求。[②] 此时，门客把消费者预付的钱弄去了哪里？既没有付应该付
的物流费，也不能再正常送花。那么，此时，门客真的是一家利用互联网卖
花的网络科技公司吗？其大量聚集资金的行为真的不是金融行为吗？因其不
是金融机构就不应该被纳入监管，或者至少是金融监测的范畴吗？如果是的，
那么浙江在发展数字经济、互联网经济时，将还会出现多少的门客？

故，许可和不许可的行为都应该纳入监管范畴。监管机构不能仅对许可
行为进行监管，而对未予许可的行为不予监管。

（二）以监测为主要监管手段

前文已经提及，新业态金融包容审慎监管以整体性市场风险为标准。而
在此过程中，监管手段则以监测为主，非强硬地介入。否则对经营主体创新
中的涉金融行为直接监管，容易扼杀市场创新；而不予监测，则容易带来风
险，损害消费者权益。其逻辑可以从我国 P2P 发展历程得出结论。

互联网推动我们进入一个共享经济时代。共享单车业务伴随着融资行为，
其行为目的到底在于单车共享还是押金管理并挪用？从实际后果看，消费者
不得不怀疑，比如小黄车从一开始就是为了押金而开展的活动，否则为什么
出现押金不见的结果？如此大规模涉众和巨大资金的新业态，若是早期能够

---

① 参见〔2020〕浙 0108 民初 1415 号、〔2019〕浙 0108 民初 3696 号、〔2019〕粤 0104 民初 27684 号、
〔2019〕粤 0305 民初 18559 号等。

② 参见〔2019〕浙 0681 民初 13002 号。

纳入监测范畴，至少不会出现不知道钱去哪里了的现象。

门客事件也一样。杭州滨江市场监管局对该事件答复如下："您好，关于门客生活的消费投诉处理情况，现告知如下：1. 前期我局已多次约谈企业，不断敦促企业处理消费投诉、保障消费者合法权益；2. 目前，公司经营已出现问题，停止消费投诉的处理，根据《工商行政管理部门处理消费者投诉办法》第二十四条规定，我局决定终止调解，对此我们深表遗憾；3. 在公司拒绝消费投诉处理的情况下，建议消费者通过司法途径解决。"① 滨江市场监管局的答复没有问题，因为其权力范围也仅止于此。如果新业态的金融监管规则没有改变，则监管部门无法律依据也无法律职责去对门客的预付款资金进行监测。如果将门客的这种做法纳入单用途预付消费卡的监管，似乎也是不符合监管规则的。表面上看来，门客的方式不属于单用途预付消费卡。且根据单用途预付消费卡的方式难以很好监管。比如宁波市单用途商业预付卡信息监督平台（该平台由宁波市商务局监管），对于预付卡监督，要求输入预付卡卡号，但是类似门客的这种模式，已经利用技术完全抹去了预付卡的痕迹，一个通过微信小程序或其他方式的提前购买，本质上虽然与预付卡没有区别。同时，通过该平台大部分处理的是关于消费者投诉的事情，对单用途预付卡的监督相对较弱。

可以通过区块链和供应链等方式对企业融资行为进行监测。当然，这可能会陷入企业所有信息被政府监控，企业信息权、企业经营自由权等之间的矛盾。如何解决这个问题？利用科技进行金融监测，不断深化"互联网＋监管"模式。《浙江省地方金融条例》第三十八条明确："支持云计算、大数据、人工智能、区块链等新兴科技在金融服务和金融监督管理领域的运用，推动金融科技产品、服务和商业模式的合规创新，建立健全与创新相适应的监督管理制度和新型金融风险防控机制。"

---

① 郭春美诉门客一案中，原告也提供了这条杭州滨江市场监管局的答复短信。笔者作为门客的消费者也收到了这条短信。

（三）人数和金额双重监管标准的确定

以控制整体性市场风险为目的，新业态金融可以分为公开和非公开。

一项创新业务出现，有可能优化现有业务，但也有可能带来不可预知的风险。监管者从稳健角度出发，对创新业务必然更为谨慎。但我们也要注意到，数字经济时代正在来临，传统金融业务越来越难以满足新时代经济发展的需要，金融脱离实体经济才是真正的风险。因此，监管部门应当在一定程度上容忍金融创新带来的风险，特别是在金融产业数字化转型中的创新。正是监管的包容，今天我国才会产生一批世界领先的新金融企业。符合产业发展方向的创新在产生风险的同时，也会产生更大的收益。监管部门应平衡好创新与风险，在风险可控的前提下，包容创新、鼓励创新，更好更快地推动我国金融产业完成数字化转型。

故对于非公开的新业态金融监管豁免，因为其涉及人数少，不会引发系统性风险。期货为什么是金融？预付卡、预付销售合同等与期货有着异曲同工之妙。若是涉及人数较少、资金数额不大，则不应该作为监管对象，应该视作是市场灵活交易模式，以豁免监管。而公开的新业态金融则纳入监测范畴。如何判断公开和非公开？则应该以人数和金额双重标准，即人数和金额达到监管规则制定的标准。

人数标准建议以累计超过 200 人为标准。超过 200 人时，涉众较多，应纳入监管范畴。该标准主要是参考我国《证券投资基金法》对于私募和公募的人数标准，一般向不特定或特定对象募集资金累计超过 200 人的，列为公开募集的基金。

资金标准比较难定。笔者认为新业态金融行为中，若有明确监管规则的，则根据规定要求其合规合法。对于没有明确规定的，对外开展业务涉及金融杠杆风险，或其业务有融资的性质的，则应该和其净资本直接挂钩。因为净资本是判断企业偿债能力的最重要标准，也是抵御风险能力的底线。我国《证券法》第十六条规定，公司公开债券，累计债券余额不超过公司净资产的 40%。《浙江省地方金融条例》第十八条第二款规定："民间借贷具有下列情形之一的，借款人应当自合同签订之日起十五日内，将合同副本和借款交付凭证报送设区的市地方金融工作部门或者其委托的民间融资公共服务机构备案：（一）单笔借款金额或者向同一出借人累计借款金额达到三百万元以上；（二）借款本息余额达到一千万元以上；（三）累计向三十人以上特定对象借款。"关于金额的规定，一刀切，未必合理，故仍建议和企业净资本挂钩。

一旦该金融行为纳入监测范畴，则可以采用分类动态管理。根据风险等级来确定分类，可以将金融行为确定不同风险等级。

四、余论

新业态，利用互联网进行金融创新，数字金融，数字经济中的金融等各种各样的金融活动或模式在未来发展中必然不断创新。虽然监管制度有灵活的特征，但是金融行为却可以抽象出一般特征。对金融活动的监管，从经济法角度具有一般规则。那么，急需对金融行为进行一般归纳，只要是具有该特征的金融活动，就应该纳入监管。

不能让监管机构总是面对是否需要监管、如何监管的尴尬状况，也不能让金融机构或相关企业在没有指引的前提下，主观上以为是创新活动，客观上最后被认定为违反了监管规则，甚至被确定为该行为无效。

互联网背景下，金融活动不仅无地域限制，甚至可能无国界限制。所以，金融行为的监管法律应该从国家层面，由国务院出台条例，最后在条件成熟之后，上升为国家法律。

网络小额贷款中的"联合贷款"监管问题研究

浙江振邦律师事务所 葛伟栋 *

摘 要

2020 年 11 月 3 日，人类历史上最大规模的 IPO 在上市前两天被紧急按下了暂停键，上海证券交易所发布暂缓蚂蚁集团在上交所科创板上市的决定。同日，蚂蚁集团宣布暂缓在港交所上市。上交所给出暂缓蚂蚁上市决定的理由是金融监管部门的监管约谈和近期金融科技监管环境的变化等重大事项，可能导致蚂蚁不符合上市条件或者信息披露要求。监管的不确定性既是金融创新的动力，也是一种特定的法律风险。而所谓的金融科技监管环境的变化，直指 2020 年 11 月 2 日银保监会和央行联合公布的《网络小额贷款业务管理暂行办法（征求意见稿）》。该征求意见稿中提及的"未经银保监会批准，不得跨省经营""ABS 融资规模不高于净资产的 4 倍"以及"联合贷款中的自有资金比例不低于30%"等监管要求直接"扼住"了蚂蚁集团现有的业务模式和融资方式。本文以蚂蚁集团现有的"联合贷款"业务模式为引子，探究联合贷款所面临的监管难题，通过分析其存在的潜在风险，提出联合贷款的监管建议，以期有所裨益。

关键词：网络小额贷款；蚂蚁暂缓上市；联合贷款；监管问题；监管建议

---

* 葛伟栋，浙江振邦律师事务所律师，浙江省法学会金融法学研究会理事，专注于金融和公司法律实务。

一、引言

从蚂蚁金服被暂停上市，国内的理论界和实务界纷纷开始探究和解读蚂蚁集团被暂停上市的原因，分析蚂蚁集团的业务模式，比如其主打产品花呗和借呗的运作手法，蚂蚁集团到底是属于科技公司还是金融公司，抑或是否将其纳入金融科技公司的范畴比较合理？ 2020 年 11 月 2 日，银保监会和央行联合公布《网络小额贷款业务管理暂行办法（征求意见稿）》（以下简称《征求意见稿》）。该征求意见稿中提及的"未经银保监会批准，不得跨省经营""ABS 融资规模不高于净资产的 4 倍""联合贷款中的自有资金比例不低于 30%"等监管要求直接"扼住"了蚂蚁集团现有的业务模式和融资方式，将很可能使得蚂蚁集团不能符合该监管规范的要求，因此上交所给出的蚂蚁集团暂缓上市的理由和依据其实是妥当且及时必要的。本文将重点探讨和解读《征求意见稿》中对联合贷款的监管要求，即主要作为信息提供方与机构合作开展贷款业务的网络小额贷款公司，不得帮助合作机构规避异地经营等监管规定。在单笔联合贷款中，经营网络小额贷款业务公司的出资比例不得低于 30%。全面而具体地梳理和分析蚂蚁集团两家网络小额贷款公司的对外融资方式，探求其为何由之前的资产证券化（ABS）融资方式转向与银行合作进行联合贷款的深度原因，剖析蚂蚁集团庞大的联合贷款规模是否存在潜在的金融风险，而这风险是否可能外泄，是否可能危及我国金融的稳定和安全，也是非常有必要而且有意义的。

二、联合贷模式与资产证券化（ABS）的关系

（一）联合贷之前 ABS 模式风生水起

目前，网络小额贷款的业务模式大概包括自营贷款模式、ABS 融资模式、联合贷款模式及助贷模式。而自营贷款模式对资本金要求很高，传统商业银行和持牌金融机构多采用该模式。相较于传统商业银行，各类金融科技公司由于缺少资本金，已经完成从自营贷款模式到 ABS 融资模式再到联合贷款

模式和助贷模式的转变，其中，联合贷款模式和助贷模式已经成为蚂蚁集团、微众银行和京东数科等金融科技巨头经营网络小额贷款的主流业务模式。[1]

蚂蚁商诚贷于 2013 年发行了我国第一单企业资产证券化（小额贷款）产品即东证资管 - 阿里巴巴 1 号专项资产管理计划，之后陆续发行了一系列小额贷款的资产证券化产品。从 2013 年开始，蚂蚁商诚小贷逐步加快了 ABS 发行节奏。据统计，2013 年和 2014 年 ABS 发行金额为 25 亿元，2015 年增长到 60 亿元，2016 年则激增为 185 亿元，2017 年金额达到惊人的 1497.59 亿元，由于 2017 年开始，中央金融监管部门开始对网络小额贷款以及现金贷实施强监管政策，且受互联网金融专项整治的影响，2018 年的 ABS 发行总额锐减到 555 亿元，2019 年 ABS 发行规模继续压缩，降至 125 亿元。截至 2020 年 11 月 20 日，蚂蚁商诚小贷当年的 ABS 发行金额为 355 亿元（见图 1）[2]。

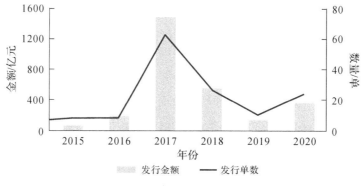

图1 阿里小贷ABS发行金额与单数

蚂蚁小微贷则于 2016 年 4 月 26 日推出第一个有关花呗的企业资产证券化（个人消费金融）产品，即德邦花呗第 A 期消费贷款资产支持专项计划。

---

[1] 王剑、田维韦：《互联网消费贷的商业模式和市场格局分析》，载《中国信用卡》2020 年第 11 期。
[2] 数据来源于 CNABS 官网，https://www.cn-abs.com/organization.html#/detail/historical-issue?organization_id=78，最后访问日期：2020 年 11 月 19 日。

之后，发布了一系列的个人消费类的小额贷款资产证券化（ABS）产品。据统计，2016 年蚂蚁小微贷年度 ABS 发行总额为 477.8 亿元，2017 年则激增到 1622.81 亿元，由于受到互联网金融专项整治和强监管环境的影响，2018 年当年的 ABS 发行金额则锐减至 1169 亿元，2019 年则微降到 1053 亿元，截至 2020 年 11 月 19 日，当年的 ABS 融资规模则为 660 亿元（见图 2）[①]。

图2　蚂蚁小贷ABS发行金额和单数

在 2018 年之前，蚂蚁旗下的两家小额贷款公司主要的对外融资模式是通过发行 ABS 产品来筹措资金，进而对外开展小额贷款业务。重庆前市长，现任中国国际经济交流中心副理事长黄奇帆曾经在自己的书中如此说道："蚂蚁金服把 30 多亿元资本金通过 2.3 倍的拆解融资，形成了 90 多亿元网上小额贷款，又利用中国证监会一个金融工具，ABS，一个贷款余额拿到证券市场交易所发 ABS 债券，90 亿元进去，可以发 90 亿元，循环发放贷款，在几年里循环了 40 次，造成了 30 多亿元资本金发放 3600 多亿元的网上小贷，形成了上百倍的高杠杆。"[②] 资产证券化（Asset-backed Securities，简称 ABS）是指以基础资产未来所产生的现金流为偿付支持，通过结构化设计进

---

①　数据来源于 CNABS 官网，https://www.cn-abs.com/organization.html#/detail/historical-issue?organization_id=1545，最后访问日期：2020 年 11 月 19 日。

②　黄奇帆：《分析与思考——黄奇帆的复旦经济课》，上海人民出版社 2020 年版，第 13 页。

行信用增级，在此基础上发行资产支持证券的过程。小额贷款资产证券化是指小额贷款公司将其缺乏流动性的小额贷款作为基础资产，以收益权的方式设计资产证券化产品，向市场中的投资者出售，投资者购买的是小额贷款未来带来的稳定现金流。同时，通过内部信用增级措施或者外部信用增级措施，如第三方公司担保等方式，提升产品的信用等级。网络小额借贷的资产证券化（ABS）在完善市场体系、促进全面创新、激活存量资产、降低债务杠杆、提高资产处置效率、服务实体经济等方面发挥着日益重要的作用。[①]

2008 年 5 月，原银监会和央行联合发布《关于小额贷款公司试点的指导意见》（以下简称《指导意见》），首次将小额贷款公司纳入监管的范畴，对其资金来源做了相关限制，并且对其从银行业金融机构获得融入资金余额规定不得超过资本净额的 50%。该《指导意见》一出，全国各地的小额贷款公司如雨后春笋纷纷出现。2015 年 7 月，央行等十部委下发的《关于促进互联网金融健康发展的指导意见》规定："网络小额贷款是指互联网企业通过其控制的小额贷款公司，利用互联网向客户提供的小额贷款。"在功能定位方面，小额贷款公司发放网络小贷应当遵循小额、分散的原则，符合国家产业政策和信贷政策，主要服务小微企业、农民、城镇低收入人群等普惠金融重点服务对象，践行普惠金融理念，支持实体经济发展，发挥网络小额贷款的渠道和成本优势。据中国人民银行 10 月 31 日发布的《2020 年三季度小额贷款公司统计数据报告》，截至 2020 年 9 月 30 日，全国共有小额贷款公司7227 家。

网络小额贷款在较大程度上满足消费的适当超强消费，在缓解资金周转困难、规范民间金融等方面发挥着重要的作用。目前国内发展得最好的，是信贷规模最大的两家网络小额贷款公司，也就是蚂蚁集团旗下的两家子公司，

[①] 杨智斌、王波：《我国商业银行信贷资产证券化动因及其差异化研究》，载《东南大学学报（哲学社会科学版）》2019 年第 21 期。

即重庆市蚂蚁小微小额贷款公司（花呗[1]对应的运营主体）和重庆市蚂蚁商诚小额贷款公司（借呗[2]对应的运营主体）。蚂蚁集团的招股说明书中显示，截至 2020 年 6 月 30 日，蚂蚁集团平台促成的消费信贷或者小微经营者信贷余额分别为 1.7 万亿元和 0.4 万亿元，其中由蚂蚁集团旗下的两家小额贷款公司即重庆市蚂蚁小微小额贷款有限公司、重庆市蚂蚁商诚小额贷款有限公司直接提供信贷服务的表内贷款只占 2% 左右，剩余 98% 是通过金融机构合作伙伴（含网商银行）和公司控股的金融机构子公司进行放贷，且已实现资产证券化。[3]而根据蚂蚁金服的招股说明书，截至 2020 年 6 月 30 日，蚂蚁商诚小贷的注册资本为 40 亿元，总资产 215.5 亿元，净资产 182.4 亿元；蚂蚁小微小贷的注册资本为 120 亿元，总资产 241.8 亿元，净资产 175.9 亿元。如果按照注册资本 5 倍杠杆率计算，那么蚂蚁科技表内可利用资金只有 800 亿元；蚂蚁集团却通过发行资产证券化（ABS）以及与银行等金融机构合作进行联合贷款以及少量的自有资金对外放贷，累计放出的贷款余额达到 2.1 万亿元，杠杆倍数达到 25 倍以上。

2016 年 10 月 27 日下发的《关于调整小贷公司部分监管规定的通知》第二条中规定，通过证券交易所发行 ABS 和非回购式资产转让在备案的额度和期限内完成融资，其他方式的融资余额应严格控制在融资杠杆内。[4]2017 年下半年开始，我国的中央金融监管部门开始对网络小额贷款领域出现的各种乱象进行整治，进入严监管和强监管时期，ABS 融资模式的业务规模也随

---

① 花呗是中国第一批为普通消费者的日常消费所提供的数字化无抵押循环消费借贷产品，符合条件的支付宝用户在购买商品时即可使用其花呗信用额度。

② 借呗是一个数字化无抵押的短期消费借贷产品。公司推出借呗，供公司平台上沉淀了一定信用记录的花呗用户进行较大额消费时使用。

③ 参见蚂蚁集团招股意向书第 43-44 页和第 187 页。

④ 参见《关于调整重庆市小额贷款公司有关监管规定的通知》第二条即微调融资业务监管规定，证券交易所发行资产证券化产品和非回购式资产转让在备案的额度和期限内完成融资；其他方式的融资余额应严格控制在融资杠杆内。小额贷款公司除主要股东借款、公开发债和证券交易所融资外，不得面向社会公众个人融资和利用包括网络借贷信息中介机构在内的互联网平台融资。

着监管政策的调整而逐步减少，甚至被其他业务模式逐步取代。

（二）联合贷成为当前主流融资方式

所谓联合贷款模式，一般来说，客户主要包括消费者和小微企业等，是客户通过网络小额贷款公司（金融科技公司）的入口申请贷款，银行等金融机构和合作单位互联网公司联合出资、风控、贷后管理等，收入和风险按出资比例各自获取和承担，或者按照双方约定的协议来确定收益分配和风险承担事宜的一种放贷业务模式。2017 年 8 月，原银监会公布《民营银行互联网贷款管理暂行办法》（征求意见稿），对联合贷款首次下定义，联合贷款是指贷款人与合作机构基于共同贷款条件和统一借款合同，按约定比例出资，联合向符合条件的借款人发放的互联网贷款。银行等金融机构其本身不具备互联网公司客户基础、获客途径、消费场景等优势，但具有吸收存款的优势。而网络小额贷款公司本身存在只贷不存的先天劣势，但在风险控制、技术支持、获客成本低、用户规模大、贷后催收等方面具有优势。商业银行和金融科技公司利用各自资金、科技能力等优势进行合作，联合贷款是发挥和扩大服务小微企业作用、长尾客户进行"数字滴灌"模式的有效途径，能够有效提升普惠金融的获得感。

为什么网络小额借贷领域大行其道的 ABS 融资模式在 2017 年下半年之后便迅速缩减？这就不得不提及 2017 年下半年开始逐渐收紧的互联网金融监管大环境，网络小贷的监管也进入强监管和严监管时期。2017 年 11 月 21 日，互联网金融风险专项整治工作领导小组办公室下发文件《关于立即暂停批设网络小额贷款公司的通知》，要求各级小额贷款公司监管部门一律不得新批设网络（互联网）小额贷款公司，禁止新增批小额贷款公司跨省（区、市）开展小额贷款业务。2017 年 12 月 1 日，互联网金融风险专项整治、P2P 网贷风险专项整治工作领导小组办公室下发《关于规范整顿"现金贷"业务的通知》，该通知中就明确规定，以信贷资产转让、资产证券化等名义融入的资金应与表内融资合并计算，合并后的融资总额与资本净额的比例暂按当地现行比例规定执行，各地不得进一步放宽或变相放宽小额贷款公司融入资金的比例规定。2017 年 12 月 8 日，P2P 网络借贷风险专项整治工作领导小组办公室印发《小额贷款公司网络小额贷款业务风险专项整治实施方案》，在其重点排查和整治的第五点即资产证券化等融资的要求，具体而言就是要对通过信贷资产转让、资产证券化等方式融资的，排查是否符合有关规定，审批（备案）手续是否齐备，是否通过互联网、地方各类交易场所或线下协商方式销售、转让及变相转让本公司的信贷资产，穿透式核查最终投资者是不是合格投资者，其用于交易的基础资产是不是合法合规的信贷资产，不得直接或变相以"现金贷""校园贷""首付贷"等为基础资产发售（类）证券化产品或其他产品。以信贷资产转让、资产证券化等名义融入资金的比例按照"现金贷通知"有关要求执行。

从 2017 年下半年开始，网络小额贷款的相关监管政策收紧，其资金来源及对外融资比例等受到诸多限制。互联网公司开始谋求改变，以适应新的监管环境。由于现金贷规模巨大、ABS 循环滚动发行、高杠杆经营等问题，蚂蚁集团旗下的借呗业务面临巨大的监管挑战。2018 年起，蚂蚁集团根据相关的监管指引控制了资产支持证券的发行规模，无法大规模通过资产证券化的方式，蚂蚁集团和合作金融机构就很难获得足够的资金进行对外放贷，也会极大压缩和限制网络小额借贷业务的发展。大多数互联网公司贷款模式也随着互联网金融专项整治的深入而悄然改变，由过去的自主放贷 +ABS 模式，逐步过渡转变为以联合放贷和助贷^① 模式双轨运行的网络小额贷款模式。总体而言，联合贷是相对标准化的产品模式，助贷的非标准化程度更高，运行成本高。蚂蚁集团通过不断进行创新和调整，积极探索不同的融资工具以满

---

① 助贷是指由助贷机构设计贷款产品，同时负责提供客户导流、面签、风险审核与消费贷款定价、贷后管理等流程服务，而银行、消费金融公司、小贷公司等机构通过助贷服务机构直接将资金贷给客户的一种业务模式，这里的助贷机构并不直接接触资金。

足监管方面提出的监管要求，蚂蚁集团探索开放花呗、借呗业务，尝试与银行等金融机构合作，联合贷款模式应运而生。目前，在金融机构与科技公司合作中，联合贷款的借贷资金绝大部分来源于金融机构。据不完全统计，在对个人和小微企业的联合贷款中，90%以上的资金来源于银行等金融机构，有的高达98%以上。蚂蚁集团的招股说明书显示，截至2020年6月30日，蚂蚁集团与约100家银行合作伙伴开展信贷业务，包括全国政策性银行、大型商业银行、全部股份制商业银行、领先的城商行和农商行、外资银行，同时也与信托公司合作。

在信贷领域，在智能商业决策系统支持下，蚂蚁集团旗下的网络小额贷款公司传递贷款需求，由金融机构进行独立的信贷决策和贷款发放。对于这些金融机构而言，蚂蚁集团的技术和客户洞察帮助他们扩展业务规模，同时保持良好的成本效益，而蚂蚁集团的动态风险管理解决方案则在用户获取、贷款核准和贷款监测过程中帮助他们提升效率和效益。公司的核心业务模式是开放合作，而不是利用自身的资产负债表开展业务或者提供担保。蚂蚁集团旗下的两家网络小额贷款公司通过技术助力金融机构为小微企业、农户和消费者提供信贷服务，由金融机构独立进行信贷决策并承担风险。[1] 在向消费者具体提供花呗、借呗产品时，蚂蚁小微、蚂蚁商诚主要采取与金融机构合作伙伴共同发放贷款的模式。蚂蚁旗下的两家网络小额贷款公司即重庆市蚂蚁小微小额贷款有限公司、重庆市蚂蚁商诚小额贷款有限公司与银行业合作伙伴均在统一的花呗、借呗产品及品牌下，向客户提供联合贷款的信贷服务。在该联合贷款模式下，蚂蚁小微、蚂蚁商诚与金融机构合作伙伴基于共同的贷款条件和统一的借款合同对单笔贷款进行发放，其中蚂蚁商诚或者蚂蚁小微根据协议约定比例进行少量出资、计入表内贷款。公司通过子公司的少量出资，实现在贷款审批、风险管理、支用及还款等流程的全面参与，从而在与各金融机构合作时保持信贷客户的服务体验一致、顺畅，促进平台整

---

[1] 参见蚂蚁集团招股意向书第193页。

体发展。公司表内贷款的绝大部分后续被以资产证券化的形式转让给银行及其他持牌金融机构为主的投资者。整体而言，在公司表内的贷款的信贷成本相较于公司帮助合伙伙伴促成的贷款会更高。[①]

2020 年 7 月 12 日，银保监会发布《商业银行互联网贷款管理暂行办法》，对于联合贷款也做了诸多要求，比如银行针对与合作机构共同出资发放贷款的限额及出资比例、合作机构集中度、不良贷款率等设定风控指标；银行应当独立对所出资的贷款进行风险评估和授信审批，并对贷后管理承担主体责任；银行不得以任何形式为无放贷业务资质的合作机构提供资金用于发放贷款，不得与无放贷业务资质的合作机构共同出资发放贷款等。2020 年 7 月，央行针对线上联合消费贷款规模进行排查摸底，向银行下发《关于开展线上联合消费贷款调查的紧急通知》，要求银行上报线上联合消费贷款余额，其中和花呗、借呗合作的规模还需要单独列明。此次央行发布的《通知》，应该是在除常规监管之外的其他安排，需要紧急摸底消费贷款，具体包括联合消费贷款的贷款余额、发放金额、利率和不良率，除联合消费贷款之外，还包含了信用卡透支的部分。学者尹振涛表示，央行最主要的目的是守住不发生系统性金融风险的底线，而此次摸排还是为了维护在疫情冲击影响之下的金融稳定，在合规、规模可控、风险可控的情况下发展联合贷款和助贷这个行业。[②]

三、联合贷进行监管的必要性和监管难点

（一）缺乏监管规范容易产生监管空白或监管套利

在缺乏监管规范的约束和对网络小贷活动有效监管的前提下，在网络小额贷款市场上，非常容易出现无序竞争的行为，导致了监管套利行为，这些网络小额贷款公司很可能与商业银行等持牌金融机构形成不当竞争，不可避

---

① 参见蚂蚁集团招股意向书第 210 页。
② 许亚岚：《联合消费贷该如何存在？》，载《经济》2020 年第 9 期。

免地产生了侵害金融消费者权益的一些乱象，比如一些小额贷款公司过度追求利润和业务规模，想方设法规避对外融资杠杆和相关约束，一些小额贷款公司或者助贷机构容易诱导年轻消费者过度举债，不理性消费从而债台高筑，造成我国消费信贷规模盲目扩张，也容易诱发各种社会事件，比如各类的现金贷、裸贷事件、暴力催收现象层出不穷、花样迭出，给我国金融市场的稳定造成相当的冲击。如果缺乏监管规范，网络小额贷款公司很可能会变成不法分子的圈钱工具、洗钱工具或者演变为存在诸多隐患的"影子银行"，不能起到优化资源配置、资本引流的作用，与小额贷款公司设立的本意和使命背道而驰。①从目前法律规制的角度来看，涉及网络小额贷款的相关监管规范，除了 2008 年出台的《关于小额贷款公司试点的指导意见》、2020 年 9 月 7 日由中国银保监会办公厅发布的《关于加强小额贷款公司监督管理的通知》、各省市出台的关于小额贷款公司的地方性规范、互联网金融领域关于网络小额借贷的各种整治规范，直接涉及联合贷款的条款确实很少。在没有监管规范制约的情况下，联合贷款模式很可能被滥用，成为网络小额贷款规避融资杠杆约束的工具，非常容易产生监管空白或者监管套利。因而一些网络小额贷款公司利用各省市地区监管力度不同的监管规范，容易产生监管洼地，诱发监管套利行为。

（二）合作一方不负责风险兜底，导致道德和风险外溢较大

目前，一些商业银行特别是中小银行借助互联网金融平台并且跟科技公司合作进行联合贷款，突破了传统渠道的空间限制，从业务经营的角度，俨然已成为全国性银行，加上这些中小银行很多没有自己独立的风控体系，过度依赖科技公司的贷款风控体系，很难介入和掌握贷前、贷中、贷后的全流程，将信贷管理等核心职能外包，风控流于形式，这些都增加了中小银行的风险隐患。有一些农商行自身没有完善甚至基本的贷款风控体系，靠着联合

---

① 闫文青：《小额贷款公司融资行为法律监管制度研究》，温州大学 2018 届硕士学位论文。

贷款模式"躺着"赚钱，自认为合伙单位的风控体系完备，技术过硬，过于依靠合作单位，在实现信贷规模和用户数量的急剧增长的同时，忽视自身风控能力的提升，反而增加了金融风险。银行等金融机构对贷款人的信息获取程度较低，且缺乏对客户审查、信贷筛选标准和贷后资本流动的有效监控办法。对于某些大科技公司以小比例自有出资撬动杠杆、扩大联合贷款规模的行为，但由于互联网头部平台企业把控着客户流量、海量数据和场景入口，往往不愿意更多提供客户数据共享，使得银行在联合贷款中高度依赖合作方提供的数据来识别客户和防范风险。[①]一些大型的金融科技公司包括网络小额贷款公司凭借独有的线上风控能力，利用其客户、数据、场景、技术等优势，在联合贷款业务中占据有利地位，大幅降低自身的出资比例，甚至达到2:98，真正实现了轻资本运营，轻松实现了规避融资杠杆限制，成功将主要风险转嫁给了作为单纯资金方的中小银行，这就造成了出资方不了解客户、更不了解风险的危险状况，在经济下行压力加大以及新冠疫情冲击的背景下这可能引发金融风险，影响金融稳定。[②]

（三）监管主体和监管边界亟待厘清

监管主体如何明确，其实涉及监管权力如何分配的问题。如果是双层监管的模式，到底谁是主要监管者，谁是协助监管者，谁负责行为监管，谁负责业务监管，即具体由哪个监管部门负责监管规范的制定，而该由哪个监管主体负责具体的行为监管，都将是联合贷监管亟待解决的问题。与此同时，监管边界的问题同样是个棘手的难题，必须把握穿透式监管的尺度，避免出现监管过严、过分干预市场行为的现象。如果缺少一个明确而又适当的监管边界，金融监管部门可能就会随意扩张监管职权和监管范围，极易利用监管之名对金融活动进行过度监管，然而尺度过于严厉、频次过于频繁的金融监

---

① 陈鹏：《规范发展互联网联合贷款》，载《中国金融》2020 年第 4 期。

② 董希淼、李林鸿：《关于银银合作的新思考》，载《中国信用卡》2020 年第 11 期。

管，很可能增加被监管对象因此付出的监管成本，对正常的经营行为产生不当干涉，可能造成金融机构经营困难甚至引发其无奈退出相应的金融市场。[①]

（四）监管措施的合理性及有效性难以预估

目前银保监会和央行联合公布的《网络小额贷款业务管理暂行办法（征求意见稿）》提出了联合贷款的相关要求，比如在单笔联合贷款中，经营网络小额贷款业务的小额贷款公司的出资比例不得低于30%，该规定的内容是否合理、这一规定对于网络小额贷款公司而言是否过高，是否会极大压缩该行业的生存空间，这一规定是否可能极大冲击市场，甚至该行业目前的业务模式等等。传统的监管数据收集方式依赖于被监管机构的报送，一定程度上存在数据滞后、报送不实等问题。借助金融科技和监管科技，监管数据获取方式以及监管手段可以从"报送式"转变为"提取式"，变被动为主动。

四、联合贷款的监管建议

（一）尽快制定相关的监管规范，加强金融监管，防范系统性风险

面对科技驱动的金融创新，传统的金融监管和立法愈显落后，科技创新往往游离至监管体系之外，或变相规避监管，实现监管套利或引发监管空白。[②]为及时有效地应对我国网络小额贷款领域联合贷款模式带来的隐患以及已经出现的乱象，必须发挥政策和法律规范的保障作用。根据联合贷款领域的监管现状，及时制定与之相适应的监管规范和规章制度。立足客观实际，着力解决该领域目前出现的与监管要求不相适应的问题。在制定监管规范并且执行强监管措施的情况下，一些缺乏优势以及违法违规的网络小额贷款公司将面临行业淘汰，市场被出清，这为银行等金融机构以及风控体系完备、持续

---

① 肖飒：《中国互联网金融创新模式下的金融监管探析》，载《北大法律信息网文粹》2018年第1期。

② 杨东：《监管科技：金融科技的监管挑战与维度建构》，载《中国社会科学》2018年第5期。

运营能力强的网络小额金融公司提供了更加广阔的市场和更好的发展机遇。同时，这也为中国金融稳定和金融安全提供了有力保障，实际上是从根源上保护广大消费者的权益。

2020 年 11 月 2 日公布的《网络小额贷款业务管理暂行办法》特别对联合贷款作出明确规定，主要作为信息提供方与机构合作开展贷款业务的网络小额贷款公司，不得帮助合作机构规避异地经营等监管规定。在单笔联合贷款中，经营网络小额贷款业务公司的出资比例不得低于 30%。如此规定，其实就能起到对一些网络小额贷款公司企图通过绕开融资杠杆约束，用联合贷款这一新型的金融工具进行大规模业务扩展的目的，但未来如果按照这些联合贷款的监管要求，有利于防止网络小贷公司将大量信贷资产风险转嫁给银行等金融机构合作方，从而实现对网络小贷的有效约束，与此同时也符合小额贷款小额、分散的基本理念。

（二）完善自身风控体系，强化内控管理

建立和完善金融机构自己的网络小额贷款风险预警和风险监测体系，形成一套独立自主的风控体系非常有必要。这是一个系统工程，既需要体系的搭建、技术的研发、人才和资金的投入等，与此同时，金融机构还要加强内控管理，严格审查合作单位的资质，不以任何形式为没有网络小额贷款业务资质的合作机构提供贷款资金或者进行联合贷款。内控机制不健全是网络小额贷款公司和一些相对较弱的银行金融机构比如一些农商行比较普遍存在的问题，而如果没有一整套清晰的风控体系，会使得公司运行不规范，持续下去可能导致运营困难，严重影响企业的发展。[①] 因此，不管是联合贷款中的资金提供方还是信息服务方，都需要完善自身的内部管理，建立一套完整的风控体系，做好贷前审查、贷中审核、贷后管理等全流程活动，可以通过进行组织机构的调整、员工系统的风控学习和培训以及对风控体系的技术和研

---

① 王来华：《我国互联网小额贷款公司监管机制研究》，载《区域金融研究》2019 年第 5 期。

发投入等实现。

联合贷款业务双方要坚持风险自担、互不兜底的原则，提高自身的风控能力。联合贷款业务双方应当构建独立的、有效的并且完善的风险评估、授信审批和风险定价模型，不能将核心业务外包出去。与此同时，要明确商业银行和网络小额贷款公司进行联合贷款的管理机制，并在合作协议上明确合作各方的权利义务关系。联合贷款业务双方也应该坚持适度分散的原则审慎选择合作机构。

（三）完善行业自律，形成行业自律标准

如果说行政监管是金融科技包括但不限于网络小额贷款领域规范持续发展的根本保证和最直接手段，而金融科技企业自身的业务和模式创新是推动金融科技蓬勃发展的直接动力，那么自律组织则是沟通监管部门、市场主体的桥梁和纽带，是实现行业自律、规范行业行为、开展行业服务、保障公平竞争的重要抓手。通过行业自律协会，一方面能够做到指导信息充分传达，强化监管执行效率，提升全行业互动合作并将监管的相关指导思想和监管理念有效传达下去，另一方面行业自律组织还能够把该行业目前面临的监管困境、行业难题等信息顺畅地通过自律组织传递给监管部门，供监管部门做参考，以便将来可以制定出充分考虑业界呼声和诉求的监管规范和政策。比如要充分发挥中国小额贷款公司协会在倡导和组织会员学习国家金融政策，执行金融监管规定，遵守法律、法规，督促会员依法诚信合规经营，组织制定同业公约和自律制度，组织执行自律性行业标准和业务规范，提高行业规范程度等方面的作用。

（四）强化信息披露监管，做到披露及时、准确和全面

网络小额贷款公司和商业银行在推广或者进行联合贷款业务时，要按照监管部门的要求，在醒目位置，及时、全面地向目标客户披露贷款主体、贷款条件、贷款金额、实际年利率、还本付息安排、逾期清算、违约责任等基

本信息，以及向借款人充分披露自身与合作机构的信息、合作类产品的信息、自身与合作各方权利义务等，积极保障用户的知情权和自主选择权，也按照适当性原则充分揭示合作业务风险，避免客户产生品牌混同。[①]

五、结论

网络小额贷款领域出现的联合贷款模式，能够适应当前网络小额贷款行业发展的现状，充分发挥商业银行的资金优势以及金融科技公司在客户、场景、数据、风控等方面的特长，取长补短，扩大金融市场直接融资的规模，降低社会融资成本。但与此同时，不得不提防联合贷款模式下潜在的金融风险，比如一些中小银行过于依靠合作机构，尚未建立自身的风控体系，而与此同时，出资比例较小的网络小额贷款公司往往不对贷款进行兜底，存在较大的道德和信用风险，也容易累积金融风险，在不及时进行监管的情况下，可能冲击金融市场的稳定，引发系统性金融风险。金融科技尤其是网络小额贷款领域面临着有效监管和普惠金融之间的悖论，既要鼓励普惠金融，实现包容性金融，又要克服金融风险，防止监管失灵。[②]因此，网络小额贷款的金融监管部门应当及时制定适应网络小额贷款行业发展的监管规范，并且坚决地贯彻和执行监管措施，及时遏制和防止出现规避融资杠杆限制现象和行为，打击行业内出现的各类非法金融活动，在金融安全和金融创新之间达成更好的平衡。

[①] 参见 2020 年 7 月 12 日发布的《商业银行互联网贷款管理暂行办法》第五十二条规定。

[②] 沈伟、张焱：《普惠金融视域下的金融科技监管悖论及其克服进路》，载《比较法研究》2020年第 5 期。

金融科技监管的比较改善路径

浙江大学光华法学院　刘潇阳 *

摘　要

进入 21 世纪以来，随着互联网技术的迅猛发展，大数据、区块链、用户画像描摹、人工智能、移动支付等新兴产业相继崛起，依托互联网形成的金融科技已成为时代风口。我国金融科技已历经 30 多年的发展历程，从 20 世纪 90 年代的金融电子化，到 21 世纪初金融科技萌芽，表现为互联网金融产业的蓬勃兴起，再到如今金融与科技间的渗透日益加深，正在逐步改变现有的金融体系。金融科技的应用深刻地改变了人们的生活方式，包括但不限于降低融资成本与维护成本、扩大可服务人群、便利人们的衣食住行、推进社会信用体系的构建等。然而，新兴产业技术对金融领域的嵌入，使得金融科技相较于传统金融领域更为复杂，新业务场景下的风险和纠纷频发，给金融监管带来了新问题与新挑战。

关键词：金融科技；风险；监管模式；监管沙盒

★ 刘潇阳，浙江大学光华法学院硕士研究生。

一、金融科技的概念和应用

金融稳定理事会(FSB)对金融科技做出界定,金融科技是大数据、云计算、物联网、区块链等前沿技术应用于金融领域而产生的新兴金融业务模式与产品服务。2017年,美国国家经济委员会在白皮书中指出,金融科技以技术创新推动金融服务业乃至整个经济领域的变革。2019年,中国人民银行在《金融科技(Fin Tech)发展规划(2019—2021年)》中指出,金融科技旨在以技术驱动金融创新,用科技服务于金融产品、经营模式和业务流程。金融科技的本质仍然是金融,科技的发展当然促进了金融服务形式的创新,如近年来涌现的移动支付、数字货币和智能投顾等,但是在这些新产品与新业务模式背后的核心仍然是资金融通。

巴塞尔银行监管委员会将金融科技的核心应用细分为四个领域,分别是支付结算、投资管理、基础设施服务以及存贷款与融资服务。首先在支付结算领域,区块链技术的应用大幅提高了支付效率、安全性和透明度。区块链技术能够准确实时记录交易者的关键信息,且其去中心化特征能够使各个节点的数据自我验证、传递和管理,从而保证交易记录不会被篡改。蚂蚁金服就是通过区块链技术的应用将计算移动到数据端,实现数据可用不可见,这既能提高金融市场交易效率、避免暗箱操作,同时也能有效保护用户隐私;在投资管理领域应用的典型就是智能投顾,其本质是将人工智能技术引入证券投资顾问业务,运营者运用自动化投资工具为投资者配置最合理的资产组合。智能投顾所依赖的技术为算法模型,其被视为具有辅助投资顺利实现的工具属性,智能投顾的运作趋于智能化,能够大大降低自然人的服务参与度,降低投资门槛,推动金融普惠发展;技术支持在金融市场基础设施服务中的应用也日益广泛,大数据技术对社会信用体系的构建起到了显著的推动作用,政府部门、企业主体和消费者个人在日常生活中产生的海量数据被抓取、整合、处理后,能全面反映数据制造者的个人资产和信用状况。如阿里旗下的芝麻信用会对支付宝、淘宝的客户进行信用评估,达到700分的用户可以免押金租借充电宝、骑共享单车，购物可以享受先用后付的服务；云计算和金融的结合推动利率市场化，商业银行吸收银行间市场资金时免于缴纳 20% 的存款金，降低了贷款利率，进而有效缓解了中小企业融资难、融资贵的问题。综上所述，在金融科技的浪潮下，科技已经贯穿于金融的全行业和服务的全过程。

二、伴随金融科技而来的风险

首先是技术风险。金融科技的核心在于应用前沿技术颠覆传统金融模式，传统金融行业基于其本身就具有的信息不对称、外部性、脆弱性等特征，就具有远超其他行业的风险。[①] 金融科技进一步深化了系统性风险，一项技术在稳定运行前的开发、测试和应用环节都不可避免地存在风险，技术漏洞或程序错误都可能造成信息数据泄露，技术本身的安全深刻影响着金融交易安全。

其次是数据信息风险。金融机构在运营过程中利用科技优势收集了大量用户的数据和资料，金融产品和服务的消费者面临着被盗取账户、信息泄漏、隐私曝光等风险，且该风险具有极强的传染力，可能波及多个行业，甚至整个经济秩序。金融消费者、监管者和金融科技公司之间的信息不对称现象普遍存在，金融科技公司借助自身的平台和技术优势最容易获取海量数据，一些科技公司盲目追求利润最大化，对于信息的保管和披露并未审慎尽责，甚至未经用户许可擅自将个人信息转售牟利，广大金融消费者因为欠缺技术知识和风险意识，难以甄别信息的真实性，而在权利被侵害时，也很难与金融科技公司相抗衡。

最后是监管不到位风险。技术迭代日新月异，摩尔定律揭示科技的更新换代周期通常只需要 18—24 个月，技术的高速发展使得新型金融产品和服务层出不穷，涌现了余额宝、网络借贷、智能投顾和数字货币等多种新型金

---

① 赵梓旬：《金融科技法律监管问题研究》，载《法制与社会》2019 年第 13 期。

融模式。而和金融科技的创新速度相比，监管总是慢了一步，金融科技监管规则的制定多是基于过去的监管实践，总结过去的经验是制定现有规则的基础；规则制定的程序正当性要求也导致监管法规的滞后，经过立项、起草、审查、决定等一系列程序后公布施行的法规总是难以规制现实金融交易的方方面面；目前我国的金融科技监管领域存在着主体不明、边界模糊、监管真空等问题，难以有效防范金融风险，甚至造成规避监管、监管套利的问题频现。

三、域外金融科技监管概述

（一）英国：监管沙盒模式

监管沙盒这一概念的提出借鉴了计算机技术安全领域的一种机制，通过在隔离环境中模拟真实事件进行测试推演，在风险可控的前提下协助特定金融主体实现产品创新，有效平衡金融市场安全和技术创新之间的利益冲突。英国在 2015 年首次将沙盒这一概念引入金融监管领域，英国金融行为监管局明确提出了参与沙盒模式的要求，主要有以下五点[1]：一是参加沙盒测试的金融产品或服务属于其监管体系的范畴；二是金融科技产品有显著的新颖性特征；三是能够大幅度提升金融消费者的使用或服务体验；四是产品的风险难以通过其他途径有效测试；五是金融主体已经了解相应的法律规范，待测试的产品或服务没有违反法律的强制性规定。

监管沙盒模式是人们为防范化解金融风险和鼓励金融创新开展的一种积极探索。2008 年全球性的金融危机激化了各国民众对政府监管不力的不满情绪，指责政府放任金融创新过度自由发展最终酿成全球性的金融灾难。在此背景下，各国政府纷纷开始加强金融监管，但是过于收紧的政策又会遏制金融科技的创新，最终也不符合民众的根本利益，而监管沙盒的出现为两难的局面提供了一个协调的通道。[2] 监管部门能通过该项制度设计全面、充分地

---

① 杨志超：《金融监管沙盒的制度要素与理念创新》，载《财会月刊》2020 年第 5 期。

② 单敏：《基于金融科技监管试点的中国版 "监管沙盒" 模式探索》，载《时代金融》2020 年第 31 期。

了解金融科技，对可能出现的风险制定针对性的规范，改善法规的滞后性；金融科技主体通过沙盒能在产品投入市场之前对新的产品和服务进行有效测试，验证预想的逻辑和效果，及时发现问题并改进技术，这对产品的上市、推广和被认可都大有裨益；金融消费者的权益也在沙盒测试中得到了有效保护，因为参与测试的金融科技企业被要求履行证明、披露、反馈和补偿义务，且企业被要求及时完善在测试中发现的侵犯消费者权益的问题，金融科技平台与消费者之间的信息不对称有所缓解，也减少了虚假创新的现象。

（二）美国：原则性限制监管模式

美国的金融监管呈现典型的二元体制，规范性文件会考虑联邦和州之间的立法关系和边界，双层监管对美国金融市场的影响意义深远，其传统金融业的监管有三个明显的历史节点，分别是自由竞争、严格的分业管制和放松管制阶段。

在 1933 年美国大萧条之前，美国的银行乃至整个金融行业几乎不受任何限制，联邦政府没有出台有力的监管措施；20 世纪 30 年代后，美国金融业进入了分业监管模式，在初期该模式的划分标准是金融机构的性质，即监管方根据机构的属性而不论其从事的金融业务进行监管，美联储、货币监理署、储蓄监理署和证券监管机关等按照银行、保险、证券等不同行业进行监管。该模式的显著弊端在于其监管成本高昂，监管重复和监管真空问题难以协调解决，美国联邦与州政府对美国的银行业监管多有重叠，而对创新金融产品的法律规制又多有滞后，这就导致某些领域的多主体监管和某些领域无人监管的局面同时存在。分业监管模式随着混业经营的出现越来越难以适应经济发展的需要，美国开始向功能监管模式转变，以金融机构的行为属性来确定监管的定位和尺度。该模式持续到了 2008 年金融危机爆发后，美国政府在反思金融治理的过程中进一步采取了"严监管、强管控"为特征的金融改革措施，金融监管的强化对全球经济的复苏也起到了一定的作用；随着金融危机阴影的淡去，特朗普政府上台后开始着手放松对金融行业的管制，弱化政府对金融活动的干预，放松管制成为新的监管趋势。①

就金融科技而言，美国也大致将其纳入了传统金融体系中进行监管，首先将金融科技按其涉及业务分类确定对应的监管部门，同时放宽对交易过程的限制、消除设置的交易壁垒。《多德-弗兰克法案》于2010年在美国通过，是美国在大萧条结束后改革力度最大、影响最深远的法案，虽然该法案并非金融科技领域的专门法案，但它是美国反思多年金融监管的经验所得，更加客观看待监管行为本身，适用于金融科技领域也并无明显不当，且为金融科技的稳定和安全提供法律保障的同时也有利于鼓励技术创新。②

四、中国金融科技监管的可行路径

（一）金融科技领域现有的主要规范（见表1）

表 1　金融科技领域现有的主要规范

时间	发布部门	规范名称	规范内容
2015 年 7 月	中国人民银行、工业和信息化部、公安部等	《关于促进互联网金融健康发展的指导意见》	鼓励创新，支持互联网金融稳步发展；分类指导，明确互联网金融监管责任；健全制度，规范互联网金融市场秩序
2016 年 11 月	全国人大常委会	《中华人民共和国网络安全法》	全面规范网络空间安全管理的基础性法律
2017 年 8 月	中国银监会	《网络借贷信息中介机构业务活动信息披露指引》	明确网络借贷中信息披露的概念、内容和遵循原则
2018 年 4 月	中国人民银行等	《关于规范金融机构资产管理业务的指导意见》	规范智能投顾等资产管理业务

---

① 邹伟康、于海纯：《美国金融监管框架的重构：路径与趋势》，载《金融论坛》2019 年第 12 期。
② 杨莉萍：《比较与镜鉴：互联网金融法律监管的困境及对策》，载《晋中学院学报》2017 年第 4 期。

时间	发布部门	规范名称	规范内容
2019 年 8 月	中国人民银行	《金融科技（FinTech）发展规划（2019–2021 年）》	合理定位金融科技，提出了我国发展金融科技的目标、重点任务和保障措施
2019 年 10 月	市场监管总局、中国人民银行	《金融科技产品认证目录（第一批）》《金融科技产品认证规则》的公告	将支付技术产品认证拓展为金融科技产品认证，明确了认证规则和目录清单
2020 年 9 月	中国人民银行	《金融消费者权益保护实施办法》	规定了与利率、人民币管理、外汇、黄金、国库、支付清算、反洗钱、征信等业务相关的金融消费者权益保护

（二）中国金融科技监管范式的问题

中国以往的金融监管主体主要是"一行三会"，即中国人民银行和保监会、银监会、证监会。2018 年 3 月，这一监管体制迎来了变化，银监会和保监会合并为银保监会，加上 2017 年新成立的国务院金融稳定发展委员会，"一委一行两会"的新监管格局就此形成。本次改革后，银保监会继承了银监会、保监会的原有职能，开始对银行保险业进行统一管理，将金融委纳入金融监管框架中，意味着金融监管向"全国一盘棋"的方向发展。

目前中国针对金融科技的监管可以被概括为"被动—命令控制式"监管[①]，监管部门在金融科技发展初期，为了鼓励技术创新，更倾向于自由放任的监管立场，这促使一大批金融科技企业实现了跨越发展，但是监管真空导致金融科技引发的风险积聚，金融科技市场鱼龙混杂，消费者权益屡屡遭受侵害，监管部门总是在不得不解决问题的紧迫情形下，才开始着手进行监管，被动监管缺乏时效性、灵活性和有效性；而命令控制则体现在监管部门的介入通常在金融科技企业发生违法违规行为后，监管部门根据现有的法律

---

① 杨松、张永亮：《金融科技监管的路径转换与中国选择》，载《社会科学文摘》2017 年第 11 期。

规范对其进行相应的惩罚，这种模式虽然能一对一解决特定问题，但是忽略了金融科技高速发展变化的特征，现有的法规体系很可能难以囊括新出现的违法违规行为。

（三）金融科技监管的可行路径

1. 明确监管主体地位

上文中提到的"一委一行两会"新的监管格局中的最大亮点就是2017年新成立的金融稳定发展委员会，这标志着我国从分业监管回归混业监管。混业监管更能适应金融科技去中介、去中心、跨领域、智能化的特点。金融稳定发展委员会要想实现统筹各部门职能利益的目标，就应当被确认法定的监管地位、被赋予法定的监管职权。[①] 具体来说，可以考虑在金融稳定发展委员会中设立固定的组织机构，预算开支由财政专门拨款，任职人员享有公务员编制，且该机构能够制定规章，要求央行、银保监会、财政部和外汇管理局等机构在监管过程中执行其出台的规章。

2. 转变监管方式理念

目前"被动—命令控制式"监管难以适应金融科技的高速迭代和创新的特点，事先制定的法律规范不仅难以防范金融科技风险，而且也常常落后于新的金融市场业态，应当向"主动—合作式"监管转变。

首先要摒弃事后总结经验立法的传统监管理念，在金融科技企业发展的过程中，监管就应当同步跟上，动态监控发展趋势，既不会由于事前监管过严遏制创新，也不会出现风险集中爆发后才监管的现象；其次可以在监管机构中内设专业部门，如在金融稳定发展委员会中吸纳金融科技专业人才，组建技术型监管团队，应用大数据、云计算、人工智能来监管科技，提高监管效率；最后可以推动金融科技企业成立行业协会，与行业协会在监管金融科技市场的运行中形成合力，在政府部门宏观指引的前提下鼓励行业协会自我

---

① 陈海涛：《金融科技监管的比较研究》，兰州大学2020届硕士学位论文。

监管。

3.借鉴域外先进经验

英国的"监管沙盒"模式自提出后被几十个国家和地区采纳并使用，中国目前也已经对"监管沙盒"进行了试点，赣州区块链金融产业沙盒园就是首个试点成果。

在构建中国特色"监管沙盒"模式中，要注意协调好监管方、被监管方和消费者三者之间的关系。监管主体由规则性监管向原则性监管转变，在坚守金融监管法律原则底线的前提下，以更加包容的态度允许、鼓励符合条件的金融科技企业入盒测试；被监管方应当发挥自身的技术优势，在初期把控风险，避免风险较大、创新匮乏的产品或项目盲目入盒，浪费资源；消费者积极参与沙盒测试，搭建其与监管方和企业之间沟通交流的平台，切实维护消费者权益。

五、结语

中国的金融科技虽然起步较晚，但是国内市场和科技都有着巨大的发展潜力，目前金融科技依然处于高位发展阶段，很可能引领下一次产业革命。目前的监管却没有跟上金融科技自身的发展脚步，监管冗余和监管真空同时存在、金融科技领域风险集聚、创新与稳定之间难以平衡等现象屡见不鲜，中国应当在现有监管模式的基础上改革监管体制、转变监管理念、借鉴国外经验，从而推动金融科技的良性有序发展。

我国金融科技穿透式监管研究

浙江泽大律师事务所　詹刚 *

摘　要

金融科技的本质是一种破坏性的金融创新。传统分业监管体制下的监管模式和监管手段难以适应金融科技混业经营的发展需要，极易产生监管空白和引发监管套利现象。为破解监管困境，我国创造性地提出了穿透式监管的概念，强调奉行实质重于形式原则，透过金融产品的表面形态，直接揭示其业务属性和行为实质，进而明确监管主体和适用监管规则。本文在对金融科技穿透式监管的相关概念作界定并对其理论来源等进行分析的基础上，对我国金融科技领域实行穿透式监管的必要性与存在的难点等问题进行了较为深入的探讨和分析，提出构建涵盖落实功能监管、完善市场准入机制、构建统一监管平台、完善信息披露制度、综合运用监管科技、构建监管协调机制的金融科技穿透式监管制度，以此提升金融科技穿透式监管能力，从而补齐监管短板。

关键词：金融科技；混业经营；监管挑战；穿透式监管

★ 詹刚，浙江泽大律师事务所实习律师，浙江大学法律硕士，专注于金融法、证券法、金融科技法律实务。

一、前言

为破解金融科技领域面临的监管困境、维护国家金融安全和稳定，更好地保护金融消费者合法权益，我国金融监管部门创造性地提出了穿透式监管的概念。所谓穿透式监管，是指金融监管部门在对金融科技实施监管的过程中，秉持"实质重于形式"原则，不被金融科技产品的名称或者业务行为的外在表现形式所迷惑，能够透过其表面形态，直接揭示其行为实质，进而实现对金融科技业务行为的动态、及时、有效、精准监管。要对金融科技实现穿透式监管，其核心仍然还是构建一整套系统完备的穿透式监管法律制度，以立法来规范和引导金融科技，使其在法治化的轨道上运行，为金融和科技深度融合发展提供法治保障。穿透式监管作为一种全新的监管理念和监管模式，被国家金融监管高层屡屡提及并在一些监管文件中有所体现，但在学术研究上对其未予以足够的关注，更缺乏较为深入的理论分析。基于理论探讨不足与实践需求紧迫之间的矛盾，本文试图通过对金融科技穿透式监管做一些有益的理论探索和初步研究。

二、金融科技穿透式监管的基础理论

（一）金融科技穿透式监管的基本界定

1. 穿透式监管的概念界定

国外并没有直接提出穿透式监管这一概念，但确实有不少体现"穿透"理念的管理方法、法律条款、监管模式等，但不必然与监管产生关联。国外的学术研究或者穿透理念的实践更多表现为"穿透"（look-through）和"条款"（provision）或者"方法"（approach）的结合，即穿透一方面体现为一些"看穿条款"在私募基金监管或者反避税审查等场景的适用，比如美国 1940 年《投资公司法》中的"看透条款"，对投资公司在满足一定条件下，其基金投资者也将被纳入合格投资者的监管范畴，这一条款可以被视为是规定"穿透"内容的具体法律规范等；① 另一方面穿透体现或者将看穿作为一种管理方法和手段，比如国外企业内部治理中的穿透管理方法。穿透式监管，顾名思义包含两个核心用语，即"穿透"和"监管"，在穿透的基础进行监管和管理。"穿透式监管"，即把"穿透"（look-through）与"监管"（regulation 或者 supervision）结合，这样的直接和基本概念在国外学术研究或者具体实践中其实并不存在。

而我国金融监管领域出现的"穿透式监管"概念，不仅仅只是一种事实发现的方式或者手段，更是一种创新的金融监管模式。从严格意义上讲，穿透式监管是国内金融监管领域的新名词，被视为是金融监管的中国智慧。这个概念最早出现在 2016 年 3 月 25 日在上海召开的中国互联网金融协会成立大会上，是中国人民银行副行长潘功胜在致辞中提出的，他认为要实施穿透式监管，透过互联网金融产品的表面形态看清业务实质，将资金来源、中间环节与最终投向穿透连接起来，按照"实质重于形式"的原则甄别业务性质，根据业务功能和法律属性明确监管规则。②2016 年 10 月 13 日，国务院办公厅发布的《互联网金融风险专项整治工作实施方案》首次在国家层面正式提出"穿透式"监管这一概念，即在互联网金融监管过程中，应综合资金来源、中间环节与最终投向等全流程信息，透过表面判定业务本质属性、监管职责和应遵循的行为规则与监管要求。③

2. 金融科技穿透式监管的概念界定

金融科技穿透式监管是指在金融科技监管领域，监管部门利用各种技术手段和监管方法，透过金融产品的表明形态，看清金融业务和行为的实质，将资金来源、中间环节以及最终流向穿透连接起来，按照"实质大于形式"的监管原则甄别金融业务和行为的性质，根据产品功能、业务性质和法律属

---

① 叶林、吴烨：《金融市场的"穿透式"监管论纲》，载《法学》2017 年第 12 期。

② 潘功胜：《促进互联网金融持续健康发展——在中国互联网金融协会成立会议上的致辞》，载《金融电子化》2016 年第 5 期。

③ 李勇：《互联网金融乱象刑事优先治理政策之反思》，载《西南政法大学学报》2019 年第 21 期。

性明确监管主体和适用规则，对金融机构的业务和行为实施全流程的监督和管理。[①] 穿透式监管强调击穿金融科技产品或者业务行为所具有的复杂资产层、交易结果和中间环节以探明业务真实属性，实现对金融业尤其是金融科技及时、有效、全面、实质监管。[②] 金融科技穿透式监管，不只是一种事实发现的手段或者方法或者体现"穿透"理念的法律条款，更是功能监管和行为监管的具体落实和理论延伸，是金融监管理论的中国创造和中国智慧。

（二）金融科技穿透式监管的理论来源

对金融科技实施穿透式监管，而穿透式监管作为一种识别金融业务属性或者行为本质的监管理念和监管模式，探求其理论来源是一个无法回避的问题。本文认为其理论来源主要为实质重于形式原则、功能监管和行为监管理论。

1. 实质重于形式原则

实质重于形式原则是会计核算中的一项基本原则，其基本含义是指在会计核算的过程中，企业要严格按照交易行为或者交易事项的实质来进行，而不能拘泥于其具体名称或者外在表现形式。《国际会计准则》第三十五条明确规定了实质重于形式原则，即实质不总与其业务形式与形态相一致，需要看到业务实质。我国 2000 年发布的《企业会计制度》中将其作为新引入的一项"会计核算的一般原则"。随着经济业务的日趋复杂，创新交易的不断发展，很多交易或事项的经济实质与其法律形式出现不一致，如果拘泥于或者过于看重经济业务法律形式，没有真实反映出经济实质，就需要运用实质重于形式原则进行分析和判断。而《企业会计准则——基本准则（2014）》对实质重于形式的原则的内涵做了进一步的阐释，该原则的基础概念是指企业在经济业务会计处理中需要按照交易或事项的经济实质进行会计确认、计

---

① 许恋天：《互联网金融"穿透式"监管：逻辑机理与规范运用》，载《税务与经济》2019 年第 3 期。
② 刘华春：《互联网金融监管法律规制研究》，法律出版社 2018 年版，第 178 页。

量和报告，而不应当仅仅按照交易或者事项的法律形式作为会计确认、计量和报告的依据。

2. 功能监管理论和行为监管理论

功能监管理论由哈佛大学商学院教授罗伯特·默顿（Robert Merton）在1993年最早提出，是一种按照金融体系的基本功能设计的监管体制。[1] 其核心内容可以表述为：金融功能相较于金融机构更为稳定，金融机构的形式随着功能而变化，金融机构的创新和竞争会使金融系统各项功能提高，因此从功能进行的金融监管中，法规制定与执行更稳定也更有效。[2] 根据金融功能来设计金融监管体制，对于跨行业、跨市场的金融产品和业务，属于同一类的金融业务适用统一的监管标准，这样能有效解决分业监管体制下机构监管的缺陷，更容易发现和填补监管空白和防止监管套利，有效地提高金融监管的监管效率，从而实现监管的公平和效率目标。[3]

行为监管理论的"双峰（Twin Peaks）理论"由英国经济学家迈克·泰勒（Michael Taylor）于1995年提出[4]，其主要观点是在金融监管的过程中，应当坚守两大目标，一个目标是实现审慎监管目标，维护金融稳定，防范和化解系统性风险；另一个目标是要实现行为监管目标，即通过对金融机构经营行为进行监管，维护金融市场秩序和保护消费者利益，这两个目标被称为"双峰目标"。[5] 泰勒认为，双峰监管既可以去除行业监管和功能监管的弊病，防止出现监管交叉和空白，又能进一步去除综合监管的弊病，防止目标冲突，

---

① Merton R C. A functional perspective of financial intermediation[J]. Financial Management, 1995, 24: 23-41.

② 冯科：《金融监管学》，北京大学出版社2015年版，第45页。

③ 黄辉：《中国金融监管体制改革的逻辑与路径：国际经验与本土选择》，载《法学家》2019年第3期。

④ Taylor M. Twin Peaks: ARegulatory Structure for the New Century[M]. London: CSFI, 1995.

⑤ 闫夏秋：《论我国银行业监管模式的转变》，载《中南大学学报（社会科学版）》2016年第22期。

使得政府可以更加专业地实现两个目标。[1] 双峰监管其监管职责划分不是以金融机构的分类和业务模式为区分标准，而是根据监管目标的不同，这种以目标为导向的监管配置思路更为周延，职责更为明晰，其不仅兼具机构配置的整体性与功能配置专业性之优势，还能有效地消弭监管目标不兼容引发的监管重叠和监管疏漏，符合世界金融监管发展趋势。[2]

穿透式监管是功能监管和行为监管的具体落实和理论延伸。穿透式监管的理论来源之一是功能监管和行为监管理论，但其内涵更丰富。要实现对金融科技产品或者业务行为的穿透式监管，需要实施功能监管和行为监管。与此同时，通过实施穿透式监管也能够更好地实现功能监管和行为监管的监管目标，弥补功能监管和行为监管难以实现对跨市场、跨行业的交叉性金融科技业务行为穿透，因而难以识别和判定多层嵌套、交易链条过长、交易结构复杂的金融科技产品的监管短板，因此本文认为穿透式监管是功能监管和行为监管的具体落实和理论延伸，是金融监管理论的创新。

（三）金融科技实行穿透式监管的必要性

1. 能够适应金融科技混业经营的发展需要

穿透式监管能够适应我国当前金融科技混业经营现实需要。《中华人民共和国商业银行法》《中华人民共和国证券法》《中华人民共和国保险法》《中华人民共和国信托法》等法律奠定了中国金融业分业经营的格局，但近年来中国金融业混业经营的步伐明显加快，事实上通过金融科技的具体实践和运用、银行业与基金、证券、信托、保险等跨行业的资产管理业务合作、国内一些金融控股公司的金融业态已经在客观上实现了金融业的混业经营。[3]

---

[1] Taylor M, Fleming A. Integrated financial supervision Lessons of Scandinavian experience[J]. Finance & Development, 1999, 36: 42-45.

[2] 陈斌彬：《从统一监管到双峰监管：英国金融监管改革法案的演进及启示》，载《华侨大学学报（哲学社会科学版）》2019 年第 2 期。

[3] 李峰：《中国金融混业经营模式探析》，载《清华金融评论》2019 年第 2 期。

混业经营加剧了监管难度，一旦监管理念和监管模式跟不上混业经营的发展，其带来的较大的金融传导和外溢风险很容易冲击金融系统的稳定，也不利于金融市场的稳健发展。穿透式监管能够透过金融机构的业务和行为的表面形态看清其本质内涵，从而根据业务的真实功能及相应的法律明确监管规则，这样能够实现对混业经营的及时有效监管，也能够适应混业经营的现实需要。

2. 能够有效规避监管空白和监管套利现象

穿透式监管能够有效地规避监管空白和监管套利现象。目前我国金融业混业经营趋势显著，而传统的分业监管模式很容易出现监管空白或者监管套利，很难避免"铁路警察，各管一段"的尴尬局面。近年来，资产管理和私募基金领域出现一些跨市场、跨行业的新业务，这些业务往往交易结构复杂、交易链条较长、信息不透明，如果按照分业监管模式去审查，很可能得出其业务并无明显违规且风险可控的结论，但如果能够通过穿透式监管，即从资金来源、资金最终走向、交易全过程等角度分析，很可能这些业务已经突破了相关金融监管规范中关于市场准入、合格投资者人数限制、业务范围、资本约束及杠杆控制等监管要求，很可能是典型的监管套利行为，其背后蕴藏着较大的跨市场、跨行业风险传导风险。因此，穿透式监管可识别金融机构的监管套利现象，避免监管空白，很好地弥补分业监管的不足。

3. 能够有效地识别、防范和化解金融风险

穿透式监管能够有效识别和化解金融风险，维持金融科技市场体系稳定。混业经营一方面能够丰富我国金融市场业务的多样性以及提升增强我国金融机构的国际竞争力，另一方面也不能忽视混业经营会放大道德风险和利益冲突，极其容易对金融机构自身的风险管理和金融监管带来巨大的挑战，跨行业、跨市场、跨区域的风险传递一旦没有得到及时有效的管控，很可能成为诱发系统性风险的源头。比如最近这几年蓬勃发展却又给我国现有的金融体系带来巨大冲击的互联网金融，其实就是混业经营的一种创新。互联网金融，由于其涉众性风险较大，传染性更强，而金融监管部门对这一新生事物秉承

包容的态度，一开始没有实施严厉的监管，各类互联网金融平台野蛮生长，某些业态偏离正确创新方向，P2P跑路，e租宝等平台集资诈骗，ICO被定性为非法集资，现金贷引发暴力催收等，乱象频生，各种风险事件高发频发，形成风险积累，严重影响金融市场稳定并增加系统性金融风险的发生概率。穿透式监管能够有效揭示市场参与主体的真实身份，识别隐藏在各种外在表现形式背后的实质交易，在此基础上通过精准适用监管规范及运用有效的监管手段，实现全流程监控和全覆盖监管，有效化解风险，防范系统性风险的发生。

4. 能够创新监管模式和健全金融监管制度

传统的监管模式能够适应之前金融市场相对较小、金融产品相对单一的时代，但已经无法适应如今庞大复杂的金融市场以及金融市场混业经营的发展要求。面对如今金融市场智能化、平台化的趋势，传统的以人工监管为主的监管手段也显得捉襟见肘，难以招架。因此，亟须在金融科技领域进行监管模式创新，而监管模式的创新更需要金融监管理论创新作为其理论支持和前提基础。穿透式监管能够有效规避传统分业监管容易产生的监管空白和监管套利等弊端，与此同时又充分吸收了功能监管和行为监管的有益成果，通过适用实质重于形式原则，实现对金融科技领域资金端、资产端、交易环节等的全流程监管，识别金融科技业务行为的实质，明确其法律属性和业务本质，从而实现对金融科技的有效监管。穿透式监管理论代表着金融监管领域的理论创新，穿透式监管模式的运用也是金融监管模式的创新。

三、金融科技实行穿透式监管的难点

（一）监管主体难以确定

要在金融科技领域实施穿透式监管法律制度，首先要考虑的问题就是如何确定监管主体，即谁来实施穿透式监管，而这一问题其实是个难点。在实施穿透式监管的过程中，到底是需要重新设立一个新的监管机构还是将金融科技仍旧纳入原有的监管体系？有的学者主张，实施穿透式监管不一定必须调整金融监管体制，在不改变原有的分业监管模式的情况下，明确金融科技企业的业务行为的实质和法律属性，仍然适用分业监管的体制模式确定监管主体。比如属于证券、期货、股权众筹等业务，就由证监会进行监管；如果属于银行理财业务、资产管理业务、信托业务、P2P 网贷、保险等业务，由银保监会管辖；如果属于数字货币、第三方支付业务等，则由央行来监管。如此操作，可能就会面临刚开始就难以取得穿透的效果。在不改变原有的分业监管模式下，难以识别跨市场、跨部门的金融风险，也就难以实现穿透，自然也难以确定其行为实质和法律属性，也就难以确定监管主体。所以这似乎就是一个悖论，在难以实现穿透的基础上，也难以确定穿透式监管的主体。

要想实现对金融科技市场的穿透式监管，明确穿透式监管的监管主体是难以回避的问题。而我国现有的金融监管模式仍然沿用分业监管或机构监管的模式，支付业务系统性金融机构等属央行监管；银行业、保险业等行业的业务行为属银保监会管辖；证券、期货等行业的业务行为则由证监会进行归口管辖。但金融科技市场多变，金融科技的业态也是层出不穷，完全照搬传统的分业监管模式对金融市场监管恐怕难以取得应有的效果，很可能出现监管空白现象，即新的金融科技业态出现了却没有与之相对应的监管主体。而如果按照巴塞尔银行委员会根据金融科技所覆盖的范围与领域，即将金融科技主要分为支付结算、存贷款与资本筹集、投资管理和市场基础设施这四大类，按照金融科技的分类确定穿透式监管的主体，则与我国现有的金融监管体制难以耦合。因此，要实现对金融科技的穿透式监管，亟待解决监管主体难以确定的难题。

（二）监管对象外延丰富

金融科技作为穿透式监管的监管对象，其概念是清晰明确的，但是金融科技的外延是非常丰富的，既包括了技术所带来的金融产品或者应用、业务模式、业务流程等创新，还包括以区块链、人工智能、大数据、云计算等为代表的数字技术。这也就意味着金融科技既有金融的属性，也有技术的因素。金融监管部门不可能既监管金融科技的金融属性，又要干涉金融科技中的技术要素。因此，对金融科技实施穿透式监管，必须厘清金融科技业务行为中涉及金融的属性和纯粹属于技术的内容，从而明确金融科技穿透式监管的监管对象。

（三）监管边界难以厘清

穿透式监管与民商法领域强调意思自治和外观主义之间其实存在着矛盾。前者强调真正事实的发现，是公法秩序中的金融监管方法，后者注重"以外观认定行为所生之效果"，是私法规则下鼓励交易的成果。一旦穿透的边界过宽，将造成公法监管对私法秩序的侵入。[1]实施穿透式监管完成对资金端、资产端以及交易过程的全流程监管，很容易造成对市场主体正常经营的不当干扰，甚至有可能侵犯企业商业秘密。有的学者指出，穿透式监管运用到对金融科技企业的监管中，很可能导致用穿透式监管替代原先长期稳定且行之有效的商事领域监管规范，通过对最终的投资者、底层资产以及交易过程的穿透，最终以股东是否为合格投资者、底层资产是否优良、交易过程是否规范等因素来判断公司的好坏，而原先的公司的权力分配、制约和监督机制可能被摒弃。

对金融科技实施穿透式监管，必须把握穿透式监管的尺度，避免出现监管过严、过分干预市场行为的现象。如果缺少一个明确而又适当的监管边界，金融监管部门可能就会随意扩张监管职权和监管范围，极易利用监管之名对金融活动进行过度监管。然而尺度过于严厉、频次过于频繁的金融监管，很可能增加被监管对象，因此付出的监管成本，对正常的经营行为产生不当干

---

① 王妍、赵杰：《不完备法律理论对穿透式监管的启示》，载《征信》2019 年第 37 期。

涉，可能造成金融机构经营困难甚至引发其无奈退出相应的金融市场。[1]

（四）监管数据较为分散

金融科技是以信息技术为核心，对金融业务模式、流程、产品或者服务的创新。金融科技的业务模式背后存在庞杂且海量的信息数据，监管部门要在这庞杂的信息数据中去精准地识别界定其蕴藏的风险隐患、可疑交易甚至是违法违规活动，难度非常之大。而且当前各金融监管部门均在各自领域内探索穿透式监管，各自有各自的信息登记系统，"数据孤岛"现象严重，也没有建立高效的监管数据共享机制。与此同时，各金融监管部门在数据收集、信息统计上也没有统一的标准，这样势必加大对跨行业、跨市场的交叉性金融产品实现资金端和资产端的穿透核查的难度。[2]当前金融监管机构掌握的金融数据存在滞后和割裂，缺乏统一的监管数据联动和数据共享系统。金融科技市场形态各异，各种金融科技的业态也千差万别，与之相对应的金融监管部门所获得的金融监管数据也难以做到统一和标准化。各个金融监管部门缺乏明确的监管数据共享机制，无法实现各个金融科技市场的监管数据的打通，这样就难以实现对金融科技的穿透式监管。金融监管数据的分散，会加剧监管部门之间的信息不对称，不利于实现金融市场的审慎监管，更不利于实现对金融科技的穿透式监管，难以实现对资金端和资产端的穿透，穿透式监管的有效性将会受到较大的影响。

（五）监管科技基础薄弱

英国的金融行为监管局最早提出监管科技的概念，其主要从金融机构的角度来理解，即金融机构利用新技术更有效地解决监管合规问题以满足监管

---

[1] 肖飒：《中国互联网金融创新模式下的金融监管探析》，载《北大法律信息网文粹》2018 年第 1 期。

[2] 中国人民银行金融科技委员会：《金融科技研究成果报告（2018）》，中国金融出版社 2017 年版，第 52 页。

要求，减少不断上升的合规费用。[1] 而我国对监管科技的理解更多从金融监管机构的角度去理解和把握监管科技的实质，将其与防范和化解金融风险有机结合起来。监管科技能够借助技术优势优化金融监管模式，提升金融科技监管效率。但是，我国的监管科技起步晚，基础较为薄弱，目前尚处在摸索阶段，与发达国家相比有较大进步空间。[2]

我国对于监管科技的研究尚在探索阶段，而我国的金融监管部门尚处在从传统的以人工监管为主的监管手段逐步过渡到主要依靠监管科技对金融科技实现穿透式监管的过渡中。而在这个过渡阶段，我国的监管科技相较于美国和英国而言，监管技术的基础还是相对较弱，监管科技的应用也有待深入探索，监管科技的规则体系也尚未建立，仍然有待进一步发展。

（六）缺乏监管协调机制

在金融与科技深度融合的新形势下，金融混业经营的模式常常容易导致监管主体不清晰、监管边界模糊的局面发生，由于金融科技的本质和特性，使得原有的监管管理机制和协作机制难以发挥应有的效力，加上新兴的金融科技服务存在范围广、受众群体多、业务庞杂、风险隐患大而且隐蔽性强的特点，容易产生跨行业、跨区域甚至系统性的风险。虽然国家已经成立了国务院金融稳定发展委员会，负责金融监管的协调工作，其办公室设在央行，但其实质只是一个议事协调机构，其监管职责和工作程序等依然缺乏配套的法律规定，决定了其在履行职责时很可能会遭遇法律障碍和监管效果难以保证等困境。[3]

总体而言，要建立权威高效的监管协调机制，势必要对分业监管的监管体制进行改良甚至进行重构，而做出这样的设计和安排需要对我国金融体制

---

① 孙国峰：《发展监管科技 构筑金融新生态》，载《清华金融评论》2018 年第 3 期。

② 尹振涛、范云朋：《监管科技（RegTech）的理论基础、实践应用与发展建议》，载《财经法学》2019 年第 3 期。

③ 周仲飞、李敬伟：《金融科技背景下金融监管范式的转变》，载《法学研究》2018 年第 5 期。

进行全盘分析并对所构建的监管协调机制进行充分论证，并且经过复杂而且可能比较漫长的法律程序。比如我国是否应该借鉴英国的"双峰监管体制"，一个金融监管机构负责审慎监管，另一个监管部门负责对金融机构的业务行为进行行为监管，对这一问题需要谨慎对待，充分论证，因为其涉及面广、影响重大。而要想在金融科技领域建立权威高效的监管协调机制，同样需要对各个监管机构做出非常明确的职责分工以及具体可操作的协调监管工作机制，但如此操作的难度较大。

四、我国金融科技穿透式监管法律制度的构建

（一）落实功能监管

2017 年第五次全国金融工作会议提出，加强功能监管，更加重视行为监管。在当前金融科技时代背景下，落实功能监管，就是要贯彻统一监管的监管原则，即对于功能相同或者类似的金融科技产品或者服务，适用相同或者类似的监管规则，统一监管标准，进而避免监管套利现象。2018 年 4 月 27 日，中国人民银行、中国银行保险监督管理委员会、中国证券监督管理委员会、国家外汇管理局等四部委联合发布的《关于规范金融机构资产管理业务的指导意见》（以下简称《资管新规》）就贯彻了功能监管的原则，树立了同类资产管理产品同一监管标准的要求。《资管新规》按照产品类型统一监管标准，同一类型的资管产品适用统一标准的监管规则，这样可以有效减少监管空白和规避监管套利。

当前我国对不同金融科技业态实施分类监管，监管体制仍然以分业监管为主，但随着金融科技的创新发展，目前就已经出现一些新的业务模式和业务形态，比如区块链金融、智能投顾、互联网征信等，这就极易产生新的监管空白。因此，更合理的做法是借鉴美国的功能监管模式，按照金融科技在金融市场所承担的功能而进行业态分类，划分为支付结算类、存贷款与资本筹集类、投资管理类和市场基础设施类四大类，即落实功能监管，不论金融

科技产品或者服务以何种形态出现，抓住其核心的功能属性，厘清其业务实质，从而更好地明确监管主体和职责，执行相应的监管规则，实现穿透式监管的目标。

（二）完善市场准入机制

市场准入制度在金融行业显得尤为重要，设立金融机构、从事金融活动，必须依法接受准入管理。[①] 金融由于其特殊的利益结构和风险特征，天生就是一个被管制的市场。"法无禁止即自由"与"负面清单"的竞争法则、市场准入法则在金融领域是不完全适用的。[②] 没有经过金融监管部门批准，不得从事或变相从事金融业务。[③]

在坚持设立金融机构、从事金融业务，必须依法接受准入管理的前提和基础上，金融监管部门要结合金融科技各业务所承担的融资、中介、支付、借贷、理财等不同功能进行分门别类，制定差异化的市场准入机制。各类金融科技行业的市场准入规则设置应当坚持差异化的原则，要在类型化的基础上，对金融科技所衍生出的各种新金融业态制定差异化的市场准入规则。[④] 金融科技行业的市场准入制度，分类细化准入门槛标准。目前，除了第三方支付、互联网保险等有相对明确的监管规范和市场准入标准，其他的诸如股权众筹、互联网基金销售、互联网信托、互联网消费金融等没有非常明确的准入门槛，需要相关的金融监管部门制定监管规范，明确准入门槛，比如明确最低注册资本、股东及高管任职资格要求、技术能力和安全等级标准等基本要求。

---

① 参见《互联网金融风险专项整治工作实施方案》。
② 邢会强：《相对安全理念下规范互联网金融的法律模式与路径》，载《法学》2017 年第 12 期。
③ 参见央行行长易纲在 2018 年 3 月 25 日中国发展高层论坛 2018 年会的演讲稿。
④ 原凯：《金融正义视阈中的我国普惠金融立体规制研究》，载《暨南学报（哲学社会科学版）》2019 年第 41 期。

（三）构建统一监管平台

随着金融体系由 KYC（了解你的客户）发展到 KYD（了解你的数据），金融监管也将迎来全新的模式，监管数据无疑将成为监管的核心和驱动。要想真正实现对金融科技的穿透式监管，离不开一个统一的数据登记系统。因此，需要统一数据登记，打破"数据孤岛"状态，将分散在各个金融监管部门的数据进行统一登记和集中监测，按照"统一标准、同步采集、集中校验、汇总共享"的要求，开发建立集中统一的金融科技监管数据平台、协作平台以及共享平台，为实现穿透式监管提供数据支撑并形成各部门之间的数据共享机制，依靠对账户的严格管理和对资金的集中监测，强化穿透式监管的广度和深度，增强穿透式监管的有效性。

（四）完善信息披露制度

金融市场有序发展的重要前提就是金融活动必须具有透明性以及具备完善的信息披露制度，金融机构所披露信息的真实性、准确性、完整性、及时性，对于投资者了解该金融机构的业务形态以及运作状况等情况，以便进行理性决策、促使从业机构稳健经营和控制风险、接受公众合法监督，从而更好保护投资者合法权益，维护金融市场秩序等具有重要的意义。金融科技领域隐蔽性较强、风险频发、无从监管的重要原因就是信息的不透明性，这样容易放大交易双方的信息不对称，导致逆向选择或者道德风险，从而阻碍金融市场的正常运行。[1]

金融监管部门应当制定相关的金融科技业态的信息披露的具体规范，明确信息披露所遵循的基本原则、披露标准和具体要求，在披露方式上，并不仅仅局限于强制信息披露这一种方式，可以强制信息披露与自愿信息披露相结合，鼓励金融科技从业机构披露法定披露以外的内容。[2] 所谓强制信息披露，

---

[1] 徐孟洲、谭立：《金融法》，高等教育出版社 2019 年版，第 334 页。

[2] 廖岷等：《金融科技发展的国际经验和中国政策取向》，中国金融出版社 2017 年版，第 172 页。

即是要求金融科技企业以法定方式向投资者披露法定信息。其内容包括但不限于从业机构基本信息、运营信息、项目信息、重大风险信息、消费者投诉渠道信息等，并鼓励其自愿披露法定信息之外的其他必要信息，并为其设置相应的责任减轻或者豁免机制，比如主动披露重大不正当行为，避免投资者重大损失，可以适当减轻其行政处罚。金融科技从业机构应当保证披露信息的真实性、准确性、完整性、及时性，不得有虚假记载、误导性陈述、重大遗漏或者其他不正当披露行为。为更好实现穿透式监管的目标，完善信息披露制度，监管部门应当建立集中式的登记信息披露系统，方便投资者及时、全面地查看从业机构披露的信息。

（五）综合运用监管科技

金融科技对传统金融监管模式提出了空前的挑战，引发了对监管科技的需求。以科技改善监管，以科技应对风险[1]，与金融科技相适应的监管科技正逐步进入金融监管部门和金融机构的视野，将人工智能、大数据、区块链、应用程序编程接口（API）等新技术应用综合运用到对金融科技监管的过程中。监管科技本质上是一种技术驱动型监管，通过各种新技术比如人工智能、大数据等来提高监管效率和监管能力，可以有效弥补传统监管模式的不足，有效满足金融科技带来的高监管要求，从而更好地防范系统性金融风险。

目前我国监管科技的具体运用包括但不限于北京市率先开展的金融科技创新监管试点，即中国版的"监管沙盒"、以北京的"冒烟指数"、深圳"海豚指数"和"灵鲲"、宁波"天罗地网"等为代表的监管科技实践。比如 2015 年，北京市金融工作局[2] 开始率先应用大数据技术建设了"大数据打击非法集资监测预警云平台"，以冒烟指数为核心技术，用于非法集资的监测预警，是基于大数据、云计算、人工智能等作为监管技术架构的互联网金

---

① 李有星、侯凌霄：《论互联网融资法律制度的创新》，载《贵州省党校学报》2018 年第 6 期。

② 2018 年 11 月 8 日，原北京市金融工作局更名为北京市地方金融监督管理局。

融监测指标体系，通过对资金流向、经营活动、异常交易等风险监测，实现对各类非法金融活动的动态监测、预警和研判，有效缓解监管滞后所带来的问题，为穿透式监管提供及时可靠的风险监测信息，目前已广泛应用于地方金融风险防控的各个领域。

（六）构建监管协调机制

目前，国务院金融稳定发展委员会的设立以及从之前的"一行三会"到"一行两会"的机构改革、央行宏观审慎管理和系统性风险防范职责的强化、国务院金融稳定委员会办公室建立地方协调机制等，其实都反映出我国金融监管体制改革正在逐步顺应金融领域混业经营的发展趋势，监管短板正在加快补齐。因此，应当加强顶层设计，明确业务边界、监管分工与监管职责，在国家层面统筹建立包括"一委一行两会"[1]、国家网信办、国家市场监督管理总局、公安部、最高人民法院、最高人民检察院等部门以及各级地方政府及其金融管理部门在内的联动高效的监管协调机制。

金融科技监管协调机制的完善，需要尽快建立中央和地方双层监管协调机制，尽早通过更高位阶的立法对央地金融监管权的配置加以优化，包括明晰央地金融监管边界，一揽子授予地方完整的金融监管权，设置相应的外部监督问责制度，并建立起以国家金融稳定发展委员会为主导的纵向金融监管协调机制，使两者形成监管合力，依法共治。[2]2020 年 1 月 14 日，央行发布《国务院金融稳定发展委员会办公室关于建立地方协调机制的意见》，建立国务院金融稳定发展委员会办公室地方协调机制，有利于强化金融监管的纵向协调，能够更好处理"一行两会"和地方金融监管机构在金融监管职责上的矛盾。截至 2020 年 4 月底，全国目前已有包括内蒙古、广东、江苏、上海、

---

[1]　"一委"指的是国务院金融稳定发展委员会，"一行"指的是中国人民银行，"两会"指的是银保监会和证监会。

[2]　陈斌彬：《论中央与地方金融监管权配置之优化——以地方性影子银行的监管为视角》，载《现代法学》2020 年第 42 期。

浙江等超过20个省市①建立金融委办公室地方协调机制，落实中央决策部署，加强地方金融监管协调。金融科技监管协调机制的完善，同样需要在横向维度上，加强金融监管机构与其他政府部门间的协调治理，建立信息共享机制，共同防范和化解金融风险。

五、结论

在金融科技领域实行穿透式监管能够有效规避监管空白和监管套利，适应我国当前混业经营的现实需要，是中国在金融监管领域的理论创新和全新探索。与此同时，构建我国金融科技的穿透式监管法律制度，是一项系统性工程。从宏观层面，需要明确其基本目标和基本原则；在具体内容的设计上，应当按照明确监管主体和职责、界定监管对象、细化监管程序、丰富监管手段的逻辑思路，提出了涵盖落实功能监管、完善市场准入机制、构建统一监管平台、完善信息披露制度、综合运用监管科技、构建监管协调机制等多方面共同构成金融科技穿透式监管的具体规则。

---

① 内蒙古、广东、江苏、上海、浙江、山东、四川、山西、陕西、贵州、湖北、湖南、云南、吉林、辽宁、江西、重庆、广西、甘肃、安徽、天津、新疆等20多个省市已经设立金融委办公室地方协调机制。

论私募股权基金普通投资者之权益保护

宁波大学法学院　董雨蝶 *

摘　要

私募基金市场的发展，使得私募股权基金逐渐纳入广大投资人的投资范围，不仅仅是专业金融投资人，还包括大量的无专业背景知识的普通投资人。然而其高回报的同时却带来了高风险问题，一方面是来自被投资公司项目市场的外在风险，另一方面是来自基金管理人渎职类行为的内在风险，最后都落在普通投资者身上，并且当前很难通过司法救济来维护投资人的合法利益。

关键词： 私募基金；普通投资者；基金管理人

＊　董雨蝶，宁波大学 2019 级民商法学硕士。

　　私募股权投资作为一种企业融资方式，在促进实体经济、助力创新企业的同时，也伴随着一定程度的风险。我国私募股权投资发展时间并不长，相关的制度和管理办法并不健全，行业内的信息透明度不够高，对普通投资者的保护存在着保护力度低、制度不健全的问题。因此本文目的在于通过研究我国当前法律框架下的私募股权基金投资者之权益保障制度，并寻找到解决问题的方法，来减少普通投资者的投资风险，保障普通投资者的合法权益，促进私募基金市场的繁荣发展。

一、问题的提出

　　2017 年 8 月，投资者 A 以积蓄 200 万元，在工作人员的介绍下认购了东方华盛财富管理有限公司（以下简称东方华盛公司）的投资产品"东盛 3 号金盾消防专项私募投资基金"，双方签订《东盛 3 号金盾消防专项私募投资基金合同》，东方华盛公司为基金管理人，恒泰证券股份有限公司为基金托管人，盈科律师事务所提供风控支持。该《基金合同》约定该基金为封闭式基金，中低风险，在深入研究的基础上构建投资组合，在严格控制投资风险的前提下，力求获得持续稳定的投资回报，存续期间为 18 个月，基金项下的基金财产主要投资于浙江金盾消防器材有限公司（以下简称金盾消防公司），用于补充金盾消防公司的流动资金以扩大产能。同时，该《基金合同》中约定，私募基金管理人按照恪尽职守、诚实信用、谨慎勤勉的原则管理和运用基金财产，但不保证基金财产中的认购资金本金不受损失，也不保证一定盈利及最低收益。2018 年，金盾消防公司出现资不抵债现象，企业破产。绍兴市政府出面组织金盾消防公司重整，现金盾消防公司已进入重整阶段。经查，2017 年 4 月，金盾消防器材有限公司就已经出现 5 亿元的外债，并出现破产的初兆，东方华盛公司的工作人员也已经在电话中承认有夸大宣传的行为。但当 A 去找东方华盛财富管理有限公司时，东方华盛公司表示其只是第三方，金盾消防公司才是 A 债权的债务人，东方华盛公司会帮忙去催债，但是并不承担相应的责任，由此，投资者 A 只能自认亏损。

这并非个案，而是私募股权基金亏损后普通投资者所遭遇现象之缩影。目前私募股权基投资者仍然以自然人为主，[①] 无论是来自市场的外在风险，还是来自基金运营中渎职的内在风险，最后都落在普通投资者身上。对于前者，普通投资者由于所占份额低，难以有权利来掌控自己资金的走向与命运。对于后者，由于普通投资者与基金管理人之间存在信息差距、专业差距，且目前法律法规对于基金管理人之义务与责任规范并不明确，使得普通投资者难以要求基金管理人承担相应的责任，尽管刑法有非法集资、非法经营、渎职类等罪名可以进行规制，但更多地存在着未达到入刑程度，却违反了基金管理人恪尽职守、诚实信用、谨慎勤勉管理基金的原则的行为，如本案例中，东方华盛公司首先是在选择基金项目时，没有尽到谨慎投资的义务，对于投资前半年内金盾消防的外债与破产初兆熟视无睹。在销售时，工作人员采用广告宣传的夸大手法来吸引投资者进行购买，在合同中一面写着"中低风险""稳健型投资"，一面写着"风险自担"。如果说被投资公司出现亏空而此风险应当由普通投资者全权承担、自负风险，则基金契约中关于基金风险等级评估、基金投资风险描述的条款，如"中低风险""稳健型投资"就仅具有吸引普通投资者购买的功能，而并不能真正起到效用，违背了普通投资者信赖利益和基金契约目的，损害了私募股权基金小额投资者的合法权益。

综上所述，基金中小额投资者权益保护存在着两方面问题，一是基金管理人与普通投资者风险划分的问题，二是普通投资者在基金项目中的退出问题，这也是本文讨论的重点。

二、私募股权基金普通投资者权益保护之理论分析

私募股权投资基金（private equity，简称 PE），是指以非公开方式发行，

---

① 李金峰：《双重委托代理结构下的私募股权投资者利益之契约保护》，四川省社会科学院 2018 届硕士学位论文。

募集对象为少数机构投资人或个人，投资对象为未上市企业，获利方式为被投资企业上市、并购或管理层回购等因退出而获利的一类资金。[①] 与公募基金公开发行、公开披露不同，私募股权投资基金具有一定的隐秘性，信息披露程度较低，因此，私募股权基金中的普通投资者，相比于基金管理人而言更具被动性，应当对私募股权基金普通投资者的合法权益进行保护。

（一）保护的对象：私募股权基金中的普通投资者

1. 非专业性

私募股权基金普通投资者并非专业的投资公司，其对于私募股权基金的运作方式、被投资公司的盈利模式与风险评估等缺乏专业性知识，作出是否投资的决策时往往只是看基金公司提供的具体基金合同中的内容，包括项目介绍、利润分配以及风险评估等。然而，从普通投资者到基金管理人到被投资公司，存在着间接再间接的关系，即存在着双重的信息差。如果说《证券投资基金法》所要求的"合格投资者"将私募股权基金的投资者预设为一个成熟投资者，但法律只规定了投资者的经济实力与风险承担能力，却没有要求投资者应当具备专业能力，这会使私募股权基金中的普通投资者缺乏对基金投资的风险以及投资的具体情况之了解，而依赖于管理人的信息披露。

2. 分散性

私募股权基金往往分成数十份数百份来供投资者认购，一般投资者往往所认购的份数占私募股权基金总份额的三分之二以下，很难掌握主动权。私募股权基金投资从投资到退出投资公司需要持有较长的时间。一旦在投资过程中基金管理人违规运行或者被投企业经营不善，投资者不仅要承担亏损的风险，并且因为其所持份额有限而难以掌控自己资金的走向与命运。

3. 间接控制性

私募股权基金投资多采用有限合伙形式，基金管理人为普通合伙人，投

[①] 邹菁：《私募股权投资基金的募集与运作》，法律出版社 2013 年版，第 3 页。

资者为有限合伙人，因此基金管理和运作的权限几乎全部掌握于基金管理人手中，普通投资者很少参与基金管理事务，其运行模式本身存在较高不对称性。因此一旦基金管理人违背义务，投资者甚至存在血本无归的风险。

（二）保护的原因：对合格投资人制度缺陷之弥补

1."不合格"并非无效

私募股权基金门槛低，合格投资者制度在实际运行时并不能有效地维持门槛。根据《私募投资基金监督管理暂行办法》规定的"合格投资者制度"以及《私募投资基金募集行为管理办法》第二十八条的规定：自 2016 年 7 月 15 日起，投资于单只私募基金的金额不低于 100 万元人民币。但只凭金额上的 100 万元，无法保证私募股权基金投资人是合格的。司法实践中存在相关案件，几个人合资"拼单"来达到 100 万元的金额门槛，从而进行基金投资。原告以违反合格投资人制度为由请求认定《基金代持协议》无效，但没有获得法院的支持。[①] 由此可以看出，目前的合格投资者制度并不能真正有效地将那些资产数额不高、无法承受高风险的投资者排除在私募基金之外。

2."合格"并非专业

即使投资者符合"合格投资者"之标准，但"合格"并非专业，私募股权基金的运行模式导致了其中存在严重的信息不对称问题。正如前文所述，普通投资者具有非专业的特征，且其所能接触的信息来源主要是由基金公司出具的基金合同，难以全面了解基金运作真实情况。但在基金合同中，正如引入案例一样，往往一面写着投资者需要了解风险，投资风险自负的免责条款，一面又写着"本基金属于稳健投资、中低风险"这类关于风险的条款，这种基金合同上的条款，笔者认为是一种宣传或者评估性条款，其中"高、中、低"风险并不明确，如果基金公司工作人员虚假宣传或者有意隐瞒，将

---

① 浙江省杭州市中级人民法院〔2020〕浙 01 民终 333 号民事判决书、浙江省衢州市柯城区人民法院〔2019〕浙 0802 民初 3589 号民事判决书。

直接损害私募基金普通投资者之信赖利益，误导普通投资者进行投资。这就要求基金公司承担起应承担的责任，需要完善相关的责任制度。

3. 基金管理人与普通投资者之风险承担天平失衡

论承担能力，基金公司为法人，普通投资者为自然人；论专业程度，基金公司对于私募基金相关专业知识的了解度远远高于投资者；论主动权，基金公司负责评估、选择、负责与被投资项目接洽谈判，对于投资的具体事宜，基金公司所掌握的主动权远高于投资人。而普通投资人往往只与基金公司的工作人员联系，能看到的是基金项目书，里边对于其所要投资的项目的具体情况只能反映投资当时的情况，且不一定为真实、全面的情况。因此，如果被投资项目出现问题，首先应当审查基金公司是否尽到了合理审查的义务。

（三）保护的限度：正常市场投资风险与普通投资者权益保护之界限

根据自由市场平等贸易的原则，不同主体之间应当平等，在投资人与基金公司之间存在着主体差异、信息差异，要将平等保护与倾斜保护结合起来，对中小股东、金融消费者等特殊群体的倾斜保护，是对平等保护原则的必要补充。[1] 正如衢州市柯城区法院审理一起私募基金案件时认为，"卖者必须尽责，卖方机构在销售各类高风险权益类金融产品和为金融消费者参与高风险投资活动提供服务时，负有适当性义务，即卖方机构应当将适当的产品（或者服务）销售（或者提供）给适当的金融消费者，否则要承担责任，适用范围包括所有的高风险金融产品和高风险投资活动。"[2] 加强对普通投资者保护，不仅利于私募股权投资者之收益，更利于维护行业稳定发展，增强广大私募股权投资者信心。

---

[1]　郝绍彬：《商事审判应注重融入核心价值观》，载《法治日报》2020 年 3 月 29 日。

[2]　浙江省衢州市柯城区人民法院〔2019〕浙 0802 民初 3589 号民事判决书。

三、我国私募股权基金小额投资者权益保护之现状分析

（一）我国立法的相关规定

随着私募基金的逐渐成熟，我国私募股权基金相关的法律规定逐步完善，从原来的"地下私募"逐渐步入正轨。2013 年的《证券投资基金法》首次将私募基金纳入法律调整范围，一方面，在第三十一条提到了私募基金管理人[1]，但并没有说明具体规范。另一方面，相对于公募基金，我国法律对私募基金豁免了发行注册和信息披露的强制性要求，同时《证券投资基金法》对私募基金限定了投资者数量，并且不允许采取公开劝募的方式，具体体现在《证券投资基金法》第八十七条之规定，"非公开募集基金应当向合格投资者募集，累计不得超过二百人。"

根据《证券投资基金法》第三十一条之要求，证监会于 2014 年出台了《私募投资基金监督管理暂行办法》，基本完善了私募股权基金的监管框架。《暂行办法》第十二条为合格投资人设立了"金融资产不低于 300 万元或近三年年均收入不低于 50 万元的个人"的较高门槛标准，这样的设计从理论上来说，极其有利于为资产数额不高、无法承受高风险的人设定屏障进行保护，但实践中却是截然相反，其中有一个重要的因素是，在司法实践中，突破合格投资者的行为并不能当然导致基金合同无效。《暂行办法》第二十四条[2]规定了私募股权基金管理人及托管人的信息披露义务。

2015 年，《证券投资基金法》于十二届全国人大常委会第十四次会议修

---

[1] 《证券投资基金法》第三十一条："对非公开募集基金的基金管理人进行规范的具体办法，由国务院金融监督管理机构依照本章的原则制定。"

[2] 《私募投资基金监督管理暂行办法》第二十四条："私募基金管理人、私募基金托管人应当按照合同约定，如实向投资者披露基金投资、资产负债、投资收益分配、基金承担的费用和业绩报酬、可能存在的利益冲突情况以及可能影响投资者合法权益的其他重大信息，不得隐瞒或者提供虚假信息。信息披露规则由基金业协会另行制定。"

正，其中《证券投资基金法》第九条①要求基金管理人恪尽职守，承担诚实信用、谨慎勤勉的义务，并需要遵守审慎经营规则，具备基金从业资格。

2016年，中国基金业协会从管理人内部控制、信息披露、登记方面进一步完善私募基金监管细则，发布《私募投资基金管理人内部控制指引》《私募投资基金信息披露管理办法》《关于进一步规范私募基金管理人登记若干事项的公告》。2017年，全国金融工作会议明确了地方金融监管局对属地金融风险的处置责任。2019年11月14日，全国法院民商事审判工作会议纪要（以下简称九民纪要）正式发布，其中第七章关于营业信托纠纷案件的司法审理中，第九十四条规定了投资人以管理人没有履行勤勉尽责、公平对待客户等义务损害其合法权益为由，请求受托人承担损害赔偿责任的，应当由管理人举证证明其已经履行了义务。但是也仅限于在信托制的私募股权基金中，出现这样举证责任倒置的情形，在公司制以及有限合伙制私募股权基金中，投资人依旧要依靠自己信息获取劣势、专业知识匮乏的背景，对股权基金财产受到损失、管理人违背信义义务、管理人具有过错以及产生损失之间的因果关系进行举证，难度极大。

（二）我国司法实践的现状

在立法不断深入的同时，司法实践中关于私募股权基金的系列民事纠纷案件也基本呈现出逐年上升的趋势。若以"私募基金""合同纠纷"为关键词进行相关数据检索，结果显示，2011年至2020年，一审案件共1120件。②其中，以"委托理财合同纠纷"为案由的案件最多，为251个，其中案由为"金融委托理财合同"的有39个；以"借款合同纠纷"为案由的案件数为

---

① 《证券投资基金法》第九条："基金管理人、基金托管人管理、运用基金财产，基金服务机构从事基金服务活动，应当恪尽职守，履行诚实信用、谨慎勤勉的义务。基金管理人运用基金财产进行证券投资，应当遵守审慎经营规则，制定科学合理的投资策略和风险管理制度，有效防范和控制风险。基金从业人员应当具备基金从业资格，遵守法律、行政法规，恪守职业道德和行为规范。"

② 数据来源：无讼法律数据库，如无特别说明，本文数据均来源于该数据库。https://www.itslaw.com/，最后访问日期：2020年11月25日。

94个。

关于突破合法投资者标准而投资私募基金行为的效力，目前司法实践中并不支持以违反《证券投资基金法》中的"合格投资者"原则而认定合同无效，而是将该合同的性质从委托理财合同认定为普通合同，理由是该合同出于合同双方当事人真实意思表示，且不符合法定合同无效情形。法院认为，"拼单"就是个人合伙，"拼单"购买基金是当事人之合意，是合伙投资行为，并不违背相关法律规定。[①] 但是，笔者认为，《证券投资基金法》第八十七条规定的"合格投资者"之概念以及《私募投资基金募集行为管理办法》确定"拆分行为"的违法性就是为了在P2P等金融产品相继"爆雷"的情况下规整私募基金行业的市场秩序，并为那些资产数额不高、无法承受高风险的人设定屏障进行保护，促进金融资本市场的健康发展。退一步讲，假使合格投资者之标准无法起到屏障之作用，会在事实上导致私募股权基金的低门槛，此时将更应该注重普通投资者合法权益的保护问题。

四、我国私募股权基金普通投资者权益保护之路径选择

私募股权基金比较讲究私密性，公法之介入应当是谦抑性的，对普通投资者合法权益之保护，应更多地通过私法规则来实现。建议按照私募股权基金投资之进程，即私募基金从募集、投资、管理到退出，完善每个阶段维护普通投资者合法权益的制度。

（一）初期保护：明确风险识别标准，完善基金契约条款

法律应当将风险识别的要求赋予基金公司，而不是要求投资者具备风险识别的能力，即使是成熟投资者也很难做到这一点。因为风险识别的基础是对基金投资项目真实情况的全面了解，而实际上能够掌握这些信息的是基金管理人，且在基金契约中撰写风险分析条款的也是基金管理人。因此，应当

---

① 浙江省杭州市中级人民法院〔2020〕浙01民终333号民事判决书。

明确基金契约中私募基金"低、中、高"风险评估的标准，禁止在私募基金契约中进行虚假宣传和欺诈行为。

我国当前吸纳了美国《投资顾问法》中不保证投资本金和收益的"宣传册规则"，在《暂行办法》第十五条中规定管理人不得承诺保本保收益，因此违反该规定则应视为违背了管理人的禁止欺诈义务，并承担后续的责任和赔偿投资人损失。[①] 但是仍然存在基金公司不承诺"保本保收益"而承诺"低风险"而误导普通投资者之行为，因此，明确基金合同中风险高低标准迫在眉睫。

同时，要求基金管理人承担基本的审慎投资义务，在选择被投资公司时，应当严谨审查被投资公司近一年来的财务、外债等信息，严格把控投资项目的风险，基于基金从业人员之专业性，基金管理人应当有能力也有责任做到风险控制。

（二）中期保护：促进基金信息披露，加强基金运作监督

虽然不像公募基金要求那样向公众信息公开披露信息，但是私募基金应当向投资者进行必要的信息披露。根据《暂行办法》第二十四条，管理人和托管人都具有信息披露义务，应当按照合同约定加以披露，不得隐瞒或者提供虚假信息。综合来看，PE 基金的信息披露对象应分为两大类：一是监管机构和行业协会，二是投资者。前者是强制性披露，是行政责任，后者是当事人之间的约定，是信义责任。[②] 然而目前关于基金管理人信义义务之研究尚停留在理论阶段，且缺乏管理人未履行信息披露职责时后续的追究责任机制。

从普通投资者合法权益保护的角度来看，应当规定基金管理人应向投资人进行信息披露的强制性规定，是与投资人利益攸关的事项，当事人之间的

[①] 刘佳音：《私募股权投资基金管理人的信义义务问题研究》，大连海事大学 2020 届硕士学位论文。

[②] 肖宇：《私募股权基金管理人信义义务研究》，载《现代法学》2015 年第 6 期。

约定可以高于但不能低于该标准。投资完成后，基金管理人日常运作的义务主要是信息披露义务与不转移管理义务。其中信息披露义务是刚性的，需要根据法律的规定或当事人之间的约定进行披露；不转移管理义务是弹性的，当事人之间有较大的意思自治空间，管理人根据约定履行义务。

（三）末期保护：完善基金退出机制，促进转现再投资

完善的退出机制关系着投资者获得的最大效益空间。目前实践表明，私募基金"爆雷"后，在风险处置上存在明显问题。在司法裁判实践中，普遍不支持投资者以到期为理由，按照基金当时净值进行赎回或退出。这导致很多情况下，明明基金已经"烂尾"，但投资人只能眼睁睁看着管理人收拾烂摊子，而长期无法退出。

对于退出机制问题，有学者认为，应当考虑引入类似破产重整或破产清算机制，在私募基金出现问题，比如到期无法正常清算分配，且资产明显出现恶化，投资人无法收回投资本金（类似于资不抵债）的情况下，管理人、投资人、外部债务人、监管机构等，均可向法院申请该基金破产，进行破产重整（对有重整价值的）或破产清算（对没有重整价值的）[1]。但是笔者认为这里也存在着一个问题，根据《中华人民共和国企业破产法》第八十四条[2]，同一表决组的债权人过半数，并且其所代表的债权额超过该组债权总额的三分之二同意即通过重整计划草案。特别是在《中华人民共和国企业破

---

① 李寿双：《加强私募基金投资者保护的四个建议》，载《证券时报》2020 年 9 月 24 日。
② 《中华人民共和国企业破产法》第八十四条　人民法院应当自收到重整计划草案之日起三十日内召开债权人会议，对重整计划草案进行表决。出席会议的同一表决组的债权人过半数同意重整计划草案，并且其所代表的债权额占该组债权总额的三分之二以上的，即为该组通过重整计划草案。债务人或者管理人应当向债权人会议就重整计划草案作出说明，并回答询问。

产法》第八十七条^①中，规定部分表决组未通过重整计划草案时可以再次协商，或者由法院批准重整计划草案，可以看出法律在这一个环节已经偏向于促进重整。重整计划是由债务人或者管理人提出的，其所代表的利益并非债权人的利益，尤其是基金投资项目往往体积庞大，具有让投资者信任的外观，为了避免其破产对当地经济的不利影响，且出于减少社会矛盾激化的需要，当地政府、法院往往会更倾向于重整而非破产。对于个人投资者而言，一般所买的基金份额占比小，其反对票之效力非常有限，即使在组内反对成功，只能继续长期持股而难以退出。当然引入破产清算机制有其合理性，可以杜绝不公平的个别清偿。^② 因此，笔者认为应当意识到普通投资者在重整阶段身不由己的艰难处境，可以引入破产清算制度，但谨慎引入破产重整制度。

---

① 《中华人民共和国企业破产法》第八十七条　部分表决组未通过重整计划草案的，债务人或者管理人可以同未通过重整计划草案的表决组协商。该表决组可以在协商后再表决一次，双方协商的结果不得损害其他表决组的利益。

　　未通过重整计划草案的表决组拒绝再次表决或者再次表决仍未通过重整计划草案，但重整计划草案符合下列条件的，债务人或者管理人可以申请人民法院批准重整计划草案：（一）按照重整计划草案，本法第八十二条第一款第一项所列债权就该特定财产将获得全额清偿，其因延期清偿所受的损失将得到公平补偿，并且其担保权未受到实质性损害，或者该表决组已经通过重整计划草案；（二）按照重整计划草案，本法第八十二条第一款第二项、第三项所列债权将获得全额清偿，或者相应表决组已经通过重整计划草案；（三）按照重整计划草案，普通债权所获得的清偿比例，不低于其在重整计划草案被提请批准时依照破产清算程序所能获得的清偿比例，或者该表决组已经通过重整计划草案；（四）重整计划草案对出资人权益的调整公平、公正，或者出资人组已经通过重整计划草案；（五）重整计划草案公平对待同一表决组的成员，并且所规定的债权清偿顺序不违反本法第一百一十三条的规定；（六）债务人的经营方案具有可行性。人民法院经审查认为重整计划草案符合前款规定的，应当自收到申请之日起三十日内裁定批准，终止重整程序，并予以公告。

② 《中华人民共和国企业破产法》第三十二条　人民法院受理破产申请前六个月内，债务人有本法第二条第一款规定的情形，仍对个别债权人进行清偿的，管理人有权请求人民法院予以撤销，但是，个别清偿使债务人财产受益的除外。

金融司法与营商环境安全

对民事调解检察监督制度的完善思考

衢州市人民检察院　徐佳琪 *

摘　要

检察监督权在民事领域的运用已经越来越多，并且在逐渐规范化、体系化，其在民事领域的运用将会是突破检察监督发展瓶颈的关键，因此强化民事调解案件中的检察监督对于完善检察监督的体系构建具有重要意义。本文从民事调解检察监督现状分析切入，从现有的理论探讨和制度框架分析强化监督的必要性与价值目标，进一步提出民事调解检察监督制度完善的可行性建议。

关键词：民事调解；检察监督；虚假诉讼

---

* 徐佳琪，衢州市人民检察院检察官助理。

一、引言

2012 年《民事诉讼法修正案》中阐述了检察机关对民事调解案件的抗诉以及提出检察建议的权利，首次以立法的形式将民事调解案件纳入法律监督的范围。2019 年 2 月 26 日，最高人民检察院发布的《人民检察院检察建议工作规定》进一步规范化了检察建议工作，是迈向检察监督制度化的重要步伐。通过近几年的司法实践，民事调解案件的检察监督取得了一定的成果，但是仍旧存在着亟待突破的问题与困境，需要探索规范类型化路径，产生更为高质高效的检察监督力度。

二、民事调解检察监督的现状分析

（一）民事调解现存问题的类型区分

民事诉讼案件在处理的过程中，以调解结案的比例与日俱增，在当前大调解的整体背景下，调解结案确实能够节约司法资源、高效快速地定分止争。由于民事案件调解具备着高效的优势，也势必会导致一些"低质"的情况出现，而这些调解过程中出现了违法或者是违规情形，需要检察机关进行监督。具体表现有以下三种情形：一是强制调解。由于当前法院注重对于结案率的考核，员额法官面临巨大的考核压力，其中调解结案所占比例也是重要的考核项目，所以就存在着法官不顾当事人意愿，强行组织调解的情形。二是不明确案件事实的调解。基于调解结案与判决结案所依据的基础不同，判决结案更多的是基于查清案件事实而进行责任分配，调解结案则是基于双方互谅互让而达成协议，所以调解过程往往存在"和稀泥"的状态，根本争端难以解决。三是恶意调解。恶意调解包括欺诈调解、虚假调解、以合法的形式掩盖非法占有目的的调解，其调解结果损害了国家利益、社会公共利益。[①]

---

① 贾俊玲、杨飞：《民事调解案件检察监督的路径选择与制度建构》，载《山西省政法管理干部学院学报》2016 年第 1 期。

（二）检察监督的难点与困境

开展民事检察监督之初，对于检察监督进入民事领域是否恰当存在着一定争论，[①] 有观点认为民行检察监督会弱化法院审判权行使的独立性，[②] 尤其是民事调解这一当事人意思自治权利较大的领域。也有观点认为，若是仅仅具有抗诉监督，作为公共利益代表人的检察机关监督效能是远远不够的，应当加强监督。[③] 具体而言，针对民事调解的检察监督当前存在以下几个难点：

第一，立法规定过于笼统。在"宜粗不宜细"的立法思想主导下，"国家利益"与"社会公共利益"的规定过于笼统，监督方式仍显薄弱，"两益"认定存在较大的解释空间，在法检两家之间容易存在分歧，加大监督的难度。

第二，检察机关介入监督难度大。在实践中存在着检察机关难以主动发现案件、调查核实权的运用困难、审查时间跨度大等难题。具体而言，对法院生效的调解书介入监督的路径过于狭隘，而对调解过程是否合法的发现往往是通过其他工作偶然发现，当事人申诉渠道不畅，拉长了案件处理战线，更加深了调查的难度。

第三，监督手段缺乏刚性。尽管监督手段中有抗诉和检察建议，但是抗诉的程序更为繁复，很多时候会选择检察建议进行监督。检察建议书对于建议对象反馈的要求并不明确，同时检察建议并不一定启动再审程序，因此检察建议效力缺乏必要的根本性法律保障。[④] 尽管这种相对柔性的做法比抗诉更容易协调法检工作，但从提升民事调解案件监督的效果角度考量，其没有起到应有的效果。

---

① 胡卫列、兰楠：《中国特色民事行政检察的制度实践与理论探索——民事行政检察 30 周年综述》，载《国家检察官学院学报》2018 年第 6 期。

② 蔡彦敏：《从规范到运作——论民事诉讼中的检察监督》，载《法学评论》2000 年第 3 期。

③ 杨立新：《民事行政诉讼检察监督与司法公正》，载《法学研究》2000 年第 4 期。

④ 刘铁流：《检察机关检察建议实施情况调研》，载《人民检察》2011 年第 2 期。

三、民事调解检察监督的法理依据探讨

（一）检察监督范围与程度的认定

《民事诉讼法》第二百零八条规定了检察院针对调解书损害国家利益、社会公共利益的可以提出检察建议或者提请抗诉，由于其中的用词是"调解书"，故存在一定的争议观点，认为检察监督的仅仅是静态的结果层面而非调解的整个动态过程。因此，要使得对于民事调解案件的检察监督能够进一步完善，要明确两个问题：一是对民事调解案件检察监督的是全过程还是仅仅局限于静态调解书；二是在调解案件中若是没有形成调解书，仅有调解协议的能否监督。

对于第一个问题，检察机关作为法律监督机关，不论是对法院违反实体法而做出的判决、裁定，还是违反程序法而做出的判决、裁定，均可提出抗诉或检察建议。但是，对于民事调解案件监督的规定仅仅是在调解书这一静态层面存在，在实践中监督存在缺漏的可能性非常大，所以单纯从字面理解监督范围并不合理。一方面，我国民事诉讼中诉讼审判与调解为混合式结构，审判程序与调解程序难以绝对区分，故对调解程序不予监督的观点缺乏实践性。另一方面，尽管调解更为关注意思自治原则，但检察院作为《宪法》定位的法律监督机关，而调解书具有判决书同样的法律执行效力，其存在也是建立在法官审理的基础与法律的公信力之上，故其调解过程必然需要受到法律监督。

对于第二个问题，在厘清监督对象为调解过程还是结果后，这一问题也就迎刃而解了。调解达成协议，一般需要出具调解书，但是《民事诉讼法》第九十八条规定了可不制作调解协议的例外情况，具有调解笔录同样等同于调解书的效力。同时，由于很多案件能够即时履行也就不再需要出具，但是也存在侵害"两益"的可能性，也是具有监督的必要与法律依据的。

（二）对违反"两益"的理解

对于如何认定国家利益或者社会公共利益可以说是当前民事调解案件监督中争议最大的问题，也是最为关键的问题。国家利益作为一个较为广泛的概念，应当包括全民族、全社会的共同利益，涉及政治、经济、文化、社会、生态等各个领域。具体到民事诉讼中，国家利益更多地体现为经济形式以及社会秩序上的价值，例如国有资产被非法侵占、通过调解结果避免缴纳税款等等。

社会公共利益相对于国家利益界定更为困难。现有社会公共利益的概念散见于我国立法的各个角落，比如《宪法》第十条以及《著作权法》第四条等。"社会公共利益"在目前的法律中还未有具体界定和解释。[1] 很多时候，往往将社会公共利益解释为全体社会成员的共同利益[2]，在英美法系当中有一个相近的概念为"公共政策"，本文认为社会公共利益在民事调解中可以理解为不特定多数人的利益，而非全体社会成员的共同利益。

实务操作中对受损害利益属于国家利益或者社会公共利益应当进行充分论证，从受众范围、利益受损程度、是否合法利益角度论证，而不是单纯以牵涉多人利益或者涉及国企、央企利益等为由进行简单化处理，或者是草率下结论。[3]

四、完善民事调解检察监督的价值目标

（一）维护法律权威和优化诉讼模式

民事调解书和民事判决书具有同样的执行效力，违反法律法规作出的调解，甚至是虚假调解、恶意调解将会极大影响法院作出的文书在人民群众心目中的公信力。随着立案登记制的不断成熟，案件在正式审理前并未经过严

---

[1] 沈晋生：《民事调解检察监督存在的问题与完善》，载《法制博览》2016年第5期。

[2] 许崇德：《中华人民共和国法律大百科全书：民法卷》，河北人民出版社1998年版，第21页。

[3] 刘辉：《民事调解检察监督研究》，载《中国检察官》2015年第6期。

格的审查，同时法官面临调解考核压力，通常对于双方同意协商解决纠纷的案件并不深究，导致出现以合法形式掩盖非法目的获取法院调解书的情形。完善监督能够维护法律权威，使得司法资源被有效利用。

法院调解制度变革的过程就是"调审合一"裁判方式的形成过程，也是民事审判方式改革的过程。[1]法院的审理过程和调解过程存在着不可分性，两者进行过程中都可以相互转化，因此对于调解过程的检察监督有利于使法官提高对于调解案件的审查标准，潜移默化之中促进了审调一体化。

（二）保障国家利益和社会公共利益

对于调解的监督除了法官的违法行为，更多的是关注保障国家利益和社会公共利益。尽管有观点认为《民事诉讼法》有关调解书检察监督范围的规定为"一般性条款"，认为损害集体经济组织利益、损害社会弱势群体利益，以及损害案外人利益等案件均可纳入检察监督范围[2]，但是在《民事诉讼法》中第二百零八条所处的位置并不足以使得对调解进行检察监督的条款成为一般性条款，所以我们在考虑具体问题时进一步明确应予保障的国家利益和社会公共利益，不盲目扩大保障范围能够提升对权利保护的针对性和有效性。

（三）保障检察机关作为法律监督者的职能实现

检察机关作为法律监督机关，是公共利益的守护者，享有宪法所赋予的法律监督职能，通过强化监督能够进一步实现检察院职能。在以往的司法活动中，检察机关对民事调解书的监督以事后监督为主，但是仅仅有事后监督使检察职权行使过于薄弱，容易使原本应与审判权处于对抗地位的检察权效力被削弱。

在对调解案件的检察监督过程中，不仅仅是静态的调解书监督，而且应

---

① 白迎春：《论"调审合一"的民事审判方式》，载《内蒙古民族大学学报（社会科学版）》2012 年第 5 期。

② 李浩：《民事调解书的检察监督》，载《法学研究》2014 年第 3 期。

当渗透到案件办理的全过程，提前渗透办案，充分运用调查核实权，对存疑案件启动调查核实权，向当事人、有关知情人员或者其他相关人员了解情况等等，主动实践检察职权，使得提出抗诉或者检察建议的监督目的能够落到实处，保证提起检察监督准备的充分性，以进一步实现检察职能。

五、民事调解检察监督的制度构建

（一）侵害"两益"法定情形规范化

当前在民事调解案件中，尽管对于国家利益和社会公共利益还未有一个明确的界定，但是实践中还是需要对概念的内涵和外延进行界定。民事诉讼调解书涉及的违反国家利益的情形可以由以下方面组成：第一，调解书的内容损害国家对国有资源的所有权或是用益物权的；第二，利用调解书造成国有资产被侵吞或者不当流失的；第三，以合法形式掩盖国有土地出让或者是使用中存在不法行为的；第四，法官等司法裁判人员存在违法行为的；第五，其他危害国家政治、经济、税收等方面秩序行为的。

违反社会公共利益可以包括以下方面情形：一是调解书的内容侵犯集体土地所有权及使用权的；二是对于生态环境造成一定程度破坏的调解行为；三是调解书危害食品、卫生等公共领域安全的；四是调解书导致企业垄断的；五是调解书存在违反其他公序良俗的内容时。[1] 另外，从立法技术的层面考虑，为了维护立法的相对稳定性，可以通过司法解释发布关于"两益"的具体规定。

（二）完善检察监督配套制度

大量的民事案件监督主要是在基层检察院开展，而在同级监督上基层检察院所能选择的监督方式较少，并且"检察建议"的接受与否在很大程度上

---

① 陈清：《论民事调解书的检察监督》，西南政法大学 2014 届硕士学位论文。

取决于法院的判断，检察监督并不一定启动再审程序。[1]故对于民事调解案件的监督，可采取的手段与措施可以从以下方面进一步健全与完善。

第一，赋予检察机关提出抗诉审理建议权。检察机关在提出抗诉意见时，为保障监督的落地效果，应当对再审案件的后续处理过程进行充分思考，监督方式可以是抗诉时一并提出抗诉审理建议，可以提供后续再审的方向与具体操作建议。[2]

第二，赋予检察机关后续参与所监督调解案件的列席权。在一定程度上赋予检察机关列席旁听的权利，具体而言，检察机关参加调解案件可能是存在当事人申请继续监督的情况，也可能是在前期调查过程中认为需要依职权列席的情况。

第三，健全调查核实权的保障机制。在决定是否对案件进行监督前，必然需要对案情进行调查，《人民检察院检察建议工作规定》第十四条对可以采取的调查核实权具体方式进行了规定，一定程度上对调查核实权起到了保障作用，但是强制力上还有所欠缺。由于虚假调解对"两益"危害之大，有必要通过强制力手段保障调查核实权。

（三）形成检察监督司法合力

一是加强检察院与法院的沟通协作。检察院对法院作出调解文书进行监督，出发点和落脚点从来都是保障公平正义，这个与法院的裁判准则是不谋而合的，所以双方也从来不是站在对立面上。通过定期座谈、案件商讨评议会等形式加强沟通，能够保障监督进行，也有利于法院调整工作。此基础上建议法院在"当事人诉讼权利义务告知书"中载明检察监督的相关事项，拓宽申诉路径。

二是加强对司法部门、律协的互通。以调查核实权为例，实践中很多虚

---

① 徐益初：《修订人民检察院组织法的若干理论问题思考》，载《人民检察》2006 年第 9 期。
② 李昊泽：《民事调解检察监督制度的思考》，载《法制与社会》2018 年第 28 期。

假诉讼案件在审理的过程中，律师的指点和斡旋对推动虚假诉讼走向起着关键作用。应加强检察院与司法部门、律协的沟通，出台联合规范，将虚假调解行为纳入被禁止的律师行为范围之内，明确诉讼当中律师对虚假诉讼承担不同程度责任的相应惩处。

三是检察院内部互通有无形成合力。检察系统内各个部门要在各自的办案领域中，对于线索信息互通互用，形成定期交流以及不定期沟通机制，便于民行部门发现可监督的调解案件，不断丰富案件来源，确保监督工作能够不断取得突破。

大数据视角下电信网络诈骗犯罪案件联网办理机制研究

衢州市柯城区人民检察院　姜子明 *

摘　要

区别于传统诈骗犯罪案件，电信网络诈骗犯罪案件（以下简称电信诈骗案件）的涉案人员往往通过互联网、微信、QQ 等通信手段进行联系，彼此并不直接接触；涉案人员分工明确、彼此配合；涉案赃款在极短时间内被转移、提取；被害人分散，遍布全国多数地区，电信诈骗的上述特点均对案件的办理造成了极大困扰。基于电信诈骗案件具有的涉案范围广、作案手段复杂多变、证据收集困难等特点，传统的专案专办模式已无法适应电信诈骗案件的办理。为此，依托网络信息技术，在全国范围内建立起电信诈骗案件联网办理机制具有十分重要的意义。

关键词：电信诈骗；联网办理；数据筛选；系统优化

★ 姜子明，衢州市柯城区检察院干警。

一、当前电信诈骗案件的办理难点

（一）取证问题

在"盗抢骗"犯罪侦查中，尤其在案件没有得到有效的串并之前，由于主观上不被重视，客观上不符合相关技术侦查措施的适用条件，因此可利用的信息资源非常有限[1]。这种证据信息匮乏问题在电信诈骗犯罪中尤为明显。电信诈骗是利用网络信息技术实施的高科技、远程、非接触性犯罪，诈骗分子既不与被害人发生直接接触，也不存在传统意义上的犯罪现场，对犯罪认定的关键性证据主要是电信、银行等部门提供的电子证据。但这些证据提取手续复杂，监控录像、网络 IP 等证据保存时间短暂，尤其是跨地区取证时，要获取齐全的证据难度较大，难以构建完整的证据链条。

（二）管辖权问题

电信诈骗的犯罪分子往往采用异地作案、异地跨行取款的方式实施犯罪，地域流动性大，最初办案机关不一定是实施诈骗行为地的办案机关，而被害人所在地的办案机关则很有可能最先接到报案，予以立案，相关案件最终又有可能因为管辖权的问题被移送犯罪地的有关机关继续办理。这种多地办案机关普遍介入，而最终又需要综合案件情况确定单一办案机关管辖的情形，在电信诈骗案件中较为常见。如此处理方式造成了办案资源的严重浪费，也不利于案件的有序推进。

（三）证据审查问题

电信诈骗案件中的人、案关联认定困难，此类案件通常是诈骗分子针对不特定人群大批量实施的犯罪，且被害人一般又无法有效指认实施诈骗的诈骗分子。因此，具体认定诈骗分子，特别是从犯参与实施犯罪的次数和数额

---

[1] 刘鹏：《大数据背景下的"盗抢骗"犯罪及打防对策》，载《山东警察学院学报》2016 年第 5 期。

需要将一起案件、一个被害人与某一名具体的诈骗分子明确关联起来，从而确定某笔赃款数额，具有较大困难。

（四）共同犯罪问题

由于诈骗分子各司其职，单线联系，相互分立，团伙成员间一般互不相识，司法机关抓到诈骗分子之后往往很难相互指证，对犯罪团伙中各个环节的涉案人员难以全部以诈骗共犯论处[①]。确认犯罪集团的首要分子或者主犯较为容易，但是确认其他犯罪分子以及其所涉及的对应犯罪事实存在一定的困难。

二、电信诈骗案件联网办理机制的构建

电信诈骗案件的地域分散性、案情复杂性、涉案人员众多等特点需要我们借助于网络信息技术支持司法实践活动。为此，有必要构建电信诈骗案件的联网办理机制，借助一定的信息技术，依托一定的数据分析，以提高司法效率，提升办案质量，从而更加全面、精准地打击犯罪。该机制由电子证据录入系统、电子证据筛选系统、案件管辖指引系统、补充侦查指引系统、证据调取传输系统、案件审查汇总系统等六部分构成。

（一）电子证据录入系统

电子证据录入系统是构建联网办理机制的第一步，该系统覆盖全国各地的公安机关和司法机关，实现电子证据的资源共享。各地公安机关和司法机关应当将其主动或者被动收集到的有关电信诈骗的相关证据以电子证据的形式录入系统。构建统一录入系统具有十分重要的意义。通过该录入系统，全国各地的公安机关和司法机关均能够随时查看全国范围内有关电信诈骗的相关证据材料，保证证据信息交互的及时性和完整性。此外，本地公安机关和司法机关在上传本地电子证据的同时，还能够查看与本案有关的其他电子证

[①] 张志光：《当前电信诈骗犯罪的打击难点与对策》，载《法制博览》2017 年第 10 期。

据，实现同一案件的证据整合。

电子证据的录入需要注意以下四个方面的问题。一是数据录入的真实性。数据的真实性和客观性决定了大数据的品质，是大数据发展的基础和保障[1]。二是证据录入的完整性。本地公安机关和司法机关应当将本地收集到的所有涉案证据进行全面录入，包括程序性证据和实体性证据。三是证据录入的及时性。本地公安机关和司法机关在收集到相关证据以后，应当及时录入系统，保证证据更新的及时性。四是证据录入的安全性。本地公安机关和司法机关在录入证据时，应当实现专网专录，实名登记上网操作，防止证据流入外网。

（二）电子证据筛选系统

录入电子证据录入系统的电子证据种类繁多、类别多样，仅仅依靠人工方式进行查询和整理，不但很难全面地对同一案件的相关涉案证据进行汇总，而且也会耗费大量的人力、物力，造成有限资源的极大浪费。为此，在依托电子证据数据的基础上，需要借助于网络信息技术的筛选功能来协助司法机关对相关证据信息进行统一处理。大数据的核心就是挖掘出庞大的数据库独有的价值[2]。通过运用大数据处理技术，筛选出具有办案价值的信息，从而更好地辅助有关机关办案。

关联性是电子证据运用中最为重要的一个问题[3]。因此，运用电子证据筛选系统筛选出全国各地证据之中的关联证据是关键一环。这种关联应当是证据信息之间的实质关联，而并非形式关联。主要的筛选步骤可分为两步。第一步，通过信息技术筛选出人为程序设定的具有相互关联的证据。在设定筛选程序时，应当将证据之间的关联程度标准进行放宽，从而保证所有具有一定关联的相关证据均能够得以筛选。第二步，在第一层筛选以后，办案机

---

① 丁道勤：《数据交易相关法律问题研究》，载《信息安全与信息保密》2016 年第 10 期。

② 朱敏：《大数据背景下的数据分析》，载《电脑迷》2017 年第 12 期。

③ 刘品新：《电子证据的关联性》，载《法学研究》2016 年第 6 期。

关应当对经过筛选的证据进行第二层筛选。在对相关证据审查以后，筛选出与本案无关的证据。特殊情况下，可以根据需要进行第三层次筛选。通过多层次的筛选，基本筛选出同一案件的所有关联证据。

（三）案件管辖指引系统

通过电子证据的筛选系统，我们能够较为全面地整合出包含同一案件的所有证据材料。此时，还需要解决案件的管辖问题。刑事案件一般由犯罪地公安机关和司法机关管辖，而犯罪地又可分为犯罪行为发生地和犯罪结果发生地。如涉及计算机网络实施的犯罪，犯罪地具体又可以分为犯罪行为发生地的网站服务器所在地、网络接入地、网站建立者、被害人使用的计算机信息系统所在地、被害人财产遭受损失地等。在同一个案件之中，如果犯罪地的组成较为复杂，管辖的确定也可以借助于网络信息技术予以协助。

具体而言，通过设定案件管辖指引系统辅助确定管辖地公安机关和司法机关。首先，经过设定，系统可以初步筛选和案件有关的所有犯罪地。其次，经过匹配，系统可以再次筛选出各犯罪地的涉案事实，包括诈骗分子的具体诈骗行为、诈骗分子的收取诈骗款行为、被害人被骗取财物的事实等。再次，经过设置，系统可以根据上述筛选情况，分析各犯罪地在案件中出现的频率和所占的权重，并进而推导出最适合管辖的公安机关和司法机关。当然，上述系统筛选功能仅仅是一种经过人为设定的数据处理程序，最终具体管辖的确定，还需要司法机关结合司法实践的需要进行综合判定。

（四）补充侦查指引系统

在确定具体的管辖机关之后，案件进入了实质的办理阶段。虽然前期已经积累了较为全面和充足的证据材料，但是在办理过程中，仍不可避免地发生证据不足等问题。此时，需要开展案件的补充侦查活动。此时依然可以通过网络信息技术对补充侦查活动进行指引。

网络信息技术对证据的审查主要可以分为形式审查和实质审查。形式审查是指根据以往的办案经验，梳理出涉案的相应证据种类，重点包括犯罪嫌疑人的供述和辩解、被害人陈述、银行流水账单、手机通话记录、视频监控等。通过设定，系统可以对案件的证据种类进行核查，审查出没有记录的证据种类，以供办案机关参考。实质审查是指通过设定，系统对某单一证据进行合法性、客观性、真实性的审查，审查证据是否存在瑕疵、非法取证等问题。通过以上两方面的审查，系统可以就案件所存在的证据问题进行反馈。办案机关则可以参考、借鉴系统所提供的相应信息，方便案件办理。

（五）证据调取传输系统

由于电信诈骗案件的地域分布较为广泛，因此在补充侦查过程之中，可能涉及异地调取证据的情况。此时，可以通过网络信息传输系统调取相应证据。如果需要调取的证据为电子证据、视听资料或者是证据的复印件，则可以通过信息传输的方式直接调取证据。如果需要调取的证据必须是证据原件，则只能通过非网络传输的方式进行调取。对于异地调取的证据，本地办案机关可以委托异地办案机关协助调取，如此则可以极大地提高效率，优化资源。

（六）案件审结汇总系统

案件侦查、审查起诉、审判等阶段办结后，相应的公安机关和司法机关应当及时将案件的相关信息录入系统。经过设定，系统可以通过数据分析的方式，对案件的高发地域、诈骗人员特点、被害人特点、诈骗类型、处理方式等司法实践进行系统总结。该总结对于指导相关电信诈骗案件的办理具有一定的积极意义，同时也可以为司法理论调研提供素材，拓展司法工作人员的思路。

三、电信诈骗案件联网办理机制运用注意事项

（一）以人为主，以物为辅

数据是实证研究的立论之本，但是，如果在分析和运用数据的过程中完全被数据所引导甚至误导，却可能陷入迷信数据的泥潭之中[①]。虽然联网办理机制能够在筛选信息数据、调取证据、案件总结等方面给予办案机关极大的帮助，但是网络信息系统是由人设定而成，其运行流程往往较为机械，缺乏灵活性。因此，该网络信息机制只能解决案件的部分问题，并不能完全代替人来实际办理错综复杂的案件。相反，具体的司法实践应当是以人为主，以物为辅。也就是说，网络信息系统所提供的信息数据只能是一种参考，不能迷信，更不能照搬照抄，办案机关仍然应当对案件进行全面、细致的审查。当系统所提供的相关信息数据符合司法规律，符合案件的实际需要时，可以进行使用；当系统所提供的信息数据与案件的实际情况不符时，则需要由办案机关自行审查和判断。

（二）相互配合，共同办案

由于电信诈骗案件的涉案人员分布广、证据调取难等，仅靠单一办案机关办理存在很大的困难，需要全国各地公安机关和司法机关的相互配合，才能更好、更快地办理案件。在司法实践中，某一案件由某一地办案机关集中办理，但是承办机关在办理案件过程中，由于案件的证据存在问题，往往需要到异地补充侦查以及调取证据。此时，发挥地区之间办案机关和司法机关相互配合、相互协助机制尤为重要。因此，本文所设想的电信诈骗案件联网办理机制就是以全国各地公安机关和司法机关的相互合作、相互配合为前提的。只有各地相互合作和配合，联网办理机制才能发挥其作用，否则就会成为无源之水、无本之木。

---

① 何挺：《刑事司法实证研究：以数据及其运用为中心的探讨》，载《中国法学》2016 年第 4 期。

（三）及时更新，优化系统

数据信息人人可得，大数据面前人人平等[1]。当前，网络信息技术发展日新月异，诈骗分子的诈骗手段和方法也"与时俱进"。因此，构建网络互联办理机制以后，还需要根据实际需要对网络信息系统进行及时更新和优化。通过网络技术手段，及时淘汰已过时的系统功能，及时创设能够适应办案需要的新型系统功能，这是网络信息系统能够协助公安机关和司法机关精准、全面办理案件的关键。

---

[1]　张淑平、郭亦农：《大数据与电信网络诈骗之跨境治理》，载《净月学刊》2018 年第 3 期。

立足检察职能 护航非公经济
——柯城检察非公经济领域刑事检察专题调研

衢州市柯城区人民检察院 杜依宁 *

摘 要

依法保护非公有制企业产权和合法权益，既是检察机关的重要责任，也是深入贯彻党的十九大精神和习近平总书记重要讲话精神的切实表现，更是响应我省"服务企业、服务群众、服务基层""三服务"活动、推进浙江经济高质量发展的务实举措。新形势下，检察机关要将优化营商环境作为服务大局的重要着力点，综合运用法律监督职能更好地保障和促进非公经济健康发展。

关键词：检察职能；服务保障；非公企业；营商环境

---

* 杜依宁，浙江省衢州市柯城区人民检察院第二检察部副主任、二级检察官、浙江大学法学硕士。

2018 年 11 月 1 日，习近平总书记在京主持召开民营企业座谈会，充分肯定了我国民营经济的重要地位和作用，提出大力支持民营企业发展壮大的 6 个利好条件和 6 个方面的政策举措。2019 年 12 月 4 日，《中共中央、国务院关于营造更好发展环境　支持民营企业改革发展的意见》，再次明确民营企业在推动发展、促进创新、改善民生、扩大开放等方面发挥的不可替代的作用，充分表明了党中央毫不动摇鼓励、支持、引导非公有制经济发展的坚定决心。

浙江省是民营经济大省，民营经济是浙江加快经济转型发展、推动经济高质量发展的主力军。依法保障民营经济发展，是浙江检察的一道必答题。2017 年以来，浙江检察先后制定下发《依法保障和促进非公有制经济健康发展行动方案》《浙江省人民检察院服务非公经济具体任务分解》，修订《关于依法保障和促进非公有制企业健康发展的意见》（"21 条意见"升级版），制定下发《浙江省人民检察院关于依法服务营造企业家健康成长环境的意见》等一系列规范性文件，推动全省检察机关服务非公经济工作持续深入开展。

非公经济发展也是推动衢州经济发展不可或缺的力量。柯城区作为衢州市的主城区，聚集着衢州市众多非公企业。截至 2019 年 11 月，柯城区辖区内登记在册企业共有 9404 家。非公企业类型中，个人独资企业（含分支机构）801 家，自然人投资或控股的股份有限公司（含分支机构、分公司）38 家，普通合伙企业 44 家，外商投资企业法人独资的一人有限责任公司 5 家，自然人独资、自然人投资或控股、自然人投资或控股的法人独资、外商投资企业法人独资的有限责任公司及分公司 7996 家，共计 8884 家，占在册登记企业总数的 94.5%。[①]非公经济在优化产业结构、推进技术创新、培养聚集人才、增加就业岗位等方面均发挥着重要作用。然而，当前非公企业的生存和发展仍然存在难点和困顿，既存在自身先天不足的缺陷，又受到外部环境的制约和考验、法律障碍和体制束缚，发展进程和效率受到影响，需要更为精准有

---

① 该组数据由柯城区营商办、市场监督管理局提供。

力的司法规制和优质的法律服务。为进一步加强检察机关与非公企业之间的良性互动，促进非公企业规范经营行为，充分发挥非公经济在推进供给侧结构性改革、推动经济高质量发展中的重要作用，本次调研对柯城检察近三年办理的非公经济领域刑事案件进行梳理，从案件特点、原因出发，探讨对策路径。

一、非公经济刑事案件办理情况概述

涉非公经济刑事案件，既有企业及企业主作为被害人被侵权的，也有企业及企业人员涉及刑事犯罪的，包括企业法人代表、实际负责人犯罪，企业员工利用企业平台实施犯罪，还有企业（企业内部人员）与外部自然人或单位"内外勾结""监守自盗"共同侵害企业利益、破坏国家管理秩序、违反社会规则的犯罪行为。这些犯罪行为，不同程度上阻碍了非公经济的良好发展、影响了健康民营企业生存环境的构建。因此，涉及上述类型的涉企刑事案件均在本次调研范围之内，以确保将非公经济领域的刑事案件（以下简称涉企案件）完全覆盖。

（一）涉企案件办理基本情况

如图 1 所示，柯城检察院近三年来审查终结的非公经济领域刑事案件共154 件 318 人[①]，起诉 112 件 247 人，相对不起诉（情节轻微不起诉）20 件 28人，存疑不起诉（证据不足不起诉）3 件 10 人，附条件不起诉 1 件 1 人，同意移送机关撤回 13 件 19 人，退查未重报 1 件 1 人，其余 4 件 12 人作改变管辖、拆案、并案处理（见图 2）。涉及罪名有保险诈骗、串通投标、贷款诈骗、单位行贿、非法经营、非国家工作人员受贿、对非国家工作人员行贿、合同诈骗、拒不支付劳动报酬、拒不执行判决裁定、开设赌场、强迫交易、洗钱、虚开增值税专用发票、诈骗、妨害信用卡管理、集资诈骗、信用卡诈骗、伪造金融票证、非法吸收公众存款等。

---

① 以 2017 年 1 月 1 日至 2019 年 12 月 31 日审结的公诉案件为统计范围。

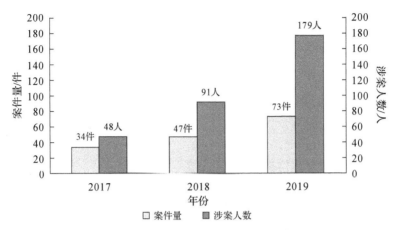

图1　2017—2019年非公经济领域刑事案件情况

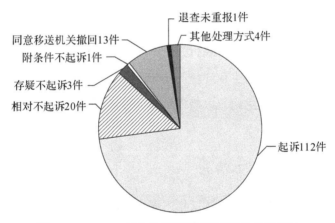

图2　2017—2019年非公经济领域刑事案件处理情况

（二）案件主体分类

按照非公经济企业在涉企案件中所扮演的角色划分，可分为三类：被害人、加害人、双重身份（见图3）。其中，企业及涉企人员权益被侵害的刑事案件共有41件107人，占总数的26.62%。主要是保险诈骗案中诈骗保险公司（非国有保险公司）的骗保行为、贷款诈骗、妨害信用卡管理及信用卡诈骗（侵犯非国有银行、股份制银行、合作社等的利益和管理秩序）、强迫交易及敲诈勒索（强迫、敲诈勒索非公企业法人代表进行交易）、伪造公司印章（伪造非公企业印章并使用）、一般诈骗（诈骗企业法人代表及主要负责人）等。

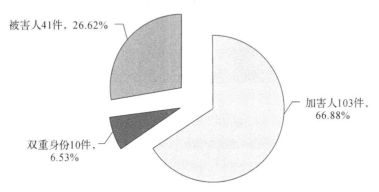

被害人41件，26.62%

加害人103件，66.88%

双重身份10件，6.53%

图3　涉非公企业刑事案件主体情况

企业及涉企人员本身涉嫌刑事犯罪的案件有 103 件 200 人，占总数的66.88%，主要集中在串通投标、单位行贿、非法经营、非法吸收公众存款、集资诈骗、合同诈骗、拒不支付劳动报酬、拒不执行判决裁定、生产、销售不符合安全标准的食品、逃税、伪造金融票证、骗取贷款、虚开发票、虚开增值税专用发票、重大责任事故等案件中。

企业负责人或员工单独或伙同企业外部人员对企业实施犯罪、侵害企业权益的有 10 件 11 人，占总数的 6.53%，主要集中在职务侵占和挪用资金两大罪名，行为方式多为"内外勾结""里应外合""监守自盗"。

（三）涉企案件走势分析

如图 4 所示，近三年涉企案件总量（154 件）占公诉案件总量（2508 件）的 6.14%，且呈现持续走高的趋势。2017 年涉企案件有 34 件 48 人、2018 年47 件 91 人、2019 年 73 件 179 人。2017–2019 年办结的公诉案件总量依次为814 件 1172 人、826 件 1285 人、868 件 1369 人，涉企案件数占比分别为 4.18%、5.69%、8.41%。近三年涉企案件数及占比均有较大幅度提升。

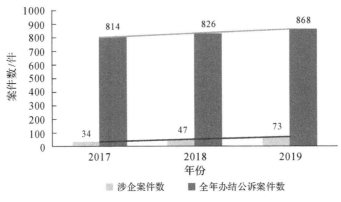

图4　2017—2019年涉非公企业刑事案件情况

二、非公经济刑事案件特点及犯罪原因

（一）非公经济刑事案件特点

1.涉案领域广、差异大

近三年办理的涉非公经济刑事案件呈现涉案罪名分布广、涉案类型多、差异大的特点，共涉及12大类33种罪名（见图5）。

一是危害税收征管类犯罪。其中，虚开发票罪8件14人、虚开增值税专用发票罪17件37人、逃税罪1件1人，共计26件52人。

二是生产销售环节类犯罪。生产、销售不符合安全标准的食品罪4件5人。

三是扰乱市场秩序罪。其中，串通投标罪2件6人、合同诈骗罪4件7人、强迫交易罪1件1人、非法经营罪1件4人，共计8件19人。

四是破坏金融管理秩序罪。其中，骗取贷款、票据承兑、金融票证罪2件2人，妨害信用卡管理罪16件58人，非法吸收公众存款罪18件32人，伪造、变造金融票证罪1件1人，洗钱罪1件1人，共计38件94人。

五是金融诈骗罪。其中，集资诈骗罪10件14人、贷款诈骗罪1件1人、保险诈骗罪2件7人、信用卡诈骗罪5件5人，共计18件27人。

六是贿赂类犯罪。单位行贿罪4件4人。

七是危害公共安全类犯罪，即重大责任事故罪 5 件 10 人。

八是妨碍对公司、企业的管理秩序类犯罪。其中，隐匿、故意销毁会计凭证、会计账簿、财务会计报告罪 1 件 1 人，非国家工作人员受贿罪、对非国家工作人员行贿罪共计 3 件 14 人，共计 4 件 15 人。

九是侵犯公民人身权利犯罪，即过失致人死亡罪 2 件 2 人。

十是侵犯财产犯罪。其中，拒不支付劳动报酬罪 4 件 7 人、诈骗罪 13 件 34 人、敲诈勒索罪 5 件 19 人、故意毁坏财物罪 1 件 4 人、挪用资金罪 4 件 5 人、职务侵占罪（含 1 人犯盗窃罪、职务侵占罪二罪并罚，计 1 件）6 件 6 人，共计 33 件 75 人。

十一是妨害社会管理秩序、扰乱公共秩序类犯罪。其中，伪造公司印章罪 2 件 2 人、开设赌场罪 9 件 13 人，共计 11 件 15 人。

十二是妨害司法类犯罪，即拒不执行判决、裁定 1 件 1 人。

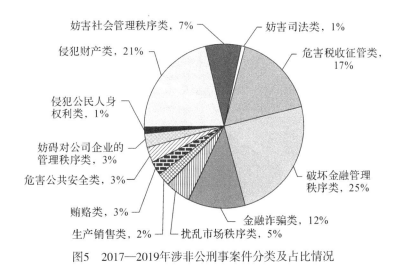

图5　2017—2019年涉非公刑事案件分类及占比情况

此外，罪名分布的高低差异也较大。案件量排名前四的犯罪大类分别是：破坏金融管理秩序类犯罪共 38 件，占总数的 24.68%；侵犯财产类犯罪共 33 件，占总数的 21.43%；危害税收征管类犯罪共 26 件，占总数的 16.88%；金融诈骗类犯罪共 18 件，占总数的 11.69%。该四类犯罪数量共计 115 件，占总数的 74.68%。

其他罪名占比总体较小，妨害社会管理秩序类犯罪共 11 件（占比 7.14%），扰乱市场秩序类犯罪共 8 件（占比 5.19%），生产销售类犯罪 4 件（占比 2.59%），贿赂类 4 件（占比 2.59%），危害公共安全 5 件（占比 3.25%），妨碍对公司、企业的管理秩序类 4 件（占比 2.59%），侵犯公民人身权利 2 件（占比 1.30%），妨害司法类 1 件（占比 0.65%）。

2. 资税类犯罪、侵犯财产类犯罪比重大

各类涉企案件数超过 5 件的有 8 种，排名依次是：非法吸收公众存款 18 件、虚开增值税专用发票 17 件、妨害信用卡管理 16 件、诈骗 13 件、集资诈骗 10 件、开设赌场 9 件、虚开发票 8 件、职务侵占 6 件，主要以资税类、侵财类犯罪为主（见图 6）。

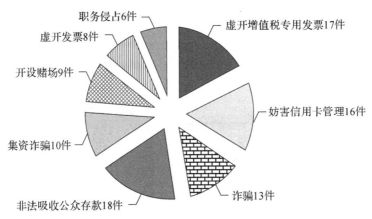

图6　资税类、侵犯财产类案件罪名及占比情况

所有涉企刑事案件中，涉及资类犯罪的罪名有非法吸收公众存款、集资诈骗、贷款诈骗、保险诈骗等共 31 件；涉及税收制度的犯罪共 26 件。综上，涉资税类犯罪共计 57 件，占涉企案件数的 37.01%。涉及侵犯财产类犯罪的罪名有诈骗、开设赌场等共 33 件，占总数的 21.43%。涉资税类、侵财类案

件共计 90 件，占总数的一半以上（58.44%）（见图 7）。

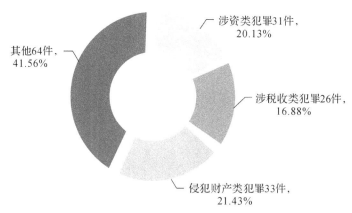

其他64件，
41.56%

涉资类犯罪31件，
20.13%

涉税收类犯罪26件，
16.88%

侵犯财产类犯罪33件，
21.43%

图7　资税类、侵犯财产类案件在涉企刑事案件中占比情况

3.非法集资类犯罪形势严峻

非法集资类犯罪形势严峻。其中，以非法吸收公众存款罪和集资诈骗罪最为典型，上述两个罪名的案件数共计 28 件，占所有集资类犯罪的 90.32%。近三年审结的涉企案件中，非法吸收公众存款罪涉案金额及人数共计 31615.096 万元 5321 人、集资诈骗罪涉案金额及人数共计 8665.5579 万元 862 人，二者共计 40280.6539 万元（人民币 4 亿 280 万余元），被害人数共达 6183 人，[①] 平均每位被害人损失达 6.5 万元。其中，利用"空壳公司""虚假公司"进行非法集资、集资诈骗的案件占上述罪名总数的一半以上。

非法集资类犯罪涉案金额大、涉众广、风险高，被害人以中老年退休人员为主。被害人初时盲目轻信，为求高额回报不惜投入大半甚至全部身家，一旦企业资金链断裂无法偿还本息，被害人挽回损失的可能性很小，易抱团维权、引发群体性事件，是信访的高发领域。

4.企业及涉企人员犯罪比例远高于被侵害比例

所有涉企刑事案件中，非公企业作为被侵害对象的有 41 件 107 人，仅

---

① 该组数据由本院业务部门提供。

占 26.62%。其余均为企业及企业人员犯罪的案件，共有 103 件 200 人，加上企业主要负责人、员工等单独或伙同企业外人员共同侵害企业权益的 10 件 11 人，共计 113 件 211 人，占总数的 73.38%。可见，企业及涉企人员犯罪比例远高于被侵害比例（见图 8）。

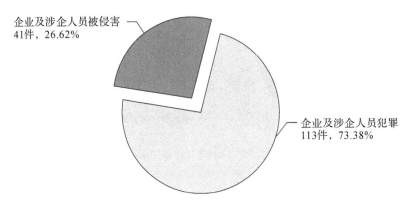

企业及涉企人员被侵害
41件，26.62%

企业及涉企人员犯罪
113件，73.38%

图8　企业及涉企人员犯罪及被侵害占比情况

5. 处理上"相对宽缓"，个人作为犯罪主体占比大

从案件办理的结果看，对涉企案件在处理上"相对宽缓"。154 件涉企案件中，起诉处理的有 112 件 247 人，占 72.73%；不起诉处理的有 24 件 39 人、同意侦查机关撤回的有 13 件 19 人、退查未重报的有 1 件 1 人，共计 38 件 59 人，占 24.68%，高于近三年来一般主体案件作不起诉等处理的比例（23.96%）（见图 9）。自全面推行认罪认罚从宽制度以来，本院共有 35 件涉企案件适用认罪认罚从宽制度，占同期涉企案件的 82%。

另一方面，在最终处理结果上，个人作为犯罪主体的占比大。如图 10 所示，除 1 件认定企业为犯罪主体（单位犯罪），并将该企业及其法人代表、主要责任人共同予以起诉外，其余均追究主要责任人及实际参与人刑事责任。在具体办案过程中，检察机关严格、准确区分个人犯罪和单位犯罪、非公企业与分支机构的责任。对于不符合单位犯罪特征的，不作为单位犯罪追究刑事责任。根据刑法规定，对于为实施犯罪而成立的公司，或公司成立后主要以犯罪为主要活动的，均以个人犯罪认定；对于法人代表、主要责任人未经与其他股东、负责人商议而实施犯罪的，也不以单位犯罪论处。尽量减少办案对非公企业正常经营活动的影响，为企业发展提供良好的法治环境。

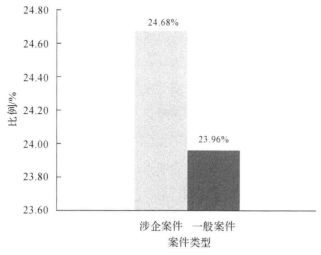

图9　涉企案件与一般案件认罪认罚率

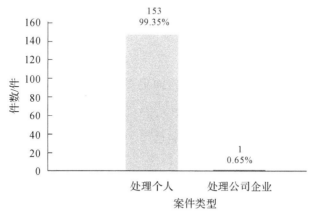

图10　处理个人及公司企业案件数量及占比

（二）非公经济刑事案件原因分析

1. 企业及涉企人员法律意识不强

就个体内生原因而言，企业者自身法律意识尤其是刑事法律风险意识淡薄，是目前导致企业及企业家、企业人员犯罪的重要个体性原因。一些企业缺乏法律文化和底蕴，涉案企业家、从业人员文化程度参差不齐、法律意识淡薄、法治观念落后、底线思维缺失，在生产经营过程中片面追求效益、控制成本，从而出现一批偷逃税款、虚开发票等危害税收征管秩序的犯罪；一些企业忽视生产安全、劳动者权益保障，进而滋生一批生产、销售不符合安全标准的食品、重大责任事故、拒不支付劳动报酬类犯罪；一些企业为提高市场竞争力而导致贿赂类犯罪等。犯罪人员往往因为法律知识匮乏和利益驱动，难以区分或刻意混同正常经营行为、违法行为和犯罪行为，心存侥幸，触犯刑法。

案例 1：本院 2018 年办理的徐某虚开增值税专用发票案。衢州某公司实际负责人徐某为牟取利益，于 2014—2017 年期间，在无实际货物购销、交易的情况下，以支付开票费为好处，多次让另一公司负责人卢某（另案处理）为其公司虚开增值税专用发票 44 张，价税合计共 421 万余元，向税务机关申报抵扣骗税 61 万余元。案发后，徐某主动投案，补缴全部增值税款。被告人在案发后告诉检察人员，自己走向犯罪最主要的原因在于：法律意识淡薄，明知这样做不对，但为了利益仍心存侥幸、铤而走险。经过检察机关的释法说理，被告人表示深刻认识到自己行为的严重性。徐某在案发后投案自首、积极退赃、认罪悔罪。

2. 企业自身建章立制不到位

制度层面，一些企业缺乏内部审核和监督，内部管理制度混乱、治理结构虚化；一些企业经营理念不科学，对内部人员的监管不够到位及时，缺乏风险防控机制和自我保护意识。这些内部机制缺陷客观上为企业内部人员利用职务之便"监守自盗""内外勾结"挪用企业资金、职务侵占等犯罪提供了便利条件。

案例 2：本院 2019 年办理的廖某挪用资金、职务侵占案。廖某作为某大型民营企业集团大区销售经理，负责该企业京津冀地区销售业务，其多年来以代收货款等名义，收取经销商货款后，通过购买承兑汇票的方式赚取差价，并挪用、侵占公司货款及货物，价值共计 400 多万元。在该案中，公司虽有规定销售不可代收货款，但在实际操作过程中，仍然存在销售人员代收承兑汇票后转交给财务的情况，公司也未及时制止纠正。此外，该公司在销售货物的存储、提取、分销、返修程序等方面也存在制度漏洞，客观上为廖某私自挪用、侵占提供了便利。

3. 非公企业融资难催生资类犯罪

当前我国经济处于"三期叠加"特定阶段，经济下行压力大，非公企业整体规模较小，抵御市场风险的能力相对较差，在获取资金方面存在天然劣势；且因自身经营状况、效益问题，很多中小型企业在经营过程中遇到融资难、融资贵、融资慢等问题，客观上催生了资类犯罪。一些企业为快速摆脱资金困顿，不惜"剑走偏锋"，非法吸收公众存款、非法集资，引发犯罪。

案例 3：本院 2019 年办理的赵某、郑某、姜某、周某四人非法吸收公众存款案。被告人赵某于 2016 年 10 月 8 日注册成立江西某汽车集团，其为法人，占股 30%，该集团成立后并未开展生产，处于研发产品状态，亦未产生任何盈利（2017 年底停止运营）。2016 年底，因公司存在 800 万元资金缺口，因融资困难，被告人赵某在被告人郑某的提议下在衢州注册成立集团分公司，其他股东对此不知情，赵某为衢州分公司的法人代表，郑某为主要负责人，并在衢化街道开设门店，二人伙同被告人姜某、郑某通过上街发放传单等方式向社会公开宣传，以高额返利为诱饵吸引社会不特定对象到门店投资集团新能源汽车推广项目，希望以此弥补江西公司的资金缺口。公司承诺到期返还本金并定期发放投资收益。至案发，四被告人以后期投资人投资款偿还前期投资人本金和利息的方式，共非法吸收公众存款 1500 万余元，已支付投资人利息和本金共计454万余元，仍有1000万余元待偿还。四被告人归案后均认罪认罚。

4. 新型犯罪手段多样化，防范不及

随着社会经济和互联网的不断发展，新型犯罪方式不断涌现，如依托P2P平台、网贷平台、网络投资平台进行违法犯罪活动等。该类犯罪往往以互联网、新媒体为载体，具有涉案人员众多、资金池巨大、周期长、收益丰厚、风险大等特点，对不特定投资人而言，极具迷惑性和引诱性。然而，一旦资金链断裂则极速崩盘，具有较大的社会风险和不可控性，令人防范不及。另一方面，犯罪手段不断翻新，犯罪工具、媒介科技化、电子化，也增加了非公企业被侵害的概率和风险。

案例4：本院2018年办理的衢州某投资管理有限公司负责人姜某非法吸收公众存款案。该案是一起典型的以P2P平台为载体的犯罪案件，涉案金额达2000余万元。2014年3月，姜某为开展P2P网络借贷业务，从朋友手中承接衢州某某投资管理有限公司，并聘请上海某技术研发公司为其公司开发了网络借贷平台。同年6月该平台正式上线，在没有实际生产经营活动的前提下，姜某通过互联网QQ投资群、网贷之家等途径向社会公开宣传，以发布虚假高利借款标募集资金的形式，向社会不特定公众吸收存款，被害人达70余人。至2015年2月，因资金链断裂，姜某将平台关闭。在案发后，经多次释法说理，被告人已陆续归还部分被害人损失，但因其自身也存在债务人的高额欠款尚未归还，尚有800多万元有待偿还，检察机关将持续关注跟进，督促追赃。

三、工作对策和建议

促进非公经济持续健康发展，需要政府、企业、司法部门凝聚合力、多方协作，营造公平竞争环境、保护企业及企业家人身、财产安全；增强企业法律意识，帮助企业建章立制，防范与化解风险；打造市场化、法治化营商

环境，支持和保障非公经济做大做强。

（一）立足职能，惩防结合，为非公经济发展提供良好法治环境

检察机关要把司法办案作为服务保障非公经济健康发展的主渠道和立足点，依法审慎办理涉企案件，以规范、理性、文明的执法办案护航非公经济健康发展。

1. 依法严惩、精准打击侵害非公经济的犯罪行为

加大查办危害非公经济发展的犯罪力度。严厉打击破坏市场秩序、侵犯非公有制企业产权的经济犯罪；依法打击非法集资、金融诈骗等涉众型经济犯罪，并积极为非公企业挽回经济损失；积极配合有关部门开展互联网金融领域专项整治，净化企业发展环境；严厉惩治影响非公经济发展的黑恶势力犯罪。

出台关于办理涉非公经济刑事案件的工作规定，完善涉企案件办理模式，组建涉企案件专门办案小组，严格实行定人、定时、定案、包质量"三定一包"的办案责任制，依法加快涉企案件诉讼进程。对于重大案件要及时派员介入侦查、引导取证、跟踪催办，防止立而不侦、久侦不结。加强跟踪，确保落实。对监督案件要逐案登记、跟踪到底，及时掌握案件的侦查、起诉和判决情况。

2. 注重办案机制建设，审慎稳妥办理涉企人员犯罪案件

审慎办理涉企人员犯罪案件，从经济行为危害后果综合审查，注重司法办案政治效果、社会效果和法律效果的有机统一。建立重大涉企案件报告备案和跟踪指导制度。在办理本地区具有较大影响力涉企案件的法人代表、主要责任人、董事长、总经理或技术、业务骨干时，立案、批捕、起诉前向上级院报告备案。贯彻宽严相济刑事政策，依法妥善处理非公企业及相关人员实施的犯罪，对符合从宽处理条件的依法作出不诉处理，并注重做好案件回访工作。保障企业正常生产经营，尽可能把办案给企业经营带来的负面影响降到最低。

本院 2018 年办理的王某虚开增值税专用发票案是一起较为典型的正面案例。犯罪嫌疑人王某系衢州市某制品有限公司负责人，2016 年 8 月起，其在无实际商品交易的情况下，虚开增值税专用发票，共抵扣税款 6 万余元。本院在审查该案时，结合当时开展的"持续推动服务非公工作深入开展，积极营造企业健康成长环境"的"三·四"主题活动，由检察长、副检察长带队至该公司及周边实地走访，了解到该非公企业为周边村解决了农村剩余劳动力，创办省级残疾人供疗站，收纳残疾人工作、疗养，帮助解决生活出路问题，历年来为国家创收税金 200 多万元，有一定的社会效益和经济效益。王某案发后及时补缴税款，认罪态度好，系初犯、偶犯，涉案数额不大。最终，本院在依法办案的前提下，快审快结，坚持三个效果相统一原则，对王某依法作出相对不起诉处理，最大限度减少司法办案对企业的消极影响。

3. 加大预防涉企犯罪力度、增强企业法律意识

与律师协会、司法局、社区等组织联合举办法制宣传活动，帮助企业及企业员工在合法权益被侵害时，能够拿起法律武器维护自身权益，同时对企业及企业人员犯罪防患于未然。根据企业特点及案件多发情况，有针对性地开展法律知识培训，帮助企业发现和查找管理上漏洞，总结管理上的成功经验，解决企业运行过程中存在的积弊问题。针对本辖区内经济总量大、就业人口多的企业，开展风险评估预警；加强对民间融资借贷活动的规范和监管，配合其他部门做好风险防控和矛盾化解工作。

（二）创新思路、创造载体，打造保障和促进非公有制经济健康发展的服务平台

1. 建立检企沟通机制，构建"亲""清"型检企关系

立足检察职能，把握地方特点，将服务保障非公经济发展纳入检察工作规划，从以往的被动服务转变为积极主动服务，把监督职责、保护民生与促进企业发展有机结合起来。建立非公企业决策参与机制和服务企业长效机制，

搭建企业诉求直通平台。保持与非公企业的良性沟通，构建"亲""清"型检企关系。

积极拓展沟通渠道，既要"走出去"，又要"请进来"。开展法律宣传走上门、法律资料送上门、听取意见请上门"三上门"服务活动。会同人大代表、政协等部门，走访辖区内非公企业，重点对当地支柱产业开展定向调研，查找企业发展中存在的法律困难与法律需求，分门建档，提供有针对性的法律咨询和建议。利用检察开放日，邀请工商联、民营企业家代表参加，听取关于检察机关服务非公企业的意见建议。发放检企联系卡，方便企业遇到法律问题随时咨询，搭建检企长期合作的桥梁。

2. 构建部门联动机制，多部门合力打造最优营商环境

积极推动建立多部门长效合作机制、联动机制，增强服务非公经济的针对性和实效性，共同创造良好的法治环境和经济环境。

检察机关就重大涉企案件要及时当地党委、人大报告，并向相关行政执法机关通报。要注重与发改委、经信、市场监管、工商联等相关经济主管部门的协作配合，建立工作联系平台，形成服务保障营商环境工作合力。充分利用好行政执法与刑事司法衔接信息共享平台、与公安机关的刑事案件信息共享机制。加强对有关法律政策适用争议问题的梳理研究，主动对接法院、公安、司法、工商联等单位开展共同研究，联合出台符合本地区实际情况的涉企案件办理机制，推进完善平等保护非公企业的法律法规。

全面落实公平竞争审查制度。协同政府、监察部门对国家工作人员向非公企业"吃拿卡要"、索贿受贿、以权谋私、失职渎职、破坏市场良性竞争等犯罪行为，依法严惩，及时清理、修订阻碍非公经济公平竞争的政策法规。

会同行政审批部门、市场监管部门对从事非法吸收公众存款、集资诈骗等违法犯罪行为的"空壳公司"及时开展调查核实、联合惩治，对企业登记过程中的异常行为进行有效预警，适时交换有效信息，加强形势研判，为监管精准定位。

3.创新服务机制，打造护航企业发展新平台

创新思路，打造保障和促进非公经济健康发展的载体和服务平台。在刑事案件办理过程中，充分利用"网格＋检察"、大数据分析等手段拓宽监督线索发现渠道；借助基层治理综合信息系统、平安建设信息系统、"雪亮工程"等智慧治理系统，及时对涉企犯罪线索进行甄别排查。

建立"一月一核查一登记"制度，班子成员、中层干部按照制度轮流深入非公企业一线，了解企业发展现状及存在的困难，并以检察视角切实帮助困难企业检视问题、落实整改。邀请知名民营企业家为检察机关介绍非公经济发展趋势和相关专业知识，协助做好民营企业家代表综合评价工作，引导企业家依法经营、规范管理、创业创新。

完善"互联网＋"服务方式，借助12309检察服务中心受理线上线下企业来信来访，畅通企业法律咨询、控告申诉、司法救助渠道。依托"两微一端"网络平台，通过新媒体新手段定期发布检察工作动态和涉企典型案例，加强宣传检察机关促进营商环境优化的新思路、新举措和新成效。

设立检察派驻企业服务站。柯城检察此前已有在市高新园区、区创客孵化园设立检察官办公室的探索实践，可在此基础上进一步创新升级，打造"检察服务站＋刑事检察工作"模式、"检察服务站＋民事行政检察工作"模式、"检察服务站＋综合检察工作"模式等各个模块，以某个具体检察主体为主导，开展涉企案件线索的摸排、受理等"小专项"行动；并依托服务站，搭建宣传平台、监督平台、快速办理平台，优先重点办理涉及非公经济各类案件。

四、结语

疾风知劲草、烈火见真金。2020年是全面建成小康社会和"十三五"规划收官之年，做好经济工作意义重大。新形势下，检察机关要坚持把服务和保障非公经济健康发展作为服务大局的重要内容，创新履职、深入探索、担当作为，以检察力量不断增强企业家创新创业的信心，为非公经济的发展提供优质环境和法律保障。

网络金融犯罪治理的检察履职范式研究

浙江省杭州市上城区检察院　王灵敏

浙江省衢州市检察院　赵辉 *

摘　要

当前，网络金融已经成为金融领域的主要运营模式之一，但也滋生出网络金融犯罪这一新兴犯罪领域，并产生影响金融市场稳定、阻碍非公有制经济健康发展、引发社会维稳压力以及形成上下游灰黑产业链等现实危害，如何更好地规制网络金融犯罪成为当前社会治理领域中的难点问题。检察职能的发挥对于规制网络金融犯罪具有重要意义。本文通过对网络金融犯罪治理中存在的问题的分析，从而发掘出检察职能介入网络金融犯罪治理的规范路径。

关键词：大数据；检察；网络金融犯罪

★　王灵敏，浙江省杭州市上城区检察院检察官助理；赵辉，浙江省衢州市检察院法律政策研究室副主任（主持工作）。

"风险社会"是 21 世纪社会的鲜明标签,乌尔里希·贝克等学者认为,风险丛生、风险叠加、风险度高是未来社会的发展趋向。这一论断,在我国社会治理进程中不断被实践印证、丰富,并形成了以防控风险为主要任务的社会治理方针。具化至网络金融犯罪领域,依托互联网等产业特质,该类犯罪的社会风险尤为明显,呈现出涉案人数众多、资金体量巨大、行为隐蔽性强、侦查难度系数高等诸多特征,是我国社会治理体系和能力现代化建设所面临的重大现实问题之一,也是社会治理思维模由传统物理治理向数据治理迭代升级的先导性考题。检察机关具有国家法律监督机关的宪法定位,是国家治理体系中的重要组成部分。习近平总书记多次作出重要指示,要求加强检察监督、强化法律监督能力。[①] 因此,检察职能的发挥,对于防范网络金融风险,打击网络金融犯罪具有重要意义。要实现新时代检察工作转型升级,必须认清形势,顺势而为,跟上信息化迅猛发展的浪潮,自觉树立大数据思维,培育大数据素养,不断提升工作智能化水平。充分发挥检察机关的法律监督职能,有力惩治和防范网络金融犯罪,促进互联网领域的健康发展,这也是深入推进社会治理创新和社会治理现代化的应有之义。

一、网络金融犯罪的实践审视

网络金融是指借助客户的个人计算机、通信终端或其他智能设备,通过银行内部计算机网络或专用通信网络、互联网或其他公共网络,向客户提供金融产品与服务的金融机构。[②] 其与平常所说的互联网金融、计算机金融、网上金融等术语虽然名称不同,但其本质并无区别。与传统金融相比,网络金融借助信息处理、网络传输、数据挖掘等信息技术的优势,突破了传统领域中便捷性不足、支付覆盖度不够以及信用信息不对称等局限性因素,因而

---

① 张军:《强化新时代法律监督 维护宪法法律权威》,载《学习时报》2019 年 1 月 2 日。

② 张劲松:《网络金融》,机械工业出版社 2006 年版,第 21 页。

有着全新的模式与特征。[①]

网络金融犯罪从文义解释上说，就是依托网络金融从事的犯罪。网络金融犯罪与计算机金融犯罪或金融计算机犯罪大致相同，是以计算机网络技术为手段、实施危害社会的犯罪行为。[②] 从刑法第二百八十七条规定来看，网络金融犯罪并不是一个具体罪名，而是利用网络实施金融诈骗、盗窃等具体犯罪的一类罪名。从其具体表现形式来看，当前实务中常见的网络金融犯罪有四种类型：一是网络非法集资类犯罪，以 P2P 网络借贷为主要表现形式；二是网络诈骗类犯罪，以电信网络诈骗为主要表现形式；三是网络"钓鱼"类犯罪，以假冒知名度较高的网上购物商城、票务平台等骗取客户钱款为主要表现形式；四是网络盗窃类犯罪，以非法侵入银行计算机网络系统盗取银行资金或个人账户为主要表现形式。

二、网络金融犯罪的危害

（一）影响金融市场稳定

金融被认为是国民经济的命脉，对经济的繁荣、稳定和发展具有重要意义。互联网＋金融作为新兴金融模式，更广泛、更主动、更便捷地调动社会资金，在单个网络金融平台上就可以形成几十亿、上百亿的资金规模，足以对金融市场产生冲击。如"e租宝"系列案件中，该平台募集的资金达 700 亿余元，其"爆雷"一度引起整个金融市场的恐慌。近年来互联网金融平台在全国各地持续"爆雷"，严重影响了国民对国家金融安全的信心，造成金融市场的长期动荡，已然有区域性金融风险的迹象。在大融合的背景下，网络金融风险进一步向传统金融领域传导、蔓延，是亟待解决的现实问题。

[①] 　上海市浦东新区人民检察院课题组：《网络金融犯罪治理研究》，载《山东警察学院学报》2016 年第 1 期。

[②] 　明乐齐：《网络金融犯罪的侦防对策研究》，载《云南警官学院学报》2019 年第 1 期。

（二）阻碍非公有制经济健康发展

中央在持续推进金融改革的过程中，将金融创新作为其中一项重要举措，并鼓励民营资本进入金融行业。但在实践过程中，部分违法犯罪分子利用地方政府大力发展非公有制经济的招商引资政策，在占用大量优惠资源的同时，假借"金融创新"的名义实际进行网络金融犯罪，扰乱了正常的招商引资秩序，导致行业整体发展偏离正确轨道。此外，部分犯罪分子专门以新兴网络金融平台为目标，利用新兴网络金融平台风险防范机制不完善、金融安全监管经验不足等劣势，实施侵入计算机信息系统、获取企业商业秘密、盗窃等违法犯罪活动，形成"薅羊毛"热潮。以杭州市上城区人民检察院审查的理财 App 被盗充系列案件为例，在短短两天内，有 82 人利用计算机软件"薅羊毛"，被害单位损失金额达千余万元。此类违法犯罪活动，妨害了新兴网络金融平台的健康发展，降低了民间资本进行金融创新的热情。

（三）引发社会维稳压力

与传统的犯罪形式相比，借助数据、信息等手段内进行的新型犯罪，往往比传统手段的犯罪行为具有更大的社会危害性。网络金融犯罪参与人数众多，受害群体庞大，极易被极端情绪控制、被极端言论煽动，诱发群体性事件、突发性事件，严重考验相关部门的预判能力、应变能力。以 P2P 案件为例，投资人往往通过网络传递紧张情绪，采用静坐、游行、聚众冲击国家机关等过激方式进行所谓维权，甚至存在散播不实消息、辱骂发泄情绪等行为，诱发舆情风险。投资人亦各持立场，如一方要求释放嫌疑人以便进行筹款、另一方要求重判嫌疑人以泄心头之恨，同时向政府部门、司法机关施加压力，为此类犯罪的治理再添新难。

（四）形成上下游灰黑产业链

网络金融犯罪将犯罪链条拉长，与上下游黑灰产业紧密结合，已然催生出完整的犯罪生态网。如上游的盗取、买卖公民个人信息、信用卡、买卖非实名制手机卡、网络账户的灰黑产业，为实施网络金融犯罪提供了便利条件；下游的洗钱、掩饰隐瞒犯罪所得、犯罪所得收益、走私等灰黑产业又与网络金融犯罪相配套，方便犯罪分子进行资金转移、人员逃匿。这种犯罪发展态势一方面导致网络金融的犯罪类型交织、犯罪样态复杂化，加大了案件侦查和追赃挽损的难度，为网络金融犯罪治理设置了新的障碍；另一方面对治理机关提出了"标本兼治"的新要求，要求从根源上去除犯罪滋生的土壤。

三、网络金融犯罪治理的症结剖析

（一）涉案人员复杂，取证难度大

由于网络空间的虚拟性、跨地域性、快速性、领先性等特征，网络金融犯罪发案后往往很难进行取证，不论是服务器还是相关经营者、参与者，乃至于银行账户等很多都分散在全国各地，而 P2P、网络电信诈骗等犯罪的窝点常常分布于东南亚等境外区域，根据传统取证程序，一般需要办案地派侦查人员携带法律文书到证据所在地开展证据调取工作，工作量巨大，难以有效调取相关证据。以 P2P 网贷类犯罪为例，线下投资人一般几百人，线上投资人有数万人，而且分布在全国各地，主要依靠后台数据进行核算。但由于存在平台底层数据错误、由于提取技术原因导致的平台原始数据错误等问题，导致承办人花费大量时间去核对报案材料。此外，线上平台往往资金体量很大，线下一般上亿元就很多，线上动辄几亿、几十亿，有的公司甚至会超过百亿，投资项目多且繁杂，有的可能投资项目就有几十个、几百个，由于很多此类犯罪行为都是经由计算机侵害不特定人合法金融权益，在追赃挽损方面存在较大困难。

（二）传播速度快，打击治理难

社会信息化条件下，人们的思维习惯、行动习惯都产生深刻转变；社会主体在虚、实两个空间切换，在客观上造成了监管的对象不明确，增大了基层社会治理的难度，也可能带来社会不稳定因素。[①]网络金融活动的无地域性，极易在短期内经由网络导致多地不特定群体介入金融犯罪活动，也极易经由网络导致针对大量不特定人员实行金融犯罪行为的出现。对网上发掘的违法线索，一般来说，都必须查清其在实际社会的犯罪行为后才能开展行动，而到查清时，这些网络金融犯罪行为已呈很大规模，这也是网络金融犯罪案件的行为人、被害人动辄不计其数的缘由。计算机收集具备跨地区特点，与之相对应的，网络金融犯罪也存在跨地区特点，与这些行为相联系的被害人或者嫌疑人和资本等基本要素散布在不一样的位置。如在网络赌博、传销等案件中，嫌疑人通过层层发展下线形成金字塔形的组织结构，涉及全国多地，且人数众多。此类案件，由于法律缺乏明确规定，导致有关机关常因管辖权问题产生争议。[②]

（三）信息壁垒多，数据利用效率低

数据无法及时共享以及使用效率低也是打击网络金融犯罪中遇到的一大难题。目前大数据分析利用对政府部门来讲，还停留在理念层面上，真正落地实际应用的并不多，大数据的价值体现在分析使用和二次开发两个方面，对大数据进行分析能揭示隐藏其中的信息。[③]大数据能够从一堆海量的、类型多样的、乍一看似乎没什么相互关系的数据中洞悉这些数据背后的玄机，挖掘和萃取出新的高价值的信息，从而提升预测能力，使得在战略决策方面具有更好的前瞻性。此外，基础数据的质量决定了分析结果的可用程度。加快数据开放共享步伐的同时，必须提高基础数据的质量，并研究如何利用低质数据提高计算和分析结果的准确性。现在，还无法彻底保证数据真实性与

---

① 中国法学会"枫桥经验"理论总结和经验提升课题组：《"枫桥经验"的理论构建》，法律出版社 2018 年版，第 147 页。

② 喻海松：《网络犯罪的态势与刑事对策的调整》，载《法治现代化研究》2018 年第 2 期。

③ 孙建中、徐晓海：《大数据时代的思维变革》，载《信息通信》2014 年第 11 期。

准确性。在数据的统计口径、核准方式等方面不一致，仍存在着系统统计出错或人工统计遗漏等情况，也存在数据来源于当事者的自行填报，而不是自动提取和智能核对等情况。

（四）政府主导的一元化治理模式无法及时应对网络金融犯罪风险

原有的一元主导管理选择以单方压抑和好处引诱来实现下层社会的刚性不变，难以根治国度与社会关系的错位、管理布局的紊乱、下层民主性不敷等布局性痼疾。在网络金融犯罪中，往往会出现有关执法机关执法乏力的情形。由于当前网络金融主管部门界定不明，存在着多头管理、职权分散、人员分散等问题，而网络金融犯罪中大多数矛盾和问题依靠一两个部门的"单打独斗"难以得到有效解决。各地在打击网络金融犯罪中，往往存在组织机构松散、领导力量不足、队伍不稳定、业务能力欠缺、经费短缺等现实问题。

四、网络金融犯罪治理的规范路径

（一）加强对网络金融活动的监管，探索多元化治理模式

我国近年来一直大力推进网络金融产业的发展，加强顶层设计规划，但主要还是在鼓励技术研发方面，对于网络金融发展可能对法律和社会带来的冲击，以及如何进行监管和在立法上进行规制还缺乏整体的认识和部署。检察机关要充分发挥法律监督职能在网络治理中的作用，通过工作机制、检察建议等形式推动建立政府、检察、企业和公民参与的多元、多层次治理格局，形成治理合力，破解政府监管中存在的延迟和无力问题，通过多种类型的主体参与到网络金融犯罪相关问题的讨论中来，鼓励和支持公众更多地了解网络金融，也使得监管机构能够集公众之智慧，探索出行之有效的监管政策。通过相关网络金融企业的参与，保证政府在监管中对网络金融发展状况有足够的认识和了解，保证网络金融发展一直处于监管之下。我们可以通过收集、存储、分析以及处理大数据的方式，实现对犯罪行为的合理惩处和有效预防。

通过积累网络金融行业从业人员的相关数据，实现为他们贴上标签，大体反映他们的倾向性属性。在发现异常交易行为和异常交易数据时，检察机关可以快速反应，快速调取业已收集、整合的特定犯罪人的信息，增强打击网络金融犯罪的时效性。

（二）加强对各类数据的深入挖掘，为侦查活动、法律监督、领导决策提供智能支持，为犯罪预防、犯罪政策提供数据依据

不仅要让有限的司法资源更好地发挥其使用效益，更重要的是有利于政府制定科学的刑事政策和社会政策，推进国家治理体系和治理能力的现代化。美国大法官波斯纳曾经指出："在风险成为当代社会的基本特征后，刑法逐步蜕变成一项执行的管理实务。作为风险控制机制中的组成部分，刑法不再为报复与谴责而惩罚，主要是为控制风险而威慑；威慑成为施加刑事制裁的首要理由。正是威慑促成行为主义进路对现代刑法的掌控，最终使精神状态在刑法中的作用日渐减弱。"[①] 可见，面对现代社会所带来的风险，刑法作为社会治理的手段，其运作重心开始从惩罚转向预防，在强调对实害结果进行事后惩罚的同时，也更加着重对危害行为的事前预防，以此抵御社会风险，形成对社会公共安全更加严密的保护。[②] 检察机关除了运用大数据等现代科技对网络金融犯罪案件线索进行分析研判，辅助案件办理，更要重视对各类案件数据的提取，开展犯罪高风险人员分析、犯罪热点分析、犯罪时空分析、风险地域分析、重大事件预警分析等数据分析，聚焦犯罪风险及其诱因，加强战略或战术协作，积极采取有效防控风险和预防犯罪的干预行动，实现由"被动应对"向"主动进攻"的转变。[③] 通过对现有各类辅助系统的进一步研发，

---

① 黄晓亮：《从虚拟回归真实：大数据时代刑法的挑战与应对》，载《中国政法大学学报》2015年第4期。

② 黄晓亮：《从虚拟回归真实：大数据时代刑法的挑战与应对》，载《中国政法大学学报》2015年第4期。

③ 吕雪梅：《风险社会基于大数据的犯罪防控策略》，载《山东警察学院学报》2015年第6期。

充分利用现有数据资源，运用人工智能技术的智能数据抽取与清洗功能，加强机器的无监督训练，使现有系统获得从数据中自动提取知识的能力，使更多的数据统计依赖于人工智能提取技术而不是人工录入，改变现在各类报表和统计需要大量人工统计的现状，减少数据少录、不录、迟录带来的数据错误、数据瑕疵，进一步提高数据完整性、精准性。

（三）充分运用"枫桥经验"化解网络金融风险，提升网络金融犯罪治理现代化水平

实践表明，"枫桥经验"的功能是最大限度地化解消极因素，调动积极因素，把问题解决在基层，把矛盾化解在萌芽状态，实现社会稳定，营造和谐局面，引领社会风尚，为经济社会全面发展创造条件。[1] 具体到网络金融犯罪方面，就是要充分运用网络舆情监测机制。网络金融问题的发生，最开始暴露一定是在社交媒体上面。当前，微博、微信等社交网络、即时通信软件的发展使得舆情态势也进入了互联网时代，具有传播速度快、动员能力强、影响范围广等特征，网络金融问题出现必将在短时间内发酵并引起社会广泛关注。目前，检察机关在"两微一端"建有官方账号，逐渐在建立舆情应对机制。运用大数据建立舆情预警机制是指检察机关对公开大数据进行数据采集，通过预设风险关键词进行技术分析，最终提供舆情预测以便进行决策和应对的完整体系。数据采集是第一步，检察机关需要与社交网络、即时通信软件平台进行深入合作，开发舆情监测软件，获取实时、动态数据，从而摆脱落后的人工采集状态，避免数据采集的片面性、滞后性。技术分析是第二步，检察机关应当依托现有大数据分析技术，挖掘数据价值，科学设置风险关键词，从点击量、转帖数、评论数、评论内容、热度指数等客观性要素明确舆情的性质、风险等级，不再局限于人工筛选对个人经验程度、舆情敏感

---

[1] 中国法学会"枫桥经验"理论总结和经验提升课题组：《"枫桥经验"的理论构建》，法律出版社 2018 年版，第 23 页。

程度的依赖性。舆情预警是第三步，检察机关通过大数据应用将发现舆情的时间提前到舆情大爆发前，因此预留了充足的决策时间，以便及时化解矛盾、平息舆情。

（四）发挥群策群力作用，构建自治德治法治"三治融合"的网络金融犯罪治理新格局

进一步完善参与网络金融犯罪治理工作机制，畅通办理涉及网络金融犯罪案件的绿色通道，着力深化办理案件力度，切实加大司法办案和法律监督力度。对人民群众反映强烈、党委政府关注、损失后果严重和社会影响恶劣的网络金融犯罪案件，通过灵活运用、适时介入、检察建议等办案协作机制，依法从重从快予以打击。实时对受打击的网络金融犯罪案件开展数据发掘，对此类案件产生的人、事、地、物、时等方面的问题开展深入研究，发掘出案件高发的地理位置、案件种类和人群，撰写一批高质量的刑事犯罪研究、调查报告，为党委、政府决策计划护航。要积极建议党委政府牵头整合网络金融管理相关职能部门的执法资源，形成网络金融产业保护合力。依托网上检察院和掌上检察院建设工程，建立健全检察机关网上和掌上举报中心平台，整合各类举报线索资源。充分发挥人民群众作用，在检察客户端、公众号等软件平台设置举报和建议功能，人民群众针对平时生活或工作中发现的网络金融相关的违法线索可以实现一键上传至检察举报中心平台，对改进检察机关或其他行政机关工作的意见建议也可以通过网络进行上传，从而拓展检察监督线索来源渠道，提升检察机关工作水平。充分利用雪亮工程、基层治理信息平台等现有大数据平台，推动检察工作与相关数据平台融合，通过借力实现检察职能在网络金融犯罪惩治领域的新发展。

（五）充分发挥网络金融平台自治作用，延伸检察办案触角

在网络金融犯罪中，大数据合规治理是网络金融平台在自身管理中出现

的问题。因此，检察机关应充分发挥自身维护国家法律的统一和正确实施的职责，通过法律体检、释法说理、法治宣传等形式帮助网络金融企业更好地认识法律、了解法律，从而促使企业在法治框架内运营。具体而言，可以采取四种方式将检察办案职能延伸到犯罪防控和社会治理领域。一是对企业进行巡回体检。针对某一领域、行业等共性、突出的法律风险问题，对网络金融企业进行巡回"法律体检"。二是开展靶向体检。针对已经涉案的单位，通过调阅案卷、实地调研，了解涉案原因，查找风险点，出具法律体检报告，提出针对性对策建议。送达报告之后，定期跟踪意见建议的落实情况和反馈意见，及时修正和改进。三是欢迎上门体检。在检察机关内部设置志愿阵地，综合展示典型案例，安排有专业知识的志愿者开展面对面法律志愿服务。四是开展专题宣讲。打造多门类的法律服务宣讲团队，提供菜单式法治宣讲服务，定制个性化法律讲座。

涉民企重刑案件的刑事政策研究
——以程序性保障与规范化量刑为研究思路

杭州市拱墅区人民检察院课题组 *

摘　要

民营经济是社会主义市场经济的重要组成部分，对此检察机关应肩负起保障民营企业健康发展的重任。当下涉民企重刑案件中存在的审前羁押率高、退赃不能降低刑档的问题应引起重视和反思。该问题的产生与固有的司法理念、诉讼程序及现行法律规定均密不可分。建议在法律允许和刑事政策范围内，从降低羁押率和退赃减刑两方面入手改革创新，建章立制，切实维护民营企业和民营企业家的合法权益。

关键词： 涉民企重刑案件；降低羁押率；退赃减刑

★ 课题组成员：邱生权，杭州市拱墅区人民检察院副检察长；胡森，杭州市拱墅区人民检察院第一检察部主任；杜倩楠，杭州市拱墅区人民检察院第一检察部检察官；索亚图，杭州市拱墅区人民检察院第一检察部检察官助理。

浙江是民营经济大省，截至 2019 年底，浙江省的民营经济市场主体已占 95% 以上，且在税收、GDP、出口等各项经济指标上的贡献率均超过三分之二。但是由于民营企业在刑事风险控制中存在一些实际困难，当前民营企业犯罪在犯罪总量和罪名类别上均呈现扩张趋势。最高人民检察院检察长张军曾强调，支持民营经济发展重在务实，检察机关要切实转变司法理念。为服务保障民企健康发展，检察机关在处理涉民企轻刑案件中已大多采取了宽缓化的处理方式。从 2020 年 3 月浙江省人民检察院发布的 2019 年度"全省检察机关服务民企十大典型案例"来看，浙江检察机关在处理涉民企轻刑案件中，优先考虑采用非羁押性强制措施，对符合从宽处理条件的案件依法不起诉或提出缓刑的量刑建议。但与此相对的是，在涉民企重刑案件中如何贯彻落实平等保护、推动发展的刑事政策，相关研究少之又少，然而该类案件中羁押率高、退赃不能降低刑档等问题已经在相当长一段时期内出现并困扰基层的办案机关。本文研究的涉民企重刑案件，主要指的是因营商环境方面的因素所引发的法定刑为有期徒刑十年以上的民营企业家犯罪案件，涉及的罪名主要有虚开增值税专用发票罪、集资诈骗罪、合同诈骗罪、非法经营罪等涉民企常见罪名。

一、问题的提出

（一）涉民企重刑案件的基本情况

依据 2019 年北京师范大学中国企业家犯罪预防研究中心发布的《企业家刑事风险分析报告（2014—2018 年）》[1]，2014—2018 年，中国民营企业家被判有罪总计 7578 次，共涉及 36 个具体罪名，排名前三的罪名分别是非法吸收公众存款罪、虚开增值税专用发票罪和职务侵占罪。与本文研究相关罪名的发案情况如下：虚开增值税专用发票罪 955 次，占比 12.60%；合同

---

[1]　北京师范大学中国企业家犯罪预防研究中心：《企业家刑事风险分析报告（2014–2018）》，载《河南警察学院学报》2019 年第 4 期。

诈骗罪 520 次，占比 6.86%；集资诈骗罪 205 次，占比 2.71%；非法经营罪 105 次，占比 1.39%。相比于国有企业，民营企业在经营活动中涉及刑事风险的范围与频次更大。不少罪名，如非法吸收公众存款罪、集资诈骗罪、非法经营罪等，几乎已经成为民营企业的专有罪名。五年中，在被判处有期徒刑的 6386 名民营企业家中，刑期在十年以上十五年以下的共 539 人，占涉案民营企业家总人数的 7.47%；刑期在十年以上二十年以下的共 118 人，占 1.64%；刑期在二十年以上二十五年以下的共 11 人，占 0.15%。另有 91 人被判处无期徒刑，占涉案民营企业家总人数的 1.26%；1 人被判处死刑缓期二年执行，占 0.01%。被判重刑的民营企业家总人数占比高达 10.53%。

（二）案件中反映出的主要问题

涉民企重刑案件办理过程中暴露出的第一个问题是，检察机关对涉案民营企业家普遍采用逮捕的强制措施。逮捕是最为严厉的剥夺人身自由的强制措施，将直接导致民营企业失去"掌舵人""主心骨"，从而造成企业面临停工停产、员工失业、资金周转不灵等生产经营困局，以及合同违约、贷款逾期等民商事法律风险。同时民营企业家因被限制人身自由，无法采取有效措施退赃挽损，导致因犯罪损害的社会关系无法修复，甚至造成损失进一步扩大。而司法机关在企业经营、财务管理、涉案款物处置等社会治理方面的非专业性，决定了司法机关无法替代民营企业家本人采取有效措施退赃挽损。产生前述现象的原因主要有以下三方面：一是检察机关的批捕率仍然很高，"少捕慎诉"的司法理念未落实到位。忽视社会危险性条件，"构罪即捕"的问题较为明显。二是社会危险性条件的客观量化评估机制未建立，导致承办检察官在判定当事人是否具有社会危险性时主要依靠主观判断。三是机械套用《刑事诉讼法》第八十一条第三款之规定，对法定量刑档次在十年以上的案件倾向于批准逮捕，而对全案犯罪情节，尤其是可能存在的从轻、减轻甚至免予处罚的情节不做实质性考量。

涉民企重刑案件办理过程中暴露出的第二个问题是，多数民营企业家不愿退赃，拒不交代赃款去向，或者在涉税案件中不愿补缴税款，从而造成被侵害的社会关系无法修复，最终导致期望中的恢复性司法无从实现。除因企业家自身不具备退赔能力所致的因素外，产生前述现象的原因主要有以下三方面：一是我国《刑法》未将退赃（包括退税、退出非法所得等在内的广义上的退赃）规定为法定的减轻处罚情节。多数民营企业家在获知即便退出全部赃款仍要获刑十年以上之后，便彻底丧失退赃的主动性和自愿性，甚至开始阻挠司法办案人员追踪赃款去向。二是绝大多数涉民企重刑案件的量刑幅度在十年至十五年有期徒刑。在此区间内，依据现有规定，退赃与否对量刑的影响仅有一年至五年。较之于留存巨额赃款，企业家往往不愿去争取如此小幅度的刑期减免。三是经济犯罪的产生不全然是企业家个人的道德问题，往往还因为复杂的市场经济环境。比如涉税案件中，为了节约成本，民营企业采购原料时不要求对方提供发票，以至于进项发票不足，只能从非法渠道让他人虚开增值税专用发票。由于在确定量刑档次时存在"唯数额论"的问题，涉案民营企业家大多觉得罪责刑不相适应、难以平衡，常有"冤屈不平"之感，这也在一定程度上导致民营企业家不愿退赃。

二、降低羁押率和退赃减刑的合理性分析

（一）降低羁押率有助于维护企业权益和确保案件质量

民营企业家犯罪的社会治理必须采取具象性的刑事对策，宽与严的选取当以具体犯罪类别在具体社会情境中的不同原因及不同意义而审慎定夺。具体说来，对涉及技术和经营创新、企业税负以及正常经营性融资的问题，应采取相对宽缓的刑事政策；对涉及生产、食品、环境安全、公平市场秩序和腐败的问题则应采取相对严厉的刑事政策。[1] 因而，在涉民企重刑案件中，

---

[1] 赵军、金海洋：《民营企业家犯罪治理的宽严之道——基于 2016 统计年度若干典型案例及部分统计数据》，载《河南警察学院学报》2017 年第 4 期。

对于非法经营类、涉税类、融资类犯罪，应尽量减少逮捕强制措施的适用。

社会危险性是检察机关决定是否适用逮捕强制措施的核心要件。但是《刑事诉讼法》第八十一条第三款将"可能判处十年有期徒刑以上刑罚"推定为具有社会危险性，只要满足逮捕的证据和刑罚条件即可"径行逮捕"，无须再进行逮捕必要性审查。而域外国家（如德国）的重罪羁押通常会在涉嫌罪名上加以限定或者附加其他条件，而不是像我国这样不区分犯罪性质以及个案情况而直接将一定刑期以上的案件划归为推定具有逮捕（羁押）必要的情况，从而免于审查。[①]"可能判处十年有期徒刑以上刑罚"仅是检察机关在审查批捕环节依据初步证据做出的刑期预判，具有极大的不确定性。如果仅仅因为所涉罪行可能较为严重，从而直接忽略对涉案民营企业家进行逮捕必要性审查，显然缺乏合理性。

联合国《公民权利和政治权利国际公约》第九条规定，"等候审判的人受监禁不应作为一般规则"，体现了对公民人身自由的保护。我国于1998年加入该公约。但是从目前来看，我国的批捕率仍很高。保护民营企业的政策应当是长期而稳定的，"构罪即捕"，即"重证据要件，轻逮捕必要性要件"的错误司法观念必须得到纠正。而一些"法外因素"（如被害方是否会上访等）也不应成为判定社会危险性的审查标准。《刑事诉讼法》和《人民检察院刑事诉讼规则》中所规定的"具有社会危险性"的内容较为宽泛，如机械套用极有可能导致适用面过于宽泛。对民营企业家采取限制人身自由的强制措施，会对企业正常生产经营产生巨大影响。检察机关有必要秉持"谦抑、审慎、善意"的司法理念，从服务社会全局发展的高度用足用好不批捕权。如果主要证据已固定，涉案财物已被查扣，涉案企业家没有自杀、隐匿财产、干扰作证等倾向，可以认定不具有社会危险性，宜采取非羁押性强制措施。

民营企业家所涉及的大多是经济犯罪，而经济纠纷和刑事犯罪的界限不

---

① 杨依：《以社会危险性审查为核心的逮捕条件重构——基于经验事实的理论反思》，载《比较法研究》2018年第3期。

易厘清。近年来被最高人民法院依法纠正的张文中诈骗、单位行贿、挪用公款案，赵明利诈骗案，顾雏军虚报注册资本、违规披露、不披露重要信息、挪用资金案等无罪案件也屡屡向我们敲响了严格把握罪与非罪边界的警钟。在捕诉一体化改革背景之下，对于可能属于经济纠纷的疑罪案件，必须坚持"疑罪不捕"的原则，以求最大限度地防止冤错案件的发生，避免因羁押不当而导致企业合法权益受损。

（二）退赃减刑有助于修复社会关系和促成认罪认罚

以往，刑事审判重在"对犯罪人进行追诉"，而近些年，司法机关越来越重视追赃挽损，这主要得益于国内刑事政策开始对追赃工作给予更多的重视。而被告人主动退赃是实现赃物追回的最好模式。提倡退赃的深层次动因可归结于，"退赃对于减轻具有非法所得，尤其以侵占公私财物为目的的既遂犯罪之社会危害性，具有重要作用。因为此类犯罪均直接或间接地造成了相应的公私财物损失，而退赃正是减少财产损失和减轻该罪社会危害性的重要途径。尤其是对于以侵占财物为目的的犯罪之受害方来说，若赃款、赃物不能得以退还，那么即使判处罪犯以极刑，从某种意义上说，也丝毫弥补不了其损失和减轻该罪本身已造成的社会危害性。"[1] 因而，退赃并不是"以罚代刑"，其具有修复社会关系、减少被害人经济损失的积极价值，理应被纳入宽严相济刑事政策的考量范围。

但司法实务中，制约退赃工作顺利开展的首要原因在于《刑法》总则中未将退赃规定为法定量刑情节。《刑法》中关于退赃情节的规定仅出现在《刑法》分则第三百八十三条第三款[2]（关于贪污罪的从宽处罚）中，退赃在该款所涉罪名中被认定为法定的从轻、减轻或者免除处罚情节。除此以外，大

---

① 王育君：《退赃应规定为法定情节》，载《法学研究》1996 年第 6 期。

② 该款规定为：犯第一款罪，在提起公诉前如实供述自己罪行、真诚悔罪、积极退赃，避免、减少损害结果的发生，有第一项规定情形的，可以从轻、减轻或者免除处罚；有第二项、第三项规定情形的，可以从轻处罚。

量特定罪名的司法解释虽也对退赃作出了规定，但法律后果存在多种情形，有的是作为从宽处罚的情节，有的是作为不起诉或免予刑事处罚的情节，有的还需满足附加条件才能成为出罪的事由。而最高人民法院发布的《关于常见犯罪的量刑指导意见》对于退赃的规定①又缺乏统领性。如部分法院对减刑幅度选择从严把握，实际控制在10%以下；又如基准刑为有期徒刑三年，即便退赃，宣告刑一般仍不会低于有期徒刑三年。一言以蔽之，现有法律、司法解释关于退赃的规定相对混乱、存在矛盾，极有可能导致裁判结果差异巨大，不利于引导涉案人员积极退赃。

将退赃减轻处罚规定为法定情节能够带来多个层面的积极效应：一是有利于激励涉案的民营企业家主动退赃，争取减轻处罚，甚至是争取缓刑。自由的价值是金钱无法衡量的，当减刑幅度能够达到民营企业家的心理预期时，退赃无疑是最好的选择。毕竟，在刑罚执行期间，减刑、假释将受到严格的限制，退赃只是减刑、假释的消极条件，即依据现有司法解释，如果"不积极退赃、协助追缴赃款赃物、赔偿损失"，不认定其"确有悔改表现"。二是有利于帮助被害人挽回因企业家犯罪所遭受的物质损失。相较于追究企业家的刑事责任，大部分被害人选择报案的目的还是希望能够最大限度地挽回经济损失。退赃减刑对经济犯罪中的被害人来说是完全可以接受的。某种程度上，退赃带来的正面效应远高于嫌疑人仅自首而不退赃所带来的负面效应，故而退赃可以与自首、立功等法定减轻情节共同成为修复社会关系、消除危害后果的重要手段。三是退赃减刑与认罪认罚从宽、宽严相济刑事政策的精神实质相契合。退赃减刑在刑事诉讼中不仅能够督促被告人自愿认罪、自愿接受处罚，还能够及时简化或者终止诉讼程序，从而实现认罪认罚从宽制度"节约司法资源、提高司法效率"的价值追求。而作为认罪认罚从宽制度政

---

① 最高人民法院《关于常见犯罪的量刑指导意见》中规定：对于退赃、退赔的，综合考虑犯罪性质、退赃、退赔行为对损害结果所能弥补的程度，退赃、退赔的数额及主动程度等情况，减少基准刑的30%以下。

策渊源的宽严相济刑事政策，在我国确立已逾十年，其基本刑事政策的地位和内涵得到普遍确认。宽严相济刑事政策的基本内容是"该严则严，当宽则宽；严中有宽，宽中有严；宽严有度，宽严审时"。[①] 随着涉民企犯罪宽缓化处理的刑事政策、司法解释、指导案例不断公布，宽严相济刑事政策所要求的"区别对待""该宽则宽"得到进一步体现，提倡退赃减刑正是对该项政策的一种积极回应。

三、降低羁押率和退赃减刑的实现路径

（一）降低羁押率的"两组机制"和"一个理念"

第一，慎重适用逮捕强制措施，建立对涉案民营企业家逮捕必要性审查的客观量化评估机制。逮捕的程序性保障属性要求逮捕的适用只能服务于程序性的目的，而不能沦为打击犯罪的有效手段。因此，嫌疑人是否具有程序性危险才是审前羁押考察的主要因素，并非具有重大的犯罪嫌疑就可直接适用逮捕。[②] 程序性危险的判断主要分为两类，一是是否妨害诉讼活动的正常进行，如是否按时接受传讯，是否会毁灭、伪造证据、干扰证人作证或有串供、逃跑等不当行为；二是是否会对他人或者社会造成新的危险。在办理涉民企重刑案件中对该两类程序性危险建立量化评估机制，有助于防止逮捕权滥用和降低逮捕率。具体而言，就是为每一个涉案民营企业家的程序性危险因素规定一个数值，增加程序性危险因素为正值，减少程序性危险因素为负值，同时需要确定允许逮捕分数，如果程序性危险因素低于这个分数，则可以不批准逮捕。另外，检察机关应当充分考虑企业正常的生产经营需求，认真听取地方党委政府、企业交易相对方、企业员工等各方对于涉案民营企业家是否具有程序性危险因素的意见。对于民营企业为维系正常经营而主动采

---

① 马克昌：《宽严相济刑事政策研究》，清华大学出版社2012年版。
② 杨依：《以社会危险性审查为核心的逮捕条件重构——基于经验事实的理论反思》，载《比较法研究》2018年第3期。

取措施排除涉案企业家程序性危险的行动，应予以支持并纳入评估内容。此外，量刑评估标准应当随着经济社会的发展尤其是社会治安形势的变化适时调整，但不能过于频繁，应当保持相对稳定；量化评估标准中的允许逮捕分数可以有一定的地区差异，但差异不能过大，不能影响司法公平正义的实现。[①]

第二，将认罪认罚从宽制度的适用端口前移至审查逮捕环节，探索建立"附条件不逮捕"机制。在审查逮捕环节充分发挥认罪认罚从宽的制度优势，对于法定刑为有期徒刑十年以上的案件，重点审查涉案民营企业家有无自首、重大立功、退赃等可能减轻或免除处罚的量刑情节，科学评判宣告刑是否有可能在十年以下。探索建立"附条件不逮捕"机制，即在不批准逮捕涉案民营企业家的同时附加特殊的前提条件，要求涉案民营企业家在诉讼期间积极履行退赃退赔等义务，以维持非羁押性的强制措施直至诉讼结束。该制度的适用前提是涉案民营企业家经量化评估存在一定的社会危险性，但该风险处于司法机关可控范围之内。检察机关可以通过风险排查、不捕后监管等措施来保障诉讼活动的顺利进行。例如，建议公安机关对被害方、重要证人采取保护措施；对涉案的账目予以扣押、银行账户予以冻结；使用电子手环、定位软件、"非羁码"等"云"监管措施对非羁押的企业家进行监督考察。对于经评估后仍认为可能存在较大社会危险性的涉案民营企业家，可以先决定对其采取监视居住这一较为轻缓的强制措施，限其在一定期间内交办、交接好企业经营事务，待交接完毕后，再对其适用逮捕的强制措施。对于已经逮捕的涉案民营企业家，其认罪认罚、愿意退赃的，检察机关应及时审查羁押必要性，对于没有继续羁押必要的，应及时变更强制措施。

第三，坚持"疑罪从无"的基本立场，增强对刑民交叉案件的审查判断能力。检察机关应充分贯彻执行党中央关于涉民营企业产权司法保护的各项政策、方针，坚持以发展的眼光看待问题，按照"罪刑法定、疑罪从无"的原则处理"民营企业历史上曾经有过的一些不规范行为"。预防错案远比纠

[①] 龚培华、陈柏新：《建立量化评估逮捕必要性司法机制的思考》，载《人民检察》2012年第18期。

正错案更为重要，因而在审查逮捕环节就要严格把好案件质量关。对于涉及企业经营的复杂性问题，应注重实证研究，广泛听取各级党委政府、司法机关、工商联、专家学者、辩护律师的意见，必要时组织听证会充分征询各方意见。对于涉民营企业家的"刑民交叉"案件，即处于刑事和民事的临界点，构成犯罪还是民事侵权、违约难以被决断的案件，检察机关要慎重判断构成要件适当性，尊重常识，提高区分刑事犯罪和民事违法的能力。[①]

（二）退赃减刑的立法建议和细节构想

将退赃规定为法定量刑情节是量刑规范化改革的客观需要，符合法治进步和时代发展的潮流，同时也是新时代人民群众对司法公正的新要求新期待。为了提高法律适用的统一性、普遍性，宜将退赃的一般性规定放在《刑法》总则中。反之，如在分则个别罪名中对其作出规定，则易产生与总则、有关司法解释、量刑指导意见发生冲突的问题。建议将退赃规定为从轻、减轻或者免除处罚的法定量刑情节，且没有可能判处刑罚的限定。理由是：一方面，只有如此规定，才能与认罪认罚从宽制度的适用范围（没有可能判处刑罚的限定）和从宽幅度（从轻、减轻或者免除处罚）保持一致。另一方面，纵观域外，不少国家特别是成文法系国家，早已将退赃规定为法定的减轻处罚情节。如瑞士刑法第六十四条规定："行为人真切表示悔悟，特别在可能期待之范围内，赔偿其所造成之损失"的，法官可以减轻刑罚。意大利刑法第六十二条亦规定："在审判前已赔偿全部之损害，恢复原状，或审判前（除中止外）自行以有效方法减轻其犯罪的侵害或危险之结果者"应予减轻处罚。[②]故对于法定刑为有期徒刑十年以上的涉案民营企业家，完全可以考虑在其主动全额退赃后对其减轻处罚，从而最大限度地发挥退赃制度的感召力。有学者建议，具体而言，可以在《刑法》总则第六十四条"犯罪物品的处理"下

---

① 周光权：《"刑民交叉"案件的判断逻辑》，载《中国刑事法杂志》2020年第3期。
② 顾长洲：《宽严相济刑事司法政策视野下退赃法律后果探析》，载《法学杂志》2014年第12期。

加设一条："犯罪分子积极退赃的，可以从轻或减轻处罚。其中主动全部退赃且犯罪较轻的，可以免除处罚"，作为第六十四条第二款。[1]

关于退赃制度的具体运作细节，笔者认为需要通过司法解释或指导意见予以明确，其中主要涉及适用罪名、适用主体、时间、主客观因素、从宽幅度等方面的内容。在适用罪名方面，应限定在纯财产型犯罪以及危害税收征管、金融诈骗、合同诈骗等能够通过退赃消除社会危害性的案件，而对于走私、生产销售伪劣产品等侵犯复杂客体的犯罪，不宜通过退赃手段来减免处罚。我国民营企业家所涉罪行大多在前者犯罪类型之内，故绝大部分能够通过退赃来减免处罚。在时间限制方面，可以参考认罪认罚从宽制度的规定区分不同的诉讼阶段，在刑罚评价上坚持"早退赃优于晚退赃""主动退赃优于被动退赃"。在主客观因素方面，只要涉案民营企业家愿意退赃且能够落实到位，即便其对犯罪性质仍有所辩解，主观上只是出于自利目的（如为了逃避刑事处罚）选择退赃，也应当予以认可，而不能将退赃情节与其他量刑情节（如认罪、悔罪）进行捆绑评价，否则易丧失退赃制度的独立价值。在客观因素方面，应强调退赃的有效性，换言之，退赃是不是在涉案民营企业家的最大能力范围内进行。法律效果方面，虽然退赃数额不能直接在涉案金额中进行扣减，但退赃后的实际被害人损失金额应当成为确定最终量刑的客观标准。

以合同诈骗罪为例，根据《刑法》规定及相关司法解释、量刑指导意见，合同诈骗罪分为三个量刑幅度。以浙江省的量刑数额标准为例，对于涉案金额达到第一档量刑幅度的，如果退赃后实际损失数额不足 2 万元，可以免予起诉或者免予处罚。对于涉案金额达到第二档量刑幅度的，如果退赃后实际损失数额不足 20 万元，可以在第一档量刑幅度以内处罚。对于涉案金额达到第三档量刑幅度，但未达到无期徒刑标准的，如果退赃后实际损失数额不

---

[1]　童德华、陈梅：《刑法中退赃制度的重构——基于境外追赃实践的思考》，载《西部法学评论》2018 第 4 期。

足 100 万元，可以在第二档量刑幅度以内处罚。对于达到无期徒刑标准的，如果退赃后实际损失数额不到 1500 万元，可以在十年以上十五年以下有期徒刑范围内予以处罚。

企业合规的基本问题匡正和检察路径优化

浙江省杭州市人民检察院　董彬 *

摘　要

企业合规作为在法学界探讨的热点问题，难免存在差异性认识。在合规问题上，法学界不能闭门造车，而要在经济学、金融学之间建立贯通之桥梁。本文首先对部分企业合规的基本问题进行了梳理和匡正，认为企业合规的起因并非实体违规，企业合规的重点不是刑事合规，刑事合规的焦点不限于单位犯罪。在此基础上，本文探讨了企业合规必要的三个层次，包括：以作为义务遵守为核心的刑事合规；以应对外部压力为核心的行政合规和以社会责任承担为导向的计划合规。在检察机关对企业合规加以辅助的路径上，本文着重探讨了检察机关起诉权与企业合规的关系、认罪认罚从宽制度与企业合规的关联，以及企业的违法预防和权益维护与检察机关的关系等，希望能够使检察机关在企业合规问题上迈向更为合理、高效的路途。

关键词：企业合规；问题匡正；检察路径；优化

---

* 董彬，浙江省杭州市人民检察院第二检察部副主任，四级高级检察官。

近年来，企业合规建设和检察机关在企业合规建设中的作用问题已经成为法学界甚至是检察理论界探索的重要课题。如果合规对企业经营来说已经是"必需品而非选项"[1]，一些基本问题的理解、认识则都有必要匡正，特别是在检察路径选择的过程中，既要避免越俎代庖，也要防止隔靴搔痒。

一、企业合规基本问题的匡正

在企业合规的众多讨论中，不同学者难免存在差异性的认识，经济学者往往从合规成本、违规概率、违规价值等方面考虑企业合规。在法学界内部，不同部门法之间，学者的认识也有很大差异。因此，有必要对合规问题进行一番匡正，析出当前的一些错误观点。

（一）企业合规的起因并非实体违规

过去，"企业合规"一直是法律领域中一个较为陌生的词汇。近年来，随着改革的深入和中国融入世界程度的加深，企业合规便成了人们研究的热点和重点。许多人认为，我国的合规计划与众所周知的"中兴通讯事件"关联紧密，并在风险社会中由其催生。正因为该事件，国家发展和改革委员会发布了《企业境外经营合规管理指引》，遂把该公司被美国商务部制裁的事件，认定为企业合规建设中的初始事件。[2]

中兴通讯遭受美国商务部的制裁，确实是企业合规建设过程中的标志性事件。但对我国企业合规的概念追溯，要远在该事件之前，且既非来自实体企业，亦非直接形成于对某国法律的遵守。实际上，我国的现代企业合规可能来自金融行业对国际规范的接受。在改革开放之前，我国尚未建立现代企业制度，当时工厂、农场对规章制度的遵守不属于现代合规的范畴。改革开放之后，现代企业在国内的形成与过去的经营方式之间逐步产生了冲突。1992 年，我国的《企业会计准则》公布，为企业内部控制管理奠定了基础，

---

① Fons J. The case for compliance: Now it's a necessity, not an option[J]. Business Law, 2003, 13: 26-29.

② 黎宏：《合规计划与企业刑事责任》，载《法学杂志》2019 年第 9 期。

但企业内控与企业合规尚不可相提并论。2006 年，为了解决当时的商业银行呆坏账问题，我国发布了《商业银行合规风险管理指引》，[1] 将"巴塞尔协议"的要求引入了国内，触发了企业合规建设潮。之后，金融企业（从商业银行到保险公司、证券公司）纷纷建立了内控合规部门，《刑法》中违法发放贷款罪中空白部分的认定，也与各个商业银行的合规要求不可分割。尤其是金融企业对合规的重视，因信贷业务等活动必然传导至各个实体企业以保障资金安全。同时，各类行政法规（特别是经济法律）的健全及企业内部资金安全和知识产权问题的需要，也导致实体企业为避免违规而加强了对其合规建设的重视。在刑事法领域，人们对于风险社会下刑法的探讨，也增加和扩展了合规的领域。

（二）企业合规的重点不是刑事合规

自从对企业合规进行规范性的梳理和研究后，刑法学者和从事刑事的司法实务工作者存在一种倾向，即认为企业合规的重点在于"刑事合规"。有的学者认为："刑事规范无疑是企业合规的首要关注领域"[2]，也有刑事司法工作者认为："合规计划以刑事激励和预防刑事法风险为核心。"[3] 本文也承认，刑事违规对企业而言确实往往是灭顶之灾，即便是在落实某些刑事政策的前提下，其后果也是最严重的。

但是，后果的严重性并不能简单与合规计划的重难点相互等同。而企业合规的重点领域，也不可能落在刑事范畴之内。一方面，企业合规的制度化来源于对法律认识的陌生和复杂，这与作为普遍、基础行为准则的刑法是格格不入的。企业合规作为一项规范化建设的制度，本身与 19 世纪末行政法

---

[1] 陈瑞华：《中国金融监管机构确立的合规体系》，载《中国律师》2019 年第 8 期。

[2] 韩轶：《企业刑事合规的风险防控与建构路径》，载《法学杂志》2019 年第 1 期。

[3] 李勇：《检察视角下中国刑事合规之构建》，载《国家检察官学院学报》2020 年第 4 期。

规的大量出台不无关联。① 面对浩如烟海的行政性法规（主要为经济法），18 世纪末期美国《州际商业法》首次以成文法对行业自律和企业内部监管制度提出要求。之后，根据企业的不同类型加强了对金融等领域的监管（因为金融领域的行政法规是最为庞杂的），从而内部法律风险管理便初步成型，并在行政法规的不断拓展中（比如反垄断、外部风控要求、账目记录要求等）不断向前演进。另一方面，企业合规成本的投入，应当与发生违规后果的概率有效对应，而与以刑事合规为中心展开的合规建设成本收益无法匹配。虽然企业可能触犯刑事法律，其员工也可能犯罪，但这对于庞杂的行政违法而言概率极小，也容易避免，企业之所以要投入大量的资金运作合规计划，其目的在于其运行的规范性，主要内容是对行政规范的有效执行。如果将刑事合规置于企业合规的中心，实际上是对企业合规要求的降低。因此，真正推进合规建设的，不是各国的刑法，而是诸如税法、会计准则、知识产权保护法、反垄断法等等，或者如巴塞尔协议、商业银行法等行业规范。2014 年，国际标准化组织（IOS）发布了《合规管理体系指南》，更是使企业合规成为国际通行的企业规范化管理的重要内容。② 由此可见，企业合规的重点是在民事完整履约和行政合规上，只有在行政监管缺位的情况下，企业合规计划才会和刑事合规直接碰撞，但这显示的实际上是行政法的缺位或刑法谦抑立场的缺失，而不是企业合规的常态。

（三）刑事合规的焦点不限于单位犯罪

刑事合规不是企业合规的重点，更不能和企业合规等同。不过，企业合规中因风险极大而不得触碰的，仍为刑事风险。因此，作为企业合规的最低要求，刑事合规问题的讨论仍然是不可避免的。但有观点认为，企业刑事合

---

① Miller G P.The Law of Governance, Risk Management and Compliance[M]. Boston: Wolters Kluwer, 2015: 139.

② Miller G P.The Law of Governance, Risk Management and Compliance[M]. Boston: Wolters Kluwer, 2015: 139.

规就是为了避免单位犯罪。易言之，刑事合规是将合规与企业的犯罪预防联系起来。[1] 这是对企业合规建设的一种误读。

实际上，企业的刑事合规至少包含三项内容：一是企业作为行为人的犯罪预防（即单位犯罪预防）。因为各类观点对此都不持异议，本文不再赘述。二是对企业员工的犯罪所造成的风险的规范和预防。正如《中央企业合规管理指引（试行）》中对"合规风险"所下的定义——指企业及其员工因不合规行为，引发法律责任、受到相关处罚、造成经济或声誉损失以及其他负面影响的可能性所指出的那样，企业员工的合规问题，特别是在职务行为中的合规问题，不仅仅是其个人问题，也会对企业的利润、声誉等造成不可避免的影响，将该问题从企业合规中剔除，与要求和规范都并不相符。三是以企业作为犯罪对象的合规问题。这类问题包括两个方面，一方面是企业内部人员以企业作为犯罪对象的合规问题，该方面自然要放在员工合规问题中进行探讨；另一方面则是外部主体针对企业实施的犯罪行为。该问题本属于外部风险防控，但外部风险与内部风险之间不存在难以逾越的鸿沟。比如，外部的诈骗行为、行贿行为，都可能导致内部的签订、履行合同失职被骗，非国家工作人员受贿等问题的发生。因此，将外部主体实施犯罪的行为划分在企业刑事合规计划之外，至少是不够谨慎的做法。

二、企业合规的三个必要层次

企业合规计划的建设问题不是一个单纯的刑事、民事、行政法上的问题，至少存在三个需要考虑并值得探讨的层次。

（一）以作为义务遵守为核心的刑事合规

对于企业刑事合规问题，许多情况下人们会从互联网金融企业入手，比如：互联网企业因为长期以 P2P 或者私募的名义进行集资，最终出现提现困

---

[1]　周振杰：《企业适法计划与企业犯罪预防》，载《法治研究》2012 年第 4 期。

难、跑路、延期兑付、网站关闭等问题，因此得出"建立刑事合规制度成为互联网金融企业在预防刑事风险方面的最佳选择"[①]的结论。但问题是，既然行为人开始设立企业就是为了非法集资，则该企业在刑事中的主体地位都不应被承认，可谓"皮之不存，毛将焉附"，如何得出合规的结论呢？类似的，还有企业非法放贷或非法讨债，构成敲诈勒索或非法经营犯罪等。

其实，刑事合规本身不是法律新添加的"紧箍咒"，而是企业为了长久、合法生存的自主选择，应当是避免应对规范不谨慎而造成的后果。因此，在非法集资类 P2P 和私募基金已经"人人喊打"的当下，互联网企业刑事合规的核心应当是对某些作为义务的遵守。当然，这些作为义务与不作为犯罪中的"作为义务"仍然存在明显的区别。其包括：一是对于互联网公司，刑事方面存在的义务主要是网络安全义务的发现和履行，此外，还有对个人信息进行保障，关注并避免涉及洗钱活动等义务。二是对于员工可能存在的犯罪行为，企业有必要加强对职务行为的制度设定，而并非笼统地告知员工要"遵守法律规定"。[②]在企业员工（甚至系主要领导或经营人员）出现犯罪的情况下，可以考虑如何将企业的影响降到最低。三是对于针对企业本身的犯罪，企业要存在合理的触发机制和补救方法，形成整体的制度框架。

（二）以应对外部压力为核心的行政合规

在不触犯刑事法律的前提下，更高层次的行政合规制度的建立成了企业合规的中心问题，互联网企业合规系统的建立，是以符合行政监管要求落实为基础进行的。易言之，在行政合规系统建立的问题上，我国目前企业主要面临的是"通过行政立法和执法方式，强制企业建立合规管理机制"。[③]

这种强制性管理机制的传导路径，从现象学的角度而言至少有三条。第一条路径是以颁布行政法规的方式，由政府直接向企业所传导。比如我国证

---

① 欧阳本祺、史雯：《互联网金融企业刑事合规制度的建立》，载《人民检察》2019 年第 21 期。
② 卢勤忠：《民营企业的刑事合规及刑事法风险防范探析》，载《法学论坛》2020 年第 4 期。
③ 陈瑞华：《企业合规的基本问题》，载《中国法律评论》2020 年第 1 期。

监会发布的《证券公司和证券投资基金管理公司合规管理办法》和《中央企业合规管理指引（试行）》，直接对证券、基金公司、央管国有企业提出合规规范，企业为符合上述规范，建立了一整套完整的内控合规机制。第二条路径是通过其他企业、组织等，将行政内控合规的要求转移到实际需要承受并建立合规规范的企业。比如，通过银行业、证券业、保险业等组织，将强制性合规的要求向企业传达。又如，通过《商业银行合规风险管理指引》等文件，将《巴塞尔协议》中的要求传导到各个商业银行本身，这当然属于直接颁布行政命令的方式。但此后，商业银行通过贷款的要求，将上述规范传导给实际贷款的企业，则属于经过传导将合规要求释放给实际接收的企业。第三条路径是，在对外经济交往中，为了防止受到各类制裁（包括单边的制裁和国际组织的制裁，比如截至 2019 年 5 月，114 家中国企业和个人受到了世界银行的制裁[1]），或者在制裁后获得解除或免除的结果，被迫将经营联系国或国际组织的规范纳入企业合规的范畴中。

（三）以社会责任承担为导向的计划合规

如上所述，从行政法的角度看，企业对合规要求的接受是被动的。如果企业对行政合规安排的接受尚属被动，则即便刑事合规系主动从事，也仅仅是从企业自身的角度考虑，比如股东利益最大化，防止出现危及企业生存的"黑天鹅"事件等。不过，合规在确保企业可持续发展的同时，合规与道德的关系似乎存在着千丝万缕的联系，从制定企业自身合规计划的长远角度，"合规逐渐成为企业的道德责任和社会责任"。[2]

作为互联网企业，其企业道德或者企业文化的建设，本身就与社会责任的承担不可分割。而合规自身，就是从企业守法通过企业道德建设传导，以承担社会责任的主要手段，"确认与强化"作为组成企业的经营者、管理者、

---

[1] 陈瑞华：《论企业合规的中国化问题》，载《法律科学》2020 年第 3 期。

[2] 陈瑞华：《企业合规的基本问题》，载《中国法律评论》2020 年第 1 期。

所有者和工作者"对规范忠诚的价值信念"[1]，也是我国企业合规的重要发展方向。其实，目前的行政立法甚至是刑事立法，都倾向于将企业合规与社会责任挂钩。比如，对于银行贷款（特别是个人房屋贷款）利率、房产的要求可能要求金融企业承担的是落实房产调控政策的要求；对于开立社区支行、小微支行开设的合规规定，考量的可能是社区便民服务和加强对中小企业的扶持。此外，刑法中关于拒不履行网络安全义务的犯罪，实际上是在行政法规要求处罚不履行社会义务行为无效的情况下，增加了刑事责任的承担。

因此，当下企业的合规计划对于社会义务的承担是作为企业道德的一部分，在一定的时空条件下，可能就会变成企业的法律义务，因为，法律不仅是世俗政策的工具，而且还是生活终极目的和意义的一部分。[2] 企业合规意识的培育，离不开社会责任和道德意识的培育。将通过道德传导的社会责任纳入企业合规计划，不仅仅是对企业在法律合规之上的更高要求，也是对企业整体合法合规建设长远计划的未雨绸缪。

三、互联网企业合规中的检察路径优化

互联网企业的合规问题，表面看似乎与检察机关的关联性有限。一方面，刑事合规不是企业合规的重点，刑事业务却是检察业务的重点，二者关注点存在差异。另一方面，从案件处理的角度上看，合规似乎是一种特殊预防的制度，而检察机关的案件办理则是一项事后的措施。但实际上，检察机关与企业合规存在着相对紧密的联系，其路径也有优化的必要。

（一）起诉权与企业合规

企业与检察机关权能联系最为紧密的是起诉权，一是起诉权（或者说不

---

① ［德］米夏埃尔·帕夫利克：《目的与体系——古典哲学基础上的德国刑法学新思考》，赵书鸿等译，法律出版社 2018 年版，第 102 页。

② ［美］哈罗德·J. 伯尔曼：《法律与宗教》，梁治平译，生活·读书·新知三联书店 1991 年版，第 43 页。

起诉权）本身是检察机关的核心权能，无论是认罪认罚从宽制度的建设还是对单位犯罪的一般和特殊预防，都是由起诉权所引申而来。而对于已经进入检察机关审查起诉的案件，如何用好起诉权或不起诉权，当然是检察机关在企业合规上有所作为的首要问题。

根据《刑事诉讼法》，检察机关有绝对不诉、存疑不诉、相对不诉三种不起诉制度，所对应的领域各不相同。其中，绝对不诉和存疑不诉所对应的都是法律和事实认定存在障碍而不构成犯罪，因此对上述案件不起诉，检察机关实际上缺乏自由裁量余地。因此，如果从引导合规、落实《最高人民检察院关于充分履行检察职能　加强产权司法保护的意见》等文件的角度看，似乎只有在较为轻缓、缺乏实质法益侵害的单位犯罪，在作出相对不起诉的决定问题上仍有空间。但对企业如果作出简单的相对不起诉也存在一些难以克服的障碍，比如预防功能和威慑力不足，对于改变企业内部治理结构改进有限等。[1] 即使辅之以行政处罚，可能与刑事预防的要求也相距甚远。

为了解决上述问题，部分诉讼法学者提出了将美国的暂缓起诉制度（即DPA）引入我国的建议。[2] 尽管从美国实践的效果上看，达成暂缓起诉协议和不起诉协议的结果是积极的，但订立一项新的不起诉权能，相应的配套措施能否跟得上及其效果评估，都仍有赖于实践的检验。另一个方案是，将相对不起诉中的特殊制度——针对未成年人的附条件不起诉制度引入。本文认为，引入附条件不起诉制度，将有如下优势：一是在作用上，附条件不起诉制度能够通过所附不同的条件和所附长短不一的期限，对部分企业已经形成严重违法并被侦查机关认定为犯罪的行为加以规制，并在一定期限内为企业建立较为审慎的合规制度奠定基础，形成刑事威慑力。并且只有在确立合规计划实施有效后，再作出相对不起诉的决定，使得针对合规问题（不仅仅是案件所引发的刑事合规问题）特殊预防的作用得以有效发挥。二是在实践中，

---

[1]　李勇：《检察视角下中国刑事合规之构建》，载《国家检察官学院学报》2020 年第 4 期。

[2]　陈瑞华：《论企业合规的中国化问题》，载《法律科学》2020 年第 3 期。

附条件不起诉本身是检察机关经过实践后所形成的较为固定且有效的权能，不存在新制度所面临的"排异"问题，能够及时适用。三是从内涵上讲，对于企业的附条件不起诉制度在实质上与 DPA 制度并无本质上的差别，在制度建设的过程中，也可以听取企业的意见，进而避免对企业经营的过度干涉，从而形成双方良性互动的关系。

（二）认罪认罚制度与企业合规

近年来，认罪认罚从宽制度在检察机关刑事案件的办理过程中全面铺开，但认罪认罚制度似乎针对的是个人，单位能否认罪认罚的问题尚在讨论之中。其主要的问题在于，单位对其罪与罚的"认"，如何表现其认罪悔罪的态度？但既然认罪认罚制度确定在刑事诉讼法制度之中，就没有理由将单位犯罪排除在认罪认罚制度之外。因此正如最高人民检察院检察长所言，"对于涉企业犯罪，要落实好修改后刑事诉讼法有关认罪认罚从宽的规定，对符合改变羁押强制措施的及时改变，对符合从宽处理的案件依法坚决从宽"[①]。

但在认罪认罚从宽过程中，单位认罪认罚从宽不仅仅是认罪和悔罪态度的成立，更在于其对过去罪行的有效反思和犯罪的再次控制。由此，单位（企业）认罪认罚制度的成立，有必要针对其犯罪问题，建立起整体的合规制度，使得其在认罪认罚的过程中显示出已经完成了部分的特殊预防，其再犯可能性、预防必要性能够和所判处的刑罚减轻幅度相互适应。对于企业合规计划的形成与量刑之间的关系，美国的《组织体量刑指南》中也有所提及，尽管与辩诉交易相分离，但建立合规计划与"认罚"似乎也不可分割。该《指南》正是从预防企业犯罪的角度出发，将构成单位犯罪的企业与合规计划相结合，进而使得对单位整体量刑的下降与预防必要性的下降形成合理的正相关关系。

---

① 姜洪：《"三个没有变"关键在落实，着力为民营经济发展贡献检察力量》，载《检察日报》2018 年 11 月 7 日。

也许有人会提出，除了单位犯罪，若在个人犯罪中，反映出某项企业合规中的漏洞时，是否需要考虑企业的合规计划？从刑罚的角度看，刑罚中的罪责是自身的，尽管单位形成有效的合规计划，"可以判断企业对其构成人员的违法行为所持的态度"[1]，但作为个体行为人本身不能将合规计划的成立与否与认定其犯罪的认罪态度相互挂钩。因此，对于个人犯罪，企业是否制定合规计划是企业违法预防和权益维护中需要探讨的问题。但是，合规是企业文化的重要组成部分之一。[2] 如果行为人是公司的企业主或重要经营者，其本身的行为与企业文化相互勾连，则在考量认罪认罚的必要性、量刑减免等问题时，也存在与企业合规计划相互关联的空间。

（三）企业的违法预防和权益维护

从上文来看，检察机关对企业合规制度建设的路径优化机制，主要在于从"点防御"走向"面防御"，在一定的时空范围内，持续追踪企业合规制度的建设问题。在检察机关反贪部门转隶之前，对于职务犯罪的预防部门实际上涵盖了企业犯罪预防和对民营经济保护的主要内容，由此可见，企业违法预防和权益维护与合规问题也不是检察机关在合规制度下的新角色。

正如上文所述，刑事合规仅仅是企业合规的基石而非重点，而"刑法之外的预防措施可能比刑法上的规定还要有效得多"[3]。在这个过程中，首先要划定检察机关可选择的路径，保持司法机关的谦抑性，避免对企业发展的不当干涉。至少以下环节，不宜作为检察机关的路径：一是如存在有效行政监管的场域，则应当由实际的行政监管部门监督，进行合规建设，而非由检察机关越俎代庖。二是企业自身已经进行了相应制度建设，并且基本行之有效的，检察机关不宜另起炉灶、再建议企业另设一套合规制度。三是对于网

---

① Bucy P H. Corporate ethos: A standard for imposing corporate criminal liability[J]. Minnesota Law Review, 1991, 75: 1149−1150.

② [美]菲利普·韦勒：《有效的合规计划与企业刑事诉讼》，万方译，载《财经法学》2018年第3期。

③ 黎宏：《单位刑事责任论》，清华大学出版社2001年版，第319页。

络合规过程中，非检察机关所长的合规制度部分，不宜外行领导内行。比如，在对外交往过程中，企业对外国法律的理解、适用，以及将国际组织的相关条约以外国法律的形式发布后的相关议程，理应由境外的律师提供更为专业的法律服务。

作为检察机关对企业违法预防和权益维护的路径优化，本文认为，一方面，要将特殊预防的作用在合理的范围内推而广之，在一定程度上形成一般预防的效果。比如，在案件中发现公司的管理漏洞，在附条件不起诉或在进行诉讼的过程中将这种预防的方式推广至母子公司、关联公司、同业公司等。另一方面，要更新方式，注重企业内控结构的长远变化，改变企业合规中的行政监管不足的问题。基于方式的更新，检察机关或许可以考虑：一是单位自身意志不仅以单位组成人员的主观意思为基础，还应当包括企业的结构、合规计划、合规文化等多方面的因素。[①] 改变、避免出现传统的，基于企业威慑力但缺乏实际影响力的检察预防模式，比如法治宣讲、警示教育等。二是检察机关的检察建议并非在企业违法预防中毫无作用，但其对象应当是监管机构，通过对行政监管机构的预警和建议，填充行政监管的空白，并通过监管措施将压力有效地传导给企业，并在最终促进企业合规文化的建成。

---

① Bloch R. Compliance programs and criminal antitrust litigation: A prosecutor's perspective[J]. Antitrust Law Journal, 1988, 57: 223–230.

营商环境视域下非法经营犯罪的刑事治理
——以 Z 省 W 市 L 区办案实践为样本

浙江省温州市鹿城区人民检察院　董史统　朱汝默　谢毅特 *

摘　要

非法经营犯罪为多发性的常见涉企刑事犯罪。通过检视此类案件的基本特点、办理情况，发现优化营商环境语境下检察办案需要关注营商环境优化与非法经营犯罪治理的内在关联、非法经营犯罪案件处理打击和保护的关系厘清、非法经营犯罪案件办理与案外延伸的尺度把握等问题。推进非法经营犯罪刑事治理，实现营商环境优化，应遵循加强协作凝聚打击合力、传导服务保障办案方式、做好向前向后必要延伸等路径，从而降低企业经营风险、助力企业长远发展。

关键词： 优化营商环境；非法经营犯罪；办案延伸；社会治理；企业合规

＊　董史统，浙江省温州市鹿城区人民检察院办公室副主任；朱汝默，浙江省温州市鹿城区人民检察院第一检察部检察官助理；谢毅特，浙江省温州市鹿城区人民检察院第一检察部检察官助理。

内蒙古一农民因无证收购玉米被判非法经营罪，最高人民法院指令再审后认为该行为不构成非法经营罪而改判无罪。该案曾经引起法律理论界和司法实务界的巨大争议，同时也凸显企业和企业家在经营中所面临的法律风险。检视近 20 年的国家立法与司法解释增加修改，至少有 19 个专门规定将日常常见的经营行为纳入非法经营罪规制范围，从 1998 年的惩治骗购外汇、非法买卖外汇到 2008 年整治非法证券，及至 2015 年的非法贩卖国家规定管制的麻醉、精神药品 [1]，涉及面日益广泛。无论司法解释还是司法实践，都对非法经营罪较为偏爱，在罪与非罪选择之间，经常作入罪处理，非法经营罪"口袋化"的现象日趋严重。顾名思义，非法经营犯罪应为经营类犯罪，与企业的生产、经营等活动密切相关，对此类案件处理的政策倾向和尺度把握，从短期上看关系到相关企业发展，长期来看关乎法治化营商环境打造。换言之，对非法经营犯罪的刑事治理，不仅关乎企业和企业家对刑事司法的基本预期，还关乎此类犯罪综合治理的效果呈现，理应放在营商环境视域下予以认真检视、深入分析。

一、情势分析：Z 省 W 市 L 区近五年办理非法经营犯罪案件的基本现状

选取 Z 省 W 市 L 区在 2015 年 1 月 1 日至 2019 年 12 月 31 日期间办理的非法经营罪案件，作为基本研究样本，通过检视案件总体特点、领域分布、办理难点等，揭示此类案件办理对企业发展存在直接影响，从而探索类型化罪名下的营商环境优化方向。

（一）非法经营犯罪案件的总体数据分析。

1. 有罪认定比例高

受理审查批准逮捕非法经营犯罪案件 88 人，其中作出批准逮捕决定 54

---

[1] 张明楷：《刑法学》，法律出版社 2016 年版，第 839—841 页。

人，占比 61.4%，不批准逮捕 34 人，占比 38.6%；移送审查起诉非法经营犯罪案件 191 人，其中提起公诉 146 人，占比 76.4%，作相对不起诉 6 人、存疑不起诉 8 人、绝对不起诉 1 人，共占比 7.9%；另有 30 人被拆案、并案或改变管辖处理。由此可见，非法经营犯罪有罪批捕、起诉占比高，而适用相对不起诉比例低。对于存在经营误区或是为创新经营而触犯刑律的企业而言，这种高定罪率的情况不利于企业的长期发展，将直接影响企业对司法的预期。

2. 数据稳中有降

通过抽取 2015 年 1 月 1 日至 2019 年 12 月 31 日这五年的移送审查起诉非法经营案件，可以发现 2015 年为 29 件 44 人，2016 年为 28 件 46 人，2017 年为 28 件 51 人，2018 年为 22 件 34 人，2019 年为 12 件 16 人，案件数呈现总体稳定但逐渐下降的趋势（见图 1）。究其原因，主要有二：一方面，国家的市场经济体制越来越规范，国家刑罚万能、全面干预经济的思想有淡化倾向，市场主体调控作用加强，能用民事、行政手段的尽量不使用刑事手段；另一方面，随着国家经济政策的变化，经营范围逐渐放宽，部分非法经营对市场经济秩序危害日益降低，刑事政策发生调整，对部分非法经营行为作出非罪化处理或行政处罚。

3. 轻缓刑存在空间

在依法提起公诉的非法经营犯罪案件 146 人中，有 69 人被判处实刑，占起诉总人数的 47.3%，其中判处有期徒刑一年以下 27 人，一年至三年 17 人，三年至五年 15 人，五年以上 10 人；有 75 人适用缓刑，占起诉总人数的 51.4%；1 人单处罚金刑，占起诉人数 0.7%；另有 1 人被法院退回检察机关后改变管辖（移送其他院）。从非法经营犯罪刑期来看，主刑分为有期徒刑五年以下和有期徒刑五年以上两档。对于有期徒刑五年以下的，在具有从轻处罚条件、退赔退赃的，可以作相对不起诉处理，而对于有期徒刑五年以上的，在具备相应法定减轻处罚条件、退赔退赃的，可以作轻缓化处理。考虑到非法经营犯罪为非暴力性犯罪，且伴随企业日常经营，社会危害性较一般的暴力性犯罪和同样量刑档次的经济犯罪相对较轻，还可以适当提高缓刑适用比例，甚至有部分犯罪可以提前至检察环节作相对不起诉处理，更好保障涉罪企业和企业家的权益。

图1　移送审查起诉非法经营案件趋势
数据来源：E省W市L区检察院

（二）非法经营犯罪案件的领域范围探微

1.领域分布广

检视已办理的非法经营罪案件，不难发现非法经营犯罪涉及领域较为广泛，基本覆盖《刑法》罪状表述的四个方面：未经许可经营法律、行政法规规定的专营、专卖物品或者其他限制买卖的物品；买卖进出口许可证、进出口原产地证明以及其他法律、行政法规规定的经营许可证或者批准文件；未经国家有关主管部门批准非法经营证券、期货、保险业务，或者非法从事资金支付结算业务；其他严重扰乱市场秩序的非法经营行为。具体来说，涉及烟草、药品、石油等专营专卖或限制买卖的领域非法经营行为53人，涉及证券、期货、保险、外汇等领域非法经营行为74人，涉及无证经营"六合彩"、无照经营网吧等领域非法经营行为63人，涉及"有偿删帖"等领域非法经营行为1人。

2.领域较为专业

非法经营罪从立法体例上看，源自投机倒把罪，主要针对违反工商管理法规，非法从事工商业活动，扰乱社会主义市场经济秩序，情节严重的行为。故而此罪规制领域较为复杂，涉及社会方方面面，专业性也相对突出。从近二十年的立法规定、司法解释来看，非法经营犯罪应对的是社会经济中高发频发多发的充满活力的经济行为，涉及的领域因经营行为的新型化、多样性而日益专业化。譬如，证券、期货、保险等行业较为专业，专业知识结构复杂，没有经过系统学习的人很难系统、全面地掌握相关的证券、期货、保险等行业的知识，这就对办案人员的综合素质提出更高的要求。

3. 刑民交叉普遍

非法经营犯罪涉及领域多为民生民用领域，一旦纳入刑事规制范围，就涉及民刑交叉的处理问题。在司法实践中，存在着正常投资、超范围经营、违规经营等方面的界分。加之，"严重扰乱市场秩序"的不明确，实务中将非法经营行为犯罪化出现随意性、泛化的现象，同步引致民事追责、刑事处罚界限较为模糊。在这种背景下，如何准确把握非法经营行为归属，明确民事、刑事的具体界限，就成为当前办理非法经营案件中的一个比较重要的问题。例如，在办理非法经营黄金、期货等案件时，由于投资人与平台或是公司签订投资协议，在亏损后存在部分民事起诉或是部分刑事报案的情况，刑民交叉问题将会伴随案件处理的全过程、各方面。

（三）非法经营犯罪案件的办理难点研判

1. 定性争议大

非法经营罪兜底条款中的"严重扰乱市场秩序"，历来争议颇大。通过网络提供有偿"删帖"服务行为已纳入非法经营范围。众所周知，非法经营罪规制未经批准从事需经批准才可从事的行为，但"有偿提供删除信息服务"并不存在通过市场检验而获得认可的"合法经营行为"。根据《互联网信息服务管理办法》，国家对经营性互联网信息服务实施许可制度，未取得相关部门许可，不得从事互联网有偿信息服务。但市场准入仅针对"有偿信息服务"，而非"有偿提供删除信息服务"，对"有偿提供删除信息服务"扩张解释就有违罪刑法定。需要注意的是，有偿提供删除信息服务若针对虚假信息，仍属于非法经营。实际上，删除虚假信息起到净化网络作用，但被定性为非法经营，情理难以接受，也难以体现刑法导向。

2. 定量核算难

在涉及非法经营外汇、证券、期货等案件中，由于经营时间长、人数多、金额大等原因，相关资金往来记录往往呈现数据庞大、纷繁复杂等特点，在短暂审查起诉期限内，办案人员难以梳理出清晰的资金流转图表，不仅影响案件的金额认定，也拉长办案的整体期限。这时，第三方审计就显得极为重要。但在实务中，从事审计的人员多缺乏必要的法律背景，很多时候单纯就数据做统计，缺乏必要的关联性分析，导致审计结果无法采用或需要多次审计、补充审计，客观上拉长办案期限，影响追赃挽损进度，直接关乎办案最终质效。

3. "口袋化"趋势明显。

刑法第二百二十五条在列举的基础上，第（四）项规定"其他严重扰乱市场秩序的非法经营行为"进行兜底，"严重扰乱"很多时候依赖主观判断。此外，"违反国家规定"过于原则，一定程度放大非法经营犯罪范围。依照《刑法》第九十六条，"违反国家规定"是指违反全国人民代表大会及其常务委员会制定的法律和决定，国务院制定的行政法规、规定的行政措施、发布的决定和命令。若将所有情节严重的"违反行政法规"的经营行为纳入，势必造成非法经营罪规制范围过于宽泛 ①，产生"口袋化"的外在观感。需注意的是，非法经营罪作为政府规制市场经营行为的最严厉手段，调控范围过大，必然会影响市场主体的经营自由，进而导致市场经济的活力受损。

---

① 刘树德：《"口袋罪"的司法命运——非法经营的罪与罚》，北京大学出版社 2011 年版，第271 页。

二、价值权衡：优化营商环境语境下检察办案中需要关注的问题

（一）营商环境优化与非法经营犯罪治理的内在关联

根据中国裁判文书网检索，非法经营罪频发、高发主要集中于烟草经营、金融服务、非法出版、互联网信息服务等领域，另还有提供电信业务、经营精神药品、哄抬物价等其他方面非法经营行为。可见，非法经营犯罪为企业热点犯罪，涉及常见的民生、民用领域，几乎涵盖企业经营行为方方面面，很多还是企业经营误区。企业如果不考虑经营行为风险，只片面追求经营盈利，就像蒙着眼睛过河，将时刻处在危险中。故而，非法经营犯罪治理，不仅涉及法律层面，更多还在社会层面，包括群众权益保障、企业权益维护、营商环境优化等。随着经济、科技的迅猛发展，社会经营活动日益复杂，还有许多非法经营活动难以为法律和司法解释所涵盖，但这并不影响对该类行为的追究，主要是因为非法经营犯罪设置了兜底条款。这时，营商环境优化的"可预期"要求和非法经营犯罪"口袋化"倾向形成天然的矛盾。这就要求在处理非法经营犯罪案件时，要充分考虑营商环境优化的要素。需要注意的是，由于国家根据经济形势和社会发展的具体情况，不断对专营、专卖和限制性经营以及对实行许可证制度的范围进行调整，相应的法律、法规也随之发生变化，因此在把握非法经营罪的特定前提条件时，应以行为当时有效的法律、法规为依据，这不仅是罪刑法定的要求，也是非法经营法定犯特征使然[①]。

（二）非法经营犯罪案件处理打击和保护的关系厘清

目前对于非法经营犯罪案件的处理，主要以打击为主，或是存在这方面的倾向，很少考虑挽救必要性，从维持企业正常经营角度，对相关涉及刑事犯罪的企业施以保护措施。而《刑法》第二百二十五条第（四）项规定"其

---

① 刘德权：《最高人民法院司法观点集成刑事卷Ⅱ》，中国法制出版社 2017 年版，第 1158 页。

他严重扰乱市场秩序的非法经营行为"，在尚无立法解释加以限制的情况下，显然是一个富有弹性的条款，从而给司法机关留下较大的自由裁量权，一旦求刑权出现扩张，就容易出现"重打击、轻保护"的直接后果。其实，无论从客观公正立场来看，还是从检察机关服务大局职能来说，都要求尽量避免刑事追诉的内心冲动，即从维护市场经济秩序稳定、促进经济健康发展出发，减少对非法经营罪等此类"口袋罪名"的过度依赖，不能将一些法律、行政法规没有确认为值得处罚的行为或是单纯只符合作行政处罚的行为人予以拔高而评价为非法经营罪。实践中，检察机关作为刑事司法程序中承上启下的部门，坚守客观公正立场，就要求把审慎、谦抑、保护的理念层层传导给侦查机关、审判机关，综合考虑涉罪案件的社会危害性和刑事处罚必要性，对于没有实质社会危害性的可以出罪处理。此外，从执法理念上来看，国家行政管制对市场的宏观调控不能简单依靠刑事手段，过度控制或打击一定程度上会造成市场失灵、国家信用受损，刑罚适用出发点应着眼于引导市场、搞活经济。

（三）非法经营犯罪案件办理与案外延伸的尺度把握

虽然我国实行社会主义市场经济，但还有很多经营活动都是被限制的，经营者稍不留神就有可能触碰红线，变成非法经营。加之非法经营罪的"口袋化"，有时候甚至会成为企业家健康成长路上的梦魇。在办理非法经营犯罪案件时，要摒弃就案办案、机械办案的思维，高度重视司法办案对企业发展的影响，在受案后及时从涉案人员身份、采取强制措施、涉案款物扣押、企业经营状况等方面，评估办案潜在的风险。同时，要以更严格的办案标准，收集证据、固定标准，主动强化自行补充侦查，减少退回补充侦查，做好与法院、当事人、律师沟通，提高办案质效，有效平衡企业权益和社会秩序。此外，还要花费必要的精力，做好案外治理工作，包括涉案全流程的追赃挽损、案后社会治理类检察建议制发等，通过办案提升企业领域的社会治理水平。在办理非法经营案件中发现企业存在管理漏洞、经营不规范等普遍问题，深入分析原因，找出管理风险和制度缺陷，提出精准的企业风险防控建议。对于非法经营犯罪案件，由于多涉及经营性企业，且可能继续从事类似生产经营活动，可考虑启动企业合规计划，即通过建章立制，建立预防犯罪再次发生、有效识别犯罪行为以及矫正不良经营模式的管理体系，消除或减少再次犯罪的可能性。[1]

三、路径设计：优化营商环境视域下非法经营犯罪刑事治理的应然方向

（一）强化职能发挥，加强协作，凝聚打击合力

1. 强化行刑对接，剥夺非法经济利益

检察机关应遵循"到位而不越位、介入而不干预"的原则，与行政执法部门加强沟通协作，双方都应充分发挥积极性，双方主动衔接、有效对接，就"两法衔接"范围、时间、事项等达成共识。[2]行政执法部门可与检察机关建立行刑衔接工作平台，健全行政执法与刑事司法衔接工作机制，不断加强双向沟通，共同促进相关领域执法规范化建设，提升依法行政能力，突出执法重点，加大"行刑结合"惩处力度，有力震慑打击情节严重、危害较大的非法经营行为，检察机关同步将后续剥夺非法经济利益要求及时快速传导给侦查机关，确保违法所得被依法追缴，为后续法院依法判决奠定基础。

2. 以专业化办案团队破解办案难题

非法经营罪涉及专营、专卖等特许经营事项，领域较为专业，要求以专业方法、专业方式应对，而普适化的办案机构设置显然"捉襟见肘"，办案人员存在"本领恐慌"，可考虑建立专业化办案团队应对。一方面，选任具有扎实法学理论功底、丰富办案经验和经济法、商法等知识背景的检察官，专门办理。另一方面，选聘烟草、外汇、证券、期货等有专业知识的人组建

---

① 陈瑞华：《合规视野下的企业刑事责任问题》，载《环球法律评论》2020年第1期。

② 曹祥婷：《"两法"衔接是双向衔接有效对接》，载《检察日报》2015年3月27日。

专家咨询库，提供专业咨询。帮助企业提高防范经营风险能力，实现合法合规经营。

3. 清查上下游灰色产业链，助力企业发展

非法经营犯罪中还有较明显的上下游犯罪，可能构成非法经营的共犯，或是掩饰、隐瞒犯罪所得罪甚至洗钱犯罪，而这些上下游犯罪有时还伴随着黑灰产业链，成为制约企业发展的一个毒瘤，需要花大力气整治。如非法经营外汇、精神类药品等案件，往往伴随着供需关系，既有供货商也有销货商，共同构成一个流程性的产业链。因此，在处理非法经营犯罪时，单纯处理已查获的犯罪行为远远不够，关键是要斩断上下游的灰色产业链，否则只要有合适的滋生土壤，非法经营犯罪就会死灰复燃。此外，在实务中还应当避免"重上游犯罪、轻下游犯罪"认定的不良倾向和习惯做法。①

（二）转变司法理念，传导服务保障办案方式

1. 探索非刑化处理方式

充分运用不捕不诉、认罪认罚从宽、缓刑建议等司法杠杆，探索涉企附条件不起诉，通过非刑化处理方式，促经营、保就业。对可能判处五年以下有期徒刑的非法经营案件，在初犯偶犯、挽回损失前提下，具有法定从轻以上情节的，依法作不起诉决定；对可能判处五年以上的非法经营案件，具备法定从轻减轻情节的，可以考虑作不起诉。借鉴未成年人附条件不起诉制度精神，在审查起诉时对涉罪企业家，设立一定考察期，如考察期内积极履行相关义务、完成刑事合规审查的，建议不起诉。在非刑化处理方面，注意把握一般经营违法违规行为与非法经营犯罪的界限，对经营创新行为要慎重入罪处理。

2. 加大专题法治宣传力度

企业在经营过程中，如果不注重刑事合规问题，可能会触犯刑律，面临

---

① 肖中华：《合理界分上下游行为 准确认定洗钱罪》，载《检察日报》2020年4月11日。

刑事处罚风险。而加大法治宣传，普及经营事项法律要求，在一定程度上能够大幅降低企业刑事风险。一方面，运用"两微一端"等新媒体矩阵，创新抖音、漫画等形式，对非法经营犯罪法律风险点作出明确提示、提出防控建议，强化企业合规经营法治保障。另一方面，依托办理的非法经营犯罪案件，以案释法，明确企业经营易触碰的"雷区""盲点"，提出规避风险意见。此外，对企业经营过程中可能涉及的非法经营法律问题做好梳理，加入相关法律法规，整理典型案例，制作检察法治宣传小册子，为企业提供参考。

3. 试行轻缓处理"回头看"

在对涉罪企业和企业家作出轻缓处理后，在半年或一年内，要组织开展跟踪回访，确定轻缓处理是否取得实效，从而降低企业再犯罪的可能性，重点审查企业有无树立刑事合规意识，是否健全刑事风险防控机制。如在制度知晓层面，企业应当熟悉相关经营业务的国家规定，及时关注相关规定的更新，避免实施违规行为；在经营操作层面，企业的经营活动应当严格限制在主管部门核定的经营范围内，经营专营、专卖的物品或从事需要批准的业务要确保已获得相关许可或批准；在程序规范方面，企业经营需前置许可或批准的业务应当及时向主管部门提出申请，不得买卖相关许可证或批准文件。

（三）注重办案效果，做好向前向后必要延伸

1. 追赃挽损的积极提倡

非法经营犯罪是一种经营性的牟利活动，一旦入罪往往伴随违法所得的追缴。由于此类犯罪具有特殊性，主要表现为严重扰乱市场秩序，比起侵财类和侵害人身类犯罪，存在被害人的案件相对较少，只有在非法经营证券、期货、保险等业务中零星存在，这对追赃挽损带来挑战。做好办案延伸，就要把追赃挽损的理念和工作贯穿办案的全流程、各方面。需要构建一系列的适配性工作机制，动用刑法和刑事诉讼法的威慑，督促相关人员积极退赃退

赔。^①考虑在侦查阶段检察机关提前介入引导追赃方向、审查起诉阶段提供追赃线索依据、审判阶段确认赃款赃物分配，从而最大限度实现赃物追回、损失挽回。

2. 案后漏洞的及时填补

推动国家治理体系和治理能力现代化、实现法律制度转化成治理效能，检察建议就是一个桥梁，一个纽带，一种良好的可操作的机制。^②例如，就非法经营犯罪案件办理中发现的典型性、普遍性、苗头性、预防性问题，深入调研，提出企业经营风险防控和行业领域治理的检察建议，一定程度上强化办案延伸效果，实现检察建议超越案件本身的目的。此外，还可以通过梳理某段时间内某类非法经营犯罪案件趋势特点，对发现的一些普遍性、规律性问题进行总结、提升，深挖职能部门监管和企业管理的漏洞，形成综合性研判报告，上报党委政府，供决策参考，强化企业内部治理，规范行业整体治理。

3. 规制范围的限制消减

不难发现，当危险成为刑法处理的对象时，犯罪的边界便会因危险评价的主观性而变得不确定。^③非法经营犯罪扩大规制范围，正是基于防控经营风险的考虑，但这种扩张容易伤害关联企业的权益，进而影响市场秩序。非法经营罪的前提条件是违反国家规定，本质特征是侵犯市场准入秩序，关键要求是达到严重扰乱市场秩序的程度，三个要素缺一不可，共同构成衡量该罪成立与否的标尺。故而，对此类犯罪的选择适用应审慎，要真正体现刑法的最后手段功能。对非法经营罪的正确适用，应当秉持谦抑和收敛，在心中充满正义的基础上，将目光往返于刑法条文和社会生活现象之间，^④做出实

① 王东海、白孟鑫：《多层次多角度强化非法集资案件追赃挽损》，载《检察日报》2020年6月12日。
② 杨军伟、张艳丽、王旭：《发挥检察建议对社会治理作用》，载《检察日报》2020年1月11日。
③ 劳东燕：《风险社会中的刑法：社会转型与刑法理论的变迁》，北京大学出版社2015年版，第266页。
④ 李宁、陈小炜、缪宇：《非法经营罪的限制适用和消减进路》，载《人民检察》2020年第3期。

质性判断。

四、结语

优化营商环境可以为企业健康发展和企业家健康成长扫清障碍、提供良好的外部发展环境，但不能保证和避免企业和企业家不陷入违法犯罪的困境。对于企业家而言，守法经营永远是长久发展的良方。如果企业对于自身的日常运营模式是否违反行政法规、触犯刑法拿捏不准，可以向相关的主管行政执法部门和司法机关征求法律意见或者向律师、法务部门咨询，进而开展针对性的企业刑事合规风险防控，以事先的预防避免事后的救济，从而降低企业长期风险防控成本，实现企业的长期健康发展。而一旦企业因开展创新性行为而触犯禁止性经营活动，可以主动向检察机关提出刑事合规建设申请，要求帮助建立专项刑事合规计划，完善企业风险防控机制，从长远角度降低企业的刑事风险。

困境企业预重整机制本土化构建的路径初探
——以优化法治化营商环境为背景

绍兴市中级人民法院　祁欢 *

摘　要

近年来, 在中美贸易战和新冠疫情等一系列连锁事件负面影响下, 资金链断裂、合同违约等问题让企业陷入破产清算的风险之中。有效帮助企业应对风险、回归正常经营的轨道, 是当前优化营商环境的重要任务之一。《企业破产法》实施后, 虽然不少企业通过破产重整重获生机, 但是其成本高、效率低的弊端始终存在。2018 年, 最高人民法院发布《全国法院破产审判工作的会议纪要》, 首次提及预重整制度, 规定"探索推行庭外重组和庭内重整制度的衔接"。在此背景下, 宜以预重整制度出现的原因为切入点, 分析预重整制度的优势和当前我国预重整制度存在的问题, 从改善营商环境的角度进行分析, 进一步完善我国预重整制度。

关键词: 预重整; 营商环境; 府院联动

---

* 祁欢, 绍兴市中级人民法院民二庭法官助理。

一、制度剖析：预重整制度的理论之基与现实之维

（一）理论基础："有形之手"与"无形之手"的平衡

法经济学理论认为，无论是立法、司法还是整个法律制度，事实上都发挥着分配稀缺资源的作用，因此可以用经济学的方法来分析和指导所有的法律活动。法经济学理论包含两个重要的定理：斯密定理和规范的霍布斯定理。

斯密定理的倡导者亚当·斯密认为市场机制本身驱使近代社会的经济不断发展。市场鼓励人们在追求自身利益的过程中会自然地激发他们的勤劳、节俭品质和创造精神，并通过竞争的力量，引导人们把其资源投向生产率最高的领域，从而促成社会资源的优化配置。人们深受"无形之手"的影响，无意间达成一个他们从未考虑过的目标[①]。基于此，在经济政策方面，他倡导一种"自然的、简单明了的自由体系"。在其中，政府只需维持和平，建立和维持一个严密的执法体制，以及提供教育和其他最低限度的公共事业；政府无需干预一般的经济事务，可以大胆放权让每个人拥有依循自己意愿行动的自由，他们自然会对公共利益做出最大的贡献。也就是说，自由的社会经济体制是市场经济得以顺利运行和经济增长的基本条件。[②]

霍布斯定理是指国家通过建立法律结构，使私人协议难以达成的损失最小。这意味着：由于人们普遍认识到如果大家彼此争斗不已就会两败俱伤，而在保护财产上却可能存在规模经济，因此就需要组建一个用于承认和履行各方产权的政府进行谈判——并达成社会契约。[③] 根据霍布斯定理，如果仅仅通过私人谈判进行庭外重组，当事人基于自身经济的考量，很难达成一致的意见，形成统一方案。如果没有法院行使权力强制干预的话，从整体上来看，不仅困境企业无法重生，而且在谈判过程中还产生了时间成本、机会成本等。

---

① [英]亚当·斯密：《国富论》，高格译，中国华侨出版社 2014 年版，第 196 页。
② 张恩台：《活出一种精神来》，敦煌文艺出版社 2016 年版，第 105-107 页。
③ 杨柳：《法经济学的理论基础及法经济学的思维方式研究》，载《大陆桥视野》2009 年第 5 期。

这也是破产重整制度产生的原因之一，破产重整中重整计划的强制批准权即是对此最好的诠释。

斯密定理认为企业破产是优胜劣汰的正常经济现象，是无形之手发挥作用的体现，政府不应该干涉。霍布斯定理则认为通过法院的强制干预，会降低成本，形成规模经济。党的十八届三中全会指出，使市场在资源配置中起决定性作用和更好地发挥政府作用，要消除"政府万能或市场万能"等错误观念，找准政府和市场相互补位、协调配合的结合点，实现"有效的市场"和"有为的政府"的相互配合、互补共赢。在企业破产这个问题上，既然无法凭借单一的手段实现资源的最优配置，集二者之所长便是更现实的选择。预重整制度在保持传统程序、压降私人谈判所带来的"敲竹杠"成本的同时，最大限度地将市场这只"无形之手"引入重整程序，克服重整制度的内在成本，使刻板的重整制度重拾活力。[1]

（二）适用现状：预重整制度在我国的衍生与适用

预重整制度在联合国国际贸易法委员会制定的《破产法立法指南》中被定义为：使在向法院申请重整前就已经协商通过的重整计划发生效力而启动的程序，[2]是一种介于庭外重组和破产重整之间的制度，旨在最大限度挽救企业。我国现行法律法规关于预重整的规定处于空白状态，但是实践的需要导致预重整制度正逐步出现，相关制度规范也应运而生。

目前实践中产生的预重整模式大致分为两种：第一种是破产申请受理前的预重整，即在申请破产重整前，各方当事人已经达成重整计划草案，是最为常见的一种预重整模式。2016年被最高人民法院评为企业破产重整及清算的十大典型案例之一的中国第二重型机械集团公司与中国第二重型机械集团公司（德阳）重型装备股份有限公司重整案就是此种模式的代表案例；第二

---

① 杨明星：《论预重整制度在我国的构建》，华东政法大学2012届硕士学位论文。

② 联合国国际贸易法委员会：《破产法立法指南》，2006年版，第212页。

种是法庭内重整前置程序的预重整，即法院在收到案件之后，受理案件之前，先行指定管理人，组织各方谈判达成初步协议后，再受理破产重整案件。典型案例就是被最高人民法院评为 2017 年度人民法院十大民事行政案件的深圳市福昌电子技术有限公司破产重整案。

与此同时，一些文件对预重整制度也作出规定。2013 年，浙江省高级人民法院出台《关于企业破产案件简易审若干问题的纪要》，建立了破产案件预登记制度；2015 年，深圳市中院出台《深圳市中级人民法院破产案件立案规程》，允许法院在受理破产申请前由债权人和债务人自行达成重整方案，释放出对预重整的积极信号；2018 年，最高人民法院发布《全国法院破产审判工作的会议纪要》，其中第二十二条首次提及预重整制度，规定"探索推行庭外重组和庭内重整制度的衔接"，可以先由债权人、债务人、出资人等利害关系人通过庭外商业谈判，拟定重组方案。重整程序启动后，可以重组方案为依据拟定重整计划草案提交人民法院依法审查批准。2019 年，深圳破产法庭发布《深圳市中级人民法院审理企业破产重整案件的工作指引》，其中第三章为预重整制度。自此，预重整制度在我国已存在广泛的规范基础，成为破产重整程序的重要一极。

二、实践透视：预重整制度的显著优势和既存问题

（一）预重整制度的优势

1. 时间优势

根据 bankruptresearchdatebase 提供的数据来看，预重整相较于重整具有明显的时间上的优势。2009—2019 年，美国大型公司重整需要的时间为 200—600 天，平均时间为 324 天；采用非预重整方式重整需要的时间为 282—892 天，平均时间为 529 天，如图 1 所示。

预重整需要的时间更短，这是因为与重整不同，预重整将重整计划的制定与表决、引入投资人等耗时长的步骤提到了重整申请前。在重整申请前完

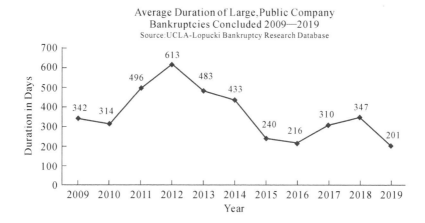

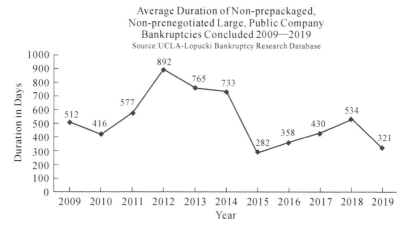

图1　预重整与重整所需时间

图片来源：bankruptresearchdatebase。

成这些准备工作，法院只需要在符合程序规范、保障大多数债权人利益的情况下批准重整计划即可，工作量大幅度减少，重整的时间也会随之缩短。如果在法院批准重整申请之后，再进行前面所述的步骤，由于债权人对重整是否成功以及自己是否能够获得最大利益持有怀疑，很可能采取消极态度，不配合重整，这势必会拉长重整的时间。

2. 成本优势

按照经济学原理，重整的成本包括直接成本和间接成本。直接成本除了上文所说的时间成本，还包括企业需要支付的管理人费用、中介服务费用、会议费用、诉讼费用等等。美国教授 Betker 的研究表明，直接成本平均占破产前企业全部资产的 2.8%，而 Elizabeth Tashjian 等教授的研究则表明，直接成本占公司资产的账面值的比例，在预先重整程序中平均仅为 1.85%，[①] 由此可见，预重整大幅度降低了公司所需要支付的直接成本。间接成本是指潜在的会让企业付出代价的成本，这种成本对企业的杀伤力更大。企业一旦提起重整程序，就会向社会传递一个不好的信号：企业正处于一个极端困难时期，能否重获生机存在不确定性。随之而来的就是职工离职、供应商拒绝合作、客户流失，这些连锁的负面影响对陷入困境的企业来说是雪上加霜。但是在预重整中，债务人可对外宣称重整是通过重组谈判来帮助企业扭亏为盈，会使企业呈现走向新生的正面形象。

3. 企业拯救优势

根据破产法，目前我国企业可以申请重整的条件是：不能清偿到期债务并且资不抵债；不能清偿到期债务并且明显缺乏清偿能力；有明显丧失清偿能力的可能。总之，破产重整适用于那些已出现财务危机并可能日趋严重的企业。事实上，企业财务状况、经营状况及其未来趋势如何，企业及其管理者往往都很了解。在企业财务状况不佳且将长期持续的情况下，如果企业或其经营者能够尽快调整，有利于及时对症下药、遏制危机，防止债务和经营风险进一步扩大，避免整体经济金融关系紧张。[②] 公司进行预重整时，管理层的地位一般不会受到影响，其开展预重整的积极性会高于直接进行重整的积极性，对尽早拯救企业具有积极意义。

（二）预重整制度存在的问题

关于预重整制度，目前法律尚未有明确规定。由于缺乏规范指引，实践

---

① 胡利玲：《论困境企业拯救的预先重整机制》，载《科技与法律》2009 年第 3 期。

② 杜军：《公司预重整制度的实践意义》，载《人民法院报》2017 年 9 月 13 日。

中法院对预重整制度的适用仍然存在着不完善的地方。信息披露的问题、债权人利益保护问题、预重整和重整的衔接问题都影响了预重整的公平性和效率。

1. 信息披露的不充分导致程序推进迟缓

预重整制度成功的关键就是发挥债权人的主导作用，通过债权人、债务人的平等磋商，达成统一的重整方案。债权人和债务人如果想要取得谈判上的平等地位，信息对等是前提。在没有法律规定的情况下，预重整是否成功就取决于企业及企业实际控制人披露信息的自愿性。无论是杭州怡丰城案还是四川泸天化案，政府大力支持、企业合作意愿强，积极配合债权人委员会对财务、业务等方面的调查，债权人对债务人的实际情况有充分了解，双方能够进行有效协商。但是仅仅依赖企业的自觉性，在某些案件中就会导致双方缺乏沟通，存在较为严重的信息不对称问题。另外一些上市公司的信息披露还涉及与证券信息披露监管规则衔接的问题，处理不当可能会引起合规风险。

2. 法院指定管理人导致程序效率低下

因为涉及专业问题，在预重整的过程中，当事人必然会聘请律师、会计师等专业人员作为自己的代表参与谈判。这些人员本身就具有非常专业的知识，加之参与谈判过程，对各方的利益诉求都比较了解，也就是说，企业和这些专业人员是最有能力管理重整工作的合适人选。但是根据我国《企业破产法》的规定，法院指定管理人是常态，债务人自行管理的是特殊情况。[1]正式进入重整程序后，法院往往从当地管理人名单中指定一家律师事务所作为管理人。一是对管理人来说，由于缺乏对前期谈判过程的参与，管理人重新了解各方诉求，增加了时间成本；二是对债权人来说，由于管理人没有参与谈判，不了解他们的利益诉求，会引发债权人的不信任；三是对债务人来

---

[1] 《企业破产法》第七十三条：在重整期间，经债务人申请，人民法院批准，债务人可以在管理人的监督下自行管理财产和营业事务。

说，管理人的加入意味着丧失了企业控制权，会导致企业参与重整的积极性降低。这三方面，都与预重整的目的背道而驰。

3. "禁反言"规范缺失导致程序衔接不畅

预重整制度的核心在于庭外债务重组的谈判成果可以通过破产重整得到固化，这也是预重整制度相较于庭外债务重组的最大优势。但因我国立法没有对预重整方案的效力作出规定，重整方案的约束力主要源于债权人、债务人的自身信用或行业自律，没有法律上的强制效力。一旦进入破产重整程序后，如果任意一方出现反悔，就有可能直接导致前期谈判成果被推翻，之前投入的大量资源归于无效，不能充分发挥资源配置的效力，使预重整的制度价值丧失，功亏一篑。

三、制度构建：预重整制度的域外之鉴与本土之路

（一）预重整制度的域外经验探析

如前文所述，我国的预重整制度尚处于摸着石头过河阶段，还有许多不足的地方。国外一些国家的预重整制度已经相当成熟，丰富的实践经验值得我们借鉴。

1. 美国预重整模式

美国是预重整制度的萌芽地，世界上第一例预重整案——Crystal 石油公司预重整案就出现在美国。美国也是世界上第一个预重整制度化的国家，主要依据是《美国联邦破产法》第一千一百零二条、第一千一百二十一条和第一千一百二十六条。其中第一千一百二十一条（a）款规定：债务人可以在提出破产申请的同时提出预先制定的重整计划，或在自愿或者非自愿申请破产后的任意时间提交重整计划，这一条奠定了预重整制度存在的立法基础。第一千一百零二条（b）款规定：在重整申请前的债权人委员会可以在重整申请后继续担任，这一安排从立法上节约了重整成本。

第一千一百二十六条可以说是美国预重整制度的核心，规定了信息披

露和征集投票规则，这也是法院判断预先制定的方案是否合法与合理的原则。第一千一百二十六条规定了对信息披露充分性审查的两条标准：符合任意可援引的破产法之外的，用于调整与这样的恳请有关的披露的法律、规则或条例的规定；当没有可援引的破产法之外的法律时，看是否满足第一千一百二十五条规定的充分的信息。① 另外对预重整方案进行表决的请求仅需向"相同类别的所有债权人和股权持有人发出"，根据"禁止反言"原则，投出接受或者反对票后，不能反悔，固化预重整程序谈判成果，避免资源重复投入。

2. 英国预重整模式

英国的预重整制度又称为伦敦规则，与美国的预重整制度相比，有着其独特的特点。随着清算救济向破产观念的转变，伦敦规则也在不断完善。

在伦敦规则下，每个地方都会设立一个金融监督管理委员会。这个委员会一般由英格兰银行担任，充当着协调者、管理者和监督者的角色。一是了解债权人的利益诉求和想法，协调各顺位债权人的利益冲突；二是作为领头人，积极推进和管理谈判的过程；三是监督和调查债务人的营业活动，防止债务人进行财产转移或者其他有损债权人利益的行为。但是在伦敦规则下，金融监督管理委员会并没有法律强制力作为支撑，其职能仅限于组织协调，推进谈判进程，仅仅是预重整的推动者而非决定者。②

总之，相较于美国模式，英国模式更加强调庭外谈判的便利性。通过设立金融监督管理委员会作为主导人，组织债权债务各方友好协商，更加关注谈判的过程。英国模式下，主导人的影响力显得十分关键。在没有法律强制力作为支撑的情况下，主导人将直接影响债权人各方是否严格执行预重整谈判达成的方案。

---

① 第一千一百二十五条是这样界定充分信息的：这类信息以翔实合理的细节记述了债务人的性质与历史，以及债务人的账簿的情形，它能够使理性的投资者（典型的相关类别的债权人或股东）对方案作出理性的判断，但充分的信息不需包括其他可能的或已经提出的方案的信息。

② 董慧江：《我国企业重整制度的改良与预先包裹式重整》，载《现代法学》2009 年第 5 期。

（二）预重整制度的本土构建路径

在当前企业经营困难的情况下，法院受理的破产案件数量大幅度上升。根据最高人民法院提供的数据显示，从 2013 年开始，全国破产案件受理数量出现拐点，逐年上升，如图 2 所示。

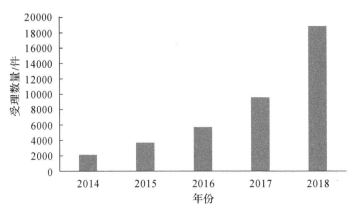

图2　2014—2018年全国破产案件受理数量
数据来源：最高人民法院网，http://www.court.gov.cn/zixun-xiang
qing-55132.html，最后访问日期：2020年2月25日。

一方面，破产案件的上升，对于目前"案多人少"的法院来说更是雪上加霜，对法官提出了更高的要求、更增加了负担；另一方面，囿于《企业破产法》立法时的局限性和社会的飞速发展，破产重整制度已经无法适应现实需要，成本高、效率低让不少企业望而却步。如前文所述，介于庭外重组和破产重整之间的预重整制度克服了庭外重组和破产重整的不足，具有时间上、成本上和拯救企业上的优势，可以有效促进我国破产法的良性发展。积极推动市场资源的优化配置，服务经济转型和高质量发展，优化法治化营商环境也是法院的重要任务之一，因此我国有必要完善以破产法为核心的法律体系，实现预重整制度的本土化构塑。

2020 年 1 月 1 日，《优化营商环境条例》正式施行，强调优化营商环境必须创新机制体制、强化协同联动、完善法治保障。由此可见，优化营商环境是一个系统的工程，需要政府、法院、社会等各方面齐心协力。我国实践中已经有成功运用预重整的案例，如前文所述的中国第二重型机械集团公司与中国第二重型机械集团公司（德阳）重型装备股份有限公司重整案、深圳市福昌电子技术有限公司破产重整案。但是处于探索阶段的预重整制度仍有不完善之处。在汲取我国成功经验和借鉴国外成熟做法的基础上，立足我国国情，我国的预重整制度可以按照如下两个方面进行设计（见图3）：一是立法层面正式确立预重整制度及其适用规则；二是加强政府部门的协调和监督。

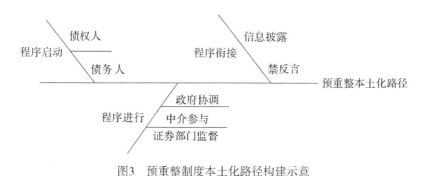

图3 预重整制度本土化路径构建示意

（三）立法层面：预重整制度的确立

根据《企业破产法》第八章的相关规定，可以看出重组的顺序是债务人或者债权人先向法院申请重整，待法院批准后，债务人或者管理人向法院和债权人会议提交重整计划，随后组织表决。但是其并未禁止债务人或者债权人在申请重整的同时就提交已经表决过的重整计划，也就是说，现行法律实际上有预重整的空间。立法的修改是一项浩大工程，实际操作会耗费大量人力财力资源。从目前来看，通过司法解释确立预重整制度不失为符合国情并且可行性强的途径。

1.发起主体资格认定

当一个企业符合预重整的条件后，需要解决的一个问题是：预重整发起主体的资格如何认定。依前文所述，从法经济学的角度来看，预重整制度旨在尽最大可能让企业获得重生，并且在现有资源的条件下实现各方利益的公平分配。为了实现这种各方满意的公平分配，最好是利益主体基于意思自治得出一致决定。这意味着，一般情况下预重整程序应该依申请启动，申请人应该包括债务人和债权人。一旦企业出现破产风险时，债务人和债权人都是最希望企业摆脱困境的。一方面，债务人掌握企业的经营状况和财务状况，其最清楚企业是否有拯救可能性；另一方面，债权人也可以向法院申请预重整，及时保护自己的合法利益。

除此之外，在当事人申请破产时，法院也可以视情况进行释明。经法院初步审查，发现企业符合预重整程序的，可以向债权人或者债务人进行说明，告知其可以启动预重整程序以及预重整制度自身独特的优势，只要申请方同意，即可以转入预重整。但是，囿于司法被动性的特点和私主体意思自治的原则，不宜赋予法官过多的自由裁量权，在不经申请人同意的情况下，直接依职权启动预重整程序。

2. 信息披露充分性认定

进行充分的信息披露，对整个预重整程序而言是至关重要的。相对于债务人而言，债权人处于信息劣势地位。在这种信息不对称的情况下，要求一个理性债权人或者股东根据只言片语和对市场的片面认识作出是否同意预重整方案是不合理的。可以借鉴美国理性投资人的标准对充分信息进行界定：充分信息是指以翔实合理的细节记述了当事人的性质和历史，以及债务人账簿的情形，它能够使理性的投资者（典型的相关类别的债权人或者股东）对方案作出理性的判断，但是充分的信息不需包括既已提出的方案信息或潜在的谈判意向。

我国《破产企业法》第八条规定：在申请破产时，债务人应当向法院提交财产状况说明、债务清册、有关财务会计报告、职工安置预案以及职工工资的支付和社会保险费用的缴纳情况。预重整同样是双方甚至多方利益的博弈，追求的是各方利益的最大化。所以，在预重整的过程中，信息披露也必须达到充分的标准。换言之，理性债权人可以对债务人的经营状况、财务状况等具有全面详尽的了解，并能够在此基础上对债务人的重整前景作出符合本人意思的恰当判断，从而支持或者否定重整计划草案。因此《企业破产法》第八条的规定同样适用预重整程序，以满足债权人的信息需求。

3. 完善中介机构参与

预重整案件，往往会涉及复杂的股权结构、特殊的资产，有的企业职工众多、关联关系交错、债务规模庞大，这些都会阻碍重整方案的顺利制定。如果仅仅依靠债务人、债权人、股东直接进行谈判，各方很难达成合意，更遑论制定一份可行的经营方案和债务重组方案。因此需要在谈判的过程中引入专业的中介机构，包括律师事务所、会计师事务所、评估机构、资产管理公司等，开展法律尽调、财务尽调、资产审计评估、行业调研等工作。

以四川泸天化预重整案为例，债权人与债务人谈判之后决定成立债权人委员会，并在债委会主席某银行的牵头下聘请法律顾问、财务顾问。由中介机构入驻集团公司，在深入开展尽调工作的基础上，梳理公司股权结构，整理公司资产负债，弄清企业生产经营模式，分析企业陷入困难的原因。据此，出具专业的法律意见书、审计评估报告，并根据债权人或债务人的要求，提出企业改革脱困的方案。由此可见，在专业机构的指引下，可以更加快速、准确地查明企业陷入困境的原因，理清企业的资产和负债，为各方当事人进行公平、合理的博弈提供更加专业的支撑。

4. 预重整与重整的衔接

预重整制度与重整并不是截然对立的，而是两个有着紧密联系的程序。如前文所述，预重整程序是将重整程序中的当事人谈判、制定重整计划、表决重整计划、引入战略投资者等步骤提前进行，但是在重整的申请条件、申请主体等方面与重整程序仍然是相同的。

预重整制度是当事人意思自治的产物，并没有经过法院的确认。因此，预重整制度的核心在于如何将预重整程序中的谈判成果通过重整程序得到固化。《浙江省高级人民法院关于企业破产案件简易审若干问题的纪要》第九条规定：债权人在预登记期间对债务清偿方案所做的不可反悔的承诺，在债务人进入破产和解或者破产程序后，相关的承诺对承诺方仍然具有拘束力。该纪要即是关于"禁反言"的规定。笔者以为可以在预重整程序中设定禁反言条款，换言之，债权人在预重整程序中所做的表决和表态，是不可撤销且不允许反悔的承诺，一经作出即具有约束力。通过禁反言原则，使得预重整程序中达成的协议得到司法确认，从而有效衔接预重整与重整，搭建起二者之间的桥梁。

（四）政府层面：积极协调预重整实践

我国企业破产程序在实践中形成了一套有效的府院联动机制，任何类型的企业重整，都与所在地区的地域环境、经济架构和当地政府的行政行为有着千丝万缕的联系。以杭州怡丰城案件为例，政府的支持和协调是其预重整成功的重要原因。怡丰城案中涉及众多购房者的切身利益，社会矛盾突出，政府居中积极协调各方的利益，防止矛盾的激化升级；当企业出现资金链断裂，余杭区政府发挥搭建平台作用，以某债权银行债权人为主导，在政府的推动下，通过银行自身的融资平台为该项目融资 2.1 亿元，并确定该平台资金为共益债务优先受偿，从而解决企业的资金融通问题。

这种具有中国特色的府院联动机制，应在预重整程序中予以彰显。在当前我们预重整制度还不完善、配套措施不健全的情况下，完全脱离政府的协调和支持，重整方案的制定和执行可能会陷入僵局。中国特色的政府权威和集约化办事的效率因素，在职工维稳、管理层优化、银行债权人协调方面发挥着重要作用，有时甚至可以起到"一语定乾坤"的作用。因此，一方面，各级政府应明确自身在推动区域经济建设发展和挽救困境企业中主导作用；另一方面，要形成制度化、常态化的会商机制，加强政府相关部门的相互协调和配合，深化府院合作，协调解决疑难问题，防止和打击逃废债，发挥政府在预重整中的职能作用。

四、结语

"安不忘危，兴不忘忧"，虽然我国的经济建设取得了可喜的成就，但是我们也应该清醒认识到发展中不平衡不充分的问题，其中相当一部分与营商环境欠优有着千丝万缕的联系，优化营商环境势在必行。在国内外复杂环境的影响下，一部分企业面临破产的风险，让这些企业起死回生也是优化营商环境的重要组成部分。预重整制度为拯救濒危企业提供了另一种思路，具有时间、成本等诸多方面的优势。通过法律承认预重整的效力，规范信息披露，做好程序衔接，强化府院联动机制，立足国情构建本土化的预重整机制，将有助于企业摆脱困境，走向新生。

利用网络非法集资案件追赃挽损机制研究
——从"书画宝"集资诈骗、非法吸收公众存款案切入

浙江省温州市鹿城区人民检察院　董史统　秦露露　姜翔

北京大学法学院　廖望 *

摘　要

要准确把握利用网络非法集资案件追赃挽损的三个导向，即精准办案是前提要求，风险防控要同步跟进，社会治理应有所作为。当前，此类案件追赃挽损具有证据固定难牵引下的后续追赃挽损困局、网络背景下追赃挽损难度几何倍数增加、多重监管下部门职能离散合力亟须凝聚等三个突出问题，影响追赃挽损成效。以办理"书画宝"集资诈骗、非法吸收公众存款案为例，探索建立网上申报平台、提前介入引导侦查、因人施策主动作为三条路径，有效破解追赃挽损难题。

关键词：网络非法集资；追赃挽损；书画宝；社会治理；金融风险

---

* 董史统，男，浙江省温州市鹿城区人民检察院办公室副主任；秦露露，女，浙江省温州市鹿城区人民检察院员额检察官；姜翔，女，浙江省温州市鹿城区人民检察院检察官助理；廖望，男，原系浙江省温州市鹿城区人民检察院检察官助理，现为北京大学法学研究生（全日制）。

近年来，各种非法集资打着经济新业态、金融创新的幌子，以理财众筹、私募基金、期货交易、虚拟货币等形式在各大网络平台向各投资者筹集资金，不仅损害普通投资者的利益，还危害国家金融安全。一旦案件被查处，往往伴随财产损失，更容易引起跨区域群体性维权事件。如何在依法办好案件的同时，尽可能地做好追赃挽损工作，从而最大限度减少被害人损失，成为摆在司法机关面前应当解决的突出问题。利用网络非法集资，是指单位或者个人未按照法定程序，未经相关部门批准，通过互联网这种特定手段，向社会不特定对象募集资金，严重危害社会经济秩序的犯罪行为。利用网络非法集资案件包括利用网络非法吸收公众存款案件和利用网络集资诈骗案件。利用网络非法集资案件属于涉众型犯罪，任何一个问题的处理均涉及财产分配，影响到广大集资户的切身利益，处理上稍有不慎就有可能引发群体性事件，造成工作被动，影响社会稳定。[1] 因此，在推进利用网络非法集资案件追赃挽损工作时务必要注重案件处理方式的灵活性和针对性。

一、案例切入：基于"书画宝"案件追赃挽损的现实考虑

2013 年 6 月 6 日，被告人史红彬等人注册成立瓯派公司（经营范围包括销售及网上销售字画、艺术收藏品等）。2016 年 4 月，史红彬以瓯派公司名义与三盛公司签订"书画宝"平台开发、后台维护等合同，"书画宝"平台于 2016 年 8 月 29 日正式上线。瓯派公司通过媒体采访、新闻发布会、酒会的形式邀请艺术家、投资人参加，并由公司人员、销售人员及投资人以微信、微博、QQ 和口口相传等形式对"书画宝"平台进行宣传，以及"书画宝"平台上的介绍和宣传，包括艺术品的价格体系、高效变现、回购机制和服务等。投资人经在平台上注册和充值即可对平台上的艺术包进行投资，充值包括线上充值和线下充值。该平台上的艺术包是瓯派公司与艺术家签约后，将艺术家的书法、绘画作品以艺术包的形式、以平尺作为计算单位在"书画

---

[1] 陈增宝：《经济犯罪疑难问题司法认定与要案判解》，法律出版社 2019 年版，第 203 页。

宝"平台上进行销售，销售模式为内部认购、公开抢购、自由交易等。"书画宝"平台通过后台人为设置艺术包的价格涨幅，规定新艺术包发行次日的价格涨幅为 10%，之后每日涨幅在 2% 之内（几乎只涨不跌），以及在自由交易过程中向投资人收取出售艺术包的交易价格的 1% 的手续费等，还规定投资人只有发展 3 名以上新投资人才有资格认购新艺术包，且瓯派公司为鼓励销售人员、投资人提高业绩，规定发展下线人数或投资金额达到一定要求，给予销售人员、投资人的下线投资额 10% 以内的销售提成。为提高"书画宝"平台的活跃度和吸引投资人投资，瓯派公司在"书画宝"平台前期营运过程中注册大量虚拟账号以增加投资人数量，并使用部分内部交易账户进行艺术包的相互倒卖，参与新艺术包的抢购，以及接手投资人在平台上挂牌出售的艺术包。

经调查、统计，已报案的 3815 名投资人（涉及账号 5752 个）在"书画宝"平台的投资金额共计 27276 余万元。截至提起公诉时，已有 8152 名投资人在"书画宝"亏损账户网上申报平台上申报，申报亏损金额共计 20396 余万元。截至判决时，检察机关会同公安机关等部门共计追赃 1 亿余元。其中，冻结涉案款项共计 4254 万余元，冻结理财产品资金计 766 万元，各被告人和涉案人员已主动向公安机关退赃或者被公安机关追赃的资金共计 4990 万余元。此外，公安机关另扣押"书画宝"平台书画作品等财物，查封多名被告人和涉案人员的房产、车辆以及查明比特币、比特币现金、保险理财等财产。

二、价值权衡：利用网络非法集资案件追赃挽损的导向把握

（一）精准办案是前提要求

一方面，要努力缩短办案周期。利用网络非法集资案件涉及全国各地、投资者人数众多、案情复杂、金额巨大，有的还跟外省市案件存在关联，需要等待外省市司法机关的处理结果，以寻求定性和量刑的平衡。有的案件因投资人陆续报案，犯罪金额一再增加，犯罪事实始终处于不确定状态，因而

案件审理周期长。过长的办案周期，降低了投资者对司法的预期，也降低了追赃挽损的可能性，因此要在确保办案质量的前提下，加快此类案件的办理速度，为案件追赃挽损节约司法资源、赢得必要时间。另一方面，要做到精准定罪量刑。在办理利用网络非法集资案件中，检察机关可以充分发挥法律监督职能，指派业务骨干提前介入案件、引导侦查取证，特别是要及早固定电子证据、调取银行流水，迅速移送会计师事务所进行专项审计，及时锁定赃款去向，会同公安机关、银行、证券监管等部门依法开展追赃挽损、资产处置等工作，最大限度减少人民群众的实际损失[①]。在处理此类案件时，要善于运用宽严相济政策、认罪认罚从宽制度等法律手段，分化、瓦解犯罪分子，斩断利益链条，追回财产、弥补损失。对于情节严重，拒不退赔退赃的犯罪嫌疑人提起公诉，对积极退赔退赃的犯罪嫌疑人作出相对不诉决定，对退赔退赃但情节较重的犯罪嫌疑人提出从宽处罚量刑建议，努力实现罪刑相适应。

（二）风险防控要同步跟进

利用网络非法集资案件经营过程具有典型的网络化特征，经营者隐藏很深，一旦公司出现问题，就可以轻易地携款潜逃，加上人员信息的虚拟性，后续追逃布控难度很大。由于利用网络非法集资案件肇始于网络，吸收资金限于某一类不特定群体，虽然公开进行集资但实质上较为隐蔽，较难开展同步、配套的网络金融监管，导致发现时非法集资已成规模。与此同时，非法集资已经濒临"窗口期"，平台也处在"暴雷"边缘，不少行为人已通过生产经营、高风险投资、员工提成返还、高消费任意挥霍等途径和形式，将吸收的资金予以使用，部分案件行为人可能已经出现严重资金困难，没有能力偿还集资款。而等到投资者向公安机关报案时，此时的非法集资行为人早开始"跑路"或已经资不抵债，即使存在一些资金或者实物财产，通常也存在

---

① 最高人民检察院法律政策研究室：《金融犯罪指导性案例实务指引》，中国检察出版社 2018 年版，第 11 页。

执行难问题，如涉及异地查扣、异域执行、账款再分配等多重因素和问题，同时这些资金还可能涉及其他案件，造成资金追回难度较大、分配可能性偏小。在投资损失巨大、追讨希望渺茫的情况下，投资者情绪激动，极易受周边投资者情绪影响，进而相互煽动，引发集体上访、闹访、缠访等群体性事件，影响社会维稳，即使快速侦查、尽快起诉、从严判决，也只是扬汤止沸，根源还在追赃挽损上。

（三）社会治理应有所作为

检察工作不仅仅是法律业务工作，更要围绕中心，把服务大局落实到具体工作中，实现办案的政治效果、法律效果和社会效果有机统一。而办理利用网络非法集资案件，正是检察工作融入大局的重要体现。现今，对于此类案件而言，办案的司法价值已经存在明显的转移，即从单一的打击犯罪到追求综合的社会治理。即中规中矩立案侦查、快速审查起诉、依法从严判决，让此类案件被告人判得多重均没有意义，主要是要做好后续的追赃挽损工作，努力弥补被害人的投资损失，尽力消弭社会矛盾。其实，最大限度追赃挽损，实现社会矛盾化解，实质上就是一种社会治理。立足检察一体化优势，充分发挥业务部门的职能作用，加强释法说理，灵活运用检察建议、信息简报、专题报告等方式方法，及时、准确地反映利用网络非法集资案件中出现的新情况、新问题，提出有针对性的破解对策，防范系统性金融风险发生，供地方党委政府和上级检察院决策时参考。而这正是检察机关在推进国家治理体系和治理能力现代化中参与社会治理的合适切入点和实现担当作为的重要体现。例如，检察机关可以在客观查明案件事实和监督事项的基础上，主动与被建议单位沟通，征求意见，最终形成问题指向明确、释法析理透彻、对策建议精准的检察建议，充分发挥检察机关参与社会综合治理的职能[①]。

---

① 杨永浩：《以办案参与社会综合治理》，载《检察日报》2019 年 6 月 24 日。

三、问题审视：利用网络非法集资案件追赃挽损的现状考察

（一）证据固定难牵引下的后续追赃挽损困局

利用网络非法集资犯罪案件中，因网络证据与线下证据衔接难，很难形成完整的证据链，容易造成案件事实不清、证据不足，最后定罪困难，更给后续追赃挽损工作造成法理上的障碍。网络非法集资案件借助互联网实施，行为人和投资人相较现实中的非法集资更加相互不熟悉，而行为人容易通过加密、非实名等措施隐瞒犯罪事实、隐蔽身份，侦查难度加大，更加大追逃、追赃压力。在刑事侦查取证上，犯罪嫌疑人供述、被害人陈述、证人证言等主观性证据变异性更大，且被害人陈述这类证据很难取证完全，而客观性证据以电子数据居多，加上这些电子数据大部分为后台数据，调取较为困难、存储载体要求高、保存有时间限制。不仅证据有限，而且这些证据容易灭失。电子证据一般是数字化电子记录，通常存在于犯罪者的私人电脑中，不仅不容易获取，而且行为人更容易对这些记录文件进行转移和删除。一旦数据被删除，数据恢复是个难题，即便通过技术可以恢复部分数据，有时关键数据也可能会有所缺失①。此外，此类利用网络非法集资犯罪案件的审计报告较为滞后，很多是起诉前不久或是开庭时才能取得。由于证据固定的效果直接影响到案件主要犯罪事实的认定，直接关系到投资者的切身利益，证据固定难题无疑会给投资者或被害人的追赃挽损带来困难。

（二）网络背景下追赃挽损难度几何倍数增加

利用网络非法集资案件属于典型的网络犯罪，呈现全球化趋势，犯罪行为很多时候存在内外人员勾结，在国内获取钱款后迅速通过网络转移到国外，给案发后的刑事侦查、人员追逃和追赃挽损带来极大的困难，同时给被害人带来无法弥补的经济损失。有些公司或是行为人还利用银行资金系统，将吸

---

① 樊蓉：《网络金融犯罪案件查办的难点与对策》，载《犯罪研究》2015年第3期。

收的客户资金在短时间内采用多重划转、定向支付等形式化整为零，把一个账户拆分为多个账户迅速转移，难以追索资金去向。随着互联网的全球化，犯罪场所不限于一地一域，很多行为人通过在中国香港等地搞个"皮包公司"或是小办公室，设立离岸账户或第三方账户，然后在中国内地宣传推广、非法集资，一旦案发，由于地区间司法协助限制，这些账户不能要求中国香港警方第一时间协助冻结资金，客观上加大了追赃挽损的难度。有的犯罪分子长期从事利用网络非法集资活动，职业化倾向明显，资金掠夺性强，转移、隐匿资金手法专业，造成案发后追赃退赔难度大。有的犯罪分子为逃避查处，在犯罪活动中使用虚假身份。有的犯罪分子自己作为幕后控制人，借助他人名义设立公司和账户，通过网络、电话等形式遥控犯罪活动，案发后跑路或者拒不交代资金流向。在利用网络非法集资案件中，不退赔或追缴赃款赃物无果的案件占比达50%以上，而且多数案件中追缴违法所得均来自此类公司底层业务员的退赔工资和业绩提成，相对于吸收公众资金，规模微乎其微，严重不成比例，往往在1%甚至以下。

（三）多重监管下部门职能离散合力亟须凝聚

利用网络非法集资具有隐蔽性强、传播速度快、无地域限制等特点，造成立案难、查处难、打击难、追赃难。在综合监管的形势下，相关部门立足职能作用，有针对性地应对利用网络非法集资，但是效果极为有限。例如，工商部门重点对辖区内登记在册的投资类公司、非融资性担保公司进行全面排查清理和强化日常监管，进一步规范经营活动，降低非法集资风险。公安机关则一般偏重案件的立案侦破、犯罪事实的查实、证据的调取等，但很少涉及追赃挽损的相关事宜。检察机关发挥监督职能，在办案中通过梳理，发现涉案财产线索，移交公安机关查扣冻结相关财物，但出于侦查技能限制，无法直接追赃挽损，导致精准度不高。审判机关则通过判决确认利用网络非法集资案件的事实，并确认被告人承担的刑事责任和各自退赃退赔情况，但是执行环节往往会成为掣肘。需要注意的是，虽然工商行政管理部门、公安机关、检察机关、审判机关等部门，均立足职能不遗余力打击利用网络非法集资行为，但是在工作衔接上容易出现空白或断档。要真正避免因多重监管形成真空地带，需要建立系统性、有分工、聚合力的互联网金融防控体系，可在统筹公安机关、检察机关、审判机关、工商行政等部门基础上，从案件的线索发现、刑事立案等最初环节开始，就树立追赃挽损的意识，并在之后的各环节贯彻落实追赃挽损相关工作，齐抓共管，推进互联网金融风险专项整治取得实效。

四、应然路径：利用网络非法集资案件追赃挽损的机制构建

对利用网络非法集资案件中造成的经济损失如何有效补救，是投资者最重视的内容，通过对此类案件追赃挽损问题的研究，可以找到有效的解决办法。在办理"书画宝"集资诈骗、非法吸收公众存款案中，我们主动作为、积极探索、创新举措，构建"网上平台快速'核赃'+提前介入引导'追赃'+因人施策促成'退赃'"的追赃挽损新模式，联合公安机关、人民法院等单位，为被害人追回赃款共计人民币1亿余元，有效弥补部分投资款损失。

（一）依托网上申报平台，解决涉案金额核查难题

在办案过程中，我们发现"书画宝"线上流通平台有近6万人次注册，其中实际使用账户为2.7万余个。如何对全国各地投资人进行取证并核实投资及亏损金额是主要难点。一是建立平台的现实考虑。侦查人员反映，由于警力限制，无法逐一确认投资人身份并制作询问笔录，此外已尝试向全国各地派出所制发协查函及询问模板，但实际效果并不理想，仅对800余名投资者制作询问笔录。员额检察官办案组进行深入分析，并与侦查机关充分讨论，提出建立投资人网上申报平台的方案，即由投资人在网络申报平台输入注册名、登录密码等信息以确认身份，并对涉案金额进行核对。二是完善平台申报机制。借鉴"e租宝"等全国性案件的办理经验，联合公安机关推出"书画宝"

账户信息申报核实系统，让投资人通过原始的投资账号密码登录申报平台，核实原始投资记录。通过刊登公告、向被害人群发短信、电话联系等方式，告知投资者至平台核对账户数据。三是确保平台申报实效。该平台的运行，不仅方便各地投资人登记相关信息，更杜绝部分投资人虚报或者错报投资款的情况。这减轻了侦查人员取证负担，避免了投资人聚集温州可能引发的潜在风险，解决了电子数据的核实难题，保障了投资人的合法权益。截至提起公诉时，共有 8152 名投资人在网上申报亏损，申报金额超 2.8 亿元，占总亏损金额的 93.01%，核对无误率达到 99.977%，更与其他证据印证形成完整证据链。

（二）提前介入引导侦查，保障追赃挽损工作力度

注重追赃挽损工作关口前移，发挥检察机关主导作用，充分保障投资人利益，防范化解社会风险。一是发挥检察引导侦查职能。在侦查阶段多次主动派员查阅卷宗材料，针对前期取证状况，提出加强客观性证据核查的取证思路，并建议公安机关完善电子勘验笔录制作，及时完成审计工作。要求侦查人员在保证案件办理进度基础上，重视追赃挽损，把追赃挽损贯穿刑事诉讼全过程。在审查批准逮捕、审查起诉过程中，没有出现舆情难题，也没有群体性集聚、上访闹访等社会风险。二是深挖涉案财物线索。针对前期取证状况，提出加强客观性证据核查的取证思路，并会同侦查人员仔细核对银行流水账目，深挖线索，发现瓯派公司法定代表人将千万余元赃款转入他人账号购买理财产品的事实，及时冻结钱款。安排专人负责与侦查、审计人员对接追赃挽损工作，通过投资人登记网络平台，及时将收集的数据与瓯派公司财务记录进行比对，准确认定实际投资人、实际投资金额、实际亏损金额等。三是在分化犯罪中追赃。结合自愿认罪、退赔退赃等情况，有条件依法适用强制措施，有效分化瓦解犯罪，彰显追赃挽损导向。在审查批准逮捕阶段，对夫妻二人共同犯罪的，对作用更突出的嫌疑人采取羁押性强制措施。在审

查起诉阶段，对进一步退赃的五名嫌疑人，变更逮捕为取保候审的强制措施。在处理结果上，对犯罪情节轻微的四名嫌疑人作出相对不起诉决定。

（三）因人施策主动作为，提高追赃挽损精准度

"书画宝"案被告人身份多样，有瓯派公司的法定代表人、股东、员工以及投资人。针对不同被告人，办案组制定不同取证策略，精准开展追赃工作。一是紧盯主要犯罪人员。通过对瓯派公司财务人员笔录及审计报告等在案证据仔细梳理，发现被告人史红彬可能存在转移、隐瞒资产的行为。瓯派公司法定代表人史红彬归案后未如实供述部分钱款流向，办案组通过核对银行流水账目，查明史红彬千万余元赃款——剩余的尚未赎回理财产品，并通知侦查机关及时冻结、追回资金11861428.74元。二是借助科技测谎手段。积极借助科技手段，推动与检察工作深度融合，实现新时代检察新作为。"书画宝"平台主要销售人员黄江帅虽承认将违法所得用于投资，但隐瞒了部分赃款去向。对此，办案组通知侦查人员对黄江帅进行测谎，黄江帅迫于测谎压力，承认自己将违法所得用于投资比特币等。侦查人员根据线索，对黄江帅实现追赃共计1700余万元，查扣比特币现金335个。三是强化释法说理功能。在案件审查过程中，注重释法说理，向各嫌疑人分析利弊，阐明宽严相济刑事政策，鼓励退出违法所得。瓯派公司原股东张春霞经教育后退出违法所得290万元，鼓励引导追赃的效果远超同类网络金融犯罪。注重妥善处置群众诉求，把对投资者的情绪疏导、释法说理等工作贯穿办案始终，对投资者提供的案件追赃挽损线索，认真调查核实，积极予以回应。

五、结语

金融类犯罪案件，投资人最关注的往往不是案件处理本身，而是投资款追回问题，追赃多少直接关系到社会风险的化解，而作为被告人，也希望通过退出赃款获得从轻处罚的可能。对于利用网络非法集资这类严重扰乱金融市场秩序的非法金融活动，作为监管部门，要站在防范系统性金融风险的

高度，加大日常监管力度，健全常态监管体系，形成有效监管合力。作为司法机关，一方面要从犯罪嫌疑人、被害人一方、关联证人等方面入手，深挖涉案财物的线索，提高追赃挽损的可能性和受偿度。另一方面要快速办理此类案件，做好涉案财物甄别、筛选，加快涉案资产处置、返还进度，最大限度地追赃挽损，最快速度、最大限度减轻投资者的损失，以实实在在地追赃挽损工作业绩，践行以人民为中心的发展理念，回应人民群众对美好生活的期待。

民营经济刑法保护供给侧结构性改革研究

宁波市海曙区人民检察院　杨文珍　郭鹏飞

宁波市鄞州区检察院　钱红红 *

摘　要

我国民营经济在促进就业、科技创新、财税贡献等方面的作用不断凸显，但是民营企业家在经营过程中涉嫌犯罪也比较突出，这也体现出了民营经济在融资政策、廉政法制建设上遇到的生存困境和法律风险，应当从刑法的角度改善民企的营商环境，帮助民营经济解决发展中遇到的问题。

关键词：确定边界；小额集资免责；公司治理红线；廉政建设；非刑罚手段

───────────

★　杨文珍，宁波市海曙区人民检察院副检察长；郭鹏飞，宁波市海曙区人民检察院干部；钱红红，宁波市鄞州区检察院员额检察官。

改革开放四十年来，特别是确立社会主义市场经济体制以来，民营企业破茧化蛹，众志成城。从小规模个体经营到大集团跨国公司，民营经济撑起了中国经济的半边天。以绝对数占到民营企业大多数的中小企业为例，"截至 2017 年末，中小微企业（含个体工商户）占我国全部市场主体的比重超过 90%，贡献了全国 80% 以上的就业岗位，70% 以上的发明专利，60% 以上的 GDP 和 50% 以上的税收。"[①] 但是近年来随着经济结构调整和矛盾风险集中爆发，一些民营企业家涉嫌刑事犯罪身陷囹圄，涉及的罪名逐渐多样化，很多企业也遇到严重危机，不少面临停产整顿的局面。"据北京师范大学中国企业家犯罪预防中心发布的企业家犯罪报告显示，2012—2017 年，从公开途径收集到涉及刑事犯罪的民营企业家 5633 人，民营企业家占企业家犯罪比例为 79.60%，风险比国有企业和国有企业家高四倍。"[②]2018 年新公私合营论、民营经济离场论让许多知名企业家感到心惊，特别在已经发生数千起刑事案件的背景下，民营经济遇到了投资不足、企业家信心不足的问题。问题的背后折射出了一系列实业、信用层面的激荡。从 2018 年上半年 P2P 债务风险到下半年的股权质押，再到民企爆发出的融资难、资金链紧张问题，一系列政策的变化在民企身上不断投射。总的来说，民营企业家对国家发展前景充满信心，但同时又对自身的未来有一定忧虑，这些忧虑集中体现在"原罪"压力、私有产权保护、不平等的融资财税政策和市场准入等方面。

一、刑法风险

遍观刑法，有 70 多条罪名可能涉及民企，贯穿于企业设立、运行、终止的全过程，还有的罪名实际上是针对民企和民营企业家的，比如拒不支付劳动报酬罪、虚报注册资金罪、抽逃资本罪等。刑事法律风险现在已经成为民企发展过程中必须面对的最大风险，这些刑法层面上营商环境的"短板"

---

① 谭保罗：《中小企业，国之重器的困境与未来》，载《南风窗》2018 年第 20 期。
② 曹柠：《民企罪与罚》，载《南风窗》2019 年第 7 期。

具体体现在以下方面。

（一）企业家"原罪"

民企"原罪"是指民企老板财产来源的合法性问题。在转型期我国一些民企第一桶金来路尴尬，不少财富故事暧昧不明，一些企业家利用政策法律不完善或者转型期的先天不足在短期内积累了巨额财富，不少民营企业家名列福布斯或胡润百富榜。从年广九、牟其中、顾雏军到孙大午、黄宏生、李纯途再到吴英、黄光裕、杨斌等等，政府曾经授予这些民营企业家以全国劳动模范、五一劳动奖章、三八红旗手等崇高的荣誉，有的还给予了很高的政治地位，担任过全国人大代表、全国政协委员。但是企业一旦做大就引来各方关注，不少民营企业在初创时期多多少少都有这样那样的违法问题，比如财务上的问题，很多问题经不起查，而一旦成了明星企业，以前各种违法问题就会在聚光灯下加速暴露。太子奶的李纯途在入狱以后曾经说过，他曾经目睹了一些企业家把民营企业做大后，因为早年间的违法问题被抓，终身饮恨牢狱。不少民营企业家是戴罪之身，他们身上的"原罪"成了一个无法回避的沉重话题，在他们入狱服刑的这些年里，企业错过了O2O、P2P、共享经济、新零售等风口，失去了不少创造财富的机会和市场融资能力。对"原罪"能否赦免或者赎买，是应当坚持有错必纠，还是从实践、历史和发展的角度看待这些不规范问题，善待对社会发展做出贡献的人？对此，理论界和实务部门莫衷一是，罪与非罪、究与不究的争议也因此而起。也许我们能从激烈的讨论中发现民企前进的正确道路。如果严格僵化适用刑法实现了法律效果，但却会失去良好的经济效果和社会效果。有些民营企业家因为对人身和资产方面担忧而转移财产移民海外，由此导致财富外流和人才流失。比如，"接受问卷调查的浙江企业家有43%表示计划移民，已经加入外籍者占3%，已有绿卡和正在办理移民手续的各占1%。美国移民局数据也显示，2016年美国政府共签发9947张EB-5的投资移民签证，其中7512张发给来自中国的申请者，占比达 75.52%。"①

（二）非法融资类犯罪

根据《2016 年企业家犯罪报告》的统计，民企违法违规的高危区是融资类犯罪，非法吸收公众存款罪和集资诈骗罪是民企违法犯罪的主要形式，占到总数的三分之一。国有企业家犯罪多是贪污、受贿犯罪，而民营企业家犯罪高危区是非法融资类犯罪，这也反映出二者所占资源和社会地位的不同。一方面，民营企业从传统商业银行融资不畅通，贷款难，往往通过地下金融市场或者自己的熟人圈去融资。另一方面，地下金融市场和民间融资不规范，互金行业又发展超前、监管滞后，客观上民间集资和互金集资法律风险高。正当融资和非法集资界限仍然存在着广泛的争议，最典型的就是吴英案和孙大午案。在互金领域，民企的创业、融资、经营一旦涉及众筹就很可能被套牢，面临着重重刑事法律风险。刑法第 176 条分别规定了非法吸收公众存款罪，该罪是从国家垄断金融活动的立场出发维护传统金融监管体制，但刑法未曾预见互联网金融这种新生事物，对充分活跃的市场经济环境下现代金融市场运作和金融主体创新有些措手不及。刑法第 179 条规定了擅自发行股票、公司、企业债券罪，该条入罪门槛低，企业一旦采取这种方式融资，就难逃刑法制裁。

（三）虚假出资、抽逃出资罪

虚假出资、抽逃出资罪是民企成立过程中可能涉及的主要刑事法律风险。虚假出资和抽逃出资的区别在于是否真实出资和真实出资后是否抽出资金。成立公司是否应当有注册资本，这本身就是一个有争议的问题。公司的信用基础是资合，注册资金是公司对外承担经济责任的公示和额度，我国《公司法》对不同的公司在资金方面规定了不同的设立门槛。比如，经营性互联网公司

① 阴建峰、刘雪丹：《民营企业平等刑法保护的多维透视》，载《贵州民族师范大学学报》2018年第 1 期。

的设立门槛是 100 万人民币，但是许多创业成功的互联网企业在初期只需要少量资金、几台电脑和一小群聪明的人就可以了，如果对注册资金规定过严，就会把一些创新创业者排斥在市场之外，这也是欧美国家对注册资本不设门槛的原因。

在实践中，有的民企股东在验资之后将所缴纳的资本暗中撤回，却又保留股东身份和原有出资额；有的找代理公司垫资，完成验资后又撤回垫资款，这些欺诈性违法行为都可能构成本罪。为了进一步激活市场活力、降低设立经济主体的门槛，2013 年修改后的《公司法》规定大多数公司实行注册资本认缴制，有不少人认为应当废除本罪，但是为了确保公司法人财产权和债权人交易安全，该罪仍有存在的必要，实行注册资本实缴制的公司仍然可能构成本罪。

（四）民企内部的腐败

民企内部腐败主要有两种，一是企业家腐败，高管在经营活动中用不正当手段获取市场份额，也就是"花钱买市场"。二是内部腐败，工作人员利用职务之便侵占财物、收受贿赂，"搞肥了自己，搞穷了企业，搞凉了人心"。常见罪名是单位行贿罪、非国家工作人员行贿罪和受贿罪、职务侵占罪和挪用不资金罪。华为、阿里、富士康在市场上获得了巨大的成功，但是在内部腐败问题上进退维谷。"根据普华永道发布的《2018 年中国民营企业反舞弊联盟现状调查》报告，从业务环节来看，销售环节和采购环节发生舞弊的概率最高，分别占 31% 和 26%，舞弊者来自销售与采购部门的比例也是最高的。按性质区分，舞弊案件最高发类型为收受贿赂，占比为 26% 上下。"[1] 尤其在涉及复杂产业链和人事结构的房地产业和互联网行业，贿赂类犯罪是重灾区。互联网行业里研发、采购、品控环节容易滋生贿赂型犯罪。在现实中，民企的腐败较少涉及公共利益，不太会引起公愤。加之民企老板念及旧情或

---

[1] 曹柠：《民企反腐风暴》，载《南风窗》2019 年第 3 期。

者担心影响企业外部品牌形象而不愿追究，多是解除劳动合同了事，因而较少受到社会关注。其实企业内部的腐败关乎企业的核心利益和长远发展，收受不正当利益的舞弊会导致生产成本和售价的提高以及利润的减少，从而削弱企业竞争力。民企内部的腐败不但推高了成本、损害了股东利益，而且还损害了公共利益，比如当年的淘宝店小二事件，店小二们收受商家不正当利益而将劣质商品推送至网站醒目位置，促使消费者在不知情的情况下购买这些商品。

职务侵占和挪用资金也是民企常见的腐败形式。民营类公司在成立以后，出资人在没有正常劳动关系、借贷关系、经营活动、业务往来或者合法理由的情况下，将公司设立时的出资额以分配利润、投资、捐赠、担保等形式非法占有、挪用、转移都能构成本罪。

（五）与民企经营有关的其他犯罪

《刑法》第二条规定，"本法的任务是保护国有财产和劳动群众集体所有的财产，保护公民私人所有的财产"。在具体条款中区别了不同的所有制形式，刑法中有的罪名专门针对民营企业和民营企业家，比如为了解决民企拖欠农民工工资问题，刑法设立了具有典型行政犯特征的拒不支付劳动报酬罪，其实这个罪名背后的适用很复杂，有相当多的建筑类民企的施工单位不是拒不支付农民工工资，而是被更大的上游建设单位或者工程项目的投资主体拖欠了工程款，为了承揽工程不得不先期垫付的工程款导致了施工单位资金链断裂无法支付，如果对复杂成因不做分析就认定作为施工单位的民企构成犯罪确实有失公允。再比如，开放式入罪设置的非法经营罪明显增加了民企触犯刑法的风险。非法经营的罪质是违反国家特许经营的规定，罪状本来很明确，但是有第四款——"其他严重扰乱市场秩序的非法经营行为"的兜底条款，该款实质含义具有一定的模糊性，民企在经营上稍有创新就可能触及此罪，这无疑会阻断民企创新发展的脚步。在实践中认定是否构成本罪，大部分引用的是第四款，导致了刑事干预的扩大化，在实践中，该罪的涵盖领域除了传销，还遍及保险、期货、外汇、电信、出版、饲料、医药等多个领域，远远超出了司法解释规定的情形。司法实践中，非法经营罪往往未能更好地适应市场经济的发展，反而导致民营企业家面临罪与非罪的裁判时常常被做入罪处理，因而被称为刑法中笼罩经济社会生活方方面面的新口袋罪。

二、原因分析

一些民营企业违法违规经营，既有以不当方式追逐利益的原因，也有制度环境不健全的原因。违法违规行为有的是政策、市场的变化所造成的，还有的是公司治理不健全所导致的，有的应当从刑法体系自身找原因，如刑法没有平等对待国企和民企，公有制经济和非公经济。一直以来，我国调整市场经济的法治模式是以刑法为主导的，刑法具有很强的计划经济色彩，刑法触角在市场经济领域内非理性扩张，人为地增加了民企在经济活动中担负的风险。有的民企中招起源于民事权益纠纷，可以用民事、经济方法解决的纠纷，但却升格用刑事手段来解决。对民营企业违法违规的现象进行分析，可以看出其在资本短缺、公司治理、廉政建设等方面遭遇到的求生存求发展困境。

（一）"原罪"的复杂性

"原罪"问题难以从刑法上界定罪与非罪，民企经营过程中的违法或者不道德行为有特殊的历史和制度背景，民营企业家冒着违法的风险去赚取利润，这确实存在一定的贪婪性，但是全世界的企业家都是如此。在这个问题上，正确因素和错误因素往往纠缠在一起，往往是民企在初创阶段的发展逻辑和当时体制机制上不妥当的制度安排之间的矛盾导致的，有的时候是民企用实践进行的制度创新，民营企业家群落往往鱼龙混杂，既集中了不少大胆探索的优秀人物，也存在自身难以克服的缺陷。第一代民企老板往往出身贫寒、知识水平低下，不懂法律不懂金融、缺乏诚信，但又敢想敢干。20世纪80年代初在摸着石头过河的探索中，民营企业是在夹缝中成长起来的。

一些民企的违法违规其实是对旧体制的突破，一些民企就是靠投机倒把获得了企业发展的第一桶金，今天看来这倒是经济社会发展的第一推动力，比如20世纪80年代初摆脱僵化体制的束缚就是从长途贩运突破的，客观上民企以活跃的生产力打破了僵化的生产关系，推动了经济发展。20世纪90年代，民企的不规范行为往往是由于计划经济向市场经济转型过程中法律政策的不完善所导致的，也有法不责众而乐于行之的情况。

（二）不同的融资、财政税收政策

不可否认，有不少民企违法行为是经营者唯利是图所导致的，但是没有把公有制经济和非公经济同等对待也是民企违规操作的重要原因。民企快速扩张对资金的需求量增长很快，而合法的融资渠道得不到满足，资金又是企业运转的血液，供血不足，企业就无法经营。企业为了维持运转往往会向社会融资，各种地下钱庄、民间标会应运而生。尤其是经济下行、资金链紧张的情况下，民企很容易触犯集资类犯罪。根据刑法的规定，如果涉及被吸储人员较多，企业现金流出现了断点，只要有人报案就很可能作为犯罪追究。另外，贷款诈骗也是民营企业在经营过程中可能触犯的罪名之一。在实践中，银行授信的贷款条件比较高，民营企业也许会通过财务状况和申请材料造假达到骗取银行贷款的目的，贷款还不上就可能涉及贷款诈骗罪，还上了也不能完全免责。国美电器的黄光裕就是因为早年间骗取贷款的事情东窗事发而锒铛入狱的。

国企、民企在财政税收方面的不同待遇也会导致一些民企采取非常规手段获取补贴和企业发展机会。比如被称为保护企业家产权标杆案件的张文中案，原审判决认为，由张文中开办的物美集团先挂靠在了国企名下，随后以国企下属企业的名义申报了国债贴息补贴，而民营企业不属于该贴息补贴的支持范围，因而构成诈骗罪。再审法院认定，2002年国企、民企不平等的待遇尚未彻底改变，物美集团申报补贴与这一特定历史环境不无关系，张文中没有骗取国家资金的故意，不构成诈骗罪。由于不同的融资、财政税收政策往往会导致民企违法违规操作，而违法和犯罪的界限又往往容易混淆，这也是导致民企被卷入刑事案件的重要原因。

（三）公司治理结构不健全

我国中小民营企业发展迅猛，但是一些民企特别是家族企业没有走出家天下的魔咒，经营者往往是开办者、投资者。一些中小民营企业家和高级白领没有意识到他们投入公司运营的资本是一种社会经济担当，应当把企业经营财产和家庭消费财产、个人消费财产做严格的区分。在企业发展初期多重身份使公司财产和个人财产没有划清界限，容易将企业财产混同为股东自己的个人财产。公司财务制度不健全，公司的钱和个人的钱经常是左手倒右手，有时候随意支取侵占，有时候又把自己的个人财产无限制地注入公司里。企业做大以后就要用法律的标准来衡量，《公司法》规定公司是企业法人，有自己的财产，享有独立的法人财产权，以自己的财产额对外承担民事责任。股东享有投资收益权，根据实缴的出资比例分取红利。经营者应当遵守法律、行政法规和公司规章，不得损害公司利益和其他股东利益。中式快餐品牌真功夫的创始人蔡达标、雷士照明（中国）有限公司的董事长吴长江都是因为触碰了公司治理的红线，因为职务侵占罪和抽逃资金罪被追究刑事责任，令人惋惜。他们的结局也让追求资本联姻、快速扩张的民企有些胆怯。

（四）廉政建设不力

法制不健全是民企运营不规范的主要原因。一是有些民企患有廉政建设先天缺乏症，从经营管理成本的角度考虑，企业往往不愿意投入廉政法制建设成本。有些民企虽然设立了法务部或者聘请了律师担任法律顾问，但是往往专注于企业经营过程中的民商事法律问题。二是民企内部由于融资、品牌管理方面的现实利益上的顾虑而导致对内部寻租的自我批判显得比较稀缺。三是民企员工腐败成本很低，民企员工与国企员工不同，国企员工腐败的成本非常高，有持久、终身、全方位、辐射性的影响，民企员工往往只是解除劳动关系、换一家单位而已。有的员工品德缺失，企业再怎么厚待他，他也会钻制度的空子。

（五）不够重视刑法特点而增大了刑法风险

民营企业家具有市场主体的自利性和经营活动的逐利性，这二者都有破坏规则的倾向，但是破坏规则不一定就是犯罪。不少民营企业家只注重盈利，对刑法特点和刑法风险缺乏应有的认识。在完善的市场经济中，刑法一般不会作用于企业和市场。通常企业从事经营活动所涉及的是民商法，民商事法律是市场经济的基本法，民法对企业设立和运营有规范完善的约束和制度引导。即使在经营中有一些违法行为，但不一定是犯了罪，可以用经济规律和公平诚信来引导，应当承担的是市场风险和民事责任，不需要刑法调整。现阶段我国的民法为主导的市场经济还不完善，民商法作为市场经济活动的基本法的理念还不够牢固，还有着一些计划经济时代的人治色彩。与此相应，我国调整市场经济法治模式是以刑法为主导的控制性经济管理模式，刑法的拒不支付劳动报酬罪、非法经营罪等罪名与企业、经营、市场有着千丝万缕、极为广泛的联系，民企的经营和创新几乎都走在犯罪的边缘。有的罪名是空白罪状，有的罪名有兜底条款，在《土地法》《税收征管法》《专利法》《商标法》等单行法律中有一些附属性刑法条文，这都给刑事司法公权留下了较大的自由裁量权，使得一些经济活动的后果具有不可预见性，加大了经济活动的风险。在实践中，经济纠纷和经济犯罪的界限往往是模糊的，违法容易被当成是犯罪。而司法机关往往会以成败论英雄，赚钱了就是经济运作，亏钱了就是经济犯罪。民企最大的法律风险是传统经济控制模式下的刑法风险。当然，市场经济不是不需要刑法，但是刑法介入应当具有相当大的合理性，应当尊重市场经济规律，有利于维护市场经济的内生秩序。

三、解决对策

民营经济从无到有，突破障碍，离不开刑事司法的有力保护，从刑法的角度改善民企的营商环境是健全社会主义市场经济体制的题中之义。展望未来，民营经济仍有巨大的发展空间。法律风险与经营风险不同，法律是公开的、预设的，只要正确理解法律风险，民营经济就可以减少法律风险、避免不合理的法律风险。

（一）合理界定违规违法的边界

民营企业家不是旧社会过来的资本家，是在党的改革开放的方针政策指引下诞生的，是在改革开放的社会主义建设中成长起来的，是社会主义事业的建设者。即使民企有一些违规经营的行为，一是已经过去了二三十年，到今天过了追溯时效，早已经没有所谓的"原罪"了，根本不应当翻旧账。二是按照从旧兼从轻的原则，做出有利于民企的处理。三是根据实质违法性和社会危害性的标准，综合考虑经济效果和社会效果。如果拘捕了民企老板，就会造成经营人员心理恐慌、企业停办、大量工人失业、巨额的税收损失，那就应当在法律政策允许的情况下考虑司法后果和净财富的增加这两个变量，毕竟法律的目的在于促进社会的进步，法律评价应当有利于市场的稳定，有利于提振市场信心。

（二）小额募集资金免责

募集资金是一种常见的市场行为，在充分的市场经济条件下，募集资金和投资是一种市场选择，企业经营需要募集资金，投资人需要投资渠道，这是两相情愿的事情，风险自担。募集资金的目标和投资利润能不能实现是一个市场问题，不应该是一个刑法问题。投资风险的大小应当由市场和民商事法律来解决，不应该是一个犯罪问题。如果创业失败就是犯罪，那就会挫伤创业热情。美国没有擅自发行股票、证券之类的罪名，实质上发行股权的行为大多不会受到刑事追诉，该国真实的创新红线都隐藏在经济刑法当中。当然，如果涉嫌欺诈仍然会以诈骗罪被追究。比如，有史以来世界上最大的庞氏骗局麦道夫金融诈骗案，诈骗金额 650 亿美元，纽约联邦法院判处麦道夫 150 年有期徒刑。研究日本刑法典，其也没有类似于擅自发行股票证券的条款，如果没有欺诈，一般的发行行为尚不涉刑。我国刑法第 179 条的入罪门槛是这样规定的：发行金额在 50 万元以上；或者不满 50 万元，但是有 30 人以上的投资者购买了股票、债券；或者不能及时清退；或者有其他严重情节。非法发行股票、证券罪的门槛较低，募集资金的额度应当在市场经济的发展中去解决和回答，如果把向不特定公众募集资金一律作为犯罪要素，就会混淆民法和刑法的界限。

（三）毫不妥协地坚持公司治理红线

以公司为主要形式的现代企业的信用基础是资合，股东的出资是公司成立的基础，是公司法人财产权的原始来源，是公司生存、发展的生命线，保障交易安全的压舱石。公众是通过公司章程中申明的资本总额来了解公司的资本状况，预判公司的发展前景，所以资本总额和股东出资额必须是真实的，否则就会损害公众的信赖利益。为了进一步激活释放市场活力、降低"大众创业、万众创新"创业门槛，2013 年 12 月修订的《公司法》规定了认缴制，不再要求有限公司和股份公司的股东在公司设立 2 年内缴足，投资公司的股东在 5 年内缴足，但是仍然必须在公司章程中股东自己承诺的期限内出资到位。公司法修改后不再要求验资，仅仅是为注册公司提供了便利，并没有免除股东的出资责任。虚假出资、抽逃出资其实是在公司设立过程中的投机和欺诈，可能会造成严重的后果，例如，造成经济的空心化泡沫化，危害交易安全，埋下损害债权人利益的隐患。如果股东虚假出资、抽逃出资数额巨大、后果严重或有其他严重情节，应当按照《刑法》第一百五十九条、《公司法》第二百条承担刑事责任。

（四）加强内部风险治理

民企的管理、财务相对自由，运作更加灵活，这种灵活折射出了民企内部权力寻租的可能性。既然民企提供了 80% 的就业岗位，内部的法治化就是社会治理的重要领域。一些高速发展、行业领先的民企的反腐处于破题中，比如京东设有内部合规部，阿里设立廉政部，百度设立职业道德建设部等等，这些一众的明星公司在 2019 年前后传出了反腐的消息。我国对权力的反腐已成常态，但是民企的内部治理尚不健全，应着力完善。一是完善现代企业制度，以开放、透明的商业模式减少腐败滋生的土壤。二是内控、内审部门保持充分的独立，强化专职反腐工作力度。三是建立正确的价值观和企业文化，价值观是人心，使员工在面对诱惑、和欲望作斗争的时候，做出正确的选择。民企反腐，道阻且长，行则将至。

（五）注重运用非刑罚手段调控市场经济关系

刑、民不分具有明显的封建法制的特点，刑法万能、刑事优先，用刑法调控市场经济是一种落后的法治理念。并不是所有的具有社会危害性的行为都是犯罪，绝大多数的经济纠纷可以通过民商事法律来调控，更加注重运用民商事法律规范市场经济关系。我国的经济刑法存在着调整范围过宽的问题，有些罪名带有明显的计划经济向市场经济过渡的色彩，有的是口袋罪，这些都不符合市场经济未来发展方向。刑法应当保障市场主体应有平等的法律地位，平等获得资源的机会。刑法应当在解除或者放宽职业准入和市场准入的限制，清除影响社会资源自由流动的人为因素和制度障碍方面发挥出应有的作用。比如非法经营罪，在经济转型过程中确实发挥出了维护经济体制稳定的积极作用，但是也有用刑法保护特定行业、特定部门利益的嫌疑。随着市场经济的发展，该罪名日渐显出局限性，不符合市场作为资源配置基础方式的理念，应当尽快修订。再比如，具有明显的社会转型色彩的拒不支付劳动报酬罪，立法者的本意是善良的，是要维护弱者经济利益，是用刑法手段保护非公经济劳动者获取劳动报酬的权利，可是有的行业产业链非常复杂，中间有许多的环节，未支付劳动报酬有客观原因，把握不当就会伤及无辜，对这种行为应当更多地运用行政、经济、民事手段，不应当轻易将其犯罪化。

非公经济的刑法保护不但关系民营企业、民营企业家的切身利益，还关系到经济社会发展大局，随着司法与市场关系的理顺，经济犯罪的立法更加宽缓，民营企业家从业资格更加严格，司法对企业家违法的查处力度会进一步和缓，企业家个体犯罪风险将大大降低。

试论对 P2P 集资行为严而不厉的刑法规制

宁波市海曙区人民检察院　李钟　郭鹏飞

上海市浦东新区检察院　胡旭峰 *

摘　要

由于 P2P 业务边界模糊、监管由松到紧，其金融风险可能会触碰到刑法雷区。P2P 集资行为的刑事法律风险主要是集资诈骗、非法吸收公众存款和合同诈骗。本文分析了 P2P 异化的主要脉络，陈述了 P2P 违法犯罪的样态、从民间投融资需求旺盛、监管政策由松到紧、金融去杠杆过快、信息不透明、社会征信体系不完善、从业者大都不具有金融专业背景五个方面分析了 P2P 违法犯罪的主要原因，并且进一步地论述了在司法实践中刑事治理的难点，主张刑事司法应当遵循宽严相济刑事政策，对 P2P 非法集资行为进行缩限解释、正确处理刑民顺序、共同犯罪等问题，以司法能动的方式保护 P2P 信用创造功能。

关键词：信用创造；金融风险；司法能动

★ 李钟，宁波市海曙区人民检察院检察长；郭鹏飞，宁波市海曙区人民检察院干部；胡旭峰，上海市浦东新区检察院员额检察官。

党的十八届三中全会将互联网金融列入了国家战略，P2P 网贷是互联网金融的重要业态，是互联网与金融深度融合的产物。2012 年后 P2P 平台进入了快速发展期，一方面它在帮助中小企业和小微企业融资、度过资金困难的难关、促进企业发展和技术创新、服务实体经济方面发挥了积极作用。另一方面鱼龙混杂，平台信息不透明，加上当初缺乏法律和制度的制约，不少问题平台游离在监管之外。有的股东和发起人吸收公众存款后卷款跑路，使投资人血本无归，严重损害投资人利益，甚至引起广大投资人集体上访，引发了金融风险，恶化了营商环境。自从 2018 年 6 月底 P2P 集中爆雷以来，它的运营状况、风险类别和级别就暴露在金融监管机关、司法机关和社会公众面前，以何种刑事政策和刑法模式应对可能诱发的金融风险，是司法应当回应的问题。

一、在司法实践中 P2P 异化和违法样态

从应然上讲，P2P 是借贷双方的信息提供和撮合者；从实然的角度，P2P 是披着互联网外衣的金融机构。司法就是处理实然和应然的关系问题。所有的金融是一种具有高风险的投资行为，P2P 网贷平台面临的经营风险和法律风险更高，风险、样态更复杂。比如互联网技术风险、设立运营平台合法合规风险、平台经营管理不善的风险，资金链断裂的风险，商业风险和道德风险叠加明显。伴随着风险的是特定的民事、行政法律责任，这些风险都有向刑事方面演化的可能，刑事风险主要包括以下几种。

（一）民营系的伪平台进行集资诈骗行为是 P2P 涉嫌犯罪的重灾区

某些不法分子从一开始就抱着吸金、卷钱的心理，套用新概念假借 P2P 的名义进行集资诈骗，诱骗他人投资到个人能够操纵的平台账户或者个人账户而不是融资者账户，骗取他人资金。以 e 租宝为例，平台公司以高额利息为诱饵，用虚构融资项目的手段吸纳了七百多亿资金，其创始人丁宁从平台账户提取款项随意挥霍，管理层缺乏羞耻心的高消费给众多借款人造成了不

可挽回的损失。百万投资人，百亿民间投资，瞬间清零。这样的集资诈骗平台很难识别，只有平台恶意关闭服务器或者高管跑路无法提现引起集体上访才会案发，但是往往为时已晚。目前国内伪平台数量颇为可观，根据网贷天眼的统计数据，截至 2018 年 12 月 3 日，跑路或者提现困难的问题平台就有4921 家，其中有部分平台就涉及集资诈骗。比如有的平台采取拆东墙补西墙、借新债还旧债的方式，先偿还前几期的借款本金和利息，制造挣钱的假象，骗取更多的投资，等雪球越滚越大时突然关停平台、卷款跑路。这种平台，无论庞氏骗局的外表包装得多么华丽，由什么明星代言、在什么媒体上做过宣传，最终都改变不了集资诈骗的结局。这类平台和案件虽然不多，但是危害很大。

（二）设立资金池非法吸收公众存款是 P2P 最常见的违法违规行为

据统计，"2018 年全年有三百余起网贷涉刑案件，涉及案值达数百亿，涉嫌罪名主要是非法集资类的罪名，75% 为非法吸收公众存款罪，15% 为集资诈骗罪，还有合同诈骗等罪名。这与我们实践中的感受相吻合"[1]。P2P的融资模式与非法集资只是一步之遥，悬在头顶的达摩克利斯之剑随时都可能掉下来。P2P 平台最初是借贷双方的信息中介，帮助投资人和借款人实现资金的对接，平台收取一些居间费用。从法理上讲，平台不能碰钱，一碰钱就可能有设立资金池非法集资的嫌疑。虽然官方文件经常提及禁止资金池，但对什么是资金池并无明确的定义，大体上是指不同来源的资金汇集于一处。如果把资金比作水，把网贷平台比作蓄水池，那么出借方出借借款和借款方向平台支付本金、利息将各方资金聚集于平台账户就是进水管进水；平台通过平台账户给出借方支付本金、利息和借款方发放借款向外发放资金就是出水管出水。平台管理层不以非法占有为目的，没有将各方汇集的平台资金出

---

① 肖飒：《互金平台的四大新危机之下股票、网贷、银行理财将如何发展》，载《新浪财经》2019 年 2 月 20 日。

借给真实借款人，而是全部或者一部分服务于自己的实体，就构成了行政法所禁止的自融。有的平台出售虚假的理财产品，使资金进入了平台账户，就形成了资金池，不管是自融还是放贷给他人，都是一种非法行为，有可能涉及非法吸收公众存款。

（三）发布虚假信息实施合同诈骗罪时有发生

细数这些年的问题平台，大都未正式备案，大体上都采取了虚假投资信息＋虚假资信证明＋高返利或者虚假投资信息＋真实资信证明＋高返利的模式。这两种模式都可能会构成集资诈骗罪和合同诈骗罪。即使平台提供了借款人真实存在的营业执照和注册资本信息，但是利用这些文件带来的便利条件和地位进行了诈骗，未按照投资人的约定把集资款投向约定、指定的项目，而是归还个人债务或者举新换旧，都可以构成集资诈骗或者合同诈骗。如果行为人通过众筹、集资的方式归还个人债务或者还旧债，说明行为人在客观上不具备还款能力。八个锅七个盖总有盖不住的时候，这种拆借游戏总有一天资金链会断裂，这种情况从一开始，哪怕资金链尚未断裂的时候就应当按照集资诈骗罪或者合同诈骗罪定罪处罚。根据最高人民检察院、公安部发布的《关于经济犯罪案件追诉标准的规定》第四十一条的规定，个人集资诈骗数额累计在10万元以上，单位集资诈骗累计数额在50万元，应当定罪处罚；根据第六十九条规定的合同诈骗案，在签订、履行合同中，个人诈骗公私财物5000到2万元的，或者以单位名义实施诈骗，诈骗所得归单位所有，金额在5万—20万元以上的，应当立案追究。《最高人民检察院、公安部关于公安机关管辖刑事案件立案追诉标准的规定（二）》第七十七条规定，在签订、履行合同过程中，骗取对方当事人财物，数额在2万元以上的，应当立案追诉。互联网属于轻资产行业，P2P平台属于软件类公司，无需验资，没有注册资金的要求，只要有一套系统就能运营，实践中有一些骗子平台诈骗金额不足10万元或者50万元的，可以用合同诈骗罪兜底。

二、P2P 平台相关案件频发的原因

导致 P2P 平台案件频发的原因既有这种业务模式暗藏涉刑涉诉的内在风险，也有平台违法违规操作的因素。

（一）民间小额投、融资需求旺盛

一方面我国民众储蓄率比较高，随着经济的发展，老百姓手中闲置资金大量增加，但是低门槛的投资渠道比较少；另一方面，存在个人消费升级、小微企业资金周转的需求和融资难融资贵的客观情况，P2P 网络借贷平台正好对接了供求双方的需求，双方可以在平台上寻求更大范围内的合作，这使得短时间内互联网金融交易量迅速放大，交易大量增加必然导致纠纷增多。网贷平台的案件类型主要是民间借贷纠纷、企业借贷纠纷、债权转让合同纠纷，有的案件涉及集资诈骗、非法集资、泄露公民信息等刑事犯罪。

（二）监管法律政策由松到紧

由于互联网技术在民间借贷领域的运用，P2P 规模扩张很快。但是行业高速发展的同时监管却没有跟上，自从 2007 年在上海设立了第一家网贷平台拍拍贷以来，网贷平台经历了市场导入期、快速增长期、野蛮生长期、风险及案件集中爆发期和合规发展期等阶段。P2P 属于政府鼓励的金融创新，但没有成熟的市场监管方案和手段，2015 年之前 P2P 网贷平台处于三不管状态，银保监会、证监会不管，司法机关对平台的网络集资行为也一直保持着观望、迟疑的态度。2015 年之前的民商事、金融管理类、刑事法律法规主要针对传统的金融机构和金融业务，对互联网金融这样的跨界交叉型业务和创新领域内的业务没有出台过配套性的管理制度和实施细则，一些 P2P 网贷平台游离于金融监管之外，在资本市场横冲直撞，不少业务处于合法与非法的灰色地带，存在着较大的法律风险。在 2015 年之前因为非法集资罪被追究刑事责任的平台很少见到，近几年来，国家提出"扎紧制度的笼子，整顿

规范金融秩序"。2015 年 7 月 18 日，央行等十部门联合发布的第一份互联网金融监管文件《关于促进互联网金融健康发展的指导意见》落地，P2P 行业风云突变，监管环境日紧，目前各项法律政策还在摸索之中。此前不规范的行为集中以雷潮和诉讼的方式爆发，P2P 平台又没有商业银行那样的风险对冲机制，当借款人大规模违约时没有商业银行的贷款风险拨备机制，有的平台索性恶意关闭服务器。2016 年 8 月以来，随着《网络借贷信息中介机构业务活动管理暂行办法》《网络借贷信息中介机构备案登记管理指引》《网络借贷资金存管业务指引》《网络借贷信息中介机构业务活动信息披露指引》的落地实施，形成了"一个办法三个指引"的监管体系，P2P 涉刑涉诉的风险大大降低了，但是没有从根本上解除。2018 年网贷平台合规检查忙，如果政府不治理，未来雷潮估计还会加大，不兑现的平台会越来越多。

（三）信息不透明

互联网金融平台的本质在于搭建一个交易平台，让所有的需求和供给都在这个平台上自我搜寻和匹配，把集中式匹配变成点对点的交易状态。金融应当受到资本约束，资产透明性是资本安全的核心标准，网贷平台应当在其官网上公布借款人的基本信息、融资项目的基本项目、风险评估及可能产生的后果、前期项目进展情况和资金使用情况。但是实际情况是鲜有平台主动披露自查质量、报告坏账率等重要信息，很多网贷平台只公布理财产品名称和收益率，只有平台运营者自己知道资金流向和用途，出借人无法知道自己的钱被谁拿去，用来做什么。这是典型的不透明。资产不透明不但掩盖了平台自融、非法集资、虚假项目、集资诈骗等重大问题，而且使投资人只追求高回报，忽视了资产透明对资本安全的重要性。

（四）社会征信体系不完善

现阶段我国征信体系不完善，不少网贷平台没有像商业银行那样对融资人的资产信用情况、融资信息、履约还款能力有着充分全面的调查了解，由于平台缺乏必要的审核监督手段，甚至对融资人提供的虚假信息都无法甄别。有的借款人在平台出现风险后心存侥幸故意不偿还债务，等待资金链断裂、平台倒闭以逃脱还款义务。2018 年 8 月，互联网金融风险专项整治工作领导小组办公室下发通知，要求将老赖们的姓名、企业名称、身份证号码、统一社会信用证编码、手机号码、累计借款金额、逾期金额、是否失联等信息纳入社会征信体系，并且根据信息对老赖们的房贷、车贷、个人消费借贷、金融服务、公共服务产生限制性影响。在此之前，P2P 网络借贷恶意逃废债的情况不纳入征信系统，无法对融资人产生信用制约。为了进一步夯实平台责任，恶意关闭平台、跑路、失联的平台高管也应当纳入老赖的黑名单，限制其今后金融从业的资格。

（五）从业者大多不具有金融专业背景

作为互联网技术和金融相结合的 P2P 网贷平台，虽然多数步骤是通过互联网完成的，但是本质还是金融。互联网技术只是一个有效的营销推广工具，改变不了金融的规律。用互联网的技术和概念炒作信贷会制造金融泡沫，甚至会出现欺诈。P2P 的从业者大都是做互联网出身，不懂风险控制的命门，不能识别经济活动中创造价值的金融活动，没能很好地防范和化解金融风险，有的采取了实质性的违规操作，进而走向借旧还新的庞氏之路。只要借旧还新就可以判定不具有还款能力，最终一定是高管跑路失联，平台关停爆雷。法网恢恢，疏而不漏。不少 P2P 从业者或名校毕业或海归创业，或出身律师或在大型国有机构担任高管，由于没有把风控放在第一位，一些青年才俊时代精英在雷潮中折戟 P2P，结局令人唏嘘。有人戏言，今天如果在监狱里举办互金行业高峰论坛，嘉宾不必外请。

三、P2P 网贷平台存在的合理性

笔者认为，转变研究角度非常重要。判断一个行业有没有前途，方法非常简单，如果能够解决社会问题、降低成本、提高效率就是有前途的，反之就没有前途。P2P网贷平台机遇和风险并存，就像不能因为存在假币就不再使用纸币，存在电信诈骗就认为电信违法一样。

（一）P2P网络借贷扩宽了公众的投资渠道

其实金融市场的违法现象并不是P2P出现之后才有的，之前的民间金融市场也有不少乱象，比如各种地下放贷机构的高利贷、套路贷，实体项目非法集资、不能及时还债的利滚利、讨债公司暴力催讨等。就算没有P2P平台，还会有许多骗子平台，只不过骗子利用了P2P平台。P2P的最大魅力在于普惠金融，2008年采取量化宽松的货币政策以来，人民币贬值和物价上涨比较明显。对于资产财富还处于原始积累阶段的草根阶层来说，实现资产的保值、增值是普遍关心的问题。房市调控力度不断加大，A股各大指数全线下挫，银行理财最低5万元起投，闲置资金不能充分利用，公众的投资渠道受限。P2P随到随投，流动性好，手续简便、门槛低，不像楼市一样存在诸多限制性的条件，回报收益普遍高于同期银行定期存款和商业银行经销的理财产品，这些优点满足了公众保值增值的需求。但是必须是信息真实、运营合规的网贷平台才能保障投资人权益。对普通人而言，只要不贪心，选择合规的平台还是可以赚钱的。比起4%收益的余额宝，P2P仍然是一种高利息收入的理财方式，据统计，P2P上半年的综合收益率仍然在9.5%左右，主流平台收益区间在6%—10%之间，即使遭受行业负面事件的冲击，行业仍然有200万人依然坚信P2P的价值，依然选择投资P2P。此外，根据网贷之家《2017年网贷投资人大调查》显示，大多数人在网贷中并未踩雷，64.65%的投资人在一年中并未遇到问题平台。考虑到投资人权重，可以看到60%的投资人都在赚钱，这与头部平台的数据也是吻合的。所以，从数据上看，P2P行业存在的价值是值得肯定的。

（二）P2P的普惠金融有利于中小微企业的发展

中小微企业的融资问题直接关系到增加就业岗位、推动经济增长和金融结构调整。"据统计，在我国中小微企业占到企业总数的 90%，贡献了 60% 的 GDP 和 50% 的税收，但是根据全国工商联的调查显示，95% 的中小微企业和银行没有任何借贷关系。"这也从侧面可以看出主流金融机构对中小微企业存在着信贷歧视。P2P 网贷平台对碎片化的资金整合之后，可以服务于主流金融机构、大型商业银行辐射不到的中小微企业，其融资窗口为中小微企业和实体经济发展提供了重要的金融信用支持。据统计，针对小微企业的供应链金融业务在 P2P 网贷平台业务中占有明显比重，贷款对象相当一部分是中小微企业。比起动辄月息 3% 的民间借贷机构，P2P 平台正规许多。虽然 P2P 的利率比商业银行高，但是中小微企业往往需要借贷时间不长的过桥资金，短期使用过桥资金的成本并不高，以月计算或者以天计算的利息支出，即使是小微企业能够承受的。商业银行在风险控制上的偏好难以满足中小微企业高风险贷款的需要，并且银行贷款复杂的审核放贷过程也是远水解不了近渴，P2P 的灵活性可以满足中小微企业对过桥资金的需求。使真技术创新而不是伪技术创新的中小企业获得融资贷款，是产业升级结构转型的微观前提。P2P 平台将金融业务和互联网技术、大数据相结合，突破了时间、空间的限制，源源不断将金融资源从一、二线城市流向周边的三、四线城市的中小微企业，提高了服务实体经济的能力和金融效率，促进了地区经济一体化的平衡发展，也利于中小微企业的技术创新和创业企业的培养。

（三）P2P 的存在有利于推动金融结构调整

金融改革远未完成，在我国，P2P 起到了推动金融改革的作用。P2P 反映了金融压抑下的必然需求，一方面是民间有剩余的资金无处可去，另一方面有资金需求的企业得不到服务，两者的交叉下诞生了 P2P。我国的 P2P 不是单纯的信息撮合匹配的中介，而是披着互联网外衣的金融机构。金融机构的本质是扩杠杆，拿着别人的钱放贷赚取利息差，最终要求对投资人负责。不可否认，有不少缺乏信用的平台浑水摸鱼，但是也有大量的 P2P 平台两肩担道义，真正致力于解决中小微企业融资难的问题，真正对投资人的钱负责。这样的 P2P 平台聚焦于中小微企业的客户定位，走与大型商业银行有差异的发展道路，在产融结合方面有所突破，减少了金融结构与经济结构的脱节，客观上有利于金融结构的调整，有利于大企业金融、富人金融向普惠金融转型，助推了金融供给侧结构性改革，为金融产业的未来发展开辟了新的空间。

四、P2P 网络平台常见的刑事治理难点分析

行业的健康发展离不开恰当的监管，在已经发生过数百起 P2P 刑事案件背景下，刑法更需要进一步审视网贷平台，重新评估非法吸收公众存款罪。操刀之人，应当对顽疾了然于胸。法律共同体有一个共识，刑法应当是谦抑的。司法机关应当在促进金融创新和维护金融安全、控制金融风险之间实现动态平衡，充分考虑社会治理手段的可替代性、经济活力的激发性、金融创新的容忍性，根据宽严相济的刑事政策，正确处理民法、行政法、刑法的衔接关系，合理划分犯罪圈。对于造成的损失应当根据资金去向和用途，既允许合理试错、承担合理的试错成本，又对虚假宣传、骗取和滥用投资人信任，缺乏犯罪羞耻感的挥霍消费行为进行刑事规制。

（一）设立资金池进行自融、非法集资行为

在互金领域有一句非常著名的话："金融创新往往是从违法开始的。"[1] 为了直接经手资金，非法集资行为一般都会设有资金池（cash pooling）。对于自融行为是否构成非法集资犯罪，司法机关一直持迟疑观望的态度，行为人需要承担何种法律责任需要分析具体情况。在实践中，司法机关往往以成败论英雄。如果企业经营顺利，投资的本息有保障，司法机关一般不会干预。如果因为客观原因，企业经营失败，资金链断裂，项目逾期或者投资失败，投资人无法拿回本金，一般情况下管理层会被按非法集资罪处罚。我国的刑

---

① 谢雅楠：《互联网金融有望告别混乱回归秩序》，载《中国经济时报》2014 年 6 月 19 日。

法以危害结果作为价值基础。有的论者认为，"应当在司法解释中明确 P2P 网贷平台构成非法集资犯罪，必须满足对吸收的资金能够自由支配且事实上未按照投资者所熟悉的用途进行使用"①。在笔者看来，项目逾期或者失败是否应当承担刑事责任，应当具体分析资产项目和资金运作情况。P2P 犯罪圈的划分体现了国家的刑事政策，对于 P2P 既要纠偏，防止其假借金融创新之名在资本市场非法集资和集资诈骗，同时刑法不能过度介入 P2P 网贷平台的融资。特别是在外部环境发生变化，内部增长放缓、经济下行的背景下，需要用宽松的金融法律政策刺激经济、提振中小企业和小微企业信心的背景下，P2P 信用创造能力具有明显的现实意义。

根据《中国金融科技运行报告（2018）》前言的内容，衡量金融科技是否成功的标准不是赚了多少钱，也不是无原则地降低门槛，而是看能否补齐短板，改进社会福利，增加就业等社会发展目标。这句话尤其适合 P2P 网贷平台。根据资金流向，自融可以分为两种情况。第一种是集资人虚构了借款人的项目和信息，把资金用于平台关联项目或者实际控制人项目，并将资金用于再投资赚取利息差、流向房地产行业或者证券市场等高危行业或者关联行业，主要从事资本运作，造成金融空转，很容易深陷其中难以抽身。由于项目逾期或者失败造成重大损失的，行为人应当承担非法集资罪的刑事责任。一方面，这种情况造成了资金在银行系统体外循环，干扰了政府运用信贷政策对房地产市场、证券市场进行宏观调控，容易产生泡沫，而且一旦市场不景气会导致变现困难，造成金融环境的动荡、引发系统性的金融风险。另一方面，这些资金没有进入生产经营企业活动中，进入研发环节的就更少了，没能促进有核心竞争力的技术出现。从这个意义上说，这样的 P2P 网贷平台浪费了可观、可贵的金融资源。笔者认为，这种从事资本运作或者房地产投机的 P2P 自融行为应该按照非法集资罪论处，刑法设置非法集资罪是有合理

---

① 叶良芳：《P2P 网贷平台刑法规制的实证分析——以 104 份刑事裁判文书为样本》，载《辽宁大学学报（哲学社会科学版）》2018 年第 1 期。

性和必要性的。

第二种是平台管理层将在资本市场汇集来的资金投资和配置于自己所经营的中小微企业并用于制造业和工业技改项目的情况。国企有国家信用做担保，主流金融机构更愿意把钱投给国企。中小微企业大多是民营企业，在去金融杠杆的背景下，中小微企业融资难、融资贵、融资慢的困难尤为突出。一是"在经济下行时，银行需要加强风险把控能力，而惜贷、回收则是银行在此时的主要做法。看不清行业未来和企业前景，银行不可能盲目给企业贷款，惜贷就成为中小微企业转型升级中遇到的常态"。[1] 二是有机会获得银行贷款的企业主要是纳入地方政府扶持名单的具有高新技术的制造业，而大多数中小微企业并不是银行追光聚焦的对象，很难从银行获得解决生产经营中遇到问题所需要的贷款。三是最终决定银行是否放贷的核心是要有资产抵押，而很多中小微企业是尚未稳定盈利的初创企业，比如互联网科技企业属于典型的轻资产行业，虽然具有相当大的市场前景和发展潜力，但是没有土地、厂房、大型设备可供抵押，难于从银行融到资，因而难以度过初创时期资金困难的难关导致发展受限。"比如京东，多年一直遭遇亏损困扰，经过19 年的创业才首次实现年度盈利。"[2] 企业生产经营需要一定的周期，有的经销商会拖欠供应商的货款，资金回收需要周期，这些都可能导致项目逾期。退一步，就算项目逾期，但是通过平台可以找到借款人，而投资一些民间理财产品，钱都不知道去了哪里。

我国以债券融资为主，中小微企业更是以股权融资为辅，债权融资为主。中小微企业在精密加工这样不依赖基础性实验室研究的工艺流程领域内实现技术创新、培育工匠精神上有巨大的发展空间，让"真创新"而非"伪创新"的中小企业得到债券融资，是产业升级、结构调整的微观前提。金融是一种高风险的投资活动，政府对金融活动进行监管和适当干预是必要的，但是不

---

① 韦星：《银行为什么惜贷？》，载《南风窗》2018 年第 20 期。

② 杨露：《撬动实体经济创新动能》，载《南风窗》2018 年第 24 期。

应当垄断，应当发挥市场对金融资源配置的基础性作用。动辄将设立资金池自融的行为定为非法集资罪会导致政府垄断金融的倾向。正如德国学者耶赛克所言，经济刑法的范围和规模取决于经济状况。金融市场需要安全和效率的共生、平衡，维护金融安全需要刑法的介入，但是刑法的介入应当以必要性、合理性为准则。P2P网贷平台的涉众性和开放性使其更容易构成非法集资的犯罪，是否构成此类犯罪，除了结果还应当看资金流向。在我国政府大力倡导的大众创业、万众创新的背景下，有相当多的P2P平台资金用在了中小微企业实现成果转化和实施产品创新、工艺创新上，在这个意义上，P2P网贷平台具有信用创造的能力，刑法的介入不能阻断这种信用创造的能力。P2P对中小微企业具有金融支持的功能，反过来，中小微企业的红利也促进了P2P网贷平台的良性发展。在结构调整和贸易摩擦的背景下，原来推动经济增长的两驾马车——房地产和出口贸易——都遭遇到了瓶颈，转变经济增长方式、实现实体产业升级将成为发展重点。技术转化成果被市场认可往往不是立竿见影的，应当承担合理的试错成本。若不对经营风险和刑事风险进行有效隔离，那么P2P参与主体就会引起风险交叉和刑事责任的连锁反应，会阻断民间资金的合理流动、合理配置，加剧中小微企业的融资困难。

笔者认为，宽严相济的刑事政策要求正确处理金融安全与金融效率的关系。调和刑法文本和社会创新之间的矛盾最为有效和可靠的办法是对刑法文本进行缩限解释，在刑法规制上，既不能过于放任而使金融市场失序，也不能浇灭网贷平台的创新热情。除了像e租宝这种影响范围广、损失严重、特点鲜明的案件和仅仅从事资本、货币经营的案件应当认定是刑事案件外，设立资金池进行自融的行为一般不宜进行刑事化处理。刑事司法应当保持谦抑性、摆正社会最后一道防线的地位，应当符合金融活动内在规律，不应当以陈旧的刑法条文阻碍金融创新，在有所不为的同时有所为，以司法能动主义履行职权，积极创制公共政策，通过个案指引为金融创新提供保障与支持，以立法者的身份推动社会发展，为互联网金融的发展留足空间。刑事司法应当以审查资金流向为重点，平衡保护投资人的利益和信用创造风险之间的矛盾。比如，资金流向了中小微民营企业的经营活动中，用于支撑实体经济、用于支持创新发展，即便平台管理层自融行为发生了项目逾期、提现困难，只要行为人不是以非法占有为目的，风险在可控范围内，没有卷款跑路，积极筹钱还款，就应当以金融融合、金融鼓励的思维去处理非法吸收公众存款的问题，综合运用其他社会治理手段。不应当轻易将此类行为划入犯罪圈，尽量减少刑法介入民间经济活动的范围。

（二）妥善解决多重法律关系和刑民交叉的问题

1998 年 4 月，最高人民法院公布实施的《关于审理经济纠纷案件中涉及经济犯罪嫌疑若干问题的规定》中确定了先刑后民的原则。对于具多重法律关系的案件，司法机关往往重视刑事案件，忽视民事案件。有个别的网贷平台涉及刑事犯罪，司法机关在审理 P2P 案件过程中都会先刑后民，既涉及借贷纠纷又可能涉及非法集资行为的案件，公诉机关对非法集资提出刑事指控附带提起民事诉讼，法院也是先审理刑事案件再审理民事案件。P2P 案件包括民间借贷纠纷、企业借贷纠纷、债权转让合同纠纷、保证合同纠纷等类型，呈现出了复杂化、多样化的特点，如果一律采取先刑后民的原则，弊端就会显现，弊端之一就是刑事案件审理完毕后再启动民事执行程序，被执行人已经没有什么财产了，债权人的权益不能得到有效的补偿。先刑后民并非良策。"通常用刑法来解决问题时，对投资的收回已经无力回天。在多数案件中，要悉数收回投资只是幻想，实务中只能按照比例返还投资款，有的返还比例还非常低。而投资者最看重的则是投资能够全部返还，期望投资损失的最小化。"[1]P2P 平台投资者甚众，一旦资金链断裂无法提现，众多投资人最关心的是自己的投资能否收回以及能收回多少，投资人也很容易维权上访，造

---

[1] 国家检察官学院课题组：《P2P 网络借贷平台异化的刑事规制》，载《国家检察官学报》2018 年第 1 期。

成严重社会事件。先刑后民的审理程序可能会打乱原来的经营活动和借贷关系造成债权不能履行，甚至造成本来有望偿还的债务因为资金被冻结而无法偿还，引起新的不稳定和更大的经济损失。司法机关审理刑民交叉的 P2P 网贷案件应当实行刑民并行、公权私权平等保护的原则，"保障当事人合法权益的实现和诉权的行使，防止机械地按照先刑后民的原则审理案件导致民事诉讼程序无限延长，民事关系长期出现动荡不安的状态，从而引发次生案件和不良的社会后果"[①]。

（三）以宽严相济的刑事政策认定共同犯罪中的责任

"P2P 大多数涉刑案件是共同犯罪，刑期一般较高，取保候审难度较大，尚在岸上的平台管理层心中也是惴惴不安。"P2P 容易构成共同犯罪，往往是一个公司化的团队在资金、技术等多方面互相分工协作才能支撑平台日常运转，一旦平台涉及违法犯罪，必然人数众多，责任分散，如何认定共同犯罪的范围和各自应当承担的责任就成为问题。比如在"网赢天下案"[②]中，总经理钟杰辩称自己只是名义上的总经理，实际上只是普通行政人员，对公司核心业务并不知情，不构成犯罪。运营总监伍水军辩称，自己只负责平台日常技术维护，对资本运作情况包括虚构标的骗取投资、钱款去向一概不知，自己也没有审核投资标的的职责和义务。再比如，在"e租宝"案中，北京一中院认为钰诚集团董事会执行局主席丁宁和平台实际控制人丁甸（系丁宁之弟）以及总裁张敏等十人构成集资诈骗罪，其余十六人构成非法吸收公众存款罪。在 P2P 的共同犯罪中应当根据各自的参与程度、贡献程度、地位作用以及是否具有非法占有的目的确定刑事责任。一般来说，董事局主席、CFO、CEO、平台实际控制人、风控负责人等核心高管属于平台的头脑，他们亲自设计违法商业模式，犯意明显，应当按照主犯定罪处罚；对于了解平

---

① 李明：《当前民间借贷案件飙升的原因、难题与解决》，载《中国经济周刊》2018 年第 3 期。
② 参见广东省深圳市中级人民法院〔2014〕深中法刑二初字第 273 号案刑事判决书。

台项目运作和资金流向的技术总监、高级管理人员、营销方面的专家能手应当属于从犯；根据最高人民法院、最高人民检察院、公安部于 2014 年 3 月颁布的《关于办理非法集资案件适用法律若干问题的意见》中的规定，对于非法吸收公众存款提供帮助，并且收取代理费、好处费、返点费、佣金、提成等费用，构成共犯。其中情节显著轻微、危害不大的普通业务人员和行政人员属于细枝末节，在刑法视野内可以作为证人处理；没有拿到提成，对平台商业模式根本不知情的一线普通员工则不构成犯罪。

五、结语

P2P 网络贷款是一个新事物，始终伴随着信用创造和金融风险的赛跑，未有终期。经历过雷潮阵痛后，P2P 会重新站在寻路这个新的历史阶段上。司法机关和监管部门应当重视互金背景下民间金融投资者群体的合理诉求，刑事司法应当在宽严相济政策的引导下，寻找 P2P 平台合规发展和投资者资金安全的路径，平衡好发挥信用创造、疏解金融风险和最大限度地保护金融投资者利益三者的关系。

民间融资的类型分析及刑法规制路径的选择

浙江工商大学杭州商学院　谢治东 *

摘　要

对民间融资应根据融资的途径、利率高低、融资者主观上是否具有非法占有目的、客观上是否采用欺诈手段进行类型划分，并对不同类型的民间融资，采用不同的法律规制手段。我国对民间非法融资的刑法规制，过于扩大了非法吸收公众存款罪的适用范围，对某些虚假陈述型的欺诈融资难以有效规制，对高利贷行为的惩处法律依据不足。对民间非法融资应进行类型化分析，建立分类管理的刑法规制模式，限缩非法吸收公众存款罪的规制范围，对具有合理融资需求的民间融资予以合法化；增设"集资欺诈罪"，以惩治虚假陈述型融资欺诈；增设"职业发放高利贷罪"，加强对职业高利贷的惩治。

关键词：民间融资；类型分析；非法吸收公众存款罪；集资欺诈罪；职业发放高利贷罪

★ 谢治东，浙江工商大学杭州商学院教授，法学博士，硕士研究生导师。

近年来，"高门槛"的银行信贷政策，为保值、增值而急于寻找投资渠道的巨额民间资金，和众多中小企业基于资金短缺而产生的强烈融资的需求，三大因素相互交织，导致民间融资在我国特别是沿海地区异常活跃。不可否认，这种游离于国家正规金融之外的民间融资活动为中小民营经济的可持续发展提供了新鲜血液，符合我国金融体制改革的方向。对此，2005 年 5 月，中国人民银行在其发布的《2004 年中国区域金融运行报告》中，也对民间融资首度给予了肯定的评价，称其"具有一定的优化资源配置功能，减轻了中小民营企业对银行的信贷压力，转移和分散了银行的信贷风险"。然而，民间融资本身乃是一把双刃剑，民间融资通常伴随高风险、高利率，可能影响金融秩序安全，在一定程度上削弱宏观调控效果，可能引发社会矛盾，特别是近几年来频频发生的民间融资者跑路事件，更是将民间融资推向风口浪尖，民间融资难、融资贵、融资风险高等问题已成为上至中央领导、下至普通大众关注的热点。因此，在推进民间融资的合法化，加强对正常民间融资保护的同时，还须加强法律乃至刑法手段对非法融资的规制，日益成为社会各界的共识。然而，我国现有法律和相关行政法规并没有明确赋予民间融资的合法性，大多称其为"非法集资"，对有着合理融资需求的民间融资未能预留合法化空间，"非法吸收公众存款罪"对众多中小企业的民间融资犹如一把达摩克利斯之剑。这种对民间融资缺乏类型化分析，而加以笼统规制的立法和司法，进一步强化了金融机构的垄断，阻塞了民间融资渠道，不利于民间金融体系的培育，与党的十八大所强调的深化金融体制改革，打破金融垄断，开放合理民间融资的政策相背离。因此，有必要对民间融资进行类型化分析，重新审视和确立对非法民间融资的刑事规制路径，以保障合法正当的民间融资，并有效地打击非法民间融资。

一、民间融资的类型分析及法律规制路径

根据中国人民银行对"民间融资"的定义，"民间融资是相对于国家依

法批准设立的金融机构而言的，泛指非金融机构的自然人、企业及其他经济主体（财政除外）之间以货币资金为标的价值转移及本息支付。"据此，民间融资就是在国家法定金融机构之外，融资人为取得出资人的资金使用权，向出资人支付约定利息、收益，从而采取借贷、典当、发行股份、票据融资、有价证券融资、私募集资等形式的金融性行为。民间融资是一种复杂的社会现象，其形式多样，种类繁多。纵观民间融资的发展，根据民间融资的主要形态、结构与运作方式，概括起来，民间融资主要有以下几种形式：民间借贷、通过合会、标会等民间组织融资，通过私人钱庄、银背等中介融资，企业内部集资、股权融资、债权融资、商品营销类型融资、私募基金业融资、典当融资、民间票据贴现融资、通过民间借贷网络平台进行的融资。在上述各类型民间融资中，融资的主观目的、融资用途、融资手段、融资对象不尽相同，并最终导致具体的民间融资在性质上也存在差异，其对社会经济发展和社会秩序稳定的影响也截然不同。在此，笔者根据民间融资的途径、融资利率高低、融资者主观是否具有非法占有目的，是否采用欺诈手段，对民间融资进行类型化分析，并在此基础上确立对各类型民间融资的法律规制途径。

第一，按照融资是否通过中介途径，民间融资可分为直接融资和间接融资。

民间直接融资，是指民间资金需求方不通过地下钱庄、合会、标会、典当行等民间金融中介机构，直接向资金盈余方发行借贷凭证、商业票据、股票、债券等方式，直接融入民间资金。在民间直接融资中，投资者对资金需求方提供资金，主要基于对融资者所提供信息的认可和信任。但在现实融资过程中，融资者和资金供给者双方通常存在着巨大信息的不对称性，资金供给者所承担的交易成本和风险相对较大。因此，在直接融资中，融资者必须对资金供给方履行真实的信息披露义务则显得十分重要。因此，对直接民间融资，法律应该建立强制性的信息披露制度，要求融资者通过注册、公告等方式向资金供给方提供信息，并且保证其提供的信息具有真实性、准确性和完整性，以让资金供给者自己作出是否提供资金的投资判断。如融资者已经履行真实的信息披露义务，则资金供给者应该对自己的投资判断及可能带来的投资风险和失败承担责任。因此，在直接民间融资中，法律规制的路径应该是：维护融资双方信息对称原则，强化融资方的信息披露制度，禁止和惩治信息披露中的欺诈行为。

民间间接融资，指拥有暂时闲置货币资金的单位和个人通过存款的形式，或者购买银行、信托、保险等金融中介机构发行的有价证券，将其暂时闲置的资金先行提供给相关金融中介机构，然后再由金融中介机构以贷款、贴现等形式，把资金提供给资金需求单位使用，从而实现资金融通的过程。在民间间接融资中，资金的提供者与资金的最终需求者并不存在直接的联系，他们信任的是银行、信托、保险等金融中介机构，并将资金交付给上述金融中介机构。与其他类型的公司相比，作为间接融资的金融中介机构，其资产负债结构具有特殊性，其负债主要以存款为主，存款期限、存款数额都不固定；其资产多由固定期限的贷款组成，流动性不强，这就导致金融中介机构的资产负债结构十分脆弱，一旦存款者对金融中介机构失去信心，就有可能发生大规模的挤兑事件。这一特性就决定了，在间接民间融资中，金融中介机构本身的安全性和健康性将是至关重要的。因此，在民间间接融资中，法律主要规制对象是中介机构的主体资格，即设立金融机构或从事金融中介业务必须经金融监督管理机构的批准，法律应该在市场准入制度、风险准备金、市场退出机制方面对金融中介机构进行严格规定，对金融中介机构的安全性和健康性进行严格监管，确保金融机构能够审慎经营，以保证公众资金的安全。

第二，以融资利率的高低为标准，可将民间融资区分为友情借贷、灰色借贷和高利贷。

利率是民间融资法律规制的核心，它关系到社会资金的融通效率和民间融资的开放程度。在民间融资中，融资利率通常由融资双方协商而定，根据融资利率是否超过国家法定标准，是否受国家法律保护，可将民间融资分为友情借贷、灰色借贷和高利贷。

友情借贷，是亲戚朋友、同乡、同事、邻居等熟人之间，基于友情，出于互助目的，将资金借给需求方，他们通常不收取利息或仅收取很少的利息。

灰色借贷，是指融资者所支付的利息在国家规定法定的范围内或略高于法定银行贷款利息。考虑民间借贷通常没有担保，其风险通常高于银行借贷，灰色借贷收取略高于银行贷款利息也是合理的，法律通常也给予认可和保护。

高利贷，是指资金的供给方收取的利息远远高于法律规定的利率上限，在民间，高利贷又称为"印子钱""大耳窿"等。在民间融资中，高利贷是一种掠夺性的借贷行为。因为，在市场经济条件下，利息都最终源于实体经济所创造的利润，如果利息高于利润率，将会对正常的经济活动产生破坏性作用。因此，对高利贷性的民间融资，世界各国都通过立法加以禁止，除通过民商事法律对民间融资规定最高利率标准，还通常对明显高于法定利率标准的高利贷行为采取刑法手段予以规制。在我国当前民间融资中，高利贷融资占了很大的比例，这种以超额回报为鹄的高利贷活动备受各界诟病，被视为民间融资诸多乱象的根源。我国历来也禁止高利贷，如最高人民法院有关司法解释明确规定高利贷的利息不受法律保护，央行发文明确要求取缔高利贷活动，刑法学界、实务部门很多人更是主张要对高利贷行为设立专门的罪名予以打击。[1]

第三，以融资者主观上是否具有非法占有目的，客观上是否采取了欺诈手段为标准，可分为欺诈性民间融资和善意民间融资。

欺诈性民间融资，是融资者在融资过程中，故意隐瞒自身的经营真实情况或进行虚假宣传，使对方产生错误认识而提供资金的行为。根据融资者主观上是否具有非法占有目的，欺诈性融资可分为非法占有型的欺诈融资和虚假陈述型的欺诈融资。对于前者，各国刑法通常以诈骗罪论处，我国刑法第一百九十二条对此规定为集资诈骗罪。虚假陈述型的集资欺诈，是指融资者

---

[1] 刘鑫：《论民间融资的刑法规制》，华东政法大学 2012 届博士学位论文。

主观上本身不具有非法占有目的，但在融资过程中没有履行真实告知义务，导致出资人在信息不对称的前提下，产生了一种错误认识并将资金交给融资人。诚信是民间金融的生命，它要求每个金融活动的参与者都必须遵循和坚守诚信原则。因此，这种虚假陈述型的欺诈性民间融资，即使融资者主观上不具有非法占有的目的，但也与诚信原则背道而驰，它不仅仅损害到出资人的利益，也对整个社会公共利益造成了威胁和损害，影响到民间金融的健康发展。因此，对民间融资过程中的欺诈行为，如通过民事制裁、行政处罚尚不足实现预防之目的，则仍需要通过刑法手段加以规制。

善意的民间融资，是指融资者基于正常的生产经营需要，并且在融资过程中，履行真实的信息披露义务，通过可预计的收入能够弥补资金本息和风险。在善意的民间融资中，融资者主观上不具有非法占有的目的，客观上在融资过程中履行真实的陈述义务。善意民间融资具有合理的资金需求，是符合经济发展规律并能够增进社会福利的行为。因此，在善意民间融资中，出资人的出资其实是种风险投资理财，需要对自己的出资进行自我的理性判断，并理性承担投资带来的风险。因为，"投资有风险，投资须谨慎"，应该是市场经济条件下每个投资人都必须铭记的铁律，投资者良好的风险意识是理性投资行为的前提。

二、民间非法融资的刑法规制的现状及实践效果反思

现行刑法针对民间非法融资所设立罪名有：欺诈发行股票、债券罪，擅自设立金融机构罪，非法吸收公众存款罪，擅自发行股票、公司、企业债券罪，集资诈骗罪。同时，在司法实践中，对发放高利贷行为也经常以非法经营罪给予定罪处罚。然而，考察1997年刑法施行以来的司法实践，现行刑法体系对民间非法融资规制体系并不完善，其对民间非法融资的刑法规制效果并不理想。

第一，非法吸收公众存款罪的适用过于扩大化，错误地将出于正常生产

经营目的且未采用欺诈手段的直接民间融资予以犯罪化。

根据《刑法》第一百七十六条，2010 年 12 月 13 日最高人民法院颁布的《关于审理非法集资刑事案件具体应用法律若干问题的解释》（以下简称《非法集资解释》）第一、二条的规定，任何集资，只要未经政府批准，且具备利诱性、公开性、社会性等特征，无论融资者是基于何种目的吸收资金，其集资款最终用途如何，均不影响行为的非法吸收公众存款的定性。在这种完全"一刀切"的定性模式下，非法吸收公众存款罪犹如一把悬挂在中小企业民间融资之上的达摩克利斯之剑，不少出于正常生产经营需要，但由于无法从正规金融渠道融资而被迫面向社会集资的民营企业家被司法机关以非法吸收公众存款罪定罪处罚，如 2003 年发生在河北的民营企业家孙大午非法吸收公众存款案即为最突出的例子。这种不考虑融资用途的口袋化适用，将出于生产经营为目的的正常民间融资以非法吸收公众存款罪追究刑事责任，严重挤压了民间正当融资的空间，阻碍了民间资金的有效融通，严重抑制了民间中小企业的发展。如中国社会科学院何帆先认为，这种以"非法集资"之名打击民间金融活动，对非正规金融的这种严厉态度，可能使得金融的另一条河道被堵死。[①]

第二，非法吸收公众存款罪的扩大适用淡化了出资人应有的风险意识，不当地助长了高利贷的发生。

在市场经济条件下，无论是正规金融还是民间金融，投资者的出资其实质都是投资行为。"投资有风险，投资须谨慎"，应该是市场经济条件下每个投资人都必须铭记的铁律，投资者良好的风险意识是理性投资行为的前提。如果融资者在融资过程中履行真实的陈述义务，则出资人与融资人应在各自的责任范围内承担风险。然而，由于非法吸收公众存款罪的不当扩大适用，不考虑融资者在融资过程中是否采取欺诈手段，不管其融资用途如何，也不

[①] 新华网：《学者评孙大午案件——大午无罪、"天条有罪"》，http://www.he.xinhuanet.com/zhuanti/2003-11/21/content_1235371.html，最后访问日期：2020 年 10 月 4 日。

考虑不能偿还融资款的原因，而对所有面向社会融资的行为，只要不能到期偿还集资款，都按非法吸收公众存款罪处理并追究刑事附带民事责任，结果使不少投资者形成"即使出事也由刑法予以保障"的不当逻辑，将本人投资的失败归咎于政府监管不力，要求政府为投资人的冒险投资承担"经济责任"，将政府当作"讨债公司"。因此，非法吸收公众存款罪的扩大适用淡化了出资人的投资风险意识，并助长投资人不理性的投资理念，使他们不能亦不愿正确面对"高收益伴随高风险"的投资规律，不去理性思考这种投资可能带来的风险，这在一定程度上助长了民间高利贷现象并屡禁不止，越演越烈。相反，如果能限制非法吸收公众存款罪的规制范围，将出于生产经营之需要，且不存在以欺诈手段的直接民间融资予以合法化。在此范围内，出资人需要对自己的出资进行自我的理性判断，并承担投资风险，这无疑会强化出资人的风险意识，抑制一些不理性投资现象。

第三，对某些虚假陈述型欺诈融资行为难以实现有效规制。

在当前民间融资活动中，欺诈性集资经常发生，很多集资者虚构资金用途，虚构项目的盈利前景，隐瞒自身真实的负债情况，夸大自身的偿付能力，并以不切实际的高额回报为诱饵，面向社会吸收资金。对于那种主观上具有非法占有目的的欺诈性融资行为，当然可以按《刑法》第一百九十二条规定的集资诈骗罪来处理。然而，对主观上不具有非法占有目的、虚假陈述的集资欺诈行为，现有刑法却存在规制不足的缺陷，现有罪名并不能完全覆盖所有的欺诈融资现象。因为，在现行刑法体系下，欺诈发行股票、债券罪，擅自发行股票、公司企业债券罪是规制非法直接融资的两个主要罪名，然而，在这两个罪名中，对犯罪载体有特别要求，要求其融资的工具必须表现为公司股票或者公司、企业债券名称的筹资凭证，这些凭证应当具有代表性、标准性、规模性和公开性等。[1] 在实践中，由于这两个犯罪的表现形式十分明显，

---

[1] 陈甦、陶月娥：《论集资犯罪》，载《辽宁大学学报》1999年第2期；肖怡：《非法集资个罪研究》，载《云南大学学报（法学版）》2005年第1期。

且易被察觉，集资者很少采用。因此，实践中，除那些直接以发行股票、公司、企业债券形式融资或者是采用类似凭证的非法集资活动外，很难适用欺诈发行股票、债券罪，擅自发行股票、公司企业债券罪。而关于非法吸收公众存款罪所保护的法益，现在理论界大多主张应该是国家的金融信贷秩序，其所规制的是面向社会吸收公众资金，并用所吸收的资金去发放贷款的行为，而并非单纯禁止公民、企业和组织吸收社会资金。[①] 同时，根据《非法集资解释》的相关规定，构成非法吸收公众存款罪还必须采用公开宣传或承诺还本付息的手段。因此，对那些不具有非法占有目的、虚假陈述性融资欺诈，或者主观上是否具有非法占有难以判断的集资欺诈，如果融资者并未采用公开宣传或承诺还本付息等手段，也没有使用股票、债券等载体，只是采取了虚构事实、隐瞒真相等欺诈手段，在现行刑法体系下，这种欺诈融资行为很难给予定罪处罚。然而，这种虚假陈述性的欺诈融资本质上与诚信原则背道而驰，它不仅仅损害到出资人的利益，也对整个社会公共利益造成了威胁和损害，影响到民间金融的健康发展。

第四，对高利贷犯罪行为的惩处法律依据有所欠缺。

在当前我国民间融资中，高利贷是比较普遍和突出的现象。据调查，在沿海高利贷中，贷款利息高达每月 5 分即年利率 60% 的很常见，而在资金紧张时，有的月息高达 6 分即年利率 72%，最高的甚至达到 180%。与其他一般民间借贷活动一样，高利贷在正规金融之外开辟了新的融资渠道，虽然在一定程度上缓解了中小企业融资困难的窘境，使他们的生产经营得以维系，但是，其畸高的利率同时又使得这些企业和个体户背上了沉重的债务，借贷企业的利润通常还不够偿还高额的利息，长此以往，入不敷出，导致其陷入更深的债务危机直至破产倒闭，更有甚者家破人亡，高利贷对实业的作用无异于饮鸩止渴，并最终绞杀而非支持民营经济的发展。同时，高利贷行为的不断蔓延，使得社会群体性事件频发，并成为集资诈骗、非法吸收公众存款、

---

① 谢望原、张开骏：《非法吸收公众存款罪疑难问题研究》，载《法学评论》2010 年第 4 期。

非法拘禁、故意伤害、黑社会性质组织犯罪等刑事犯罪的重要诱因，已经成为严重危害社会管理秩序的一颗毒瘤。然而，我国现行的《刑法》未对高利贷行为专门规定罪名，因此，对高利贷行为是否应予以刑法规制、如何规制，成为刑法理论和司法实践中十分关注并存在较大争议的问题。虽然 2019 年 10 月 21 日最高人民法院、最高人民检察院、公安部、司法部印发的《关于办理非法放贷刑事案件若干问题的意见》规定，"违反国家规定，未经监管部门批准，或者超越经营范围，以营利为目的，经常性地向社会不特定对象发放贷款，扰乱金融市场秩序，情节严重的"属于刑法第二百二十五条第四项所规定的"其他严重扰乱市场秩序的非法经营行为"，构成非法经营罪，然而，从规范解释的角度来看，对高利贷行为按非法经营罪处理是否符合非法经营罪的罪质特征，是不是对非法经营罪适用的不适当扩大，是否违背罪刑法定的原则，一直受到刑法理论质疑。不少学者认为，高利贷并不属于《刑法》第二百二十四条第五项规定的其他非法经营行为。[1] 认为将高利贷行为认定为非法经营罪违反了形式判断先于实质判断的定罪规则，在定罪作业过程中，先进行实质判断而入罪，有悖罪刑法定，破坏了法治原则。[2] 在现行法律体系下，对高利贷行为以非法经营罪处理，存在与高利转贷罪量刑不协调、法律依据不充分、使非法经营罪沦为新的"口袋罪"之弊。因此，司法实践中，由于法律依据不足，认识不统一，大多数高利放贷行为并没有得到刑事追究，而且有的以非法经营罪立案侦查后，久久无法移送审判。[3]

综上，我国现行刑法对民间非法融资缺乏类型化分析和判断，对民间非法融资刑法规制过于笼统，未能合理区分直接融资和间接融资，过于扩大了非法吸收公众存款罪的适用范围，对某些虚假陈述型的欺诈融资难以有效规制，对高利贷行为的惩处法律依据不足。因此，有必要重新审视和确立民间

---

① 刘伟：《论民间高利贷的司法犯罪化的不合理性》，载《法学》2011 年第 9 期。

② 万国海：《高利贷行为能否入罪》，载《河北法学》2012 年第 12 期。

③ 张雪樵：《当前民间借贷引发刑事犯罪的调查分析——以浙江省为样本》，载《中国刑事法杂志》2013 年第 9 期。

融资的刑事规制路径，以保障民间正当的融资，并有效打击非法民间融资。

三、民间融资刑法规制的原则及路径选择

（一）民间融资的刑法规制应确立金融安全和金融效率并重的原则

在民间融资中，保障资金安全和追求资金效率是民间金融的两大价值理念。效率是民间金融的生命，是民间金融活动追求的基本价值；而金融秩序和安全则是保证金融效率的前提。因此，效率和安全是国家金融监管制度的基本价值目标。在当前中小企业融资困难和民间投资渠道狭窄并存局面下，民间融资已经成国家金融最有活力的一部分，民间融资缓解了中小企业融资困难问题，提高了社会资金的使用效率。然而，由于国家对民间融资的规范性不够及监管不足等原因，我国民间融资存在比较严重的非法吸收公众存款、集资诈骗、欺诈性集资及高利贷等非法融资活动。这些非法融资活动不仅严重扰乱了国家正常金融秩序，侵害了社会公众的合法财产，且容易诱发其他犯罪，扰乱社会正常秩序，对这些严重的非法民间融资，为保障金融安全，有必要以刑法手段加以规制。但刑法对民间非法融资的规制应以不妨害金融效率为限度，不能为片面地追求金融安全、秩序，而对民间融资实行过度的干预，阻碍正常经营活动的资金融通渠道，降低社会资金的使用效率，将一些具有实质合理性的民间融资行为纳入犯罪圈。总而言之，刑法对民间融资的规制确立公平与效率并重的原则，既要注重对出资人合法利益和资金融通公平、安全秩序的保护，又要注意避免妨碍民间资金的正常融通。

（二）民间融资刑法规制的路径选择

现行刑法对民间融资的刑法规制缺乏类型化分析，以"非法集资"处理所有未经批准的民间融资，阻塞了民间融资渠道，不利于民间金融体系的培育。因此，有必要对民间融资进行类型化分析，重新审视和确立对非法民间融资的刑事规制路径，以保障合法正当的民间融资，并有效地打击非法民间

融资。

第一，限缩非法吸收公众存款罪的规制范围，将规制对象限定为吸收社会资金并用来从事资本、货币经营目的的间接融资行为。

目前金融体制改革的目标应是打破金融机构垄断，拓宽和疏通民间融资渠道，加强民间金融体系的培育，其最终目的就是帮助企业特别是中小民营企业的正当融资从"非法集资"的阴影中解脱出来。我国现行刑事立法对非法集资入罪的范围过于宽泛，不区分一种社会集资是以放款为目的还是为解决企业自身发展需求，不考虑是否存取自由、是否造成损害后果、是否具有侵占及诈骗的故意等特征，这一做法实际上严重压缩了合理的民间融资渠道，背离党的十八大所确定的金融体制改革目标。因此，有必要限缩非法吸收公众存款罪的规制范围，将该罪限定为吸收社会资金并用来从事资本、货币经营目的的间接融资行为。如果仅仅是吸收社会资金并用于正常的生产经营，即使未能取得金融监管部门的许可，也不应该认定为非法吸收公众存款罪，从而为出于生产经营需要且未采用欺诈手段的正常集资活动预留合法空间。因此，笔者建议修改现行刑法第一百七十六条非法吸收公众存款罪，增加"以从事货币经营为目的"的限制。

第二，增设"集资欺诈罪"，以惩治虚假陈述型融资欺诈。

在现行的非法吸收公众存款罪和集资诈骗罪的基础上，另行构建一"堵截的构成要件"，将不具有非法占有目的，虚假陈述型的集资欺诈，并给出资者造成重大财产损失行为的非法直接融资予以犯罪化。其主要理由如下：

一是将虚假陈述型的集资欺诈行为予以犯罪化，是维持民间融资诚信原则的要求。诚信既是社会存在与发展的基石，更是民间融资活动得以进行的基石，是整个民间融资运行良性化的有效保障。从某种意义上讲，诚信是民间金融的生命，它要求每个金融活动的参与者都必须遵循和坚守诚信原则。在当前民间融资活动中，欺诈性集资经常发生，很多集资者虚构资金用途，虚构项目的盈利前景，隐瞒自身真实的负债，夸大自身的偿付能力，并以不切实际的高额回报为诱饵，面向社会吸收资金。这种虚假陈述的集资欺诈行为，本质上与诚信原则背道而驰，它不仅仅损害出资人的利益，也对整个社会公共利益造成了威胁和损害，影响到民间金融的健康发展。因而，对这种虚假陈述型的集资欺诈活动予以犯罪化处理，不仅是保护出资者个人法益的需要，更是对当前日益恶劣的民间金融信用危机的整饬，是建立诚实守信的健康民间金融秩序的需要。

二是将虚假陈述型的集资欺诈予以犯罪化，更有利于对民间金融欺诈犯罪活动的有效惩治。对于实践中大量存在的以非法占有为目的的集资欺诈活动，完全可以依照集资诈骗罪定罪处罚。然而，集资诈骗罪在主观构成要件上有特别的要求，即行为人主观上须具有"以非法占有为目的"。因而，对那些主观上不具有非法占有目的的虚假陈述型集资欺诈，则不能以集资诈骗罪给予定罪处罚。同时，在刑事诉讼中，集资诈骗罪的证据标准十分严格，控诉方不仅要提供足够的证据证明集资者在客观上实施了欺诈行为，而且还必须证明融资者主观上是基于"以非法占有为目的"而集资。如果集资者主观上不具有非法占有的目的，或者控诉方收集的证据不足以证明集资者主观上具有非法占有目的，即使集资者采取了虚构事实、隐瞒真相等欺诈手段，获得了社会融资，并给出资人造成重大财产损失，也不能以集资诈骗罪定罪处罚。因此，为严密金融法网，保障民间金融安全，改进民间金融生态，以更有效地实现对民间金融秩序的保护和对民间金融安全的保障，有必要另设置集资欺诈罪，以此打击没有非法占有目的或者无法证明非法占有目的的欺诈性集资行为。

三是将虚假陈述的集资欺诈行为予以犯罪化，符合中国和域外金融犯罪刑事立法的趋势。诚信被誉为金融之生命，虚假陈述的金融欺诈将给金融秩序和金融安全带来毁灭性威胁和损害。因此，将虚假陈述的金融欺诈行为犯罪化，运用刑法手段进行规制，已经成为世界上主要市场经济国家现代金融刑事立法发展的一种趋势。例如，作为大陆法系典范的《德国刑法典》第二百五十六条（b）项规定了信贷诈骗罪，即只要行为人在关于信贷条件的许可、放弃或变更的申请中，就有利于贷款人且对其申请的决定具有重要意义的经济关系提出不真实或不完全的资料，或以书面形式作不真实或不安全的报告，或未在附件中说明资料或报告所表明的经济关系的恶化，而其对申请的判断又非常重要的行为，处 3 年以下自由刑或罚金。根据该条第三款的解释，这里的信贷，是指一切种类的金钱借贷、承兑借贷、金钱债权的有偿及延期，票据贴现、担保、保证及其他担保。[①] 该条规定所指信贷欺诈并不仅仅局限于银行贷款欺诈，也包括民间金融的欺诈行为。1958 年英国《防止投资欺诈法》第十三条规定，任何人通过明知为容易引起误解的、虚假的或欺诈性的陈述、允诺或预言，或者通过不诚实地隐匿重要事实，或者通过放任地作出（不诚实地或诚实地）容易引起误解的、虚假的或欺诈性的陈述、允诺或预言，诱使他人参与有关购买、获取股票和公债的交易，或者诱使他人将钱款存入工业的、建筑的或互助的团体，将受到最高刑为 7 年监禁的惩处。可见，作为两大法系的典型代表德国和英国，都对虚假陈述的民间融资的欺诈行为予以犯罪化，以此打击没有非法占有目的或者无法证明非法占有目的的欺诈性集资行为。在我国，将不具有非法占有目的的虚假陈述的金融欺诈行为犯罪化也是金融刑事立法的方向。如 2006 年 6 月 29 日通过并生效施行的《刑法修正案（六）》顺应这一立法趋势，在刑法第一百七十五条后增加一条，作为第一百七十五条之一，明确"以欺骗手段取得银行或者其他金融机构贷款、票据承兑、信用证、保函等，给银行或者其他金融机构造成重大损失或者有其他严重情节的，处三年以下有期徒刑或者拘役，并处或者单处罚金；给银行或者其他金融机构造成特别重大损失或者有其他特别严重情节的"，构成骗取贷款、票据承兑、金融票证罪。该条立法旨在将不具有非法目的、虚假陈述的骗取银行贷款、票据承兑、金融票证的欺诈行为予以犯罪化。在当前，民间融资作为我国金融体系的重要组成部分，在促进国民

---

① 《德国刑法典》，徐久生、庄敬华译，中国法制出版社 2000 年版，第 186 页。

经济迅速发展中已经发挥着重要作用。因此，对民间融资和正规金融应理当给予同等保护，有必要将虚假陈述的集资欺诈行为予以犯罪化。

据此，笔者建议在刑法第一百七十五条增加一条，作为第一百七十五条之二，具体条文设计如下：

【集资欺诈罪】使用虚构事实和隐瞒真实情况等欺诈手段吸收社会公众资金的，数额较大或者有其他严重情节的，处三年以下有期徒刑或者拘役，并处或单处罚金；数额巨大或者有其他特别严重情节的，处三年以上七年以下徒刑，并处罚金。

第三，增设"职业发放高利贷罪"，强化对非法高利贷的惩治。

在当前，高利贷实际绞杀了中小民营经济，已成为危害社会管理秩序的毒瘤，在目前刑法体系下，对发放高利贷行为以非法经营罪定罪违背了非法经营罪的罪质特征。鉴于高利贷危害性，刑法应当增设职业发放高利贷罪，对扰乱金融秩序的职业发放高利贷行为进行刑法规制，以从根本上遏制当前严重的高利贷现象。其主要理由有：

一是将高利贷行为犯罪化并不违背契约自由与意志自治的基本精神。在高利贷中，借贷双方并未能体现真正的契约自由与意志自治，借款者通常处于急于用钱，深陷融资困境，借款者"愿挨"畸高的利率实际是表面的、不得已的，而并非内心真正自愿的。从民法角度而言，放贷者乃是典型的"乘人之危"。市场经济是一种法治经济，这意味着民间借贷也只能是法治范围内的自由，必须以遵守相关法律、法规为前提。高利贷明确违反国家有关限制借款利率的规定，因此，所谓高利贷中契约自由和意志自治完全是一种突破法律边界的自由和自治，是对自由与法治秩序的正确关系的颠覆。将高利贷入罪，完全是基于保障市场主体的财产权利与维护国家金融秩序的目的，是对民间融资自由权利的必要制约，而并非对民间借贷的制度性压制。因此，对情节严重的高利贷行为予以刑法规制，并不存在刑法干预泛化和过度的问题。

二是将高利贷行为予以犯罪化，并独立设置罪名，是世界各国的普遍立法经验。高利贷并非中国所独有，而是世界各国普遍存在的金融现象。针对高利贷给经济、社会带来的严重危害，为控制其负面效应，通过刑事立法，将高利贷犯罪化，也成为各国防范、控制与遏制高利贷的普遍经验，并取得了较好的效果。如美国国会通过《诈骗影响和腐败组织法》规定，借贷利率高出州法律对利率上限规定的 2 倍，不管是金融机构借贷还是民间借贷，构成"放高利贷罪"，这属于联邦重罪，此外，美国各州不仅对高利贷设置了利率上限，并规定了比较严重的刑罚。日本的《出资法》规定，一般放贷人收取年度利息（包括不能履行义务的违约赔偿金金额）超过 109.5%，将被处于 5 年以下的监禁或最高 1000 万日元的罚款或二者并罚。[①] 因此，参考域外国家的相关立法规定不难发现，将高利贷予以刑法规制，并独立设置罪名，是域外金融刑事立法的趋势。

【职业发放高利贷罪】第 ×× 条：个人或非金融机构，违反国家金融管理法规，以牟利为目的，以高出国家对民间借贷利率上限的规定，向不特定对象进行职业性或经营性的发放贷款，处拘役，并处违法所得数额一倍到三倍的罚金；情节严重的，处三年以下有期徒刑，并处违法所得数额三倍到五倍的罚金；情节特别严重的，处三年以上五年以下有期徒刑，并处违法所得数额五倍以上的罚金。

国家工作人员犯前款罪的，应从重处罚。

单位犯本罪的，对单位判处罚金，并对其直接负责的主管人员和其他直接责任人员，依照前款的规定处罚。

[①] 俞燕：《试析打击高利贷犯罪的域外司法实践》，载《中国检察官》2014 年第 12 期。

提升营商环境背景下个人破产制度的构建

海宁市人民法院　张晓莲 *

摘　要

个人破产制度关系到我国供给侧结构性改革和营商环境整体层面的优化建设。其制度缺位带来的弊端已越来越明显，构建符合我国国情的个人破产制度迫在眉睫。个人破产制度无疑会保障债权人和债务人的正当权益，但仍面临着许多担忧。如何平衡个人破产三项基本制度与债权人公平清偿利益之间的冲突是学术界和理论界关注的重点问题。个人破产制度的构建是一个系统工程，有赖于诸多法律制度的配套和协调。就立法者而言，应从权益平衡角度出发，构建以清算程序为基础程序、以个人重整程序为前置程序，选择符合我国市场经济理念和需求的自由财产制度、免责制度、失权与复权制度的立法模式，指引个人破产制度的价值取向发挥作用。

关键词：个人重整；自由财产；免责；失权；复权

★　张晓莲，浙江省海宁市人民法院。

一、引言

个人破产制度起源于古罗马帝国，现已成为众多发达国家的一项重要民事制度，更是社会发展的重要调节机制，直接影响人们的日常生活。我国的破产制度在立法上排除了自然人、个体工商户、非企业法人等民事主体，因而有学者称"最多也只能算是半部破产法"。[①] 随着市场经济的发展，制度缺位导致的弊端越来越明显：一方面，债权人将希望寄托于申请门槛低、效率高且无须当事人负担运行成本的司法执行程序，有当事人认为生效法律文书是以国家信用作背书，只要有生效法律文书就一定要执行到位，要求法院兜底、承担化解一切风险的"无限责任"[②]；另一方面，缺乏合理免责机制的执行程序又催生了债权人案外暴力催收、债务人跑路自杀等现象，威胁社会稳定和谐。"执行难"已然成为社会问题，且其中 40% 左右的案件客观上已经不具备执行的条件。可见，即使执行程序具备了个人破产的部分实质功能，终究不能替代个人破产制度，构建个人破产制度已迫在眉睫。

二、筚路蓝缕：我国个人债务清理之现状

（一）个人破产制度之替代性措施与司法困境

个人破产制度的缺位催生了一系列在功能上具有替代价值的制度和措施。20 世纪 90 年代开始，最高人民法院提出民事强制执行中的申请参与分配制度，赋予启动执行程序以外的债权人在法定期限内参与被执行人财产公平分配的权利，同时为被执行人及其家属保留了生活所必需的财产。但与破产制度相比，参与分配制度具有明显局限性。该制度在申请主体上排除了尚未获得执行依据的合法债权人，参与分配的财产也仅限于执行程序所涉及的已查封、扣押或冻结的财产，以外财产即使足以清偿也需债权人另行申请执

---

① 李曙光：《中国其实只有"半部破产法"》，载《中国商业评论》2007 年第 1 期。
② 《最高人民法院关于人民法院解决"执行难"工作情况的报告》，载《人民法院报》2018 年 10 月 25 日。

行。此外，该制度缺乏公示程序，债权人难以跟进案件执行进展，大部分债权人因此根本无法参与分配。

在"执行难"压力下，最高人民法院于 2010 年提出以"限制高消费令"的措施，以禁止被执行人从事"非生活和工作必需的高消费行为"，有些法院甚至还给被执行人设置了"老赖铃声"。这项带有某种羞辱性的标志措施的本意是督促有意逃避债务的被执行人诚实履行义务，但简单粗暴的方式也伤及了许多"诚实而不幸"的债务人。例如，温州瓯海法院办理的某案件中，被执行人李某因丈夫生意失败被法院列入执行黑名单，导致拥有研究生学历且尚有年幼孩童要抚养的她无法就业，更无力偿还债务。[①]

2015 年开始，最高人民法院又明确提出了"终结本次执行程序"制度，规定经调查确无财产可供执行的，法院可以在申请执行人签字后裁定终结本次执行程序，但申请执行人又发现有可供执行的财产时，可以不受时效限制地再次申请执行。终本制度的出台，使得债权人更加依赖于执行程序，该制度赋予债权人的无限次申请再执行的权利使得基层法院的执行工作更加不堪重负。因此，司法实务及理论界质疑该制度，甚至有学者直言，依赖执行程序实际上是回到了破产制度诞生之前的时代，回到丛林法则时代，从法治的演变进程而言，是一种倒退而非进步。

（二）个人债务集中清理制度之再发展

司法实践部门在意识到我国对破产制度投入不足导致的严重后果后，浙江、江苏、广东、山东等地法院开始积极探索并建立个人债务集中清理制度。以"国内个人破产第一案"为例，2019 年 9 月 11 日，温州市中级人民法院公布了《关于个人债务集中清理实施意见（试行）》后不足两个月，债务人蔡某作为温州某破产企业的股东，主动提出对企业 214 万元连带债务以 1.5%

---

① 《温州"清债试验"：没有个人破产法，个人债务困局怎么破？》，载《南方周末》财经版 2020 年 7 月 29 日。

的清偿比例（即3.2万元）在18个月内一次性清偿的方案并获得全体债权人一致通过，掀开了国内探索自由财产、债务豁免、失权复权等制度的新篇章[1]。值得注意的是，即便温州的个债清理制度具备了个人破产程序的某些实质功能，但其只作为强制执行程序的补充，仅受理法院强制执行程序中的一部分诚实守信又确无能力还债的自然债务人的申请。此后，深圳市人大常委会第一次以地方立法的形式于2020年6月公布了《深圳经济特区个人破产条例（征求意见稿）》，泸州市龙马潭区人民法院制定了《个人破产和解实施办法（试行）》等。

"为不幸人群设置一种公平的、可预期的个人破产解决机制而使其通过可预期的制度利用获得救济，才是国家成熟的标识。"[2]"办理破产"为世界银行营商环境评估体系的十大一级指标之一，个人破产制度不仅关系到企业主、个体经营者和消费者的困境拯救和债务清理，更关系到我国供给侧结构性改革和营商环境整体层面的优化建设。区块链技术的普及促进了大数据个人征信体系的发展和完善，以中国人民银行为核心，以芝麻信用、腾讯征信等互联网数据为依托的大数据个人信用体系已初见雏形，为我国个人破产制度的构建奠定了基础；社会保障体系、个人财产登记申报等配套制度的完善为个人破产立法提供了有力支撑。建立个人破产制度已成为社会共识。

三、路径指引：个人破产制度之具体构建

尽管构建个人破产制度的呼声越来越高，但对如何在妥善处理债权人公平清偿和保护债务人合法权利的基础上，构建一种既遵循个人破产的一般规律，又适应我国基本国情的个人破产制度，仍是理论界争议最多的问题，也是目前个人破产立法的重点和难点问题。这些争论主要集中在：（一）个人破产程序的启动是否以前置和解程序为必要？（二）如何平衡个人破产三项

---

[1] 《全国首例"个人破产案"办结，但个人破产制推广仍有阻碍》，载《第一财经》2019年10月10日。

[2] 刘静：《信用缺失与立法偏好——中国个人破产立法难题解读》，载《社会科学家》2011年第2期。

基本制度与债权人公平清偿利益之间的冲突？

（一）个人破产程序的启动是否以前置和解程序为必要？

个人破产和解程序是指债务人为了避免破产清算，与债权人达成的以减免债务清偿数量、延期清偿债务或即时分配财产等为内容的协议，经法院认可后即生效的法律程序。其制度价值是既尊重了债权人和债务人的意思自治，又考虑了破产审判机关"案多人少"的压力。目前，许多国家将前置个人破产和解程序作为适用个人破产制度的重要过滤手段。例如，德国个人破产立法规定，只有经过债务清偿庭外庭内和解程序，且上述两个程序均失败的情况下，才可进入正式的破产审判程序。在和解程序的存废问题上，我国学者赵万一、高达[①]、刘静[②]等建议将其作为前置程序，其主要理由是和解程序在清偿时间上优于更生程序，且更符合理性债权人对债务清偿的期待。

本课题组对此有不同观点。和解程序自1883年问世以来，越来越多的国家开始质疑其无实际效果、可操作性不强且成本高昂的制度表征，德国、日本甚至在最近的破产法改革中分别废止了《和解法》和《和议法》。尽管该程序对协议内容没有明确的限制，但其程序的正当性来源是当事人的合意，也即和解协议需要全部债权人的一致同意方符合程序要求。反之，若强制少数有异议的债权人遵守和解协议，将违背程序正当性。现有的司法实践表明，要求债权人对和解协议的内容一致通过并不符合实际情况。以温州的个债清理工作为例，个人破产案件集中于金融借款纠纷，债权人以银行居多。银行内部严格而烦琐的核销、审批制度导致银行债权人偏好于反对和解协议的通过，尤其对涉及个人债务豁免的和解协议几乎使和解程序难以开展，很多案件因此根本无法进入个债清理的实质环节。可见，强制性要求以前置和解程序为启动要件，不仅使前期的和解努力功亏一篑，达不到预期清算或使债务

① 赵万一、高达：《论我国个人破产制度的构建》，载《法商研究》2014年第3期。

② 刘静：《建立我国个人破产制度若干问题研究》，载《人民司法》2020年第19期。

人获得再建目的的风险，更有可能使个人破产制度流于形式，不利于制度价值的实现。

相比于个人和解程序，个人重整程序在功能上与其有重叠的部分，且在程序正当性方面更符合制度需求。个人重整程序是指债务人为避免破产清算，提出对未来一段时间的债务清偿计划，经债权人同意或法院批准后按计划清偿债务的程序。该程序以实现债务人对债务清偿的重新规划为实质，程序的正当性来源在于是否能够改善债务人的债务困境而步入正常的经济生活轨道，至于重整计划是否获得绝对全部或多数债权人的同意，只需法院裁判即可，都不是程序的关键。[①]温州的个债清理工作中，为解决前述金融债权人不配合的问题，已事实上采取了该模式。例如，瓯海法院对实体表决设置了"多数决"规则，即先由债权人表决同意对表决方案采取多数债权人同意即可通过的方式，间接排除了金融债权人的反对意见。可见，个人重整制度在程序上避免了非经全体债权人同意的合法性问题，兼具对债务人现有资产的即时清偿和对未来资产的规划。因此，本课题组建议构建以清算程序为基础程序、以个人重整程序为前置程序的个人破产司法程序体系。

（二）如何平衡个人破产三项基本制度与债权人公平清偿利益之间的冲突？

1. 自由财产制度

自由财产制度是指在个人破产制度下，由法律规定或法院酌情决定可由破产人自由管理、使用和处分的，用以保障破产人及其抚养的家属得以维持基本生活和"重新开始"的财产，在英美法上也称为豁免财产制度。它是在个人破产制度的长期发展和完善过程中形成的独有的制度光环，从本质上来说，其设计初衷是从"诚实而不幸"的破产人的立场出发，保证了破产人的生存权和发展权。但是，如何识别"诚实而不幸"的破产人？如何划分破产

[①] 刘静：《个人重整程序与个人破产和解程序的识别》，载《法制与经济》2010 年第 1 期。

财产和自由财产的界限？自由财产制度是否会因为触及债权人清偿债务的根本利益而遭到债权人抵触？这些都是我国个人破产立法面临的问题。

从海宁法院执行局的执行经验看，被执行人为逃避债务，利用护照规避"限高令"出国游玩、利用他人身份信息开办公司等现象比比皆是，不免让人担忧自由财产制度的价值发挥会成为保护信用缺失的债务人逃废债务的"恶法"的风险。本课题组认为，从温州的个债集中清理经验看，如果债务人诚实披露财产或及时申报财产，大部分债权人对债务人重新生活的意愿持宽容和支持态度，但识别"诚实而不幸"的破产人并非个人破产立法所能独立完成，除了对债务人苛以严格的披露和申报义务，更重要的是依托大数据个人信用体系、个人财产登记申报等配套制度的不断完善和成熟，以期对债务人资产做全面核查。简言之，个人信用体系等配套制度必须和个人破产制度相辅相成，形成良性互动。但是，就我国现阶段的信用状况下，一味消极等待征信体系自我发展和成熟显然是不可取的。即便在社会信用机制成熟的美国和英国，也不可避免地出现因为信用监管漏洞导致的债务逃废、破产欺诈等现象。因而，如何通过限缩自由财产的范围，同时加大对破产人失信行为和欺诈行为的严厉惩戒措施，把这种不良现象控制在一个较低的比例，是目前个人破产立法所必须解决的难题。

那么，如何划分破产财产和自由财产的界限？其关键在于如何平衡债权人的清偿利益与债务人的自由财产利益，也即应该为破产人提供一种什么水准的生活保障。[①] 如前所述，民事强制执行中的参与分配制度已基本践行了自由财产制度的精神，尽管经济发展在时间和地域上的不平衡导致各个破产人所呈现的财产形式不同，但只要遵循既维护破产人的基本人权又保障债权人清偿利益的原则，划分破产财产和自由财产的界限并非难事。但由于申报自由财产的权利在于破产人，且自由财产的确定关乎债权人的清偿利益，故而立法应当充分保障债权人提出异议的权利。以美国破产法为例，异议期间

---

① 文秀峰：《个人破产法律制度研究》，中国政法大学 2004 届博士学位论文。

为债权人会议作出决议后的 30 日内，在此期间内如有异议提出，破产法院会举行听证，若异议成立，则需对破产人提出的自由财产清单进行变更，相反，法院应当确认自由财产申请及清单。[①] 我国的个人破产立法应充分借鉴该规则，以保障法院在确定自由财产方面的程序正当性。

2. 免责制度

个人破产制度中另一项特有制度即免责制度，也是与债权保护理念冲突最为激烈的制度。它是指在破产程序终结后，对破产人未能清偿的债务，依法在一定条件和范围内予以免除继续清偿的责任，以使破产人摆脱破产清算程序的限制并得以重新开始生活的法律程序。破产免责作为法律赋予破产人的一种特许利益，经历了德国、日本等大陆法系国家长期的合宪性否定后才成为各国立法普遍确立的制度。有学者认为，缺乏免责制度的个人破产制度"本质上与民事执行中的参与分配制度无异"，"无助于个人破产问题的解决"。[②] 因此，我国的个人破产立法应顺应世界各国的立法趋势，确立个人破产免责制度。

在制度模式的选择方面，有学者建议借鉴美国、英国的做法，在债权人和管理人未提出不可免责事由的前提下，债务人可在破产令颁发之日起 1–3 年的免责期限后自动免责。[③] 也有学者认为，我国目前不宜采取自动免责模式，而应采用许可免责模式，[④] 即由破产人主动申请法院许可其免责，法院经审查认为符合免责条件的，应当裁定许可免责。本课题组认为，在前述自由财产制度足以保障破产人及抚养家属基本生活的前提下，免责制度应充分考虑债权人的清偿利益，即判断是否符合免责条件的重要依据在于破产人在免责

---

① ［美］大卫·G·爱泼斯坦、史蒂夫·H.尼克勒斯：《美国破产法》，韩长印等译，中国政法大学出版社 2003 年版。

② 毛琳：《个人破产程序中债务人权利的限制与恢复》，载《山东法官培训学院学报》2019 年第 5 期。

③ 李永军：《论破产法上的免责制度》，载《政法论坛》2000 年第 1 期。

④ 刘静：《建立我国个人破产制度若干问题研究》，载《人民司法》2020 年第 19 期。

期限内能否诚实、勤恳履行清偿计划。因此，若不加判断和审查就赋予破产人自动免责的权利，难免触及债权保护理念；若由法院和管理人主动审查，虽可能增加法院的工作量，但在防止制度滥用方面将有积极作用，且在程序上更充分保障债权人提出异议的权利，更符合我国个人征信体系尚不完善的基本国情。

司法实践中，存在着大量事实上已执行不能的案件，因此免责制度的实施必定会促使相当数量无任何财产的破产人申请法院许可免责。如果对此类案件机械适用1—3年的免责期限，无疑会架空该制度的价值。那么，如何处理破产免责爆发式增长带来的困难是目前立法者必须考虑的问题。日本个人破产立法对此创设了"同时废止制度"，即在作出破产程序的裁定同时即终止破产程序，从而节省成本并直接转向免责审理程序。[1] 有学者担心"同时废止制度"存在无法充分尽调破产人资产或偏颇性清偿行为等缺陷。但短期而言，我国大量"执转破"案件基本已在执行过程中对资产进行过充分调查，即使存在个别清偿行为也可在免责审理程序进行处理，所以上述风险是极小的；长期而言，随着个人破产制度的推广及个人征信体系、财产申报体系等各项配套措施的完善，免责制度也会随之不断修正。

破产免责豁免了破产人未能清偿的债务，触及了债权人清偿权益与滥用破产免责的风险平衡，在实施过程中必然存在滥用的风险，故应规定一定的限制条件或撤销免责条件，以将不诚实的债务人排除在免责制度的保护范围之外，防止一些债务人假借免责制度逃废债务，损害债权人的利益。[2] 如前所述，只有符合法定条件，法院才会准许破产人在破产程序中尚未清偿完毕的剩余债务予以豁免。因此，免责制度只适用于诚实的破产人，如果破产人有故意隐匿转移财产、破产欺诈、过度挥霍、肆意扩大债务等恶意逃债行为，

---

[1] 藤本利一：《如何做到个人破产免责与防止滥用的平衡？》，"个人破产立法与营商环境"国际研讨会（北京）报告论文之一，2018年6月15日。

[2] 文秀峰：《个人破产法律制度研究》，中国政法大学2004届博士学位论文。

或破产人的债务包括赡养费、人身伤亡赔偿等在性质上不宜豁免的债务，法院在审查申请时应当裁定不予许可，即使破产人前期的诚恳表现已获得了法院的许可裁定，法院也应根据上述情况及时撤销免责裁定。

3. 失权与复权制度

现代破产立法虽已逐渐摒弃"破产有罪"的观念，但即便"诚实而不幸"的破产人也损及了债权人公平清偿的权益，因此，当前许多国家立法例仍保留了对破产人的惩戒，即个人破产失权制度。它是指债务人被法院宣告破产后的一段时期内，在从业自由、人身自由、消费行为、收入支配等方面受到限制，从而丧失某些权利、资格或承担某些义务的制度。目前，失权制度的立法模式选择存在裁判形成主义和自然形成主义两种模式。日本、英国等采自然形成主义的国家以立法形式规定破产人在从业等方面的限制，且不问破产人是否有过错，普遍适用于所有破产人；裁判形成主义则以破产人存在欺诈等过错为前提，以法官的自由裁量权对破产人的非法行为进行惩处。我国的个人破产立法可同时借鉴以上两种立法模式，既对失权制度作出从业、人身、消费等普遍性限制的规定，又应当赋予法院审查破产人在失权期间是否存在过错的权利及裁决是否延长破产人失权期限的权利。对于人身及消费自由的限制，执行机构已积累了大量实践经验，为失权制度的构建奠定了基础，我国个人破产制度立法可充分吸收上述经验。但此外，失权制度还应包括对破产人的收入支配限制，即破产人在失权期间的收入扣除必要和合理费用外，应全部或部分用于清偿计划。对收入究竟按多少比例清偿债务，理论界尚有争议。本课题组认为，虽失权制度带有一定惩罚性质，但个人破产制度价值是给予破产人重新生活的期待及保障破产程序的进行，在破产人收入中扣除必要费用外为其保留一定比例的收入，更有利于激发破产人重新生活的勇气。相反，过度分配不仅挫伤破产人赚取高薪的积极性，更有可能使个人破产制度与执行在效果上无异。

破产人顺利度过失权期限后，立法应解除对其的权利和资格限制，恢复其固有权利，以便其以正常身份回归社会，即复权制度。目前我国对复权制度构建的争议主要集中在采取当然复权方式还是申请复权方式。有学者认为应借鉴美国破产立法例，在破产免责后自动复权[1]；还有学者认为应由破产人在满足复权条件后向法院申请复权。事实上，两种复权方式各有利弊，对当然复权方式而言，免责制度已具备了类似的效果，要求破产人申请复权难免显得制度烦琐；就申请复权方式而言，破产人的申请使债权人和法院有了监督和提出异议的权利，在程序上似乎更符合保护债权清偿利益的原则。因此，本课题组认可采取折中的办法，除对破产因清偿或同时废止等原因终止的情形应采申请方式外，立法还应规定满足"破产程序终结已满法定的年限"等条件可当然复权的情形。

四、结语

个人破产制度的构建复杂且烦琐，有赖于诸多法律制度的配套和协调。虽各国立法例为我们提供了丰富的理论和实践经验，但我国特有的基本国情和文化传统，对构建具有中国特色的个人破产制度提出了更高的要求。目前，我国已完全具备建立个人破产制度的物质基础和环境条件，市场经济体系的完善亦急需个人破产制度发挥调节作用，因此，在妥善处理债权人公平清偿和保护债务人合法权利的基础上，构建一种既遵循个人破产的一般规律，又适应我国基本国情的个人破产制度势在必行。

---

[1] 刘静：《建立我国个人破产制度若干问题研究》，载《人民司法》2020 年第 19 期。

互联网司法中的法院调查取证权研究

浙江大学光华法学院　李有星　刘佳玮 *

摘　要

互联网司法目前在立案、缴费、审判程序、送达、执行等方面取得了巨大进步，但在利用数据证据和客观事实认定方面还存在短板。基于大数据、人工智能、区块链以及人们行为数字化、财富数字化和行踪数字化的发展现实，在数字金融、互联网金融等领域，强化互联网司法中法院的调查取证权和主动取证权十分必要。从诉讼目的的实现、司法实践的需要、法院角色的要求等角度来看，需要重构互联网司法中的法院取证权。互联网司法中法院取证权体现在互联网法院的数据调取权、取证手段和取证入口。并就完善互联网司法法律规则体系、建设适应数字法院需求的全国性的电子数据证据平台等方面提出建议。

关键词：互联网司法；电子证据；取证权；法院；数据

---

* 李有星，浙江大学互联网金融研究院副院长，光华法学院教授、博导，研究方向：金融法、证券法、公司法；刘佳玮，浙江大学光华法学院硕士研究生，研究方向：金融法。

一、法院的调查取证权

（一）法院调查取证权的概念

迄今为止，我国理论界对人民法院的调查取证权尚没有明确的定义，但在我国现行的法律和司法解释中，均明确规定了人民法院有权进行调查取证。根据我国《民事诉讼法》和《民诉解释》的相关规定，法院与当事人共同构成调查取证的主体，其中人民法院的调查取证权分为两种方式，一种方式是依据当事人的申请，另一种方式是法院依职权。这两种方式按照理论界的分类，分属于职权主义模式和当事人主义模式。针对我国民事诉讼中这两种模式的关系，理论界存在着不同的看法，我国根据实践经验，形成了以"谁主张谁举证"为原则，特殊情形下法院调查取证的举证责任分配模式。

（二）法院调查取证权的学理分析

上述所说依当事人申请的调查取证和法院依职权的调查取证，二者在学理上的性质并不相同。法院依申请进行的调查取证，该程序必须由当事人（包括其诉讼代理人）提起，法院进行必要的审查并予以准许后才着手进行证据收集行为。因此，对于法院来说，民事诉讼中法院依申请调查取证属于一种权力行为。

法院依职权进行的调查取证的性质，更为复杂。通常可认为，法院依职权进行的调查取证的性质既是权力也是义务，属于职权行为。在传统的当事人主义与辩论主义原则中，法院的职权取证行为受到否定和排斥，但在协同主义诉讼理念逐渐兴起的背景下，法院的职权调查取证行为愈益具有了正当性基础。[①] 协同主义，由德国学者贝特曼（Bettermann）首次提出，就原先学界讨论的辩论主义进行了细微调整，该学者认为，必须要求民事诉讼中的诉讼参与人协同诉讼，主张法院、诉讼双方必须在民事诉讼过程中进行协同，

---

① 吴如巧：《民事诉讼证据收集制度的构建》，中国人民公安大学出版社 2011 年版。

要求民事诉讼具有"社会化"属性。协同主义与我国现行民事诉讼制度较为吻合，符合《民事诉讼法》第二条规定的要求。在现在的司法实务中，法院有足够的权力对是否调查取证以及调查取证的范围等进行足够的主导，只要法院基于对"人民法院认为审理案件需要"的自由解释，就可主动启动法院调查取证，就这一层面上来说，法院依职权调查取证的行为又是权力行为。另一方面，民事诉讼要求法官负有诉讼促进义务 [1]，并且，民事诉讼相关法律、司法解释也对部分情形下法院必须采取依职权调查取证进行了明确规定，故要求法官必须在必要时主动依职权调查取证，此时法院依职权调查取证则变为一种诉讼义务。因此，法院依职权调查取证既具有权力性质也具有义务性质。

同样，证据调查在学理上也存在不同的分类，陈朴生曾在其书中指出：根据证据调查的作用的不同，证据调查应当分为两种，一种是形式的证据调查，另一种则是实质的证据调查。形式的证据调查侧重在对证据资料的调查收集，属于立证的范围；而实质的证据则侧重在对证据态度的发现，属于判断的范围。两者是不一样的，不可以混为一谈。在立法上认可当事人进行主义的国家，认为形式的证据调查的权利属于当事人，而实质的证据调查则属于裁判者职权范围；在立法上认可职权主义的国家，不论是形式的证据调查还是实质的证据调查，都属于法院的职权范围。[2]

从上述中可知，以调查作用为划分标准，证据调查可分为形式的证据调查与实质的证据调查两种；而以调查主体为划分标准，可分为当事人与法院。法院调查取证，从主体上来讲，当然地排除了当事人这一主体，由此我们就可明确法院调查取证的主体是法院。对于调查取证的内容，我国理论界认为有"广义说"与"狭义说"两种。"广义说"认为证据调查包括证据的收集、

---

[1]　沈冠伶：《论民事诉讼法修正条文中法官之阐明义务与当事人之事案解明义务》，载《万国法律》2000 年第 6 期。

[2]　陈朴生：《刑事证据法》，三民书局 1985 年版。

审查、运用等相关的调查活动，不仅包括形式的证据调查，也包括实质的证据调查。"狭义说"则认为调查取证仅仅指形式的证据调查，不包含对证据资料的判断。从我国民事诉讼立法来看，法院调查取证在内容上仅包括证据的调查收集，故采取"狭义说"更为适宜。综上所述，我们可以明确：法院调查取证是一种以法院为主体，仅对证据材料进行形式调查的活动。

二、互联网司法中的法院调查取证权

（一）电子证据

证据是民事诉讼中的关键，对于当事人维护自身权益、法院公正裁判起着至关重要的作用。电子证据是证据在互联网时代诞生的新形式，是指在互联网上形成的电子信息，其本质上是一种数据。随着人工智能、区块链、大数据、互联网等新兴技术的广泛应用，当今社会所有的行为都转化为数据。[①]根据希捷携手国际数据公司（IDC）共同发布的《数字化世界——从边缘到核心》白皮书预测，全球数据圈将在2025年增加至175ZB（1ZB相当于343.6亿部智能手机的存储容量），而中国的数据圈将位居世界第一。可以看出，随着数据的发展，人们的所有活动都将以电子数据为载体被记录下来。一旦发生纠纷，电子证据将成为裁判案件的主要证据。

就我国而言，最新修订的《刑事诉讼法》《民事诉讼法》《行政诉讼法》均将电子证据作为一个法定的证据种类。2015年《最高人民法院关于适用〈中华人民共和国民事诉讼法〉的解释》则对电子证据的类型进行了细化和规定，通过电子邮件、电子数据交换、网上聊天记录、博客、微博客、手机短信、电子签名、域名等形成或者存储在电子介质中的信息、存储在电子介质中的录音资料和影像资料，均适用电子数据的规定。

---

① 李有星：《数据资源权益保护法立法研究》，浙江大学出版社2019年版。

（二）立法现状

1. 一般规定

现行法院调查取证制度主要规定于《证据规定》《民事诉讼法》《民诉法解释》等法律和司法解释中。

（1）关于准予法院调查取证的规定

《证据规定》第三条规定了当事人全面完成举证以及当事人申请人民法院调查收集的前提。《证据规定》第十五条对之前 1991 年民事诉讼法相关规定进行了细化，该解释早于《民诉法解释》的相关规定，较《民诉法解释》多规定了一种类型，即"可能有损他人合法权益的事实"。《证据规定》第十七条明确规定了当申请法院调查取证的三种情况，该条文基本与之后颁布的《民诉法解释》的相关规定类似。

《民事诉讼法》第六十四条规定当事人有责任提供证据，并规定人民法院应当调查收集证据的两个大类，其一为当事人因客观原因不能独立取证；其二为法院认为需要，该条文明确了当事人的举证责任，其应是通常情况下收集证据的责任主体，在符合法定情况下才由法院进行调查取证。由此可见，民事诉讼中法院调查取证的立法本意应该是弥补诉讼当事人因客观原因调取证据的不足，《民事诉讼法》并未对上述两个大类进一步明确、细化。

《民诉法解释》第九十四条对《民事诉讼法》第六十四条第二款的规定进一步明确为三种前提。但该条文明确又"不明确"，如第三项认为的因客观原因不能自行收集的"其他证据"显然属于兜底条款，如何界定、限定又进一步困扰着实务部门。《民诉法解释》第九十六条明确了《民事诉讼法》第六十四条第二款的规定，并明确除法定情况外，法院调查收集证据应以调查取证申请为前提。该条文已明确规定了法院依职权调查取证的几种情况，并排他性进行了规定，即必须属于上述的几种情形，否则不得依职权进行调查取证。

（2）关于不准予法院调查取证的规定

通过对《证据规定》《民事诉讼法》《民诉法解释》相关法条的分析，可明确我国对于法院依职权调查取证把握较为严格，需符合法定事由，否则不得依职权调查取证，如《证据规定》第十六条。《民诉法解释》第九十五条明确了人民法院不予准许当事人的调查取证申请的三种情况，但这三种情况的认定亦缺乏明确的评判标准，审判人员不准予当事人调查取证申请，通常在内心当然也是确认符合上述三种情况，但当事人以审判法官的不准予调查取证，符合《民事诉讼法》第二百条第五项规定申请再审的法定事由，在判决生效后申请再审，如何处理？甚至是否能因此评定原审案件系错案或追究审判法官的办案责任值得深思。

2. 互联网司法中的专门规定

对于在互联网司法过程中的举证责任问题，目前我国相关法律法规并没有对其进行专门规定。根据《广州互联网法院电子数据存储和使用的规定（试行）》规定，该院依职权或者应当事人申请，可依法调取证据平台存储的电子数据。可见当下互联网法院在审理案件过程中仍然沿用《民事诉讼法》及《民诉解释》的相关规定分配举证责任，即谁主张谁举证，特殊情形下法院调查取证的举证责任分配模式，所以互联网法院的调查取证权只有在当事人申请和依据职权两种情况下才能行使。

《最高人民法院关于互联网法院审理案件若干问题的规定》中规定了当事人可以将自己持有的证据通过网络进行上传举证，法院可以直接从电子商务平台经营者、网络服务提供商、诉讼平台等处提取相关证据。由于民事诉讼法的一般程序规定并不包括法院以在线方式调取证据，所以该规定标志着互联网法院正式确立了法院在线取证的权力。但电子证据只是一种法定的证据，在线取证只是根据互联网司法的需要对传统线下取证形式的扩充，本质上并未对当事人和法院的举证责任分配进行调整，也未影响互联网法院的取证权。

（三）特殊性及其成因

互联网时代，传统审判流程从线下转移到线上，数据信息从纸面转移到"云"上或"链"上，立案、送达、调解、庭审、举证、质证等诉讼环节发生深刻变化，由此建立的与互联网时代相适应的审判模式、在线诉讼程序和实体裁判规则等，有机地构成了互联网司法。

互联网司法中的行为事实因基于互联网、大数据、区块链技术广泛应用，其调查取证按道理来讲应该不再困难，在互联网中，案件全部均体现为数据形态，借助电子数据技术，案件的来龙去脉一目了然。电子文件成为交易中传递信息、记录事实的重要载体。大部分数据，包括网上支付、电子合同等都是通过网络形成的，当纠纷发生时，记载交易记录及用户信息、电子合同等电子数据的文件即是案件裁定的重要依据。

但事实上，由于互联网本身具有专业性、数字性等特征，给当事人在数据的获得与取证上造成了困难。电子证据本身的无形性、易破坏和易篡改等特点，为电子证据的保全和固化带来了很大的难度，既使得当事人在取证方面存在很大困难，也给法院在审理过程中对证据真实性的鉴定带来麻烦。同时，互联网交易均通过电子平台进行，相关文件证据也都以电子文件方式存在于电子平台，而电子数据取证技术、利用在线解析等取证技术从中立性的角度来讲，只能由第三方去证实和认定。

互联网司法的高效、便捷，取决于整个过程的流畅与高度匹配。从当事人提起诉讼到最后的裁判结果，所需证据材料在最开始就以最可靠、最规范的方式呈现，也就意味着互联网法院所需的证据材料，当事人在申请时就应当以符合其要求的形式提交，这种高匹配度的信息对称性在目前的状态下是很难完全顺利接轨的。而如果互联网法院能够一站式调取证据，则接轨问题便迎刃而解，既能破解取证难的问题，也能直接对原始数据的真实性进行鉴定，既保持了技术上的中立性，也具有结果上的中立性。所以调整现行的举证责任分配规则，赋予互联网法院更多的调查取证权十分必要。

（四）实践中存在的问题

1.法院行使权力受限

法律虽然赋予了法院一定的调查取证权，但是在实践中，法官作为社会群体的一员，其要承受的压力远高于普通民众，尤其是司法改革以来，法官的压力日趋增加，并且在司法实践中存在法官怕存在偏颇一方之嫌，从而以各种理由不同意当事人的调查取证申请，更不会依职权主动调查取证。与上述情况相对的是法官为了查清案件事实，在不符合法定调查程序的情况下进行取证，在这一过程中法官调查取证权受限。由于受到现行法律规定和现有技术手段的限制，互联网司法实践中，对于大部分案件，法官一般不愿意依职权调查取证，在需要调取时一般也会要求当事人申请进行。

2.举证责任分配不合理

证据调取环节是互联网法院在线审判的重要环节，根据《杭州互联网法院诉讼平台审理规程》规定，当事人对自己的主张有责任提供证据。但由于人们在网络世界的各种活动所形成的原始数据均保留在存储服务器中，加之这些数据本身具有一定的专业性，所以普通当事人很难对其进行提取和举证，造成当事人对电子证据取证难、存证难的问题。2019年3月，广州互联网法院网通法链正式上线，广州互联网法院诉讼平台已支持可信电子证据平台证据导入，当事人共有三种在线举证方式：一是直接提交电子证据，二是向未接入平台机构申请证据存证，三是事前存证、自动验证。这三种方式中只有第一种是直接由当事人举证，第二种和第三种则是由法院、电子证据平台和证据持有机构等完成。

在传统的民事诉讼中，法院扮演的是中立者的角色，遵循被动、消极原则，并不直接介入证据的获取，只有在当事人取证困难，提出申请，确有必要和法院依据职权的情形下法院才能够进行取证[1]，这显然无法满足上述互

---

[1] 盛雷鸣、吴卫明：《互联网司法参与主体的协作机制研究》，析出自上海市法学会：《上海法学研究》，上海人民出版社2019年版。

联网司法实践的要求。

3. 电子证据的真实性难以认证

电子数据要满足作为证据使用的前提是内容保持完整、未被修改。但由于电子证据是在以 0 和 1 两个数字组成的一系列二进制代码存储各种介质上，所以一个简短的指令和轻微的外部环境就可在极短的时间内对电子证据进行修改、删除、转移。且与传统书证、物证不同，电子证据的虚拟性使其在遭遇篡改时，可以实现不留痕迹。[①] 这就造成在现实的司法实践中，当事人提供的电子证据的真实性往往很难得到认证。许多法官认为电子证据的"脆弱性""易变性""易篡改性"，导致较难确认电子证据是否真实，加之目前我国尚未有统一标准的电子证据认证标准和规范，使很多法官难以用电子证据作为认定案件事实的依据，对互联网法院以电子数据作为证据来认定案件事实造成了极大影响。

4. 当事人证据能力较弱

随着互联网技术的蓬勃发展，网络纠纷不断增加和当事人法律意识显著提高，互联网民商事案件的总数、当事人申请调查取证的数量和比例，均呈逐年上升趋势。但是我国法治进程还比较落后，当事人的证据能力还比较弱。尤其是在互联网技术操作专业性较强的证据调取存证等方面，普通民众这方面的能力欠缺，方法有限，加之原始数据大部分掌握在平台手中，当事人要想真正行使取证权利可谓难上加难。

2019 年北京互联网法院上线"天平链"，针对电子证据验证难问题，该院依托"天平链"电子证据平台对上链证据进行校验并将校验结果直推法官，使验证可信。当该电子数据涉及所管辖案件时，用户可以提交该存证编号和原始电子数据，天平链后台可自动验证该电子数据的完整性和存证时间，并将验证结果直接推送至法官端口，从而大幅提升法官对该电子数据的采信效

---

① 石现升、李美燕：《互联网电子证据运用与司法实践》，载《北京航空航天大学学报（社会科学版）》2016 年第 2 期。

率。但是"天平链"的第一步仍然是用户提交编号和原始电子数据，在原始电子数据获取方面并没有给当事人减轻困难。

5 法律法规杂乱，电子取证规则匮乏

互联网司法是近年来发展起来的新兴事物，其相应的法律法规和规则并不健全。互联网司法的流程需要在既有的法律法规的规范下运行，但相对传统证据而言，电子证据的取证程序与证据规则存在较大差异，则产生了法律空白，目前我国尚未有一部法律法规专门规定电子数据取证及认证标准。杭州互联网法院制定的《民事诉讼电子数据证据司法审查细则》和广州互联网法院制定的《关于电子数据存储和使用的若干规定》对电子数据的使用进行了部分规定，但是在细节性内容方面仍然没有形成统一的标准，这也反映出我国电子证据适用方面的立法水平与互联网技术迅速发展的程度极不匹配。缺乏统一的电子证据的使用范围、采纳条件、举证形式、指引性的规范，使得司法审判操作困难，容易造成司法实践中的混乱。[1]

在电子证据真实性认定过程中，身份认证、时间戳、哈希值、区块链等技术已经成为电子取证、存证的必备条件。然而在实务中，存取证机构的执行标准并不统一，不同程度存在利益关联、概念混淆、逻辑不严密、取证程序有瑕疵的情况，导致当事人权利主张失败和法院审判工作被迫延误的情况。[2] 可见，立法的滞后性带来的问题在互联网电子证据的使用和认定过程中日益凸显。

6. 全国性的电子数据平台尚未建立

2019 年杭州互联网法院对外发布的《互联网金融审判大数据分析报告》中显示，金融主体、监管单位与法院之间的数据孤岛依旧存在，三方主体间的数据共享与开放还有很长的路要走。杭州互联网法院虽然已经先后上线了

---

① 郑良玉：《互联网金融借贷纠纷中电子证据司法应用的难点及完善》，载《吉林工商大学学报》2018 年第 5 期。

② 《北京互联网法院受理第一案对电子证据存取证标准产生重大影响》，https://www.chinacourt.org/index.php/article/detail/2018/09/id/3510354.shtml，最后访问日期：2020 年 10 月 4 日。

电子证据存证平台和司法区块链平台，但因金融部门尚未开发相应的数据传输平台等载体，不具备数据传输条件，致使无法实现以电子方式提交金融数据。

三、重构互联网司法中法院取证权的必要性

任何的制度和规则我们都应当坚持用辩证、发展和联系的眼光来看待，我国民事诉讼中的举证责任分配经历了 30 余年的发展和变化，大致经历了强职权主义，职权主义为主、当事人主义为辅，当事人主义为主、职权主义为辅，强化当事人主义四个阶段，每个阶段的修改和完善都是为了适应社会的发展，为了更好地使制度为社会服务，我们仍然应当立足当下互联网司法实践的发展对其进行完善。

（一）诉讼目的的必然要求

任何一项制度都应该有其体现的价值追求。一切诉讼永恒的生命力在于诉讼的公正，诉讼首要的价值目标亦系诉讼的公正[1]。法院调查取证制度是民事诉讼制度的组成部分，也应当以公正为其首要价值追求。《民事诉讼法》第六十四条就明确了法院调查取证对于当事人取证能力因客观原因受限的校正，该条文即体现法院调查取证保证诉讼公正的价值追求。尤其在我国当下司法实践中，当事人的证据收集制度极不健全，当事人个人收集证据缺乏制度保障，为保障诉讼公正，法院就必须能够适时地启动调查取证程序，弥补当事人调查取证因客观原因的不足。

同样，互联网司法中法院取证权的行使，与我国在互联网民事诉讼中的目的追求密切相关。互联网民事诉讼的目的及追求，决定着互联网司法中法院取证权的大小。根据中央全面深化改革领导小组《关于设立杭州互联网法院的方案》及中央全面深化改革委员会《关于增设北京互联网法院、广州互

---

[1] 常怡：《比较民事诉讼法》，中国政法大学出版社 2002 年版。

联网法院的方案》，我国设立互联网法院的目的之一，就是要逐步探索和完善新型互联网案件诉讼程序和司法规则，实现司法公平正义的目的。

（二）司法实践的发展要求

人民法院职权调查取证制度作为调查取证制度的组成部分，应当能够满足司法实践的现实要求。现代诉讼制度在追求公正的前提下，也追求诉讼效率，互联网司法中的法院调查取证制度同样应该有如此的追求。互联网司法中法院调查取证的启动，意味着在证据收集方面，公权力以更积极的姿态介入，必将提高互联网司法的效率。尤其是在我国互联网发展的现阶段，当前"谁主张谁举证"，特殊情形下法院调查取证的举证责任分配模式中当事人的举证责任虽然加强了，但是取证权利却难以保障。尤其是由于互联网的特殊性，互联网司法案件中证据一般由第三方平台存储，当事人便很难提取证据或者认证其真实性，造成了当事人举证难、存证难、认证难等诸多问题，导致虽然当事人有理，但诉讼结果却对其不利的案件结果。实践中已经有部分做法是一经立案，由电子商务平台推送所有网上生成的阶段数据，突破了当事人提交证据的规则[1]，这种举证责任分配模式已经不能完全适应互联网司法实践要求，所以完善互联网司法中法院的取证权十分必要，有助于查清个别较为复杂、真伪不明的民事案件，从而推动民事诉讼进程，压缩案件审理流程，保证诉讼达到实体公正，进而妥善解决纠纷，从这一方面看，有提高诉讼效率的意义。

（三）人民法院的角色要求

我国的法院是人民的法院，不存在任何利益关系，无论是职权主义还是当事人主义，我国法院采取该规则都是为了发现事实真相，从而根据事实作出公正裁判。当前的许多互联网案件，由于当事人无法提交证据，导致最后

---

[1] 洪冬英：《司法如何面对"互联网+"与人工智能等技术革新》，载《法学》2018年第11期。

法院认定的法律事实与客观事实相差甚远的现象时有发生。在互联网司法活动中，人民法院的定位有些类似于电子商务活动中的电子商务平台，虽然法院不具有营利性，也不会因为用户的增加而有任何直接或间接的经济利益。互联网司法的当事人和其他诉讼参与主体是否愿意采用互联网司法的方式解决纠纷，以及参加诉讼过程中是否有良好的体验，是影响互联网司法推广的重要因素，也是让广大公众感受司法阳光的重要因素。从这个意义上说，人民法院作为国家司法机关，也有"获取用户"以及为用户降低交易成本的动机。[1] 在当事人取证难、存证难、认证难的情况下，法院理应进行调查取证。

四、互联网司法中法院调查取证权的重构

（一）起点：扩大互联网法院的调查取证权

1. 调整举证责任分配规则

司法公正是所有法律制度的归宿。举证责任的分配原则由于自身特性，以及多种价值观念交叉融合，最终形成当下的举证责任分配模式。不同的时代背景和不同的社会实践必然要求其与时俱进，符合司法公正的目的。纵观举证责任分配原则变化的四个阶段，可见责任分配原则的设立初衷就是保护和维护当事人的合法权利。换言之，如果当下当事人依旧可以顺利完成举证，那么就没有必要对举证责任的分配原则进行重构。但随着互联网等新兴技术的发展，当事人举证难、存证难、认证难的问题成为阻碍当事人胜诉的一大障碍。而互联网法院则可以依据新兴技术，与数据平台进行对接，轻松简单实现对电子证据的"一键提取"和"快速确认"。[2] 法院依申请调查取证在性质上属于法院保障当事人实现其诉讼权利的行为[3]，所以应当借助司法改

---

① 盛雷鸣、吴卫明：《互联网司法参与主体的协作机制研究》，析出自上海市法学会：《上海法学研究》，上海人民出版社 2019 年版。

② 邵新：《关于设置互联网法院的若干思考》，载《师大法学》2018 年第 1 期。

③ 李浩：《回归民事诉讼法——法院依职权调查取证的再改革》，载《法学家》2011 年第 3 期。

革的契机，回归维护和保障当事人诉讼权益的初衷，逐步扩大互联网法院的调查取证权，形成以互联网法院调查取证为主、当事人举证为辅的模式，并将实践中的经验进行总结，上升到实体法、程序法的高度予以规定。

2. 扩大互联网法院的调查取证权

对于当下的法律法规，互联网法院的调查取证权和一般法院别无二致，但基于互联网司法及法院的特殊性，在调整举证责任分配模式的同时，扩大并且赋予互联网法院调查取证权才能让其更好地发挥作用。具体而言，可以针对专门从事互联网司法的法院和传统法院两类，分别赋予其不同的权利。对于互联网法院，应当赋予其法定的调查取证权，行使此类调查权不受相关前置条件的约束。对于传统法院，可以适当扩大其现有的法定调查取证权的情形，使其在审理涉及的互联网案件时，同样能够作出公正审判，这样才能真正保证互联网司法的公平正义。

（二）重点：建立多层次一体化、标准明确的法律法规体系

1. 建立多层次一体化的法律法规体系

我国现有的法律尚未对举证责任的分配调整进行规定，电子数据方面的规定也仅仅停留在表面，所以应当站在全局的高度，结合互联网和立法的趋势，对举证责任分配调整进行全国性的立法规定，对调查取证的标准程序、电子数据的认证和采信标准等问题结合具体情况进行全国或者地方性立法规定，填补相关法律空白，弥补立法的滞后性，形成多层次一体化的法律法规体系。现阶段，电子诉讼法律地位、电子送达有效性、电子证据认定等系列问题亟须诉讼立法明确。从立法条件来看，电子诉讼立法理论基础已经较为成熟，应尽快出台。

2. 明确调查取证的标准和程序

目前的民事诉讼法规定仅对法院调查取证作为补充的情形进行了规定，当互联网法院的调查取证权扩大后，调查取证的标准和程序等方面规定均属

空白，所以应当明确互联网法院调查取证的标准和程序。标准化程序的建立，既可以作为调查取证全过程的指导，也可以减少对收集到的互联网电子证据真实性问题的争议。

3. 统一证据认证和采信标准

杭州互联网法院、广州互联网法院各自出台了电子数据的平台接入办法、认定规定，但总的来看，其规定的内容并不完全一致，尚未形成全国统一的标准。我国互联网电子证据取证的技术主要包括五种：IP 地址和 MAC 地址识别和获取技术；电子邮件取证技术；网络入侵追踪技术；网络输入输出系统取证技术；人工智能和数据挖掘技术。[①] 结合这五种技术手段，建立认证和采信的统一标准，才能够最大限度减少因法官不了解互联网技术而导致的证据不予采信等情形的发生。

（三）难点：相关主体的利益平衡

在法院调查取证权重构中，涉及举证责任的重新分配问题，所以相关主体的利益平衡必须予以考量，即法院调查取证权与当事人举证权的利益平衡。在传统的民事诉讼中，法院的调查取证仅仅是辅助当事人调查取证的一种手段，法院的地位也就是居中裁判。在互联网司法中，有学者认为人民法院扮演的角色类似于电子商务活动中的电子商务平台，而诉讼当事人扮演的角色类似于消费者。但与电商平台不同的是，法院并不是以营利为目的，而是以追求司法公正为目的，当事人不是为了购买商品服务，而是为了其诉讼请求得到满足。笔者认为这个类比相对形象，互联网法院应当居于整个审判活动的核心，案件的调查取证也应当以法院的调查取证权为主。同样，法院作为公权力机关，保障处于劣势地位的当事人查清法律事实也应当是职权所在。

但是公权力与个人之间向来存在对抗，为了避免造成公权力的滥用，所以在制度设计上，应当依据比例原则和人权保障原则来平衡个体与数据使用

---

① 杜春鹏：《电子证据取证和鉴定》，中国政法大学出版社 2014 年版。

者之间的利益问题。具体而言，笔者认为可以从四个方面对法院调查取证权予以限制，一是事先通知，即法院在调取证据前应当对当事人予以告知，这样既可以保障当事人的知情权，也可以检验当事人自行取得证据的真实性。二是事后申诉，即当事人若发现法院在调取证据时存在非法篡改证据、泄露证据等情形，当事人应当及时进行申诉。三是涉及重大隐私事项时需授权，即当法院调取的证据涉及当事人的重大隐私时，法院需要事先取得当事人授权才有权进行调取，以确保不侵犯当事人的隐私权。四是符合比例原则，即法院在调取证据时，应当按照比例原则进行调取，所调取的证据能保证案件事实清楚即可，能不调取就不调取，能少调取就少调取。

（四）关键：运用区块链技术搭建全国性的电子数据平台

与传统的民事诉讼活动相比，在线诉讼要求互联网诉讼平台具有低成本、高效率的特点，所以降低举证成本在在线诉讼中至关重要。所以各地法院积极引入区块链技术，探索"区块链 + 司法"模式，杭州互联网法院建立了司法区块链，北京互联网法院上线了天平链，广州互联网法院建立了网通法链。截至 2019 年 10 月 31 日，全国已完成北京、上海、天津、吉林、山东、陕西、河南、浙江、广东、湖北等省（市）的 22 家法院及国家授时中心、多元纠纷调解平台、公证处、司法鉴定中心的 27 个节点建设，共完成超过 1.94 亿条数据上链存证固证，支持链上取证核验。[①] 这大幅提高了电子证据的可信度和真实性，降低了举证成本。

各地人民法院、公证机构、律师事务所、互联网交易平台等，运用区块链技术共同搭建全国性的电子数据平台，互联网上发生的交易活动，均在区块链上进行记载。这样，一旦发生网络纠纷，各地的法院才能够真正一键取证，且真实性更高。目前电子证据存证平台和司法区块链平台已为数据流通共享提供了技术保障，应当进一步坚持数据驱动原则，加快制度建设，明确

---

① 中华人民共和国最高人民法院：《中国法院的互联网司法》，人民法院出版社 2019 年版。

数据流通共享原则方式、权利义务，加强统筹协调，推动制定法院系统平台技术和数据安全标准，从更高层面实现数据跨单位、跨平台、跨系统全面对接共享，推动现有技术应用更加符合司法需求。

基于大数据、云计算等新兴技术的社会巨变已经到来，新形势下互联网司法面临着诸多挑战，审时度势地调整和完善互联网司法规则，不断使其适应司法实践需求，才能更好地发挥司法对社会的作用，推动司法体制改革走向深入，建立起更加科学完善的互联网司法体系。

行远自迩：二元视野下互联网金融犯罪刑法规制

浙江省庆元县人民法院　吴雅雯

浙江省丽水市中级人民法院　徐赟 *

摘　要

在"科技＋金融"跨界业态不断兴起的当今，资本的逐利性导致互联网金融异化，大量"无照驾驶"平台违法从事金融活动，打着金融创新和"互联网＋"旗号混淆视听，游走于犯罪边缘。面对金融犯罪的失范规制，笔者立足于积极刑法观与刑法谦抑观二元视野，对互联网金融犯罪刑法规制内生困境进行理性探析，并进一步从风险防控、效益审视、适度宽容三点对刑法规制应然走向进行价值解构，最后从入罪标准、刑罚结构、金融监管、司法应对四方面提出实践对策，以期实现打击互联网金融犯罪和保护金融市场创新发展两者有机统一。

关键词：互联网金融；刑法规制；积极刑法观；刑法谦抑观；司法应对

---

* 吴雅雯，浙江省庆元县人民法院法官；徐赟，浙江省丽水市中级人民法院法官。

侵欲无厌，规求无度。近几年互联网金融风起云涌持续升温，到如今潮水退去渐渐冷却，频频"爆雷""跑路"的P2P，或因新冠疫情导致的"批量违约"，还是此次蚂蚁暂缓上市事件，都对我们敲响了警钟。"互联网＋金融"的经济发展模式为我们传统金融业注入了新的活力。但囿于法律的迟滞性及互联网金融活动与传统金融活动的差异，互联网金融行业的弊端也引发诸多金融刑事案件。本文立足于积极刑法观与刑法谦抑观二元视野对互联网金融犯罪刑法规制应然走向及司法应对逐一探析，以期为推动司法的转变，契合社会期许，实现互联网金融犯罪规制有所裨益。

一、现状检视：互联网金融刑法规制的内生困境

（一）互联网金融行为冲击刑法稳定性

互联网金融涵括一切依托互联网技术的网络金融活动、互联网金融法律、互联网金融经营运作平台、中介机构以及金融服务实体机构。互联网金融有着成本低、效率高、覆盖广的天然优势，并得以快速增长。新兴互联网金融模式的不断发展更新，使得互联网金融行为变化莫测，尤其是在面临涉及犯罪的金融创新行为方面，难以全面进行监管。与此同时，我国互联网金融缺乏完备征信体系，电子信息本身存在技术风险、信用风险，从而放大了互联网金融的风险指数。为避免互联网金融创新活动因刑法规则的过度限制而受阻，我国在适用刑法的过程中在一定程度上会对相关刑法条文进行扩大解释或修订，而刑法修正案出台频繁且论证时间不长的情况下不可避免使得刑法过于超前、随意，为我国现行刑法框架稳定带来了风险。因此，从现行刑法制定的模式上来看，如何做到既能保障刑法修订时能得到充分的思考论证，从而保护互联网正当金融业务，又能惩罚利用互联网实施的涉金融犯罪的行为，仍需要我们探讨和研究。

（二）过度刑法化阻碍互联网金融创新

资本的逐利性导致互联网金融异化，互联网金融企业在诞生之初就致力无限制地跑马圈地，无限扩张贷款规模且不计后果。金融犯罪总是与金融创新相伴，但由于缺乏明确法律规定，存在大量"无照驾驶"平台违法从事金融活动，打着金融创新和"互联网+"旗号混淆视听游走在合法与违法、违法与犯罪的边缘。为加大对犯罪行为惩治力度，将所有的违法行为纳入严密的刑事圈，过度过早使用刑罚容易造成泛刑主义思想抬头。刑法对刑罚过度依赖，造成过度犯罪化。因此刑法介入界限在哪？罪与非罪的标准是什么？以近几年频频爆雷的P2P为例，P2P网贷涉及的参与对象多，范围广，金额总额较大，当前司法实践中将P2P网贷一般以涉嫌非法吸收公众存款来定罪量刑，但用刑法规制的眼光来看P2P网贷性质，应当注意区分违法行为与犯罪的实质性区别。适用非法吸收公众存款的刑法条文对P2P网贷行为进行规制，既扩大了该罪名的成立范围，往往成为打击互联网金融犯罪的口袋罪名，也对非法集资活动规制体系的建立产生消极影响，没有为合法的民间金融预留相应空间。因此，实践中刑法明文规定的犯罪行为与互联网金融的违法行为界限仍存在难解难分之情形，不利于互联网金融的发展和创新。

（三）缺乏行政前置规范凸显监管短板

互联网金融的创新性使得传统金融监管方式备受质疑。互联网金融作为冲击传统金融的新生力量，在"包容"和"试错"的监管思路下，各种互联网金融平台与互联网金融产品得到迅猛发展，"互联网+"的经济发展模式愈演愈烈。而纵观互联网金融发展历程，不难发现，互联网金融产业从"金融创新"蓬勃发展，到被要求"规范发展"冷却退场，"过山车式"历程暴露了互联网金融法律规制捉襟见肘。[①] 面对互联网爆炸式发展，国家金融监管步伐明显偏慢。互联网金融具备参与人数众多、涉及范围广、资金巨大等

---

① 毛玲玲：《互联网金融刑事治理的困境与监管路径》，载《国家检察官学院学报》2019年第2期。

特点，与传统金融相比，更难把控相关金融风险。在我们传统的金融监管体系中，对于大部分金融违规违法情形，一般都会先行适用经济法、行政法等法规，适用刑法的一般是犯罪行为。从目前实践来看，互联网金融领域的法律适用与传统金融法律适用大相径庭。在金融创新背景下，相关法律法规存在滞后性，一旦出现相关违规违法现象，缺乏行政前置性规范的前提下直接适用刑法，会直接打击无数金融创新者的积极性，阻碍互联网金融的发展。

（四）互联网金融犯罪错综复杂，对司法审判形成倒逼压力

互联网产生犯罪涵盖多种罪名，例如因第三方支付资金沉淀诱发职务犯罪，资金流转导致洗钱犯罪，互联网技术操作上引发计算机犯罪。互联网金融犯罪多采取"线上＋线下"合作模式，基于网络虚拟度高、传播性广、资金流动隐秘性强等因素，造成互联网金融犯罪案件审理难度高。以非法集资犯罪为例，这类犯罪多为共同犯罪，犯罪组织严密，法律关系复杂且涉案金额巨大，不仅如此，互联网金融犯罪突破地域和时间的限制，涉案范围不局限某一地，还可能遍布全世界。空间的跨域性使得犯罪行为地和结果发生地分散，这也直接给此类刑事案件的管辖确定提出了难题和挑战。以"e租宝"集资诈骗、非法吸收公众存款案为例，涉案金额超过 700 亿元，涉及全国 31个省、自治区和直辖市超过 90 余万名投资者。犯罪脱域之严重，犯罪涉众性之突出也是在其他传统金融犯罪案件里难以想象的。不仅如此，由于电子数据共享技术仍有壁垒等原因，金融主体、监管单位与法院之间的数据孤岛依旧存在，因此案件进入审判阶段，对证据采信、事实查明、法律适用等环节法院都面临严峻的挑战。

二、理论思辨：积极刑法观与刑法谦抑观的冲突与协调

面对刑法规制互联网犯罪的内生困境，笔者通过积极刑法观和刑法谦抑观两种理论的引入与调和，对互联网金融犯罪刑法规制进行检视与纠偏，以期实现"治与世宜"的刑法功能。

（一）积极刑法观视野下的金融犯罪规制

伴随着当前风险不断增多，我国司法领域"先刑主义"理念不断推进，以"风险预防与刑法扩张"为核心的积极刑法观应运而生。积极刑法观又称"风险刑法""预防性刑法"，主张刑法应当以积极态度评判问题，重新审视原有行为的社会危害性程度。着眼于积极刑法观视野下的互联网金融犯罪，受积极的刑法观的影响，对金融犯罪的规制在深度和广度方面强调大幅度拓宽和扩张，犯罪预防、超前能动的特征逐步显现，具体体现于以下四方面：一是增设新罪，纵观近年来刑法修正案发展轨迹，对金融领域犯罪行为规制力度增强，《刑法修正案六》增设"骗取贷款、票据承兑、金融票证罪"，《刑法修正案七》利用未公开信息交易罪，将金融犯罪的规制前置，均反映了积极预防的立法本意。[①] 二是设置兜底条款，如"非法经营罪"第四款"其他严重扰乱市场秩序的非法经营行为"灵活运用司法解释，在罪状下增设兜底条款，将非法经营外汇的行为入罪，降低"金融准入型"门槛，扩大打击范围。[②] 三是扩充犯罪构成要素，互联网金融犯罪所涉最多为非法吸收公众存款罪及集资诈骗罪。通过对犯罪构成要素延展，发挥刑法"堵截功能"。最典型的例子是，近年来对 P2P 网贷行业非法集资犯罪打击，逐渐为 P2P 行业划定法律红线。四是司法实践实现司法扩张，如非法吸收公众存款罪，本罪包含"非法""公众""存款""扰乱金融秩序"四个构成要件。但司法实践并不严格按此四要件认定本罪，而是根据《关于审理非法集资刑事案件具体应用法律若干问题的解释》第 1 条第 1 款所规定的四个特征认定本罪，即"非法""公开""利诱""社会"四性质构成本罪。不难看出，通过实务领域非金融案件的处理，采取"未经允许即禁止"的理念，扩大了对互联网金融的打击。

虽然积极刑法观通过安全防御对金融风险预先干预，但在"互联网+"

---

① 敦宁：《刑法谦抑主义的西方立场与中国定位》，载《刑法论丛》2017 年第 4 期。

② 阙晓提：《金融犯罪入罪机制浅析》，载《人民司法》2020 年第 4 期。

时代的风口上，对新生经济样态，金融创新总是在试错中探索并逐渐完善。而过早地通过刑法干预，使刑法沦为工具，也成为积极刑法观被诟病之处。

（二）刑法谦抑观视角下的金融犯罪规制

刑法谦抑观作为刑法基本理念，正如法言所说："刑罚与其严厉，不如缓和。"刑法谦抑性观规制路径主张以最少的刑罚甚至不动用刑罚获取最大限度的社会效益，"恰如其分""张弛有度"是刑法谦抑观灵魂所在。关于刑法的谦抑性，张明楷教授指出两点要义：第一要义是控制处罚范围。当其他制裁行为不足以抑制该行为发生且具有足够的社会危害性，在非刑罚手段用尽后作为最后一道防线才适用刑法。第二个要义是相对"轻刑化"，对已入刑的犯罪行为，利用立法降低入罪法定刑幅度，如能以轻刑抑止犯罪行为后续发生，就不要动用重刑。[①]

在"科技＋金融"跨界业态不断兴起的当今，面对金融犯罪的失范行为规制，若立法及司法解释对金融犯罪入罪门槛无限扩张，适用刑罚过度，一味"堵"，不仅不利于金融行业发展，也将导致人们对刑罚感受力日益减弱，造成"执法者对人间的'冷暖温饱'无动于衷而醉心于概念计算的刻板印象"。在金融创新背景下，刑法谦抑观视角下的金融犯罪规制主要有以下两方面优势。一是保护金融行业创新发展。对互联网金融犯罪实施谦抑规制，实质上是对金融行业变相鼓励和支持，单纯的严苛刑罚促使金融行业畏缩不前，挤压金融行业创新空间。二是刑法的否定对金融行业来说打击是毁灭性的，金融市场的良性发展，不是利用刑法挥舞刑罚之刃就能实现的。控制处罚不当扩张，保持刑法必要限度，追求风险防控与市场自由相平衡。例如，《刑法修正案八》取消金融凭证诈骗罪死刑规定，《刑法修正案九》取消集资诈骗罪的死刑规定。坚持刑事处罚宽容适度，给予金融市场自由，宽松的环境也

---

① 冀莹：《积极刑法观视野下的互联网金融犯罪风险防控》，载《电子科技大学学报（社科版）》2017年第5期。

充分体现了我国刑法的人道性与宽容性。

（三）共存：两种理念调和

积极刑法观和刑法谦抑观虽在表面上存有对立，但实质上两者并无冲突。在金融创新的时代，新的社会背景往往赋予刑法新的机能，既不放任自流，也不能过于严苛。因此应实现防范金融风险与维护金融自由的平衡，主张积极刑法观和刑法谦抑观两者互相调和。[①]一方面，目前金融快速发展，短期内金融犯罪态势逐步上升而传统监管手段有限，积极刑法观主张扩大金融犯罪圈去预防风险，但不排斥刑法谦抑性、宽和性，保持刑法必要的适度，恪守科学和理智，防止过度干预遏制金融发展。另一方面，刑法的谦抑性本质并不反对积极刑法观并设立新罪，也不排斥对管制范围的扩大及延伸。刑法谦抑观其本质在于补充性及二次违法性，倡导在行政法、民法、经济法规制用尽后，刑法作为"最后一道防线"去划分界限。笔者认为，将两种理念彼此调和作为理论引导能契合社会期许，为互联网金融犯罪规制打开新的突破口。

三、庖丁解牛：互联网金融刑法规制应然走向

（一）风险防控：保持刑法介入的审慎性

在互联网金融生态呈现蓬勃发展的当下，相伴引发的法律风险也在逐年增长。部分机构打着"金融创新"幌子游走在法律的边缘，甚至进行非法集资、金融诈骗等非法犯罪活动，对此刑法须及时作出应对。刑法肩负保护法益和保障人权的双重机能，是确保法秩序安全的必然选择。在金融创新的背景下，传统的刑法理论和立法模式存在滞后性。通过严密的刑事法网规制互联网违法行为，积极立法主义诚然是预防风险的必要之举。但面对违法行为

---

① 张小宁：《刑法谦抑主义与规制缓和——以日本金融犯罪的规制为鉴》，载《山东社会科学》2015年第6期。

缺乏行政前置实质性判断而直接将其纳入犯罪圈必然存在射偏靶子的倾向。目前我国刑法从"厉而不严"到"严而不厉",主张提高入罪率和刑罚肯定性,另一方面又通过公正适度的刑罚给犯罪分子以报应和惩罚。因此应倡导积极刑法立法观须与刑法谦抑观进行价值衡量,防止刑法过度介入的消极影响。[①]适用时需综合考量是否为新型危害行为,是否具有严重社会危险性等定性因素,保持刑法介入的审慎性,避免刑法的过度干预。

(二)效益审视:互联网金融市场保护平衡原则

过去几年,带有"金融科技"和"互联网金融"标签的企业是资本市场追逐的对象,在 A 股、港股和美股市场都有不错表现。基于法律的国家强制性,刑事处罚也是国家对金融市场调控不可或缺的手段。宏观上市场经济是以法律为边界的公平竞争的法治经济,互联网金融作为一种新兴业态,在未能界定行为是否达成入罪门槛时,不宜在刑事立法中盲目扩张。理论上,互联网金融犯罪属于法定犯范畴,互联网金融犯罪罪状中大多有"未经国家有关主管部门批准"等表述。基于金融犯罪的行政违法与刑事违法双重性,刑事立法中必须严格按照金融法律规定去设定,留足金融行业市场竞争及行政法规监管空间。如前所述,刑法作为所有部门法的后盾与保障,作为互联网金融犯罪规制最后屏障,金融刑事立法应遵循积极与谦抑的立法理念,干预范围仅限于保障市场经济根本价值与基本秩序,合理地确定刑法的调控空间,给予市场经济最大限度的尊重,寻求利益的最大化。

(三)适度宽容:注重刑罚结构的科学化

金融犯罪与当代资本市场相关联,过重的刑罚一定程度上妨碍了互联网金融市场发展。刑罚配置应保持必要的限度,如较轻的刑罚足以预防和抑制犯罪,就不应适用更重的刑罚。司法实践中偏重定罪量刑及自由刑为主的刑

---

① 王勇:《互联网时代的金融犯罪变迁与刑法规制转向》,载《当代法学》2018 年第 3 期。

罚结构，忽视了财产刑对互联网犯罪治理作用。金融犯罪大多为法定犯，相较于传统自然犯罪，互联网金融犯罪在伦理上的可谴责性相对较低，主张刑罚结构科学化，减少重刑配置，增加财产刑的适用，通过适当的轻刑化为互联网金融创造一个相对宽松的环境。把握必要的广度和深度，利用轻缓宽和的刑罚干预金融市场，一方面主张规制上从"不严"到"严"，刑罚确定性增加刑法威慑力；另一方面刑罚适用从"厉"到"不厉"，通过优化刑法结构公正适度处罚犯罪。坚持刑法谦抑性应是刑事处罚的题中之义。

四、突围之道：互联网金融犯罪刑法规则的司法应对

互联网金融发展至今，带给社会的经济效益是显而易见的，但"没有规矩，不成方圆"，所有的社会行为都应有所克制，带有惩罚性色彩的法律会让严重损害人民或国家利益的行为无处遁形。正如笔者所言，互联网金融的发展应给予自由空间，同时也要有所规制，如何平衡好发展自由与刑事规制之间的"点"，把握好刑事规制对互联网金融发展的"度"，是突破金融司法领域瓶颈的重大挑战。

（一）坚持罪刑法定原则，严格区分罪与非罪

在互联网金融犯罪行为的刑事审查方面，应保持刑法的克制与理性，严格依据犯罪的构成要件以及罪刑法定原则，审慎审理涉互联网金融案件。对于不足以构成犯罪的违法行为，相关部门应告知通过行政复议、行政诉讼等途径予以解决。具体来讲，则是在刑事审查中，应准确把握罪与非罪、一般违法与犯罪行为的区别，将符合互联网金融犯罪的行为纳入刑法规制的范畴，而将一般违法违规行为剔出犯罪行为的圈子。仍以非法吸收公众存款罪为例，该罪的主体在互联网金融领域主要包括未经批准开办自融业务，或者虽具有经营相关金融业务资质，但在经营过程中超越居间人角色、直接向公众融资的情况，在具体案件审查过程中，应严格对照法律规定的情形，避免过度解读法律条文，扩大入罪范围。同时，对于"公众存款"的理解也应注意保持

审慎，我国相关法律未对"存款"进行准确定义，这就导致在司法实践中，尤其是在新兴的互联网金融犯罪领域，对"公众存款"的理解和适用是不一致的。因此，司法者在对该罪进行适用时仍应持理性的态度，客观严谨地分析和界定非法吸收公众存款罪犯罪构成要件与一般违法行为的区别，平衡罪与非罪的界限，准确适用法律。[①]

（二）贯彻刑法规制宽严相济，优化刑罚结构

法律是通过文字的形式进行表达和适用的，文字存在固有的局限性，无法全面概括所有的犯罪构成的情形，使得法律条文在适用时存在理解不一的情形。虽然目前我国的刑法体系较为完备，刑法结构也较为完整，但过于严苛的法律规则有时亦会限制经济的发展。在刑事领域中，成文法的局限性是不明显的，而在互联网金融的刑事规制方面，面对复杂多变的新型犯罪，则成文法的优势荡然无存。在金融犯罪的刑法结构中，每一项罪名都列明了犯罪构成要件及刑罚，如何合情合法地适用刑罚，做到既要打击犯罪行为，又要保护互联网金融创新，形成宽严相济的互联网金融的刑事规制，仍值得我们深思。可以结合刑法基本原则和刑罚结构等因素，从以下三方面入手：一是科学合理地评价行为人的罪刑轻重，在罪名的选择上应体现刑法的谦抑性。经济犯罪类的罪名中是具有一定轻重区分的，比如可以依据行为人是否有非法占有为目的而区分非法吸收公众存款罪、集资诈骗罪、骗取贷款罪。在轻罪和重罪的选择上，应把握好犯罪的实质性构成要件和罪与罪之间的差异。比如金融诈骗罪应含有非法占有为目的的行为存在，注重从行为人的客观行为和表现来认定是否具备非法占有的目的。如果没有相应的行为，则应作出有利于行为人的认定。二是刑罚的确定应适当有度，做到罪责刑相适应。互联网金融犯罪涉及的层级较多时，应根据行为人职务的高低、获利情况、掌握决定权、参与过程等因素来确定主犯和从犯。同时还应主动考虑立功、自

---

① 姜涛：《互联网金融所涉犯罪的刑事政策分析》，载《华东政法大学学报》2014 年第 5 期。

首等情节，在全案认定罪刑和量刑时应注意平衡。三是进一步优化刑罚结构，考虑逐步实施针对互联网金融犯罪的自由刑。金融犯罪中行为人的主观恶意和人身危险性与一般自然犯相比较低，若对其长期处以监禁，从犯罪预防和人道主义角度来看，刑罚还是相对较重的。如果能实施相对较轻的自由刑，对打击和预防犯罪大有裨益①，例如可以采用高额的财产刑，对行为人处以超高额的罚没，使其丧失继续犯罪的财产能力。

（三）进行金融前置监管，构建全方位防控机制

互联网金融在促进国家经济发展、缓解融资难方面做出了较大的贡献，但其带来的创新异化的风险也应被注意。笔者认为可以从三方面入手：一是在互联网金融的监管模式的选择方面，可依据目前我国互联网金融行业的发展状况，政府相关职能部门在做好监管工作的同时，联动其他部门进行协调、合作，完善监管体系和监管职能。通过跨部门式的联合，对互联网金融风险进行预判和识别，提高线上与线下的风险管理。此外，互联网金融涉及的主体范围广泛，存在跨地区、跨行业和跨国的情形，也应注意与跨省、跨国等相关金融监管部门的合作和沟通，做到信息互通。二是加强行业监管。监管包括外部监督和内部约束，企业间建立互联网金融行业协会，完善金融组织，壮大行业协会队伍，并制定协会操作规章，为中小企业、个体发展提供全方位的互联网金融行为准则。行业协会因具备自律和他律意识，对行业协会成员也应有一定奖惩措施，鼓励企业做好自我约束和互相监督工作。同时，政府相关部门应正确处理好行业协会和行业成员之间的关系，协调好互联网金融行业与传统金融行业之间的关系。三是运用计算机信息技术，提升互联网金融的科技监管水平。互联网金融在运行过程中使用的是计算机网络信息技术，而目前相关职能部门一般只对运营主体进行监管，对金融产品、服务、资金等方面的监管是不足的。互联网金融在运行中对数据采集、资金流向及

---

① 李勇：《互联网金融乱象刑事有限治理政策之反思》，载《西南政法大学学报》2019年第6期。

用途、参与主体身份、理财产品信息等情况的掌握还依赖于大数据的支撑。尤其是对 P2P 网贷平台的监管，应做到早预防、早发现、早处置，建立完备的平台信息库，对每家公司经营者和公司的基础信息、平台产品、资金余额进行登记，一旦明显存在暴雷风险，应及时介入调查和处理。同时，结合大数据技术和征信体系，构建互联网金融行业的数据统计分析系统，职能部门可以通过该系统实时监管行业发展状况，通过数据分析，对行业现状、潜在风险及时作出处理，从而全方位构建起互联网金融风险防控机制。

（四）加强司法队伍建设，专业化审理互联网金融纠纷

互联网金融结合了网络信息技术和线下金融技术，该领域的犯罪须具备较强的专业水平，需要有专业的知识储备和一定的操作技能，这也是互联网金融刑事案件的审理困难所在。囿于各地互联网金融的发展水平，目前，经济不够发达的地方是没有专门设立互联网金融审判庭或部门的，相比于传统金融案件的审查，互联网金融所涉及的网络信息技术以及与线下金融的接轨、运营及操控等情形属于审判传统商事案件的司法人员较为陌生的领域，尤其是涉及案件事实认定问题，需要有一定专业知识的人员的协助。例如涉及鉴定的问题。审理刑事案件时，可适时邀请计算机网络专家对互联网金融运营和数据分析这块内容作为证人出庭作证，让审判人员能更加直观地了解互联网金融行为的操作过程，从而作出公正的判断。因此，互联网金融案件的审理更加专业、客观，主要可以从以下三方面进行完善：一是建立专业的互联网金融审判合议庭，挑选具备一定计算机网络知识和技能、擅长审理刑事经济案件的司法人员作为成员，并固定该合议庭组成人员，使法官能积累该类案件审理的经验，带动整个互联网金融审判队伍的建设；二是在刑事案件审理的过程中，司法人员需要专业人员提供互联网知识技能上的协助，迅速解决技术上的问题和普及计算机网络知识盲区，司法单位可配备计算机技术人员，并在金融审判业务部门作为常驻人员，全程配合司法人员对互联网金融

的事实审查工作；三是与专业的科学研究所、高校合作，建立专门的互联网金融的专家库，适当听取第三方专家的建议，及时对案件的审查认定作出调整和改进。

五、结语

互联网金融带来价值利益的同时不可避免会伴生多元化金融风险，为避免互联网成为金融犯罪的法外之地，刑法规制应当行走在"积极"和"谦抑"之间，不应"大刀阔斧"，但也不应"过度谦抑"，合理设定入罪与出罪标准，优化刑罚结构，在犯罪化与去重刑化之间保持"度"与"量"的均衡，真正做到适法统一。

金融借款纠纷中关于利息部分的裁判乱象及规制

浙江省嘉兴市南湖区人民法院　张奇 *

摘　要

金融借款合同中的利息包括借期内利息、逾期利息、违约金（滞纳金）、罚息、复利等，种类繁多，当所有的项目叠加在一起，就可能出现利息过高的现象，有些甚至涉嫌"高利贷"。因此需要做些调整，具体在调整的裁判里，又存在几种不同的类型，因此金融借款纠纷中关于利息部分的裁判乱象丛生，亟须完善利息的相关内容，强化类案同判，促进裁判尺度统一。

关键词： 金融借款；利息；乱象

★　张奇，浙江省嘉兴市南湖区人民法院长水人民法庭法官。

金融借款合同中的利息包括借期内利息、逾期利息、违约金（滞纳金）、罚息、复利等，种类繁多，当所有的项目叠加在一起，就可能出现利息过高的现象。金融机构的借贷利息过高是否需要调整以及如何进行调整，在司法裁判中乱象丛生，影响当事人权益的保护，亟须统一裁判尺度。

一、金融借款中利息的相关规定梳理

金融借款纠纷中利息的计算，实质上只需要确定利率即可，因此，本文在搜索相关规定时设定关键词为"金融、利率"，共搜索到相关的规定如表1所示。

从上述规定中，我们不难发现如下特点。

一是金融机构也不得涉嫌放高利贷。2020年5月28日通过的《中华人民共和国民法典》首次明确禁止高利贷，这一规定不仅适用于一般的民间借贷纠纷，对金融机构的放贷行为同样适用。因此，从这个意义上讲，即便是金融机构的放贷，也不能超过一定的标准，不能涉嫌放高利贷。

二是利率由基准利率转为市场报价利率。自2019年8月19日起，贷款市场报价利率（LPR）替代各类贷款基准利率，成为各商业银行应予遵循的法定利率。贷款市场报价利率（LPR）也是民间借贷纠纷利息支持的标准，也必将成为金融借款纠纷中利息裁判的重要依据。

三是金融借款的利率也有标准，超过标准的，可以进行调整。最高人民法院发布的《关于进一步加强金融审判工作的若干意见》中的24%是和当时民间借贷纠纷所支持的利率上限一致，《全国法院民商事审判工作会议纪要》明确可以根据提供服务的实际情况确定借款人应否支付或者酌减相关费用，可见，最高人民法院对金融借款纠纷的态度也是很明确的，对利息的支持要在标准范围内，超过部分，可以进行调整。

基于利率的可调整性，在缺乏统一调整的标准时，就会造成司法裁判的差异性，这种差异性直接影响司法的权威性。

表 1 金融借款中利率的相关规定

类别	颁布部门	颁布时间	名称	内容
法律	全国人民代表大会	2020年5月28日	《中华人民共和国民法典》	第六百八十条规定:"禁止高利放贷,借款的利率不得违反国家有关规定。"
		1999年3月15日	《中华人民共和国合同法》	第二百零四条规定:"办理贷款业务的金融机构贷款的利率,应当按照中国人民银行规定的贷款利率的上下限确定。"
法规	中国人民银行	1999年3月2日	《人民币利率管理规定》	第二十一条规定:"对贷款期内不能按期支付的利息按合同利率按季计收复利,贷款逾期后改按罚息利率计收复利。"
		2003年12月10日	《中国人民银行关于扩大金融机构贷款利率浮动区间有关问题的通知》(银发〔2003〕250号)	第一条规定:"自 2004 年 1 月 1 日起商业银行、城市信用社贷款利率浮动区间扩大到 [0.9, 1.7],农村信用社贷款利率浮动区间扩大到 [0.9, 2]。"
		2003年12月10日	《中国人民银行关于人民币贷款利率有关问题的通知》〔2003〕251	第三条规定:"逾期贷款(借款人未按合同约定日期归还的借款)罚息利率由现行按日万分之二点一计收利息,改为在借款合同载明的贷款利率水平上加收 30%—50%,对逾期或未按合同约定用途使用的贷款,按罚息利率计收利息,从逾期或未按合同约定用途使用贷款之日起,按罚息利率计收利息,直至清偿本息为止。对不能按时支付的利息,按罚息利率计收复利。"
		2004年10月28日	《中国人民银行关于调整金融机构存、贷款利率的通知》(银发〔2004〕251)	第二条规定:"放宽金融机构贷款利率浮动区间,金融机构(城乡信用社除外)的贷款利率原则上不再设定上限,商业银行贷款的利率不再实行上限管理,贷款利率下浮幅度不变。"
		2012年6月7日	《中国人民银行关于下调金融机构人民币存贷款基准利率和调整存贷款利率浮动区间的通知》(银发〔2012〕142号)	第二条规定:"自 2012 年 6 月 8 日开始放宽金融机构贷款利率浮动区间,贷款利率下限由基准利率的 0.9 倍调整为 0.8 倍。个人住房贷款利率浮动区间的下限仍为基准利率的 0.7 倍。"

续　表

类别	颁布部门	颁布时间	名称	内容
法规	中国人民银行	2013年7月19日	《中国人民银行关于进一步推进利率市场化改革的通知》	第一条规定："自2013年7月20日起全面放开金融机构贷款利率管制，取消金融机构贷款利率0.7倍的下限，由金融机构根据商业原则自主确定贷款利率水平。"
		2019年8月16日	中国人民银行公告〔2019〕第15号	"6.自2019年8月20日起，授权全国银行间同业拆借中心于每月20日（遇节假日顺延）9时30分公布贷款市场报价利率。自即日起，各银行应在新发放的贷款中主要参考贷款市场报价利率定价，并在浮动利率贷款合同中采用贷款市场报价利率作为定价基准。"
		2017年8月4日	《关于进一步加强金融审判工作的若干意见》	第二条规定："严格依法规制高利贷，有效降低实体经济的融资成本。金融借款合同的借款人以贷款人主张的利息、复利、罚息、违约金和其他费用过高，显著背离实际损失为由，请求对总计超过年利率24%的部分予以调减的，应予支持，以有效降低实体经济的融资成本。"
司法文件	最高人民法院	2017年12月29日	《关于营造企业家健康成长环境弘扬优秀企业家精神更好发挥企业家作用的意见》	"加强金融审判工作，促进金融服务实体经济。对商业银行、典当公司、小额贷款公司等金融机构以不合理收费变相收取高息的，参照民间借贷利率标准处理，降低企业融资成本。"
		2019年11月8日	《全国法院民商事审判工作会议纪要》	"金融借款合同纠纷中，借款人认为金融机构以服务费、咨询费、顾问费、管理费等为名变相收取利息，金融机构或者由其指定的人收取的相关费用不合理的，人民法院可以根据提供服务的实际情况确定借款人应否支付或者的相关费用。"

二、金融借款纠纷中利息部分的裁判乱象检视

（一）金融借款纠纷案件基本情况

本文以金融借款合同纠纷为案由，通过人民法院大数据管理和服务平台①，时间跨度自 2015 年 1 月 1 日至 2020 年 11 月 25 日，共检索到一审案件 3937283 件，具体情况如下。

1. 从案件数量上看，总量大

各级法院自 2015 年 1 月 1 日至 2020 年 11 月 24 日共审结金融借款合同纠纷一审案件 3937283 件，案件总量大。2015 年为 407736 件，2020 年截至 11 月 24 日为 772317 件，是 2015 年的 1.89 倍，案件呈现高发、多发态势，具体情况如图 1 所示。

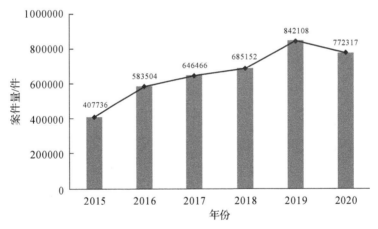

图1　各级法院自2015年1月1日至2020年11月24日一审审结金融借款合同纠纷案件量情况

2. 从地域分布上看，主要集中在山东、广东、浙江、江苏等地

各级法院审结金融借款合同纠纷一审案件 3937283 件，案件量最多的为山东、广东、浙江、江苏，案件总量分别达 406268 件、331115 件、323779

---

① 参见网址 http://192.1.36.126:9099/sffx-zzpt/index/index.html，2020 年 11 月 25 日访问。

件、274319 件，占总量的 33.92%。案件量最少的为西藏、青海、海南、新疆，案件总量仅为 297 件、3768 件、18375、18769 件，仅占总量的 0.57%。具体情况如表 2 所示。

表 2　国内部分省份各级法院自 2015 年 1 月 1 日至 2020 年 11 月 24 日一审审结金融借款合同纠纷案件地域分布情况

单位：件

省份	2015	2016	2017	2018	2019	2020	合计
山东	32190	75963	69516	65865	77763	84971	406268
广东	32675	37233	41200	44178	85980	89849	331115
浙江	50821	64034	55039	52171	54950	46764	323779
江苏	42259	47435	47125	46838	47927	42735	274319
河南	18359	27964	42977	49554	53097	47938	239889
湖南	23276	23567	29900	30853	45080	30679	183355
福建	19433	26806	30207	31332	38192	35583	181553
四川	12157	29465	35473	33001	34055	34238	178389
安徽	17802	19000	22122	27267	37971	38055	162217
重庆	8675	20359	25399	27298	29199	29741	140671
辽宁	13183	18827	19502	25581	31271	23917	132281
上海	12459	20037	16343	22643	27483	32122	131087
北京	8565	18227	23159	30219	26283	22429	128882
黑龙江	19224	20786	27371	19306	22971	18025	127683
江西	9707	12861	15693	21191	27584	22660	109696
广西	7735	17979	17747	17015	22901	21341	104718
内蒙古	11388	16520	18028	17461	18892	14169	96458
河北	10745	15711	17099	15898	17028	13708	90189
湖北	7726	9537	11873	16468	21065	14906	81575
云南	6140	5998	8352	18991	22357	17379	79217
陕西	5479	9929	15082	12796	18799	16217	78302
贵州	5325	7720	11697	14514	19727	17921	76904

续 表

省份	2015	2016	2017	2018	2019	2020	合计
吉林	9800	9570	10975	8081	12542	12442	63410
天津	9154	9744	11182	9184	8900	6697	54861
甘肃	3056	4553	7009	9424	13455	13920	51417
山西	3209	4200	6067	6794	11056	10346	41672
宁夏	2196	3098	3549	4981	6284	6059	26167
新疆	3114	3501	3396	2583	3375	2800	18769
海南	1577	2432	2674	2884	4983	3825	18375
青海	277	392	642	752	894	811	3768
西藏	30	56	68	29	44	70	297
合计	407736	583504	646466	685152	842108	772317	3937283

3. 从人数上看，被告人数较多

各级法院审结金融借款合同纠纷一审案件3937283件，被告为自然人的涉及893.39万人（见图2），户籍地主要集中在浙江、山东、河南、福建，被告为法人的涉及117.23万个（见图3）。平均每件案件涉及被告2.57个，被告众多，增加了送达的难度。

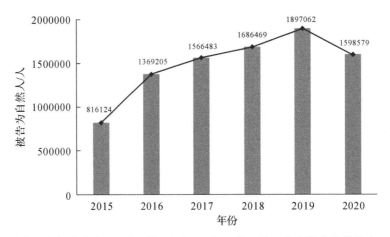

图2　各级法院自2015年1月1日至2020年11月24日一审审结金融借款合同纠纷案件中被告为自然人情况

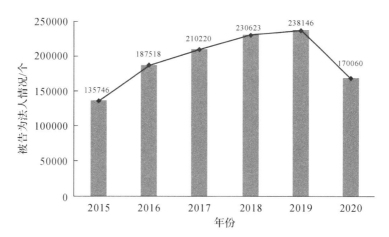

图3　各级法院自2015年1月1日至2020年11月24日一审审结金融借款合同纠纷案件中被告为法人情况

4. 从涉案案件标的额上看，小额标的占比高

2015 年 1 月至 2020 年 11 月，涉案案件结案标的额主要集中在 10 万元（不含）至 50 万元（含），案件量为 97.03 万件，占比为 34.90%。在涉及案件中，单个案件最大标的额为冯秀叶金融借款合同纠纷一案，结案标的额为 106400.1668 万元（见图 4）。

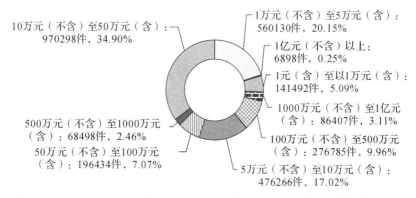

图4　各级法院自2015年1月1日至2020年11月24日一审审结金融借款合同纠纷案件涉及标的额情况

5. 从结案方式上看，以判决方式结案为主

各级法院审结金融借款合同纠纷一审案件 3937283 件中，以判决结案的有 2175662 件，占比高达 60.80%，以调解结案的有 507388 件，占 14.18%，以撤诉方式结案的有 758102 件，占 19.25%，具体情况如图 5 所示。

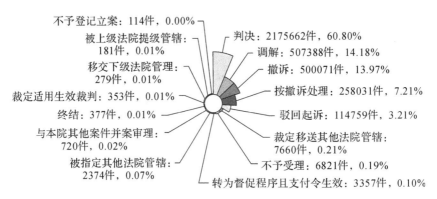

不予登记立案：114件，0.00%
被上级法院提级管辖：181件，0.01%
移交下级法院管理：279件，0.01%
裁定适用生效裁判：353件，0.01%
终结：377件，0.01%
与本院其他案件并案审理：720件，0.02%
被指定其他法院管辖：2374件，0.07%

判决：2175662件，60.80%
调解：507388件，14.18%
撤诉：500071件，13.97%
按撤诉处理：258031件，7.21%
驳回起诉：114759件，3.21%
裁定移送其他法院管辖：7660件，0.21%
不予受理：6821件，0.19%
转为督促程序且支付令生效：3357件，0.10%

图5　各级法院自2015年1月1日至2020年11月24日一审审结金融借款合同纠纷案件结案情况

6. 从效果上看，二审上诉率低，改判率高

各级法院审结的 3937283 件金融借款合同纠纷一审案件中，提起上诉的有 92076 件，占 2.34%。上诉的案件中，被改判的案件有 10743 件，占 12.95%，比重相对较高。具体情况如图 6、图 7 所示。

（二）金融借款纠纷中利息部分的裁判乱象

1. 利息部分的法律适用乱象

金融借款纠纷中利息部分的法律适用，主要适用《中华人民共和国合同法》第二百零四条的规定或者是中国人民银行关于利率的相关规定，但实践中有引用有关民间借贷司法解释的相关规定，尤其是出现在一些高级法院的判决书中。而这些案件在引用了民间借贷司法解释的相关规定后，往往遗漏了《中华人民共和国合同法》第二百零四条的适用，如湖南省高级人民法院〔2016〕湘民初 5 号。

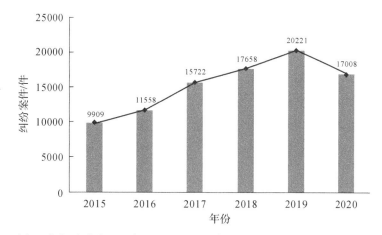

图6　各级法院自2015年1月1日至2020年11月24日一审审结金融借款
　　　合同纠纷案件上诉情况

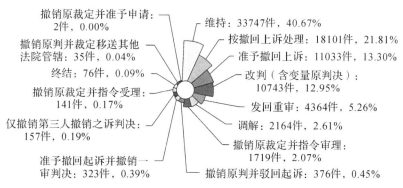

图7　各级法院自2015年1月1日至2020年11月24日一审审结金融借款合同纠纷
　　　案件上诉后结案情况

2. 利息部分的调整乱象 [①]

目前,有关金融借款纠纷利息部分的处理,出现两种模式,一是不做调整,全额支持,二是主动审查调整,对高于24%或四倍LPR的不予支持(见表3)。

模式一:不做调整,全额支持

该类观点主要是认为对民间借贷利息的限制不适用金融借款纠纷,金

---

① 相关案例均来源于中国裁判文书网 https://wenshu.court.gov.cn/,2020 年 11 月 25 日访问。

融借款纠纷按照合同约定计付利息，所以对于是否超出年利率 24% 或四倍 LPR 不去主动审查，直接判决按照合同约定支付利息、罚息等。如〔2019〕鲁 1481 民初 3797 号一案中，借款月利率为 11.7875‰，逾期借款从逾期之日起在借款执行利率基础上上浮 50% 计收罚息，同时还有复利，加起来可能超过年利率 24%，该案判决按合同约定支付利息、罚息、复利。

模式二：主动调整，对高于 24% 或四倍 LPR 的不予支持

该模式具体有以下 3 种类型，区别在于具体的法律适用不同。

类型 1：引用《关于进一步加强金融审判工作的若干意见》第 2 条。如最高人民法院二审中国青旅实业发展有限责任公司、中信信托有限责任公司金融借款合同纠纷案，案号〔2019〕最高法民终 776 号案件中，二审法院认为一审中，黄金公司提出该标准过高，应当予以调整，中青旅公司亦在一审庭审中陈述："我方也认为原告主张的 36% 过高，不能超过 24%。"一审法院遂依据《最高人民法院关于进一步加强金融审判工作的若干意见》中"金融借款合同的借款人以贷款人同时主张的利息、复利、罚息、违约金和其他费用过高，显著背离实际损失为由，请求对总计超过年利率 24% 的部分予以调减的，应予支持"之规定，将合同约定的逾期违约金标准调整为年利率 24%。该调整有法律依据，并无不当。

类型 2：民间借贷利率上限应参照适用于金融借款当中。如上海市一中院二审万邦飞诉渣打银行（中国）有限公司上海分行金融借款合同纠纷一案，案号〔2016〕沪 01 民终 11384 号，二审法院同样认为金融机构的贷款利率相比于民间借贷应受到更为严格的限制，且其论证过程更为严密，涉及监管政策、社会公共利益、市场风险定价原则等多个角度，具体在于：首先，虽然中国人民银行已全面放开金融机构贷款利率管制，并不规定金融机构贷款利率的上下限，交由金融机构自主确定，但此举旨在推进利率市场化改革，通过市场竞争提高金融机构的经营能力和服务水平，促进金融资源的优化配置。也即，放开金融机构贷款利率上限的目的绝非放任金融机构牟取高利。

表 3　利息部分的法律适用错误的相关案件情况

法院	案号	案由	本院认为涉及利息部分	法律依据
辽宁省高级人民法院	〔2018〕辽民初45号	金融借款合同纠纷	根据《最高人民法院关于审理民间借贷案件适用法律若干问题的规定》第三十条规定："出借人与借款人既约定了逾期利率，又约定了违约金或者其他费用，出借人可以选择主张逾期利率、违约金或者其他费用，也可以一并主张，但总计超过年利率24%的部分，人民法院不予支持。"根据双方合同约定之计算标准，两项合计上浮至18%/年及按日万分之五支付违约金之计算标准，两项合计已经达到36%/年。对此，华融分公司请求按24%/年的利率标准计算重组债务宽限补偿金，并未超过法律规定保护的上限，本院应予以支持	《最高人民法院关于审理民间借贷案件适用法律若干问题的规定》第三十条
上海市第一中级人民法院	〔2016〕沪01民初46号	金融借款合同纠纷	根据《最高人民法院关于审理民间借贷案件适用法律若干问题的规定》第二十九条。借贷双方对逾期利率有约定的，从其约定，但以不超过年利率24%为限。民间借贷利率高于普通银行委托贷款的补充贷款方式，允许其借款利率及相应的罚息逾期利率。最高人民法院已对民间借贷同期利率上限作出明确规定，根据"举重以明轻"的法律解释原则，本案逾期罚息利率亦不应超过年利率24%；同时，逾期利率的约定系以赔偿贷款方的损失为主，高于24%的部分体现了惩罚性，应不予支持以惩罚借款人为辅	《最高人民法院关于审理民间借贷案件适用法律若干问题的规定》第二十九条
湖南省高级人民法院	〔2016〕湘民初5号	金融借款合同纠纷	按照双方合同约定，鸿宇公司逾期归还本息的，鸿宇公司任承担合同约定的21%年利率的基础上，还需承担每日千分之五十的罚息，两者合计的利率明显超过了我国法律所允许的利率范围，应予调整。按照我国相关法律规定，将鸿宇公司应当承担的利率调整为年利率24%，红岭创投股份公司所主张的超出部分的利息不予支持	最高人民法院《关于审理民间借贷案件适用法律若干问题的规定》第二十六条

注：相关案例均来源于中国裁判文书网 https://wenshu.court.gov.cn/，2020 年 11 月 25 日访问。

其次，法律之所以介入民事主体之间的合同约定，限制民间借贷的利率，一方面是出于资金优化配置的考量，防止资金脱离实体经济，另一方面则是为了限制高利行为，防范社会危机。通常意义上，借款年利率24%以上即为高利。金融机构与从事民间借贷行为的自然人、法人和其他组织同为平等的民事主体，其从事借款等民事活动亦应当遵循公平原则，不得损害社会公共利益、扰乱社会经济秩序。第三，金融机构贷款风险低于民间借贷，从资金来源上看，金融机构是法律认可的吸收公众存款的机构，其用于贷款的资金来源较为稳定；从风险管控上看，金融机构除了收取高额利息，尚有其他措施保障借款人履行还款义务，例如事前严格审查借款人资质，事后将违约信息上报至征信系统等等。贷款利率的定价与其风险密切相关，就此而言，金融机构的贷款收益不应高于民间借贷。

类型3：直接适用民间借贷司法解释的相关规定。如湖南省高级人民法院〔2016〕湘民初5号案件中，本院认为："按照双方合同约定，鸿宇公司逾期归还本息的，鸿宇公司在承担合同约定的21%年利率的基础上，还需承担每日千分之五十的罚息，两者合计的利率明显超过了我国法律所允许的利率范围，应予调整。按照我国相关法律规定，将鸿宇公司应当承担的利率调整为年利率24%，红岭创投股份公司所主张的超出部分的利息不予支持。"法律依据上直接适用最高人民法院《关于审理民间借贷案件适用法律若干问题的规定》第二十六条。

三、金融借款纠纷中利息部分的裁判乱象规制

（一）完善利息相关联内容，减少项目混乱

1. 名目统一

当前金融借款合同中约定的费用如复利、期内利息、逾期利息、违约金（滞纳金）、罚息等，甚至有些会出现服务费、咨询费、顾问费、管理费等，这些费用的计算往往也是叠加在一起，即便是金融机构工作人员也无法将这

些费用——明确地计算出来，因此，有必要将费用项目进行整合、统一，减少名目，扩大利息的含义，如可将违约金（滞纳金）、逾期利息、复利统一固定为逾期利息或者违约金，将期限内利息统一规定为期内利息。各种服务费，若非国家规定的收费项目，应当取消。

2. 名称统一

在司法实务中，有关利息的概念存在滥用的现象，比如期内利息，有的称之为正常利息；逾期罚息，有的称之为逾期利息、本金罚息等；复利，有的称之为利息罚息等。这些术语的混乱，不仅影响实务裁判，更可能侵害借款人的合法权益，特别是在格式的金融借款合约中，即便是意思一样的两个词，借款人很难察觉出来差异。因此，中国人民银行应对利息及与之有关的相关概念予以明确、区分，准确的法律术语才能表达确定的内涵，统一的法律术语才能避免实务中的乱象。

3. 方法统一

目前，各银行对于逾期利息、罚息、复利等计算方法各不相同，所叠加的比重也不一致，因此，需要统一的计算方法。中国人民银行应对复利、罚息、逾期利息等的计算基数、计算方法，做出明确的规定，进而统一全国商业银行的操作标准，这不仅可以有效地维护银行信誉，而且可以降低借款人的融资成本，进而减少涉诉纠纷。

（二）强化裁判尺度统一，减少裁判乱象

1. 利息调整的统一化

金融借款纠纷中的利息部分，实践中还是以调整为主，调整上也有两种差别，一种主动调整，另一种经当事人抗辩后进行调整。本文观点是应当主动调整。民间借贷司法解释不适用于金融借款并不意味着四倍 LPR 标准不会被参照或以其他方式适用于金融借款当中，在奉行结果正义的司法伦理价值体系下，民间借贷利率保护上限的下调必然会影响到金融借款。本文认为，

因民间借贷支持的利率应改为同期的 LPR 的四倍以内，故金融借款纠纷中，也应当按照不超过 LPR 的四倍予以支持，对超过部分一律不予支持。这一点，应当通过司法文件或是司法案例予以明确，用于指导实践，以减少实践乱象。

2. 法律适用的统一化

金融借款纠纷适用民间借贷司法解释的相关规定，意味着法律适用的错误，应予以纠正。即便要适用民间借贷中的利率，应在判决书的说理部分参照适用，增强说理的充分性，而不是直接在依据里适用。对于超过 LPR 的四倍的不予支持，可以适用《合同法》中关于违约的条款以及《关于进一步加强金融审判工作的若干意见》。当然，最为重要的还是要最高人民法院出台相关的司法解释予以明确，只有这样才能有效避免裁判尺度不统一。

3. 完善类案检索机制

第一，明确何为"类案"。类案检索机制的适用首先就是要明确何为"类案"，笔者认为所谓"类案"就是指在同一时期当事人诉讼请求相同或者类似且法院认定的案件事实相同或者类似的纠纷案件。同一时期是指所要参照的案件与所要裁判的案件在时间跨度上不能过大，不能拿法律修改前的案件作为法律修改后的案件裁判的参照。当事人的诉讼请求是法律适用的基础，因此，只有相同或者相似的诉讼请求才能适用相同的法律，若是法律适用不同，就不存在"类案"。法院查明认定的事实直接关系到案件审理的结果，因此只有在相似或者相同的情况下，才会在具体的裁判中适用相同的规则，保证裁判结果的统一。第二，扩大检索范围。《最高人民法院司法责任制实施意见（试行）》中规定，案件承办法官所要检索的案件范围仅是本院，这仅能保证本院案件的裁判尺度统一，无法保证本地区乃至全省、全国范围内的裁判尺度统一。此外，仅仅检索本院案件，无法适应新类型案件的需要，比如涉及网络交易的纠纷，在中西部地区可能是较为新型的案件，但对于东部发达的地区可能就是比较平常的案件。因此，应当将检索范围扩大为全国法院已审结的案件。检索范围的扩大势必加重法官的负担，这就需要对案件类型及难易程度进行区分，简易案件可在本院范围内进行检索，疑难复杂案件的检索要覆盖全国法院。有差别的检索不仅可以减轻法官的工作负担，同时也为法官断案提供样本参照。第三，建立民事案件报请审查制度。对于需要突破现行法律规则，适用法律原则的案件或者是突破现有的裁判案例的民事案件，原则上应当层层报上级法院进行书面审查，因此，有必要建立民事案件报请审查制度。一是明确制度适用范围，仅仅是突破现行法律规则，而适用一般原则的案件，或者是突破现有案例（原则上应属指导性案例、上级法院发布的典型案例等）裁判规则的案件才能向上级法院报请审查。二是明确制度审查主体。原则上应是最高人民法院有权决定，若是条件不成熟，可赋予省级高级人民法院代为行使审查权，中院不具有审查权，但可以赋予其建议权，对由基层法院报请审查的案件提出相关处理意见，发挥一定的指导作用。三是明确报请程序，应采用书面形式，将案件相关材料一并层层上报上一级法院，不得越级上报。民事案件报请审查制度，不仅解决基层法院法律适用把握不准的问题，同时也有助于统一裁判尺度。一方面要防止此项制度被滥用，滋生不作为现象，另一方面也要注意避免出现打着报请审查的幌子，行干预司法之实的现象。

（三）强化综合治理，减少诉讼乱象

1. 加强金融领域诉源治理，减轻审判压力

鼓励和引导当事人选择非诉方式解决纠纷，首选协商，和解不成再进行调解或申请行政解决，通过对纠纷的分流与过滤，避免或减少诉讼。通过各种纠纷解决方式的衔接与融合，形成功能互补、相互协调的运行体系。积极与金融监管部门或者相关行业组织搭建诉调对接机制，争取借助社会力量，更大程度地将金融借款纠纷在诉前化解。加强对调解员的培训和业务指导，增强培训的针对性和有效性，采用集中培训、实务操作等多种方式，不断提升调解员的法律知识水平和纠纷调处能力。要推进人民调解队伍职业化建设，

对人民调解员选任标准、选任程序、法律和政策水平的考核测试标准，调解员的性格心理测试方式与标准等进行规范，提高调解员队伍的准入门槛，使调解员具有较好的综合素质。此外，可加大支付令适用，对金融借款合同纠纷中债权债务明确的，鼓励支持使用支付令，提高纠纷解决效率。

2. 强化对贷款的监督与管理，降低信贷风险

一是加强监管。金融机构要加强贷前审核、贷中监控、贷后追踪，完善贷款审批制度，提高担保中物保比重，严格考察借款人及担保人信用、资产情况。二是严格落实责任追究。建立健全针对信贷人员的约束机制，积极落实个人管理责任，对于不按规定发放贷款经查实的，严肃处理。三是提升信贷人员业务水平及责任意识。完善绩效与任职资格考核机制，加强对信贷人员法律知识的培训，提升信贷人员业务水平、责任意识以及风险应对能力。

3. 建立联席会议制度，提升风险防控能力

人民法院应积极与金融监管部门建立联席会议制度，定期或者不定期就金融风险防范等问题进行深入探讨，积极应对各种金融风险。同时将审理金融借款纠纷中发现的相关问题及时向金融机构监管部门或者相关的金融机构反馈，以促进金融机构不断规范信贷业务，降低不良信贷，提升金融风险防控能力。

网络贷款业务法律合规问题刍议——基于 141 号文后司法规制及功能监管路径下的生态合规要点剖析

沈宇锋　章韵燕　王晋寅 *

摘　要

我国网络贷款业务是随着网络金融业态的发展而逐渐产生和发展的，但由于市场业务快速发展和法律规制体系滞后的矛盾，产生了大量以现金贷、校园贷、套路贷为代表的网络非法放贷行为，造成了严重的社会危害。针对上述违法违规行为，金融监管机构通过 141 号文确立了网络贷款领域的功能监管原则，此后针对网络非法放贷行为的司法规制体系和网络贷款业务的功能监管体系亦日趋完善。在此背景下，为了应对功能监管要求，笔者创设性地提出了网络贷款业务的生态合规概念，建议相关从业机构将传统的主体合规模式迭代升级至全新的生态合规模式。在此基础上，笔者将网络贷款业务拆解剖析为资金端、交易媒介和资产端三个交易要素，并分别梳理分析各交易要素中业务生态合规的要点问题，以便从法律层面帮助相关从业机构更好地应对和适应网络贷款业务的司法规制和功能监管要求。

关键词：网络贷款；现金贷；141 号文；功能监管；司法规制；生态合规

★ 沈宇锋，浙江五联律师事务所高级合伙人、律师；章韵燕，浙江五联律师事务所合伙人、律师；王晋寅，浙江五联律师事务所律师。

引言

自 2015 年 11 月我国正式实施以"三去一降一补"为主要任务的供给侧结构性改革以来，实体经济先后经历了卓有成效的"去产能""去库存"阶段，宏观层面从"去杠杆"逐步转向"稳杠杆"，而以减税降费为代表的"一降一补"工作也正持续有力推进。随着供给侧结构性改革的不断深化，我国经济结构得到显著优化，社会全要素生产率稳步提升，经济增长模式逐步从过去高速增长迈向高质量发展阶段。而与此同时，为实体经济提供流动性支持的金融领域发展不平衡、不充分的问题则日益突出，金融系统供给缺陷与结构性错配矛盾仍然严重，低效率金融服务体系正逐渐成为我国经济实现新旧动能转换、迈向高质量增长阶段的关键掣肘。因此中央在 2019 年 2 月适时地提出了深化金融供给侧结构性改革的要求，希望通过改革增强金融服务实体经济能力，助力实体经济高质量发展。但屋漏偏逢连夜雨，2020 年初新冠疫情突然暴发，中国经济在暂时缓解了贸易战风险后又将面临经济中低速发展期叠加疫情影响的巨大考验。在疫情全面冲击中国宏观经济的同时，"互联网 +"行业的线上优势则更为凸显，可以说疫情暴发和市场需求客观上加速了传统产业电子化、网络化的发展步伐。除天然具备互联网基因的网商银行、微众银行等民营银行外，传统持牌放贷的金融机构在强调的普惠金额、金融科技和深化金融供给侧结构性改革的基础上，结合强监管背景下网络贷款业务的监管红利，通过这次疫情对线上金融服务需求的催化，势必有力推动在网络贷款业务领域的布局和发展，网络贷款业务将在目前 GDP 已达百万亿元（数据源自国家统计局公布的《中华人民共和国 2019 年国民经济和社会发展统计公报》）、M2 余额已超 200 万亿元（数据源自中国人民银行公布的《2020 年一季度金融统计数据报告》）规模的我国宏观市场经济中发挥更为积极和重要的作用，可以预见网络贷款业务即将迎来高速发展期。因此，在当前背景下分析研究网络贷款业务的法律合规问题，具有非常重要的现实意义和实务价值。

一、网络贷款概述

（一）定义

现行监管和学术界并没有对网络贷款作出一个非常明确的界定，笔者站在实务角度，尝试将该定义从狭义和广义两个方面来进行讨论。狭义可以参考《商业银行互联网贷款管理暂行办法（征求意见稿）》第三条："互联网贷款的定义是指商业银行运用互联网和移动通信等信息通信技术，基于风险数据和风险模型进行交叉验证和风险管理，线上自动受理贷款申请及开展风险评估，并完成授信审批、合同签订、放款支付、贷后管理等核心业务环节操作，为符合条件的借款人提供的用于借款人消费、日常生产经营周转等的个人贷款和流动资金贷款。"而广义上则可以在狭义的基础上将放贷主体进行扩张，将包括商业银行、信托公司、消费金融和网络小贷公司在内的持牌放贷机构都纳入网络贷款放贷主体的范畴。本文研究对象系广义概念下的网络贷款业务及相关从业机构，但通过网络进行居间撮合的网络借贷信息中介（P2P）虽然利用网络进行资金的吸收和出借，其业务本质系点对点的民间借贷法律关系，并非金融放贷业务范畴，因此不在本文研究范围内。

（二）发展历史

网络金融是21世纪后才发展起来的新生事物，而网络贷款业务也是随着网络金融业态的发展而逐渐产生的，网络贷款业务从诞生至今，也经历了不同的发展阶段。

1. 网络贷款业务的萌芽期

网络贷款业务的第一阶段是2010年以前，该时期为网络贷款业务的萌芽期，虽然在2008年开始就有小额贷款公司可以从事网络贷款业务，但是由于全国的网络金融业态尚未形成，网络贷款业务也并未得到良好的开展。

2. 网络贷款业务的成形期

网络贷款业务的第二阶段是 2010 年至 2014 年，该时期为网络贷款业务的成形期。2010 年，阿里巴巴公司旗下的浙江小微金融服务集团有限公司在杭州注册成立阿里巴巴小额贷款股份有限公司，该公司以电子商务的形式切入小额贷款服务，自此国内真正意义上的网络小贷公司正式形成。同时也在 2010 年，国内的银行也初步积累客户的交易信用数据，在线上开始推出自己的信贷产品，典型的代表就是中国建设银行的"善融 e 贷"。

3. 网络贷款业务的发展期

网络贷款业务的第三阶段是 2015 年至 2017 年，该时期为网络贷款业务的快速发展期。还是以网络小贷公司的发展为例（见图 1），根据相关资料显示（数据源自 https://news.p2peye.com/article-503170-1.html），截至 2017 年 11 月 6 日，市场上已经完成工商注册的网络小贷牌照为 215 张，而在 2015 年至 2017 年完成工商注册、获得网络小贷牌照的公司达到 144 家，三年间的新增网络小贷公司数量超过整体数量的三分之二，以上只是网络贷款业务发展的一个缩影，在此期间网络贷款业务得到迅猛的发展，甚至可以说是野蛮生长。

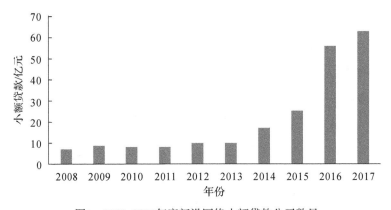

图1　2008-2017年度新设网络小额贷款公司数量

4. 网络贷款业务的合规期

网络贷款业务的第四阶段是 2018 年至今，该时期为网络贷款业务的合规整顿期。由于前期网络贷款业务的野蛮发展，2017 年 12 月 1 日，互联网金融风险专项整治工作领导小组办公室（以下简称互金整治办）与 P2P 网贷风险专项整治工作领导小组办公室（以下简称网贷整治办）联合下发了《关于规范整顿"现金贷"业务的通知》（整治办函〔2017〕141 号，以下简称 141 号文）。此后，网络贷款业务就进入合规整顿阶段，该阶段网络贷款业务被纳入到强监管领域，监管对网络贷款业务的合规性提出了更高的要求。

（三）业务特征

1. 放贷主体

141 号文第一条第（一）项规定："设立金融机构、从事金融活动，必须依法接受准入管理。未依法取得经营放贷业务资质，任何组织和个人不得经营放贷业务。"结合我国实际情况，市场上具有网络放贷资质的机构有商业银行、消费金融公司、信托公司以及网络小贷公司。其中商业银行、消费金融公司和信托公司由银保监会进行监管，网络小贷公司由各地金融办（或地方金融监管局）进行属地监管。

2. 网络操作

网络贷款的最主要特征，就是业务全程的网络化线上操作，放贷机构需要依靠互联网和移动通信等网络技术，利用风险数据和风险模型等在线风控手段，在网络上完成受理申请、风险评估、授信审批、合同签订、放款支付及贷后管理等核心业务环节操作。若放贷机构通过线下的方式进行获客、风险评估或授信审批，再通过网络方式在线上完成合同签订和放款，则该类贷款从本质上仍属于线下传统贷款，只是通过了网络工具进行签约放款，并非实质意义上的网络贷款业务。

3. 贷款对象

按照《关于网络借贷信息中介机构转型为小额贷款公司试点的指导意见》第五条第（三）项第二款："开展网络小额贷款业务的小贷公司，对自然人的单户网络小额贷款余额原则上不得超过人民币 30 万元，不得超过其最近三年年均收入的三分之一，该两项金额中的较低者为贷款金额最高限额；对法人或其他组织及其关联方的单户网络小额贷款余额原则上不超过人民币100 万元。"同时参考《商业银行互联网贷款管理暂行办法（征求意见稿）》第五条："商业银行办理互联网贷款业务，应当遵循小额、短期的原则。单户个人信用贷款授信额度应当不超过人民币 30 万元。个人贷款期限不超过一年。"可以明确网络贷款业务的贷款对象主要是自然人及小微企业。

4. 贷款用途

根据 141 号文第二条第（二）项规定以及《商业银行互联网贷款管理暂行办法（征求意见稿）》第二十三条，可以明确得知监管的用意。防范互联网借款人借新还旧、多头借贷的行为，禁止互联网借款人将贷款用于高消费、购房，同时也禁止互联网借款人将贷款用于股票配资、场外配资、期货合约、结构化产品以及其他高风险衍生品等高风险用途，明确要求互联网借款人应当将贷款用于日常生活消费、生产经营周转等正当用途。

（四）业务模式

1. 直接放贷模式。直接放贷模式就是网络放贷机构的信贷产品完全由其独立运营，仅利用其网站、客户端程序、App 等网络渠道（以下简称自营网络渠道）进行贷款业务导流，基于征信数据、生活缴费数据、电商消费数据、纳税数据、社保数据等可信数据构建自主风控体系，服务于自己的线上客户。常见的该类产品主要有各类银行的公积金贷款，蚂蚁借呗等。

2. 联合放贷模式。联合放贷模式是指具有放贷资质的放贷机构合作一起在互联网上开展信贷业务。该种模式通常由互联网银行（如新网银行、网商银行等）、网络小贷公司与传统银行、消费金融公司之间进行，具有资产端流量和在线风控优势的互联网银行、网络小贷公司提供获客渠道、部分资金、第一道风控、贷后管理及催收等体系技术服务，传统银行、消费金融公司则提供剩余部分资金以及在已获得客户信息的基础上进行自主风控审核。常见的联合贷款产品有百信银行联合贷、微众微粒贷、蚂蚁花呗等。

3. 助贷模式。助贷模式是助贷机构利用网络在线筛选目标客群和进行线上初步风控，并将符合条件的借款人在线推送给从事网络贷款业务的持牌金融机构或网络小贷公司，经持牌金融机构或是网络小贷公司风控终审后在线向借款人发放贷款的一种业务。助贷常见产品主要是对接淘宝、京东、拼多多等具有电商流量的消费金融类产品。

4. 通道放贷模式。通道放贷模式就是资金方委托具有网络放贷资质的机构向借款人进行放贷的模式，而在目前能够具备网络放贷通道的放贷机构就仅有信托公司了。根据 141 号文第二条第（三）项"加强小额贷款公司资金来源审慎管理。禁止以任何方式非法集资或吸收公众存款"及《消费金融公司试点管理办法》第二条"本办法所称消费金融公司，是指经银监会批准，在中华人民共和国境内设立的，不吸收公众存款，以小额、分散为原则，为中国境内居民个人提供以消费为目的的贷款的非银行金融机构"的规定，网络小贷公司及金融消费公司放贷资金必须是自有资金，因此无法从事网络放贷的通道业务。另外，商业银行虽然能够从事委托贷款，可是由于网络贷款都是小额分散的业务，从成本和收益上考虑，商业银行很难受理这样的业务。只有信托公司作为网络放贷通道，可以先进行资金募集，再向互联网借款人发放贷款，起到网络贷款通道的作用。

（五）与其他类似业务的区别

1. 与线下小微贷款业务的区别

由于网络贷款业务受到期限和贷款金额的限制，线下贷款业务中也只有小微贷款业务与其具有可比性，现就网络贷款业务与线下小微贷款业务的区别进行分析。

（1）获客方式不同

网络贷款业务的客户主要是网络放贷机构通过自营网络渠道或助贷机构的网站、App等线上方式获得；线下小微贷款的客户主要是通过线下方式获得。

（2）贷前审核方式不同

网络贷款业务的审核主要通过大数据来进行分析，网络放贷机构利用收集到的借款人的碎片化信息进行信息核实、交叉验证以及关联度分析，从而全面刻画借款人的真实"画像"；线下小微贷款业务的审核主要是对借款人的征信、资产信息、财务报表等实体资料进行审核。

（3）增信要求不同

网络贷款业务由于已经通过大数据对借款人进行了全面的"画像"，因此大部分借款均为信用借款；线下小微贷款业务由于审核信息的片面性，常常会要求借款人增加保证、抵质押等担保方式。

（4）贷后管理方式不同

网络贷款业务的贷后管理主要是在线上进行，网络放贷机构在线全天24小时对借款人进行持续的风险监测，只要发现借款人有任何的出险迹象，就会及时通知相关部门采取风险防范措施；线下小微贷款业务的贷后管理主要是依靠客户经理进行持续的跟踪关注，客户经理发现风险后再告知相关部门采取风险防范措施。

（5）业务的成本不同

网络贷款业务完全都是在线操作，审核速度快，审批流程短，自动进行贷后的风险监测，因此业务成本相对较低；线下小微贷款业务的一切工作基本都是由人工操作完成，业务开展需要的时间更多，审批流程更为烦琐，贷后风险监测相对滞后，业务开展的成本也相对较高。

（6）业务决策受主观影响程度不同

网络贷款业务主要是按贷款业务的模型在自动化操作，一切判断以数据为准，人为主观的因素相对较弱；线下小微贷款业务主要以人为主，均由客户经理等银行员工以主观判断来进行放贷决策。

2. 与现金贷业务的区别

此处的现金贷业务是特指 141 号文规定的具有无场景依托、无指定用途、无客户群体限定、无抵押等特征并且存在过度借贷、重复授信、不当催收、畸高利率、侵犯个人隐私等问题的不合规"现金贷"业务，两者的主要区别如下：

（1）放贷主体不同

网络贷款业务的放贷主体具有明确的要求，主要是指网络小贷公司、商业银行、信托公司、消费金融等持牌机构；现金贷业务的放贷主体没有任何的限制，是指持有现金并愿意进行放贷的自然人、法人或是其他非法人组织。

（2）用途限制不同

网络贷款业务的借款主要用于借款人的日常消费、日常生产经营周转，不得用于其他用途；现金贷业务对借款用途没有任何限制。

（3）贷款业务管理要求不同

网络贷款业务要求网络放贷机构严防"以贷养贷""多头借款"等行为，禁止发放"校园贷"和"首付贷"，禁止发放贷款用于投机经营行为；现金贷业务对业务管理没有限制。

（4）资金来源不同

网络贷款业务资金要求是贷款机构的合法自有资金或是合法募集的资金；现金贷业务对资金的来源没有要求。

（5）放款方式不同

网络贷款业务的放款方式是直接在线上进行放款；现金贷业务的放款方式可以是在线上，也可以是在线下进行。

3. 与 P2P 业务的区别

网络贷款业务与 P2P 业务都是在线上进行运营、操作，可两者之间存在明显的区别。

（1）资金来源不同

网络贷款业务的资金来源于网络放贷机构的合法自有资金或是合法募集的资金；P2P 业务资金来源主要是通过 P2P 平台出借资金的出借人。

（2）法律关系不同

网络贷款业务的放贷主体与借款人之间存在的是借款合同法律关系；P2P 平台与借款人之间存在的是居间法律关系。

（3）盈利形式不同

网络贷款业务的收益主要来源于放贷的利息收入；P2P 业务的主要来源是收取出借人、借款人的居间服务费用。

（4）资产端不同

网络贷款业务的底层资产多为无抵押、无担保的信用借款；P2P 业务底层资产则包括信用借款和抵质押借款。

二、网络贷款业务的法律分析

（一）网络贷款业务模式的法律关系

针对前文分析的网络贷款业务的模式，分别就各模式项下各主体的法律关系分析如下。

1. 直接放贷模式下的法律关系

在此模式下（见图 2），借款人通过网络放贷机构自营网络渠道获得贷款产品信息，并提交信贷申请，再由网络放贷机构审核后放贷。如该产品引入了融资性担保公司或是保险公司（以下简称担保方），则放贷完毕后由担保方就借款人的借款向网络放贷机构提供连带责任保证。在这个过程中，网络放贷机构与借款人之间形成了借款合同关系；网络放贷机构与担保方形成了保证合同关系。

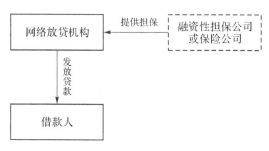

图2　直接放贷模式

2.联合放贷模式下的法律关系

在此模式下（见图3），借款人通过网络放贷机构自营网络渠道获得贷款产品信息，并提交信贷申请，由于该产品是网络放贷机构与联合放贷机构按约定比例共同发放贷款并按比例分享收益及承担相应损失，因此由网络放贷机构和联合放贷机构共同审核后才可放贷。如该产品引入了担保方，则放贷完毕后由担保方就借款人的借款向网络放贷机构提供连带责任保证。在此过程中，网络放贷机构、联合放贷机构与借款人之间形成了借款合同关系；网络放贷机构与联合放贷机构形成了合作关系；网络放贷机构与担保方形成了保证合同关系。

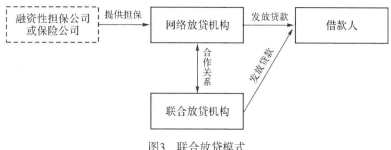

图3　联合放贷模式

3.信托放贷模式下的法律关系

在此模式下（见图4），必须先由资金方委托信托公司设立资金信托计划并形成产品，再由信托公司根据借款人的申请，审核之后以信托计划的名义向借款人发放贷款。如该产品引入了担保方，则放贷完毕后由担保方就借款人的借款向信托公司提供连带责任保证。在此过程中，资金方与信托公司形成了信托关系；信托公司与借款人形成了借款合同关系；信托公司与担保方形成了保证合同关系。

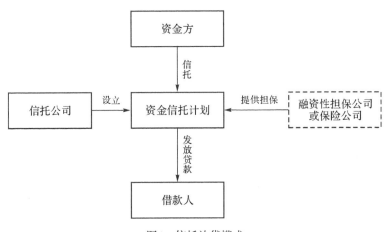

图4　信托放贷模式

4.助贷模式下的法律关系

在此模式下（见图5），借款人通过助贷机构推荐向网络放贷机构提交信贷申请，再由网络放贷机构进行独立的授信审查，对通过审核的借款人发放贷款。若网络放贷机构希望助贷机构提供连带责任保证担保，由于助贷机构很可能本身不具有担保资质，从合规角度出发，助贷机构会通过担保方向网络放贷机构提供担保，再由其向担保方提供反担保。在此过程中，网络放贷机构与借款人形成了借款合同关系；助贷机构与网络放贷机构、借款人形成了居间合同关系；网络放贷机构与担保方形成了保证合同关系；助贷机构与担保方形成了反担保的保证合同关系。

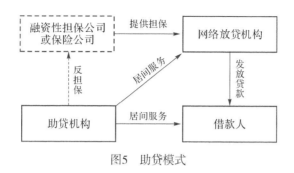

图5 助贷模式

（二）网络贷款业务的整体法律分析

由于网络贷款业务是以贷款人与借款人之间达成借款合同关系为核心开展的，其牵涉主体不多，且交易结构相对简单，通过相关司法判例的检索，可以发现网络贷款业务涉及的法律纠纷极其常见，并不复杂。从该角度分析，网络贷款业务争议解决类法律服务需求的专业要求并不高，大部分律师和公司专职法务均能胜任该项工作。同时，在强监管背景下从事网络贷款业务的相关从业机构已逐步关注和重视业务法律合规问题。因此，笔者将在下文中对网络贷款业务的法律合规问题进行重点分析梳理。

三、网络贷款业务的司法规制及功能监管路径

（一）141 号文监管思路

在 141 号文出台之前，针对"现金贷"业务野蛮生长乱象及其直接导致的社会危害性，监管部门已多次发文对其进行整治规范。但由于现金贷是一个网络新生物种，一方面交易主体极为复杂，既有持牌放贷的金融机构如商业银行、信托、消费金融、网络小贷等，还有类金融机构如网贷机构、地方金交所，更有不具有任何金融资质的机构或个人如职业放贷人、现金贷平台等；另一方面交易模式也极为复杂，既有一对一、多对一的直接放贷模式，又有提供兜底风险的助贷交易模式，更有利用资管机构进行的通道放贷模式。

整个现金贷业务所呈现出来的主体和交易的复杂性与此前资管业务在统一监管前的复杂情况极为相似，两类业务乱象中所折射出的混业经营、影子银行、叠加杠杆和监管套利问题如出一辙。就像清理整顿资管业务一样，我国金融监管采用传统的分业监管和主体监管模式，在针对此类混业经营业务时根本无从下手。因此，最终监管机构采用了与监管资管业务一样的功能监管思路去解决现金贷业务的监管问题，并最终通过 141 号文予以体现。功能性金融监管（Functional Regulation）的概念是由诺贝尔经济学奖获得者、哈佛商学院教授罗伯特·莫顿最先提出的，是指基于金融体系基本功能而设计更具连续性和一致性，并能实施跨产品、跨机构、跨市场协调的监管。在这一监管框架下，政府公共政策关注的是金融机构的业务活动及其所能发挥的功能，而不是金融机构的名称，其目标是要在功能给定的情况下，寻找能够最有效地实现既定功能的制度结构。因此从某种意义上说，现金贷业务或者说是网络贷款业务领域的 141 号文堪比资管业务领域的资管新规，两者都充分体现了我国金融监管机构在应对具有复杂交易主体及交易模式特征的金融创新物种时的新型监管思维即功能监管思维。

通过分析 141 号文出台的监管思路，我们可以看出监管机构不仅要规范整顿"现金贷"业务，更是要统一规范整个网络贷款业务，以网络贷款业务作为功能监管的对象予以监管规制，明确各类机构在开展网络贷款业务时所应遵守的统一规范和原则。结合 141 号文内容，我们可以看出监管机构对于网络贷款业务的如下六大功能监管原则。

1. 持牌放贷原则

明确只有取得经营放贷业务资质的金融机构才能从事网络贷款业务。

2. 息费法定限额原则

明确网络贷款业务的综合资金成本应符合最高人民法院民间借贷利率规定（即综合资金成本应保持在年化 36% 以下）。

3. 金融消费者保护原则

明确从事网络贷款业务的金融机构必须遵守 KYC 原则，禁止诱导借款人过度举债，借款人适当性管理，冷静期要求，贷款用途限定，贷款展期限制（一般不超过 2 次）等。上述内容均充分体现了监管机构对金融机构在从事网络贷款业务时应充分保护金融消费者权益的监管要求，同时也从侧面体现出监管日趋重视机构展业时的金融职业伦理要求。

4. 审慎经营原则

明确强调各类机构应全面考虑各类贷款质量影响因素（信息记录确实、多头借款、欺诈等），加强风控，谨慎使用数据驱动的风控模型（体现监管对于大数据风控驱动业务可能导致不良高管的顾虑与担忧），严禁隐匿不良资产。该原则是延续监管机构对传统线下贷款业务的监管思路，网络贷款业务本质还是贷款，因此其信贷资产质量和表内风险控制是永远的监管重点。

5. 严禁暴力催收原则

明确要求各类机构或委托的第三方机构严禁通过暴力、恐吓、侮辱、诽谤、骚扰等方式催收贷款。在暴力催收问题上，不仅金融监管机构在 141 号文中予以了高度关注，后续在我国司法规制层面也保持了高压的打击力度，笔者在下文中会做具体论述。

6. 客户信息安全保护原则

明确各类机构不得以"大数据"为名窃取、滥用客户隐私信息，不得非法买卖或泄露客户信息。该原则是《网络安全法》和《消费者权益保护法》中关于合法收集、使用客户信息的法定要求。同时金融客户信息大部分均系个人敏感信息，相关机构对此类信息的收集、使用必须在法定和监管的框架内进行，否则不仅存在行政合规风险，更有可能面临刑事合规风险。

上述 141 号文确立的网络贷款业务功能监管六大原则，将成为各类机构在直接从事或开展相关业务时所必须遵守的统一规范。

（二）网络贷款业务的司法规制路径

要分析网络贷款业务的司法规制路径问题，其核心就是要区分网络贷款业务中的合法行为与违法犯罪行为的边界。针对合法行为予以司法保护，针对违法犯罪行为则予以司法打击。因此笔者论述网络贷款业务的司法规制路径，主要是梳理分析以网络贷款业务中违法犯罪行为（主要集中在民间非法放贷领域）为对象的司法规制路径。此前在民间借贷领域，我国司法规制特别是刑事司法规制的重点主要集中在非法集资行为，对民间非法放贷行为的刑事司法规制几乎处于空白。但由于近年来民间非法放贷行为已从线下蔓延至互联网领域，不具有金融放贷资质的职业放贷机构纷纷在网上设立非法高利放贷平台，通过现金贷、校园贷、套路贷等网络非法放贷行为结合贷后的暴力催收和软暴力催收手段牟取暴利，由此导致借款人被逼自杀或精神错乱的恶性案例时有发生，其对人民群众人身财产安全构成了严重威胁，社会危害性极其严重；同时民间非法放贷行为会破坏我国金融体系，提高金融风险，对防范化解重大风险攻坚战的推进造成了严重阻碍。因此在中央大力倡导经济高质量发展和防范化解重大风险的宏观政策背景下，鉴于民间非法放贷行为的严重社会危害性和其自身造成的金融风险，在司法层面严厉打击民间非法放贷行为已迫在眉睫。

随着 141 号文的落地，2018 年 1 月，中共中央、国务院发出《关于开展扫黑除恶专项斗争的通知》，正式启动全国扫黑除恶专项斗争，至 2020 年底结束，为期三年。至此，针对非法放贷行为的司法规制大幕徐徐拉开，随后一系列在民间非法放贷行为和网络贷款业务层面产生重大影响的司法文件纷纷登场，复盘这些司法文件的出台背景和规制对象，基本可梳理出针对非法放贷行为的司法规制路径。

1.《关于办理黑恶势力犯罪案件若干问题的意见》

2018 年 1 月 16 日，最高人民法院、最高人民检察院、公安部、司法部出台了《关于办理恶势力刑事案件若干问题的意见》，其中第四部分"依法惩处利用'软暴力'实施的犯罪"和第五部分"依法打击非法放贷讨债的犯罪活动"，专门对非法放贷行为所引发的违法犯罪行为作出了明确的规定。

2.《关于办理"套路贷"刑事案件若干问题的意见》

2019年4月9日，最高人民法院、最高人民检察院、公安部、司法部出台《关于办理"套路贷"刑事案件若干问题的意见》，该意见对以民间借贷为名，实际却通过虚增借贷金额、恶意制造违约、肆意认定违约、毁匿还款证据等方式形成虚假债权债务，并借助诉讼、仲裁、公证或采用暴力、威胁以及其他手段占有被害人财物的新型"套路贷"犯罪行为活动进行了精准的刑事司法规制。

3.《关于办理实施"软暴力"的刑事案件若干问题的意见》

2019年4月9日，最高人民法院、最高人民检察院、公安部、司法部出台《关于办理实施"软暴力"的刑事案件若干问题的意见》，该意见针对与非法放贷行为密切相关的软暴力违法犯罪行为进行了刑事司法规制。

4.《关于办理非法放贷刑事案件适用法律若干问题的意见》

2019年10月21日，最高人民法院、最高人民检察院、公安部、司法部出台《关于办理非法放贷刑事案件适用法律若干问题的意见》明确将情节严重的职业放贷行为作为非法经营罪定罪处罚，该意见的出台对民间非法放贷行为产生了颠覆式影响，"高利放贷不入刑"成为历史概念，同时亦标志着非法放贷行为正式被纳入了刑事规制的范畴内。

5.《全国法院民商事审判工作会议纪要》

2019年11月14日，最高人民法院发布《全国法院民商事审判工作会议纪要》（即《九民纪要》），其中第52、53条分别对高利转贷和职业放贷人作出了相应规定，针对高利转贷问题，该规定明确和强调了高利转贷行为应当根据民间借贷司法解释第14条第1项的规定认定无效；针对职业放贷人问题，该规定明确了不具有放贷资格的职业放贷行为应当依法认定无效。上述规定从民事层面否定了高利转贷与职业放贷行为的法律效力，可以视为司法层面规制民间金融乱象的强烈信号。

随着上述重磅司法文件的陆续出台及扫黑除恶专项斗争的深入开展，中央希望通过司法规制打击清理现金贷、套路贷、职业放贷等违法违规行为，而清理市场、正本清源的效果正在逐步显现。通过司法规制的配合，原本监管机构所头疼的民间金融治理问题也逐渐步入了正轨，这些都为网络贷款业务的健康发展创造了公平有序的市场环境。

（三）网络贷款业务的功能监管路径

141 号文的重要意义之一就在于对网络贷款业务采取了功能监管的监管思路，统一了持牌放贷机构在从事网络贷款业务时所应共同遵守的业务规范和合规红线。141 号文之后，围绕网络贷款业务，监管机构根据持牌放贷机构的性质分别通过了如下两条监管路径去实现对网络贷款业务进行功能监管的目标。

1. 银行类金融机构网络贷款业务的功能监管路径

在 141 号文之前，银行类金融机构从事网络贷款业务主要是商业银行、信托公司和消费金融公司三类，其中商业银行和信托公司从事该业务对应的监管文件主要有《贷款通则》《个人贷款暂行管理办法》《流动资金贷款管理暂行办法》等，消费金融公司从事该业务对应的监管文件主要为《消费金融公司试点管理办法》。

针对商业银行和消费金融这两类网络贷款业务的放贷主体，在通过 141 号文统一了网络贷款业务的功能监管原则后，监管机构开始起草《商业银行互联网贷款管理暂行办法（征求意见稿）》并分别于 2018 年 11 月和 2020 年 1 月进行了两次内部征求意见，目前网络上流传的第二次征求意见稿延续并细化了 141 号文的功能监管原则。

针对信托公司从事网络贷款业务，除了 141 号文，并没有其他明确的监管文件予以规制。根据目前市场实际情况，信托公司开展网络贷款业务，主要还是以个人消费类贷款的网络消费金融业务（即 C 端业务）为主，信托公司作为持牌金融机构，在发展该类业务方面具有"通道"服务、结构设计和风险隔离等独特优势，但也面临着诸如资金成本、获客能力、风险定价和网络技术方面的不足和挑战。因此信托公司若想要在日渐激烈的网络贷款市场分一杯羹，短期内还是需要与商业银行、网络助贷机构和金融科技公司进行横向合作，以达到平衡风险、优势互补的目的。就目前而言，信托公司应该是网络贷款业务中的最大变数。如果信托公司能够秉持服务实体经济和普惠金融的展业理念发展网络贷款业务，其前景大有可为；但如果信托公司还是仅仅利用其通道优势，帮助其他机构规避监管规定、进行简单的监管套利和牌照套利业务，在目前穿透式监管的背景下，其未来的套利空间和业务空间将越来越小，最终极有可能被监管直接发文否定。

2. 网络小贷业务的功能监管路径

在 141 号文落地前，并没有特别针对网络小额贷款公司的监管文件，监管机构主要针对传统小贷公司的线下放贷行为进行监管规制，该领域主要监管文件有《关于小额贷款公司试点的指导意见》（银监发〔2008〕23 号）及各地出台的配套监管细则。以浙江省为例，针对小额贷款公司的地方监管文件主要有《浙江省小额贷款公司试点暂行管理办法》（浙金融办〔2008〕21 号）、《浙江省人民政府办公厅关于促进小额贷款公司健康发展的若干意见》（浙政办发〔2009〕71 号）、《浙江省小额贷款公司日常监管暂行办法》（浙政办发〔2009〕100 号）、《浙江省人民政府办公厅关于深入推进小额贷款公司改革发展的若干意见》（浙政办发〔2011〕119 号）、《浙江省小额贷款公司融资监管暂行办法》等。

小贷公司试点始于 2008 年，定位于服务"三农"，经营范围局限于区县。2010 年，阿里小贷成立，依托电商生态进行线上放贷，不受区域制约，被视为网络小贷的开端。在当时，网络小贷并非独立牌照，只是作为传统小贷公司向互联网方向发展的业务新模式探索。在 2015 年 7 月十部委发布的《关于促进互联网金融健康发展的指导意见》中就将网络小额贷款界定为"互联网企业通过其控制的小额贷款公司，利用互联网向客户提供的小额贷款"。由于网络小贷公司通过互联网发放贷款突破了区域限制，既然这种模式被监管认可，小贷公司也就顺势开启了转型网络小贷的浪潮。2015—2017 年，200 多家网络小贷公司密集成立，或由各大互联网平台新设，或由传统小贷公司升级。2017 年 2 月，银保监会曾专门表态，希望在全国性意见出台前各地慎重批设网络小贷牌照，直至 2017 年末监管在 141 号文中明确叫停，各地才暂时停止了对新增网络小贷牌照的发放工作。

根据 2015 年 8 月国务院法制办发布的《非存款类放贷组织条例（征求意见稿）》的内容，监管将小额贷款公司界定为非存款类放贷组织，但由于各种原因该条例到目前仍未落地。同时过去几年来游离在传统金融监管之外的民间职业放贷现象却愈演愈烈，由此导致的劣币驱逐良币现象在小额贷款行业则更为凸显。这一现象直到 141 号文出台后在扫黑除恶专项斗争背景下对民间非法放贷行为进行一系列的全面司法规制后才得到了有效解决，该司法规制背景，笔者已在前文中提及，在此不再赘述。因此在 141 号文出台后，监管对网络小贷公司定位于非存款类放贷组织的强监管思路则愈发清晰。

2017 年 12 月 8 日，网贷整治办在 141 号文落地一周后便顺势发布了《小额贷款公司网络小额贷款业务风险专项整治实施方案》，旨在通过专项整治，严控网络小贷的资质审批，规范网络小贷的经营行为，严厉打击和取缔非法经营网络小贷业务的机构。该方案是对监管在 11 月 21 日发布的《关于立即暂停批设网络小额贷款公司的通知》及 141 号文的细化文件，对网络小贷业务清理整顿工作做了全面部署，明确了具体要求和整治进度。同时该文件发布时间与 141 号文出台仅隔了一周，也反映出监管对网络小贷问题的重视程度及高密度的监管节奏。

2019 年 11 月，互金整治办和网贷整治办联合下发了《关于网络借贷信息中介机构转型为小额贷款公司试点的指导意见》（整治办函〔2019〕83 号，以下简称83号文），该文件不仅对网贷机构转型小贷的条件进行了明确规定，而且还明确了转型为网络小贷后的业务合规要求及业务红线。

四、网络贷款业务生态合规要点

按照目前网络贷款业务的功能监管要求，基于网络贷款业务中金融风险易被互联网快速传导和扩大的特征，结合其本身跨产品、跨机构和跨市场的业务交易特性，在目前网络贷款业务的司法规制和金融监管整体趋严的大背景下，该类业务的合规风险将大幅度提升（特别是刑事合规风险）。但相关从业机构若仍沿用主体监管模式下的传统主体合规思路去应对就会发生功能监管要求与实际业务情况的错位与偏差，并导致合规风险发生。因此，从业机构在应对功能监管背景下的网络贷款业务合规问题时，必须重构原有的主体合规流程和要求，将传统的主体合规模式迭代升级至全新的生态合规模式。

所谓生态合规，是笔者基于功能监管背景下应对网络贷款业务整体合规要求提出的全新概念，即在网络贷款业务的功能监管背景下，相关从业机构在开展网络贷款业务时不仅应重点关注和有效控制自身的业务合规问题，同时还要关注网络贷款业务生态链条上与其业务密切相关的其他相关主体的业务合规问题，并在此基础上通过实施有效措施以影响和促使其他相关主体在开展网络贷款业务时达到显性合规要求（若其他相关主体通过虚构、隐瞒、欺诈等不正当手段掩盖隐形违规问题而造成显性合规假象的，则属于其自身违法违规行为，该类情况不在本文讨论分析的范畴内），努力促成和实现网络贷款业务全流程的整体合规。结合上述概念，我们可以发现，在目前已落地和正在征求意见的相关监管文件中，均体现了生态合规的理念和要求。因此从业机构只有采用生态合规模式，才能有效应对在功能监管背景下网络贷款业务的合规风险问题。

从业务生态合规角度出发，笔者尝试将网络贷款业务拆解剖析为资金端、交易媒介和资产端三个交易要素（见图6），并分别梳理分析各交易要素中业务生态合规的要点重点。

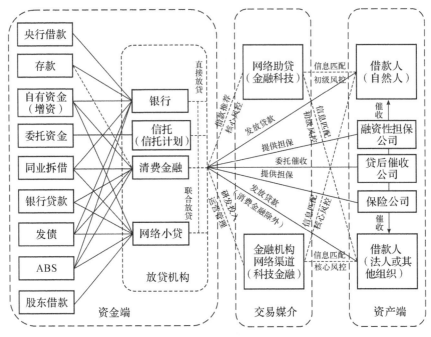

图6　网络贷款业务交易要素

（一）资金端生态合规要点

1.融资杠杆要求

基于贷款业务的逐利性和扩张性，各类放贷机构有着天然地利用各种手段扩充放大自身资金端的欲望和冲动，但盲目扩张的背后往往伴随着金融风险的快速增长。因此监管为了整个金融市场的健康稳健，势必对各类放贷机构的融资金额及比例予以严格控制。按照目前监管要求，各类网络贷款业务放贷机构的融资杠杆要求如表1所示。

表 1　网络贷款业务放贷机构的融资杠杆要求

放贷机构	融资来源	融资限制	监管文件
商业银行	央行借款	资本充足率不得低于百分之八；流动性资产余额与流动性负债余额的比例不得低于百分之二十五；国务院银行业监督管理机构对资产负债比例管理的其他规定	《商业银行法》
	存款		
	发债		
	自有资金	不限	/
	同业拆借	同业融入资金余额不得超过负债总额的三分之一	《关于规范金融机构同业业务的通知》
	ABS	不限	/
信托	委托资金	合格投资者投资于单只固定收益类产品的金额不低于 30 万元	《关于规范金融机构资产管理业务的指导意见》
消费金融	自有资金	不限	/
	存款	只能接受股东境内子公司及境内股东的存款	《消费金融公司试点管理办法》
	同业拆借	同业拆入资金余额不高于资本净额的 100%	《消费金融公司试点管理办法》
	银行贷款	资本充足率不低于 10.5%	《消费金融公司试点管理办法》《商业银行资本管理办法（试行）》
	发债		
	ABS	窗口指导参照 141 号文网络小贷 ABS 融资纳入表内合并计算杠杆率的规定	《关于规范整顿"现金贷"业务的通知》
网络小贷（浙江省当地监管政策）	自有资金	不限	/
	同业拆借	融资比例合计不得超过当时公司资本净额的 100%；因转型新设立的小贷公司通过银行借款、股东借款等非标准化融资形式，融资余额不得超过其净资产的 1 倍	《浙江省小额贷款公司融资监管暂行办法》《关于网络借贷信息中介机构转型为小额贷款公司试点的指导意见》
	银行贷款		
	股东借款		

续 表

放贷机构	融资来源	融资限制	监管文件
网络小贷（浙江省当地监管政策）	发债	以信贷资产转让、资产证券化等名义融入的资金应与表内融资合并计算，合并后的融资总额与资本净额的比例暂按当地现行比例规定执行，各地不得进一步放宽或变相放宽小额贷款公司融入资金的比例规定；因转型新设立的小贷公司通过发行债券、资产证券化产品等标准化融资工具、融资余额不得超过其净资产的4倍	《关于规范整顿"现金贷"业务的通知》《关于网络借贷信息中介机构转型为小额贷款公司试点的指导意见》
	ABS		

通过监管机构对各类放贷机构融资限制的规定，除了信托贷款业务因属于营业信托业务范畴，故信托计划项下募集资金与信托自有资金均相互独立，因此监管目前并未对信托融资杠杆进行限制〔但根据2015年4月《信托公司条例（征求意见稿）》第二十四条第（四）、（五）项规定，信托公司净资产与全部融资类单一资金信托余额的比例不得低于5%，净资产与全部融资类集合资金信托计划余额的比例不得低于12.5%〕。除信托机构外，其他放贷机构均受到了严格的融资杠杆限制，特别是经历了141号文洗礼的网络小贷和消费金融，均大大收缩了ABS、信贷资产转让等规避融资杠杆限额要求的融资方式，部分股东实力较强的头部机构为了扩大业务规模，则纷纷采用了不受监管限制的股东增资方式融资，增加自有资金的规模和体量。同时上表中唯一的变数就是网络小贷的融资杠杆比例，按照目前的监管格局，中央将小贷公司的融资杠杆比例限额交由各地政府根据实际情况确定，因此网络小贷在全国层面并未有明确统一的融资杠杆限额规定，83号文中虽然规定了适当扩大融资杠杆率的内容〔第六条第（四）项规定"因转型新设立的小贷公司通过银行借款、股东借款等非标准化融资形式，融资余额不得超过其净资产的1倍；通过发行债券、资产证券化产品等标准化融资工具、融资余额不得超过其净资产的4倍"〕，但毕竟该文件只适用网贷转型为小贷公司

的情形，并不具有普适性，笔者判断该问题预计要等《非存款类放贷组织条例》正式落地后才有可能明确统一。

2.持牌放贷要求

持牌放贷是 141 号文强调的重点合规要求，同时也是网络贷款业务合规的基础逻辑起点。基于功能监管逻辑和穿透式监管原则，笔者理解持牌放贷也应具有两个层次的合规要求，第一层次合规要求就是放贷机构自身必须取得网络贷款的经营资质，这是传统的主体合规要求，也是较易发现的显性合规要求，在本文中讨论的四类放贷机构均符合该合规要求；第二层次合规要求是放贷机构在特定交易情形下还应重点关注其放贷资金来源（避免沦为违规放贷通道或资金提供方）和合作机构的资质合规问题，避免由于其他合作机构不符合监管合规要求而导致整体业务的合规问题。因此该层次的合规要求明显具有生态合规的特征，需要各类放贷机构高度重视。经笔者梳理，适用于该层次合规要求的特定交易情形及对应的生态合规要求见表 2。

（二）交易媒介生态合规要求

1.核心风控独立要求

核心风控独立要求应该是持牌放贷要求的延伸，按照监管逻辑，若持牌放贷机构将核心风控环节完全外包给外部合作机构，同时接受外部机构的兜底安排，则完全异化为单纯的放贷资金提供方，名义上虽然还是持牌放贷机构在合规放贷，但实质放贷主体已经异化为外部合作机构，这样一方面将导致持牌放贷合规要求的监管目的落空，另一方面若外部合作机构风控失效或其自身兜底能力有限时，则将伴随产生大量的金融机构表内不良风险。因此，针对网络贷款业务的特殊性，持牌放贷机构必须做到核心风控独立要求。该合规要求具体监管内容见表 3。

表 2 网络贷款业务持牌放贷要求

交易情形	主体	生态合规要求	监管文件
非自有资金放贷模式（已禁止）	网络小贷	禁止以任何方式非法集资或吸收公众存款。禁止通过互联网平台或地方各类交易场所销售、转让及变相转让本公司的信贷资产。禁止通过网络借贷信息中介机构融入资金	《关于规范整顿"现金贷"业务的通知》
		运用穿透式监管手段，排查股东是否以委托资金、债务资金等非自有资金出资入股。是否进行非法集资，吸收或变相吸收公众存款。是否通过网络借贷信息中介机构融入资金。排查小额贷款公司是否主要以自有资金放款。是否通过股东借款方式融入资金。排查小额贷款公司股东是否为无放贷业务资质的机构提供资金发放贷款	《小额贷款公司网络小额贷款业务风险专项整治实施方案》
		禁止以任何方式吸收或者变相吸收公众存款；禁止通过互联网平台或者地方各类交易场所销售、转让本公司的信贷资产	《关于网络借贷信息中介机构转型为小额贷款公司试点的指导意见》
提供资金放贷模式（已禁止）	银行业金融机构	银行业金融机构不得以任何形式为无放贷业务资质的机构提供资金发放贷款	《关于规范整顿"现金贷"业务的通知》
		商业银行不得以任何形式为无放贷业务资质的合作机构提供资金用于发放贷款	《商业银行互联网贷款管理暂行办法》（2020年1月征求意见稿）
	浙江辖区内城商行和民营银行	不得以任何形式为无放贷资质的机构提供放贷资金	《关于加强互联网助贷和联合贷款风险防控监管提示的函》（浙银保监便函〔2019〕9号）

续　表

交易情形	主体	生态合规要求	监管文件
联合贷款模式	银行业金融机构	不得与无放贷业务资质的机构共同出资发放贷款	《关于规范整顿"现金贷"业务的通知》
		商业银行与其他有贷款资质的机构联合发放互联网贷款的，应当建立联合贷款内部管理制度，并在制度中明确本行联合贷款授权信审批管理机制。商业银行应当独立对所出资的贷款进行风险评估和授信审批。商业银行不得与无放贷业务资质的合作机构共同出资发放贷款	《商业银行互联网贷款管理暂行办法》（2020年1月征求总意见稿）
	浙江辖区内城商行和民营银行	不得与无放贷业务资质的机构共同出资发放贷款。不具备互联网贷款的核心风控能力和条件的银行，不得开展互联网贷款业务。对于无法提供贷款审查所需基本资料，或者所提供信息无法满足贷款审查审批需要的合作机构，不得与其开展联合贷款业务	《关于加强互联网助贷和联合贷款风险防控监管提示的函》（浙银保监便函〔2019〕9号）
	网络小贷	排查小额贷款公司是否与未履行备案手续或取得相应的电信业务经营许可的互联网平台合作发放网络小额贷款。是否与无放贷业务资质的机构共同出资发放贷款	《小额贷款公司网络小额贷款业务风险专项整治实施方案》

表 3　网络贷款业务核心风控要求

主体	生态合规要求	监管文件
银行业金融机构	银行业金融机构与第三方机构合作开展贷款业务的，不得将授信审查、风险控制等核心业务外包	《关于规范整顿"现金贷"业务的通知》
	互联网贷款业务模式涉及与外部机构合作的，核心风控环节应当由商业银行独立开展且有效，不得将授信审查、风险控制、贷款发放、支付管理、贷后管理等核心业务环节委托给第三方合作机构	《商业银行互联网贷款管理暂行办法》（2020年1月征求意见稿）
浙江辖区内城商行和民营银行	不得将授信审查、风险控制等核心环节外包，不能异化为单纯的放贷资金提供方。参与银行应开发与业务匹配的风控系统、风控模型，配备专业人员。应独立开展客户准入、风险评测、贷款额度和贷款利率确定、贷后资金用途管理	《关于加强互联网助贷和联合贷款风险防控监管提示的函》（浙银保监便函〔2019〕9号）
消费金融	消费金融公司不得将与贷款决策和风险控制核心技术密切相关的业务外包	《消费金融公司试点管理办法》
网络小贷	与第三方机构合作开展贷款业务的，是否将授信审查、风险控制等核心业务外包	《小额贷款公司网络小额贷款业务风险专项整治实施方案》

2. 合作机构合规要求

由于网络贷款业务基于网络展业的特殊性，持牌放贷机构除了依靠自身科技金融网络渠道的获客风控和授信管理能力，还需要借助有专业优势的外部机构如保险公司、融资担保公司、电子商务公司、大数据公司、信息科技公司、贷款催收公司等合作开展风险分担、营销获客、金融科技和贷后催收等工作。因此基于生态合规要求，放贷机构除了自身业务合规，还需要通过实施如白名单准入、协议约定、贷后检查、违约解约等有效措施，确保外部合作机构在开展网络贷款业务时达到合规要求。该部分生态合规要求的具体监管内容见表4。

表 4 网络贷款业务合作机构合规要求

主体	生态合规要求	监管文件
各类放贷机构	各类机构或委托第三方机构均不得通过暴力、恐吓、侮辱、诽谤、骚扰等方式催收贷款。银行业金融机构不得接受无担保资质的第三方机构提供增信服务以及兜底承诺等变相增信服务，应要求并保证第三方合作机构不得向借款人收取息费	《关于规范整顿"现金贷"业务的通知》
银行业金融机构	互联网贷款业务模式涉及与外部机构合作的，应当在互联网贷款业务规划中明确在贷款调查、授信评估、贷后管理等环节的具体合作方式，包括但不限于客户推介、风险数据、风险模型、资金支持等方面的合作。商业银行应当充分评估合作机构的信息系统服务能力、可靠性和安全性以及敏感数据的安全保护能力，开展联合演练和测试，确保业务连续性。商业银行应当建立覆盖各类外部合作机构的准入机制，明确相应标准和程序，并实行名单制管理。合作机构准入、合作类产品和具体合作模式应当由总行层级履行审批程序，并确保合作机构与合作事项符合法律法规和监管要求。商业银行应对从经营情况、管理能力、风控水平、技术实力、服务质量、业务合规和机构声誉等方面对合作机构进行准入评估。商业银行应当与合作机构签订书面合作协议。书面合作协议应当明确约定合作范围、操作流程、各方权责、收益分配、风险分担、客户权益保护、数据保密、审计检查、争议解决、合作事项变更或终止的过渡安排、违约责任等内容。商业银行应当自主确定目标客户群，授信额度和贷款定价标准；商业银行除为合作机构自身及其关联方直接或间接进行融资、不得将贷款发放、本息回收、止付等关键环节操作交由其他合作方执行，除联合贷款的合作机构外，应当要求不得接受无担保资质和无信用保证保险资质的合作机构提供增信服务。商业银行不得委托有暴力催收等违法违规记录的第三方催收机构进行贷款催收。发现合作机构存在暴力催收等违法违规行为的，应当立即终止合作，并将违法违规线索及时移交相关部门	《商业银行互联网贷款管理暂行办法》（2020年1月征求意见稿）

主体	生态合规要求	监管文件
浙江辖区内城商行和民营银行	银行要进一步梳理完善与合作机构合作的协议条款，明确各自权利义务和职责边界，风险防控、不良处置、消费者保护等领域的行与合作机构在客户信息共享、贷款核销等方面的职责划分。不得接受无担保贷款质的第三方机构提供增信服务以及兜底承诺等变相增信服务	《关于加强互联网助贷和联合贷款风险防控监管提示的函》（浙银保监便函〔2019〕9号）
消费金融	消费金融公司如有业务外包需要，应当制定与业务外包相关的政策和管理制度，包括业务外包的决策程序，对外包方的评价和管理、控制业务信息保密性和安全性的措施和应急计划等。消费金融公司签署业务外包前应当向银行业监督管理机构报告业务外包的主要风险及相应的风险规避措施等	《消费金融公司试点管理办法》
网络小贷	与第三方机构合作开展贷款业务的，是否将授信审查、风险控制等核心业务外包，是否通过"抽屉协议"等方式接受无担保贷款质的第三方机构提供增信服务以及兜底承诺等变相增信服务，第三方机构是否合向借款人收取息费	《小额贷款公司网络小额贷款业务风险专项整治实施方案》

（三）资产端生态合规要求

1. 金融消费者保护要求

2015 年 11 月 4 日，国务院办公厅发布了《关于加强金融消费者权益保护工作的指导意见》，该文件在全国层面首次提出了金融消费者权益保护的概念，并明确了金融消费者八项基本权利（与《消费者权益保护法》规定的普通消费者基本权利一致）。根据该文件要求，金融监管部门开始逐步将金融消费者保护要求纳入金融业务合规的范畴内。而在网络贷款领域，由于借款人大部分属于具有金融消费需求的自然人，符合金融消费者主体身份，具备获得金融消费者权益保护的权利主体基础。同时在 141 号文中提到的金融消费者保护原则、严禁暴力催收原则、客户信息安全保护原则这三大功能监管原则其实质都是金融消费者保护生态合规要求，因此金融消费者保护也是网络贷款业务在资产端层面生态合规要求的重点领域。根据目前监管规定，该部分合规要求见表 5。

2. 小额分散要求

作为普惠金融重要着力点的网络贷款业务，其在资产端小额分散的合规要求与生俱来，各类放贷机构只有切实做到小额分散合规要求，充分发挥网络贷款业务中科技赋能金融的优势，才能实现中央和金融监管机构普惠金融和深化金融供给侧结构性改革的目的，因此小额分散要求也是网络贷款业务在资产端层面的另一个重要生态合规要点。关于该内容具体监管规定见表 6。

表 5　网络贷款业务消费者保护要求

主体	生态合规要求	监管文件
各类放贷机构	各类机构应当遵守"了解你的客户"原则，充分保护金融消费者权益，不得以任何方式诱致借款人过度举债，陷入债务陷阱。应全面持续评估借款人的信用状况，偿付能力，审慎确定借款人适当性，综合资金成本，贷款金额上限，贷款用途等。"冷静期"要求、贷款用途限定、还款方式等。不得向无收入来源的借款人发放贷款，单笔贷款的本息债务总负担应当合理设定金额上限，贷款展期次数一般不超过2次。各类机构或委托第三方机构均不得通过暴力、恐吓、侮辱、诽谤、骚扰等方式催收贷款。各类机构应当加强客户信息安全保护，不得以"大数据"为名窃取、滥用客户隐私信息，不得非法买卖或泄露客户信息	《关于规范整顿"现金贷"业务的通知》
银行类金融机构	商业银行应当建立健全互联网借款人权益保护机制，切实承担借款人数据保护的主体责任，加强借款人隐私数据保护。构建独立的业务咨询和投诉处理渠道，确保互联网借款人享有不低于线下贷款业务的相应服务，将消费者保护要求嵌入互联网贷款业务全流程管理体系。商业银行应当通过合法渠道和方式获取客户数据，开展贷款营销，并充分评估目标客户风险偏好和风险承受能力，有效落实适当性原则，将合适的产品推荐给合适的人。商业银行自身或通过合作机构向目标客户推介互联网贷款产品时，应当充分披露贷款主体、贷款条件、实际年利率、年化综合资金成本、还本付息安排、逾期催收和投诉渠道等，保证客户的知情权和自主选择权。不得采取默认勾选、捆绑销售等方式剥夺消费者意思表示的权利。借款合同签订与贷款发放时间间隔超过1个月的，重点关注借款人在贷款发放前的新增贷款情况，防止过度授信。商业银行应当关注借款人信贷情况和还款能力，审慎确定对借款人的放款额度。商业银行应当遵循合法、必要、有效的原则，不得违反法律法规和借贷双方约定，不得使用借款人风险数据用于从事与贷款业务无关或有损借款人利益的活动，不得向第三方提供借款人将风险数据和泄露借款人敏感数据	《商业银行互联网贷款管理暂行办法》（2020年1月征求意见稿）

续　表

主体	生态合规要求	监管文件
消费金融	消费金融公司向个人发放消费贷款不应超过客户风险承受能力且借款人贷款余额最高不得超过人民币20万元。消费金融公司对借款人所提供的个人信息负有保密义务，不得随意对外泄露。借款人未按合同约定归还贷款本息的，消费金融公司应当采取合法的方式进行催收，不得采用威胁、恐吓、骚扰等不正当手段。消费金融公司应当按照法律法规和银监会有关监管要求做好金融消费者权益保护工作，业务办理应当遵循公开透明原则，充分履行告知义务，使借款人明确了解贷款金额、期限、价格、还款方式等内容，并在合同中载明	《消费金融公司试点管理办法》
	应采取有效措施防范借款人"以贷养贷""多头借贷"等行为	《关于规范整顿"现金贷"业务的通知》
网络小贷	是否诱导借款人超过自身可负担能力过度举债，陷入债务陷阱。是否自行或委托第三方通过暴力、恐吓、侮辱、诽谤和骚扰等方式催收贷款。是否采取有效措施防范借款人"以贷养贷"和"多头借贷"等行为。排查小额贷款公司是否建立网络信息安全管理体系，是否安全保管客户资料和交易信息，保护客户隐私。是否以"大数据"为名窃取或滥用客户隐私信息、非法买卖或泄露客户信息	《小额贷款公司网络小额贷款业务风险专项整治实施方案》
	开展网络小贷业务的小贷公司，对自然人的单户网络小额贷款余额原则上不得超过人民币30万元，不得超过其最近三年年均收入的三分之一，该两项金额中的较低者为贷款最高限额。建立健全风险控制体系，风险缓释制度，建立健全信息披露制度，积极保护客户商业秘密及消费者合法权益。禁止通过暴力、恐吓、侮辱、诽谤、骚扰等方式催收贷款。禁止隐瞒客户应知晓的本公司有关信息和擅自使用客户信息，非法买卖或泄露客户信息	《关于网络借贷信息中介机构转型为小额贷款公司试点的指导意见》

表 6　网络贷款业务小额分散要求

主体	生态合规要求	监管文件
商业银行	商业银行办理互联网贷款业务，应当遵循小额、短期的原则。单户个人信用贷款授信额度应当不超过人民币 30 万元。个人贷款期限不超过一年。商业银行应根据自身风险管理能力，参考行业经验，确定单户流动资金授信额度上限，并对期限超过一年的流动资金贷款，至少每年对该笔贷款对应的授信进行重新评估和审批	《商业银行互联网贷款管理暂行办法》（2020 年 1 月征求意见稿）
消费金融	消费金融公司向个人发放消费贷款不应超过客户风险承受能力且借款人贷款余额最高不得超过人民币 20 万元	《消费金融公司试点管理办法》
网络小贷	开展网络小额贷款业务的小贷公司，对自然人的单户网络小额贷款余额原则上不得超过人民币 30 万元，不得超过其最近三年年均收入的三分之一，该两项金额中的较低者为贷款金额最高限额；对法人或其他组织及其关联方的单户网络小额贷款余额原则上不超过人民币 100 万元	《关于网络借贷信息中介机构转型为小额贷款公司试点的指导意见》

3. 借款用途要求

金融监管机构对于信贷资金流向即借款用途核查历来就是监管重点领域，大部分的中央宏观经济政策均是由金融监管机构通过控制信贷资金流向来实现的，最典型的就是中央对于房地产行业的信贷融资限制。因此在网络贷款业务层面，借款用途也是一项非常重要的业务合规要求，特别是在 141 号文中明确针对具有无场景依托、无指定用途、无客户群体限定、无抵押等四无特征的"现金贷"业务进行重点规范整顿的功能监管背景下，借款用途合规要求在网络贷款业务中的重要性则更为凸显。根据监管文件规定，该部分合规要求具体见表 7。

表 7 网络贷款业务借款用途要求

主体	生态合规要求	监管文件
商业银行	本办法所称互联网贷款，是指商业银行运用互联网和移动通信等信息通信技术，基于风险数据和风险模型进行交叉验证和风险管理，线上自动受理贷款申请及开展风险评估，并完成授信审批、合同签订、放款支付、贷后管理等核心业务环节操作，为符合条件的借款人提供的用于借款人消费、合法的经营周转等用途的个人贷款和流动资金贷款。商业银行应当与借款人约定明确、合法的贷款用途。贷款资金不得用于以下事项：（一）购房及偿还住房抵押贷款；（二）股票、债券、期货、金融衍生产品和资产管理产品等投资；（三）固定资产、股本权益性投资；（四）法律法规禁止的其他用途。商业银行应当采取适当方式对贷款用途进行监测，发现借款人违反法律法规或未按照合同约定用途使用贷款资金的，应当按照合同约定提前收回贷款，并追究借款人相应责任	《商业银行互联网贷款管理暂行办法》（2020年1月征求意见稿）
消费金融	本办法所称消费金融是消费金融公司向借款人发放的以消费（不包括购买房屋和汽车）为目的的贷款	《消费金融公司试点管理办法》
网络小贷	暂停发放无特定场景依托、无指定用途的网络小额贷款，逐步压缩存量业务，限期完成整改。禁止发放"校园贷"和"首付贷"。禁止发放贷款用于股票、期货等投机经营	《关于规范整顿"现金贷"业务的通知》
	排查小额贷款公司是否在其监管部门批准的经营区域或业务范围外发放贷款。是否发放无特定场景依托、无指定用途的网络小额贷款。是否发放"校园贷"和"首付贷"。是否发放贷款用于股票、期货等投机经营	《小额贷款公司网络小额贷款业务风险专项整治实施方案》
	贷款投向应符合国家产业政策和信贷政策。禁止发放违反法律有关利率规定或违背信贷政策要求的贷款	《关于网络借款信息中介机构转型为小额贷款公司试点的指导意见》

综上所述，在经历了141号文后司法规制和功能监管的双重高压整治下，以现金贷、校园贷、套路贷为特点的网络非法放贷乱象已得到了有效遏制。同时金融监管和司法机关也通过联手合作，为未来网络贷款业务的健康有序发展提供了良好的市场环境。而对于从事网络贷款业务的相关主体（包括持牌放贷机构及其合作的外部机构）而言，在充分享受整治后的市场红利前，则需要对141号文之后的全新司法规制和功能监管体系作全面系统地了解，并在此基础上重构其业务合规体系和流程，将传统的主体合规模式迭代升级至全新的生态合规模式，建立起能够与功能监管体系匹配的生态合规架构，为其未来网络贷款业务的健康高速发展奠定良好的合规基础。

五、结语

美国大法官霍姆斯在其巨著《普通法》中提出的著名观点"法律的生命不在于逻辑，而在于经验"，被法律界奉为经典名言。该观点并不是对逻辑与经验两者孰轻孰重的简单比较，而是强调经验对于司法审判和法律发展的重要作用。"经验"不仅指法官所积累的司法审判、法律实践和生活阅历等个体经验，而且还包括国家社会所处的时代发展背景、宏观政策、经济结构、主流价值观念、文化传统等整体因素。与法律逻辑相比，这些具有宏观意义的整体因素对一个国家立法、执法和司法层面的影响明显更为深刻，甚至可以说正是这些整体因素的综合作用才孕育塑造并不断动态影响着一个国家特有的法律体系。同理，在分析研究近年来我国网络金融业态及其对应的司法规制和监管合规法律体系的变化和趋势时，不仅需要有基本的法律逻辑，同时更需要由微观个体积累和宏观整体因素构成的法律"经验"作为支撑。基于该观点，笔者作为金融专业律师，自2015年开始就对我国网络金融业态的发展变化及其法律规制体系保持了持续关注，目睹了网络金融业态初期野蛮生长、中期清理整顿和后期爆雷取缔的全过程，同时也全程见证了我国网络金融法律规制体系（特别是金融监管体系）的建立和完善，在此基础上笔者也有幸带领团队研发和参与了多个网络金融业态的创新型法律服务项目。基于上述"经验",笔者开始将自身对网络金融法律实务问题的思考与理解陆续撰写成文,2018 年以网络借贷自动投标业务为研究对象撰写了论文《网贷自动投标业务法律分析及司法规制建议——以委托代理合同纠纷为分析规制对象》,2019 年以网络助贷业务为研究对象撰写了论文《网络助贷业务的法律分析与合规要点——兼论金融强监管背景下网络助贷业务的发展方向》,今年则以网络贷款业务为研究对象撰写本文,提出了业务生态合规理念。而本文恰好为笔者团队多年来对网络金融业态的法律实务研究画上一个圆满的句号,勉强凑成一套"网络金融法律实务研究三部曲",虽自吹自擂,但敝帚自珍。文中观点均是一家之言,较显粗浅,亦难免存在错漏之处,也请各位业界学界友人见谅指正。不管如何,至少笔者用上述拙作为这个日新月异、波澜壮阔的大时代做了一些法律人专注思考后的注脚,如此甚幸。①

① 写作中参考了下列文献:武长海:《P2P 网络借贷法律规制研究》,中国政法大学出版社 2016 年版;王仁祥、詹源庄:《网络借贷的法律规制与监管建议》,载《福建论坛(人文社会科学版)》2016 年第 12 期;赖丽华:《我国网络借贷监管制度的缺陷、危害及其完善路径》,载《南昌大学学报(人文社会科学版)》2016 年第 6 期;周汉君:《P2P "现金贷"业务的风险及防范研究》,载《时代金融》2017 年第 8 期;冯辉:《网络借贷平台法律监管研究》,载《中国法学》2017 年第 6 期;叶文辉:《互联网"现金贷"平台存在的风险和监管对策》,载《华北金融》2017 年第 8 期;巴曙松:《现金贷的风险来源分析及其监管》,载《武汉金融》2018 年第 4 期;许恋天:《互联网金融"穿透式"监管——逻辑机理与规范运用》,载《税务与经济》2019 年第 3 期;王来华:《我国互联网小额贷款公司监管机制研究》,载《区域金融研究》2019 年第 5 期。

附 录

"新时代金融证券市场发展与监管高端论坛"
暨2020年浙江省法学会金融法研究会年会顺利召开

2020年11月29日，由浙江省法学会金融法学研究会、浙江大学互联网金融研究院主办，胜数学院承办，起步股份有限公司和金信网银监管科技研究院联合支持的"新时代金融证券市场发展与监管高端论坛"暨2020年浙江省法学会金融法研究会年会在杭州顺利召开（见图1）。本次高端论坛围绕证券市场的发展与监管法治、地方金融发展与监管立法、金融证券领域的违法犯罪问题、新金融（金融科技、数字金融、普惠金融）发展及其监管法治等四个议题，邀请省内外金融法专家学者共同深入研讨，碰撞出思想火花。

图1 "新时代金融证券市场发展与监管高端论坛"暨2020年浙江省法学会金融法研究会年会现场

　　此次高端论坛创新性地采用线上和线下相结合的形式，11 月 29 日下午线上、线下同步会议，29 日晚上纯线上会议，来自省内外金融监管部门、司法机关、各高校、金融机构、律师事务所、金融相关企业的领导、专家学者，以及高校硕博生 200 余人在现场参加了此次会议（见图 2），部分嘉宾通过线上直播参会，线上直播收看人数达到了 4000 余人。出席本次会议的领导和嘉宾有：浙江省法学会学术委员会主任牛太升，中国证监会浙江监管局副局长张喆峰（见图 3），浙江省公安厅刑事侦查总队副总队长徐林苗（见图 4），浙江大学互联网金融研究院院长、浙大国际联合商学院院长、教授、博导贲圣林，中国证监会中小投资者服务中心（ISC）维权部总监鲁小木，中国证券法学研究会副会长、浙江省法学会金融法学研究会会长、浙江大学互联网金融研究院副院长、浙江大学光华法学院教授、博导李有星，北京市金杜律师事务所资深合伙人、博士、浙江省法学会金融法学研究会常务副会长姜丛

图2　线下会议现场嘉宾合影

华，浙江省法学会金融法学研究会副会长叶勇飞，宁波大学法学院教授、博导郑曙光，厦门大学法学院教授、博导肖伟，浙大城市学院法学院教授谭立等。本次会议直播技术由胜数学院支持。

29日下午的线上线下同步会议主要分为开幕式（领导致辞）、优秀论文颁奖、嘉宾主题演讲三个环节。29日晚上纯线上会议，则主要围绕"新金融（金融科技、数字金融、普惠金融）发展及其监管法治"的主题，由参会嘉宾展开讨论。

图3 （左一）中国证监会浙江监管局副局长张喆峰

图4 浙江省公安厅刑事侦查总队副总队长徐林苗

开幕式

开幕式由浙江省法学会金融法学研究会副会长叶勇飞主持（见图5）。浙江省法学会学术委员会主任牛太升，浙江大学互联网金融研究院院长、浙大国际联合商学院院长、教授、博导贲圣林（线上），浙江省金融法学研究会会长、浙江大学光华法学院教授、博导李有星先后向大会发表了致辞。

浙江省法学会学术委员会主任牛太升以"优化营商环境与新业态金融监管"为主题探讨了互联网时代金融证券市场的发展与监管（见图6）。牛主任从以下三个方面展开探讨：第一，努力补齐"营商环境"短板，便利中小企业融资，从政府的角度来说要广开门路，提供金融制度供给，从企业的角

图5 浙江省法学会金融法学研究会副会长叶勇飞主持开幕式

度来说要累积信用，规避信用风险。第二，确认"数字信用"的抗风险能力，促进数字经济发展，在互联网和数字经济时代，要开拓用数据创制、收集"信用"，并用于金融活动、防范风险的方式。第三，依法包容审慎监管，支持成功新业态，要认定事实，然后以事实为依据分析和评判，并鼓励创新的思路，针对其性质和特点制定施行相适应的监管规则和标准，留足发展空间。

浙江省互联网金融研究院院长贲圣林在线上发表致辞，从"新时代""新金融"的概念出发分析了金融市场的现状和发展趋势（见图7）。第一，金融发展呈现出市场化、法治化、数字化的样态，如何让市场更高效地发挥作用、如何让金融市场进一步法治化、如何建立一个服务人民群众的普惠金融体系是我们应当思考的议题。第二，金融服务的监管应当向穿透性、统一性、权威性的方向发展，通过行业自律和问责机制，建立起科学高效的监管体制。第三，维持金融监管与金融发展之间的动态平衡，处理好金融发展、金融稳定和金融安全三者之间的关系。

图6 浙江省法学会学术委员会主任牛太升致辞

图7 浙江大学互联网金融研究院院长贲圣林致辞

　　浙江省法学会金融法学研究会会长李有星从监管的基本逻辑、《浙江省地方金融条例》的出台、以蚂蚁金服为代表的金融科技的发展三个方面出发来论述年会的主题（见图8），指出应当发展差异性的监管来适应新型的发展要求，并提出五个问题：其一，新金融（数字化）新监管观念转变问题；其二，金融机构范畴的界定问题；其三，网络借贷的资本杠杆及匹配问题；其四，网络借贷的利率问题；其五，互联网金融机构的属地监管、机构监管和功能监管问题。技术改变了金融运行的轨迹和本质判断，准确预判信用并将合适的资金匹配给最合适的需求者。提出数字化金融的蚂蚁集团模式刚刚起步，需要对应的数字金融监管规划和监管技术，国家可以考虑建立统一的金融科技监管机构，实现功能和行为监管的可落地。

图8　浙江省法学会金融法学研究会会长、浙江大学法学院教授、博导李有星致辞

颁奖仪式

大会的第二部分：颁奖仪式。公布本次年会论文获奖名单。2020 年共评出获奖论文 38 篇，其中一等奖 6 篇，二等奖 12 篇，三等奖 20 篇。

主题演讲

大会的第三部分是嘉宾主题演讲，由各位嘉宾围绕证券市场的发展与监管法治、地方金融发展与监管立法、金融证券领域的违法犯罪问题等大会议题各自发表演讲。

一、证券市场的发展与监管法治

第一单元发言主题为"证券市场的发展与监管法治"，由宁波大学法学院教授、博导郑曙光主持（见图 9）。北京市金杜律师事务所资深合伙人、博士、浙江省法学会金融法学研究会常务副会长姜丛华，浙江财经大学法学院副院长、副教授李海龙，中国证监会中小投资者服务中心（ISC）维权部总监鲁小木（线上发言），北京大学法学院副教授陈若英（线上发言）等四位嘉宾发表了精彩演讲。

北京市金杜律师事务所资深合伙人、博士、浙江省法学会金融法学研究会常务副会长姜丛华就如何依法提升金融市场、证券市场治理能力和治理机制的问题发表了自己的看法（见图 10）。姜会长认为依法监管首先要做到监管主体法定，从而明确哪些主体有权力进行监管。其次是要有完善、明确的监管法律体系。再次要明确监管的对象，这里的重点则是要彻底把"金融机构"这一概念定义清楚。最后姜会长提到了监管主体责任的问题，具体来说就是要把《证券法》下的所有参与主体的权利义务与责任边界加以明确。把以上四个方面的研究做到位了，依法监管的理论支撑将会更加有力。

图9　宁波大学法学院教授、博导郑曙光发言

图10　北京市金杜律师事务所资深合伙人、博士、浙江省法学会金融法学研究会常务副
会长姜丛华发言

浙江财经大学法学院副院长、副教授李海龙主要就我国证券市场的发展和研究从四个方面发表了自己的看法（见图11）。第一，我国资本市场的构成是个人投资者占86%，因此可以借鉴美国目前的以个人投资者为核心的证券监管理念。第二，关于适当性规则的一些解读，发现法院在适用适当性规则的时候仍存在一些问题。第三，对适当性规则在美国的应用进行了解读，发现美国主要适用仲裁制度来解决相关的争议案件。第四，谈到了美国对证券经纪商和投资顾问进行区别监管的模式。最后，总结了其基本观点：一是适当性义务作为法定的义务，违反之后应承担侵权责任；二是证券经纪商与投资顾问之间的差异性应当坚守；三是自律组织职能当进一步强化。

图11　浙江财经大学法学院副院长、副教授李海龙发言

中证中小投资者服务中心维权部总监鲁小木女士主要围绕以下三个方面对投服中心公益维权现状及展望进行阐述（见图12）。第一，证券公益维权机制探索。投服中心推动完善证券支持诉讼、股东诉讼以及特别代表人诉讼等制度的落地，同时推动示范判决机制的施行以及损失计算等辅助工具的研发升级。第二，投服中心证券公益维权现状。目前投服中心已发起30起支持诉讼，分布于19个法院，包含全国首例证券支持诉讼（匹凸匹公司赔偿案）和全国首单操纵市场民事赔偿支持诉讼（恒康医疗案）。其中于2020年10月21日深圳中院审理的"美丽生态案"中开启了"支持诉讼＋示范判决"模式。此外，损失计算系统也在"方正科技"案中大展身手，该案被评为当年十大影响性诉讼。第三，证券公益维权面临的问题及展望。鲁小木女士总结了支持诉讼、股东诉讼和特别代表人诉讼中面临的问题，并提出其未来构想。关于特别代表人诉讼在未来的操作，希望各界专家学者在启动程序的完善和确保适格投资者获得赔付方面献智献策，以实现特别代表人诉讼的立法初衷。为了充分发挥公益投保机构的示范引领作用，鲁小木女士也希望未来能够提

图12　中证中小投资者服务中心维权部总监鲁小木发言

起以投服中心为原告的示范诉讼，帮助解决违法行为定性、违法区间认定以及适格受害人范围的认定等共通性问题。

北京大学副教授陈若英从债券受托管理人的核心义务和规范供给模式的角度来探讨"法治化"和"市场化"在新时代的含义（见图13）。首先，陈若英教授从三个方面总结了债券受托管理人制度的背景特征：一是债券受托管理人制度创造了巨大且特殊的人才需求，如何有效对其监督和激励的问题亟须解决；二是债券违约的常态化对债券受托管理人提出新的挑战；三是公司上市实行注册制带来公司分拆、并购及重组等交易成为常态化，也同样对债券受托管理人提出更高的要求。其次，债券受托管理人需要在违约之后或者说濒临违约的状态下，迅速判断究竟是大环境造成的还是发行人自身经营、财务出现问题，并准确做出决策，平衡不同债权人及不同投资人之间的利益。否则将面临巨大犯错成本，保护债权人利益的机会亦会转瞬即逝，这给债券受托管理人的业务能力提出苛刻要求。最后，陈若英教授强调债券受托管理人要避免利益冲突，切实履行忠实义务。她指出，海外存在"空心债权人"

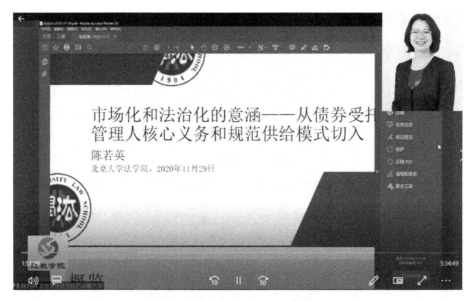

图13　北京大学副教授陈若英发言

的先例，其是指投资机构瞄准可能遭遇财务危机的发行人，通过达成各种协议及风险对冲在破产清算中获得利益，并牺牲掉原有债权人和其他投资人的利益。因此，需要立法监管，赋予法定的忠实义务加以规范，并发挥行业自律和市场先例的带头示范作用。

二、地方金融发展与监管立法

第二单元发言主题为"地方金融发展与监管立法"，由北京市金杜律师事务所资深合伙人、博士姜丛华主持。宁波大学法学院教授、博导郑曙光，厦门大学法学院教授、博导肖伟，温州大学法学院教授、博导赵金龙（线上发言），北京金信网银总经理助理郭锐，宁波大学法学院教授赵意奋（线上发言）等5位嘉宾发表了精彩演讲。

宁波大学法学院教授、博导郑曙光结合大会主题发表了自己的观点。关于地方金融监管的现状与问题，郑教授指出，当前的地方金融监管存在诸如监管定位不够清晰、中央与地方的权力分配模糊、监管的职能和权力分散、监管能力不足（主要是重审批轻监管）以及地方金融监管容易受内外部的干扰等问题。郑教授认为，破解上述问题的关键环节在于协调中央监管与地方监管的边界以及发展与监管之间的矛盾，以及辩证看待谨慎监管和包容监管之间的关系。郑教授就如何完善地方金融监管的法治化进路分享了自己的见解和思考，包括构建央地合作的金融监管模式、强化法治保障建设，以及强化运行体制与机制的建设问题等。

厦门大学法学院教授、博导肖伟细致地介绍了厦门地方金融条例的立法过程，并分享了自己亲身参与的一些心得体会（见图14）。肖教授指出，立法的关键在于抓住痛点，其重心应当放在解决实践中遇到的问题上。厦门地方金融条例有其独有的特点，在一定程度上开放了地方金融机构对信用信息系统的使用，同时针对不同企业的水平、频次、力度实行分类监管等。最后，肖教授谈到了地方立法应该关注的问题和地方立法实施中遇到的问题，如政府部门过度申请行业发展补贴、实践中处罚偏轻等。肖教授指出，其在今后的立法中会加强对上述问题的关注，并积极听取其他专家学者的建议，推动地方金融条例立法进一步完善。

图14　厦门大学法学院教授、博导肖伟发言

温州大学法学院教授、博导赵金龙的演讲以地方金融监管的优化路径为主旨，从地方金融监管权法律制度完善、统一地方金融监管主体、明确地方金融监管职能、强化监管科技应用、完善地方金融监管协调机制、加强地方金融监管机构行为监管、建立健全地方金融监管权力运行的监督制度等方面展开分享（见图15）。

赵教授指出，第一，最重要的是地方金融监管权法治化问题，尤其解决三个问题：一是我国地方金融监管权获得的正当性、合法性有待明确；二是基于地方实际建立或完善地方金融监管制度；三是厘清央地金融监管权界限。第二，统一地方金融监管主体，扩大监管对象。整合地方金融监管职权，将分散在地方经信委、商务厅和农工办等部门的地方金融审批权、监管权统一划归地方金融监管局，实现对属地风险的高效监管。对于未经审批的金融活动，应明确由地方金融监管部门监管，摒弃"谁审批、谁监管、谁负责"的现行做法，即便没有经过监管部门审批，只要关系到属地风险的金融活动，地方金融监管部门均应依法履行监管职责，强化属地风险处置责任，切实避免出现监管盲区。第三，明确地方金融监管职能定位：适当分离发展职能与监管职能，关注金融消费者权益保护。第四，强化监管科技应用。金融监管机构利用监管科技建立支撑监管新兴金融风险的必要基础监管设施，推动监管范式变革。第五，完善地方金融监管协调机制。完善地方金融监管机构与中央监管派出机构之间协调机制，加强不同地区地方金融监管机构之间联系与合作，在地方政府不同部门之间建立内部协调机制。第六，加强地方金融监管机构的行为监管。行为监管将监管着眼点放在规制金融机构经营行为上，抑制其系统性行为偏差，注重维护金融消费者利益。第七，建立健全地方金融监管权力运行监督制度对于实现地方金融监管目的也非常重要。地方金融

图15 温州大学法学院教授、博导赵金龙发言

监管权力运行的外部监督制度建设主要包括中央政府及中央金融监管机构的监督、地方立法机关监督及社会监督。

北京金银网信总经理助理郭锐先生就监管科技的探索与实践发表了讲话，他提出监管科技的发展提升了监管的有效性和投资者保护力度，从而为金融科技良性发展提供更好的生长环境（见图16）。他分析了我国传统金融监管的现状并指出应对新兴金融风险存在的不足，同时提出运用新兴技术如人工智能搭建监管平台、创造"冒烟指数"来监测预警风险等，并举例对相关监管技术予以具体的说明。

图16　北京金银网信总经理助理郭锐发言

宁波大学法学院教授赵意奋对新业态金融的包容审慎监管进行了说明，她指出监管是新业态金融发展的宿命，并提出了新业态金融监管的基本标准。一是以有序创新为包容限度；二是以防控整体性市场风险为审慎监管标准（见图17）。随后基于分析，她对新业态金融监管操作提出了建议：一是确定以金融行为为监管对象；二是以监测为主要监管手段；三是确定人数和金额的双重监管标准。最后她指出，面对当今业态新情况，我国急需新法以完善监管措施，主要包括确定新业态金融的监管应以金融行为为主要监管对象，以监测为主要监管手段，以人数和金额作为双重监管标准。

图17　宁波大学法学院教授赵意奋发言

三、金融证券领域的违法犯罪问题

第三单元发言主题为"金融证券领域的违法犯罪问题"，由浙江省法学会金融法学研究会副会长叶勇飞主持。浙江工商大学法学院教授谢治东，杭州市拱墅区检察院员额检察官杜倩楠，浙江厚启律师事务所执行主任、法学博士邓楚开，浙江财经大学法学院周立波博士，浙大城市学院法学院教授袁继红（线上发言）等5位嘉宾发表了精彩演讲。

浙江工商大学法学院谢治东教授围绕民间融资的类型分析及刑法规则路径的准则展开讨论（见图18）。他认为，根据民间融资途径、融资利率的高低，判断融资者主观是否具有非法占有目的、是否采用欺诈手段，并根据是否通过中介途径、融资利率高低、融资者主观目的以及客观行为对民间融资进行类型分析。他指出，民间非法融资刑法规制实施效果不理想主要存在以下四方面问题：一是非法吸收公众存款罪的适用过于扩大化，错误地将出于正常生产经营目的且未采用欺诈手段的直接民间融资予以犯罪化；二是非法吸收公众存款罪的扩大适用淡化了出资人应有的风险意识，不当地助长了高利贷的发生；三是对某些虚假陈述型欺诈融资行为难以实现有效规制；四是对高利贷犯罪行为的惩处，法律依据有所欠缺。他随后对民间融资刑法规制的原则及路径选择提出自己的思考：一是限缩非法吸收公众存款罪的规制范围。二是增设"集资欺骗罪"以惩治虚假陈述型融资欺诈。三是增设"职业发放

图18　浙江工商大学法学院教授谢治东发言

高利贷罪"，强化对非法高利贷的惩治。

杭州市拱墅区检察院杜倩楠检察官与大家分享了金融领域的违法犯罪问题，主要探讨了关于刑法第191条的洗钱罪以及洗钱罪的司法认定问题（见图19）。第一，关于洗钱罪的主观方面，有观点认为，洗钱罪只能由直接故意构成，理由在于刑法规定了行为人必须出于为掩饰、隐瞒其来源和性质这一主观目的，但是通过办理这个案件，杜检察官认为洗钱罪还可以由间接故意构成。第二，关于洗钱罪和上游犯罪的关系，有观点认为洗钱罪中的上游犯罪应该是既遂的犯罪，否则会因为中途参与而成为上游犯罪的共犯。但是在非法集资案中我们注意到，洗钱行为和上游犯罪其实是相伴而生的，边洗钱边集资的行为非常普遍，上游犯罪是否既遂不应该成为认定洗钱罪的障碍。第三，关于量刑情节。洗钱罪的情节严重标准是急需司法解释予以明确的。杜检察官认为，将自己实施洗钱的行为纳入洗钱罪，应该是今后立法的趋势。

图19　杭州市拱墅区检察院员额检察官杜倩楠发言

除了洗钱行为人受到刑事制裁，这个案子还牵扯到了经办的金融机构。金融机构是预防洗钱犯罪的第一道防线，如果其履职不到位，那么就会直接给犯罪分子提供可乘之机，所以只有将行政监管和刑事处罚有机结合在一起，才能更好地惩治洗钱犯罪、促进金融业的发展。

浙江厚启律师事务所执行主任邓楚开分享了关于金融诈骗中非法占有目的的推定问题（见图20）。邓主任用生动的集资诈骗类刑例引入法律推定和事实推定，指出司法解释及会议纪要中一些推定的不合理之处，认为关键在于如何理解推定的问题。推定包括法律推定与事实推定，事实推定可以通过相反的证据来推翻。贷款诈骗罪或集资诈骗罪，法律并没有规定什么情况下应当认定为以非法占有为目的，实践中司法者将最高人民法院发布的《全国法院审理金融犯罪案件工作座谈会纪要》与司法解释中关于非法占有目的的规定当做法律推定，但实际上这是事实推定。司法解释是用以解释、适用法

图20　浙江厚启律师事务所执行主任、法学博士邓楚开发言

律的，事实问题不应当规定在司法解释中。最高人民法院和最高人民检察院将事实认定的问题规定于规范性文件中，帮助办案人员解决事实认定问题的做法并不合理，不符合法律基本精神，在司法实践中办案人员需要十分注意诈骗类犯罪中非法占有目的的认定问题，防止错案的发生。

浙江财经大学东方学院法律系副主任周立波博士分享的主题是民刑交叉视域下套路贷罪与非罪的界定问题（见图21）。周博士认为"套路贷"罪与非罪的认定，应跳出先界定"套路贷"概念，再以此概念为评判标准去判断的固有思路，而应着眼于民间借贷行为的效力和刑法具体犯罪构成要件进行双重考察判断。在民事上合法有效的民间借贷行为不可能构成套路贷犯罪。在民事上被否定性评价的民间借贷行为才有罪质基础。套路贷犯罪行为在民事上必然也是无效或可撤销的行为。如果套路贷在民事上构成欺诈，则有可能构成诈骗罪；在民事上构成胁迫，则有可能构成敲诈勒索罪。需要注意的

图21　浙江财经大学法学院周立波博士发言

是，民事上"乘人之危而显失公平"的行为，虽然是被否定性评价的行为，但目前在刑事法律中还没有对应的可以构成犯罪的罪名，认定为刑事犯罪需要慎重。用诈骗罪去打击严重的"乘人之危而显失公平"的行为会突破诈骗罪的传统构成要件，陷入困境。根据罪刑法定原则，"乘人之危而显失公平"行为不符合目前刑法规范中的任何罪名，理应作出无罪处理。但其在民事上又是被否定性评价的行为，存有罪责基础，是否可以上升为刑事犯罪值得进一步研究。这是套路贷犯罪不同于传统犯罪的关键所在，也是造成目前认定争议和打击困惑的原因所在。

浙大城市学院法学院袁继红教授分享的主题是关于互联网金融时代非法集资犯罪中的集资参与人诉讼地位（见图22）。互联网金融不断推陈出新的业务模式与运作方式频频遭遇罪与非罪的拷问，引发非法集资犯罪案件的新一轮爆发，成为棘手的社会问题。非法集资案件中集资参与人属于证人还是被害人，对其诉讼权利的实现和合法利益的维护都有着重要的影响。在认定集资参与人的诉讼地位时，不应简单以直接遭受损失作为判断标准，而应以

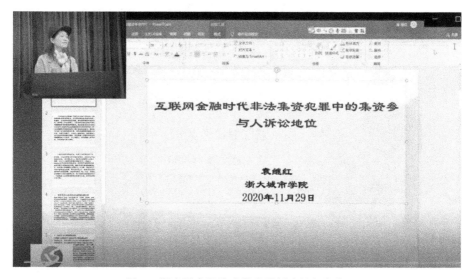

图22　浙大城市学院法学院教授袁继红发言

被害性作为判定标准。袁教授结合集资参与人参与诉讼的现实数据，分析集资参与人的被害性判断和诉讼地位。基于自我答责理论，集资参与人属于合意型自陷风险者，对所发生的损害结果予以答责，不属于被害人；集资参与人属于合意型非自陷风险者，具有被害人过错但对所发生的损害结果不予答责，属于被害人。

四、新金融（金融科技、数字金融、普惠金融）发展及其监管法治

第四单元于 29 日晚在线上举行，发言主题为"新金融（金融科技、数字金融、普惠金融）发展及其监管法治"，由浙江大学光华法学院教授、博导李有星主持。上海对外经贸大学副教授汪其昌，浙江农林大学法律系主任、教授张永亮，上海交通大学法学院教授、博导沈伟，浙大城市学院法学院教师陈飞博士，杭州师范大学法学副教授王立，轻车熟路咨询管理公司总经理蒋寿根等 6 位嘉宾发表演讲。

浙大城市学院法学院教授谭立以"数字金融的普惠性与公平性法律规制"为主题进行分享（见图 23）。他首先说明进入数字时代，数字经济是全球各个国家的战略方向、基本目标和重要内容，数字金融是数字经济的重要内容和基础设施，具有普惠性特点，并概括普惠金融的含义及特征。其次，数字金融依靠高科技手段能够有效解决长期以来金融体系中存在的金融排斥问题。但根据学者研究，数字金融存在不公平的问题。最后，谭立教授提出以下建议：一是构建完善的普惠金融目标体系；二是加强国民金融教育；三是在政策制定和实施上严格区分金融科技与科技金融，提高金融监管的科技能力；四是完善个人数据权利的相关法律。

上海对外经贸大学副教授、博士汪其昌以"规则正义：数字金融创新与监管"为题对蚂蚁金服若干问题进行分析（见图 24）。他首先指出法律的核心概念是正义，金融学的核心概念是效率，无效率即非正义，并概括金融本质是预期和实现经济增加值的治理机制。他以网络集聚和信息空间的分析框

架，比较了蚂蚁集团与传统金融机构的运作和盈利模式，指出蚂蚁金服的创新改变了原来的金融理论、监管理论以及法律理论等前提和约束条件，需要以"削履适足"的新视角和思维方式重新认识金融本质、金融领域的专业化分工、解决信贷市场信息不对称的手段和方法、行政垄断与市场垄断、数据产权的生产归属和利用等系列新问题。通过对这些目前很有争议性问题的分析与回应，他认为应以基于事实的市场化态度看待蚂蚁金服的若干问题。

　　浙江农林大学法律系主任、教授张永亮围绕"监管科技应用需考量的基础性问题"主题发表演讲（见图25）。金融科技的快速发展令金融业呈现技术化、自动化、智能化的态势，要求构建技术化的金融监管，即监管科技。应用监管科技需考量统一数据标准、扩大数据共享、警惕"反监管科技"、防范"技术陷阱"等基础性问题。

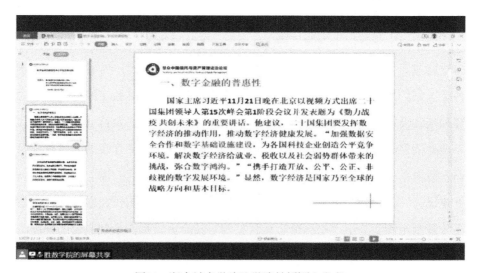

图23　浙大城市学院法学院教授谭立发言

图24　上海对外经贸大学副教授、博士汪其昌发言

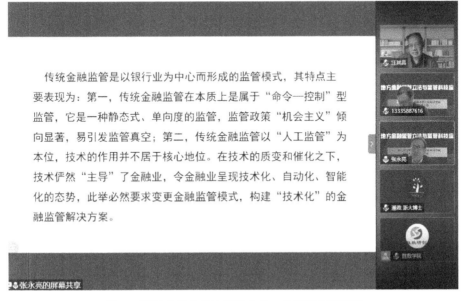

　　传统金融监管是以银行业为中心而形成的监管模式，其特点主要表现为：第一，传统金融监管在本质上是属于"命令—控制"型监管，它是一种静态式、单向度的监管，监管政策"机会主义"倾向显著，易引发监管真空；第二，传统金融监管以"人工监管"为本位，技术的作用并不居于核心地位。在技术的质变和催化之下，技术俨然"主导"了金融业，令金融业呈现技术化、自动化、智能化的态势，此举必然要求变更金融监管模式，构建"技术化"的金融监管解决方案。

图25　浙江农林大学法律系主任、教授张永亮发言

上海交通大学法学院教授、博导沈伟主要从金融创新的角度分享对金融科技监管的看法（见图26）。他首先从金融创新的三元悖论的理论框架考察目前监管模式的转换或者监管政策目标的变换。其次提出金融市场的不稳定状态以及国家金融监管的转向会加重普惠金融的困境，而不能改变普惠金融的现状。最后，应明确金融创新的监管应该基于什么样的范式，避免因在安全与效益价值取向之间的摇摆导致金融监管不能达到理性和稳定的状态。

图26　上海交通大学法学院教授、博导沈伟发言

浙大城市学院法学院教师、博士陈飞从五个方面进行了分析（见图27）。第一，金融科技既不是新概念，也不是新事物。第二，金融科技蓬勃发展对金融业影响是巨大的。第三，对于科技企业与金融企业的界定，应当从主观和客观两个方面判断。客观上从主体业务判断。在主观上，根据企业是否存在打着科技的旗号在做金融的事情以规避监管，来综合认定企业性质。第四，金融科技一定要纳入监管体系。因为这种科技的应用目标、应用领域是有方向性、目标性的，它是一定要应用到金融领域的，特别是用于金融行业、金融产品、金融服务的科技，它并不是中立性的。第五，金融科技行业

不适用于主体监管，由于其特殊的投资结构、人员构造、运行方式，应该采用行为监管方式。

图27　浙大城市学院法学院教师、博士陈飞发言

杭州师范大学法学副教授、博士王立从资金来源和业务模式角度展开分析（见图28）。第一，花呗和借呗，其放贷资金一部分来源于自有资金，还有来源于银行的贷款以及相当比例的ABS，还有少量其他资金。对于非自有资金（特别是ABS部分），其风控和回收出现问题很容易引起涉众性、系统性金融风险，因此需要及时有力的监管。第二，《中国银保监会办公厅关于加强小额贷款公司监督管理的通知》第二条中对可以资产证券化的小贷主体进行了限制；第三条对小贷公司适度对外融资的要求与《网络小额贷款业务管理暂行办法（征求意见稿）》中对网络小贷的要求保持一致，以防止监管套利；《网络小额贷款业务管理暂行办法（征求意见稿）》第十五条的30%与"巴塞尔协议"中的资本充足率要求有着本质上的区别，前者是用自有资金及外融资金混合放贷，而后者是仅利用吸收的公众存款进行放贷。第三，

网络小贷加 ABS 的模式，按照现在的文件，应当归银保监会监管，但却忽略了 ABS 环节的证券监管。第四，小额贷款公司的注册资本不低于人民币 10 亿元，跨省不低于 50 亿元。设立全国性商业银行的注册资本最低限额为 100 亿元，设在城市的最低限额为 10 亿元，设在农村的最低限额为 1 亿元。对此标准，两者相差太大，没有进行有效协调。第五，对于分散小额的要求，条款要求单户余额原则上不得超过人民币 30 万元，但是其总量风险不见得会变小，也需要进一步研究。

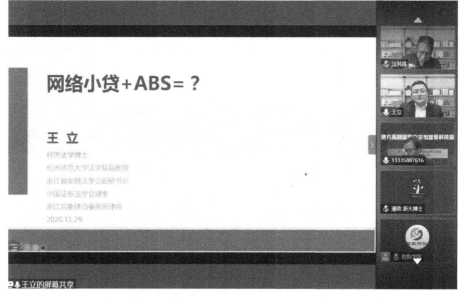

图28　杭州师范大学法学副教授、博士王立发言

　　轻车熟路咨询管理公司总经理蒋寿根认为所谓金融行为应当满足以下两个条件：具有资金池，且动用资金池的资金来获利（见图 29）。而只要有非自有资金通过转移打入指定账号即可视作有资金池。他从从业者、竞业同行和监管部门三个不同维度谈了普惠金融。从从业者的角度，"惠"即按照 4 倍 LPR 或者按银行规定利率。关键是"普"，是广而告之地推广加诱惑还是润物细无声地守株待兔？这是值得讨论的。具体来看，从业人员需要把握

尺度,应与相关的监管部门一起,共同制定一些行业规则。从同行竞业者角度,银行作为正规军和主力军,行动上要有所担当,观念上要有所改变,特别是在消费金融的机制上要有所突破。从政府监管部门的角度,各级部门在出台政策的时候要转换思维,但也不能变化太快,特别要注意做好收尾和善后工作,要从严准入、强监管、慎关停的原则出发制定系统性的规则来监管。

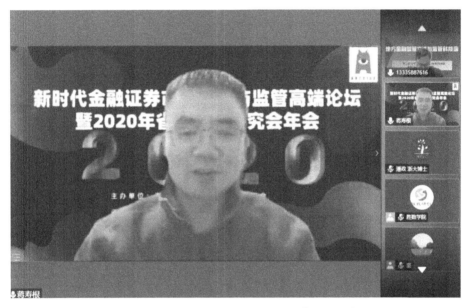

图29　轻车熟路咨询管理公司总经理蒋寿根发言

闭幕式

闭幕式环节合影见图30。浙江省法学会金融法学研究会会长、浙大AIF副院长李有星教授主持了闭幕式并发表重要讲话。李有星教授首先对于四个主体单元做了简要总结,一是证券市场的发展与监管法治;二是地方金融发展与监管立法;三是金融证券领域的违法犯罪问题(含套路贷、非法放贷);四是新金融(金融科技、数字金融、普惠金融)发展及其监管法治。李有星教授表示,对以上主题,多位专家学者针对所做的成绩、遇到的问题以及对未来的展望都做了很好的介绍，提出了很有创新性的制度设想以及实施建议，大家的收获都很大（见图31）。

李有星教授肯定了会议主办方和协办方的工作，对与会领导和嘉宾的到来表示衷心的感谢，也对38位获奖者表示了祝贺（见图32）。他指出，此次会议的圆满举行，得益于发言专家学者的精心准备，对金融法领域的许多前沿问题，进行了深度探讨，富有前瞻性、启发性。

最后，本次年会在热烈掌声中胜利闭幕。

图30　会议领导与嘉宾合影

图31　主席台精彩剪影

图32　现场精彩合影

撰稿：应越、俞定钧、张展志、陈标杰、洪哲安、邵瑜璐、程红、方朦朦、姜佳怡、郑嘉淇